CONGO

梦想和黑暗是最忠实的伙伴。

——巴迪班加，《在鸡蛋上行走的大象》（布鲁塞尔，1931）

万墨轩图书
WIPUB BOOKS

刚果

一 个 民 族 的 史 诗
THE EPIC HISTORY OF A PEOPLE

CONGO

上卷

[比] 戴维·范·雷布劳克 著
王兴栋 译 万语 校译

David Van Reybrouck

華中科技大學出版社
http://www.hustp.com
中国·武汉

以此书纪念艾蒂安·恩卡西（1882？—2010），深深感谢他的口述，以及初次见面时送给我的那串香蕉。

还要将此书献给小戴维，他出生于2008年，是曾经的娃娃兵吕芬·卢里巴和他的前妻劳拉生下的第一个孩子。卢里巴和劳拉非常友善，并让他们的长子与我同名。

目 录
CONTENTS

【上卷】

001 引言

001 第一章 新精神
中部非洲吸引东西方关注 | 1870—1885

041 第二章 “秽物”
利奥波德二世统治下的刚果 | 1885—1908

099 第三章 比利时人让我们获得“自由”
早期殖民统治 | 1908—1921

151 第四章 人心惶惶
和平期里的不安与不和 | 1921—1940

207 第五章 “等待开战的时刻”
战争与战后的“平静” | 1940—1955

271 第六章 很快就是我们的了
迟来的去殖民化，突然的独立 | 1955—1960

325 第七章 六月里的一个星期四

343 第八章 权力之争
第一共和国的动荡 | 1960—1965

【下卷】

409 第九章 电气时代

蒙博托政权 | 1965—1975

455 第十章 “永远为人民服务”

元帅的疯狂 | 1975—1990

501 第十一章 垂死挣扎

民主反对派和军事冲突 | 1990—1997

551 第十二章 同情心，那是什么？

非洲大战 | 1997—2002

589 第十三章 啤酒和祈祷

废墟里的新玩家 | 2002—2006

639 第十四章 休会

一个新生民主国家的希望和绝望 | 2006—2010

685 第十五章 WWW.COM

709 致谢

719 资料来源

763 注释

785 参考文献

引 言

虽然这里还是大海，但是你能看到明显的变化：海的颜色。在这里，浪头还是那么凶猛，奋力击打着船舱；在这里，除了海洋，什么也没有。然而，原本蓝色的海洋已经染上黄色，两者混合并没有变化成绿色。这不符合教科书上的颜色理论。在这里，它变成了灰暗。大海的蔚蓝色消失了，在中午的太阳底下，再也看不到蓝色的波浪，太阳升起时那无边无际的海之蓝，黄昏时的深蓝，以及夜幕降临之后的铅灰色，都消失了。

从这里开始，海水变得像浓汤一样：

黄色的，没有光泽，锈蚀斑斑。虽然离海岸线还有数百海里[①]，

① 1海里=1.852千米 ——译者注

但你会知道这里已经是陆地开始的地方。刚果河（Congo River）奔流入海的巨大力量足以让入海口周围几百千米的海水为之变色，它就像是要把自己的全部掏空一样，汇入大西洋。

登上老旧的班轮，这种颜色的变化会让初访刚果的旅行者觉得很快就要靠岸了。然而，班轮上的船员和经常来刚果的人都会清楚地告诉他们，这里离海岸还有两天的航程。在这两天里，初访者会发现海水的颜色变得越来越黄，甚至会变成棕褐色，同时也会越来越脏。站在船尾，可以看到螺旋桨从海洋深处翻出蓝色海水，与水面上的黄色海水形成巨大反差，这种对比会越来越明显。经过一段时间的航行，会看到杂草连成一片，在水上漂流，一些由刚果河冲积而成的小岛，似乎也在水中飘荡。透过班轮的舷窗，可以看到海面上有很多不可名状的东西，“一块块木头和连根拔起的树，这些很可能是很早之前从丛林中冲下来的，因为树上已经没有了小的枝叶，一些比较粗壮的枝干则会时不时翻出水面，然后又扎进水里”[1]。

在卫星图片上会看得更清楚：一条棕色带在雨季高峰时从河口往西延伸大约 800 千米（约 500 英里），看起来就像是陆地漏了一样。海洋学家将它称作“刚果扇”或“刚果羽毛”。我第一次看到这样的航拍图片时，禁不住想这有点像是一个人将自己的手腕砍下来，放在水下，然后永远定格。刚果河是非洲第二长河流，它向西喷涌而出，带着巨大的能量冲入大海。入海口两边有很多岩石，使入海口显得相对狭窄[2]。不像尼罗河（Nile），刚果河的河口没有形成平缓的三角洲，巨大的水量就这样通过一个小出口喷涌出来。

这种黄色来自刚果河在约 4700 千米长的奔流中所携带的泥沙。

从刚果最南边的高原出发，流经干燥的大草原、加丹加杂草丛生的沼泽地，穿越赤道附近无边无际的森林（这片森林几乎覆盖了刚果的北半部分），再到下刚果的崎岖地带，一直到河口附近如魅影般的红树林。这样的颜色不只来自刚果，也来自数百条河流和支流，它们共同形成了刚果盆地水系，这个盆地的面积足足有370万平方千米，占非洲总面积的十分之一以上，盆地的大部分区域和刚果这个国家是重叠的。

所有泥土，所有被水流“撕下”的黏土和软泥，一起往下游漂流，进入更宽广的水域。它们有时悬浮在水中，不易察觉地随波逐流，然后在混杂日光、黑暗和泡沫的激流里翻涌。它们有时被石头、堤坝或船骸阻挡。那些生锈的船立在蓝天白云下，发出无声的嘶吼，船头翘起，船身周围形成沙滩。有时候，它们可能什么都不会碰到，除了水流，一开始是淡水，然后是半咸水，最后是咸水。

这就是一个国家的开始：在离海岸线很远的地方，就已经被大量海水渗透。

历史又是从哪里开始的呢？其源头之远或许超出你的预料。2003年，我第一次考虑就这个国家的动荡历史写一本书，不仅包括后殖民时代历史，也包括殖民时代和一部分殖民时代之前的历史，当时我觉得除非我能够收集到足够多刚果人的看法，否则这件事就不值得一做。毫无疑问，在做这件事的过程中，会遇见欧洲中心主义，要挑战这一历史观，我必须系统地寻找当地人的观点，最好是当地人观点的多样性，因为从目前来看，还不存在固定的本地版本的刚果史，也没有固定的比利时版、欧洲版刚果史，或者干脆说白人版的刚果历史。我要听到刚果人的声音，而且越多越好。

唯一的问题是：这个国家过去十年的人均寿命从来没有突破过45岁，要听到更多刚果人发出有关历史的声音，我该从哪儿开始呢？这个国家本身就才五十几岁，而它的居民却活不过这个岁数。当然，也会有一些声音来自被遗忘或快被遗忘的殖民时代。传教士和人类学学者记载了很多奇妙的故事和歌曲，刚果人自己也写下了很多文稿，着实让我有些吃惊的是，我甚至找到了一份19世纪晚期的“自传”。但我还在积极寻找活着的历史见证人，寻找那些可以和我分享生活故事的人，即便是生活中细枝末节的琐事。我在寻找那些纸张上没有讲述的东西，因为历史远远不止那些书本上写下来的内容。这个说法适用于任何地方，特别是那些只有很小一部分上层人士能接触到书面文字的地方。我学习的是考古学，因此对于非文本类的信息更加看重，相比于文本信息，非文本信息能够提供更全面、更切实的信息。我希望采访一些人，未必是那些做决策的人，而是一些普通人，因为他们的生活有更清楚的历史烙印。我想知道这些普通人在不同时期，每天都吃什么，我也很好奇他们穿的是什么衣服，小时候住的房子是什么样的，他们是否会去教堂。

当然，根据当代人口述的资料去推断过去的事情存在一定的风险，因为没有什么东西像记忆一样带有如此明显的时代印记。有些受访者可能会对殖民主义唱赞歌，这是因为在殖民时代他们过得不错，还是因为现在的生活状况对他们而言比往日更糟，或者因为我是个比利时人？观点极易受外界影响而改变，但对于一些普通事物和活动的记忆却比较持久。1950年，你也许有一辆自行车，也许没有；你年幼时和母亲说的也许是刚果语，也许不是；你在传教士的传教点踢过足球，或没有踢过。对不同事物的记忆，褪色的速度是不一样的。一个人生活的细节则使记忆色彩保存得更久。

因此，我想去采访普通的刚果人，了解他们的日常生活，尽管我不太喜欢用“普通”这个词，因为这些“普通人”的故事，在我听来却是非常不普通的。时间就像是一台机器，将人的生活碾成碎片，但我在写这本书的时候却发现，有时候有些人，能碾碎时间。

不过问题还是，我该如何开始？我希望能够找到某个对殖民时代最后几年记忆清晰的人，并与之对话。毫不犹豫，我猜想在刚果找不到第二次世界大战前历史的亲历者，如果有受访者能够告诉我其父母甚至是祖父母在两次世界大战之间的经历，那么我会非常高兴。至于更早的时期，我只能通过模糊的文字材料去了解。然而，经过一段时间的了解，我发现刚果人的平均寿命不高并不是因为老人少，而是因为有很多小孩出生没多久就死亡，拉低了人均寿命。原来是婴儿的高死亡率降低了刚果的人均寿命值。我去过刚果十次，在这些旅途中很快就遇到了70岁、80岁甚至是90岁的刚果人。有一次，一个差不多90岁的盲人跟我讲了很多他父亲的故事：通过他的讲述，我间接了解了1890年的刚果，很深刻。但跟恩卡西告诉我的一切相比，这还算不了什么。

从空中看金沙萨，你会发现这座城市有点像白蚁蚁后，一只肿胀的怪物，不安地骚动，永远活跃着，永远在膨胀。在闷热的气候里，顺着刚果河左岸延伸。离这里比较远的地方，也就是刚果河的另一侧，有一座姊妹城市：布拉柴维尔，这个城市更小，更清新，同时也更加光彩夺目，这里的摩天大楼都由玻璃窗装饰。地球上，唯有这个地方，坐落着两个互相对视的首都城市［布拉柴维尔是刚果（布）的首都，金沙萨是刚果（金）的首都］，但透过布拉柴维尔，金沙萨看到的仅仅是自身简陋的映像。

金沙萨的色彩是变幻不定的，不像其他阳光满溢的城市那样有一个不变的主色调。在这里你不可能找到卡萨布兰卡那样饱和的色调，哈瓦那温暖的颜色，或印度瓦拉纳西的那种深红色。在金沙萨，刷上的漆总是会很快褪色，以至于人们似乎已经放弃修补，苍白的颜色成了他们独有的审美。彩色粉笔画，曾经是传教士喜欢的，现在已经成为整个城市的主导。从那种出售肥皂和预付费电话卡的小店到新建的大教堂，墙壁上始终是褪了色的黄色、蓝色和绿色。在布拉利马饮料厂的后院，一箱箱的可乐堆在一起，形成了一面巨大的墙，像堡垒一样，这些箱子不是鲜红色，而是暗红色。交通警察穿的制服不是明黄色，而似乎是那种尿黄色。在阳光最明亮的时候，就连国旗的颜色也显得有些苍白。

是的，金沙萨并不是一个鲜艳的城市。这里的土壤不是红色的而是黑色的，不像非洲其他地方。墙壁上的彩色粉笔画涂层下面是土褐色，在阳光下，沿着卢蒙巴大道（Boulevard Lumumba）看两边的房子，你会看到灰色的大集合。有的街区是暗灰色，显得很潮湿。紧挨着的是一些鼠灰色的街区，显得有些暗淡。而在这些街区的边上又是像灰烬那样的灰色，这里唯一很显眼的一种颜色就是白色，干木薯的白色，这种木薯是中非民众的主粮。街头上卖食品的女摊贩蹲在装木薯粉的塑料桶旁边，亮白的木薯粉让人无法直视。摊贩旁边有成堆的木薯根，那明亮的白色让人想起了被锯断的象牙。从空中看这些成堆的木薯，就像大地露出了獠牙，像狒狒那样既生气又惊恐的一副鬼脸。一个乏味城市的弯牙，但像珍珠一样洁白无瑕。

想象自己像一只朱鹮一样从这座城市的上空飞过，你会看到什么？你可能会看到锈蚀斑斑的波纹铁皮屋顶、深绿色植物，以及这个城市的灰色调，还有在不断扩大的贫民区。金沙萨的社区有这样的名字：马卡拉（Makala）、本布区（Bumbu）、恩基里－恩基里（Ngiri- Ngiri），往市中心走还有一个卡萨武布区（Kasavubu），这里是最早的“内地人”社区，在殖民时代就已经形成。我们还能看到卢本巴希大道（Avenue Lubumbashi），这是一条笔直的主道，有无数小街道和巷子与之相连。但这条大道从没有真正铺上水泥或者柏油，在雨季，道上很多坑坑洼洼的水塘，有的甚至有游泳池那么大，即便是经验丰富的出租车司机，有时候也会陷进去。水坑里墨黑色的泥浆，会从轮胎边溅出来，洒在新洗过的尼桑或马自达出租车上。

我们会掠过出租车，让司机在那里骂骂咧咧，然后飞到法拉杰大街（Avenue Faradje）。在66号院，飞过扎满玻璃碎片的墙头，飞过厚重的金属大门，看到有白色的东西很耀眼。近看，它既不是木薯也不是象牙，它是塑料的，是那种很硬的白色塑料，它是一个便盆。一个小孩儿正坐在上面，是一个一岁左右的可爱小姑娘。她的头上梳了很多小辫子，就像小的棕榈树一样，用黄色和红色的小带子绑在一起。穿的是黄色的裙子，上面带有花纹，此时撩起来堆在屁股后面，膝盖上没有短裤，她没有穿。此时，她和全世界所有的一岁小孩一样，并不知道便盆的重要性，坐在上面哭得格外伤心。

那一天是2008年11月6日，礼拜四。她叫凯莎（Keitsha），对她来说那个下午非常痛苦。不仅因为她被剥夺了自主排便的快乐，同时也因为小小年纪的她见到了从未见过的恐怖事物：一个白人。除了快被自己玩坏的芭比娃娃，她对白人毫无印象，但那一天却看到了一个两条腿的大活人。

整个下午，凯莎一直都保持警觉。家人和自己眼中的怪人交谈，还会与他分享香蕉和花生，她却一直保持安全距离，看我把手伸进装着坚果的袋子，一盯就是几分钟。

不过，幸运的是，我并不是来找她，而是她的祖父：艾蒂安·恩卡西（Étienne Nkasi）。我离开院子走进屋里，里面几乎完全是黑的，没有光，眼睛需要一点时间才能适应，在屋里几乎能听到屋顶在阳光的暴晒下咯吱作响，当然也是那种铁皮屋顶。屋里的墙壁是蓝色的，已经褪了色，这种颜色在金沙萨比较常见。墙壁上用粉笔写了这样一句法语：耶稣就是上帝。在这句话的边上，又用木炭写了一串手机号码，整个屋子的墙壁就像电话簿一样，这也情有可原，好多年以来，纸张在刚果的确是极其昂贵。

恩卡西坐在床边，他低着头，正试着用他那苍老的手把衬衣扣上，他才刚刚睡醒。我走过去向他问好，他抬起头，戴着眼镜，这眼镜用一根橡皮筋套在头上，镜片很厚，磨损也很严重，镜片后面是一双湿润的眼睛。看到我之后，他放开扣子，双手握住我的手，从他的手上传来一股力量。

“曼德勒，曼德勒！”他低声喃喃自语，声音有点颤抖，就像是我们是多年后重逢一样。他说“白人”时，发出一种仿佛已经生锈的齿轮开始转动的声音。经过这么多年，他在有生之年，终归是看到了一个比利时人来到家里。

“你好，恩卡西伯伯，”我的声音在这半暗的房间响起，“见到你很荣幸。”他还一直握着我的手，示意我坐下来。我找了一把塑料椅坐下来，“你怎么样？”

“啊，”他嘟哝了一声，镜片磨损太严重，很难看到他的眼睛，“恐怕我又是半老的年纪了。”在他的床边放着一个小碗，这很显然是他的痰盂。床垫显得有些脏，在床垫下面有一个灌肠注射器，上面的橡皮球似乎裂开了。各处散落着药物包装。他开始自嘲刚才开过的玩笑。

半老到底是多大年纪呢？他看起来绝对是我见过的最老的刚果人。

这个问题他并没有想多久，然后用法语说：“我出生于1882年。”

1882年？在刚果，日期是一个相对概念。有些受访者曾经告诉我，当我问某件事情是多久前发生的时候，一般会得到这样的答案：“很长一段时间之前，是的，一段很长的时间之前，至少是6年，或者不不不，等等，让我们说，18个月之前。”我总想着能够给读者提供一个刚果人的视角，但这从来都没有获得完全成功，因为我自己对日期兴趣浓厚。有些受访者感兴趣的仅仅是答案，而不是非常准确的答案。但另一方面，他们对自己生活中的一些事实却能够很准确地回忆起来，这一点让我印象深刻。除了能说出是哪一年之外，还能准确说出月日，比如："我是在1963年4月12日搬到金沙萨的。"再比如："那是在1943年3月24日，船只起航。"不过这些事情都告诉我，要对具体的日期格外小心。

1882年？这意味着我们正在谈论的是亨利·莫顿·斯坦利（Henry Morton Stanley）的时代，刚果自由邦（Congo Free State）的建立，第一批传教士抵达刚果。这甚至在柏林会议（Berlin Conference）召开之前，在这个召开于1885年的著名会议上，欧洲列强决定了非洲的未来。我真的能够和一个不仅记住了殖民时代的非洲，甚至还是出生在殖民时代之前的刚果人进行面对面交流吗？这个人甚至是和詹姆斯·乔伊斯（James Joyce）、伊戈尔·斯特拉文斯基（Igor Stravinsky）以及弗吉尼亚·伍尔夫（Virginia Woolf）在同一年出生。真是让人难以置信。这同时也意味着这个人已经126岁了！单这一点不仅让他成为世界上在世的、最长寿的人，同时也可能是有史以来最长寿的人之一。在刚果更不必说，因为这个岁数是刚果人平均寿命的3倍！

因此我要做的，就像在很多其他情况下要做的事情一样：核实再核实。在这个事情上，这就意味着要充分挖掘过去，一点一点地挖掘，保持绝对的耐心。有时候会进展很快，有时候则根本没有进展。我之前从来没有和如此遥远的过去对过话，也从来没有感觉到这种对话是如此脆弱，我经常无法理解他，他经常是一句话说一半就停下来，脸上出现很惊讶的表情，就像一个人去柜子里取东西，但突然之间忘了自己要取什么。这是在和健忘症做斗争，恩卡西有时候不仅是忘记了过去，也忘记了自己已然忘记。但这个记忆的鸿沟出现之后很快就会被弥合，他其实并不知道自己丢了什么东西。而我即使尽全力去唤起他的记忆，也不过是杯水车薪。

最终，我得出了这样的结论：他出生的年份很可能是真的。他谈了很多发生在 19 世纪 80 年代和 90 年代的事情，有关这些事情他提供的都是一手资料。恩卡西没有上过学，但他知道很多历史事实，和他来自于同一地区的年长的刚果人都不知道。他来自下刚果省，位于金沙萨和大西洋海岸线之间。这个区域是欧洲人到刚果之后首先占领的地方，如果刚果的地图看起来像个气球，那么下刚果地区就是气球的颈部，所有东西的进出都要经过这里。因此，对于他的记忆，我可以找到很多资料去佐证。关于来到刚果的第一个欧洲传教士团队，他说得十分准确，这些人是来自英国的清教徒，他们大约是在 1880 年左右来这里传教的。在谈话中，恩卡西提到了一些传教士的名字，经查有些人确实是在 19 世纪 90 年代来到这里，然后在 1900 年左右去了附近的传教点。比如他说到西蒙 · 金邦古（Simon Kimbangu），此人 1889 年出生在临近的一个村庄，20 世纪 20 年代创立了自己的宗教。他还谈到自己是个孩子的时候，目睹从金沙萨到港口城市马塔迪（Matadi）的铁路线建设。而根据记载，这条铁路线的确是在 1890 年到 1898 年建设的。而铁路线铺到他所在的区域，大概是在 1895 年，“我那个时候大概是 12 岁到 15 岁之间。”他说。

“恩卡西……”

“嗯？”每次我说到他的名字，他都会抬起头来，有点困惑的样子，似乎他已经忘了屋子里还有一位访客。他并没有努力让我相信他如此高龄，他只是谈他知道的事情，对于我的吃惊他自己也感到惊讶。我已经把他说的话写满了一个笔记本，很明显，他不像我一样惊讶于他的年龄。

“你是怎么知道你是在那一年出生的？那个时候毕竟还没有专门的登记机构，不是吗？”

“约瑟夫·津加（Joseph Zinga）告诉我的。”

“谁？”

“约瑟夫·津加，我父亲最小的弟弟。”他叔叔也很有故事性，曾经和一个英国传教士一起到帕拉巴拉（Palabala）的一个传教点，学习教义课程。在学习的过程中，他了解了不少基督教的知识和公元历法。“他告诉我说我出生于1882年。”

“那个时候你知道斯坦利吗？”在我的一生中，我还从来没有想过我会这么急切地问别人这样的问题。

“斯坦利？”他用法语发音问道，“没有，我从来没有见过他，但我听说过他。他最先去的是卢孔加（Lukunga），然后才来到金坦博（Kintambo）。”这个时间上的说法与斯坦利从1879年到1884年的行程是一致的，“但是我的确是认识卢图努（Lutunu），他是斯坦利在当地的一个小童仆，来自贡贝－马塔迪（Gombe-Matadi），距离我们这里不远，他几乎从来都不穿裤子。”

卢图努这个名字有几分耳熟，我记得他就是最初那几个跟随斯坦利并为他服务的刚果人之一。后来，殖民者让他当了刚果内陆的一名酋长，他一直活到了20世纪50年代。恩卡西也有可能是后来才见到他的。但这一点根本就不可能适用于西蒙·金邦古。

“我在19世纪的时候就已经认识金邦古。”他强调。这是他除了提到自己的年龄之外，唯一一次直接说起19世纪。他们居住的村子互相挨着，他还补充道：“我们应该差不多年纪，金邦古权力比我大一点，但我的年纪则要稍微大一点。”在之后我对他的几次拜访中，他也多次确认这一点：他要比金邦古大几岁，金邦古出生于1889年。

在第一次拜访恩卡西之后的几周时间里，我去看过他好几次，然后回到我在金沙萨的住所，仔细查看我和他交谈时记下的笔记，找出其中的疑点以及他故事中脱节的地方。每次拜访他都会持续几个小时，他感觉到有些疲惫或者是想不起来的时候，他会告诉我。我们之间的谈话基本上都在他的卧室里进行，有时候他会坐在床边，有时候则坐在整个房间里唯一的家具，也就是一个破旧的汽车座椅上，这个汽车座椅直接放在地上。有一次我们开始谈话的时候，他正在刮胡子，没有镜子，没有刮胡子用的泡沫，也没有水，只有一个一次性剃须刀，不过他似乎从来没有换过。他的手指在下巴下滑动，做了几个鬼脸，剃刀在久经沧桑的皮肤上来回刮动，刮了几下后，在床沿上磕打剃刀，白胡子就掉下来，直接掉在了地板上。

房屋的一个角落放着一堆物件，这些大概就是他的财物，一台破旧的缝纫机，一堆破旧的衣服，一大罐奶粉，一个运动包和一个亚麻布袋。我第一次去的时候，这个亚麻袋子就引起了我的兴趣，里面似乎装了一个圆东西，“里面是什么？”有一次我问他，“啊，”

他把手伸过去拿袋子，慢慢解开，里面装的是一顶非常漂亮的黑色遮阳帽。我甚至不知道这种帽子的存在，不用我说，他就把帽子戴在了头上，然后笑了起来，“戴维先生，我的整个人生都被白人掌控，不过要不了两三天我就会死了。”

对恩卡西来说，走动是非常困难的，他用一把旧伞的伞柄当拐杖，但是他更喜欢几个女儿的搀扶。恩卡西有过五个妻子，或许是六个，或许是七个，他自己甚至都不知道了。他的家庭成员当中肯定会有一些在这个院子之外，子女的数量也有不同的说法，但说得最多的一个数字是 34 个，有 4 对双胞胎，这一点似乎每个人都没有异议。孙子有多少呢？肯定超过 70 个。

他还把我介绍给了自己的两个弟弟：奥古斯汀（Augustin）和马塞尔（Marcel），他们分别是 90 岁和 100 岁。马塞尔没有住在金沙萨，而是在恩康巴（Nkamba）。我曾经和奥古斯汀的儿子聊过，他是一个很聪明又很通情达理的人，看起来似乎没有到中年，或者说我是这么认为的。不过，他告诉我其实他已经 60 岁了。我真的很难相信，他看起来绝对不超过 45 岁。这是一个非常有活力、有韧性的家庭，或许是一种很大的巧合：他们有三个兄弟，这么大年龄了都还活着，他还有两个妹妹，虽然不久前已经去世，但去世时也都是 90 多岁。

14 个人一起住在金沙萨三间连在一起的小房子里。但是，其他家人每天都会来串门。在恩卡西的房间里还住着尼克尔（Nickel）和普拉蒂尼（Platini），两个 20 多岁的男子，他们中有一人有一件汗衫，上面写着“Miami Champs”（迈阿密冠军）。作为整个家族中最年长的人，恩卡西每天晚上可以上床睡觉，不出所料，年轻人只能睡在地上，当然地面上会铺上香蕉叶做的垫子。白天的时候，他们则有机会到祖父的床上小睡一会儿。

恩卡西每天吃的东西有木薯、米饭和豆子，有时候会吃点面包。没有肉，因为这个家庭还买不起肉吃。有一次我们谈了很久之后，他意识到我一定是饿了，用伞柄给我递过来一串小香蕉和一点坚果，“我看得出来，你现在脑子歇息了，肚子却要吵起来了，拿着，吃吧。”真的没法拒绝。每一次，我去拜访恩卡西的时候都会带一点东西，还会买点软饮。这个家庭，像这个城市里无数的家庭一样，家里都会有一个不大不小的装饮料的柜子，可以出售一些从布拉利马饮料厂进来的瓶装饮料。不过，他们自己却没钱买可乐或者橙汁。有一次，我看着恩卡西坐在自己的汽车座椅上，将一点可乐倒进一个塑料杯子，然后非常慢地将杯子递给了凯莎，这一幕深深打动了我：一个出生于柏林会议之前（也是在可口可乐发明之前）的人正把饮料递给他的孙女，这个出生于2006年刚果大选之后的女孩儿。

我第一次见到恩卡西是在2008年11月6日，这之前的两天在世界历史上是充满希望的一天。某个时刻，恩卡西转换了我们两人的角色。我会介意他问我问题吗？除了过去之外，还有更多的事情可以谈。他听到这样一个说法，但几乎无法相信，他问我：“一个黑人当选为美国总统，这是真的吗？”

恩卡西的人生和刚果的历史几乎是平行的。1885年，这个地方落入比利时国王利奥波德二世（King Léopold Ⅱ）之手。利奥波德将其命名为刚果独立国（État Indépendant du Congo），在荷兰语中通常指的就是刚果自由邦（Congo-Vrijstaat）。1908年，在国内外各方的猛烈抨击之下，他将刚果独立国移交给了比利时政府，更名为比属刚果（Belgian Congo），1960年刚果独立，更名为刚果共和国（the Republic of Congo）。1965年，约瑟夫－德西雷·蒙博托（Joseph-Désiré Mobutu）发动军事政变，之后一直掌权长达32年。在他掌权期间，刚果换了个新名字：扎伊尔（Zaïre）。1997年，蒙博托被洛朗·德西雷·卡比拉（Laurent Désiré Kabila）赶下台，国家的名字又改为刚果民主共和国（the Democratic Republic of Congo）。但是要达到这个名称中的"民主"还需要耐心，因为直到2006年刚果才举行了40多年来第一次自由选举。约瑟夫·卡比拉（Joseph Kabila），也就是洛朗·卡比拉的儿子，当选为总统。恩卡西自己几乎没怎么挪动地方，就已经在5个不同的"国家"生活过，或者更准确地说是在一个国家，但却有过5个不同的名字。

尽管刚果被利奥波德宣称为一个国家时，不与任何已存的政治现实具有一致性，但不得不说，它在地理上却展现了惊人的一致性：它和刚果盆地在很大程度上是重叠的。每条小溪，每条水道都会在某个点注入那一条动能强大的河流，从理论上讲，这些水流都为刚果河河口、大西洋上出现的黄色水带做了贡献。不过，这个水系的整体性只能在地图上看出来。但不管怎么说，从那之后，刚果——一个面积足有234.49万平方千米，和西欧、约二分之一的印度次大陆一样大的国家，同时是非洲唯一横跨两个时区的国家——成了那条河的国家。后来国名多次改变，但始终包含这条母亲河的名字，无论是刚果还是扎伊尔。今天刚果居民用法语说的“大河”（le fleuve）就是刚果河，就像欧洲的低地国家说“大海”时，指的就是北海。

刚果河并不是径直地奔流到海，其流经路线就像四分之三个圆圈，逆时针流动，好比一个人拿起钟表，将指针往回拨了45分钟。这样大的弯度和非洲内陆相对平缓的地形地貌非常有关。事实上，刚果河是在连绵起伏的群山间蜿蜒穿流，而这些山丘的海拔都只有几百米而已。在1000多千米的流程中，刚果河的海拔落差还不到1500米。海拔2000米以上的区域在刚果这个国家只见于最东部，国家的最高点位于和乌干达接壤的地方：斯坦利峰（Mount Stanley），海拔5109米，是非洲第二高峰。山峰上覆盖着终年不化的积雪和渐渐缩小的冰川。东部的群山和一系列狭长的湖泊——有四个被称为“大湖”的湖泊，其中坦噶尼喀湖（Lake Tanganyika）面积最大——都是地质运动的结果，这个地方仍然活跃的火山见证了这种变化。刚果东部锯齿状的地形属于非洲大裂谷的一部分，裂谷从北到南将非洲大陆分割。从气候角度讲，这些山区相对而言比较凉爽，比如说靠近乌干达边境的布滕博市（Butembo），年平均气温只有17℃（大约63华氏度），而离大西洋不远的马塔迪，年平均气温是27℃（大约81华氏度）。山区以外的其他地方则表现出赤道附近明显的热带气候特征：温度高，湿度大，尽管也存在很大的地区差异。赤道森林地带，下午的温度一般在30℃~35℃之间，而刚果的最南边，旱季地面上甚至会结霜。在刚果，旱季持续的时间以及起始时间也有地区差异。

145万平方千米的热带雨林覆盖了刚果国土的三分之二，面积仅次于南美洲的亚马孙热带雨林。从空中看这片雨林，很像一颗无边无际的西兰花，面积足足有 3 个西班牙那么大。热带雨林（刚果人往往直接称它为森林）向南北方向延伸，逐渐过渡成草原。不是《国家地理》（*National Geographic*）上一望无垠的黄色草原，而是草原林地，在离赤道越来越远的地方又过渡成灌木草原。刚果这个国家的生物多样性引人注目，但现在也受到了威胁。就 20 世纪最重大的物种发现而言，在刚果发现了 3 个物种：刚果孔雀、霍加狓和倭黑猩猩。20 世纪发现新的灵长类动物本身就是一个奇迹，而刚果是世界上唯一一个被发现有 3 种类人猿（全部的 4 种类人猿中，没在刚果发现的是红毛猩猩）的国家。但是现在，黑猩猩，特别是山地大猩猩已是高度濒危物种。

20 世纪的人种学家在刚果内陆细分出近 400 个部族，每一个部族都有自己的习俗、社会结构和艺术传统，有自己的语言或者方言。通常，在部族名称前加"ba"（音译成"巴"）或"wa"（音译成"瓦"），表示对应部族的人（复数形式）。比如，巴刚果人（Bakongo 或 baKongo，单数形式为 Mucongo 或 Mukongo）来自刚果族（the Congo people），巴卢巴人（Baluba）来自卢巴族（the Luba People），瓦图西人（Watutsi）来自图西族（the Tutsis People）。"刚果"的英文拼写有两种，Kongo 指的是在刚果河口附近居住的刚果族，而 Congo 指的是刚果这个国家和刚果河。[①]这些部族的人所使用的语

① 在书中，为了方便阅读，刚果族的人不论单复数一律译为"巴刚果人"，"刚果人"则指刚果这个国家的国民；图西族的人译为"图西人"；其他各部族人的翻译皆不省略前缀，如卢巴族的人都译为"巴卢巴人"。——译者注

言，被命名时往往以“ki”（音译成“基”）或者“tschi”（音译成“齐”）开头，比如基孔果语（Kikongo）、齐卢巴语（Tshiluba）、斯瓦希里语(Kiswahili)、卢旺达语(Kinyarwanda)；班加拉人(Bangala)使用的林加拉语（Lingala）是一个例外，尽管用林加拉语说到别的语种时也以“ki”开头。我曾经甚至听人谈及“kiChinois”（Chinois在法语中是“中国人”的意思)，而“Kiflama”则是佛兰德人的语言——佛兰德语（Flemish），换句话说就是荷兰语。

但是，刚果的人类学多样性无法掩盖这些部族在语言和文化上很强的同质性。从大的方面讲，几乎所有的语言都属于班图（Bantu，Bantu是munt'u的复数形式，意思是“人民”）语系，在结构上很类似。这当然不是说恩卡西能够自然而然地听懂这个国家其他地方的人说的话，而是说他的语言和别人的比较相似，就像印欧语系中不同的语言其结构有类似之处一样。只有在刚果的最北边，当地居民说的才是完全不同的语言，属于苏丹语系。其他地方都随着西北部农业的传播而普及了班图语，即便生活在丛林中的、特别矮小的狩猎民族，也转而说起了班图语。

在刚果，部族意识是一个相对概念，几乎所有的刚果人都能够告诉你他们和他们的父母属于哪个部族，而且这种说法一般都比较精确。但他们对自己所在部族的认同程度根据自己的年龄、出生地以及受教育的不同而不同，其中最关键的影响因素其实是生活条件。另外，部族内部的凝合度也取决于被威胁的程度。一个人在生命的不同时刻，对于部族背景的看重程度也有变化。如果有什么随着刚果这个国家动荡的历史而变得更清晰，那就是这种曾经被称为“部族意识”的概念所具有的弹性。“部族意识”是易变的，在后面还会经常提到。

尽管在行政区划意义上，刚果各个省的名字甚至是省的数量都经常发生变化，但仍有几个区域名称一直被当地居民使用，以描述这个广阔国土的各个部分。比如下刚果，它就在“气球”的颈部。马塔迪是下刚果省的首府，它也是一个港口，集装箱船沿着刚果河的强大水流从入海口溯流60英里[①]左右，到这里装卸货物；再往上游走，水流会变得更加湍急，无法航行。金沙萨大约有800万居民，这些居民称自己是金沙萨人。金沙萨的位置恰好是在“气球”从颈部往下逐渐开阔的地区，从这里开始，刚果河又变得适宜航行了，一直到内陆的深处。金沙萨的东边是位于森林和草原之间的班顿杜省，包括基奎特（Kikwit）和历史上非常重要的奎卢地区（Kwilu）。它的旁边则是刚果这个国家的中心地带，这里有“钻石之乡”开塞，其主要城市是姆布吉马伊（Mbuji-Mayi），因为“钻石热”，这里在过去几年已经发展成为这个国家的第三大城市，甚至可能是第二大城市。再往东边走，就来到了曾经名为基伍的地区，但现在这里已经被分成了三个省：北基伍、南基伍和马涅马省。两个基伍省组成了“气球”的脆弱顶端，戈马（Goma）和布卡武市（Bukavu）分别为两个省的省会，直接和卢旺达接壤。这里是农业区域，人口众多。由于纬度的原因，这里不会出现昏睡病这样的疾病，可以养牛。同时，凭借土壤和气候因素，这里也特别适合种植高级农作物，比如咖啡、茶和奎宁。

① 1英里≈1.609千米。——译者注

班顿杜-开塞-基伍这一条东西轴线的北边，是一大片热带雨林，在行政管辖上属于两个超级大省：赤道省和东方省，一直有种说法称这两个省要被分拆成更多省份。两个省的省会城市分别是姆班达卡（Mbandaka）和基桑加尼（Kisangani）。在刚果历史上，基桑加尼扮演着一个非常关键的角色。这条东西轴线的南边是另一个超级大省：加丹加省，省会是卢本巴希。这一采矿区是刚果的经济中心。加丹加省有一个区域性半岛往东南方向延伸，就像有一个小丑在刚果这个“气球”上扯了一下。实际上，这是19世纪末期与英国发生的边界纠纷的产物。加丹加盛产铜矿和钴矿，以此获得大量财富，开塞依靠的是钻石，基伍的土壤中有锡和钶钽铁矿，东方省则产金矿。

这个国家的4个主要城市分别是金沙萨、卢本巴希、基桑加尼和最近发展起来的姆布吉马伊。在写这本书的时候，这4个城市之间没有铁路或铺面道路相连（殖民时代修的路已经破损）。人类进入第三个千禧年时，刚果全国的柏油路加起来甚至还不足1000千米（其中绝大多数都连接刚果境外，比如从金沙萨到马塔迪港以及从卢本巴希到赞比亚边境，修这些公路的目的是方便货物进口和矿产出口）。今天，铁路服务基本上不存在。乘船从金沙萨到基桑加尼需要数周时间，如果要快的话，从一个城市到另一个城市最好是坐飞机。否则，就需要花费很长时间。有这样一个说法，殖民时代一个小时的路程现在则需要一整天。

金沙萨现在是而且一直都是刚果这个国家的中心，也就是“气球”打结的地方。这个国家6900万总人口当中，有超过13%的人分别居住在这座城市的24个区里。但实际上，刚果的绝大多数居民还是住在乡下，下刚果、开塞以及大湖地区的人口尤其稠密，法语是官方和高等教育使用的语言，但林加拉语是军方使用的语言，刚果的流行音乐通常也用林加拉语。一共有 4 种本地语言被认可为官方语言：基孔果语、齐卢巴语、林加拉语和斯瓦希里语。前面两种语言是部族语言（基孔果语主要是下刚果地区和班顿杜地区的巴刚果人的语言，齐卢巴语则是开塞的巴卢巴人的语言），后两种语言主要是贸易语言，使用的范围更广。斯瓦希里语主要是在非洲东海岸使用，除了刚果东部居民使用之外，坦桑尼亚和肯尼亚的居民也使用这种语言。林加拉语兴起于赤道省，后来沿着刚果河一直传播到金沙萨。今天，它已经成为这个国家接受速度最快的语言，在相邻的刚果，也有很多人使用这种语言。

说到刚果的邻国，一共不少于 9 个。以大西洋为起点，顺时针数，它们分别是刚果（布）、中非共和国、苏丹、乌干达、卢旺达、布隆迪、坦桑尼亚、赞比亚和安哥拉。在世界各国中，只有巴西、俄罗斯和中国的邻国比刚果多，这三个国家的陆地邻国数量从 10 到 14 个不等。邻国多意味着外交复杂，这一点刚果也没什么不同，无论是殖民时代还是现在。在过去的一个半世纪里，边界冲突和领土争端此起彼伏，就像俄罗斯和中国接壤的某些地区长期以来都是争端的起因一样。

那么刚果的历史从哪里开始？开始于大海之外离岸很远的地方，开始于恩卡西出生前很久。有人强烈地倾向于一种说法，认为刚果的历史开始于斯坦利到达刚果的那一年，也就是 1870 年。就好像在这之前，中非当地的居民一直悲哀地彷徨于一成不变的状态中，不得不等待一个白人的到来，将他们从陈腐而毫无生趣的陷阱中解放出来。从 1870 年到 1885 年，中非的确是取得了非常重要的历史发展，但这绝不意味着在这之前，中非居民的生活完全是一种凝固的状态，他们并非活化石。

中非是一个没有文字记载的地区，但并非没有历史。它在欧洲人到来之前，已经有了数百年甚至数千年的人类历史。如果那时存在一颗黑暗的心脏，那么，白人探险者对该地区的“无知”就使他们会比身在本地区的人们先找到它。黑暗，也是旁观者的眼睛。

因此，我愿意用 5 个虚拟幻灯片、5 张快照来描述刚果遥远的历史。我还想象，比如说一个 12 岁的少年在这 5 个时刻会是什么样子，第一张照片是在 9 万年前，具体日期是随机选择的。但碰巧的是，这是根据刚果最古老的遗骨推测出的最可靠的时间点。

让一个欧洲人主宰刚果的历史是多么奇怪的事情。多么欧洲中心主义！700 万到 500 万年之前，是在非洲，人类从灵长类动物中分离出来。400 万年之前，也是在非洲，人类开始直立行走。200 万年之前，同样还是在非洲，第一个有目的性的石器被制造出来。大约 10 万年之前，仍然是在非洲，人类更复杂的史前行为开始出现，比如形成长距离交易网络，用石头和骨头制作更高级的工具，把赭石当作染料，以及早期的计算系统和其他形式的符号体系等。因为刚果位置太靠西边，本地居民并没有一开始参与这场进化。但是在刚果的很多地方还是发现了极端原始的，毫无疑问也极其古老的工具。但不幸的是，绝大多数工具的生产日期都不明确。这个地区还出土了一些重要的史前石斧，工艺成熟，斧子足有40厘米长。

想象一下：9万年前，今天的爱德华湖湖边，这个12岁的男孩可能就坐在湖水从森姆利基河流出的地方。他很可能是那一小群史前人类的一分子，他们的遗骨在20世纪90年代的一次考古行动中被挖掘出来。一年一次，一群狩猎的原始人聚集在这里，这个时候正是鲶鱼产卵的季节。这种鱼味道鲜美，游得比较慢，如果算上触须，长度可以轻松超过70厘米，重量超过10公斤。通常来说，这种鱼生长在湖底，当时的人类根本不可能捕捞到。但是雨季到来时，它们会到浅水地带产卵，为了做到这一点，这种鱼进化出了一种比较独特的呼吸器官。早在9万年前，这里的人已经学会用大的骨头制成鱼叉捕鱼。在世界上的其他地方，这种工具最早也就出现于2万年前。用动物的肋骨或者是股骨，可以造出有致命倒钩的鱼叉。一个12岁的少年很可能已经学会了如何叉这种鱼，或者更小的鱼类。他或许还知道如何挖出肺鱼，以及长得像鳝鱼的动物，这些物种在旱季一般会来到比较浅的水中，一直待到夏天结束，而这里的夏天长达8个月。古生物学研究表明，这个地方在当时要比现在还干燥。大象、斑马和疣猪（一种非洲野猪）都生活在这里，它们都是适合在开阔空间生长的动物。但由于离湖泊等水源比较近，这里肯定也有河马、鳄鱼以及羚羊、水獭等动物。风吹水面，灌木丛嗖嗖作响，一条鱼被叉中之后痛得疯狂摆动尾巴，无力地撞上了岸边的石头，一个少年拿着他的鱼叉，他的声音仿佛就在耳边，兴奋之情溢于言表。这就是第一张快照中的场景。

第二张快照：这是在公元前2500年，这个12岁男孩是生活在热带雨林中的俾格米人。并不存在农业，不过他可能已经品尝过野生棕榈树的果实。这一批早期居民的遗骨是在伊图里森林（Ituri forest）的岩石下面发现的，和一些原始的石器工具一起散落一地，在这里还发现了一些史前棕榈果的果壳。没有人知道这些森林居民住在这里，或者说只是偶尔才来到这里，他们用的工具都是当地取材，包括从河边捡来的石头，这个十二岁的少年可能属于当地一个很小、但机动性非常强的团队，这些人对于他们周边的环境了如指掌。他们捕猎的对象包括猩猩、羚羊以及野猪，他们也捡果子、挖植物的块茎吃，知道哪些植物是有药效的，哪些有助于提升智力。

不过，这也并非一个封闭的世界，即便是在当时，他们也与外界有联系。比如，打火用的石头就是通过远距离交易获得的，有时候这种交易的距离甚至可以长达 300 千米以上。或许他会是第一个被文字记录下来的刚果人。他当时可能在丛林中被当成奴隶抓了起来，带离丛林；经过沙漠和草原，花了好几个月的时间来到一条河边，然后顺流而下，这条河就是尼罗河。绑架他的人肯定很开心，因为俾格米人（矮人）是当时能够想象得出来的最有价值的礼物。神圣的北方主人会差人送来传唤信，内容是这样的：“把你从精灵之地为我带回的侏儒送来，保证他安然无恙。让他为涅菲尔卡法老（Pharaoh Neferkare）跳舞助兴，小心不要让他掉到水里。”[3]这些象形文字后来被刻在阿斯旺的岩石上，那位将他带到埃及的远征领袖的墓上。这一切发生在公元前 2500 年。“精灵之地”——这是刚果第一次在书写文字中被提及。

第三张快照，我们已经来到了公元 500 年。在欧洲，西罗马帝国刚刚崩溃。这个时候，一个 12 岁的刚果少年过着和他的先人完全不同的生活。四处游荡的生活结束了，从现在开始过上了一种相对定居的生活，不像以前那样一年要迁徙好几次，现在一辈子估计也就迁徙几次。公元前 2000 年，在今天的喀麦隆所在的地方已经出现了农业，有了新的营养来源，人口也逐渐增多。当时的农业生产相当粗放，因此每年都需要开垦新的土地，可以确定的是，这种农业生产方式慢慢地扩展到整个非洲。这就是所谓的班图人迁徙的开始。这种迁徙并不是一些农民某一天收拾行李，然后走 1000 千米到了一个地方就住下来；它是一种缓慢而稳步地向南迁徙（向北迁徙有撒哈拉沙漠阻隔）。在这 3000 年中，农业几乎扩展到整个中部和南部非洲。在这片广袤区域上，几百种语言被使用，就像前面所提到的那样，这些语言是相互关联的。刚果的森林对于班图人来说并没有构成真正的障碍，他们沿着河流和大象行走的足迹，在森林中向前推进。在这个过程中，他们与森林里的矮人有过接触，到了公元 1000 年的时候，所有的地区都已经有人定居。

公元 500 年左右出现了一项伟大的革新——培育出了大蕉，它可以当成蔬菜烹饪食用。这种作物的原产地到底在哪里现在已经不清楚，不过味道确实很不错。这位 12 岁的少年很幸运，在之前的很多个世纪里，这里的人主要食用薯蓣，这种食物淀粉很多，但没什么味道。对于他的母亲来说，大蕉有很多优点：一是不同于薯蓣，它招疟蚊；二是它的产量几乎是薯蓣的 10 倍，而且种植大蕉并不需要花多少时间打理，土壤的负担也不重。那个时候，他的父亲一定会爬上棕榈树收取棕榈油，或许他们家还可能养了几只鸡和山羊，甚至可能养了一条狗。除此之外，他们当然还会出去找食物，比如捕鱼、打猎等。这位少年自己会抓一些蚂蚁和虫子，有时候也能采集到一些蘑菇和蜂蜜。父亲和村子里其他男人一起去猎羚羊和野猪，到溪流中捕鱼时，他可能也会跟着。总而言之，他的食谱要比之前的人丰富很多，农作物只占他摄入食物的四成左右。

公元500年左右，这个男孩的父亲可能有好几样铁器，这是当时的另一项发明。这个地方最早出现冶金制品就是在公元后的几个世纪，在那之前人们主要用石器。他的母亲一定有一些陶器，制陶术在几个世纪前就存在了，陶罐、碗以及金属用具在当时都是奢侈品，他的父母主要是通过物物交换才得到这些东西，比较昂贵的动物皮和比较少见的颜料也要通过这种方式得到。

这个家庭住在一个小村落里，村里还有其他几户人家。村落与村落之间正在兴起新型的合作形式，农业的发展使家庭关系在更大范围内扩展。可能每个村子都会有自己的木鼓，用掏空的木头做成的，能够发出两种声音，一种高音，一种低音，能够较长距离传递信息。这些信息并不是那种模糊的警报信号，而是极其准确的信息、完整的句子，消息和故事。某人死了之后，他的名字、昵称以及对他的吊唁都用鼓声传达。谁家草屋被烧，或者捕到一只猎物，抑或是某家来了客人，村民们就会打起鼓来，将消息传给四面八方。清晨比较早的时候，或者晚上比较晚的时候，温度比较低，你甚至可以在数英里之外听到敲鼓的声音，遥远的村子得到消息之后再将消息传到更远的地方。中非居民从来没有形成一种书写文字，但他们“鼓语言”却十分具有独创性。信息不为将来而储存，只为立即传播而准备，穿过森林和草原，与社区居民分享。19世纪的探险者来到非洲，上岸后发现那里的村民早就知道他们会来，这着实让他们非常吃惊。获悉用击鼓的方式可以在一天内将消息传递超过600千米时，他们将其戏称为“丛林电报”，并不知道这种通信方式较之于莫尔斯的发明要早上1500年。

下一张快照，在大约1000年之后，公元1560年。意大利这个时候已经进入文艺复兴，老彼得·布吕赫尔正在画他的大作。荷兰则出现了第一支郁金香。这个时候，一个12岁的刚果少年又会是什么样子呢？如果他出生在森林，那么他肯定住在一个比较大的村落里。这个村落有数十户人家、数百名居民，由一个酋长统治。酋长的权力以他的名字、名声、荣誉、财富以及个人魅力为基础。只有他才有权力穿戴豹皮、豹牙。他像父亲一样统治村落，从来不把自己的个人利益置于整个村落的利益之上。很多个这样的村落组成一种圈子，可以化解彼此之间在土地上的冲突，同时也可以抵御外来侵略者。

如果这个少年出生在草原上，他会注意到这个统治体系进一步发展了。很多个这样的圈子组成一个大的区域性团体，有的甚至组成了一个王国。从14世纪开始，首批真正意义的国家，如刚果王国（the Kongo）、卢巴王国（the Luba）、库巴王国（the Kuba）、隆达王国（the Lunda），在赤道森林南方的草原上形成。这种扩张在农作物有剩余的情况下具有了可能性，有些国家的面积甚至有爱尔兰那么大。这些国家都是封建等级制社会，上位者是国王，更是村落的酋长，他们是百姓的父亲，臣服于他们的人受他们的保护和恩惠。他们照顾社区，跟长者商议问题，为民众解决纠纷。这种政治结构的结果不难想象：很多事情都取决于国王的品格，这可能是幸运，也可能是不幸。当权力变得个人化，历史就会变得动荡不安。那些草原上的王国就是这样的。繁荣和萧条交替出现，快速转换。王权的转移往往不可避免地导致内战。

如果我们想象中的 12 岁男孩是在刚果河下游地区长大的，那么他会是刚果王国的臣民，刚果王国是这些封建王国中最著名的，其首都名为姆班扎刚果（Mubanza-Kongo），就在马塔迪港的南边，现在位于安哥拉境内。1482 年，这个王国的沿海居民看到一个特别壮观的景象：海上突然出现了一个巨大的“屋子”，屋子上有衣服在摆动。那些航行的船只在海岸抛锚停下来的时候，岸边的居民看到船上有白人。当地的刚果人当时觉得这些人肯定是居住在海底的祖先，他们是水的精灵。这些白人穿的衣服要比他们自己穿的多很多，这些衣服似乎都是由海上怪兽的皮做成的，都非常特别。这些陌生人穿这么多衣服，让当地的刚果人认为他们生活中的大部分时间可能都在织衣服，在海底织衣服。[4]

事实上，这些人是葡萄牙水手。除了麻布之外，他们还带来了天主教。刚果王国的国王恩津加 · 库武（Nzinga Kuwu），允许葡萄牙人在他的帝国留下 4 个传教士，作为交换，他也可以派 4 名官员到欧洲去。这 4 个人几年之后从欧洲返回时，他们向国王讲述了在遥远的葡萄牙发生的各种奇妙故事。这激发了国王了解欧洲的欲望，1491 年，他接受洗礼，取名为堂 · 若奥（Don Joâo），随后去了欧洲。但几年之后，他失望地回归一夫多妻制以及原来的信仰。不过他的儿子恩津加 · 姆文巴（Nzinga Mvemba）则是一位虔诚的基督徒，统治刚果王国的时间长达近40年（1506—1543），教名：阿方索一世（Afonso Ⅰ）。这个时期，刚果王国非常繁荣，王权巩固，而国王权力的基础就是和葡萄牙人的贸易。葡萄牙人需要奴隶的时候，他就下令袭击邻近的国家。这是一种古老的做法——奴隶制是一种固有现象，任何人只要拥有权力，也就可以拥有奴隶——但却很大程度上促成了与葡萄牙的友好往来，葡萄牙因此允许他将自己的一个儿子送到欧洲神学院学习。在里斯本，11岁的亨里克（Henrique）学习了葡萄牙语和拉丁语，然后去了罗马，在那里他被任命为主教，成为天主教历史上首位黑人主教，之后返回刚果。不过亨里克体质并不是很好，回国之后没过几年就去世了。

刚果的基督教化首先是通过葡萄牙的耶稣会传教士进行的，之后才是意大利的嘉布遣会传教士，但这些人的传教活动和19世纪的做法并不相同。当时，传教士主要走上层路线，直接针对上层人士传教。教堂是权力和经济实力的代表，因此这在很大程度吸引了刚果王国的上层社会。富人受洗，接受葡萄牙贵族的名号。他们当中的一些人甚至学会了阅读和写作，尽管在当时纸张很贵，买一张纸的钱足以买一只鸡，一本弥撒书的价格足以买一个奴隶。[5]教堂建起来的同时，刚果人原来信仰的神物却被烧毁。在有巫术的地方，基督教一定会努力战胜巫术。在刚果王国的首都，建立了一个大教堂，在帝国的各省，总督们也建立了教堂。总体来说，刚果王国的多数居民对天主教还是相当有兴趣的。对于传教士来说，他们的目的是想把真正的信仰带到这里，而对于当地居民来说，他们则希望神父保护自己免受巫术的侵害。刚果人接受洗礼，并不是因为他们放弃了巫术，而是因为他们非常坚定地相信巫术！十字架由此成为对抗邪灵最有力的宗教圣物。

1560年，在阿方索一世去世之后，刚果王国经历了一场深度危机。这个时候，这个12岁少年的脖子上很可能已经戴有十字架、念珠或者其他挂饰，当然也可能是他母亲做的某种护身符。基督教的到来并没有完全取代当地传统的宗教信仰，而是与原有的宗教信仰相融合100多年之后，也就是在1704年，位于姆班扎的大教堂已经成为废墟，当地黑人进行神秘宗教仪式，并声称耶稣基督和圣母玛利亚都是刚果部落的成员。[6]传教士于19世纪中叶来到刚果河下游时，他们仍然能够碰到一些名叫恩多迪奥科（Ndodioko）——来自葡萄牙语名堂·迪奥戈（Don Diogo）、恩多卢武奥卢（Ndoluvualu）——来自堂·阿尔瓦罗（Don Alvaro）的人。他们也看到了已有300年历史的十字架前的各种仪式，只是现在增加了一些本地元素，比如石头等物品，并且被称为本土仪式。

1560年左右，这个12岁少年除了配饰物品有些变化之外，饮食也有变化。因为大西洋贸易给这里带来了新的农作物。[7]葡萄牙人在海岸边靠近罗安达[①]的地方建立了自己的殖民地后，改变很快就发生了。就像土豆在欧洲的种植面积迅速扩大一样，玉米和木薯很快就占领整个中非地区。从秘鲁到墨西哥引进玉米，而木薯则来自巴西。1560年，这个12岁少年的主食可能是本地出产的一种高粱做成的粥，

---

① 罗安达（Luanda）：安哥拉首都。——译者注

但到 1580 年，估计他已经开始吃玉米和木薯了。这种高粱一年只能丰收一次，但玉米一年有两次收成，木薯全年都有收成。玉米比较适合种植在干燥的草原地带，而木薯则适合更潮湿的林地。而且，木薯相比大蕉等作物来说更有营养，更容易种植，还不容易腐烂变质。每年需要做的事情就是开垦一块新的空地出来，正是在这个时候，诞生了刀耕火种的农业。[8] 如果我们想象中的 12 岁刚果少年足够幸运的话，他的碗中应该会有甜土豆、花生还有其他豆子，这些东西即便到了今天也是普通刚果人的盘中餐。几十年内，中非居民的食物结构发生的显著变化，都要归功于葡萄牙人带来的全球化。

换句话来说，刚果要进入历史长河，真的用不着等待斯坦利的到来。这片土地并非与世隔绝的处女地，时间在这里也并没有完全停滞。从 1500 年开始，刚果就已经在参与第五张快照，也是最后一张，我们来到 1780 年。如果男孩出生于这个时候，那么他很有可能会成为欧洲奴隶贸易中的一件商品被卖到巴西的蔗糖种植园、加勒比地区，或者我们现在所知的美国南部。大西洋奴隶贸易从 1500 年开始一直持续到 1850 年，整个非洲西海岸都被卷入其中。给刚果河河口地区造成的影响最大。400 千米的海岸线，大约有 400 万人被运往美洲，占整个大西洋奴隶贸易量的三分之一。在美国南部以及南美洲的棉花和烟草种植园里，每 4 个奴隶中有超过一人来自于赤道非洲。[9] 从事黑奴贸易的主要是葡萄牙人、英国人、法国人和荷兰人，不过这并不意味着他们就已经深入非洲内陆。

从 1780 年开始，美国对黑人奴隶的需求大幅上涨，导致黑奴交易量激增。从 1700 年开始，每年有 4000~6000 名奴隶从刚果北部的罗安戈海岸运往美洲；到了1780年，这个数字已经上升到15 000名。[10] 贸易量增长甚至影响到赤道森林地区。如果这位12岁少年在一次袭击中被绑走，或者在饥荒年岁被父母卖掉，那么他很可能落入沿河奴隶贸易商手中。他会被迫坐在一艘巨大的驳船上，船可能会有20米长，能够装下40到70名乘客，他或许被套上了锁链。除了这些奴隶之外，这些木舟还会装载象牙以及雨林中出产的其他珍品。如果一个俾格米人猎杀了一头大象，现在无须自己到海岸将象牙卖给荷兰人或者英国人，因为这种交易已经有了中间人。另一方面，只需要一点弹药就很容易打开一条从大西洋海岸线通往内陆村落的道路。[11]

黑人奴隶被运往下游。在几个月的时间里，这些奴隶乘船顺流而下，穿过丛林，直到不能航行为止。于是，这里就出现了一个巨大而重要的市场：金沙萨市场。人们从各地聚到这里，市场很嘈杂，什么声音都有，什么东西都有，能听到山羊叫，能看到挂起来售卖的鱼干，当然还有堆成山的木薯以及来自欧洲的纺织品，你甚至还可以在这里买到盐。空气中充斥着笑声、喊声、祈祷声和争论声。当时，城市还没有形成，但各种交易活动已经完全成型。在这里，从内陆过来的贸易商将奴隶和象牙卖给一位商队头领，然后商队会行进300千米左右，将货物运到海岸。在那里，这个12岁男孩生命中第一次见到一个白人，被装船之前还会被讨价还价好几天。

我们并不知道他将以何种方式被运送到新世界（美洲），不过一位来自西非被运往巴西的奴隶留下了一份十分罕见的叙述，这个奴隶1840年被装船，他让我们对整个运送过程有了更直观的了解：

> 我们被赤裸裸地扔到船里，男人在一边，女人在另一边，船顶不高，我们每个人都无法直立，只能蹲着或坐在地板上。白天和黑夜对我们来说都是一样的，因为空间狭小，根本就不能睡觉，我们越来越绝望，我们受到这样的待遇，我们身心疲惫……整个行程中我们得到的唯一食物就是用水煮过的谷物……另外，我们还严重缺水，每人一天配给的水只有半升，很多奴隶在运送的过程中已经死亡……如果有奴隶反抗，就有人用刀将他的肉割开，然后在伤口上擦胡椒和醋。[12]

国际奴隶贸易对中部非洲造成了巨大影响，地区被撕裂，原来的生活被破坏，人类社会的范围拓宽了。不过，因为奴隶贸易，沿河地区形成了高密度的区域性商贸网络，如果你装着一船奴隶和象牙沿河往下游走，一路上你可以买到不少商品，鱼、木薯、蔗糖、棕榈油、棕榈酒、蔗糖酒、啤酒、香烟、酒椰、篮子、瓷器以及铁器等。每一天，沿河运输的木薯大约有40吨左右，运输距离不超过250千米。[13]通常来说，木薯会以木薯糕的形式进行运输买卖，也就是将木薯煮熟之后用香蕉叶包起来。这种食物本身比较重，扛饿；且不易腐烂变质，也比较好运输。

这种区域性贸易的重要性不应被低估。在渔民、农民、捕猎者的世界里，兴起一种新的职业：商人。以前在河边捕猎为生，现在发现沿河做生意能获取更大的收益，于是，渔民变成了商人，渔村也变成了市场。原来也有交易，但规模并不大，现在买卖本质上变成了一个行业。很多人变成了商人，做得一点都不差。一些人开始拥有多只独木舟、更多妻子、奴隶、火枪，最后就是权力。任何人只要拥有枪炮，就必然有影响力。因此，传统社会部族长老的权威从根基上被动摇了，持续多个世纪的社会组织形式也被侵蚀，无政府状态开始抬头。以村落和家庭为基础的政治关系正被贸易商之间的经济联盟所取代，即便是强盛一时的刚果王国也濒临瓦解。[14]一个巨大的政治真空出现了。国际贸易兴盛起来，但结果是将混乱带入非洲内陆。

9万年人类历史，9千年社会……如此有生命力！高贵的野蛮人或者嗜血的野蛮人的未开化状态并不是永恒的。就是这么回事：历史，运动，为了抑制苦难而努力，努力有时候也带来苦难，梦与黑暗总是最亲密的朋友。永远不会存在静止不动的事物，越来越大的挑战会相继出现。历史以更快的速度往前推进，人类社会集体也在扩展。采猎者可能50人为一个集体，但最早的农民已经是500人为一个社会群体。当这些社会结构继续扩展成为有组织的国家时，个体也融入了上千人甚至是上万人的社会。巅峰时期，刚果王国大约有50万臣民，然而奴隶贸易摧毁了这些社会关系。而在离河流很远的热带雨林里，人们仍然过着封闭的生活，村落的规模也很小，即便是到了1870年。

2010年3月，这本书的手稿快要写完的时候，我订了一张飞往金沙萨的机票。我想再去看看恩卡西，这一次带上了一名摄像师，我想给恩卡西老人带去一件丝绸衬衣，因为要对抗贫困不能光靠奶粉。在写这本书的过程中，我会定期给恩卡西的侄子打电话，问问恩卡西的情况。“他一直还不错。”从电话的那头总是传来这样一句法语。离机票上的出发日期还有不到一周，也就是差不多五天的时候，我再一次打电话，这次我得到的回答是他刚刚去世了。他的家人将他的遗体从金沙萨带走，回到下刚果地区的恩提曼西村安葬，一个多世纪之前，他正是出生在这个村庄。

我看着外面的窗户，布鲁塞尔的冬天快要到头了，这个冬天，天气一直都很糟。我站在那里，情不自禁地想起我们第一次会面时他递给我香蕉的情景，“拿着它，吃吧。”这样一个温暖的动作，出现在一个以腐败而非慷慨闻名的国家。

我还不由得想起了 2008 年 12 月的一个下午，一次长谈之后，恩卡西需要休息，我和他的侄孙马塞尔坐在院子里谈起来。院子里晾着不少衣服，几位女性也在那里筛选干豆子，马塞尔当时戴着个棒球帽，帽舌朝后，很舒服地靠在一个塑料椅子上，开始谈起他的生活。尽管上学时成绩不错，但现在还是不得不去市场谋生。他是这个城市里成千上万的年轻人中的一个，每天的主要工作就是穿过这个城市去摆摊卖东西，卖点裤子、衣服、篮子、皮带或者地图，有时候他一天只能卖两个篮子，销售额还不到4美元。马塞尔叹了一口气，“我所有的希望就是让我的三个孩子有机会上学，”他说，“我自己非常喜欢上学，特别是很喜欢文学。”为了证明这一点，他开始用一种非常深沉的嗓音吟诵塞内加尔(Senegal)诗人比拉戈·迪奥普(Birago Diop）的长诗《祖先的呼吸》（*Le soufflé des ancêtres*），他从内心深处对这一切知之甚多。

经常去聆听
那些事而不是那些人
你能听到火的音符
听到水的声音

去听灌木嗖嗖作响
犹如在风中哭泣：
这是祖先的呼吸

死去的人从未走远
他们就在与光相伴的阴影里
在阴影的褶皱里
祖先不在地下：
他们在叶子上沙沙地响，
他们在树林里叹息低吟，
他们在水中奔流，
他们也在水中休憩，
他们和人们在一起，他们就在小屋里。
死者未死。[15]

布鲁塞尔正值冬天。我刚刚得到这个消息，他的声音仍萦绕耳边：“拿着它，吃吧。”

第一章

新精神

中部非洲吸引东西方关注

1870—1885

没有人知道迪萨西 · 马库洛（Disasi Makulo）的准确出生时间，他自己也不知道。“我出生的时候，白人还没有来到我们这里，”多年之后他曾这样告诉他的孩子，“我们当时根本不知道这个世界上还有其他肤色的人。”[1]这样说的话，他肯定出生在 1870 年到 1872 年。他死于 1941 年。就在去世之前不久，他向他的一个儿子讲述了自己的故事。直到 20 世纪 80 年代，他的故事才印刷出版，实际上印刷了两次，分别在金沙萨和基桑加尼。不过，那个时候的扎伊尔（当时刚果的国名）几乎快要破产了。这份出版物比较朴素，印刷量和发行量都比较有限。真是不幸，因为马库洛的故事非常具有冒险性和传奇色彩。如果要了解 19 世纪最后 25 年的中非历史，没有比马库洛更好的向导了。

尽管不知道自己出生的确切时间，但马库洛非常清楚自己出生的地点：班迪奥村（Bandio），他的父母博赫赫利（Boheheli）和阿萨罗（Asalo）是图伦布（Turumbu）部落成员。班迪奥位于巴索科（Basoko）所在区域，现在的东方省内。换句话说，他其实就出生在赤道森林的核心地带。乘船从金沙萨到基桑加尼，沿着刚果河溯流向上行走几个星期，先来到有港口的这一侧，然后再走几天才能到达巴索科这个大村庄。村子在河的北岸，也就是支流阿鲁维米河汇入刚果河的地方，班迪奥在巴索科的东边。

马库洛的父母并非渔民，他们住在丛林之中。母亲种木薯，一般会用锄头或其他挖掘工具将木薯的块茎挖出来，然后把它们放在阳光下晒干，几天之后再把它们收起来放好。他的父亲主要是去采棕榈油，背着大刀直接爬上树，将油腻的果子砍下来，然后榨油。从很久远的时代开始，这种颜色像铜一样的液体就成了这个地区的民众增加财富的重要来源。

棕榈油榨出来之后，可以拿到河边去和渔民交易，这种商业关系存在了数个世纪，河边的居民有吃不完的鱼，而住在森林里的居民则有棕榈油、木薯和大蕉。这种交易的结果就是大家的饮食都达到了平衡，富含蛋白质的鱼类被换到雨林，而富含淀粉的农作物和植物油则被换到河边的居民家中。

班迪奥是个相对孤立的世界，一个人一辈子活动区域的半径也就只有几十千米。人们有时候会到邻近的村子去参加婚礼或者是遗产继承活动，但他们当中的绝大多数人一辈子都不会离开这个区域。他们生在哪里，也会死在哪里。马库洛哭叫着来到这个世界的时候，班迪奥的村民们对外面的世界还是一无所知。他们根本不知道 1000 多千米之外的大西洋沿岸，葡萄牙人已经在那里建立了据点，甚至连大洋的存在恐怕都不知道。不过，葡萄牙人在安哥拉的殖民辉煌渐失，这就像葡萄牙这个国家本身一样，正逐渐被别的国家所取代。但对非洲人来说，在刚果河入海口南部沿岸，葡萄牙语仍然是主要的贸易语言。马库洛的乡亲们也不知道自18世纪之后，英国人从葡萄牙人手中逐步夺取了刚果河下游一直到河口的贸易主导权，荷兰人和法国人也相继在这里定居。他们永远都猜不到，因为这些欧洲人根本就没有深入过内地，他们一直待在沿海和离海比较近的地方，等着非洲人的商队把货物从内地运到沿海，主要是象牙，当然也有棕榈油、花生、咖啡、猴面包树的树皮以及兰花和柯巴脂等颜料。且不说奴隶。在欧洲，多年前已经明令禁止贩卖人口，但在秘密状态下这种贸易还是继续进行了一段时间。西方人用贵重的衣服、铜、炸药、火枪、红珍珠和白珍珠以及稀有的贝壳来换取非洲人的东西，这里面提到的贝壳并不是欧洲人耍小聪明、欺诈非洲人的手段。实际上，贝壳在非洲有很强的货币功能，携带方便，而且还不容易造假。但班迪奥离得太远，根本看不到这些。如果哪一天，一块闪闪发光的白色贝壳或者是一串项链珠子碰巧出现在他们住的地方，估计也不会有人知道这项链来自何方。

马库洛的同村村民可能对西海岸的欧洲人一无所知，对1000千米之外发生在东边和北边的剧变更是闻所未闻。1850年，中部非洲的热带雨林开始吸引商人的注意，这些商人来自桑给巴尔岛(Zanzibar)、非洲东海岸（今天的坦桑尼亚），甚至2000千米之外的埃及。他们的兴趣点主要是一种天然的原材料，这种材料价值很高，是中国制作牌匾、印度制作小雕像以及欧洲中世纪制作圣物匣子的必备原料，这种材料就是象牙。同时非洲象的象牙最大，最为纯净，一对象牙足有 70 公斤甚至更重。不像当时已经比较稀少的亚洲象，非洲象的母象也有象牙。19 世纪中叶，这里似乎是一个取之不尽的宝库，受到外界越来越密切的关注。

现在刚果的东北部，热带雨林和草原的交界处，当时活跃着来自尼罗河河谷的商人，苏丹人、努比亚人，甚至还有埃及的科普特人。他们的顾客远在开罗，这些贸易商取道达尔富尔或者喀土穆来到南边，奴隶和象牙是主要出口商品，袭击和狩猎是获得商品的主要手段。到 1856 年，整个贸易体系逐渐被一个人控制：祖拜尔，他的贸易帝国一直从刚果北部延伸至达尔富尔。名义上，他的贸易区是埃及的一个省，但事实上这个贸易区本身构成了一个帝国。阿拉伯的影响力已经拓展到了苏丹南部。

尽管如此，其中扮演关键角色的还是桑给巴尔岛，远离现在的坦桑尼亚海岸的一个印度洋岛屿。阿曼苏丹（苏丹是某些伊斯兰国家统治者的称号）1832 年来到这里并控制了印度洋的商贸线路，整个东非都受到十分深远的影响。桑给巴尔岛本来盛产椰子和丁香，却成了全球奴隶贸易的中转站。经过这个岛屿，可以将货品出口到阿拉伯半岛、中东、印度次大陆，甚至中国。

1870 年，班迪奥的村民还根本注意不到这一点。不过桑给巴尔岛的贸易商已经拥有足够精良的武器，他们能够一步步深入内地，远远超过欧洲人在非洲西部的活动。他们当中有纯血统阿拉伯人，还有一些则是混有非洲血统，通常还包括皈依伊斯兰教的非洲人，这些人就是非洲阿拉伯人（Afro-Arab），也被称作斯瓦希里阿拉伯贸易商（Swahilo-Arab traders）。19世纪，这些人又被称为阿拉伯化的非洲人（les arabisés）。斯瓦希里语，这种夹杂了很多阿拉伯语词汇的班图语，在整个东部非洲得到广泛应用。从桑给巴尔岛和坐落在非洲大陆海岸上的巴加莫约镇（Bagamoyo）出发，庞大的商队在1850年开始深入内陆，一直来到坦噶尼喀湖岸边，这里离东海岸大约800千米。乌吉吉（Ujiji，现在属于坦桑尼亚）成为主要贸易站。1871年，斯坦利正是在这里"找到"戴维·利文斯通（David Livingstone）的足迹。商队继续沿湖往西深入，来到了现在被称为刚果的地方。如同祖拜尔的贸易帝国一样，商业影响力很快转变成政治势力。在东南部的加丹加，来自于非洲东海岸的贸易商姆西里接管了当时还存在的一个帝国：历史悠久但已濒临灭亡的隆达帝国。从1856年到1891年，他是这个地方的主宰。这里盛产铜矿，同时也控制着所有通往东边的商路。他一开始追求的是商业利益，后来逐渐转变成政治利益。

再向北边深入，臭名昭著的象牙和奴隶贸易商提波·提普在那里有着至高无上的统治权，他来自桑给巴尔岛一个非洲阿拉伯家庭，直接向苏丹负责，但很快他就成了刚果东部地区最有权力的人。从东部大湖地区和刚果河源头开始，一直向西延伸300千米，都是他的势力范围。提波·提普的权力不仅建立在他卓越的商业敏感度上，还建立在暴力之上。一开始，他通过友好的方式来获得他想要的东西，比如奴隶和象牙，这一点和其他的桑给巴尔岛商人是一样的，他会和当地酋长签订以货易货的合同。当地一大批地方酋长变成了非洲阿拉伯贸易商的附庸，不过从 1870 年开始，情况变了。越来越多的象牙向东流动，像提波 · 提普这样的贸易商也越来越有权力，他们的财富也越积越多。一些记录显示，他们后来觉得，要获取象牙和奴隶，直接洗劫整个村庄远比以货易货来的成本低。当你可以一把火把整个村庄烧掉的时候，你为什么还要花那么多时间和当地的部族酋长费口舌，去回绝那些从根本上被自己的宗教禁饮的棕榈酒？除了象牙之外，这种方法还增加了奴隶的数量，因为需要有人来搬运象牙。袭击和洗劫变得比贸易更重要，而火器的使用则推动了袭击规模的迅速扩大。提波 · 提普这个名字足以让这半个欧洲大的土地上的居民胆战心惊，但事实上，这根本就不是他的真名——他的真名是哈米德 · 本 · 穆罕默德 · 穆尔杰比（Hamed ben Mohammed Murjebi）——或许"提波 · 提普"只是模拟了他的步枪发出的声音。

不过在班迪奥的马库洛家，当时根本没人听说过提波 · 提普这个名字。舞台还是空的，这里的世界依然安静翠绿。在非洲的两翼，左边和右边，分别盘踞着欧洲的基督徒和非洲的阿拉伯穆斯林，这些外国贸易商正在等候信号，时刻准备挺进中部非洲的心脏地带。多个世纪的欧洲奴隶贸易是地区权力结构惨淡的部分原因，为贸易商的进攻提供了可能性。曾经强盛一时的本地王国在这个时候已经日薄西山，而丛林地区的社会结构从来就没有草原地区那么复杂。内陆地区的政治真空恰好为外国人提供了新的商机。这种说法完全出于从好的一方面来看，事实上即将到来的是无政府状态、贪婪掠夺和暴力横行相互交织的时期，只是现在还不是。小马库洛仍然躺在母亲的背上睡觉，他的面颊贴在母亲的肩膀上。风把树梢吹得沙沙作响，雷阵雨之后，雨林开始滴滴答答，持续好几个小时。

"有一天，几个住在河边的人前来拜访我的父母。"马库洛的回忆由此开始。当时他可能五到六岁，这些陌生人带来一个非常独特的故事，"他们说，看到河面上有一个非常奇怪的东西，或许是一种精灵，'我们看到一只神秘的巨型独木舟，'他们说，'独木舟可以自己划动，上面有一个人，从头到脚都是白色的，像得了白化病，浑身都用衣服遮盖着，只能看到他的头部和手，有几个黑人和他一起。'"[2]

除了鱼和棕榈油之外，河边的人还交换另一种东西，那就是信息。河边的居民很喜欢谈论一些奇怪的新闻——你甚至很难想象他们可以从渔民或者贸易商那里打听到多么疯狂的事情——但这条消息显得尤其怪异。而且，也不是从别人那儿听来的。这个穿着衣服的白色"白化病人"肯定不是别人，正是亨利·莫顿·斯坦利，那几个黑人是他从桑给巴尔岛带过来的用人，那只巨大而神秘的"独木舟"是"爱丽丝"号（Lady Alice），一艘长约 8 米的轮船。1871 年，他在坦噶尼喀湖边找到了当时被认为已经失踪的探险家戴维·利文斯通（此人也是一名医生和传教士），之后，美国《纽约先驱报》（*New York Herald*）和英国《每日电讯报》（*Daily Telegraph*）都委托斯坦利再进行一次横跨非洲的大探险，由东向西穿过中部非洲，时间是从 1874 年到 1877 年，这次探险是后来所有横跨非洲探险的开端。整个探险过程充满风险，要穿越沼泽地和对外来者充满敌意的部族地区，当然也少不了激流险滩。

19 世纪中叶，欧洲兴起探险热，报纸和地理协会通过各种方式鼓动探险家去探索高山，为河道和丛林绘制地图。尤其是各种河流的源头在哪里，有一种非常神秘的吸引力，特别是尼罗河。其实在遇见斯坦利之前不久，利文斯通这个苏格兰人就已经发现了卢瓦拉巴河，这条河位于刚果东部，南北流向，河面比较宽阔但无法行船。利文斯通认为这条河应该就是尼罗河的源头。1875 年，英国人罗维特 · 卡梅伦（Lovett Cameron）也来到这条河的岸边，他意识到这条河如果在前面向西弯曲，也足以说明它是刚果河。在当时，刚果河的河口已经很清楚，在几千千米之外的大西洋沿岸，但是他们两人都没能成功地沿着这条河走到河口，斯坦利却做到了。

1874 年，他和自己的团队离开桑给巴尔岛，可以肯定的是，他走的时候还带上了自己的船只："爱丽丝"号，这艘船可以进行拆分，然后像玩具一样拼接起来。在当地人看来，这该是一幅何等奇怪的场景。长长的"商队"穿过热浪滚滚的东非大草原，这里没有任何可以航行的河流，这群人中有 24 个搬运工，每人扛着一个人形大小、闪闪发光的钢制船体组件，这东西仿佛来自另外一个世界。

斯坦利对维多利亚湖和坦噶尼喀湖进行了非常详细的勘察，从 1876 年开始继续向西挺进，进入外界非常恐惧、同时也非常熟悉的提波 · 提普的势力范围。他们两人达成了一笔交易，在今天看来结果是双赢。提波 · 提普派人护送斯坦利及其团队沿着卢瓦拉巴河一路向北，作为回报，提波 · 提普可以获得斯坦利新开拓的疆域，将其纳入他的势力范围。

尽管这个臭名昭著的奴隶贩子派来的护从在当地激发了更多对斯坦利的敌意，但如此做法还是比较成功。当时没有人知道探险家是个什么样子，斯坦利也被当作贸易商。因此不止一次，斯坦利一行来到一个地方的时候，迎接他们的是飞镖和毒箭。而且也不止一次，这种攻击给斯坦利这一边造成了人员伤亡。斯坦利自己在记述时，倾向于夸大冲突发生的次数（这对他的名声并没有什么好处），而冲突的频繁发生恰恰也表明，奴隶贸易给这些地区造成的冲击很大。一系列瀑布之后，河流开始往西弯曲，也开始变得可以航行。斯坦利将河流转弯的地方命名为“斯坦利瀑布”①。告别提波·提普之后，在当地几艘独木舟的随行下，斯坦利继续进发，到达了无论是欧洲人还是非洲阿拉伯商人都从来没有到过的未知地带。

1877 年 2 月 1 日，下午两点左右，斯坦利的船只经过马库洛父母居住的地方。鼓声响起，提醒沿河居民有外人到来，这些居民已经准备好了战斗。[3] 他们一共有 45 艘大型独木舟，每条独木舟上大约有 100 人，向斯坦利的船围拢过来。对于这个场景，斯坦利是这么记述的：“在这个荒蛮的地方，我们的存在本身就唤醒了人们的愤怒、仇恨甚至是杀戮，一艘吃水比较深的船在这狭窄的水道中航行，沉渣泛起。”这的确是整个航程中让他印象最为深刻的一次武装对峙。数百名身材矫健的男人拿着一样的武器，划着的独木舟向“爱丽丝”号靠近，船桨在水面上击起很多浪花。这些勇士们头戴五彩斑斓的

① 斯坦利瀑布（Stanley Falls）：后来被称为“斯坦利维尔”（Stanleyville），也就是今天的基桑加尼。——译者注

羽毛头饰，手上拿着矛，他们后面坐着部族长老，鼓鸣声和号角声震耳欲聋，“这是一个嗜血的世界，”斯坦利写道，“我第一次觉得，我真的特别痛恨这些人，他们肮脏而好斗。”[4]第一波攻击开始，箭如雨下，斯坦利这一边也火力全开，他自己则一路开枪打到岸边，上岸之后他发现了成堆的象牙，在村子里还看到堆积如山的骷髅。下午五点，他从那里离开。

看起来这个事件似乎是一次性的，就像无法解释的幻影一闪即逝。和平和安宁很快就会回归，或者说至少村民是这么想的。然而那一天下午的事情却彻底改变了他们的生活，特别是马库洛的生活。

一周之后，斯坦利问了无数次当地的土著这条河叫什么名字，他第一次得到了这样一个答案：“这是刚果。”[5]一个非常简单的答案，但他因此欣喜若狂。现在他很确信，尽管他的探险生涯不会在埃及的吉萨金字塔画上句号并一举成名，但这一切一定会发生在大西洋上。来自河岸土著居民的攻击在逐渐减少，但营养缺失、酷热、疾病、发烧以及险滩激流一次次袭击他们，造成伤亡，让这一次横跨中非的历史之旅凶险万分。

1877 年 8 月 9 日，从马库洛家乡经过后，又过了六个月，在广袤的中部非洲的最西端，大西洋沿岸的贸易站博马附近，一个疲惫至极、虚弱不堪的白人把手里的东西扔在地上。根本没有人知道他们就是第一群走完整个刚果河流域的欧洲人，只看到他们身上被饥饿与艰险折磨得痛苦不堪的样子。和他一起从非洲东海岸出发的还有 4 个白人，最后只有斯坦利自己活了下来。出发时他的队伍一共有 224 人，最后成功到达非洲西海岸的只有 92 人。这是一次具有英雄色彩的探险，也有着十分深远的影响。1874 年到 1877 年这三年里，斯坦利不仅在非洲东部的两大湖上成功进行环湖航行，同时还绘出了地图，这两大湖泊就是坦噶尼喀湖和维多利亚湖；他还解开了尼罗河和刚果河的水文地理学之谜，标记出了两大河流的分水岭；对于刚果河的流向，他进行了非常仔细的记录，开辟了一条穿越赤道非洲的道路。[6] 世界从此变得不同。不过今天，人们会很快把斯坦利这个名字和一句话联系在一起：您是利文斯通医生吧？（Dr. Livingstone, I presume?）人们想到的，是他当时在热带地区尽力保持维多利亚时代的礼仪，很少联想到他取得的卓越成就。正是这项成就，将彻底改变中部非洲成千上万居民的生活。

马库洛所在地区的居民觉得他们遇到了鬼。他们不知道往北几千千米，还有一片比较寒冷、雨水比较多的大陆。在 18 世纪，沸水、蒸汽这种普通的东西改变了历史。他们对改变了欧洲面貌的工业革命一无所知。在这之前，欧洲主要是农业社会，但突然出现了煤矿、烟囱、蒸汽火车、照明电灯、城市郊区、社会主义者。这些都超乎他们的想象。在欧洲，各种发明和发现如雨后春笋般出现，但还没有一个传播到中部非洲。估计起码需要大半个下午，才能给他们解释清楚火车到底是什么。

非洲森林里的居民做梦都不会想到由蒸汽动力推动的工业化不仅改变了欧洲，还改变了整个世界。工业化意味着更强的生产力、更多的商品，因此对市场和自然资源的争夺也变得更加激烈。欧洲工厂的采购和销售圈子不断扩张，区域性逐渐变成全国性，全国性则逐渐变成全球性。世界贸易已经变得完全不同。1885 年左右，在长途运输中，蒸汽船逐渐取代帆船。在英国利物浦，富人家庭喝的茶可能产自锡兰（今斯里兰卡）；伍斯特正在进行一种酱料的工业化生产，其原料来自印度；荷兰商船将印刷设备运到爪哇；在南非，人们养殖一种很特别的鸵鸟，目的是让伦敦、巴黎以及纽约的女人能够用更漂亮的大羽毛来装饰自己的帽子。世界变得越来越小，时间过得越来越快。无论是在办公室、火车站还是在边境检查站，都能从繁忙的电报声中感受到这个新时代的紧张脉搏。

毫无疑问，工业化服务于欧洲列强的扩张欲望。在遥远的地方，人们能够找到廉价的原材料，如果运气更好，还可以找到新的顾客，但这并不会立即导致殖民化。追求营运利润最大化的人不会考虑建立昂贵的殖民地，任何坚信自由贸易原则的人（几乎所有工业家）也不会喜欢具有贸易保护主义色彩的海外领土。因此，单单工业化并不足以解释殖民主义的兴起。纯粹从商业角度讲，建立殖民地本身就是不必要的。在中非地区，一个人完全可以用一大包棉花换回象牙，因此还有另外一个因素让殖民主义狂热爆发，那就是民族主义。

正是欧洲国家之间的对立导致了殖民主义。1850 年，殖民主义才开始迅速冲击整个世界。爱国主义导致对权力的渴求，对权力的渴望继而导致对领土的贪婪。德国和意大利刚刚统一，这些国家觉得只有获得海外领地才能与其国际地位相称。法国在 1870 年的普法战争中遭受了屈辱性的失败，希望通过海外殖民扩张来消除这个国家名誉上的污点，特别是在亚洲和西非进行扩张。英国的荣誉感来自其海军以及遍布全球的殖民帝国，这支海军已经统治世界海洋长达数十年，其殖民帝国从西印度群岛延伸至新西兰。高傲的沙皇俄国同样对扩张兴趣浓厚，早就把目光锁定在巴尔干地区、波斯、阿富汗、中国东北和朝鲜。

在来到非洲之前，列强之间的激烈争夺已经在亚洲地区表现得淋漓尽致。跟非洲相比，欧洲人早就已经熟悉了亚洲，他们也知道亚洲有许多利润丰厚的交易机会正在等着他们（对非洲其实还不怎么确定）。马库洛第一次见到白人的时候，也就是亲眼看到斯坦利的时候，英国人已经控制了整个印度次大陆，势力范围向西拓展到俾路支（现在的巴基斯坦），向东则到缅甸。在东南亚，法国正忙着兼并印度支那，包括现在的老挝、越南和柬埔寨。荷兰则统治着一大片辽阔的群岛，即现在的印度尼西亚，其统治时间到当时已经长达 2 个世纪。菲律宾一开始落入西班牙之手，后来很快成为美国的殖民地。美国本身一开始也是英国和法国的殖民地，后来自己成了殖民强国。中国和日本竭尽全力抵制来自西方的殖民主义压力，但最终还是非常不情愿地签署了一系列条约，在贸易关税上让步，割让租借地，一些地方被划为列强的势力范围。到了 1850 年，始于 16 世纪的全球化已经进入决定性的加速阶段，它是工业化和殖民主义的统一，这也是 19 世纪殖民主义的典型特征。

这一点非常适用于中部非洲。一开始，欧洲人在非洲的利益主要是商业性的。一直到 1880 年左右，主要玩家还没有感觉到要将经济活动转变成政治活动的急迫性。建立殖民地确实没有必要。如果没有出现欧洲国家之间的政治对立，中非的绝大部分地区很可能会被纳入埃及和桑给巴尔岛的势力范围。[7]在东边，提波·提普和姆西里支配着本应臣服于桑给巴尔苏丹的帝国。往北，祖拜尔经营着名义上是埃及的一个省的大片地区。换句话说，刚果作为一个政治实体出现远非不可避免，事情本可以朝完全不同的方向发展，这个区域并非注定要成为一个国家。马库洛和恩卡西（也就是我在金沙萨见到的那位老人），两人并非一定会成为一国同胞。在当时，这两个男孩的年龄相差不到十岁，他们一位居住在丛林，一位则住在刚果河下游地带，两人之间隔了差不多 1200 千米，说着不同的语言，有着不同的生活习惯，对彼此的文化一无所知。他们会成为一个国家的同胞，原因不在于他们自己，也不在于他们的父母，而是遥远的欧洲各国之间近乎疯狂的相互嫉妒的结果。对这一切，他们毫无认知。

与这两个男孩同时代的非洲人同样不会知道，这种嫉妒之心正在欧洲蔓延。1830 年，欧洲的主要国家同意成立一个新的小国家：比利时。15 年的"事实婚姻"结束，比利时脱离荷兰王国（the United Kingdom of Netherlands），成为野心勃勃的普鲁士、强大的法国和高傲的英国之间的缓冲国。另外，比利时的存在也能缓和大国之间的相互嫉妒，这恰恰是 1815 年滑铁卢之战后各国的一致观点。因为数个世纪以来，这个地区一直是欧洲各国的主战场，现在它成了促进和平的中立区。1830 年，比利时宣布独立，这是比利时人的一大步，全人类的一小步。但在中非地区，没有人会为此操心。

事实上，当地根本就没有人听说过存在比利时这样一个国家。没有人想到这么个小国家的首任国王会很快生下一个野心勃勃的儿子，这种野心会让很多人感到不安。这位老国王，还年轻的时候就丧妻，这多少让他有些忧郁，但他对现在的王权非常满意。他这个有些自负的儿子，也就是未来的国王利奥波德二世，看起来却非常不满意自己统治的这片狭小领土，“比利时必须有自己的殖民地”，他把这几个字刻在了财政部部长办公桌的镇纸上，当时他才 24 岁。至于这块殖民地位于哪里，则并不重要。即位之前，他仔细扫了一眼地图，从荷兰的林堡到君士坦丁堡、东南亚的婆罗洲、苏门答腊、越南，到中国和日本的部分地区，再到菲律宾以及太平洋上的岛屿，无不可以。如果需要的话也可以是地中海的岛屿，如罗得岛和塞浦路斯。但 1875 年，他开始着迷于中非地区，仔细阅读探险家发回的各种报道，还时不时摆弄自己的印章，想象一次美妙而光荣的探险，即便是在白天也会梦见这样的英雄举动。就像他自己经常说的那样，这并不是他的个人野心，也并非自己的自大。不，绝不是这样。利奥波德认为这样充满活力的海外行动，不管目的地在哪里，都会让年轻的比利时王国受益，无论是财政上还是国民士气上。不管别人说什么，他都觉得自己这么做不光是为他自己，更是为了这个国家和人民。这完全与他所在的时代相契合，年轻的国王不遗余力地将自己的热血爱国主义与精于算计的商业主义结合在一起。

1876 年，这位充满激情的年轻统治者召集来了自欧洲的 35 名探险家、地理学家和企业家，一起讨论中非地区的现状。名义上，他的目的是要阻止非洲阿拉伯人正在进行的奴隶贸易，并推广科学。但是他身边亲密的人都知道，他非常渴望在“非洲这个大蛋糕”（ce magnifique gateau africain）中分得一块。[8] 他对于奴隶贸易的愤怒是有选择性的，因为欧洲人自己也是在不久前才刚刚禁止人口贩卖，秘密进行的人口贩卖在他那个年代仍然存在。对于这些，他都保持沉默。这将成为一次著名的会议，在会议举行的四天里，来自欧洲的多位探险家成为比利时王宫的座上宾，与国王和王后共餐，乘坐时髦的车子穿行于布鲁塞尔的街道。而人们印象中，他们完全是另外一副样子，曾经在非洲的热带地区穿着汗透的衬衫四处探险。罗维特 · 卡梅伦也是其中一员，他曾自东向西穿过赤道雨林南部的大草原，完成横跨中非地区的探险；乔治 · 施魏因富特（Georg Schweinfurth）也来了，他曾经在雨林北边的大草原里有过非常重要的发现；当然还有塞缪尔 · 贝克（Samuel Baker），他从尼罗河上游地区来到中部非洲。在这之前的几十年里，人类对非洲的探索已经取得了很大的进步。

实际上，直到 1800 年，这片离欧洲最近的大陆仍然是欧洲人最不熟悉的地方之一。自 16 世纪起，葡萄牙、荷兰和英国商人在去印度的途中对非洲的海岸线多少有所了解，但是非洲的内陆地区一直是未知领地，西方人也就是在非洲西海岸有几个据点而已。19 世纪初，非洲是世界地图上两个空白点之一，另外一处是南极洲。那个时候，人们已经绘制了很多亚马孙平原的地图。

75 年之后，欧洲的地图绘制者已经能非常精确地指出非洲的绿洲、商路路线以及撒哈拉沙漠上的干涸河床在哪里。他们也能将非洲南部草原地带的火山、高山以及河流的位置准确定位。绘制出的草图上很快就写满了各种异国名称，以及对各种部落民族的描述。不过，1876 年布鲁塞尔会议与会者拿到的地图上，非洲的中间地带仍有一大块空白，他们所有人都曾到过这个空白地带的周围。这里看来似乎是一块没有名字的空地，一个断裂的大口子，足有非洲面积的八分之一。这就是赤道雨林地带，地图上最多只有一些不规则的断线，这些断线所描绘的其实就是刚果河。

当布鲁塞尔会议的与会者在国王的邀请下参加各种活动、观看各种演出时，斯坦利正在中非地区探险。1876 年 9 月 14 日，也就是利奥波德国王正式宣布布鲁塞尔会议结束的那一天，斯坦利离开坦噶尼喀湖西岸，向刚果河上游进发。如果历史上有那么一天，在一定程度上决定了这个地区的政治命运，那么可以说就是这一天。当时，这并不是斯坦利所关心的事情（他更关心雨林、土著人以及奴隶贸易商），但是随着探险的继续，他将最终沿着那条神秘河流，穿过从未有人穿越的中非雨林。当天布鲁塞尔会议的决议是设立一个协会：国际非洲协会（the Association International Africaine, AIA），目的是通过一系列据点的建立科学地开放这个区域，进行科学研究。该协会设有一个全国委员会，但领导人是利奥波德二世。

欧洲传来斯坦利穿越中非的新闻，如同一颗重磅炸弹，利奥波德二世很快就意识到斯坦利正是能帮助他实现殖民野心的人。1878 年 1 月，他派遣两名代表前往马赛迎接斯坦利重返欧洲，并且邀请他来到自己位于拉肯的王宫。作为一名英国人，斯坦利首先想到的是让英国政府对自己的探险产生兴趣并提供支持，在伦敦遇冷之后，他才决定接受利奥波德二世的邀请。两人开始详细讨论他们的计划，国王对这项事业非常入神以至于王后都在想，“他这样追逐虚无缥缈的东西是不是会毁掉自己，如果毁掉自己怎么办”。国际非洲协会的首任秘书长也曾向王后抱怨：“王后，我们必须制止这一切。我做不了别的事情了，我现在做的全部事情就是和国王争论，他却背着我和一些不入流之辈合作，我简直要疯掉了，国王正在走向毁灭，彻底的毁灭。”[9]但没有用，国王有自己的想法。1879年，斯坦利再一次出发前往中部非洲，这次得到了国王的资助，进行为期5年的探险。这一次，斯坦利行走的方向和上一次相反，也就是从西往东走，溯流而上。但这不是两次探险的唯一区别，斯坦利1879年到1884年的探险与1874年到1877年的探险有着根本性不同。他第一次探险是受雇于一家报纸，而这一次的雇主是利奥波德国王的国际非洲协会；第一次穿越中部非洲是希望越快越好，这一次带着建立据点的任务，很耗时间，他必须和当地的部落酋长谈判，还要往据点派人；第一次探险时，他的身份是冒险家和记者，这一次他是一名外交官。

迪萨西·马库洛这时过了10岁，开始越来越频繁地听到跟一个新部族有关的传闻，这个部族被称为“巴塔姆巴塔姆巴”（Batambatamba）。大一点的孩子和成年人一提到这个词就恐惧万分。这其实是一个拟声词，并不是某个部族的名字，指的是非洲阿拉伯贸易商。这些商人已经来到马库洛生活的地方，这里也是他们能够到达的极西之地。在村庄里，他听说了这样的故事：“我们一些人走来走去，他们拿着一种‘空心的棍子’，发动袭击的时候会发出‘砰砰’的声音，从空心棍子里面发射出来的细小颗粒能够让人受伤，甚至让人死亡。非常可怕！”[10]

这一切似乎仍然陌生，就像当初那个“白人”以及“没有桨手的独木舟”的故事一样奇怪。一天，马库洛的父母让他跟叔叔婶婶走。[11]那应该是在1883年，但记载中仍然没有具体日期。

> 那一天很热，我们一起来到卢胡鲁河（Lohulu）河边，位置在马克托（Makoto）和班迪奥之间，叔叔和我决定下河洗澡，伊南格贝勒玛（Inangbelema）婶婶在较远处等着我们。我们在河中游泳，高兴地玩水的时候，“巴塔姆巴塔姆巴”人来了，他们听到我们的声音，将我们包围起来，婶婶当时还在唱摇篮曲哄孩子。没人意识到我们正面临危险。
>
> 突然传来尖叫声，“救命！救命！阿卡姆布（Akambu）兄弟，这些人在攻击我们……”我们赶紧从水中上岸，发现婶婶已经被他们抓了起来，其中有一个人将孩子从婶婶手中夺走，直接放在红蚂蚁窝上。我们惊住了，没有人敢靠近他们。阿卡姆布叔叔和我的堂弟跑到灌木中躲了起来，我还留在远处看他们会怎样对待婶婶。不幸的是，他们中有一人发现了我。他在后面追我，把我也抓了起来。之后，阿卡姆布叔叔和堂弟也未能幸免。

在这可怕的一天到来之前，马库洛的生活环境仅限于他所在的村落以及附近的居住地。如今，他被残酷带离熟悉的环境。斯坦利的探险，特别是他在探险中与提波·提普达成的协议，向非洲阿拉伯奴隶贸易商开放了赤道雨林地区，导致暴力事件一波接一波地发生。

"巴塔姆巴塔姆巴"人进村之后烧杀抢掠。作为反击，当地居民在脸部画上图案，在夜晚攻击外来者的营地，呐喊着用他们手中的矛和飞镖屠杀入侵者。

抓住马库洛的这些人本身也可能是奴隶，在主人的命令下进行掠夺，马库洛很快就会见到这个主人：他在穿越雨林的时候身着一尘不染的白袍，他就是提波·提普。他也可能见到了萨勒姆·本·穆罕默德——提普的弟弟兼助手[12]。这些新抓获的奴隶被聚集在亚莫坎达村（Yamokanda）。

> 在这里，人们可以赎回这些被抓的奴隶。如果他们的父母用象牙来换，他们就会被放回去。我（马库洛）的父亲也带来了一些象牙，但提波·提普告诉他这不够赎回4个人，他放回了我的叔叔阿卡姆布、婶婶和我的小堂弟，至于我，他告诉他们："回去再拿两根象牙。"我被留了下来，和其他没被赎回去的人一起。

但是奴隶贩子决定当天离开。成年奴隶被绑在一起，小孩子则没有。巨大的独木舟停在阿鲁维米河畔，"在这个痛苦的航程中你能听到的只有哭泣。"马库洛知道他这次真的是要离开自己的家、不会被赎回了。后来，他听说父亲按照奴隶贩子的要求带来了两根象牙，但那时他们已经离开了。

向东边行进对马库洛来说是不幸的，"对于我们来说，这段行程的前方只有死亡，尽管他们声称会保护我们，会让我们变得和他们一样。”后面这句话并非戏言。实际上，非洲阿拉伯贸易商抓到这些奴隶之后，并不是把他们送到美洲的棉花或者蔗糖种植园。他们中的一些人会被送到桑给巴尔岛采集丁香，绝大多数人最后是在一些富有的穆斯林家庭当家奴，主要在中东地区，也包括印度一些地方。很多人因此皈依伊斯兰教，顺着社会层级往上爬。在行程中，一些人就已经开始皈依。

> 有一天发生了一件很奇怪的事情，在老师教我们读《古兰经》的时候，我们看到从下游驶来3艘大型独木舟一样的东西，当时所有人都很震惊，包括我们和当地的居民，因为我们认为这些人肯定是另一批入侵者，他们是来进行新一轮烧杀抢掠的。当地人赶紧乘小船，躲到河中的小岛上，其他人也很快躲进雨林。我们待在那里没动，紧盯着这些怪异的独木舟，没过多久他们就把船靠岸。我们看到几个白人带着一些黑人走下船，他们正是斯坦利和其他几个白人，他们要去基桑加尼建立据点。沿岸的人对斯坦利并不陌生。罗克勒人（the Lokele）称他为“波松格”（Bosongo），意思是“白化病人”。

斯坦利一行确实有3艘汽船，他正在执行利奥波德国王的命令，要与当地酋长谈判，在这里建立据点。正是在这次的行程中，他发现自己上一次探险，不仅向西方贸易和文明，同时也向来自东方的奴隶贩子开放了非洲内陆，和自己相比，这些人往下游走得更远。

他意识到阿拉伯商人很可能抢占先机，他们现在已经到了斯坦利瀑布（基桑加尼），不日就会抵达金沙萨，如果是这样，利奥波德二世的计划就泡汤了。这次行程让他明白了自己要对抗的是什么：奴隶贸易商有数十艘大型独木舟，上千人的部队，而他只有 3 艘小船和几十个助手。[13]

经过马库洛的出生地时，斯坦利看到的全是被烧毁的村庄和住房，“曾经人口很多的居住点现在只剩下断壁残垣，大蕉被烧了，棕榈树都倒了……昭示奴隶贸易商的残酷。”船往前走，他看到了河边的奴隶营，1883 年 11 月末他来到了马库洛被关押的营地。

> 第一个整体印象是营地里的人实在太多，身在其中根本不可能舒服。这些黑人赤身裸体，密密麻麻，如果没有那些穿白衣服的奴隶贩子，看上去就是一片“漆黑”。很多人无精打采地站着或走动；棚屋里，他们以各种姿势睡在地上，到处都是没有遮盖物的身体；还有数不清的小孩，也都光着身子，很多婴儿，很多儿童；偶尔还看到一些岁数比较大的女人，弯腰弓背地顶着一篮子木材、木薯或香蕉，被两三个持枪的人驱赶着从人群中穿过。[14]

斯坦利首先去斯坦利瀑布建立据点，不过 1883 年 12 月 10 日，他又回到了营地。马库洛见证了历史上的非凡一幕。“提波 · 提普和斯坦利会面，他们经过了一番长谈，当然他们说的话奴隶们都听不懂，提普喊了一声看管我们的人，他把我们集合在一起，然后带过去。”马库洛不清楚到底发生了什么，会谈一结束，斯坦利手下的人就从船上拿来两包衣服和几袋盐。教《古兰经》的老师告诉大家，这个白人想把他和他的一些同伴买下来，斯坦利一共领走了18个孩子。[15]军事上，斯坦利的力量还比较弱，根本无法采取行动对付这些奴隶贸易商。他唯一可做的是关心其中几个孩子的命运，将他们买过来。

马库洛的生活进入了新阶段。船上的气氛活跃起来，“我们喊着笑着，讲故事，我们的脖子上没有了绳索，我们不再像牲口一样被对待，之前阿拉伯人就是这样对待我们的。”但如果说斯坦利已经将他们解放，未免有些太简单。传统意义上，在中部非洲，奴役的主要表现不是剥夺你的自由，而是迫使你离开自己的生长环境。[16]这肯定是可怕的，但不是因为人们通常所认为的理由。在一个非常注重社会感的地方，“个体的独立自主”与欧洲人文艺复兴之后所追求的自由完全不同，它意味着孤独和绝望。你知道自己是谁，但如果没有别人认识你，你就什么都不是。奴役并不意味着臣服，被迫离开家园，才是真正被奴役。因此，他觉得斯坦利并非真正意义上的解放者，而是自己的新主人，一个更好的主人而已。

这一点在第二天体现得再明显不过，当乘坐的船经过家乡时，马库洛以为斯坦利会把自己交回给父母，但让他吃惊的是航船并没有减速，“这就是我们住的地方，这就是我们住的地方！”他喊着，“让我回到父母身边！”对此，斯坦利说的话，马库洛这一辈子都记得。

> 我的孩子们，不要害怕。我把你们买下来不是为了伤害

> 你们，而是为了让你们了解真正的幸福和繁荣。你们已经看到阿拉伯人是怎样对待你们的父母，甚至小孩的。我不能让你们回去，因为我不想让你们变成他们，变成残酷得不知道真主的野蛮人。不要为失去父母而悲伤哀恸，我会为你们找到新的父母，他们会善待你们，教你们很多好东西，之后你们就会变得跟我们一样了。

说完这些之后，斯坦利很快就拿出一卷布，然后进行裁剪，给每个人分一块，当作缠腰带，让他们不至于赤裸身体。“这个礼物让我们很开心，”马库洛后来说，“他的善意让我们已经感受到了父爱。”[17]

遇见斯坦利是马库洛生命中的一大转折。对于很多和他生长在同一个时代的人来说，生活根本就没有什么变化。男人们继续烧荒垦地，女人们继续种植玉米和木薯，渔民继续织网打鱼，老人会在阴凉的地方闲聊，孩子们抓蚱蜢玩儿，一切都照旧。

但这只是表面现象。那些亲眼见过怪异的欧洲人的土著通常都印象深刻。他们有时候会出来买几只鸡，有时候会用一个下午和当地的酋长谈判，他们想尽办法给当地居民留下好印象。镜子、放大镜、六分仪、罗盘、座钟和经纬仪，都是为了达到某些目的有意为当地人生产的。当然，也不是每一次都能激发当地人的热情。在一些村庄，不少人认为当地居民的死亡可能是那些奇怪的温度计和气压计所致。[18]对白人的敬畏和疑惧一并相存，直到后来演变成大规模暴力事件，欧洲人用武力迫使当地人接受他们的权威。

那个时候，当地人还经常怀疑这些欧洲人会不会像凡人一样死亡。他们穿的鞋让他们看起来没有脚趾，同时，因为白色在撒哈拉沙漠以南的大部分地区被视为死亡的颜色（人类骨头、白蚁和象牙的颜色），所以当地人认为他们肯定来自死亡之地。他们被当成拥有神奇力量的白鬼，可以主宰生死，会突然变出一把撑开的雨伞，可以制服百码之外的动物。当地的班加拉人称斯坦利为“精灵”（Midjidji），刚果部族人则称他为“碎石机”（Bula matari），因为他能用炸药将石头炸碎，这个词后来也代指殖民政权。在马库洛的村子里，他被看作幽灵。E.J. 格拉夫（E.J.Glave），斯坦利的助手，一开始被当地人称为“鬼”（Barimu），后来又被称为“箭”（Makula），班加拉人给斯坦利的另一个助手休伯特·华特起了一个绰号：黑鹰（Nkumbe），因为他是一个百发百中的猎人。

这些白人从一个地方到另一个地方的交通方式也非常特别：汽船。内陆沿河居住的班加拉人认为这些人有操控水域的能力，他们的船肯定是由很大的鱼或河马在牵引。谈判结束后，他们看到这些白人消失在他们的船里，然后拿出珍珠、布料或铜器，他们认为船里肯定有一扇特殊的门，通过这扇门可以直接到达河底，然后拿出这些东西。[19]

紧随探险热，很快出现了第一波传教活动。传教士主要是盎格鲁-撒克逊人和斯堪的纳维亚的新教徒，在斯坦利完成穿越中部非洲的探险之后，他们从西海岸出发进行传教。1878 年，利文斯通内地会（Livingstone Inland Mission）以刚果河河口为起点，开启了劝说当地居民改信基督教的行动。1879 年，浸信会从其位于葡萄牙殖民地的基地出发向南传教。1881 年、1884 年和 1886 年，瑞典传教会（Svenska

Mission Förbunet）、美国的浸信会和卫理公会分别开始传教。而法国的两个罗马天主教会也在 1880 年开始活跃，圣灵传教会在西部，白衣穿教会在东边。这些传教行动要承担很大的风险，当时任何去中部非洲的人都知道，他们随时可能面临死亡。其中昏睡病和疟疾是导致死亡的主要原因。英国浸信会传教士托马斯·康博（Thomas Comber）在抵达中非几周之后就失去了妻子，他自己和他两个兄弟以及妹妹和弟媳，一家 6 口后来都死于热带疾病。从 1879 年到 1900 年，前往中非地区的浸信会传教士有三分之一都在热带地区丧命。[20] 没有经济回报，也不会获得什么权力，第一批传教士都是执着的基督徒。他们认为同别人分享真理是自己的责任，并对此深信不疑。

为了给当地人留下好印象，吸引他们信教，第一批传教士自有锦囊妙计。这样做是明智的，特别是在那些与白人已经有较多联系的地区。象牙贸易的后果远不止繁荣。1878 年，英国浸信会传教士乔治·格伦菲尔（George Grenfell）和托马斯·康博作为来自葡萄牙殖民地的第一批白人传教士北上，他们在马库塔镇遇到了麻烦。这里是安哥拉的姆班扎刚果（以前刚果王国的首都，现在位于安哥拉境内）和刚果河的中间地带，当地的部落酋长不喜欢这些生面孔。

> 啊，他们来这里不是买象牙。那么好吧，他们到底要什么？来教我们跟上帝有关的知识！更可能是关于死亡的知识。这些东西我们已经知道得够多了：我的城里，死亡从来没有停止过。他们不能来这里。如果让白人进来，我们就会迎来末日。他们只是待在海岸边就已经够糟的了，贸易商带

走了太多象牙里的精灵，他们把它们都卖了。我们死亡的速度太快了，如果白人没来施以诅咒，一切都会更好。[21]

尽管他们两人中有一人后来在马库塔被枪击伤，但新教徒在其他地方的传教活动总体来说还是成功的，他们在当地赢得了心，部分原因在于新技术带来的奇迹。英国浸信会传教士向巴刚果部落酋长展示了一些机械玩具，比如拧紧发条后可以动的老鼠以及“会跳舞的黑人”，后者是一个机器玩偶，能拉小提琴，还会跳来跳去。[22] 这些小玩意儿让酋长既兴奋又畏惧。此外，音乐盒也是挺有吸引力的东西。但最让他们震撼的是一种放映机，这种机器能够描述《圣经》中的景象，一些传教士就是用这种机器在晚上进行放映，对于当地土著来说，这种东西绝对堪称天外来物。[23]

在恩卡西那间有些令人窒息的房间里谈论这些先驱传教士，这样的经历让人难以想象。我们的谈话时断时续，得到的也都是信息片段，但一个世纪之后他仍然记得白人传教士的到来，这一事实足以说明这些片段的特别。关于英国浸信会传教士，恩卡西能很清楚地说道：“英国新教徒从安哥拉的姆班扎刚果来到刚果。”他还提到帕拉巴拉和卢孔加的传教点，这两个传教点都是“利文斯通内地会”建立的，后在 1884 年移交给美国浸信会传教协会。他还记得一位“本先生”，我在笔记本上草草记下发音，后来才明白“本先生”肯定是美国浸信会传教士亚历山大 · 贝恩（Alexander L. Bain），从 1893 年开始，此人在当地非常活跃。[24] 不过，他提得最多的是“威尔斯先生”，这里的“先生”是用英语表述（mister）而非法语

（monsieur），因为当时刚果还没有说法语。“我在卢孔加的传教点看到过他，他是一位英国传教士，给我们上过课，他和妻子一起住在帕拉巴拉，离马塔迪比较近。”

我一直在想这个人到底是谁。是美国人韦尔奇（Welch）吗？他是精力充沛的美国卫理公会主教威廉·泰勒（William Taylor）的积极追随者，1886 年在这个地区建立了 3 个传教点（但并不是在帕拉巴拉和卢孔加）。[25] 或者这个“威尔斯先生”是威廉·休斯（William Hughes）的绰号？他是英国浸信会传教士，在 1882 年到 1885 年负责管理贝恩斯通（Bayneston）传教点。[26] 最后，我想到了恩斯特·威勒斯（Ernest T. Welles），他是美国浸信会传教士，1896 年从美国乘船前往刚果，此人早在 1898 年就已经把《圣经》的一些段落翻译成刚果当地语言。一定就是这个人。他和贝恩斯通共事过，同时和卢孔加传教点也有过一段时间的联系。他在写给家里的信中，提到了自己如何在本地助手的帮助下印制《圣经》翻译本。[27] 这非常有意思，毕竟恩卡西曾经跟我说起过他父亲最小的弟弟就为这个传教点工作过。无论如何，第一批传教士在年轻的恩卡西心中留下了难以磨灭的印象。他仍然记得这些传教士生活简单，待人友好，“威尔斯先生，”他在我们的一次谈话中沉思了一下说道，“去任何地方都是步行，他真的非常和善。”

1884 年 1 月，斯坦利已经在为返回欧洲的行程做准备。那 18 个黑人孩子被他分配到了沿河建立的传教据点，比如万加塔（Wangata）

和卢克莱拉（Lukolela）传教点。马库洛和另一个年轻的同伴最后才上岸，在这之前他们一直忐忑不安。他们和斯坦利一起来到了刚果河变宽的地方，这里被形象地称为“斯坦利湖”（Stanley Pool），斯坦利在这里建立了金沙萨传教点。他把传教点交给自己忠实的朋友安东尼·斯温伯恩（Anthony Swinburne）打理，这个年轻人当时只有 26 岁，但已经追随他 10 年。马库洛和他的同伴也被委托给了斯温伯恩。跟斯坦利说再见是很艰难的，“从我们被解放那一天到说再见的时刻，他一直就是我们的父亲，充满了善意”。马库洛写道。在我们今天这个时代，很多人批评斯坦利是极端种族主义者，这样的名声要归因于他自己比较夸张的记述风格以及他与利奥波德国王之间的关系。事实上，他的态度与种族主义有很大差别。[28] 他对很多非洲人非常尊重，甚至是崇敬，与他们维持着非常深厚而真诚的友谊，很多当地人也非常喜欢他。当然，他和尽做绑架之事的奴隶贩子做便宜买卖是很怪异，不过，他似乎是真的在意那 18 位被他解救的孩子的生活。对此，马库洛这样回忆道：

> 斯温伯恩先生张开双臂欢迎我们。斯坦利预言的一切最终被证实。在这里我们发现自己所处的环境，与一对称职的父母能提供给孩子的环境没有区别，我们吃穿都不错，他闲时还会教我们读书写字。[29]

斯温伯恩能有任何闲暇简直就是奇迹。仅仅几年内，他就将金沙萨发展成刚果河沿岸所有传教点中最好的一个。这个传教点离河很近，周围生长着猴面包树。他种了香蕉、大蕉、菠萝、番石榴，以及水稻和欧洲常见的蔬菜，此外，还养了牛羊和猪。空气清新，这个传教点被称为“湖中乐园”（the Paradise of the Pool）。[30] 他盖的土房子的房顶上有草，有三间卧室，当地人可以在房子周边的廊道里吃饭读书。他的房子后面是桑给巴尔人住的草房。那个时候的传教点往往就是白人的居住点，但功能很多，包括为旅行者服务、促进科学研究和传播文明。如果可能的话，还包括推动奴隶制的废除。事实上，它本身也算是一个迷你殖民地，对周边地区行使一定的权力，像一个欧洲小岛，那些桑给巴尔人组成了传教点的常备军。当时，还根本谈不上对内陆地区的占领。

斯温伯恩的传教点后面是一片辽阔的平原，一直绵延到山脚下。今天，这里是非洲最大的城市之一。但在 19 世纪，这里还是一片沼泽地，有很多水牛、羚羊、鹧鸪和鹌鹑。在干旱一点的地方，村民种植木薯、花生和甜土豆。村庄之间在几千米之外，斯温伯恩和当地居民的关系很不错。耐心和圆融不仅为他赢得尊重，更赢得了爱戴。他会说当地人的语言，当地人称他为“大河之父”（father of the river）。不过，当他觉得有必要的时候，对于当地的事情，他会毫不犹豫地干预。比如，一位酋长快要逝世的时候，他会尽力阻止用奴隶和妻子们殉葬。这种做法让村民们非常震惊：一个有酋长称号的人怎么可以独自前往死亡的国度呢？

为了设立传教点，斯坦利和助手们要做的第一件事情就是与当地酋长建立往来。这其实是刚果河口的欧洲贸易商几个世纪以来一直在做的事情。他们租下一块地，定期付租金。斯温伯恩通常会在数天的艰苦谈判之后，和当地民众达成类似协议。1882 年，利奥波德国王开始变得不耐烦，他将自己的国际慈善协会转型成一家私人贸易公司：上刚果考察委员会（Comité d'Études du Haut-Congo，CEHC），要求其代理人必须在短时间内获取大片土地，而且要永久享有土地使用权。为此，他们需要买下整片整片的土地，而不是逐一谈判再租下土地。即便这样还是不够，利奥波德国王要买下的不仅是土地，还包括和土地相关的一切权益。很明显，他的这个商业项目已经转变成了政治项目：国王梦想着成立一个由当地土著酋长组成的邦联，这个邦联将完全属于他。在写给一位官员的信中，国王将目标阐释得非常清楚："斯坦利和当地酋长签署的条约文本并不能让我满意，它至少应该包括这样一个条款：他们放弃这些土地的主权……这一做法不仅重要，而且还相当急迫，条约必须尽可能简短，要通过一两个条款获得所有的权利。"[31]

结果是，斯坦利的这些助手开始进入真正的立约谈判。他们带着国王的命令和简短的条约文本，和一个个酋长谈判。有些人不费时间就签下了条约，1884 年的头六个星期里，英国上校弗兰西斯·维奇（Francis Vetch）签下了至少 31 个条约，来自比利时的代理人范科克霍温（Van Kerckhoven）和德尔科姆（Delcommune）有时候一天就能签下 9 个条约；在不到四年的时间里，这些人已经签下了 400 个条约。这些条约都是用英语或法语写成，这些语言当地酋长根本看不懂。根据当地传统，重要的协议都是通过类似于歃血为盟的方式敲定，没有书写文字，因此这些酋长根本不清楚在条约的末尾签字画押代表着什么。即便是他们有能力看懂这些条约文本，也不能理解欧洲人的所有权和宪法中提到的一些概念，比如“主权”“专属排他性”和“永久性”，他们或许认为签署这些条约是对友谊的再次确认。而实际上，条约规定非常清楚，这些酋长要放弃土地的主权以及其他附属权利，如修路、捕鱼以及通商和征税的权利，作为交换他们获得了一些布料、几筐杜松子酒、军衣、帽子、刀具和珊瑚项链等。从现在开始，利奥波德所辖协会的旗帜就可以在他们村庄上方飘扬，这是一种蓝底黄星旗，蓝底的意思是他们所处的地方是黑暗，黄星则意味着文明正在到来。这两种颜色至今仍是刚果国旗的主体颜色。

利奥波德的急切依然要归因于欧洲各国的竞争。他很担心被别的国家抢了先机，可实际上有些国家已经先于他开始行动了。在南边，葡萄牙人仍然控制着已有的殖民地；在北面，萨沃尼昂·德·布拉柴（Savorgnan de Brazza）1880年就已经开始与当地酋长签订类似条约。布拉柴是效力于法国军队的意大利军官，他的职责是在刚果河右岸建立两个科学考察站。法国也加入了利奥波德主导的国际非洲协会，这两个考察站是法国对该协会的贡献。但布拉柴是十分热爱法国，出于自愿，他忙于为法国建立一个殖民地，也就是后来的刚果（布）共和国。[32] 1882年，欧洲人就意识到有人正在中非地区独立购买大片土地，这引起了很大的恐慌，为此利奥波德除了加快行动别无选择。

意大利人布拉柴以个人名义为法国购买土地，英国人斯坦利为比利时国王买地，这所谓的外交，其实就是淘金热。1884年5月，布拉柴率领4艘独木舟横渡刚果河，目的是赢得金沙萨。但他在那里遭逢斯温伯恩，在过去的4个月里，马库洛正是和他生活在一起。布拉柴想出更高的价钱让当地的酋长废除之前与利奥波德国王的代理人签订的条约，导致了一场不愉快的对峙。布拉柴和斯温伯恩有过一次面对面的谈判，更准确地说是激烈争吵，后来又和酋长的两个儿子发生扭打，最后匆忙离开。对于利奥波德的宏伟蓝图来说，丢掉金沙萨将是灾难性的。这个传教据点不仅是最好的，也是最重要的。因为这里位于商路的交叉点，船只可以靠岸，商队也可以此为根据地，内陆地区与沿海地区在这里往来。马库洛几乎已经忘掉了和布拉柴对峙这件事，但对后面的几代人而言，这件事非常重要：刚果河的北部和西部地区成了法国殖民地，也就是后来的法属刚果，南部地区仍掌握在利奥波德手中。

只是，这个小插曲也突显了利奥波德的致命弱点。武力上，斯坦利可以很轻松地对付布拉柴这样的人，因为他有军队和克虏伯加农炮，而布拉柴基本上是单枪匹马。然而只要斯坦利的据点未得到欧洲其他强国的认可，他就不能开火。[33]利奥波德对此很清楚，从1884年开始，他在欧洲展开空前强大的外交攻势，努力争取欧洲列强认可他在中非地区的私人领地。

利奥波德国王四处寻找突破口，很快他就找到了。

中部非洲在当时已经激发了多方兴趣和野心。葡萄牙和英国就谁可以在沿海据点居住下来、在哪里居住下来有过争吵。斯瓦希里-阿拉伯贸易商从东部推进，刚刚统一不久的德国也渴望在非洲开辟新的殖民地（最终吞并了后来的喀麦隆、纳米比亚和坦桑尼亚的所在地）。不过利奥波德最大的对手显然是法国。这个国家不出意料，最终笑纳了布拉柴兼并的土地，即便一开始有些扭捏，没有主动要求获得这些土地。布拉柴抢占的土地太多了，利奥波德完全有理由愤怒地与法国为敌。不过，利奥波德还是冷静地迎难而上，他的提议是：法国允许他在斯坦利最新开拓的区域内从事自己的活动，作为交换条件，如果利奥波德最后失败了，法国可以享有对他占有土地的优先购买权（droit de préemption）。这个提议对法国而言好得难以拒绝，因为，在当时看来利奥波德失败的概率还是很高的。这就好比一个年轻人发现了一座废弃的城堡，然后用自己的双手去修复这个城堡。他对邻居这样说，如果修复的费用太高我做不成的话，你可以优先购买这个城堡。邻居听到这个提议肯定会很开心。这是一副很巧妙的牌局，还会影响到欧洲其他地区。该协议让葡萄牙有了忌惮，因为阻挠利奥波德意味着法国有可能成为自己在非洲的强邻；另一方面，利奥波德保证贸易自由，英国对此很满意。

欧洲国家围绕非洲展开的激烈竞争呼唤制定新的游戏规则，这就是奥托·冯·俾斯麦（Otto von Bismarck）召集当时的欧洲强国到柏林开会的原因。这个时候的俾斯麦是欧洲大陆最年轻同时也最强大的国家的领导人。柏林会议从 1884 年 11 月 15 日开始，一直开到 1885 年 2 月 26 日。传统观点普遍认为这次会议瓜分了非洲，而利奥波德如愿拿下刚果。实际上，这次会议并不是欧洲各国代表拿着罗盘和直尺瓜分非洲的场合，会议的目的完全相反：打开非洲大门，让非洲拥抱自由贸易和文明。实现这个目的，需要达成一份新的国际协定。英国和葡萄牙对刚果河河口地区的争夺更是说明了这一点。会上敲定了两条非常重要的原则，一是任何国家对领土的申索必须建立在有效占领的基础上（像葡萄牙在过去几个世纪所做的那样，发现一块领土，然后放在那里置之不理，无法再让其他国家服气），二是所有新获得的领土必须向国际自由贸易开放（任何国家都不能制造贸易壁垒、征收过境税以及进出口关税）。事实上，利奥波德很快发现，这些原则意味着殖民化的成本是很昂贵的。如果允许其他国家的商人自由进出，那就必须投入更多资源进行有效占领。尽管有效占领这一原则加速了各国对非洲的争夺，但当时还没有对非洲大陆进行明确的划分。在长达 3 个月的会议中，各国代表会面的次数不超过 10 次。而利奥波德本人，根本就没有去柏林。

然而，各国代表却私下达成了不少协议。全体代表会议是多边外交场合，但会议间隙的咖啡时间却为双边外交提供了契机。实际上，会议开始之前，美国就承认了利奥波德在非洲的领地和他的相关要求，接受利奥波德在这片新获土地上升起自己的旗帜以示统治权威。虽然这听起来很不错，但是当时的美国并不像 20 世纪的美国那样，是国际舞台上的重量级选手。并且，对于究竟谁可以在非洲行动，美国兴趣不大。德国的立场则非常重要。俾斯麦认为利奥波德的要求有些荒唐，因为比利时国王申索的领土面积足有整个西欧那么大，但他只是在刚果河沿岸设立了一些据点而已。这就像一串珠子，珠子本身很少，但线很长，更不用说这条线的两边还有大片空白地带，难道这也可以称为“有效占领”？当然了，作为一个小国的国王，利奥波德并不构成威胁。而且，他也没什么钱，只是对开拓领地满怀热情。更重要的是，他承诺自由贸易（这一点无论是法国人还是葡萄牙人都不能保证），同时他也承诺保护该区域的德国贸易商。

或许，俾斯麦还觉得这片领土可以成为葡萄牙人、法国人和英国人之间的缓冲地带。就像 1830 年的比利时本身，换句话说，现在比利时申索的这片领土可以是比利时的放大版。这会在一定程度上带来和平与安宁，所以他同意了。

会上其他国家的代表除了追随俾斯麦之外，能做的并不多。他们的并不是在正式的会议上，而是在会议期间给予认可的。除了土耳其，其他 14 个国家都同意了，其中包括英国。当时的英国也需要就尼日尔达成一份国际协议，因此无意得罪德国。后来，或多或少作为附属条款，会议甚至同意了利奥波德所梦寐以求的边境线。同意利奥波德新成立的国际刚果协会（the Association Internationale du Congo,AIC）拥有中非地区大片领土的主权。国际非洲协会严格意义具有科学和慈善性质，上刚果考察委员会是商业机构，而刚果国际协会显然是一家政治机构。它拥有不长但非常重要的大西洋海岸线（刚果河河口地区），一处相对狭窄的走廊，接壤法国和葡萄牙殖民地，然后呈漏斗形迅速扩大，向南北扩展数千千米，一直到距离东部大湖地区仅 1500 千米处才停止。这块领地形似管体很短口部很大的喇叭。这一大块巨大的领土，与利奥波德的实际势力非常不匹配。伟大的比利时历史学家让 · 斯腾格尔（Jean Stengers）说："稍加一点想象，人们就可以将刚果国的建立与下面这种情形进行比较，就好比一个人或一个协会在莱茵河上建立了几个据点，从鹿特丹到巴塞尔一路延伸，然后就获得了整个西欧的主权。"[34]

柏林会议结束之时，俾斯麦"称赞"了利奥波德的事业并祝愿他能"快速开拓并取得伟大成就"，全场听众踮起脚尖为利奥波德国王欢呼。他们用这样的掌声庆祝刚果自由邦的成立。

获得了对刚果的控制权后不久，利奥波德在自己的王宫接待了一位英国传教士，这位传教士还带来了9名黑人儿童，既有男孩也有女孩，年龄在十二三岁左右。他们都是马库洛的同龄人，来自比利时国王的最新领地。他们都穿着欧洲人的衣服：脚上穿着鞋子，戴着红手套和贝雷帽，没有赤身裸体。他们为国王唱歌跳舞，就跟在独木舟上一样，国王坐在宝座上，两腿交叠，欣赏这些孩子的表演。他们唱完之后，国王给了每个人一枚金币，并提供了他们返回伦敦的费用。

马库洛对上面提到的一切一无所知，他仍然在斯温伯恩位于金沙萨的传教点，学习字母。天气不错，有些凉爽，微风拂面，轻轻吹过刚果河的河面，他看到一些汽船和独木舟在水面穿梭。遥远的河对岸是布拉柴维尔，那时已成为另一个国家的殖民地，这块殖民地从1891年开始被称为“法属刚果”。18个月，他的人生发生了多大的变化啊！一开始是个孩子，然后成为奴隶，现在是一名家仆。没有人能像他这样亲身经历过历史。他被迫脱离自己出生时所处的环境，被卷入世界政治的洪流，就像一棵小树苗掉进了大河中一样。而这并不是结束。

第二章

“秽物”

利奥波德二世统治下的刚果

1885—1908

1885年6月1日，当利奥波德二世在拉肯的王宫中醒来时，他已经有了另一个身份：除了比利时国王，从那一天开始，他还是一个新的主权国家——刚果自由邦的主人。刚果自由邦延续了23年5个月零15天，直到1908年11月15日正式转变为比利时的殖民地。换句话说，现在，刚果不是一个殖民地，而是一个国家，撒哈拉以南最奇特的国家。

首先，这个国家的元首住在6000千米之外的北方，跨越这段距离在当时需要4周的时间。实际上利奥波德二世本人从来没有走过这段路程。从1885年获得这一头衔，到1909年去世，利奥波德从未踏足刚果。考虑到在当时的条件下，这一行程会给健康造成危险，这一点也不奇怪。其他欧洲国家的元首也没有访问过他们在非洲获得的土地。更加古怪的是，这位比利时国王与他的欧洲同行们不同，他对他的海外领地有着绝对的统治权。德国皇帝威廉一世（Kaiser William Ⅰ）、英国的维多利亚女王（Queen Victoria）以及法国总统儒勒·格莱维（Jules Grévy），从1885年开始也统治着非洲的大片领土，但他们都不是以个人名义拥有这些土地。他们的殖民政策并非个人事务，而是政府事务，并且受到议会和内阁的监督。而比利时国王则是以个人名义统治这个新建立的国家。

从官方角度讲，比利时王国在当时和刚果没有任何关系，只不过碰巧是同一个国家元首。在比利时，利奥波德只是立宪君主，权力有限，而在刚果他却是拥有绝对权力的统治者。拥有这一极端个人化的政权，他更像15世纪刚果王国的国王而非一个现代欧洲国家的君主。而且，从他的行为来看，似乎刚果自由邦就是属于他的帝国。

利奥波德国王能获得如此多的权力，主要依靠耍花招。欧洲的超级大国并不是承认他，而是承认他的国际刚果协会为刚果下游盆地地区的主权管理者。不过，在柏林会议之后，当他绕开这只纸老虎，开始明目张胆地统治刚果自由邦时，似乎并没有人抗议。人们认为他是位慈善家，有很多理想，还有更多手段。

但实际情况却有很大不同。他的理想跟金钱十分相关，他的有些手段也不太靠谱。一开始，刚果自由邦还只停留在纸面上。一直到19世纪末，利奥波德国王在刚果建立的据点也不到50个，这样一来，至少从理论上讲，每个据点的统治面积得有荷兰那么大。但是实际上，大部分领土并不在他的统治之下。加丹加基本上还是在姆西里的手中，在东边很多地区，提波·提普是真正的主人。很多当地酋长也拒绝屈从于他的权威，一直到自由邦终结的那一天，他派出的代表还是很有限。到 1906 年，这个国家总共有 3000 个白人，其中只有 1500 名欧洲官员（其余的是传教士和贸易商）。[1]

没有人准确地知道帝国的边界到底在哪里，这一点说明了他不完善的统治。而最不清楚的，就是利奥波德本人。提到边界，他的想法总是变来变去，当然，在柏林会议之前这是可以理解的，因为那个时候什么都没有敲定。1884 年 8 月 7 日，在奥斯坦德的王室别墅里，他和斯坦利一起，为自己将来的领地绘了一张草图。斯坦利在完成刚果探险后绘制了一张地图，上面只标注了刚果河和沿岸的几百个村庄。正是在这张地图上，国王和斯坦利用铅笔画了一些线条。这些线条的画法十分随意，既没有参考自然地形，也没有参考历史沿革，更没有考虑当地居民变成自己的臣民之后，他们的命运会有什么变化。两个白人，一个留着小胡子，一个留着络腮胡，于一个夏天的下午，在北海边某处碰面，然后在一张纸上用红色铅笔画了几条线。但无论如何，正是这幅地图于数周后获得俾斯麦的批准，从而开启获取国际承认的进程。

1884 年 12 月 24 日，国王再次拿起铅笔。刚果河河口北面的土地就要让给法国了，他曾经对这块土地寄予厚望，如果一定要让出去他会很心痛。作为对自己的补偿，在圣诞前的平安夜，他决定兼并另外一块地方：加丹加。毫不夸张地说，在当时，兼并就意味着钻研地图，像卢梭（Rousseau）虚构的地主一样想着：这是我的（Ceci est à moi）。不需要一兵一卒，这是冒险，而不是闪电战。就是加丹加，必须是加丹加。利奥波德并不是特别开心，因为这里主要是草原，象牙不可能有热带雨林里的那么多。几十年之后，人们才知道这里的地下埋藏了丰富的铁矿石和其他矿产资源，但不管怎么样，利奥波德将它画了进来。

1885 年，法国和英国都同意了新的边界划分。当然，这并不意味着从那以后，这些边界就无可置疑。在接下来的 20 年里，会发生很多领土争端，比如比利时和法国之间的乌班吉（Ubanqi）纠纷，比利时和英国之间的加丹加纠纷，比利时与葡萄牙之间的隆达（Lunda）纠纷，后者与安哥拉接壤。不仅如此，自由邦成立之初的几年里，利奥波德还想向赞比西河的源头、马拉维湖、维多利亚湖以及尼罗河的源头推进，也就是其领地以东的整片土地。利奥波德对领土的渴求是无限的，为什么这么迫切？这个非洲国家的根基还很脆弱，把国内事务处理好之后再寻找别的领地不是更好吗？毕竟他的办法和手段都是有限的，不是吗？事实确实如此，但利奥波德意识到，很快，中部非洲就没有地方可以进一步扩张了。这是可以理解的担忧。他在 1885 年之前占领几十万平方千米的土地有多容易，之后的扩张就有多艰难。直到 1900 年，他进一步扩张的野心仍然没有休止，但没有一项计划是成功的。他把自己的目光投向尼罗河流域，想掘取苏丹的一部分土地，成为新的法老；乌干达和厄立特里亚也吸引着他；在非洲之外，他还想掘取菲律宾甚至是中国的部分领土……

明确的刚果国界只在 1910 年划定过。但不到最后又有什么是确定的呢？1918 年，地图再一次改变，比利时接手托管地卢旺达和布隆迪（这些都是德属东非的一部分）。第一次世界大战期间，刚果的东部边界就已经被打乱了。1927 年，加丹加的一部分又被并进来。

即使到了 2007 年，说起刚果和安哥拉的准确边界，仍然争议不断。

今天，刚果自由邦之所以臭名昭著，不是因为模糊的边界，而是因为压倒性的统治。事实也是如此，1960 年前后，也就是刚果独立前后，刚果动荡不安；1996 年到 2006 年，是这个国家历史上最血腥的时期。然而自由邦建立之初，情况并非如此，1885 年到 1890 年，这段历史相对平静。当时的欧洲人仍以从事象牙贸易为主，对斯坦利 1879 年后建立的据点加以利用。对这个国家本身的统治可以说是极其简单的。

但现实并不总是和谐的。有些地方，当地人毫不掩饰地抵抗外来者，而且这样的抵抗与以往没有什么本质区别。探险队被攻击，当地酋长拒绝升起入侵者的旗帜，他们还会包围政府机构。类似抵抗行为主要出现在边缘地带，比如刚果西南部的宽果、加丹加南部的部分地区以及东北部的韦莱河地区，这绝非巧合。这些地方的传统权力结构并没有被沿河地区的混乱完全侵蚀，强有力的帝国依然存在。这些帝国就像外界所说的那样，最终被强行“安抚”了。[2]

利奥波德国王投入了很多个人财力来扩张自己的领地，特别是用于建立新的据点，这些据点有助于他对自己的领地进行控制。不过，治理的形式是非常宽松的。他并没有设立官僚机制，只是为了维持自由贸易的发展在最低程度上建立了必要的设施。成本尽可能维持在最低水平，而利润则尽可能最大化。他的帝国主义政策很大程度上取决于经济动因，获得的收入不是用于发展自由邦，而是输送到布鲁塞尔。后来，这种举措被视为贪婪，也不是完全没有理由。但这只是故事的部分内容。利奥波德在用他的一个国家，也就是刚果，为他的另一个国家比利时注入新的活力。他梦想着比利时能够经济繁荣、社会稳定、政治地位显赫、民族无限自豪。比利时的国情关乎他的切身利益，是他首先要关心的。如果仅仅把他在刚果的事业视为肆无忌惮的敛财，就忽视了帝国主义政策背后的民族和社会动机。比利时当时还很年轻，并不稳定，丢掉了荷兰林堡以及卢森堡等地的领土，国内的天主教和自由派势同水火，无产阶级也开始闹事。这些因素混合在一起，让比利时变成了一个随时会爆炸的火药桶。利奥波德觉得，这个国家就像一个“没有安全阀的锅炉”。[3] 刚果就是那个安全阀。

博马是刚果这个新国家最鲜明的印证，这一点毫无疑问。1886 年，它成为这个国家第一个真正意义上的首都。今天，时间在那里似乎已经停滞，19 世纪殖民主义留下的痕迹仍然清晰可见，在非洲这样的地方很少。1926 年，首都转移到利奥波德维尔（Léopoldville），博马的港口地位也很快被马塔迪所取代。今天，徜徉在博马的街道上就像在时间长河中旅行。岸边有一棵巨大的猴面包树，树干直冲云霄，估计树龄足有好几百年。往前再走，会发现一家老旧的邮局，建于 1887 年。就像那个时代所有的建筑一样，房子都被铸铁桩柱支起来，既可以防腐，还可以防虫。附近一座小山的山顶上有一个“大教堂”，取名“大教堂”着实是有点夸张，因为这其实是一个很小的礼拜堂，完全是由铁制材料建成。教堂的墙、门窗都是预先做好，1889 年从比利时直接运过来，然后现场拼装，有点像现在的宜家家具。

不过，让人印象最深刻的是1908年建成的总督官邸，官邸同样是建在桩柱之上，也是由预制金属板建成的，但四周有非常漂亮的木质围廊，空间很大，屋顶很高，天花板是石膏吊顶，回廊上还有窗户，窗户玻璃看得出来经过了精心打磨。这里负责整个刚果自由邦的运作。总督的指令下发给各个省长，省长再传达给地区专员，然后一级一级传到基层。各种统计数据、军队训练以及信件签发都在博马完成。这里也建有法院，可以开庭审案。一个政权就这样建立起来。从本质上讲，这里也是刚果与外界联系的纽带。几十年之后，这里的人已经适应了汽船、印刷报纸以及乐队，然后看到了从未见过的奇怪物事：汽车。一位英国工业家将一辆奔驰车运到这里，几年之后又运来一辆美国汽车。现在的博马当地居民会告诉你，把这些车子运到这里来是为了取悦他的妻子。这是刚果最早的两部汽车。今天，这两辆汽车的残骸仍然停在那里，尽管已经锈蚀斑斑。

不仅博马的居民接触到了欧洲的生活方式，在这个国家的很多地方，年轻人都开始进入服务业，成为白人家里的“童仆”（boys）。正是通过这种方式，他们进入白人的卧室、厨房，发现白人并没有睡在地上，而是床垫上。他们帮主人收拾脏衣服，洗掉衬衣上的汗渍和内裤上的尿迹。他们在白人住房的墙壁上，看到了各种照片，一些黑人后来还跟他们的朋友如此谈论这种东西：“我在白人的屋子里，看到有人挂在墙壁上，但不会说话，一直保持安静，事实上，这些就是死人。白人囚禁了他们。”[4] 多么诡异的认识。这些童仆们不理解他们的老板为什么每天都会吞食药丸，他们为什么不直接用手吃东西，为什么看到眼镜上有脏点就生气，为什么在吃鱼的时候总是把鱼头留在盘子上，（难道这不是鱼身上最美味的部分吗？牙齿咬碎鱼骨头，把鱼眼睛吸到嘴里时发出的声音响在耳边，是多么美妙）。晚上，他们看到白人在灯下写作，抽着一根管子，戴着眼镜，奇怪，这一切是多么奇怪。童仆们学着按照西方人的方式烧饭，然后摆桌子，刷盘子，铺好床。他还必须确保熨衣服的时候不会在衣服上留下烫坏的洞眼。熨衣服，多么奇怪的习惯。老板外出的时候，他们一般都跟着去，因此会去一些自己根本不知道的地方。做得好的童仆会得到奖赏，但绝对不会得到自由。利奥波德曾经发誓要终结非洲阿拉伯人从事的奴隶贸易，但其实从本质上讲，一个中部非洲的黑人到阿拉伯半岛某个家庭当奴隶，和在刚果某个欧洲官员家里当仆人没有什么区别。

这就是斯坦利把马库洛托付给斯温伯恩之后，马库洛过的生活。他的生活本来可能更糟，不过还是挺幸运的，因为斯温伯恩很有耐心，也很友善，金沙萨的传教点也非常舒适。但无论是他还是他的主人都没有猜到他们的生活将会被残酷破坏，但是利奥波德二世正准备要这样做。

比利时作为一个国家可能与刚果自由邦的建立并没有直接联系，但国王开始将自己的臣民派到刚果。比利时军官率领探险队，比利时外交官代表他在桑给巴尔岛建立领事馆，沿刚果河建立的传教据点也渐渐由比利时人领导。斯坦利任命的英国助手逐渐淡出，英语作为行政语言也让位于法语，尽管有些地名的英文说法还保留着，像海滩（beach）、瀑布（falls）、湖（pool）等。有些单词，比如汽船（steamer）以及童仆（boy）等从未消失，部分原因是英国和美国传教士的影响。沿河居民所用的林加拉语也受到影响，比如“书”是buku，动词“beta”的意思是“打”，其实是英文中“beat”的误用。

柏林会议一结束，利奥波德国王用得到英国人的地方就越来越少了。更重要的是，他被迫向法国人承诺永远不会在刚果自由邦为斯坦利安排高级职位，因为在法国人眼中，斯坦利是罪恶的化身，曾经阻止了布拉柴的计划。[5] 1886年，利奥波德任命卡米尔·詹森（Camille Jansen）为首任比利时驻刚果总督，刚刚成立不久的国际刚果协会也成为由比利时人主导、管理的协会。1900年在刚果的3000名白人中，有1700人是比利时人。[6] 这些人很清楚自己极可能在这个地方丢掉性命，但他们还是希望在这里获得荣誉、名声和金钱。比利时人萌生的激情并不显著。在欧洲，比利时人民缺乏帝国热情并不是因为君主以个人名义执掌海外领地，他很可能从来没有成功地激起过国民的热情，但由军官、外交官、法学家和记者组成的城市精英群体却确实让他的计划得以升温。一些城镇里，出身中低阶层的年轻人梦想着过上一种充满英雄色彩的生活，像士兵、政府官员和传教士那样自豪。

但对于安东尼·斯温伯恩这样的人来说，这种比利时化是一剂苦药，这个让避免金沙萨落入法国之手的人，他一直静静地盼着自己被任命为省长，最后却只得到表扬就被解雇了。[7] 对于他的两个非洲童仆来说，主人被解雇的机会只有百万分之一。他们主人的雇用合约在1886年就终止了，斯温伯恩回英格兰时还是将这两人带在身边。如此一来，马库洛，曾经是提波·提普的奴隶，本来很可能会被送往桑给巴尔岛，再从那里被转运到阿拉伯半岛或印度，如今却突然发现自己身在欧洲。

> 看到大海和那么大的船真是恐怖。船起锚开始渡海时，我们晕船了，有些呕吐。尽管后来我们得到了精心的照顾，但整个航程里都没有恢复过来。过了很多天，我们到了英国。欧洲对我们来说就像一个梦境，我们难以相信自己身处真实的世界。建筑很高大，街道非常整洁，到处都很干净，屋子里都装饰得非常精美。在我们住的房子里，有一种放食物的柜子，食物放在里面很长时间都不会变质。白人过的生活和我们非常不同，每天我们都很开心，唯一让我们有些受不了的是这里比较冷，但他们会给我们穿上比较厚的衣服。[8]

马库洛是1900年之前为数不多的抵达欧洲的刚果人之一，这个群体的总数大概也就几百人。传教士偶尔会带一些孩子一起返回欧洲，作为活教材和义卖活动中的宣传资料。为了激发这些年轻的非洲人对工业的兴趣，让他们更加勤奋，带他们过来的欧洲人会领着他们到船坞、煤矿以及玻璃厂参观。少数人还被送到威尔士的刚果学院学习，在英国的科尔温湾，浸信会传教士威廉·休斯为刚果人开办了一个训练营，1889年到1908年间，12个刚果人响应他的号召离家前往欧洲。[9]另外，1890年，大约有60位刚果年轻人，包括男孩和女孩，被送往比利时的海泽海姆，在东边的弗莱明村接受教育，备受尊敬的神父范·伊姆佩（Reverend Father Van Impe）负责给他们上课。男孩子上寄宿学校，女孩子则在当地的修道院，他们穿着蓝白的水手服。[10] 其他的刚果人被当成人类学展览的“活道具”，比如生活在刚果丛林中的矮小黑人，他们特别受马戏团和展会的欢迎。在 1885 年举办的安特卫普世界博览会（Antwerp World's Fair）上，人们可以参观“黑人村”（Negro village），其“居民”就是 12 名刚果人。1894 年，这个数字增长到 144 人。不过最大的前往欧洲的刚果人团体有 267 人，他们 1897 年去了比利时的特尔菲伦(Tervuren)，在殖民地展览中被当作的异国特色展出。主办方在公园里的池塘边为他们搭建茅草屋，白天他们就在茅草屋里供游人参观。成千上万的比利时人都来这里，想亲眼看一看“黑人”是什么样的。

除了领略西方世界的各种奇观之外，他们在欧洲还要忍受气候带来的挑战。在潮湿的夏天，去特佛伦的刚果人中有 7 人死于流感。卢图努，以前也和马库洛一样是奴隶，他后来成了白人的童仆，和其他几个孩子一起于 1884 年至 1885 年的冬天来到英国，带领他们的是英国浸信会传教士托马斯 · 康博。他们有些人后来犯了耳痛和嗓子痛的毛病，但拒绝服用西药，因为他们认为西药可能致盲（在他们见过的白人使用奎宁对抗疟疾的病例中确实如此）。不过，即使没有德高望重的传统非洲医师，在利物浦也没有用于祈祷仪式的棕榈油，他们还是用传统方式治愈了彼此。[11]

1895 年，一位名叫布堂古（Butungu）的年轻人和另一名浸信会传教士约翰 · 威克斯一起前往英国，布堂古曾经在赤道丛林地带的一个传教点接受过教育，会读会写。他回去之后讲述了很多亲身经历的跟蒸汽船、晕船以及咸水有关的故事，也就是跟海有关的故事。他用自己的母语博罗基语（Boloki）将这些记录下来，这是目前已知的、由 19 世纪刚果人所记录的唯一文本资料。[12]

我看到了很多东西：山羊、绵羊和牛。他们的国家什么都有，如果你不信的话，可以看看他们的城市，那就是他们生活的方式。他们的村庄也非常干净。有一天我们去参观一个步枪展，看到子弹打到空中然后在阳光下爆炸……冬天来的时候，会看到碎屑一样的东西从天而降，我问他们“这是什么？”他们告诉我：这是雪。落到脚下的时候，形成了雹块，但真正的冰雹是硬的，而这是软的。那也就是一年的末端。有 6 个月天冷，另外 6 个月阳光灿烂……所以他们的国家和我们的根本不同。我一条蛇都没有看到过。他们养的小动物我们国家其实也有，但他们不会把那些动物养在自家院子里，尽管他们的屋子里也有蟑螂、老鼠和猫。他们会把所有动物关入栅栏，你穿过栅栏就能看到了，有些人甚至会为动物建一个房子。只有马才能自由活动。

布堂古在英国待了一年半，除了看到农场、雪花以及焰火之外，他还参观了伦敦城，见识了这里的人制作的很多东西。这就是他在英国的经历。而关于自己回到家乡的故事，他描述得比较动情。

我到教士大人的家里，自言自语了一阵。我在村子四周转，看到了母亲，我说：“那真的是我母亲。”我走近她，叫她，她问我：“布堂古在哪里？”我回答说：“我就是。”

她接着说：“你回来了？”我说：“是的。”我们一起走过村子，很多人出来和我们打招呼。

任何去过“神秘”欧洲的人，回来后都会把他的故事讲上一百遍不止。父母和孩子们对他说的每一句话都很有兴趣，希望他能讲更多细节。实际上只有很小一部分人去过欧洲，但只要讲起欧洲的故事，全村的人都会仔细听，比如他讲起第一次坐火车的经历：“火车快得像飞一样，简直难以置信。”那些一直待在家里的人仿佛看到这个奇怪至极的东西就在眼前。除了衣服和衬衫之外，那些从特佛伦回来的人还会带了帽子、胸针、拐杖、哨子、手表以及绑带、项链、锤子、锯子、斧子、鱼钩、咖啡壶、放大镜等物品，放大镜可以用来点火。有些人甚至在特佛伦还买下一只狗。年轻的卢图努在结束欧洲之旅之后甚至还乘船到了纽约，在那里他和一位传教士的妹妹走得很近。当他离开时，这位传教士的妹妹送给他一件非常特别的礼物：一辆自行车。卢图努将自行车带回刚果，这是中非地区第一辆自行车。

很多白人觉得，将自己的黑人童仆带到欧洲是很便利的，不仅会引来一些关注，而且这些孩子也能受到教育。不过，还是要小心。因为年轻人的学习能力比较强，可能在你不知道的时候他就已经学到了太多东西。英国传教士乔治·格伦菲尔曾经带着一个男孩和一个9岁女孩一起回到英国，但不忘警告白人：“如果我们对他们过于关心，将来要想让他们回归原来的角色就会比较困难。”[13] 比利时的社会主义者埃德蒙·皮卡德（Edmond Picard）曾经嘲笑这些把自己的“模范童仆”带回国的殖民官员，“通常不需要很长时间，这些聪明的小孩就会让那些不够谨慎的主人感到绝望，因为他们对我们精致的文明以及我们这里女服务员的待遇知道得太清楚了。”[14]能够去欧洲的刚果人毕竟有限，旅行未必会让一个人变得行为放荡，但很明显会让他有些桀骜。这一点在之后会体现得很明显。第二次世界大战结束之后，刚果老兵在1945年回国时开始厌恶殖民当局，1958年参观完布鲁塞尔世界博览会后回国的知识分子和记者开始梦想独立。

马库洛也回去了。斯温伯恩虽然不再为自由邦工作，但他和这里的关系并没有断，他决心在刚果从事贸易，和另外一个被利奥波德国王解雇的英国人爱德华·格拉夫（Edward Glave）一起，他们做起了象牙生意。他一抵达金沙萨，当地的刚果人就向他提供象牙，有时候他的房子里会堆有不少于60根象牙，每一根的重量从10到50公斤不等。很快，斯温伯恩就有了自己的蒸汽船，可以溯流而上。在上游地区他能买到更便宜的象牙，有时候价格会便宜近三分之二。[15]当然，他不是从事象牙贸易的唯一商人。这种沿河的贸易形式，曾经被当地人垄断了几乎4个世纪，如今并未完全被欧洲人接手。利奥波德推行的自由贸易政策很快就让欧洲人的贸易圈取代了原有的贸易网络，欧洲人的贸易据点和仓库建立起来，穿行于大洋之间的蒸汽船停靠在马塔迪港，用吊机将象牙装船。在安特卫普，有囤积象牙的大仓库。1897年，出口到欧洲的象牙高达245吨，是那一年世界象牙产量的一半。安特卫普很快取代了伦敦和利物浦成为全球象牙贸易的分销中心。[16]在西方国家，钢琴等乐器的琴键都用刚果象牙来制作，在一些沙龙里，台球和多米诺牌也是用非洲雨林地带的原材料制成的。中产之家会购置一些用非洲原材料制成的家具,家具上面甚至还会打上“非洲木材”的标签。一到周末，人们走出家门来到户外，所用的拐杖或者雨伞的伞柄也可能是象牙做的。国际自由贸易就这样挤压了当地贸易发展的空间。

以儿童和十几岁的青少年为主，他们逐渐对欧洲的生活方式熟悉起来。年轻男孩儿给白人家庭当“童仆”，年轻女孩儿给白人当“女仆”（menagères）。这里所说的“女仆”和传统意义上打理家务的仆人还不太一样，主要负责解决男主人的荷尔蒙问题。因为白人认为，欧洲女人不太适应热带雨林的气候，同时还有一种观点认为太长时间没有性生活对男人的工作热情和总体生活而言都有不利影响。因此，社会对于白人在当地找情妇的做法有很高的容忍度。1900 年，刚果有 1100 名白人男性，但白人女性的人数只有区区 82 人，而且其中有 62 人是修女。[17] 因此，很多男人与一名甚至多名非洲本地女性长期保持亲密关系，有些人甚至公开称自己的女仆为“妻子”，其他白人男性则过着非常放荡的生活。通常被选作女仆的都是十二三岁的女孩子。另外，通常来讲，“真感情”和“卖淫”之间的界线并不明显，欲望和真爱并行。这种男女关系一般都是不对称的，比如女仆会和男主人睡在同一个蚊帐下，但女仆通常会主动或被迫睡在地上。

传教士当然会比较厌恶这种现象。欧洲人在刚果时，去教堂做礼拜的频率远比在欧洲本地时低，博马的小教堂用来容纳周日做礼拜的人绰绰有余。罗马天主教的仪式只有在葬礼上才会举行，马库洛曾亲眼见过这种仪式。那是在 1889 年，他从欧洲回来后不到三年。

他的主人斯温伯恩染病倒了，大腿疼痛难忍，健康状况迅速恶化。在这种情况下，马库洛和朋友一起把吊床做成临时担架，赶紧抬着他前往博马。路上，他们在贡贝（Gombe）的传教点稍作停留。在这里，英国传教士乔治·格伦菲尔还照顾了斯温伯恩两个星期，但病情未见好转，他们不得不再次出发，在荷兰人位于恩顿加（Ndunga）的贸易点——由作家扬·赫瑞斯霍夫（Jan Greshoff）的父亲安东·赫瑞斯霍夫（Anton Greshoff）管理——斯温伯恩去世了，年仅30岁。“我们在贸易点碰到的白人都忙着为他准备葬礼，所有白人都穿着很正式的衣服，也有一群黑人参加了葬礼。”他说，“那一天我们觉得那里是这个世界最令人伤心的地方，我们不清楚自己的生活是否会得到进一步支撑，我们没了想法。”[18]

葬礼之后，安东·赫瑞斯霍夫决定将这两个男孩带回格伦菲尔的传教点。格伦菲尔就是一个传奇人物，他的名声一方面来自于他对传教的极端热情，另一方面也是因为他对探险非常狂热，更重要的是，他将两者完美结合。1879年来到刚果，他是第一批抵达中部非洲地区的欧洲传教士中的一员，1906年也在此去世。看起来，此人似乎对于所有热带疾病都有免疫力。从1884年开始，他驾驶自己的蒸汽船“和平”号沿刚果河溯流而上无数次，还考察了一些之前没被人考察过的刚果河支流。两年时间里，他在刚果河的行程达到有2万千米，足迹遍布乌班吉河、开塞河和宽果河以及其他支流。经过一系列探险，他绘制了地图，设立了据点。事实上，他是继斯坦利和利文斯通之后，第三个最伟大的致力于刚果的探险家。马库洛的命运真是曲折，他之前被提波·提普抓起来变成了奴隶，后来又被斯坦利买过去，然后成为斯温伯恩的童仆，现在18岁左右的他和朋友一起，又成为格伦菲尔这个19世纪刚果最著名的传教士的助手。

> 格伦菲尔接纳了我们，就像他已经认识我们很久了一样。他把我们带到他的船上，我们就这样又回到了河上。我们去过刚果河上游地区很多次，也去过一些支流。一开始我们并不理解为什么要在河上来来回回，他向我们解释之后我们才知道，这样做的目的是要探索这条河流，研究不同的区域，为建立传教点做准备。[19]

这些传教士非常勇敢。当很多欧洲人在刚果过着放纵的生活时，他们却在积极反对一些当地的野蛮习俗，比如殉葬、毒杀、奴隶制以及一夫多妻制等。这些主张当然都是主观性的。许多当地居民完全不会因为要皈依基督教而感到焦虑，马库洛知道其中的原因：

> 当船抵达博罗波（Bolobo）的时候，很多村民都聚集到河岸，他们口中叫喊着，手中挥舞着斧子以及其他各种武器。他们认为我们的到来不怀好意，我们是来掠夺的。为了向他们表示我们来这里不是为了打仗，宾特利女士（另外一位传教士的妻子）抱起她的孩子，把他举到空中给村民们看，这是村民们第一次看到白人妇女和白人孩子。他们充满了好奇心，放下武器向我们走来，然后热情地迎接我们。船也平静地靠岸。[20]

博罗波成了最重要的传教点之一。由于没有白人小孩，这些新教传教士们就起用当地的小孩。格伦菲尔每次出去都会带上自己的“孩子”，他们为蒸汽船开路，有时候也充当翻译。作为被解放的奴隶，在尚未基督化的地区，他们通常会说土著语言。在雅库苏（Yakusu），传教士的活动显然得益于一个已经皈依基督教的本地女孩。当地的村民认出了她的文身，知道她原来就是他们中的一员。[21]因此，传播宗教并纯粹是白人向黑人传教，黑人也参与传教活动。马库洛就发挥了这样的中介作用。他于 1894 年受洗，之后推动基督教的传播，并取得了一些成功。在信中，格伦菲尔曾经这样写道：“马库洛……工作做得不错，给本地人留下了非常好的印象。”[22]

和格伦菲尔一起外出的过程中，马库洛第一次回到了自己的故乡。和父母团聚的场面是感人的，失去的孩子回来了这个消息在当地传遍了。亲戚们赶紧杀羊、杀狗准备庆祝，有人还提议杀掉两个奴隶。“我看到这样的场面非常愤怒，在我的部族居然还存在如此野蛮的风俗。”他激烈抗议，甚至释放了这两个奴隶，这多少让他的邻居感到困惑。“他们很多人对此非常惊讶，不明白我为什么要去怜悯这些奴隶，有人甚至指责我阻碍他们品尝美味的人肉。跳舞庆祝一共持续了两天，中间没有停过。”[23]马库洛现在夹在两种文化之间，他仍然忠诚于自己的部族，但同样也忠诚于新的信仰。

已经挣脱旧习俗并信守新道德规范的，并非只有马库洛一人。第一批受到欧洲传教活动影响的居民，往往是那些被自由邦官员带离冲突地区的孩子。他们未必都是奴隶贸易的商品，部分人实际上是部落暴力的牺牲品。比如来自开塞的伦根尼 · 多卡斯（Lungeni

Dorcas），她被邻近的巴松部落（Basonge tribe）抓获，亲眼看到她的母亲和兄弟们被打，她最小的弟弟还是个孩子，直接被摔死在地上。她的口述是那个时期留下来的为数不多的女性记录之一。

> 几天之后，我们听说一个白人会来攻打我们的敌人，然后解救我们。抓我们的这些人听到这个消息之后开始出售囚犯。之后，白人真的来了，他是政府派来的代表，带了一批士兵过来。他把村子里的酋长叫过去，然后说要释放所有奴隶，其中还包括酋长的臣民。他让部落里的人将一个盒子打开，里面装有各种各样的珠子、项链以及铜币和纺织品。看到这些东西我们惊呆了，真的非常漂亮。我们被介绍给这位欧洲人。他把我们解救之后，又把我们带到了卢桑波（Lusambo）。当天又有一个白人开着一艘船抵达那里，官员们再把我们交给他，正是他把我们带到了新教在金坦博的传教点。在那里我们碰到了很多来自不同部族的男孩和女孩，他们和我们都一样，都是被“赎”到这里的。[24]

这段记述具有不可低估的重要性，因为它向我们详细描述了传教点是如何通过政府的干预获得第一批信众的。此外，它还讲述了刚果第一批跨种族社区是如何建立的。这些年轻人对彼此的语言和文化完全不熟悉，现在突然生活到了一起。孩子们渐渐长大，传教士们甚至更进一步，变成了多元文化的“红娘”。多卡斯说：“为了避免将来出现一些复杂的问题，传教士希望我们只与那些已经皈依基督教的男孩结婚，这些男孩也是他们抚养长大的。”从她个人的例子来看，这意味着和一个老相识结婚，“这就是为什么他们安排我和马库洛结婚的原因。而且我们后来真的结婚了。”[25]

对于上一代人来说，要和一个出生在800千米之外的人结婚，是不可想象的。但现在他们已经有了6个孩子：3个男孩，3个女孩。传教士们尽量淡化部族意识，让人们跳出自己的村庄这个小圈子，同时，他们大力推广的核心家庭观念。

自己的部族仍然存在可怕的野蛮主义，这个事实令新婚的马库洛深感不安。[26]他向格伦菲尔提议要建立一个自己的传教点。1902年他实现了这一目标，传教点位于亚勒姆巴（Yalemba），这是刚果首批由黑人管理的传教点之一。格伦菲尔有时会到这里来。经过这么多年的游荡之后，马库洛终于回家了。

> 我回来的目的是帮助我自己的部族，保护他们，为他们带来文明之光……我决定让村里的所有居民都到传教点和我一起生活。从我自己的家庭成员做起：我的父亲、母亲、姐妹、兄弟以及侄儿侄女。一开始，其他村民并不想离开他们的村子，后来，经过很大努力，我才说服了他们来到这里。[27]

黑人传教者在两个世界之间搭建起了一座桥梁。老恩卡西曾经告诉过我这些事情，他父亲最小的弟弟约瑟夫·辛加就和新教传教士威尔斯先生一起去了帕拉巴拉，在那里就成为传教者，吸收了欧洲的知识和观点，熟悉基督教的公元历法。“正是因为他我才知道自己出生在 1882 年。”恩卡西说。[28]

同时，天主教会也在积极行动。早期主要是圣父会和白父会在进行传教活动，柏林会议之后，天主教会的传教工作很快获得了新动力。利奥波德国王已经将开拓刚果的行动主导权从国际非洲协会撤出来，转而主要依靠比利时人，并给予比利时传教士优先权，而比利时的教会无一例外都是天主教。1886 年，教皇利奥十三世（Pope Leo XⅢ）宣布将刚果自由邦内的任务交给比利时人，这位教皇和利奥波德国王的关系非常不错。白父会原本是一个法国 - 阿尔及利亚教会，现在也只派遣比利时人。年轻的圣母圣心会会士、耶稣会士、特拉普派修道士、方济各会修士、耶稣圣心会神父、宝血女修会修女，从无数个比利时村镇出发前往刚果，他们对刚果进行区域划分，在各自的区域传教。来自英国、美国和瑞典的新教徒仍然很活跃，但已经丧失了部分影响力：他们被迫遵守这个新国家的规定，并且学会与天主教传教士相处，这些天主教传教士总会去纠缠、拉拢那些已经皈依新教的信徒。

新教徒在传教的时候倾向于做个人工作，因为他们的教义强调个人与耶稣的联系，而天主教教徒从一开始就从团队入手。他们看重集体的信仰，但问题是怎样才能找到这样的群体呢？再一次，他们把孩子视为突破口。和新教一样，他们的第一批信徒也是被国家释放并委托给他们的儿童奴隶。在基姆恩扎（Kimuenza）传教点，1893 年，耶稣会士开始传教，对象包括 17 名被释放的奴隶、12 名来自班加拉部落的工人、2 名来自沿海的木匠、2 名士兵及其妻子，主体是政府从阿拉伯奴隶贸易商手中没收的 85 名儿童。这些人在一起，组成了一个殖民地学校（une colonie scolaire）。两年之后，1895 年 4 月，这个地方已经聚集了 400 名男孩和 70 名女孩，甚至还有 40 名幼童，年龄只有两三岁。1899 年，这个传教点修建的教堂足以容纳 1500 人做礼拜，教堂有三扇窗，都是挡光玻璃，还有两口大铜钟，其中一口有 200 公斤重，另一口则重达 600 公斤。这两口钟是在比利时铸造的。就算在距离传教点还有两个半小时路程的地方，钟声也清晰可闻。[29]

政府的帮助是必要的，但是政府和教会的联系，远远不止是政府向教会提供一些新的信徒这么简单。基姆恩扎传教点建立之时，一位官员将当地的村落酋长召集起来，告诉他们传教点享受政府的特别保护，因此他们无须犹豫，可以将鸡、木薯以及其他物资卖给教会。[30] 政府甚至会负责维持殖民地学校的运营，条件是每 5 个完成学业的孩子当中应该有 4 个加入治安部队（Force Publique），也就是自由邦军队。再清楚不过的一点是：耶稣会士要为耶稣而战，同时也要为利奥波德国王而战。这种学校就相当于比利时军事学院。

> 这些黑人小男孩必须敬礼甚至走正步……每天的例行学习没什么不同，大约早上五点半，听到铃声之后迅速起床、洗漱，然后祷告，祷告完成后吃早餐。大家到食堂前的广场集合，孩子们一队一队排列好。教官喊“注意，安静！”，立刻就安静了下来；喊“向右转！”，队列前进，安静整齐

地走到桌前；喊“坐下！”所有人都坐下来，最后是大家都急切地想要听到的命令：“吃！”[31]

过了一段时间之后，这种殖民地学校也暴露了其局限性：奴隶小孩的来源出现了断流。钟声传得再远，在毕业生都进了军营之后，附近“野蛮人”（heathen，亦指无宗教信仰者）的皈依便不再持续了。所以，耶稣会士采取了一种“教堂寄养”（fermes-chapelles）系统：在村庄附近，他们会建立新的据点，当地的孩子可以到这里，在相对隔离的环境里学习祷告、读书、园艺。重点就在于“相对隔离”：在足够长的时间里，让他们离开自己熟悉的文化，避免倒退，再次堕落成“野蛮人”。“如果教化这些黑人时，还让他们生活在原来的环境中，那就和救一个溺水者时仍然让他的头埋在水下一样”，这是一个非常形象的类比。[32]另一方面，他们在日常生活中吃得不错，也穿得不错，这种新形象必须要让别的村民看见，也就是那些半裸的村民。这样做能激发人们的羡慕之情，而这种情感的产生是非常有用的。进入传教点变成了一种获取物质福利的手段，当地酋长每带一个孩子到教堂农场就会收到一件礼物。毫不奇怪的是，当地会有人说：“白人，来我们村里，把你们的房子建在这里，传授我们白人的生活方式。我将会把我的孩子交给你们，你们会把他们变成黑皮肤的白人。”[33]

传教点变成了大型寄养所，也是展示不同生活方式的橱窗。受洗人数飞速增长，1893 年到 1918 年间，单是耶稣会士吸收的信徒就超过 12 000 人。1896 年，他们位于基桑图的传教点，一共只有 15 头牛，但到 1918 年，这个数据变成了 1500 头。不仅如此，这里还多了一个木匠店、一个小医院，甚至还有一个小型印刷厂。[34] 那些完成学业的人仍然待在传教点，并在那里结婚。他们可能一直待下去，作为农民、木匠或印刷工人，并在那里安家。和新教的传教点一样，这些新形成的村庄并不受当地酋长的管理。维系传统村庄系统的各种联系和团结因素逐渐被一夫一妻制取代。其他修道会也效仿这种做法。不过，这种做法也受到一些激烈的批评，因为以增加受洗儿童的数量为目的，一些传教士甚至采取极端手段。他们宣称一些孩子是“孤儿”，而实际上这些孩子在当地有很多亲戚，完全可以按照非洲当地传统收养他们。一旦有孩子患了昏睡病，这些传教士就会将他们集体带离村庄，“结果是灾难性的，”一位经历过那一时期的人士说道，“引起了当地人对我们的仇恨。”[35]

和善的传教士也有卑劣的一面。和当地人打交道的时候，他们笑容满面，非常友好，但在对付当地土著宗教的各种圣物时，则完全是另一个样子。比利时传教士古斯塔夫·范阿克尔（Gustaf Van Acker）在解释他如何对付本土宗教的圣物（包括“骨头、头发、牙齿、动物粪便、数以百计的秽物等”，都是他在当地“路边”的一些“破屋”里发现的）时，说了这样的话：

> 为了不叨扰当地人，同时保卫我们的研究成果，我们不能抵制所有邪恶的秽物；我们必须要抑制自己的憎恶，只有独处的时候，才把这种憎恶宣泄出来，将这些污秽之物毁坏。我希望有一天我们能够公开行动，在奥罗利亚（Oeroea）全境，

在所有村庄、所有街道上，用真十字架取代这些地狱的标志、恶魔的象征。唉，我们做了那么多工作，只换来十分有限的信徒。[36]

一些传教士通过这种方式销毁了数千个当地宗教的圣物。

在博马，我非常有幸能够与当地几位年长的居民交谈。维克托·马逊达（Victor Masunda）已经87岁了，双目失明，但他把父亲的故事记得非常清楚。[37]“我父亲看到的第一个传教士就是纳塔里斯·德科林恩（Natalis de Cleene）神父，”他说道，当时我们一起坐在他阴暗的起居室里，喝着芬达，“这位神父来自比利时根特，身材高大，是圣母圣心会会士。就是他在博马设立了殖民地学校，取代了耶稣圣心会神父建立的传教点。因为利奥波德国王请教皇派遣比利时传教士，所以圣母圣心会传教士就来了。”

马逊达了解他的历史。更重要的是，这个传教士的名字他记得完全准确。我后来在圣母圣心会会士所记录的文件中找到了这位传教士的名字。德科林恩在当时是非常有名的传教士。

“四五年以后，这位传教士骑马离开了这里，前往马永贝（Mayombe）丛林传教，当时我的父亲和母亲都住在丛林里。父亲15岁，他是在1901年12月受洗的，属于第二波受洗的学生，学号是36B。我母亲1903年受洗，三年之后他们结婚，离开了村庄，在传教点的工作营里住了下来。”

我问马逊达：“他们为什么要这样做？”

他大笑几声，或许是为了掩饰自己的不好意思，回答道：“丛林里没有椅子坐，传教点也一样，人们都坐在树干上。他们吃的全是香蕉、山药和豆子，但有个传教士给了我父亲一支枪，有了枪之后就可以捕猎，打羚羊、野猪和河狸。”几乎是一个世纪之后，他仍然还在称赞这些传教士。“在丛林里他们穿的是破布片，但到了传教点后我父亲得到一条短裤，我母亲也有了一件工作服。他甚至学会写东西。那里有来自各地的孩子，他的母语是基尤贝语（Kiyombe），但在那里他还学会了林加拉语、斯瓦希里语和奇卢伯语。”

几天之后，在一棵小小的芒果树下，我和73岁的老人卡米尔·马南加（Camille Mananga）聊天。他同样来自马永贝，同样已经失明。他跟我讲起的不是他的父亲，而是他的祖父。“他从来都不想受洗，就喜欢爬棕榈树、榨棕榈油。他有4个妻子和很多小孩，传教士们要求他只能有1个妻子，但他觉得自己对这些妻子都有责任。不过，他从来不和传教士们争吵。”[38]很明显，要想让成年人改信基督教，确实更有难度。

新教传道者和刚果自由邦的关系没有那么紧密，但也并非完全独立。1890年，当刚果自由邦要求征用格伦菲尔的蒸汽船参与同非洲阿拉伯贸易商之间的战争时，他表示强烈抗议。他们怎么可以用他的“和平”号来发动战争？这艘船的名字足以说明他的反对理由。但一年之后，他接到了利奥波德国王下达的个人命令：勘察刚果自由邦和葡萄牙殖民地安哥拉之间的边界。格伦菲尔非常乐意执行这项任务。这个地区不仅被卷入到国际冲突之中，也是反对新政权的起义势头最猛烈的地方。格伦菲尔这位英国牧师，在400名治安部队的护卫下，去这个地区勘察、绘制图表，平息叛乱。他得到国王的授权，有资格签订条约指定边界。马库洛也参与了这次辛苦而危机四伏的旅行，他说：“这是我经历过的最痛苦、最危险的一次行程。政府给我们提供了军事装备和护卫人员。”马库洛也注意到政府和教会之间很明显存在利害关系。在这次行程中，马库洛穿治安部队的制服、灯笼裤，头戴治安部队的毡帽。[39]

年轻人接触刚果自由邦的最后途径就是武装部队。这支殖民地治安部队成立于1885年，白人军官持有不可撼动的领导权。军官绝大多数都是比利时人，当然也有意大利人、瑞士人和瑞典人。毫无例外，军队中最优秀、最有价值的步兵都是桑给巴尔人。他们当中有一部分曾跟随探险者，另一部分则是来自尼日利亚和利比里亚的雇佣兵。这些西非士兵有着不错的名声，他们值得信任且勇敢善战。1885年末，第一批刚果本地人应征入伍，一共10个人。他们在雨林地带被班加拉人招募，然后被带到博马。班加拉人本身就是好战的民族，接下来几年里还会有很多人应征入伍。他们使用的语言林加拉语随即迅速传播，终于有一天成为这个国家西部地区最重要的语言。

作为刚果自由邦的首都，博马也是这个国家首个有守备部队驻防的城市。在这个城市里，一开始完全没有时间概念的年轻人，学会了按精确的时间生活。这些新兵早上6点钟起床，晚上9点睡觉。刺耳的号角声将一天分成了几个时间段：操练、点名、巡游和休息。每个人都毫不动摇地遵守军队纪律。他们还学会了射击、护理枪支、行军，有的人甚至还学会了弹奏军乐。但是严格的纪律无法掩饰显而易见的缺陷。比如骑兵没有马只能骑驴，准确地说一共也只有 17 头驴；炮兵有一批克虏伯大炮，却没有移动目标进行训练；士兵练习射击是只好拿成群的羚羊当靶子。[40] 但不管怎么说，治安部队对刚果自由邦而言是很重要的存在。在刚果自由邦成立的前几年，利奥波德国王几乎将他可支配预算中的半数都拨付给了这支军队。对很多年轻人而言，进入这支军队，可以最直接、最快速地了解这个国家。1889 年，招募的新兵一共 1500 人；到了 1904 年，这个数字上升到 17 000 人。在刚果自由邦存在的最后一段时间里，治安部队一共有 25 000 把阿比尼带刺刀步枪、400 万发子弹、150 门加农炮、19 挺马克沁机枪，这些武器足以使它成为中非地区最强大的一支常备军。[41] 和比利时国内的规定不同，年轻的刚果士兵可以将妻子带到军队，妻子甚至还能领到一份津贴，如果生了孩子则另有补贴。军队也和传教点一样，通过这种方式起到了推行一夫一妻制和核心家庭观念的作用。[42] 于是，便出现了真正意义上的军事家庭。

2008 年，我在金沙萨见到了尤根 · 约卡（Eugène Yoka），他已经担任空军上校几十年，可以追溯到这个国家刚开始有战机的时候。在蒙博托（Mobutu）时代，每逢全国阅兵，他是负责驾驶法国幻影战机的飞行员团队中的核心成员。他告诉我，他的父亲也是一位职业军人，曾经经历过第一次世界大战。他的祖父来自赤道地区，属于班加拉部族，也是首批加入治安部队的非洲人之一。约卡上校有两个儿子，其中一个也参了军，后来逐步被提拔为陆军少校。[43] 四代敬业奉献的军人，为这个国家服务了一个多世纪。

刚果自由邦的第一个五年是最平静的。行政机构还十分不健全，在这段时间里恐怖政治还没有蔓延开。但也正是在这段时间，越来越多当地土著，主要是孩子和年轻人，直接接触到并熟悉了欧洲的生活方式。作为白人的童仆、女仆，作为基督徒，也可能作为军人，他们进入欧洲人的居住场所，见识新事物，穿陌生的服饰，吃陌生的食物。他们学习法语、新的观念，少数人甚至有机会直接去欧洲，目睹欧洲正在发生的事情。这些人中的一部分回去之后会宣传欧洲人的生活方式，至少是按照他们自己的理解阐释这种生活。年轻的本土传道者尽力说服自己的家庭成员以及村民，告诉他们其实他们过的是一种没有开化的生活。年轻军人会穿着军服回乡，还会向人们展示自己在军队中获得的工资报酬。他们的妻子会和他们一起回到营地，孩子会在营地长大。人们开始脱离村庄生活，就和生活在教会寄养所的人一样，并不是生活在村落酋长的权威下，而是接受欧洲人的绝对统治。刚果自由邦使很多本地人的生活发生了深刻改变。

但1890年之后，形势逐渐变得严酷。从那时开始，与刚果自由邦的接触不再意味对另外一种生活方式的了解，而是意味着面对暴力、恐怖和死亡。而且，这种变化迅速覆盖全国。刚果自由邦一开始只影响到几万刚果人，现在数百万刚果人都要臣服在刚果自由邦的铁拳统治下。要了解这一急剧性变化，我们必须再次聚焦于刚果自由邦的“总设计师”，正是他设计了刚果自由邦的架构，执行相关的政策并从中获利，同时对他这项事业负有最终责任。他就是利奥波德国王。

1885年，这位比利时君主为了获得刚果做出了三项承诺。在柏林会议上，他承诺维护自由贸易，取缔奴隶贸易。对比利时政府，他承诺永远不会要求政府提供资金来支持他的个人项目。直到 1890 年，他还一直遵守着这些承诺。自由贸易繁荣发展，比利时政府的财政也没有受到影响。尽管与奴隶贸易的斗争没有完全取胜，但教会能定期收到作为礼物被送来的“被解放的”孩子。但显而易见，这些承诺的代价是相当昂贵的。为了方便自由贸易的开展，国王必须扩建一些基础设施，行政管理经费也要自掏腰包。完成这些工作的成本很高，但从中获益的却是别人。利奥波德做这一切的目的本是要让自己从中获利，而这种幻想终于破灭了。

从 1876 年到 1885 年，国王在刚果的投资不少于 1000 万比利时法郎，但 1886 年的收入却只有区区 75 000 法郎。[44] 到 1890 年，在刚果的投资累计超过 1900 万法郎。他从父亲那里继承的巨大财富在刚果打了水漂，国王事实上已经破产。

这时，他决定打破前两项承诺。一是要求比利时政府提供资金，二是对自由贸易大设障碍。尽管比利时国内的银行家和工业家精英群体中“亲刚果人士”（Congo-philes）的数量在增加，但比利时议会完全不赞同殖民冒险。但是眼看着自己国家的元首就要破产，议会也不能坐视不管。因此，虽然有些不情愿，但还是和国王达成了贷款协议：以资本注入的方式，为国王提供 2500 万金法郎资金，后来又追加了 700 万。[45] 同时政府也投入巨资在刚果修建铁路。另外，协议的内容还包括，如果刚果继续出现金融问题，比利时政府将接管刚果。

更加激进的是，国王在刚果颁布了一系列不合理的法令，规定所有未经开垦、无人居住的土地，包括土地上的所有原材料，都立即收归刚果自由邦所有。对于欧洲的象牙商人来说，这是巨大的挫折，对于当地人来说则是十足的灾难。国王一举将这个国家 99% 的土地国有化了。如果一个生活在丛林之中的俾格米人猎杀了一头大象并出售象牙，从法律上讲这种行为不再是为自己谋生，而是偷盗国家财产；如果一个英国贸易商买了他的象牙，这种活动不再是参与自由贸易，而是收购非法获得的物品。纸面上，自由贸易仍然存在——当然，它必须存在——但事实上它已经完全终结了，因为现在已经没有可供交易的商品了，所有资源都是国家的。

从账面上看，国王这一招毫无疑问是很聪明狡猾的。但从文化和社区角度讲，这一举措却是彻底的失败。为了方便起见，他似乎想当然地认为，刚果当地居民用得到的土地只包括草屋占地和田地。但事实上，当地社区所需要的土地远远不止于此。当时粗放式的耕作迫使他们每年进行新的开荒，无论是在雨林地带还是在草原上；且当地人经常以村落为单位迁移；由于不能光靠农业为生，所以他们还需要可以打猎、捕鱼的场所。利奥波德的决定无疑剥夺了当地人最珍贵的东西：土地。国王本人并不了解刚果复杂的土地使用情况，更不用说当地的集体产权观念。他把西欧的私人产权观念生搬到热带地区，在自由邦内部深深种下了不满的种子。

他的第三个承诺，也就是对抗奴隶贸易，则是他唯一信守并尽力履行的承诺。与奴隶贸易之间的斗争可以很好地掩饰他的扩张主义。1890 年布鲁塞尔召开了反奴隶制大型会议，之后，利奥波德国王加大了打击力度。他在三个区域发动了大规模的反奴隶贸易商的战争，从南到北分别是加丹加、东刚果和南苏丹。这几个地区和三个最主要的非洲阿拉伯奴隶贸易商的势力范围重叠，分别是姆西里、提波·提普和祖拜尔。

1890年到1892年，姆西里在加丹加的帝国被兼并。获悉塞西尔·罗兹（Cecil Rhodes）也准备从南非向加丹加进发，利奥波德便先下手为强，迅速采取了行动。罗兹是一位英国帝国主义者，野心丝毫不输利奥波德，他当时正试图在非洲开辟"开普—开罗"一条线式英国殖民地。不过，加丹加还是落入了利奥波德之手。和1884年圣诞前夕指定界限不同，这一次不只是在地图上画一条线而已。

在东刚果打击奴隶贸易商具有难度。这些贸易商比较富有，装备精良，而且在这个地区有丰富的战争经验。1886年，他们攻击了斯坦利瀑布的政府所在地，为了平息事态，斯坦利在利奥波德国王的允许下，任命这个地区势力最大的提波·提普为省长。对于提波·提普来说，这一任命让他被要为谁效忠这个问题而困扰。在一封写给利奥波德的信中，他这样说："刚果的比利时人都不喜欢我，我看出来了，他们都希望我没有好下场。我也开始后悔接受了比利时王国的职务，我发现他们根本不需要我。而现在我还发现所有阿拉伯人都对我不满，他们很愤怒，因为我把更多的象牙给了比利时而不是他们。"[46]欧洲人和桑给巴尔人之间存在巨大的利益冲突，军事对峙已经不可避免，尤其是在象牙供给缩减的时候。从1891年到1894年，治安部队在弗朗西斯·达尼（Francis Dhanis）中尉的指挥下参与了所谓的"阿拉伯战役"（Arab campaigns）。经过一系列战役，治安部队在1892年摧毁了尼扬圭（Nyangwe）和卡松戈（Kasongo），这两个地方是讲斯瓦希里语的伊斯兰教徒的主要贸易中心。桑给巴尔岛的非洲阿拉伯贸易商的权力被颠覆，本来占有很强大的军事和经济实力，但他们的帝国在政治上过于分裂。那时候，提波·提普已经退休，离开刚果回到了桑给巴尔岛。但是在马涅马和基桑加尼，伊斯兰教至今还是当地的少数派宗教。

最艰难的战争发生在北部地区。利奥波德国王一直梦想兼并南苏丹，这种对埃及的狂热始于1855年的开罗蜜月旅行，在那之后尼罗河一直萦绕在他梦中。兼并南苏丹就意味着占有这条传奇河流的上游地区；更重要的是，据传南苏丹盛产象牙。早在1886年，他就曾派遣斯坦利前往埃及解救赤道省省长艾敏·帕夏（Emin Pasha），此人实际上是来自西里西亚的德国医生，之前身在敌对的马赫迪起义军中。下达这项使命的目的是将南苏丹变成刚果的一部分。1890年，国王准备投资250万金法郎，让斯坦利去完成这项任务，最好是把喀土穆也一起占有，但斯坦利对此已无兴趣。[47] 国王只好出资让自己的探险队在比利时军官带领下完成使命，但他们都惨遭失败。1894年，英国授予他南苏丹部分地区的使用权，但这并不能让他满足。最后，他组建了一支远征军。1896年，治安部队被派往刚果东北部，那是中非地区最庞大的一支军队，目标是从刚果北部出发向尼罗河地区挺进。但结果他们根本没有走太远，因为发生了兵变。

为什么会发生兵变？从1891年开始，由于缺乏足够数量的志愿兵，军队出现兵员不足的问题，为此刚果自由邦政府为治安部队建立了征兵制。与之前支持传教点的条件类似，要求每个村的酋长提供一定数量的年轻人：每25户中要求有一人参军，服兵役的期限是

7 年。这种做法对于当地酋长来说并不是坏事，反而便于他们清理村子里那些游手好闲者、捣乱分子以及囚犯。但对于治安部队来说，兵员增加了，但是新兵不受管教，完全没有为自由邦服务的意愿。军队素质低在进军苏丹时显露无遗。行军途中毫无秩序可言，数以百计的老人、孩子和妇女也跟着士兵们穿越丛林；身着制服、端着步枪的士兵和手持长矛飞镖的传统勇士并肩混在一起，看上去根本不是一支正规的国家部队，完全是组织松散的乌合之众，只能让人想起 18 世纪的土匪，而不是拿破仑的步兵团。这种混乱不仅体现在随军平民和传统勇士身上，还深入到了整个战争机器运作的核心。这样一支规模较大的军队，粮食问题却没有解决好，需要随到随抢；当地人有时候也愿意出售粮食，但更多时候会拒绝。所以，军队就自取所需，一路抢劫，在丛林里开辟出了一条通往苏丹的道路。尽管布鲁塞尔方面有不同的看法，但事实上是，这样一支部队和马库洛描述的非洲阿拉伯奴隶贸易商的抢掠部队没什么区别。骚乱不可避免。

1895 年，开塞已经发生过兵营叛乱。几百名哗变士兵脱离了刚果自由邦的控制，欧洲方面甚至有人死亡。然而相比之下，士兵们在进军苏丹途中释放出的怒火却是空前的。10 名比利时军官被杀，超过 6000 名士兵和辅助部队人员对指挥官发动攻击。在非洲中部巴特特拉部族（Batetela）的领导下，兵变逐渐演变成了大规模起义，前后持续 4 年之久。这是刚果人首次对白人在刚果的统治进行大型暴力反抗。军事历史学家在谈到起义爆发的原因时，通常会指出军队低落的士气：因为疾病和营养不良，很多士兵陆续死亡；一些士兵根本没有接受过训练；新兵之前还在为非洲阿拉伯奴隶贸易商作战，根本不愿意为新的征服者效忠。实际上，军官的高压手段以及在作战和解决后勤问题上的无能，也是导致士兵心怀憎恨的重要原因。最后，他们的仇恨对象不再只是军官，也不光是比利时人，而是整个白人群体。

一位法国传教士被叛兵抓起来，经受了恐怖的一夜。“所有白人都勾结起来迫害黑人，”他听到其中一名叛兵这样说，这个叛兵强烈建议将他处死，“应该把他们都杀掉或者赶走。”但激烈讨论之后的结果还是对传教士有利的，对于想了解这段历史的历史学家来说也是一种幸运。后来，这位传教士在写给主教的一封信中详细描述了当时的情况，让我们有机会了解这次兵变的动机。一名叛军首领告诉他：“有 3 年了，我一直压抑着自己对比利时人的愤怒，特别是对芬波 · 尼恩吉（Fimbo Nyingi）的愤怒，现在我们终于有了复仇的机会。” 芬波 · 尼恩吉是远征军指挥官巴龙 · 达尼（Baron Dhanis）的绰号，意思是“无数次鞭打”，此人也是东刚果地区军事行动的指挥官。传教士认真倾听士兵们的抱怨，他在信中说：“后来，他们渐渐对我友好起来，甚至请我喝咖啡，还是很不错的咖啡，他们告诉我一些比利时人做的事情，确实让人震惊。有时候，他们可能会被迫持续工作好几个月却得不到报酬。不仅如此，迟到太久还要惨遭痛打。言语举止稍有冒犯，就会被吊起来或者遭到枪击。至少有 40 位带头人因为琐事被处死，因此而死的步兵更是不计其数。”他们说比利时军官有时候甚至会活埋当地的酋长。他们咒骂士兵，称其禽兽不如，屠杀士兵“就像杀死山羊一样”。[48]

我没想到，进入 21 世纪之后，还能听到这段黑暗岁月的回响。一天，我来到在金沙萨工人阶层社区班达隆瓦（Bandalungwa），来到马丁 · 卡布亚（Martin Kabuya）的家中。马丁已经 92 岁了，他曾是治安部队的士兵，参加过第二次世界大战。他现在住在首都，但他的家族来自阿巴（Aba），刚果东北角上的村子，与苏丹接壤。治安部队远征南苏丹时，他的祖父是当地酋长，“他叫卢库都（Lukudu），态度非常不友好，这也是他被活埋的原因。当时，他的脖子以下都被埋进土里，只露出头来。”这种做法挺常见。为了瓦解当地人的反抗，很多不合作的酋长都会被活埋，土一直埋到脖子。一般情况下，活埋都在烈日当空时进行，地点靠近蚁冢，有些酋长还要被迫直视太阳几个小时。酋长的家庭也被摧毁，军官们打着“解放”的幌子，把他们的孩子带走。“圣母小昆仲会（Marist Brothers）把这些孩子全部带到了布塔（Buta）的寄宿学校（往西 600 千米），其中包括我的父亲。他在传教点成为天主教教徒并结婚生子，我是三个孩子中最小的一个。”[49]

当利奥波德国王的军队在东部与奴隶贸易商交战的时候，刚果西部的情况也不是很妙。尽管西边没有爆发真正意义上的战争，但每天都笼罩着高压政治和恐怖行动的阴云。为了绕开刚果河无法航行的水域，1890 年，当局开始在马塔迪和金沙萨之间修建铁路，直到 1898 年才完工。如果没有这条铁路，刚果的价值将会大打折扣，就像斯坦利曾经说的那样。人工运输货物不但成本很高，而且速度很慢，尤其是对于已经成为主要出口商的刚果自由邦而言。传统商队走完这段路程的时间是 18 天；而蒸汽火车只要 2 天时间，即便经常因为加水和木材要在中途停留。[50] 几经周折，利奥波德国王终于筹集到修建铁路的资金（这笔钱部分来自私人投资者，最大投资方则是比利时政府）。施工比筹资的难度更大。工期接近 9 年，前两年里，这条全长 400 千米的铁路线只建成 8 千米，因为铁路要经过马塔迪东边的山区；三年之后，修好的铁路还是没有超过 37 千米。工作条件极其艰苦，大量工人死于天花、疟疾、痢疾、脚气病。单单是工程开始后的 18 个月里，就有 900 名非洲工人和 42 名白人死亡，另外 300 名白人被遣返欧洲。在 9 年工期里，死亡的工人约为 2000 名。

从组织结构上讲，修路队在某种程度上具有军事化特点：最上层是比利时精英，由铁路工程师、采矿工程师和地质学家组成，由阿尔伯特 · 蒂斯（Albert Thys）上校领导，他既是一名军人，也是一位工业界巨头。他们下面是劳工，主要来自桑给巴尔岛和西非，人数维持在 2000 到 8000 人。劳工里还有几十名意大利矿工。但是愿意到地狱般的刚果工作的非洲人越来越少，组织者不得不从安的列斯群岛招募劳工，还从澳门招来数百名中国劳工。几乎所有外来劳工最后都因为疾病死在刚果。

和军队的情况一样，一开始几乎没有刚果人参与铁路的修建，理由是刚果人在贸易中是不可或缺的搬运工。当铁路差不多修了一半，于 1895 年修到通巴（Tumba）后，当局才开始从当地人中招募劳工。这里是艾蒂安 · 恩卡西的家乡，就是那位我在金沙萨拜访过的老人。“那个时候我差不多在 12 到 15 岁，”在我们的一次谈话中，他告诉我，“我还是个孩子，不能从事重体力劳动，金沙萨和姆班扎恩古恩古（Mbanza-Ngungu）那时候还不存在。”确实，那时候的金沙萨还不是一个城市，最多只能称为一个聚居地。姆班扎恩古恩古基本不存在，这个城市本身就是因为铁路产生的。这条铁路线上海拔最高的地方，恰好位于从金沙萨到马塔迪的半途上，曾是一处凉爽宜人、生机盎然的山坡。1895 到 1898 年，他们正是在这个地方建起了一个新的城镇：蒂斯维尔[①]，以铁路工程总工程师的名字命名。从马塔迪到金沙萨，两天的行程当中，正好可以在这里待上一晚。这里空气清新，植被繁茂，种植了大面积的欧洲农作物。今天，这里的标志是锈迹斑斑的铁轨和车厢，还有旁边殖民时期留下的、锈迹斑斑的新艺术风格住房。

“他们建设蒂斯维尔的时候，我就生活在那里。”恩卡西说，对于那段遥远得令人难以置信的岁月，他竟还记得这么清楚，我已不知道是第几次感到惊奇。“我的父亲认识蒂斯，他负责带领一组工人。在铁轨上，四个黑人负责拉一辆白人坐的推车，我看到白人戴着那种白色的头盔。”他笑了笑，似乎意识到这个场景已经过去了多久。“爸爸在通巴工作，也在姆班扎恩古恩古、金沙萨和金坦博工作过，我跟他去过这些地方。”这些城市的确是在建铁路沿途的据点。整个工程在 1898 年竣工。为了庆祝铁路的开通，白人男性穿着无尾礼服，白人女性则穿着露肩礼服，从马塔迪乘 19 个小时的火车来到金沙萨。沿途放着烟花，黑人穿着制服，列队敬礼。列车到达在停靠站点后，乘客会从当地传教点招来唱诗班，和着小风琴的伴奏为他

① 蒂斯维尔（Thysville）：姆班扎恩古恩古（Mbanza-Ngungu）的旧称。——译者注

们唱赞美诗。[51]实际上，这条窄轨铁路只是配置了无顶车厢的电车轨道，但它的开通却是刚果开放的里程碑。对恩卡西而言，铁路开通意味着是时候回家了，他已经在外面跑了3年。“当工程结束的时候，爸爸回到了村里，回到母亲身边，生更多孩子。我当时还是他们唯一的孩子，在我后面出生的2个孩子都死了。他从铁路上回来之后，又生了5个。”我问他火车的情况，他也记得比较清楚：“靠烧木头带动引擎，火车开始移动的时候……”他突然从床上坐起来，握紧拳头，前后摇动手臂，“声音是这样的，突突突……嗒咔嗒咔嗒咔。”说着说着，他笑了起来。[52]

在铁路上工作对于刚果人来说并不是无法忍受的苦差事，特别是在1895年之后。因为第一批本土劳工被雇用之后，负责方便开始实施一种奖励制度。白人监工和黑人工头达成协议：如果一段铁路线在商议好的时间内完成，黑人工头手下的工人都可以领取一份事先协商好的奖金。这就是企业文化中的奖励措施。每天的基本工资是15分，免费提供食物，包括米饭、面包干、鱼干，还可以赚到一笔额外的奖金。奖金只能在政府商店使用，因为当时货币还没有在这个国家的其他地方流通。奖励制度的设计师名叫路易斯·戈芬（Louis Goffin），他认为这是黑人劳工和欧洲资本之间的合作，其目的是激发刚果人对工作、购买力和荣誉感的热情，“为刚果人创造新的需求，让他们爱上工作，进而促进商业贸易和文明的快速发展。”[53]铁路修完之后，一些刚果人留了下来，成为铁路公司的雇员。他们可能成为机床操作员、车站站长，有的人甚至成了火车司机。他们的名字被列在工资名单上，率先融入货币经济。每一次我去拜访恩卡西，他都会充满崇敬之意地说起一个人：勒马（Lema），他父亲的堂弟。勒马曾经在一艘开往安特卫普的轮船上当服务生，1900 年进入刚果的铁路系统工作，“他成了卢卡拉（Lukala）车站站长。”“现在水泥厂在的地方？”“是的，站长！他认识白人。”[54]

刚果自由邦的其他地方还远远没有实现货币化，以物易物仍是常态，收税面临很大困难。刚果自由邦需要税收，需要民众为这个国家的快速发展买单，但是不能指望那些本来就没钱的人交出钱来。他们对棉花、珠子、铜锭都不感兴趣。这种情况下，不得不以实物缴税：商品或者劳动力。这是以前的缴税方式，比如猎人要将象牙或者其他猎取物的一部分上交酋长。这个过去的固定制度，现在却会导致刚果社会的彻底分裂。拒绝把货币经济引入内陆会造成十分痛苦的后果。

在自由贸易上，利奥波德国王又玩了一个相当肮脏的小把戏。身为刚果全部土地的所有人，他自己却并没有相应的开发能力。因此，解决办法就是向一些商业公司做出巨大让步，比如将刚果河以北地区的开发权授予新创立的安特卫普公司（Société Anversoise; Company of Antwerp），开发面积达 16 万平方千米，足有 2 个爱尔兰那么大。在刚果河以南，英比印度橡胶公司（ABIR）获得了面积相当的土地的开发权。不过，国王还是为自己保留了很大一块土地，主要位于赤道以南的丛林地带，面积足有 25 万平方千米，相当于 8 个多比利时。为了避免得罪所有人，开塞被作为保留地，允许开展自由贸易（后来还是被国王垄断）。加丹加公司（Compagnie du Katanga）和大湖公司（Compagnie des Grands Lacs）也得到了广阔土地的开发权，它们的名字就足以说明它们是为特定区域的开发而成立的。因此，刚果内陆的经济开发权主要掌握在国王和少数特权公司手中，但两者之间并非互不相干，因为利奥波德国王本人通常是这些新公司的主要股东，或者说至少能够分得利润中相当可观的一部分。这些公司的管理团队中必然有刚果自由邦比利时籍高级行政官员。在比利时，国王的财务顾问布朗·德提耶尔（Browne de Tiège），不仅是安特卫普公司和法国兴业银行非洲分行（Société Générale Africaine）的董事长，同时还是英比印度橡胶公司、国际森林和矿业公司（Société Internationale Forestière et Minière）、安特卫普比利时海事信贷公司（Société Belge de Crédit Maritime）的董事会成员，以及其他一些公司的合伙人。

刚果的经济潜力已经不仅仅局限于象牙贸易。1888 年，苏格兰兽医约翰·博伊德·邓禄普（John Boyd Dunlop）的一项发明不仅显著提高了欧美旅行者的舒适感，同时也控制甚至结束了数以百万计的刚果人的生活，这个发明就是充气橡胶轮胎。那个年代，无论是汽车还是自行车，车轮都是木制的轮子外面包一层铁皮，橡胶轮胎简直是天赐之物。全世界对橡胶的需求随即攀升，对利奥波德来说，这绝对是一场及时雨，因为刚果自由邦的大象已经越来越少，但橡胶树遍地都是。这个时机再好不过了，他的刚果自由邦已经濒临破产边缘，比利时政府虽然有些不太情愿，也已经准备接管，但突然之间却有了转机。1891 年，刚果的橡胶产量只有几百吨，到 1896 年这个数字上升到 1300 吨，1901 年为 6000 吨。[55] 靠着中非地区无利可图、濒临倒闭的事业，刚果自由邦成为一个真正的经济奇迹。经过长时间的等待，利奥波德国王终于开始盈利，每年的进账达好几百万。他终于可以向人们展示殖民地的好处：有利于经济繁荣、帝国名望以及国家荣誉。有了来自刚果的收入，国王可以在比利时大兴土木。他在布鲁塞尔修建了欢庆公园博物馆（Jubelpark Museum）和一座新王宫；在特佛伦建造了一个巨大的殖民博物馆和公园，灵感来自于法国凡尔赛；在奥斯坦德修建了威尼斯式海滨休闲场所。

开发橡胶的另一面只能在刚果看到，那里除了送给比利时政府官员享用的鹅肝酱和香槟之外，基本上没有任何值钱的东西。国王不仅拒绝将橡胶收益用于投资刚果的再发展，还以非常容易引发骚乱的方式监督橡胶的收割。刚果其实并不存在种植园，只有野生橡胶树，割胶费时费力，需要很多劳工。因此，对于政府来说，终于找到了最理想的税收形式：收橡胶。当地居民只能去丛林割胶，将乳液收集起来，然后进行简单处理，让它们凝结成块。以前当地居民主要上交木薯块或者象牙，也可作为搬运工以劳力交税，现在则必须按期上交橡胶。每个地区要求上交的橡胶配额都不一样，但原则是一样的。在国王的自留地，地方长官会估算出一个数字，治安部队的士兵负责监督橡胶税的收取；在那些由授权公司管理的地方，由武装警卫、所谓的看守负责收税。这两种情况都有缺乏军事训练、不守纪律的非洲士兵参与。

这种收税方式被滥用，结果可想而知。对于收橡胶税的人来说，收入和收取的橡胶数量挂钩，没有收到橡胶，就不会有报酬。因此，他们会竭尽全力将自身收益最大化，在实际的操作过程中就意味着普遍的恐怖统治。他们手中有武器，会肆无忌惮地恐吓当地民众。

在由授权公司管理的地方，形势让人心惊胆战；在刚果自由邦直接控制的地方，情况也好不了多少。在他自己创立的亚勒姆巴传教点，马库洛目睹了这一切。他要解决的麻烦不仅来自于所在区域没开化的村民，面对这些人他必须做出让步，还来自于这个国家其他地方的刚果人，他们如今为自由邦服务。

> 如果上级不在，他们通常会趁机谋利。他们会虐待、折磨有时候甚至会处死村民……在班都（Bandu）的传教点，有一个绰号叫阿利奥（Alio，鹰）的人残忍无比，他是负责橡胶运送的总监工，杀了很多人。有一天他带着手下渡河去图鲁姆布，那是一个河右岸的部落。像平常一样，他要求村民提供山羊、鸡、象牙等，每到一个村他就会索要这些物资。这一次，他造成了非常严重的问题，他杀了一个人。
>
> 当我听说他正赶去我的村子班迪奥时……我从传教点带了几个人一起去找他。我们到的时候，他正在殴打当地村民，掠夺东西。我立刻走到他面前说：“你为这个国家服务，任务只是监督橡胶运送，而不是烧杀抢掠，立即退还所有抢来的东西，否则我将向巴索科的行政当局汇报这一切。”[56]

马库洛亲眼看到橡胶仓库的一个看守射杀了一名和自己同村的女孩。所有在当时接触到橡胶政策的人都有和他相同的经历。男人被派到森林中去割胶，女人被扣为人质，直到收取的橡胶达到配额为止。人命真的不值钱，就像几名目击者所说的那样，“两个看守，博孔布拉（Bokombula）和博库苏拉（Bokusula），逮捕了我的祖父伊塞伦亚科（Iselunyako），原因是他的橡胶桶没有装满，他们把他放进一口井中，然后用脚踩他，就这样把他弄死了。我们把祖父的遗体给白人看的时候，他淡淡地说：'很好，他不用割胶了，所以也不用活了。'"[57]

来自埃桑加（Esanga）的伊鲁奥（Eluo）是这样记述的："我们必须提供50桶橡胶，有一天，正好是白人因坦姆巴（Intamba）值班，我们只带回来49桶，他们就说要对我们发动进攻。看守隆博托（Lomboto）带了几个人到我们村庄，他们穿过沼泽地的时候，看到我姐姐正在钓鱼，隆博托无缘无故就用步枪打死了她。"[58]

那时候性暴力也经常发生。一位已婚妇女叙述："为了惩罚我，看守恩库苏·隆博托（Nkusu Lomboto）和伊托克瓦（Itokwa）把我的衣服扒光，然后把泥土塞进我的阴部，真的很痛苦。"[59]残忍是起作用的。

> 伊塞基福萨（Isekifusa）酋长在他的屋子里被杀，同时被杀的还有他的两个妻子；一个孩子被劈成了两半；其中一个女人的内脏被掏了出来……和看守一起过来的博林加人（Boeringa）把这些尸体都吃掉了。他们还杀掉了10个逃到丛林中的男人。要离开博利马（Bolima）的时候，他们留下了隆布图（Lombutu）身体的一部分，剁成碎片和橡胶、木薯混在一起，摆在显眼的地方恐吓当地村民。小孩子的肠子被取出来挂在草屋上，身体直接插在棍子上。[60]

修建下刚果省的铁路时所采用的激励制度如果能用在收取橡胶的过程中，恐怕会产生非常不同的效果，人们会因为努力而得到奖励，进而更加努力，提高产量。毕竟，刚果人非常渴望这样的奖励，但当局对此视而不见。有人说：“如果我们要求获得铜锭，得到的就是一顿鞭子。”[61] 橡胶必须免费流向国家手中，不需要付出任何代价。因为这是税收，和报酬没有关系。但结果却是，税收成了抢劫。

收取橡胶这样的肮脏工作只能让黑人下属扛着步枪去做。因为白人老板要确定子弹都没有被瞎用，所以他们必须说明每一发子弹的去向。因此在不同的地方会出现这样的情况，如果开枪击中的正好是别人的右手，那么就要把右手砍下来，证明这发子弹的用途。他们会把手臂放火上熏烤以防腐烂，食物就是通过这种方式进行保存的。收税的人每几个星期才能见上级一次，在汇报工作的时候必须把砍下的手作为产生费用的“收据”交上去。

从 1900 年开始，欧洲出现了反对比利时国王的声音，抗议他让手下砍掉别人的手。几张被砍了手的刚果人的照片传遍全世界，人们以为刚果正在采取大规模的砍手行动。实际上，砍手事情的确在发生，但远没有人们想象的系统化。关于利奥波德国王的橡胶政策，最丑恶的不是砍下死人的手，而是随意行凶，分尸只是继发效应。当然，这根本不会改变残忍的事实，很多时候，暴行根本没有底线可言。“当我还是个孩子的时候，”伊科科（Ikoko）传教点的 15 岁女学生马图里（Matuli）说，“看守们为了收橡胶在村庄里随意射杀村民，我父亲被杀了。他们先把他绑在树上，然后开枪。父亲死了之后，他们把他的尸体从树上解下来扔给随行的土著少年，这些人把他吃了。我和我母亲也被抓起来，看守将母亲的手活生生砍了下来，两天后砍了她的头。没有白人在现场。”[62]

在受害者还活着的时候切下他们肢体，看守们不仅节省了子弹，还能偷走女人手腕和脚踝上戴的铜镯。博阿里（Boali）的故事重现了当时的情景：“一天，我的丈夫还在森林里割胶，看守伊克隆达（Ikelonda）来到我的屋子里要我献身，我表示拒绝，他非常愤怒，直接朝我开枪。你现在还能看到这里的枪伤。我跌倒在地，伊克隆达以为我死了，拿走了我脚上戴的铜链，还砍下了我的右脚。”[63] 如果博阿里当时露出了任何生命迹象，她可能就被立即处死了。

非洲人对非洲人实施的暴力并不是故事的全部，不仅权力金字塔的底部血流成河，很多比利时人也参与其中。在那个年代，社会普遍容忍暴力行为。比如说，比利时咖啡店里，每周都会发生斗殴；混战是年轻人文化的一部分；体罚在学校里代表权威。不过在刚果，有些行为已经远远超出了人们的接受范围。用皮鞭抽打受罚者是官方认可的刑罚。比利时官员为确立权威，规定鞭打多少下；黑人助手负责在早晚点名的时候，在自由邦的旗帜下执行制度。按规定，皮鞭表面必须是平的，抽打数不超过50（分两次执行，一次抽25鞭），鞭打的部位只能是下背部和臀部，见血即止。一些白人并不会严格遵守这样的规定，他们倾向于选择不规整的皮鞭，扭曲、有棱角，打起来更痛；他们抽打的部位也更多，包括肚子、腰甚至性器官；有时候他们会指定抽打400鞭，根本不管出血情况或者受害者是不是已经瘫倒；按照官方的规定，孕妇可以免于受罚，但他们对此置若罔闻。[64]

已婚妇女莫科洛（Mokolo）证实：

> 我丈夫名叫维苏（Wisu），每两个星期，他会和埃博邦多（Ebobondo）、艾伯特（Ebote）一起，将我们村采集的橡胶搬到博耶卡（Boyeka）的贸易点。我们一向提供20桶橡胶，但有一次白人突然要我们交出25桶。我们指出村子很小，无法提供。下一次，我们仍然只交出20桶，白人非常生气。白人恩克伊（Nkoi，当地人对Ablay的叫法）把我丈夫推倒在地，踩着他的头，另外一个白人用棍子使劲打他，几乎打断了3根棍子。维苏已经奄奄一息了，埃博邦多和艾伯特把他拉到外面的船上，然后赶去博科托拉（Bokotola），靠岸之前维苏就死了。我看到了维苏的尸体，你现在仍然可以看到我脸上的泪痕。[65]

刚果自由邦行政当局有不少种族主义者和虐待狂，拷打、滥用职权、屠杀时有发生。像勒内·德佩尔蒙迪埃（René de Permentier）这样的治安部队军官，则完全是杀人狂。他会把房屋周围的灌木丛清理干净，方便他直接在走廊里射杀路人。一些当地雇员如果犯了错误，可以直接屠杀，不施加任何怜悯，因此每天都有人被处决。[66]莱昂·菲耶韦韦（Léon Fiévez）来自比利时瓦隆尼亚（Wallonia）一个农民家庭，在赤道省担任地方官员的他沉溺于血腥处罚。上任4个月，他就杀了572人。[67]一次任务期间，他在数天之内掠夺了162个村庄，毁坏当地农田，杀掉了1346人。在刚果自由邦内部，他索要的橡胶却是最多的。[68]

大部分到刚果碰运气的比利时人都来自小城镇和中产阶级下层，他们当中有很多人在军队服役，期待冒险、荣誉、财富。但去了刚果，却发现自己身在一个偏远的交易点，忍受着致命的气候。那里湿热难耐，导致人经常发烧。当时还没有人知道疟疾是通过蚊子传播的。一个年轻人可能会在晚上突然惊醒，浑身是汗，神智失常，止不住地颤抖，想着其他痛苦死去的白人。他听到丛林中传出各种奇怪的声音，回想起白天和当地酋长的谈话，想起那些割胶土著惊慌的目光、诡异的根本听不懂的语言。他正发着烧，在半睡半醒之间，看到一双双充满着怀疑的眼睛、宽阔的布满文身的后背，裸露着胸部的年轻女孩正在朝他笑。

乔治 · 格伦菲尔，这位曾经照顾过马库洛的英国浸信会传教士，是一位敏锐的观察者。在很长一段时间里，他一直忠于利奥波德国王，甚至主动提出为国王管理"本地人福利委员会"，事实上这个委员会除了想要息事宁人的一纸空文之外，什么实质内容都没有。不过，格伦菲尔很快就表示了他的不满："据点数量少，都由未婚白人男性管理，每个据点只有少数士兵是当地人，周围全是不够顺从的刚果人，这些人通常残忍而迷信，因此发生再多疯狂的事情也不足为奇。但是问题在于制度本身，而不是那些可怜人，他们是因为发烧和恐惧丧失了理性，才失去控制，沉溺于以威胁恐吓来维护权威。"[69]刚果自由邦当局得意于它的制度，刚果自由邦的官员都佯作坦然。然而这样的表象下面，却充斥着恐惧、压抑、绝望和疯狂。人们丧失了理性。

暴力事件发生之后，刚果自由邦往往会对滥用职权的人进行谴责，但实际上无法控制他们，也没有给他们判刑。布鲁塞尔的消息传到博马所需的时间，比雨林中发生的事情传到博马所花的时间少。当暴行开始传到利奥波德国王耳中时，他似乎也感到很失望。他曾指出：“滥用职权必须被制止，否则我将撤出刚果，我不能让自己的双手沾满鲜血。这些可耻的行为必须停止。”[70]但他还是再一次任用莱昂·菲耶韦这样声名狼藉的人，就算他非常清楚此人的斑斑劣迹。不管是他、他的顾问还是博马的高层官员都不想承认暴行是制度的产物，只要刚果事业的主要目的是利润最大化，那么这个行政体系中的所有官员都背负着压力收更多税、更多橡胶的压力，把螺丝拧得更紧。在刚果自由邦金字塔式的行政体系中，利奥波德国王位于塔尖，他下面是刚果总督，常驻博马，再往下是各级行政官员，之后是治安部队的士兵，最底层就是土著居民。身体暴力或许只发生在最底层（在内陆地区，施暴的是贪婪的士兵和基层官员，在丛林地带则是残暴的看守和失去控制力的年轻白人），但结构性暴力其实已经渗透到最上层，甚至是国王在拉肯的宫殿。官方规定，一名当地土著每个月为国家工作的时间不超过 40 个小时，但由于橡胶越来越少，为了采到足够多的橡胶，当地居民必须走更多路，进入丛林深处。这样一来，就没有时间做别的工作，人们变成了刚果自由邦的奴隶。利奥波德国王曾表示要废除非洲阿拉伯人的奴隶贸易，但实际上，他自己正用更加恐怖的制度取代奴隶制。因为奴隶主人会为自己的奴隶提供生计（至少会付给他工资），而国王的橡胶政策却根本不考虑割胶工的个人利益。从长远看会发现，一个刚果人如果被卖到沙特阿拉伯或者印度当家奴，也许会感染黑死病（bubonic plague）或霍乱，但日子可能要比在赤道地区收取橡胶好过一些。

橡胶政策的后果是可怕的。田地荒芜，农业萎缩，人们只能种植最基本的作物。本土贸易基本上停滞不前，铸铁、木刻等传承了很多个世纪的工艺已经失传。当地的土著人也因此营养不良、虚弱不堪，难以抵抗疾病。世纪之交，昏睡病在刚果大规模蔓延。这种疾病通过一种苍蝇传播，其实已经在当地存在了很长时间，但以前从来没有这么高的死亡率，就像发瘟疫一样。1904 年，乔治·格伦菲尔记录道："很多地区死亡率高得惊人。从利奥波德维尔到斯坦利维尔，按民房数量进行粗略估计，我很怀疑这沿河上千千米活了下来的人有没有 10 万。"[71] 那曾是内陆人口最稠密的地带。有一些村子里，60% 到 90% 的人都消失了。卢克勒拉（Lukolela）是刚果河沿岸最古老的贸易点，1891 年一共有 6000 名居民，但到了 1903 年，人口已经不到 400 人。[72] 因为没有足够可靠的数据，很难说清楚利奥波德的橡胶政策直接或间接导致了多少人死亡。更关键的是，人口减少还有另外一个原因：许多人直接逃离了沿河地带。他们要么深入丛林，要么越过边境逃出了刚果自由邦的控制范围。这些人也是消失人口的一部分。1903 年，有人采访到一位见证者，谈到了这历史性的逃难：

问：你离开家有多久了？是在那些大事件开始发生的时候离开的吗？

答：三年之前，现在是我住到这里的第四年。

问：要走多少天才能回到你的家乡？

答：快的话要走六天。他们那样对待我们，我们根本没法活，所以跑了。我们村的酋长被绞死，很多村民被屠杀，更多人忍饥挨饿。到死为止，我不得不一直割橡胶。[73]

在这个时候提到“种族灭绝”（genocide）或者“纳粹式大屠杀”（holocaust）或许有些不合理。“种族灭绝”是有目的、有计划地对特定种族实施灭绝政策，但在这里并没有这样的动机，也没有出现这样的结果；“纳粹式大屠杀”则专指第二次世界大战期间对犹太人的屠杀。但这绝对称得上是规模惊人的屠杀。虽然屠杀不是主观动机，但却是无信的、贪婪的掠夺政策的产物，在对利润的病态追求中，这些受害者都是活生生的祭品。昏睡病在刚果肆虐的时候，利奥波德国王联系英国利物浦热带医学学院（Liverpool School of Tropical Medicine），希望获得帮助，这个学院是当时最著名的热带医学研究中心。如果他的目的是进行种族屠杀，他根本就不会联系医学院。但这并不意味着他意识到了自己的责任。实际上，他从来都没有承认过自己对昏睡病的爆发负有责任。

这种血腥的橡胶政策，被称为“红橡胶”，并不是在每个地方的影响都完全相同。刚果雨林西边的赤道省、班顿杜和开塞受到的打击最重。利用河流，这里的橡胶是最容易开采的。关于橡胶政策，我曾经问过恩卡西一些问题，他来自于下刚果地区，但对此知道得很少。“那不是在我们那儿，”他说，“那是在马永贝。”他很可能是对的。马永贝是博马北部赤道森林的延伸，离大西洋和葡萄牙辖地卡宾达很近，是下刚果地区几个为数不多的可以采到橡胶的地方之一。恩卡西只是听说“那里的葡萄牙人要砍别人的手”，到底事实如何他也不是很确定。我继续问他是否亲眼见证了昏睡病的蔓延，他点头，而且比较确定。“是的，我见识过。很多年轻人死了，这是一种很糟糕的疾病。”最后那句话，他还用简单的法语重复了一遍，“这是一种非常糟糕的疾病。”

从 1900 年开始，可以越来越明显地感觉到各方对刚果自由邦内暴力行为的关注。但比利时方面并没有对此给予足够的重视。一些新教传教士表达了强烈的愤怒，但在比利时看来这是因为大量天主教传教士去了刚果，让他们失去了原来的权力。在安特卫普，英国某船运公司的雇员爱德华·莫雷尔（Edward Morel）发现刚果的情况不正常：开往刚果的船往往是空仓（或许会装一些弹药和枪械），但回来的时候却满载橡胶。这种现象看起来是不是更像掠夺而不是双边贸易？对于他的这种质疑，基本上没有人理会，大多数人都认为他是因为自由贸易的衰落而抱怨。小小的比利时难道要效仿英国吗？他们很想知道答案。难道帝国主义者不是最不可饶恕的罪犯吗？英国刚刚在南非击败布尔人，而布尔战争在比利时并不受欢迎。

英国驻博马领事罗杰·凯斯门特（Roger Casemen）于 1904 年写了一份充满关切和谴责的报告，此后，舆论发生了一些变化。凯斯门特是一位广受尊重的外交家，说话分量和一个码头工人完全不一样。他是英国驻博马的官方代表，是一个相当具有道德权威的人，同时也对刚果内陆情况非常了解。他的反对态度不会被置若罔闻，很多人聚集到英国下议院（British House of Commons）表示对比利时的抗议。当时一些比较著名的作家也都表达了不满，如阿瑟·柯南·道尔（Arthur Conan Doyle）、约瑟夫·康拉德（Joseph Conrad）和马克·吐温（Mark Twain）。这份报告发表一年后，利奥波德国王发现自己已经很被动，只好同意向刚果派遣国际独立调查委员。委员会由3位官员组成，包括1个比利时人、1个瑞士人和1个意大利人，他们可以在刚果自由邦进行为时数月的访问。人们普遍认为，这个委员会肯定会为国王洗脱责任，但事实并非如此。调查委员会就像现在的“真相与和解委员会”一样，他们采访数百位目击证人，整合各种材料，写了一份与事实相符的报告，对刚果自由邦的政策进行了准确剖析。这份报告有很强的杀伤力，揭示道“将妇女挟为人质，强迫酋长劳动并羞辱他们，用皮带鞭打割胶工，以及黑人看守的各种暴力行为”不是例外，而是刚果自由邦的规则。[74] 布鲁塞尔律师、教授费里西安·卡蒂埃（Félicien Cattier）推理出了一个极端的结论：“从这份报告可以得出的最清晰、最不可辩驳的结论就是，刚果自由邦并不是一个殖民地国家，根本就不是一个国家，而是一家企业……对这个地方的管理并不是以当地人的利益为出发点，也不是以比利时王国的经济利益为出发点。为国王提供尽可能大的经济利益，才是它成为殖民地的动机。”[75]

利奥波德国王承受的国际压力在不断增强，对国王来说唯一的选择就是放弃海外领地，让比利时政府接管。1906年12月，国王终于做了这样的选择，不过还是拖了2年之后才移交自由邦。他还在想是不是要将刚果的一部分留给自己，比如那一块开发权还在自己手中的土地。要将自己毕生的心血移交出去，他显然是相当不情愿的，甚至在移交前夕下令将刚果自由邦的档案全部烧毁。1908 年 11 月 15 日，这个一天终于还是来了：国王在国庆日将刚果移交给比利时政府。实际上，“刚果自由邦”本身就名不副实，因为这个国家根本不存在自由贸易、自由就业和自由公民，只存在强制劳动、垄断经济和奴役。移交之后，这个地方被称为比属刚果（the Belgian Congo）。

在自由邦时代，当地民众开始接触到欧洲人的方方面面。到了 1908 年，超过 1.6 万名当地儿童在教会学校学习，大约有 3 万人在学习读书写字，6.6 万人在军中服役，20 万人受洗。[76] 无论是直接还是间接，成千上万当地人都受到了橡胶政策的影响。同时，也有上百万人染上昏睡病或者其他传染病。

马库洛近距离接触到了这一切。他曾被卷入象牙贸易中，曾是一位著名英国传教士的童仆，无数次乘坐蒸汽船在刚果河上航行，亲身体会了教会和国家之间的紧密联系。（在他和格伦菲尔的一次旅行中，他被招入治安部队。）他也受洗入教，与一位来自很远地区的女孩结婚，发誓遵守一夫一妻制，维护自己的核心家庭，批评土著人的生活。正是在这个时候，他也目睹了橡胶政策所带来的暴力。

在他的传教点，还会发生更悲伤的故事。1906年年中，导师乔治·格伦菲尔来拜访，虽然只有 57 岁，但他看起来像是一个 80 多岁的人。他在热带丛林中度过的那些年漫长而艰苦，把他累垮了。格伦菲尔请他的学生和新皈依的信徒用他们当地的语言，为他唱一首赞美诗。结束之后，他明确表示希望自己死后可以埋在亚勒姆巴，正是马库洛自创的传教点所在的地方。马库洛称格伦菲尔“直到死都是我们的父亲”。

今天，在金沙萨，很难再看到那个年代的痕迹。但 2003 年 12 月我第一次去刚果的时候，获准进入利美泰区（Limete）以前的公交车车库。金沙萨的街道上已经有好几年不通公交车了，但人们还能看到一些破旧的公交车，它们没有被用来运送乘客，而是成了一些人的住所，雨刷上晒着衣服。不少人睡在车凳上，手脚耷拉在铝制扶手上。从毂盖或引擎盖的阴影里传出山羊的叫声。这里如今是一个废弃的工业区，重新被大自然包围。走了一会儿，我看到草丛中一个很奇妙的后现代艺术作品，在那之前，我从没见过如此独特且具有历史内涵的作品。一只锈蚀斑斑的铁船上躺着一座人形铜像，差不多 12 英尺[①]高，我一眼就认出了这个人：正是斯坦利胜利的姿态，他凝视着刚果河，目光坚毅，曾在恩加列马山顶（这座山曾经被称为斯坦利山）矗立了几十年。这座铜像在比利时莫伦比克（Molenbeek）设计铸造，殖民时代运到刚果。刚果独立之后，铜像被拖下基座，如今躺在这杂草丛生的地方。那双曾经量过刚果的手臂，如今没有指向任何地方，也无所可指。手指只触及这艘船上生锈的锅炉，权力成了束缚，勇气变得可笑。在靠近船头的地方，我看到了 3 个字母：AIA，国际非洲协会（Associatio Internationale Africane）的首字母缩写。1879 年到 1884 年，斯坦利在刚果河的激流中探险，这艘船是他那时

① 1 英尺 =0.3048 米。——译者注

乘坐过的 3 艘船之一，当时的探险目的是建立贸易据点。他从一个奴隶贸易商手中买下了马库洛之后，把他带上了其中一艘船。现在，斯坦利倒在自己的船上。他曾经带领着小船队，把刚果置于一个新统治者的手中，如今这些船成了他自己的陵墓。不知道是哪个公职人员想出如此巧妙的安排；或许是某个废品公司临时在这里摆弄出这堆历史的废铜烂铁。但斯坦利的官方纪念碑倒在他自己的船上，是我见过最具讽刺意义的对殖民主义遗产的处理结果。

第二天，在安静葱茏的金沙萨恩贡贝区（Ngombe），我找到了曾经的浸信会传教点，就在河岸边，如今是金沙萨最高级的居住区。原来的建筑物还保留着，房子都建在铸铁桩柱上，和博马的建筑一样。每一根桩柱周围都放有小罐子，以前这些罐子里会装一些汽油，目的是防止白蚁靠近，我觉得这肯定是金沙萨最古老的建筑。我继续走，以期能够更清楚地看到刚果河。金沙萨就坐落在这条大河的边上，但因为壁垒和高墙阻挡视线，毕竟这条河是国境线，所以很少有地方能够直接看到河水。在河边的坡地上，有个物体像巨型昆虫一样伏在茂密的草丛里，那轮廓还像青铜巨兽，但实际上那是一个大型引擎的冷却装置，很多相同的黄铜管和一根结实的钢拉杆连在一起。一个浸信会的学生告诉我那是“和平”号的引擎，格伦菲尔正是乘坐这艘船在刚果探险。船体作为废品被回收利用时，它的引擎，这一工业考古学标本已经被拖上了岸。

我们的追寻似乎顺利得有些不真实，不仅详细了解了马库洛令人惊叹的人生故事，那两条载他探索刚果的蒸汽船也保留至今，虽然已经锈迹斑斑，却真实地栖身于金沙萨寂静的草丛中。

第三章

比利时人让我们获得“自由”

早期殖民统治

1908—1921

卢图努看着妻子。对她来说，走路越来越困难，可她还如此年轻。她脖子一侧的肿瘤越来越明显，像一排皮肤下的鹅卵石。他知道这种征兆，因为他的孩子也是这样。一开始发烧，后来头痛，之后关节僵硬，白天也疲惫至极，但却无法入眠。他知道她要遭受怎样的折磨。她会越来越无力，越来越嗜睡，眼睛翻白，口吐白沫，在死之前一直蜷缩在角落里。她到底做了什么要落得如此下场？所有得了这种病的人都死了。几年前，他所有的兄弟姐妹都死于天花，然后她为他生的 2 个孩子都死于昏睡病，如今轮到她自己了。难道是因为她用别人用过的瓢喝水，所以才传染上这种疾病？或者是因为她吃了有褐斑的橘子？没有人知道这种毛病从何而来，也没有人或者药物可以治好这种病。有人说，这是传教士的惩罚，因为很多人仍然没有改信他们的宗教，他们非常愤怒，所以传播这种疾病。[1] 卢图努没有答案。

1900 年，他们的酋长姆富穆 · 马基图（Mfumu Makitu）也因此病去世。他是姆班扎－贡贝尔地区（Mbanza-Gomber）酋长。1884 年，他成为首批与斯坦利签署合约的酋长之一。那个时候，他的村子就在从沿海通向内陆的商路上，在铁路开通之前一直如此。马基图酋长一开始并不想与白人有任何瓜葛，但后来他屈服了。1884 年 3 月 26 日，他和其他几位酋长一起，在一纸合约上按下了手印，合约的内容是："我们签字的酋长，一致承认国际非洲协会的主权，接受其旗帜（蓝底金星旗）……我们宣布从现在开始，在所有关乎我们福利和财产的事情上，我们和我们的继承人将会听从协会代表的决定。"[2] 这一幕，卢图努记得非常清楚，就像发生在昨天一样。马基图酋长当时还送给斯坦利一份非常慷慨的见面礼：他最小的奴隶卢图努，当时只有 10 岁。为了表彰酋长的忠诚，马基图 1888 年被授予荣誉勋章，成为刚果首批授勋酋长之一。其财富和权力随之增长，到现在，他拥有 64 个村子、40 个妻子和数百名奴隶。

卢图努的经历和马库洛一样惊险，也正因为如此，他在后来才会被人记住，金沙萨有一条街道就是以他的名字命名的。由于出生的村庄和卢图努的村庄紧挨着，恩卡西在很久之前还见过他一次。恩卡西曾经跟我说："卢图努，是的，我知道他。"那是我第一次听到这个名字，"他就来自我们那里，年纪比我大一点。他是斯坦利的童仆，一直拒绝穿裤子，当白人喊他'卢图努'的时候，他会直接回喊'白人'。"一想到这儿，恩卡西就禁不住笑了起来。卢图努的确是比较特别，他是一个非常聪明的人，和很多白人的关系都处得不错。我回到比利时的时候，发现有一位比利时艺术家、作家已经把他的故事记录了下来。[3]

和马库洛一样，卢图努也是落入欧洲人手中的奴隶。后来，他成为斯坦利的早期助手阿方斯·范格勒中尉（Lieutenant Alphonse Vangele）的童仆。卢图努还接触到英国浸信会传教士，这些传教士在他的家乡成立了非常重要的传教点，他不久后成为其中一位传教士托马斯·康博的童仆。就像马库洛一样，卢图努和康博一起去过欧洲，去了英国和比利时。而且利奥波德国王接见康博时，卢图努还在场，他还是那 9 个为国王唱歌的孩子之一。幸运的是，卢图努还有机会去了美国，因此回到非洲的时候，从马塔迪到斯坦利瀑布，他的名声很响。他还带了一辆自行车回刚果，成为刚果首个骑自行车的人，吸引了不少追随者。不过，卢图努的传奇并没有到此为止，比起教会，他适合更大的世界。他曾经和格伦菲尔一起沿着刚果河溯流而上，一定碰到了马库洛。他还当过比利时军官尼古拉·托巴克（Nicolas Tobback）和弗兰西斯·达尼的向导、翻译，和他们一起参加军事行动。在很短的一段时间里，他甚至是治安部队里的士兵。白人去过的地方他几乎都去过，他比任何人都熟悉殖民者。“卢图努！”“白人！”这就是他们对彼此的称呼。不过，他拒绝穿裤子，一直也没有兴趣受洗。

但妻子去世后，他变得很孤单。孩子也死了，家庭分崩离析。去了那么多地方之后，他还是回到了自己的故乡，他在那里接触到新教传教点并且皈依新教，当时他只有 30 岁左右。他在那些年里买的几十个奴隶现在也都被释放，恢复自由。他就住在传教点，还有了个新名字弗兰西斯·卢图努－史密斯（Francis Lutunu-Smith），是传教点的人为他起的。

马基图酋长在世纪之交去世，根据当地风俗，他的继承人应该是一位没有经验的 16 岁男孩。传教士建议由卢图努摄政，这样对整个村子和传教点都更有利。这个决定还可以使教会对当地的政权施加影响，毕竟卢图努是他们中的一员。就像马库洛获准设立自己的传教点一样，卢图努也获准承担一部分行政责任。多亏白人，从前的奴隶如今也手握权力。

尽管卢图努和马库洛有很多类似的地方，但从对宗教的虔诚这个角度讲，两人并不一样。5 年后，卢图努突然被传教点驱逐，原因是他过度沉溺于英国黑啤和陈贮啤酒。刚果自由邦当时也处理了当地人的酗酒问题，从根本上限制了棕榈酒的消费，白兰地、琴酒、朗姆酒则被禁止。即便被驱逐，卢图努还是继续喝酒跳舞。虽然依然珍视手中那本《圣经》，但他却和 3 个不同的女人结婚，这些女人为他生了 17 个孩子。难道新的宗教真的没法和旧的风俗调和吗？

刚果是比利时殖民地，这一新的定义对卢图努来说到底意味着什么？从刚果自由邦到比属刚果，他真的注意到了这之间发生的变化吗？ 1908 年对他和他的家庭来说是非常关键的一年吗？当地人真的注意到了这种变化吗？

这些问题很难回答。

权威的历史资料通常会这样记载：刚果自由邦的暴行持续到 1908 年，比利时政府接管之后，局面立刻平息，刚果的历史也变成了温顺的河流。很长时间之后，也就是 20 世纪 50 年代末，才再次泛起了涟漪。[4] 由此看来，严格意义上的殖民时代开始于 1908 年，结束于20世纪60年代，是两个动荡年代之间的间歇，安静而漫长。在今天的比利时，人们通常更加关注利奥波德国王时期的暴行和帕特里斯·卢蒙巴（Patrice Lumumba）的遇害。但这两个时期从严格的意义上讲，并不属于典型的殖民时代。相比之下，比利时议会乃至比利时人民直接对刚果负责这几十年当中发生的事情，现在的比利时人并不关心。殖民时代是和平稳定的，这种观点因为几个关键人物的超长任期得到进一步强化。从1908年到1960年，刚果一共只有10任总督，有些总督的任期长达7年，最长达12年。最前面两任殖民地大臣朱尔斯·伦金（Jules Renkin）和路易斯·弗兰克（Louis Frank）的在任时间分别是10年和6年。如同一条安静的河流上，有几座坚固的灯塔，至少看起来如此。

不过，或许这种认识只是人们的设想，毕竟1908年之前和1908年之后并不是完全分离的。1908年11月15日，比利时三色旗在当时的首都博马升起，自由邦的旗帜被降下来，永远不再飘扬。但在那之后，并没有发生明显的变化。利奥波德的统治给即将到来的殖民时代蒙上了无法消散的阴影，而且，比利时为时半个世纪的殖民统治绝对不能用稳定来形容。这个时期的特点是独特的活力——不仅是比利时当局常常提到直线“发展”活力，也是这个充满紧张、斗争和摩擦的复杂历史时期所具有的多样活力。是原本又宽又长的河流变得更有力量了吗？不是，它更像一条网状河，覆盖了数不清的河道、急流和漩涡。

1908年，刚果当然有了很大的改变，但起初，人们更可能在布鲁塞尔感受到这种新的动力，而不是在刚果。从文本上讲，新的黎明已经到来。根据《殖民宪章》（*The Colonial Charter*）上的条约，刚果自由邦移交给了比利时政府管理，刚果第一次有了某种意义上的宪法。深知自由邦时代当地民众所遭受的痛苦，比利时各部部长和大臣设计出了一个全新的治理体系。殖民政策再也不以统治者的个人意志为基础，而是由议会颁布，议会有责任批准与殖民地治理相关的法律。在实际操作过程中，这些政策主要由殖民地大臣起草和执行，议会本身极少就“海外”政策发声。殖民地大臣（the minister of colonies）是一个新设的职位，这个头衔有不合理的地方。“殖民地”（colonies）一词用的是复数形式，这是直接从邻国照抄过来的，对于比利时来说，这样用是不恰当的，因为比利时只有一块殖民地。1909 年 12 月 17 日，就在刚果自由邦被移交给比利时政府后第 13 个月，利奥波德国王去世。他的继任者阿尔贝一世（King Albert Ⅰ）在刚果问题上要谨慎得多、开通得多。另外，一个名为“殖民委员会”（Colonial Council）的政府机构成立，专为殖民地大臣在各类问题上提供技术性建议。这个委员会由 14 名成员组成，其中 8 人由国王任命，6 人由议会任命。后来又设立了一个“保护本地人常设委员会”（the Permanent Commission for the Protection of Natives），这个委员会的存在目的就像它的名字一样听起来很高尚，但实际影响力很小。在其存在的 50 年里，一共只召开了 10 次会议。[5] 财政方面也做出了改变，废弃了利奥波德国王采用的做法。之前，国王可以将刚果的收益放进自己的个人腰包，和比利时政府拨给他的资金混在一起，但从现在开始，刚果和比利时的财政必须分清楚。从殖民地获得的收益要为殖民地服务，不能再用于布鲁塞尔的工程建设。这也意味着，一旦刚果内部出了问题，也不要指望比利时来拯救。（实际上，比利时有时也会为刚果出的问题买单）换句话说，殖民地财政独立，但盈亏自负。

不仅行政改革强有力，统治风格也发生了变化。冒险性让位于官僚风，鹅肝酱让位于咸牛肉。摒弃了利奥波德国王的混乱统治，新的政府更倾向于严格冷静的治理方式。比利时人认为，作为殖民者，比起骄傲，更应庄重。行政体系高度官僚化，在比利时这就意味着等级分明和中央集权。指令从布鲁塞尔下达，而且下达指令的人很少去甚至根本没有去过刚果，结果导致布鲁塞尔方面和殖民地欧洲人的意见经常产生冲突。在刚果，总督虽然是最高统治者，但他对当地情况的评估往往会和布鲁塞尔下达的指令相矛盾。更重要的是，这些殖民地官员在殖民政策上没有话语权——他们没有正式政治权力。他们往往只能服从，有时候这种服从是不积极的。

如果连刚果的官员都感觉自己没有权力，那么刚果人民是不是更无权力可言？比利时政府的殖民政策当然考虑了土著人的最大利益：在经历过“红橡胶”之后，这成为殖民者必须遵守的原则。但比利时并不对刚果人民负责，比利时政府的选举也不由他们参与，甚至不需要他们提出任何意见。比利时政府只是以仁慈的态度照顾刚果人。

比利时政府有多不重视刚果人的意见就有多重视科学，其目标就像阿尔伯特·蒂斯指出的那样，是“科学的殖民化”

（une colonization scientifique）。[6]不再有临时急就章，一切活动都讲究秩序。科学家正是这种新理念化身：公正，高效，无趣，可靠。至少人们是这么认为的。在实践中，正是所谓的公正使科学家赢得巨大影响力。

最先以这种方式获得话语权的科学家群体是医生。世纪之交，一位出生于印度的英国医生罗纳德·罗斯（Ronald Ross）发现疟疾并非通过空气传播，人们不会因为沼泽地上的“糟糕空气”而染上疟疾，这种病主要是通过在死水中生长繁衍的蚊子传播的。这是雨林中的一大秘密，曾经导致无数传教士和探险者死亡，如今问题终于得到解决。也正是因为这一发现，罗斯在1902年获得了诺贝尔奖。不仅如此，所谓的黄热病（yellow fever）和象皮肿（elephantiasis）也被证明是通过蚊子传播的，后者会导致腿部严重肿胀。而非常神秘的昏睡病则是通过舌蝇（tsetse fly）传播；黑热病通过沙蝇（sand fly）传播；伤寒症通过虱子传播；黑死病通过老鼠身上的跳蚤传播；被扁虱（tick）咬一口可能长时间发烧。一个新的研究领域——热带医学（tropical medicine）应运而生，将成为服务于殖民主义的有力工具。之前，利奥波德国王曾邀请英国利物浦的专家前往刚果研究昏睡病，1906年，以利物浦热带医学学院为模型，他在布鲁塞尔设立了热带医学学校（École de Médicine Tropicale），是安特卫普热带医学学院（Antwerp Institute for Tropical Medicine）的前身。

对于刚果当地的居民来说，这种医疗化具有非常重要的影响。即便是利奥波德国王统治时期，当地的很多地方都会设立野战医院，修女负责照顾昏睡病患者。这些传染病院大多位于河中的岛上，或者丛林深处，非常类似于麻风病人隔离区。病人入院往往带有强制性，隔离胜过护理。禁止家庭成员、朋友亲戚探望。因此，对于很多人来说，被带进传染病院就像被判了死刑。这些病人被当成了新药的试验品，像阿托西耳（atoxyl，砒霜的衍生物），通常会导致病人失明，而且失明的可能性比治愈的可能性更高。说不清楚被改善的是什么，到底是病人的健康状况还是试验药品的功效？因为要在疾病早期（这个阶段的传染性最强，但也最有可能被治愈），也就是第一时间将病人隔离，这个阶段被隔离的人通常觉得自己很健康。脖子上肿大的淋巴结是他们唯一要抱怨的。典型的症状是他们待在医院的时候出现的，因此传染病院有了一个坏名声：殖民官员蓄意让人染上疾病的集中营。骚乱爆发，被警卫镇压，但很多病人都逃回了自己的村庄。

比利时政府接管刚果后，布鲁塞尔建立了殖民史上第一个医疗体系。从布鲁塞尔高层到达刚果丛林里的管理人员，指挥链相当长，但政策还是非常成功地根据情况变化及时进行了调整。仅靠野站医院是不够的，从现在开始，刚果的人口流动要完全处在监控下。1910 年颁布的一份敕令明确要求，所有土著归入特定酋长区或酋长区以下的区域单位，由一个酋长或级别更小的首领管理。[7]这些区域之间的边界划分得非常仔细，现存的区域界限起到了参考作用。同年，另外一份敕令规定，任何人如果在一个月以上的时间里，移动距离预计超过 30 千米，都必须随身携带医学通行证，通行证上的内容包括出生地、健康状况和最新就医情况。这项证明只有得到村庄酋长或副酋长的批准才能获得，那些已经染上疾病的人要被拘在村内，任何没有相关文件在区域间来往的人都可能被罚款。

这一举措具有十分重要的意义，至少带来了5个方面的深远影响。第一，所有刚果人即便健康状况非常好，再也无法按自己的意愿在区域间活动，他们行动自由被严格限制；在一些人口流动性很大的地方，很多人需要花时间适应这种措施。第二，自此每个人都被钉在地图上的某个点上，就像甲壳虫被拍死在纸板上；当地社区的归属感一直非常强，现在更是不可抑制。一个人的身份可以说是被刻在了石头上。第三，酋长被纳入地方行政体系，这个过程其实在斯坦利那个时代就已经开始（以马基图为例），但现在得到了正式确认。他们构成了整个官僚结构的最底层，在国家和民众之间扮演中介的角色。殖民当局当然希望与比较听话的酋长合作，因此官方正式任命的通常是一些性格懦弱、不具有道德权威的酋长；为了维持往常的统治秩序，真正的、传统酋长在村落的地位不变。[8]第四，因为分割后每个酋长区的居民人数不超过1000人，所以稍大一些的民族实体都被迫解散。[9]村庄被直接置于国家的权威下，中间层级都消失了。这种现状对部落意识也会产生影响，人们的怀旧情结油然而生。第五，对于很多人来说，遥远的布鲁塞尔所制定的法律，是他们与殖民官僚的第一次直接接触。在刚果自由邦时代，成千上万刚果人受制于远方的压迫者，而现在，从原则上讲，没有人能成为比利时统治的漏网之鱼。比利时殖民官员的数量是有限的，（1920年只有几千人）但殖民机器加强了对人口的控制，更加深入到每个人的生活中。

对刚果人来说，“国家”意味着什么？1885年，一个白人要求你们村的酋长升起一面蓝色的旗帜；1895年，一名官员征召你入伍或当搬运工人；1900 年，一名黑人士兵来到你的村庄，为了几桶橡胶大喊大叫，开枪扫射；但是到了 1910 年，“国家”意味着一名黑人卫生员来到村子里，用手触摸你的淋巴结，说情况不坏。

殖民当局希望尽快对当地人口进行一场大规模医疗检查，阿尔贝国王为此拨出的经费超过 100 万比利时法郎。但第一次世界大战的爆发延缓了这一进程。到了 1918 年，比利时医生团队和刚果本地护士才开始一个村庄接一个村庄给当地居民做检查，接受检查的人有几十万之多。这个时候的“国家”，就是那些拿着显微镜给你检查血液的人，就是往你身体里注射某种神秘物质的、闪着光的无菌注射针头。“国家”已经进入了你的皮肤，不仅是你的村子，你的身体、你的自我形象都被殖民了。“国家”就是那一张医学通行证，证明你是谁、你来自哪里以及你可以去哪里。

无论怎么说，卢图努的生活圈子因为以上措施缩小了很多。这位曾经到过刚果每一个角落，还去过欧洲和美国的人，现在却年复一年地待在自己的村子里。作为年幼酋长的助手，他很可能会建议白人谁有资格领取通行证，谁没有资格。实际上，这个体系会为权力的滥用打开大门，这一点也不奇怪。人们对通行证的需求很大，因此一些酋长、书记员甚至是护士都开始受贿。为了获得一张新的、空白的通行证，那些想外出的、刚刚被诊断患有昏睡病的村民，会谎称自己弄丢了医疗记录。许多当地人非常怀疑白人的药，阿托西耳可能致盲；治疗严重病例所采取的脊椎穿刺让人觉得非常痛苦。但这并不是说白人的任何医疗手段都会引发当地人非理性的恐惧，有些治疗还是得到了大家的认可，比如用手术切除患象皮肿后形成的肿瘤就大受欢迎，但皮下注射针头则被认为是传播疾病的媒介。殖民者很明显低估了当地人对传统药物和治疗手法的深度依赖，将它们视为没有价值的江湖医术和无意义的仪式，一律抵制。对于很多非洲人而言，所谓的昏睡病是白人带来的，是军事主导、经济掠夺以及政治重组的重要部分。

总体上，医生掌握了很大的权力。医生有权决定一个人的去处，他们圈出了禁区；可以强迫那些不愿就诊的村民就诊，甚至可以处罚他们；他们甚至有权将整个村子移走，只要有事关公共健康的合理原因。比如说，如果某个村子所在区域舌蝇太多，医生就有权要求村民集体搬迁。如果村民拒绝搬走，医生可以请求殖民官员和治安部队的协助。这种医务工作不光要治疗个人，还要让整个殖民地都处在不可动摇的统治之下。

强制搬迁通常会导致当地社区支离破碎。一些部族被迫离开村子，村民们会唱起忧伤的思乡歌曲："嘿，看看我们祖先的村庄 / 到处都是棕榈树的村庄，而我们被迫要离开 / 嘿，老伙伴？ / 嘿嘿嘿，死去的人都消失了 / 嘿，看看被我们抛弃的村庄 / 太糟糕了！"[10]

卢图努的村庄没有搬迁，为了降低染病的风险，他做了一件村子里的人从未做过的事情：盖了一间石头屋子。从那时候开始，他再也没有住在茅草屋顶下，而是住在带铁皮屋顶的石头房里。毕竟，当时可以在附近的蒂斯维尔找到不少木匠和泥瓦匠，他们知道怎样烧砖，怎样把瓦楞铁钉起来。昏睡病摧毁了卢图努的家庭，但现在他多多少少像白人一样生活着。就像比利时一位内阁大臣在拜访刚果东部一位酋长后提到过的，卢图努的石头房子里是不是挂有"这个国家统治者的画像？因为殖民当局将这些画像分发到了各地。此外，是不是还贴着从巴黎或伦敦的杂志上撕下来的插图”？偶尔到访的白人是不是也留下了“一些精美的印刷品或者几罐焦糖”作为礼物呢？[11] 没有人知道。我们知道的是几年之后，殖民当局任命他为当地酋长，就是这样一位从前的奴隶，如今管理的村子超过 52 个。

第二批将注意力转移到刚果的科学家是人种学者。如果说刚果自由邦的丑闻让什么问题变得清晰了，那无疑是对刚果本土文化严重缺乏了解。曾经严厉批评利奥波德国王的著名学者费里西安·卡蒂埃对此直言不讳：“如果不对本地机构、习俗、民众心理状态、生存条件以及整个社会进行深入研究，那还能期待在殖民地开展有效的工作吗？”[12] 一些探险家和传教士对当地的习俗表现出某种兴趣，但刚果自由邦的很多官员和政府代表对当地文化持一种鄙视态度，他们往往直接称他们为“黑鬼种族”（the Negro race）。如果说他们真的有兴趣，那也仅停留在当地文化中能够触摸得到的一面：他们用的篮子，他们的面具、独木舟和传递信息用的鼓，以及飞镖的形状和头骨的形状。

但卡蒂埃觉得这种程度的兴趣还远远不够，人们不应该只了解某些具体事物或者个别特性，而应该对本土社会有深层次的了解。要达到这一目标，就必须进行严肃研究。“如果效仿荷属东印度和英属印度，在刚果设立人种研究部门或者办公室，那再合适不过了。”[13]

后来，带着很多的任务和使命，国际人种学研究局（the Bureau International d’Ethnographie）正式成立。这个机构主要由比利时人和一些外国研究者主导，其目标是尽可能多地搜集并分析与刚果人有关的各种数据。国际人种学研究局之于人类学，相当于热带医学研究院之于医学，将其掌握的专业性转变成影响力。其成员会阅读各种旅行日记和传教士的报告，也会花很多时间设计调查问卷，这些问卷会直接分发给殖民地的民众，调查对象成千上万，包括公职人员、贸易商、士兵和传教士。他们要完成 202 项内容，从婚俗到葬礼，再到个人健康。被调查者往往都比较合作，答案于是纷至沓来。在 4 年时间里，研究人员搜集分析了超过 40 万份人种学调查数据。[14] 这些信息最后被整编成了具有里程碑意义的系列图书——《人种学专论汇编》（*Collection des monographies ethnographiques*），从 1907 年到 1914 年出版了 11 卷。每一卷都针对一个特定地理区间的特定人群，比如河边的班加拉人、草原上的巴松人（Bsonge）以及丛林中的瓦雷加人（Warega）……同样也关注了马永贝人、巴卢巴人（the Baluba）、巴赫洛赫洛人（the Baholoholo）和孟格贝托人（the Mangbetu）。问卷回收之后，研究人员对 202 项内容进行汇总处理，资料加起来超过 6000 页。这是第一次尝试对本土文化进行系统记录，其成果无异于一部描述黑人种族的百科全书。[15]

不过，随之出现的还有另外一个结果："种族"在人们的观念中被绝对化了。这一系列图书将刚果人划分到几个完全不同的区域，每个区域都有自己的身份、民族个性以及习俗。当然必须要说的是，这些种族和部落之间的确存在不可忽视的区别，但要在各个种族和部落之间立起文化之墙则是非常武断的，容易让人忽视它们之间的相互联系。然而这恰恰正是这些人类学家在做的事情。1908 年，这个研究项目启动之时，项目关键负责人之一的爱德华 · 德荣格（Edouard

De Jonghe）决心对这些部落进行逐一考察。[16] 从方法论的角度讲，这种一个一个进行考察的办法是可以理解的，能让事情的进行变得有序。然而起初的指导原则很快就转化成了一个不可动摇的结论：每个“部落”都是独立且永久不变的实体。若干年之后，这个项目的最初参与者西里尔·范·奥弗博格（Cyrille van Overbergh，他也是一位非常著名的天主教政治家）很肯定地说：“通常来说，刚果各部族之间并没有太多的关联……它们相互独立，保持一定的自主性。”[17] 这种说法很明显忽视了不同部族之间的交流，这种交流已经维持了很长时间，而且广为人知。丛林中居住的俾格米人和说班图语的农民之间有交流；博班吉人（the Banbogi）乘船逆流而上，与很多部族都有交流；从种族的角度讲，刚果人在草原上建立的王国成分混杂，许多当地居民都会说多种语言。说班图语的不同部族，他们的文化是相互关联的。但 20 世纪早期的人类学家却把人口分成不同种族，类似 18 世纪的动物学家将动物分成不同种类。他们认为，这些种族永远不会改变，不会混合。

刚果的领土如同旧时的铅字盘，从那个时候开始，这个殖民地的地图由多个小块组成，每一小块代表一个部落。在布鲁塞尔郊外的特尔菲伦，不同种族具有代表性的材料聚集成数量庞大的收藏品，每一个收藏品都被清晰地归类到对应的部落。因为派往刚果的医生要求人们待在各自归属的区域内，所以人类学家几乎都形成了这样的印象：他们遇到的人都被拴在各自的领地之内。[18] 国际人种学研究局的负责人就这么认为。这种局限的视野产生了非常严重的影响，不仅白人按照这样的认知行动，刚果人自己也越来越认同自己所在的部落。部落主义开始作恶。

早期的人类学研究并非是单纯的研究，其目的是方便殖民工作的开展。以为治安部队招募战士为例，如果获悉某个部落比较好斗，显然是有利情报。医疗服务机构可以知道最容易受昏睡病的影响的人所在地区的卫生状况。布鲁塞尔的行政官员对殖民地的传统习俗和法规有了了解之后，也可以适当调整法律条文以适应新情况。传教士也可以根据当地的宗教信仰情况调整传教策略。人们根据从《人种学专论汇编》中获得的见解行事。就像欧洲各民族一样，比如欧洲苏格兰人有点吝啬，西西里人比较懒，西班牙比较邋遢，而德国人比较勤奋但缺少幽默感，刚果部落也被打上不同的标签。

殖民地的居民也开始以这种视角看待自己和他人。以卢图努为例，他有 17 个孩子，其中 4 个夭折，13 个长到成年。从 1910 年开始，他们都被划在同一个酋长区，被同一个由国家任命的酋长管理，没有医学通行证便不能离开自己所属区域。这些因素会强化他们的区域和种族意识。另外，他们也从传教士那里接受教育，殖民地的教育当时还完全掌握在教会手中。1908 年，刚果大约有 500 名传教士，到了 1920 年，这个数字增长到了 1500 名。上学并非强制性的，但卢图努的自行车和住的石房子有很强的示范效应，必然会鼓励当地人学习读书认字，变得和卢图努一样。毕竟，他就是下刚果地区第一个学会读书认字的人。他的村子在英国新教传教士的传教范围之内，这个区域之外，比利时天主教教会的权力在逐渐增强。

在比较简陋的教室里，或者甚至在树下，传教士会给刚果人传授什么知识呢？教学内容主要包括读写能力、几何、教会历史、与宗教崇拜有关的故事、比利时现状（有多少个省，王室成员的情况），当然也包括他们自己国家的一些情况，比如奴隶贸易。在刚果内陆的天主教传教点会教孩子们唱这样的歌：“非洲阿拉伯人把我们变成奴隶 / 比利时人解放了我们。”旋律来自比利时国歌。在刚果最古老的一所学校中，用斯瓦希里语唱的一首歌对殖民时代进行了总结性描述：“我们曾经是白痴 / 天天都背负罪过 / 沙子在我们的脚下流淌 / 脑子里装的全是霉菌 / 感谢您！神父大人。”[19]

天主教传教士和修女讲故事或唱歌的时候，总是用当地话。很多传教士都来自佛兰德（Fla），他们认为和佛兰德人努力获得语言认同一样，当地人也觉得自己的语言是最好的语言。这也有助于提升部落自豪感。20 世纪 30 年代，姆班达卡圣心会传教士教的语法课中会有这样的练习句子：“我们的语言是隆孔多语（Lonkundo）……虽然有些人喜欢说林加拉语，但我们还是最爱隆孔多语，它很优美，有很多层含义，这是我们的祖先留下来的语言。”[20]

但是种族认同变得更加公开。几乎在同一时间，赤道省的学生在读的是：“刚果人民分成了很多个部族，他们的划分以不同的方言、习俗甚至是法律为基础，我们真正的家是恩孔多（Nkundo）部落。”[21]听起来很像《人类学著作文集》的回响。玛利亚兄弟会传教士用的第一本教科书（最古老的大约是在 1910 年左右）走得更远，用的是林加拉语，教科书的内容是这样的：

> 刚果的居民是黑人，人口具体是多少还有没统计过，估计最多达 1600 万。他们分为不同的部落：巴索隆戈

（Basorongo）、巴刚果（Bakongo）、巴特科（Bateke）、班加拉（Bangala）、巴波托（Bapoto）、巴索科（Basoko）、巴布斯（Babus）、巴赞德（Bazande）、巴康戈（Bakango）、邦贝图（Bangbetu）、巴蒂基蒂基（Batikitiki）、巴卡（Baka）等。

巴索隆戈人住在离大洋很近的地方。

巴刚果人则住在刚果河上游，靠近博马、马塔迪和基桑图，他们都是码头工人和苦力。

巴特科人生活在金坦博，他们比较擅长做买卖。

班加拉人住在马坎扎（Makanza）、莫贝卡（Mobeka）、利萨拉（Lisala）和本巴（Bumba）附近，他们个子高大，脸上和耳朵上都有文身，把睫毛拔掉，把牙齿磨尖。他们不怕战争，军队中不就有很多班加拉人吗？他们很聪明。

巴波托和巴索科人是班加拉人的兄弟，他们的脸上也有文身，会造大桨、独木舟、矛和砍刀，他们杀了很多鱼。[22]

一个人受到的教育就是如此，刚果人由很多部族组成，每个部族有自己的领地和风俗，有些部族善良温顺，有些则不是。比如，学生学到的是阿赞达人（the Azanda）很尊重他们的酋长，这是好的品质；巴布瓦人（Babua）不这样，是可耻的；巴刚果人善于猎杀大象，他们勇气可嘉。教会学校成了制造部落歧视的工厂。这些孩子不能离开自己的村庄，对外面的世界一无所知，但突然被告知巴刚果人就住在这个辽阔的国家的另一边，以及应该对他们持有怎样的看法。在很多教材当中，居住在丛林中的俾格米人被描述成奇怪的群体。

就算你从未见过这种人，你也知道怎样评价他们——“他们善于偷别人的东西，”20 世纪 20 年代末，有些地方的学生会在书中读到对这个群体的描述，“他们不会和别人交朋友……绝大部分中非地区的居民都会让自己干净一点，因为这里有很多水，每天都可以洗澡。但这些丛林中的黑人不是这样，他们很脏……他们要比其他的非洲人更无知，根本就没有意识到和有相同文化的人住在一个村子里，要远比总是四处游荡好。”[23]

这当然不是说划分区域之前并不存在部族差异，那时也有很大的地区差异。语言不同、风俗不同，跳不同的舞、吃不同的东西，甚至部落之间还会爆发战争。只是现在不同被放大了，还被永远记录下来，成了人们的定式思维。事实上，在时间和地域上，部落并不是固定的社区，这种部落之间的严格划分是在 20 世纪最初的那十年中被确定下来的。人们开始与自己的部落保持一致，与其他部落保持对立，部落意识比以往任何时候都强烈。

20 世纪 80 年代，一位来自卢本巴希的老人讲述了他的一些童年记忆。当时刚刚兴起的采矿业将不同背景的人聚在一起，“以往，我们不会看着别人说‘这个人来自开塞，那个人来自兰巴（Lamba），是卢巴族或者本巴族（Bemba）’，不会，因为我们是一起的。”他还补充道：“我们之间没有区别，没有人在谈论区别。”[24]

传教士不仅开办小学，还开办一些研讨班，将聪明的学生培养成本土传教士。第一个成为本土传教士的人名叫斯特凡诺·考泽（Stefano Kaoze），时间是在 1917 年。他来自马伦古（Marungu）山区，跟着白人神父学习。1910 年，25 岁的他就已经得到了一个第一：他的长篇散文《班图人的心理》（*La Psychologie des Bantu*）出现在《刚果杂志》（*La Revue Congolaise*）上，这让他成为第一个发表文章的刚果人。我们从这篇无可争议的里程碑式的文章里读到了什么？一个接受了纯天主教教育的刚果年轻知识分子会写点什么？事实上，非洲人的部落意识是由欧洲人培育出来的。"我读了一些关于部落的书之后，发现我们绝大多数习俗都和贝尼－马伦古部落(Beni-Marungu，考泽本人所属的部落)的习俗一致。现在我意识到了这一点，我可以告诉你我们是谁，我们就是贝尼－马伦古部落的人。"[25]这些书让他思考自己的部落身份。后来他逐渐发展成为一个部落民族主义者，捍卫自己的族人，并维护刚果人的利益，这一点都不奇怪。"潜在的最危险的黑人，"一位法国贵族去过殖民地一趟之后如此说道，"就是那些接受过一点教育的人。"[26]

与此同时，恩卡西的生活在平静地继续。在和他聊的时候，我好几次感到惊讶，因为他对比属刚果的早期历史印象不深。而19世纪最后十年，在刚果修建铁路的那段历史，他则记得很清楚，往往脱口而出。这之后的几十年中，他一直生活在自己的村子里，但与之相关的记忆却像是被洗掉了一样。有一段时间我一直都在想这到底是为什么，直到我发现卢图努的传记作者对这个时期的卢图努的描述也相当简洁，这难道只是一种巧合吗？我不相信。我很怀疑，正好是因为这段时间里，殖民当局颁布的法律对通行进行了限制，强迫村民只能待在自己的村子里，所以才致使这段时间比较平静，没有大事件发生。第一次世界大战似乎没有在他们的生活中激起任何涟漪，即便是对卢图努来说也是如此，尽管他当时已经是年轻酋长的摄政。我再一次问恩卡西是否记得第一次世界大战，他说："我可能听说过，但没有发生在我们这里。"[27]他的世界在独立运转。他最小的弟弟差不多就在那个时候出生，是的，他记得这件事。最终，他也受洗成为新教徒，时间是在1916年，地点是卢孔加传教点。他也因此有了个基督教名字：艾蒂安（Étienne），不过大家还是继续叫他恩卡西。

对他来说，大的转折发生在1921年。很长时间之后，他又一次离开自己的村庄。为此，他首先要申请一本有效的护照以及通行证件，否则的话不允许离开。即使是在今天，一个刚果人如果没有获得行动指令，就算是在刚果国内自由活动也会有麻烦。刚果是世界上极少数设有专门管理国内通行的移民局的国家之一，这一机构成立其实要归因于当年昏睡病的肆虐。不过恩卡西挺幸运，他父亲的堂兄在铁路部门工作，因此他能够免费乘火车旅行。他在火车待了整个白天，欣赏沿路的美好风光，晚上才抵达金沙萨。

1885年斯温伯恩在金沙萨建立了传教点后，那里发生的变化非常之大。大约80家公司在沿岸建了仓库，往西8千米是以前的军事和行政中心利奥波德维尔，英国浸信会传教士曾在那里建立总部。1910年，殖民地核心金沙萨和利奥波德维尔由一条宽阔的道路连接起来，就是今天的"6月30日大街"（Boulevard du 30 Juin），现在已经不再是连接两大欧洲人定居点的道路，而是金沙萨这座城市里繁忙的主干道。但恩卡西到达金沙萨的时候，那里的车子一共不超过 200 辆。大约有 1000 名白人居住，其中有 150 名白人女性。整个城市约有 400 套房子，都是用耐久材料建造的。[28]

恩卡西发现，金沙萨是一个建造中的城市，到处都是盖房子或修路的工地。殖民者在欧洲人社区的南面，规划了一个原住民住宅区，像四方形的棋盘，长 3 千米，宽 4 千米，内部被一条条整洁笔直的小巷切分。黏土建的房屋、茅草盖的屋顶整齐地排列着。在屋子周围，当地人会种上木薯和大蕉。偶尔能看到一两套带铁皮屋顶的砖房，小孩子们光着屁股在小巷子里奔跑嬉闹，女人们则花好几个小时坐在阴凉的地方给彼此梳头发。有些房子的正面还会刷上颜料。恩卡西很快就发现，在那里可以买到不少东西，包括火柴、大米还有鱼干。那里完全是一个新世界。几年之内，已经有 2 万多人来这里居住，在相邻的利奥波德维尔，居住人口也达到了 1.2 万人。这些人来自刚果内陆各个地区，他们说的语言恩卡西根本听不懂，他们的家乡恩卡西也从来没有听说过。他们当中只有 4000 人是女性。因此，那就是一个男人的世界，充斥着各种粗俗的大喊大叫大笑，还有乡愁。金沙萨的原住民住宅区和传统的非洲村落完全不同，它就是一个体力劳动者和贸易商的聚集区，也住着一些给白人当童仆的本地人，他们每天早上都会去附近的白人社区工作。除了这些人之外，也少不了游手好闲的懒汉、妓女、小偷和昏睡病患者。[29]

“我 1921 年来到金沙萨，为马腾斯（Martens）先生工作，”恩卡西跟我说，“他的库房里有很多采自开塞的钻石，这些钻石都是从当地的矿里挖出来的，需要到金沙萨进行处理。我的工作就是装袋子，腾空袋子。”为了把自己的意思表达清楚，他还用手示范了一下，做出铲东西的动作，“把袋子装满，把袋子倒空，一个月能赚 3 个法郎。”[30] 为了防止偷盗，这些矿石不能直接在矿山里分拣，而是在中心仓库集中选矿。

恩卡西之所以去了这个很快将会成为首都的地方，部分原因在于好几年之前，有人在金沙萨以东几百千米的地方发现了一粒 20 毫克的“玻璃”。1907 年，一位比利时勘探者纳西斯 · 雅诺（Narcisse Janot）和一位地质学家在开塞附近勘察，他们发现了一块水晶，看起来并非完全不堪造就。因为当时没有携带可以对它进行化验的工具，所以他将其放在试管中，带回了布鲁塞尔。但他回到家后，却忘了此行带回的诸多样本当中还有这样一个小样本，几年之后才想起来。进一步分析显示，这块小石头其实就是钻石。[31]“钻石热”接踵而至，开塞因此成为钻石产地。高纯度的钻石可以加工成珠宝，粗糙一些的钻石也有很大的工业用途。

殖民地的其他地方似乎也蕴藏着很大的惊喜。早在 1892 年，年轻的地质学家朱尔斯 · 科尔内（Jules Cornet）就发现加丹加地下蕴藏着丰富的铜矿，利卡西（Likasi）、基普希（Kipushi）和坎博洛韦（Kambolove）等地的藏量尤其可观。当天晚上在帐篷里，他写道：“我发现的铜矿储量巨大，我都怕说出来的数字太让人难以置信。”[32] 利奥波德国王当时要求他发誓不要透露自己的发现，以免引起英国的注意。这一点还是明智的，因为加丹加的铜矿储量世界第一，有些地层下面的铜矿含铜量高达 16%。靠近乌干达的刚果东北部山区里，两名澳大利亚勘探者在几条河流中找到了几块闪闪发光的金属：金子。基洛（Kilo）和莫托（Moto）的金矿在后来发展成为中非地区两大著名的金矿。1915 年，另外一名勘探者在加丹加发现了一种微黄色、非常密实的石头，让他想起了居里夫人的研究，后来的分析证实这种矿石的确含有丰富的铀。发现铀矿的地方成了后来的欣科洛布韦矿藏（Shinkolobwe mine），在数十年里，这里一直是世界铀矿石的主要供应地。

就像科尔内说的那样，刚果地下藏着一个“地质宝藏”。新的发现太过美好，显得不真实。之前，对刚果的经济开发和掠夺主要集中在丰富的生物资源上：比如象牙和橡胶。但现在人们在地下发现了更巨大的财富。加丹加，这地方是 1884 年利奥波德国王意外兼并过来的，当时被认为不具有可观的发展前景，如今突然成了蕴藏有大量财富的地下宝库。除了前面提到的铜矿和铀矿之外，这里还有丰富的锌、钴、锡、金、钨、锰、钽和无烟煤。这块殖民地坐拥如此丰富的矿产资源，但相关发现并非一日之功。从 1910 年开始，橡胶收益迅速下降，国际橡胶价格也在快速回落。1901 年，橡胶占刚果出口总量的 87%，但到了 1928 年，这个比例下降到了 1%。[33] 一位旅行者在 1922 年写道：“这些天，人们不会或几乎不会再提到刚果的橡胶。”[34]

这一变化似曾相识。橡胶的繁荣曾经抵消了象牙贸易的下降，如今矿产资源带来的繁荣似乎也在以同样的方式抵消橡胶贸易的衰落。从自然财富的角度讲，世界上似乎还没有一个国家像刚果这样幸运。在过去的一个半世纪当中，当国际市场对于某种特定原材料的需求上升时——维多利亚时代的象牙；充气轮胎发明之后的橡胶；工业化全面发展和军事扩张之时的铜矿；冷战期间的铀矿；20 世纪 70 年代石油危机期间的可再生能源；移动电子设备时代的钴矿——刚果能供应的量很容易就能满足市场需求。刚果的经济史是不可思议的幸运，同时也是不可思议的悲惨。照旧，矿产带来的巨大财富丝毫没有惠及普通民众。这种巨大的反差，就是我们所说的悲剧。恩卡西曾经挥汗如雨，分拣处理钻石矿藏，可是他从整个钻石生意中得到的报酬微乎其微。直到今天，他还是一贫如洗。

但对于殖民者来说，这些发现是极其重要的，意味着当地采矿业的兴起。即使到了今天，采矿业也是刚果本地工业最重要的组成部分。但采矿和处理矿石并不像收购象牙和收取橡胶那样简单，为了获得利润首先必须投入大量资金，用于购买压碎和清洗矿石的机器等。更重要的是这些重要的矿石都产自非洲内陆地区，远离海洋，如果把非洲的形状比喻成一只梨，那么加丹加“即便不是梨的中心，也肯定在梨核附近”。[35] 所以需要修建新的铁路、港口、电报线路和公路。

所有投资都来自比利时政府和民营企业。基洛-莫托金矿（Kilo-Moto mines）一开始完全是一家国有公司，1926 年公开上市。其他矿藏的开发模式借鉴了之前收取橡胶的做法：授予一些公司特许经营权。这些公司都是私人企业，他们享有开发某个区域的权利，但殖民政府会从中获得十分可观的收益。获得收益的方式并非直接征税（第一次世界大战之前，对利润征税几乎闻所未闻），而是将公司部分股份强制划到殖民政府名下，因此，殖民政府每年能够获得非常丰厚的分红。

1906 年成立了三家公司，在刚果的采矿业中扮演了关键角色，它们是：上加丹加矿产联合会（Union Minière de Hast-Katanga，UMHK）、刚果国际森林和矿业公司（Société Internationale Forestière et Minière du Congo，Forminière）和下刚果至加丹加铁路公司（Compagnie du Chemin de Fer du Bas-Congo au Katanga，BCK）。矿产联合会的一半启动资本来自英国投资者，另一半来自比利时兴业公司（Generale Maatschappij），这家强大的比利时控股公司从1822年开始就控制着比利时的国民经济。矿产联合会主要聚焦于加丹加。私人经营的加丹加公司——这家公司由工业家阿尔伯特·蒂斯先生经营，此人正是那位负责修建刚果第一条铁路的工业大亨——进行初步勘察和开采之后，加丹加特别委员会（Comité Spécial du Katanga，CSK）介入。这个委员会的法律结构很特别：不是典型的企业，而是半政府性质的组织，由殖民当局经营，是独具一格的合伙企业，公私合营，针对加丹加一半地区拥有独家采矿权，同时还肩负对所在区域进行政治管理的责任。加丹加特别委员会从本质上讲更应该是一家公司，而不是政府机构，但它甚至有自己的警力。简言之，就是形成了“国中之国”的现象。即便是在1906年矿产联合会诞生之后，这种奇怪的现象仍然在继续。政治利益和经济利益紧密交织。作为加丹加最强大的工业巨头，加丹加特别委员会通常在殖民政府中有更多发言权，相比之下，殖民政府在委员会中的发言权则要弱一些。比如说，委员会没有足够的工人，殖民政府要创造条件为其招募。因此，简单地说，加丹加的管理形式和刚果其他地方并不相同。这种形式在后来和其他因素交织，成为导致这个区域追求独立的重要原因。

刚果国际森林和矿业公司由美国人投资成立，因为钻石矿藏比较分散，这家公司一开始分得了不少于 1 亿公顷的探矿面积，后来缩小到 200 万公顷，在斯卡帕（Shikapa）和巴宽加（Bakwanga）附近开了 50 个矿。1913 年，森林和矿业公司一共在加丹加提取出 15 000 克拉钻石；到 1922 年，这个数字累积到了 220 000 克拉。[36]

第三家公司，也就是下刚果至加丹加铁路公司成立于 1906 年，是一家私人铁路公司，由法国和比利时人出资成立，负责修建一条连接加丹加和下刚果地区的铁路。这条铁路建成后，铁矿石的运送就无须借道他国，可以在刚果境内直达大西洋港口。如果一定要寻找替代方案，那就要经过葡萄牙、德国或者是英国的殖民地，久而久之可能会对别国形成依赖。新铁路的修建在 1928 年完工。当然，这家铁路公司的业务不仅仅是建设铁路，它也有采矿权，其特权区坐拥世界上最大的工业用钻石矿藏，利润相当丰厚，几乎一半都流入了殖民地国库。[37]

恩卡西继续干将钻石装袋的活。早期采矿业需要大量体力劳动，谁来提供呢？难道比利时人自己？这似乎不可能。“在赤道以南，比利时人会干的工作只有当监工。不停从事各种体力劳动本身就很困难，对比利时人来说或多或少超出了承受范围。”[38] 一段时间内，在人口稀少的加丹加，人们考虑引进中国劳工。但考虑到修建铁路时的高死亡率，这种想法很快被放弃了。今天，任何人只要乘坐直升机飞过加丹加的上空，就会学到很多这个地区的社会历史，比如说从卡莱米（Kalemie）飞到卢本巴希，我在 2007 年 6 月有幸经历过一次。我按原计划搭乘的航班因为缺少乘客取消了，换乘一架有些破旧的俄罗斯直升机，里面有俄罗斯机组人员和俄罗斯国徽。原本

2 个小时的飞行变成了耗时 6 个小时的漫长旅程，一路嘈杂，下方是很空旷的地带。因为飞行高度不超过 300 米，所以地面上树木、野牛和白蚁巢都清晰可见，但没有村庄。我戴上红色的护耳罩朝打开的窗户外面看去，更加明白一个世纪之前这里发生的变化。在如今这个人口爆炸的年代，这片草原还是如此空旷，那么在一百多年前，昏睡病蔓延后，会是何等的荒凉？

加丹加矿产丰富，但没有足够的人力可以将其挖掘出来。在这些孤立的村子间，有开采权的公司在努力寻找有意愿采矿的劳工，只是毫无结果。因此，从 1907 年开始，这些公司开始考虑从国外招募劳工。每年能招募到六七百罗得西亚人（rhodesian）开采加丹加铜矿。[39] 到 1920 年，这个数字上升到好几千。罗得西亚劳工占到非洲劳工的一半以上，这些人的工作周期一般只有半年左右，他们在工期里住在一起，和在南非矿山工作时一样，而且不准带家属。

现在几乎找不到来自这些早期矿工的记述，但也有例外。一位老人回忆道："我是 1900 年 5 月 4 日来加丹加的，一位叫坎辛格（Kantshingo）的先生雇了我。"工作之前先要进行体检，通过之后会发一份工作证，要在上面按手印。

> 没有砖房和石头房，黑人住在草房里，白人住在帐篷里，很多白人都是意大利人。工头来自尼亚萨兰（Nyasaland，现在的马拉维，Malawi）。我们交流使用的语言是基卡班加语（Kikabanga）："镐"的说法是"穆塔林比"（mutalimbi），"铲子"是"奇巴叙"（chibassu），"独轮车"是"普希

普希”（pusi-pusi），“锤子”是“哈马卢”（hamalu）。早上4点钟我们就要起床，一直从早上6点钟干到晚上5点、6点或者7点。工人经常挨打……我们使用罗得西亚货币，我们喝的啤酒叫“卡塔卡”(Kataka)或者“基布库”(Kibuku)，是用玉米或高粱酿造的。[40]

1910年，加丹加和英国在南边殖民地修建的铁路网相通。从那时开始，加丹加和开普敦之间就有了直接联系。在卢本巴希这个小村子附近，在靠近被探矿者称为“刚果之星”的矿产地的地方，很快崛起了一座新城市：伊丽莎白维尔（Elisabethville）。1910年，已经有300名欧洲人和1000多个非洲人住在这里，一年之后，这两个数据分别上升到1000人和5000人。[41]从那个时候开始，这个地方更像个英国城市而非刚果城市。笔直的马路，两边都有绿化带，让人想到比勒陀利亚（Pretoria），房屋的正面都涂成了很温馨的白色，这一点更像开普敦。罗得西亚工人和英国工业家一定注意到了英语成了优势语言，英镑成了通行货币。

下面这段文字从非洲人的视角让我们了解了加丹加最早期的采矿业。在20世纪60年代，一位名为安德烈·亚夫（André Yav）的老人写下了他自己的回忆，他在伊丽莎白维尔当了一辈子的仆人。

矿产联合会开始运营的时候，第一批在这里工作的人都来自附近村庄。巴兰巴人（Balamba）、巴塞巴人（Baseba）、巴伦巴人（Balemba）、巴安加人（Baanga）、巴耶克人

> （Bayeke），还有贝内米通巴人（Bene Mitumba）的。实际上，总数也不多，因为他们真的不想离开自己的村庄太久。一般工作两到三个月，然后回去。过一段时间之后，要采矿的地方变得很大，于是开始从卢阿普拉（Luapula）和北罗得西亚（现在分属津巴布韦和赞比亚）招募工人。来自其他地方的人也有，比如巴本巴人（Babemba）以及来自马拉维的尼亚萨兰人。他们体格强壮，可以胜任这样的工作，但也不能离开自己的村庄太久，六到十个月之后，他们还是会回去。[42]

不过，招工的人并没有就此止步，他们不停深入加丹加，寻找更多年轻力壮的工人。有些招募者是为政府机构工作，也有很多是私人承包商、白人探险者，他们想尽一切办法吸引年轻人到矿上工作。有些人甚至找到了开塞和马涅马，行程超过 800 千米。招募方法有时候并不光明，他们会用从欧洲带来的自行车、毯子贿赂当地酋长，并且承诺酋长每提供一名工人就能获得一笔奖金。谈到工作条件，他们则措辞谨慎，甚至保持沉默。实际上，他们也是在做买卖，把工人“买”进来，然后再“卖”出去。有时候还会动用武力，这就意味着他们的招募方法和 1890 年治安部队的征兵策略、1850 年左右非洲阿拉伯人获得奴隶所用的策略没什么不同。这位已经退休的老人在他的回忆录中对这一点讲得特别清晰：

> 通过这种方式，矿产联合会和其他白人才得以建立起自

己的矿业公司……我们的痛苦是无法想象的，睡在地上，被蚊子和各种昆虫叮咬，有时候甚至还有蛇。为白人工作就是这样的情况，唯一的目的就是要在加丹加找到铁矿石。为加丹加特别委员会的白人工作就更糟了。他们要求我们到处找矿，在丛林中，在山上，找各种各样的石头。而且，我们做仆人的还要跟着白人走遍加丹加的所有河流，刚果的所有河流，去所有地方。[43]

第一代矿工的住宿条件非常恶劣，工人被安置在劳动营里，远离市中心的白人居住区，这种空间上的分离是依据1913年颁布的法律而确定的。[44]工人区看起来更像军营，不像是城市里的社区，四四方方，几乎没有地方可以遮阳。这些传统的茅草屋一排挨着一排，每个草屋里住4名工人，每个工人的居住空间大约是4平方米。有公共厕所，至少理论上有。实际情况是，精疲力竭的矿工只能住在极其粗糙、卫生条件非常恶劣的环境中。在坎博韦矿区，住在营地上的工人们每天都蹚在污物里。饮用水严重稀缺，蒸汽机和钻井设备需要消耗大量的水，因此这里绝大部分水都在采矿作业上消耗了。在旱季，工人们只能从不流动的水塘中或者泥泞的溪流中取水饮用。[45]于是，疾病蔓延。不少工人死于痢疾、肠炎、伤寒症，伊丽莎白维尔、“刚果之星”矿区和坎博韦还爆发了流感。1916年，就在这3个地方，5000名工人当中有322人死亡。另外，一些工人因为在满是灰尘的矿井中进行高强度劳动而患上肺炎和结核病。四分之一到三分之一的工人都染上了各种疾病，却几乎完全得不到护理。[46]1920年，整个刚果大约只有 70 名医生和 1 名牙医，这些医生主要为刚果的白人服务。[47]矿工每天工作很长时间，但报酬甚微，很多人变得冷漠抑郁，渴望回乡。只是，他们往往根据种族组织起来，照顾病患、埋葬死者、唱歌喝酒。有些矿工是逃跑了，但很多人不敢。一直到 1922 年，对矿工的体罚仍然存在。

综合所有因素来看，形势严峻。加丹加南部过去基本没有受到刚果自由邦橡胶政策的影响，但现在，这个区域被工业资本主义的浪潮席卷。这让安德烈·亚夫，也就是前面提到的退休工人，在当时得出了一个极其不同寻常但同时也很有说服力的结论：阿尔贝国王比利奥波德国王糟糕多了，后者至少“遵守刚果和非洲的法律”！这话需要进行一些解释：“在利奥波德国王时代，本地童仆可以和白人在一张桌子上吃饭，白人把他们当作雇员。那个时候的白人不同于利奥波德国王之后才来到这里的白人。老国王去世之后，阿尔贝国王继位。这些白人做出了硬性决定，这些决定真的是非常糟糕。他们给我们、给刚果人带来了一种糟糕的奴隶制度。”[48]

东方省基洛－莫托金矿上的工作条件同样恶劣。每 8 个工人中只有 1 人是自愿来工作的，其余都是被强征的，也可以说是被贩卖到这里来工作的。那些招工的人按 1 个人 10 法郎回报当地酋长，把强征来的年轻人拴在一起带走，他们的脖子上被套着木枷或套索。1908 年，超过 800 名矿工在金矿工作，1920 年这个数字超过了 9000。[49] 1923 年，在钻石丰富的开塞，接近 20 000 非洲人为 200 个白人工作。[50]

1908 年到 1921 年，刚果经历了第一波工业化，也由此推动了当地居民的无产阶级化，原来的渔民、猎人和铁匠如今成了公司的雇佣劳工。即便是在最早的阶段，他们的群体也很庞大。在加丹加，六成劳工都为矿产联合会工作，矿工数量从1914年的8000人上升到1921年的42 000人，同一时期，铁路工人的数量从10 000人上升到40 700人。开塞和东方省加起来大约有30 000名工人，另外的30 000名外来劳工住在金沙萨和利奥波德维尔，这样大规模招募工人的原因非常简单：因为工人的成本比汽油低。[51]

当地人的无产阶级化不仅体现在工业领域。农业发展对劳工的需求也很大，特别是一些白人农场主开始在刚果种植咖啡、可可和烟草之后。不过，最需要农业劳工的是棕榈油行业。1884年在利物浦，一个名叫威廉·利弗（William Lever）的人开始以产业规模生产肥皂。肥皂一块块流出生产线，他将自己的产品命名为“阳光牌”肥皂。这家公司之所以能在后来发展成为跨国企业——联合利华（Unilever），刚果功不可没。最初，利弗的肥皂用采购自西非的棕榈油制作，英国殖民当局不再提供优惠条件后，比利时政府在1911年授予了他一项非常大的特权。根据他自己的说法，他被授予了5个半径达60千米的区域的开发权，这些区域内有很多野生棕榈树，总面积大约有750万公顷，足有两个半比利时大。这就是比属刚果制油公司（Huileries du Congo Belge，HCB）的起家，这家企业在班顿杜南部非常活跃，后来发展成了相当引人瞩目的大企业。在靠近基奎特的地方，又形成了一个新城镇：利弗维尔（Leverville）。该公司雇用数千刚果人采摘棕榈果，这些人的采摘方式非常传统，就是爬到树上将成团的果子砍下来。利弗后来成了一位大慈善家，不过他的公司在刚果的作为却与慈善没什么关系。他的劳工一天只能拿到25分的工资，生活居住条件非常原始。他对当地的酋长恩威并施，在压榨的同时也进行贿赂，为了推进这个行业的发展，很多村庄都被迫搬走。今天的基奎特人在回想起那段历史的时候，仍会充满痛苦：这比橡胶政策还更糟糕。[52]但1912年，当利弗将用象牙盒子装着的、用刚果棕榈油生产出来的、第一块“阳光牌”肥皂呈给阿尔贝国王的时候，国王绝对不会相信这一点。

“我一个月赚3法郎。”恩卡西曾经告诉我。这是他生命中第一次赚到工资，也是他能将这件事情记得如此清楚的一大原因。刚果刚刚萌芽的工业化不仅推动了最初的城市化和无产阶级化，同时也开启了影响深远的货币化进程。这也是第一次，在大范围内，当地人的生活与“货币”这样抽象的概念产生了关联。正式货币也不是新事物：在下刚果地区，人们很早就使用海贝壳作为货币进行交易；在加丹加，货币是一种手工铜制十字架。在其他地方，人们用第一批殖民者引进的铜锭进行交易。不过，这些形式的货币只用于非常特殊的交易，覆盖面很广的货币经济并不存在。但情况很快就发生了改变，1900年，下刚果地区不过只有几百名工人，他们绝大多数在铁路部门工作。1920年，当恩卡西来到金沙萨的时候，整个国家已经有了大约123 000名工人，这还是在真正的就业繁荣时代开始之前——1929年，刚果一共有45万工人。刚果已经真正成为货币经济体。[53]

货币化有一个非常重要的影响。国家再一次公开介入到每个人的日常生活，一个人再也不能在不使用国家符号的情况下从邻居家里买一只鸡。长达多个世纪的物物交易系统，个人之间透明的交易系统，被这种国家强制执行的抽象系统取代。人们别无选择，只好假定这些印着穿白色束腰外衣的白人女性的纸张具有实际价值。至于纸上的字，1 法郎的刚果纸币上印着庄重的字样：“比属刚果银行”（Banque du Congo-Belge），“1 法郎”（un franc）估计大家都能看懂。纸币上面的女人有点像古希腊人，戴着冕状头饰，左胳膊放在车轮上，右胳膊抱着一束麦穗。[54] 寓意很明显：农业和工业。不过，普通刚果人对新古典风格的艺术作品毫不熟悉。20 世纪 20 年代早期，铸币式样离本地现实更进了一步：印有油棕图案。[55] 人们看到这种铸币，自然将国家和工业联系起来，利弗的公司被称为“油棕公司”（Compagnie m'-bila，在多种本地语言中，“油棕”被称为“m'-bila”）。钱，代表人和工厂之间进行的交易：你把身体给他们，他们给你发工资。

货币化的一个优点是让征税变得容易多了。一个人无须再用实物或劳动来为这种强制性的个人与国家之间的关系交费，当搬运工跋山涉水或收橡胶为白人服务的日子已经过去了，每个月必须为国家劳动 40 个小时的规定也不存在了。比利时开始控制刚果的时候，引进的是这样一个税收系统：征收橡胶以外的商品。税务部门很乐意收到木薯、棕榈油、柯巴脂或者鸡肉。但过了一段时间之后，就表现出了对现金的青睐。一位传教士在 1953 年请来自赤道省的约瑟夫 · 恩乔利（Joseph Njoli）描述一下自己过去的人生，他的记忆非常清楚：

> 继橡胶之后，他们征收鱼和木薯，之后又是棕榈油和木材，我们必须把这些东西交给伊肯格（Ikenge）的地区行政专员。专员的名字叫莫洛（Molo），这个白人和河畔的居民一起住在伊肯格。所以我们要干的活多种多样……然后来了另外一个白人：洛科卡（Lokoka），他叫停了我们正在做的工作，带来了一些钱，他说："你们这些人现在要用钱来付税，每个人必须支付四个半法郎。"黑人就是这样知道钱的。我们仍然是比利时人的奴隶。[56]

一年4个半法郎：不算特别多。税收负担被有意减轻了。1920年，这笔钱相当于6公斤橡胶，或者45公斤棕榈油、35公斤柯巴脂、九只鸡、半只山羊，或者几十根木薯。[57]

名义上，比属刚果希望终结自由邦时代的不良政策，但在现实却大不相同。在那些国际大公司进驻开发的地方，剥削和奴役以新的形式出现。移民浪潮更多的是在破坏这个国家的秩序，而非帮助这个国家从过去的伤口中愈合。年轻人一生都待在简陋的工棚里，村子里只剩下女人和老人。1918年到1921年的悲惨故事可以归因于持续4年的第一次世界大战，而在此之前，人们已经经历了很多痛苦。完全不归咎于第一次世界大战是错误的，这次战争虽然不是导致痛苦的原因，却是加剧痛苦的因素。

2008年11月11日，金沙萨大雨滂沱，即便是在赤道地区，这场雨也算是非常非常大了。从天上掉下来的不是雨滴，更像从管子里流出的水柱。整个城市的交通陷入瘫痪，汽车喇叭声响个不停，就像在命令马路上的水坑立刻变干。老兵会社（Maison des Anciens Combattants）里的院子快成了游泳池。在20世纪50年代，这里是一个露天电影院，现在它成了服务于经历了刚果多次战争的老兵们的俱乐部，是成员们日常聚会的地方。一位穿制服的比利时老兵对于这场雨引发的问题评价道：“简直难以置信，这个国家没有什么东西是防水的，雨水能够渗透到任何地方。但这里，雨水都积了起来，完全不存在漏水问题。”他看着铺着瓷砖的后院，十几个男孩正拿着水桶想把院子里的水舀干，但似乎并不成功，看起来，积水足有1英尺深，“你都可以在这里养鲤鱼了”。

就在这个时候，人群一波一波涌进来。女人穿着漂亮的礼服，她们的鞋跟在地上留下小小的印子，男人们拿着闪亮的铜管乐器，绅士们穿的是三件套，退伍军人则身穿蓝色制服。当然，这一天对于他们来说是个大日子。还在世的退伍军人不多，他们一直站在屋檐下的走廊上，互相鉴定、抢夺彼此佩戴的勋章。“塞奥（Saio）？你根本不在那儿，拿过来！”不满地抱怨几句之后，勋章就换了主人。这样的互动进行了很长时间，直到每个人都戴上了自己想要的勋章才结束。安德烈·基塔迪（André Kitadi）告诉我：“这些人当中没有一个真正去过战场，金沙萨只有4个参加过1940—1945年战争的老兵还活着。”他就是这四个人中的一个，我曾经采访过他，他对勋章毫无兴趣。

那一天是第一次世界大战结束90周年纪念日。

受邀嘉宾一直等在雨棚下面，直到庭院变干。仪式原计划11点钟开始，但到12点半的时候，才终于有人拿了一个水泵过来，又过半个小时才有了启动水泵的柴油，再过 15 分钟水泵才开始工作，经过 5 分钟的机器轰鸣声，院子里的水被抽干，而会社的花园则成了泥潭。不过仪式终于可以开始了。

1914 年，刚果和比利时一样是中立国，也必须中立，因为这个国家成立动机和比利时本身一样，只能在强国之间起缓冲作用。对于刚果而言，其中立性质要追溯到柏林会议最终决议案，但其中立立场在 1914 年 8 月 15 日终结，11 天之前，德国进攻了比利时。在刚果一侧的坦噶尼喀湖上，莫科卢布村（Mokolubu）对面，一艘蒸汽船突然出现，它来自于遥远的德国海岸。这艘船开始向当地的一家咖啡馆开火，击沉了 15 艘独木舟。一队德国士兵登陆，切断了 14 处电话线路。[58] 一周之后，卢库加港（the port of Lukuga）也遭到攻击。就是这样，第一次世界大战在刚果打响。这个国家的领土完整受到威胁，中立原则再也不适用了。

殖民地的存在让欧洲国家之间的武力冲突演变成了世界大战，非洲的大片地区因此被卷入到这场国际纷争之中。德国的东非殖民地——后来的卢旺达、布隆迪和坦桑尼亚——和西非殖民地——后来的多哥、喀麦隆和纳米比亚——都与英国、法国、葡萄牙和比利时的海外领地接壤。西北面，刚果和喀麦隆的边界长几十千米；东边，刚果和德属东非的边界长达 700 千米。毫不奇怪，德国对比属刚果有兴趣，而且在很久之前就有了。德国想打通其东西非殖民地之间的通道，部分原因还在于希望以此击碎英国人打通“开普敦—开罗”通道的野心。另外，难道殖民化不应该由大国来完成吗？[59] 真的可以让比利时这样的小国来负责吗？早在 1914 年，德国就与英国正式交涉并提议由两国瓜分比属刚果，但英国人对此并不感兴趣，因为他们非常清楚法国享有对刚果的优先购买权，法国不可能允许英国和德国瓜分刚果。[60]然而，即便是比利时国内，也有很多人在想比利时是不是应该将刚果的一半土地送给这个虎视眈眈的东部邻居。面积达 68 万平方千米的丛林是否能够缓解日耳曼人对领土的饥渴呢？[61]

然而战争最后还是在非洲爆发了。没有一个当地人知道斐迪南大公（Archduke Franz Ferdinand）是谁，也无法理解为什么发生在萨拉热窝的枪击事件会导致非洲草原上出现如此严重的流血冲突。不过他们发现，白人的应对态度非常严肃。非洲战场与欧洲战场非常不同，因为没有足够清晰足够长的前线，比如从瑞士边境延伸到北海海岸的战线。所以这里没有战壕、没有芥子气攻击、没有防御工事，也没有圣诞休战日在“无人地带”举办的足球赛。由于非洲大陆面积很大，同时道路不通，兵力不够，再加上极端地形地貌的阻挠，所以非洲的战争和欧洲完全不同。在这里，被占领的并不是某个地区，而是一些战略要点。无须在战线上进行突破，只要击溃当地的军队即可。尽管被占领的不是大片区域，但是道路被控制了。战争的激烈程度要低得多。在德属东非，保罗·冯·莱托－福贝克将军（General Paul von Lettow-Vorbeck）就是凭借手下 3 万名德国士兵和 1.1 万名非洲士兵在非洲坚持了 4 年。而这点兵力放在欧洲的凡尔登战场，只够挥霍一个早晨。

按照布鲁塞尔的指示，比属刚果总督可以动用治安部队捍卫殖民地。后来比利时政府流亡到法国勒阿弗尔（Le Havre）的时候，与博马殖民当局进行了密集的通信联系。但是从欧洲向非洲发送的单向指令很快被打断：比利时几乎完全被德国军队占领，但刚果的领土在整个第一次世界大战期间几乎都是完整的。平衡瞬间被打破。

刚果军队三面作战：喀麦隆、罗得西亚和德属东非。喀麦隆和罗德西亚的作战规模相对较小。1914 年，在喀麦隆战场上，600 名士兵和少数白人军官协助协约国军队作战，一年之后当德国威胁到罗得西亚时，283 名刚果士兵和 7 名比利时军人和英国殖民军队并肩战斗。不过，最激烈战斗的在殖民地东部展开。刚果和德国殖民地边界位于基伍省，1910 年才确立。从 1915 年开始，德国军队多次试图入侵基伍，从这里可以抵达伊图里雨林地区的基洛－莫托金矿。不过，这些尝试都以失败告终。但是，他们却成功控制了东非的两大湖泊地区，包括坦噶尼喀湖和小很多的基伍湖（Lake Kivu）。德国人的炮艇“金加尼”号（Kingani）、“维斯曼”号（Von Wissman）以及最值得注意的百吨炮艇“戈岑伯爵”号（Von Goetzen）在刚果岸边巡逻。德国人控制了在基伍湖中最大的岛屿伊吉威岛（Idjwi），这是唯一一块被德国占领的比属刚果领土。

对坦噶尼喀湖的争夺堪称第一次世界大战中最具有传奇色彩的一幕。英国军队从南非将两艘高速炮艇的部件运到湖岸上，（经陆路运送船只，和斯坦利当年的做法类似，）这两艘船的代码分别是“猫咪”（Mimi）和“狗狗”（Toutou），对削弱德国的海上战力发挥了决定性作用。更大胆的是，如果可能的话，英国计划凭 4 架水上飞机来增强比利时军队在坦噶尼喀湖的作战实力。当时，空运还处于刚刚起步的阶段，在殖民地更是如此。根本没人知道这些轻型飞机在热带气候条件下要怎么起作用，他们完全不了解战时飞行装备，更别提这种看似很脆弱的从水上起飞的双翼飞机。这 4 架飞机以未组装状态被运到马塔迪，然后由火车拉到金沙萨，在这里装船运往基桑加尼，一个月之后运达卡莱米。运送过来的这批物品包括 500 吨飞机构件、5.3 万升燃油、4 挺机关枪以及 3 万发子弹。坦噶尼喀湖上风浪大，不适合水上飞机起降。于是这些飞机被移动到 30 千米之外的一个潟湖上，这个潟湖所在位置完全在德国人的视线之外，而且这里的水面非常平静。1916 年，这批飞机执行了一系列任务，主要以轰炸“戈岑伯爵”号炮艇为目的，是年 7 月 10 日，终于完成对目标的轰炸。（“戈岑伯爵”号并没有被击沉，作为炮艇它迎来不体面的结局，但直到 2010 年仍在坦噶尼喀湖上作为渡轮搭载旅客）。德国人的湖岸线，特别是基戈马（Kigoma）的湖岸线，终于被突破。

与此同时，步兵也开始行动。治安部队指挥官夏尔·汤伯尔（Charles Tombeur）在刚果东部边界组织 15 000 人的大部队，配备步枪和充足的弹药。把所有物资都运送到位的过程很艰难，由成千上万名当地搬运工负责；基本上，每位上战场的士兵都需要 7 名搬运工提供后勤服务。四年战争期间，被征用的本土劳工不少于 26 万，而当地人口总数还不到 1000 万。很多劳工都营养不良。因为饮用水供应不足，他们只能喝水塘里的水，甚至喝自己的尿。同时，食物、帐篷和毯子严重缺乏，甚至当军队穿行于寒冷的基伍高地时也是这种情况。死于行军途中的搬运工约为 25 000 名，士兵约 2000 名。在第一次世界大战高峰期，刚果本地士兵的数量达到 25 000 人，但与 1896 年进军苏丹的情况不同。几乎没有逃兵，没有哗变，部分原因在于白人军官对待这些非洲友军的态度比较温和，另外，战争的胜利形势鼓舞了大家的士气。

1916 年 3 月，汤伯尔感觉发动攻势的时机已经成熟，他率领军队穿过刚果和德属东非之间的边界向基加利（Kigali）挺近，这个地方后来成了卢旺达首都。5 月 6 日，基加利被攻下，军队从这里出发，向德国殖民地行政中心塔波拉（Tabora）挺进。塔波拉距离基加利的直线距离为 600 千米，而士兵们只能步行绕道，这一次同样征用了数万名搬运工。另外一支刚果部队从坦噶尼喀湖岸边出发。塔波拉是一个在海拔 1200 米的干燥平原上建立起来的重要城市，大酒店和商铺林立，工业也比较发达。这一仗是第一次世界大战中比利时殖民地对德作战的高潮。9 月 19 日，经过十天十夜的激战，塔波拉被比属刚果攻占。德国军队四处逃窜，比利时三色旗在要塞上升起。一年之后，也就是 1917 年，塔波拉作为基地见证了马亨盖（Mahenge）战役的成功（从塔波拉出发，向莫桑比克方向前进 500 千米即为马亨盖）。刚果治安部队到目前为止已经控制了德属东非三分之一的领土，而一些分散部队实际上推进到了印度洋，但塔波拉最为人所知的。汤伯尔将军被赐予贵族头衔，更准确地说他的新名字是汤伯尔 · 德塔波拉（Tombeur de Tobora），在布鲁塞尔附近的圣希里斯（Sint-Gillis），人们还为他竖起了纪念碑。在刚果，“塔波拉”这个名字代表“一次神话般的胜利”，世世代代的小学生都能从教科书中了解到这段历史。“阿尔贝国王注视着敌人，”基桑加尼玛利亚兄弟会的学生唱道，“不屈不挠 / 在欧洲，在塔波拉 / 他一直注视着他们”。[62]

马丁 · 卡布亚是 92 岁的退役老兵，他的祖父在苏丹战役中被活埋，第一次世界大战结束时他还只有 2 岁，他的外祖父目睹了非洲的战况。一个令人窒息的夏日，在他的院子里，他向我讲述了下面的故事：“我外祖父的名字是马蒂亚斯·丁达（Matthias Dinda），他出生于1898年，是刚果北部的赞达人（Zanda）。我们的部族来自苏丹，其实我们都是苏丹人。他很强壮，能猎到豹子，加入治安部队之后，逐渐被提升为一等兵，是黑人士兵能达到的最高军阶。从戈马，他去了卢旺达、布隆迪和坦桑尼亚，所有德国殖民地，他见证了塔波拉的陷落。”卡布亚安静了一会儿，一只黄头蜥蜴迅速在墙壁上爬过，“当时在战场上负责插旗的士兵是我外祖父的朋友，他甚至还掩护他们，他是一个非常伟大的士兵。”[63]

在老兵会社举行的停战纪念日活动中，我再一次见到了卡布亚。受邀者在各自的位置上坐好，卡布亚和其他老兵一起坐在前排。现在院子里的水已经抽干，老兵们坐的是塑料草坪椅，前方讲台上的椅子更漂亮，军方和文职高官很快就座。当乐队奏响比利时和刚果的国歌时，每个人都起立向老兵和军官们行军礼。金沙萨在这个时候举行庆祝活动是比较惊险的，因为在这个国家的东边，洛朗·恩孔达（Laurent Nkunda）的叛军队伍正协调一致发动攻势。一位第二次世界大战老兵在演讲中说道：“这个局面让我们充满了愤怒和恐惧，如果我们能像1940年时那样年轻，我们就会拿起武器，解除这些闹事者的武装。”[64]

演讲结束之后，是一年一度发放礼物的时间了。一位内阁副部长颁给老兵俱乐部主席一台冰箱，另外一名戴满勋章的老兵则从比利时陆军武官那里接过了10公斤木薯粉。不过最重要的礼物是一台从中国进口的大型手提式录音机，它被颁给了一位身体虚弱的年老女性，大家都管她叫“未亡人”（la veuve），她的名字是埃莱娜·恩津布·迪卢泽伊（Hélène Nzimbu Diluzeyi），当时已经94岁高龄，是唯一还活着的第一次世界大战老兵遗孀。

之后整整30分钟，乐队演奏了《老兵》（*Ancien combattant*），这首歌由刚果（布）歌手Zao创作，可能是刚果流行音乐中最有活力的一首歌。法语歌词大意为“战争，并不好，并不好”（La guerre,ce n’est pas bon, ce n’est pas bon）。上了年纪的士兵们开始在院子里跳舞，啤酒、饮料和小零食被端了出来。有些人踩着节拍摇曳，有些人则模拟起了战争场景，其中有一人拿起一把伞当作步枪，假装射击，另一个人慢慢倒下去，合着音乐抖动着腿脚，最后躺在地上装死。“未亡人”看得很开心，有时候会拍手鼓掌，有时候甚至忍不住大声笑起来。

舞会结束的时候，我搀她走回家，她住在金沙萨的卡萨武布区（Kasavubu district）。我们小心避开街道上的水坑，她紧紧拉着我的左手臂，我右手提着的大盒子里装着她的手提式录音机。我第一次和一位老兵的妻子挽着手走路。进了她的院子，我们一起坐在晾衣绳下面，她的儿孙们围在我们身边，其中一个儿子给我翻译道：“我丈夫叫托马斯·马桑巴·卢莫索（Thomas Masamba Lumoso），他出生在1896年，10岁就来到了金沙萨，新教传教士教他英语，后来把他交给了军队，他在那里领到了一套卡其布制服。”

“不对，妈妈，这是后来的事情。当时他们穿的是蓝色制服，戴的是红帽子。”

“是吗？总之，战争开始的时候他18岁，他是一名下士，负责操作TSF。”

我记得 TSF 是指无线电报（telégraphie sans fils）的意思，也就是战地无线电通信。

“战争打到哪里，他就去哪里，每个地方他都去了，但从未受伤。上帝真是把他保护得非常好。”

“对的，”她儿子插话，“他会说多种语言，比如斯瓦希里语、奇卢伯语等当地语言，还会说佛兰德语、法语和英语。因为战争，他还会说一点德语。”

“德语？”

“是的，像德语的‘早上好’‘您好吗？’‘谢谢’，我不知道是什么意思，但他经常说。”[65]

我一共去过 10 次刚果，这是唯一一次见到知道一点德语的人。

当天晚上，在“未亡人”另一个儿子约卡上校（Colonel Yoka）的房间里，我看到了这位第一次世界大战老兵的照片。照片上，他穿着制服，佩戴勋章，看起来很威严。一份 1921 年的报告对约卡父亲的描述是“积极诚实”，不过上校向我展示的最有趣的一份文件是一封信，是他的比利时上级交给他的，信中写道：“前述所提及的马桑巴来自卢戈希村（Lugosi），从 1914 年 8 月 9 日到 1918 年 10 月 5 日，他负责监控无线电通信的士兵。”下面的签名日期是 1918 年 10 月 7 日，据我辨认，落款应该是范克兰让（Vancleinghem）。这个日期说明了，马桑巴服役的时间和第一次世界大战持续的时间基本上完全重合，他在第一次世界大战爆发 5 天之后参战，在停战前一个月才退役。[66] 他是这些老兵中在战场上坚持到最后，也是服役时间最长的一个。

受第一次世界大战影响的刚果人远不止在治安部队服役的刚果士兵。在加丹加，矿工们拼命干活，不得不达到最快的挖掘速度。战争导致刚果和布鲁塞尔之间的金融联系被切断，而国际市场对铜的需求却飞速上升。战争期间，殖民地铜出口额从 1914 年的 5200 万比利时法郎飙升到 1917 年的 1.64 亿法郎。[67] 在帕斯尚尔(Passendale)、伊普尔（Ypres）、凡尔登（Verdun）和索姆河（the Somme）沿岸的战役中，英美军队所用炮弹的黄铜外壳 75% 由加丹加出产的铜制成。大炮的部件由经过回火处理的纯铜制造；子弹壳由镍和铜制造，其中铜所占比例为 80%；鱼雷等海军装备由铜、青铜和黄铜制造。[68]

即便是在工业之外，很多刚果人也切实感受到了正在进行的战争。在东方省，农民们必须种植稻米为军队提供粮食。在其他地方，政府要求民众种植棉花，不仅可以出口到国外，也可以促进当地纺织业的发展。于是，国家强制种植体系形成，唤起了很多不好的回忆。在下刚果的村子里，恩卡西和卢图努或许觉察不到战争的影响力，但事实上，战争已经让很多内陆刚果人再次被套上殖民统治的枷锁。就像刚果历史上中多次发生的那样，这一次，人们对当局的抗议也披上了宗教外衣。[69]

1915 年，在赤道省的埃孔达(Ekonda)地区，一位名叫玛利亚·恩科伊（Maria Nkoi）的女性有过一段神秘的经历，她开始深信自己有治愈病痛的能力，并肩负着先知的使命。从那以后，她就作为“豹群中的玛丽”（Marie of the Leopards）为人所知。[70] 她开始治病讲道，号召民众反抗殖民者，并预言刚果很快就可能被德国人解放。[71] 这些煽动性言论导致了民众与行政当局的冲突，她被抓了起来。这个故事让人想起了1704年的另一位女性，她在姆班扎刚果大教堂的废墟上宣扬另一种形式的基督教，因此被起诉。在当时，欧洲殖民当局也正经历一场危机，人们也非常害怕这种宗教复兴会带来的后果。

被德国人解放？阿尔贝·库贾博（Albert Kudjabo）和保罗·潘达·法尔纳纳（Paul Panda Farnana）在这一点上有话要说，因为他们曾经被德国兵俘虏。第一次世界大战中，极少数刚果人在比利时国内抗击德国人，库贾博和潘达就在其中。早在1912年，一个名叫德鲁芬（J.Droeven）的人就加入了比利时军队，他的父亲是一位比利时军火制造商，1910年在刚果被杀身亡，母亲是刚果当地人。德鲁芬是比利时军队里第一个有色士兵，但战争爆发后还不到三个月，他就当了逃兵，在巴黎的咖啡馆寻欢作乐。[72] 库贾博是刚果志愿军的一员，该军曾在1914年主动支援被围困的比利时军队。[73] 不过，志愿军的绝大多数成员都是以前在殖民地服役的比利时军人，由路易斯·沙尔廷上校（Colonel Louis Chaltin）带领，他曾参加过讨伐非洲阿拉伯奴隶贸易商的战役和苏丹远征，是唯一具有作战经验的比利时军。然而即便如此，志愿军也未必有很强的战斗力。他们曾经帮助抵御德国军队进攻比利时那慕尔市，但并不成功。德国军队碾过比利时，21岁的库贾博和潘达都成为战俘被送到柏林。突然之间，他们发现被抓的士兵来自世界各地。一些人类学家和语言学家对这一偶然的人种聚集非常有兴趣，他们设立了皇家普鲁士速记委员会（Royal Prussian Phonographic Committee），积累了来自各国的士兵的2000多份录音资料。库贾博还被要求唱一首歌，于是他打起了鼓、吹着口哨，用自己的语言唱起来。[74] 这些记录被完好地保留了下来，现在去听这些声音是很触动的，第一次世界大战中唯一一位比利时士兵留下了声音，而他却是一个刚果人。[75]

第一次世界大战对比属刚果有着非常深远的影响。首先从领土上讲，1919年巴黎和会（Paris Peace Conference）上签订的《凡尔赛和约》（*The Treaty of Versailles*）裁定，德国在非洲的殖民地由胜利国分摊。喀麦隆、多哥成为英法托管地，德属东非成为英国托管地，纳米比亚委托给由英国控制的南非管理，比利时获得了与刚果东部交界的两个小国家的监护权，也就是历史上的卢旺达王国和布隆迪王国，当时还叫卢安达（Ruanda）、乌隆迪（Urundi）。1923年，国际联盟（the League of Nations）正式批准这些领土条约生效。从法律文书上讲，托管领土并不是殖民地，但实际上两者之间并没什么区别。刚刚才发展起来的人类学的刚性原则被应用到现实中。在保护国内，人们也断定一个人必须属于某个种族，而且种族的划分是绝对的。你要么是图西人，要么是胡图人，或者是俾格米人。从20世纪30年代开始，种族信息被印在护照上。人们忘了，几百年以来，部族之间的边界一直都是比较模糊的。20世纪后半叶，人们忽视这一事实的后果是灾难性的。

在刚果，战争似乎给这个国家的社会发展按了暂停键。

提高本土居民生活条件的初步尝试被搁置了，比如改善矿工的住房条件，大规模防治昏睡病。经过这让人筋疲力尽的4年，公共卫生状况再一次充满了危险因素。1918年到1919年，西班牙流感（the

Spanish Fever）在世界范围内导致了 50 万到 100 万人的死亡。92 岁的卡布亚告诉我，50 万人死于西班牙流感，“真的是死了很多人”。1905 年的悲剧似乎卷土重来，暂停键同时也是倒带按钮。

不过在比利时人眼中，改变确实是存在的。他们第一次以同情的目光看待刚果人的命运，比利时人也意识到，这场不属于他们的战争使他们遭受了很多痛苦。不仅如此，战争经历使比利时人产生了一种同志情谊。一位治安部队的比利时军官有诗意地写道：“是的，这些人和我们一起战斗，一起吃苦，一起满怀希望，一起憧憬未来，一起前进，一起获得胜利，他们像我们一样，他们不再是野蛮人。如果他们可以和我们一样遭受这么大的痛苦，做出这么大的牺牲，那么他们也一定能和我们一样，成为文明的人。”[76] 治安部队里的刚果士兵展现了极大的勇气和忠诚，哪怕是在最糟糕的环境下。因此，比利时人对他们更和善，也更关注本地人的命运。

刚果人对这段战争经历的看法是不确定的。很多士兵全程见证了比利时的胜利，胜利的喜悦是甜美的，同时也塑造了温暖而真诚的新关系。比利时人可以在空中飞行，在水上降落！但对于很多普通的刚果人来说，战争是痛苦的。不仅如此，他们还看到了最冰冷的现实：白人用那些可怕的武器互相残杀。他们根本不知道是什么原因导致了整整 4 年的厮杀，这些白人平时一再告诉他们不要互相残杀，不要发动部族战争。第一次世界大战中的死亡人数超过了所有部族战争中的死亡人数的总和。是的，他们曾经对欧洲人心存敬畏，但战争让这种敬畏开始崩塌。

第四章

人心惶惶

和平期里的不安与不和

1921—1940

两次世界大战之间，肇始于比属刚果第一个十年的各种起义继续上演。工业发展也在加快步伐，越来越多的人离开自己的村庄，为雇主工作，第一批城市拔地而起。在城市中，部族混合，新的生活方式越来越受欢迎。周日下午，很多人会随着蒂诺·罗西（Tino Rossi 法国歌手）的音乐起舞；老一辈的人仍然和着手鼓跳舞。乡下的时间并未停滞。第一次世界大战期间引进的强制种植体系已经被推广到各地。传教点加强对人们精神的控制。就算是很偏远的地方，学校和医院也建立起来，防治昏睡病的医疗团队甚至进驻到最小的村庄。

这样看来，各方面都倾向于发展。这个过程不仅为殖民者服务，同时也为当地人服务，至少人们更愿意这样认为。“自 1914—1918 年的战争结束后，刚果的平静没有受到过严重的破坏。”一位佛兰德偏远地区的天主教学校校长写道。

> 秘密教派或巫师常常制造一些小骚乱，有时候会让某些区域变得不安全……布拉－马塔里（Bula-Matari），也就是当地人口中的比利时殖民当局，基本上可以凭借黑人对权威的顺从维持统治，只要殖民官员宽厚仁慈、意志坚定，符合好官的标准，生活就有序有德。[1]

十足的夸大之词。殖民官员的确可以尽情利用善意和意志力，但就算如此，他们仍然无法逆转当地人心中日益增长的不满情绪。不是发生在“某些区域”的“小骚乱”，而是规模很大的民众运动，已经形成了覆盖殖民地大部分地区的趋势，殖民政府出重拳镇压也无法阻挡。刚果人民在 1955 年表现出来的独立狂热其实根本不新鲜，因为它已经孕育了很长时间。为了理解这一孕育过程，我们首先要去拜访恩卡西的弟弟，以及圣灵（the Holy Ghost）。

上帝之路也许是神秘的，但要去圣灵所在的地方，途中的道路简直让人绝望，特别是这位圣灵所在的地方还是恩康巴之后。从金沙萨到姆班扎恩古恩古（也就是以前的蒂斯维尔），路况非常不错。几年前，欧洲人和中国人合力，至少为刚果援建了一条体面的公路，这条公路连通金沙萨和马塔迪港。但是一旦下了这条高速路，其他道路就非常泥泞，路上有很多水坑，我们像蜗牛一样缓慢爬行。姆班扎恩古恩古和恩康巴之间的距离是 80 千米，我们走完这段距离花了 3 个小时。后来有人告诉我，这个速度打破了之前的最快纪录。实际上，这条路绝对不会很长时间无人使用，每年都有千千万万朝圣者走过这条路去寻找精神觉醒。他们把自己要去的地方称为圣城（the Holy City）或者新耶路撒冷（La nouvelle Jérusalem），而不是恩康巴。

西蒙 · 金邦古出生于 1899 年 9 月 24 日，和恩卡西出生的时间仅相隔几年。他的童年和青少年时期与同时代出生的人没什么大的不同，但他后来却成为一位重要的先知被载入史册。极少有人创立过以自己的名字命名的宗教，金邦古就是其中之一，与耶稣和释迦牟尼相仿。今天，刚果仍然有很多金邦古教的信徒，占刚果宗教信徒的 10%。

恩卡西曾经亲口说过："金邦古可不是在变魔术，他是上帝派来的，一个已经死了 4 天的 16 岁女孩儿被他复活了。"

刚果人和殖民者听说有这样一个传奇人物是在 1921 年，也就是所谓的复活年。但恩卡西早在这之前就已经知道这个人了。他们来自于同一地区，恩康巴和恩提曼西（Ntimansi）是他们各自的村庄，相隔的距离在步行范围之内。"哦……我第一次看到他是什么时候呢？好吧……我其实在 19 世纪的时候就已经认识他了，如果他说'现在我们要去布鲁塞尔'，那么下一秒他就真的在布鲁塞尔了。毕竟，他还治好了我弟弟的病！"

道路很崎岖，但圣城给人一种解脱的感觉。城镇的周围是山丘，山谷里有很多桉树，风吹过时沙沙作响，树荫让人感到清凉。恩康巴坐落在一个山顶上，俯瞰下刚果省的大片地区。清风拂面，让人感觉很舒服。但是，一个人不会轻易地进到城里，在金沙萨拿到的证明文件和通行证以及一位来自姆班扎恩古恩古的年轻导游都要求通过3个路障，在每一个地方接受金邦古教负责安全的人员的检查。他们有一点很特别：都穿着非常整洁的制服，头戴绿色贝雷帽，衣服上有贴边，但同时都赤着脚。没有人穿靴子，没有人穿那种笨重的庄稼人穿的鞋子，也没有人穿凉鞋，都是光脚。金邦古信徒不相信鞋子。一进入城镇，观光者就会被里面的和平与安详所震撼。金邦古教是最具有刚果特色的宗教，但这个城镇会让你会觉得进入了另一个国家。每个人都赤着脚，穿得也很朴素，收音机和手提音响是禁止带入的，没有人大喊大叫，饮酒是禁忌。这里的环境和金沙萨形成鲜明对比，因为在金沙萨，你会看到奢华的服饰，到处都有人在大喊大叫，马路上汽车的喇叭声此起彼伏。

圣城里最醒目的建筑是教堂，一个巨大的四方形建筑，由金邦古教的信徒在1986年到1991年建成，折中主义建筑风格。用五年时间建成这样的建筑可谓了不起的成就。教堂前面是西蒙·金邦古和他三个儿子的陵墓。他是刚果第一个被尊崇为先知的人，直到今天他仍然享受着神一样的待遇。他的三个儿子拥有同样神圣的地位，他们被视为“三位一体”（the Holy Trinity）的化身。一位年轻的金邦古教女信徒曾在金沙萨的游泳池边向我解释过这个理论，我现在仍保留着她给我写的纸条。“基索洛凯莱（Kisolokele），出生于1914年＝圣父；迪亚隆加纳（Dialungana），出生于1916年＝耶稣基督；迪安吉安达（Diangienda），出生于1918年＝圣灵。”金邦古信徒不在12月25日庆祝圣诞，而是在每年的3月25日进行庆祝，这一天是金邦古第二个儿子的生日。1951年创始人去世后，三个儿子中最小的迪安吉安达接替父亲成为金邦古教的精神领袖，他的领导从1954年一直持续到1992年，是一段很长的时间，现在这一身份属于金邦古的一个孙子：教宗西蒙·金邦古·基安加尼（Papa Simon Kimbangu Kiangani）。不过，这之间的传承并不是特别顺畅，因为他的堂兄弟、金邦古的另一个孙子阿尔芒·丁吉安达·瓦巴索莱勒（Armand Dingienda Wabasolele），觉得自己更有资格担任领袖。两人之间的分歧还延伸到了音乐领域，导致了激烈的音乐竞争。金邦古教的信徒非常看重音乐，除了非常优美的合唱之外，华丽的铜管乐队也是礼拜仪式上的一大特色。在金沙萨，瓦巴索莱勒是一支200人交响乐团的领导；而在恩康巴，他的堂兄弟，也就是现在的领袖，则为自己的交响乐团倍感自豪。我曾经在金沙萨观赏过交响乐团的露天演出，我完全想不出在这个破碎的城市里，他们从哪里搞来那么多闪闪发亮的乐器，不过他们演奏的卡尔·奥尔夫（Carl Orff）的《布兰诗歌》（*Carmina Burana*）很轻易就盖过了这座城市晚高峰时的汽车喇叭声。不管对抗的结果如何，今天这一宗教的心灵领袖是基安加尼。

信徒的尊崇是非常真实的。当我在做晚祷的大教堂前的广场上坐下来时，夜幕已经降临。我背对着精神领袖官邸，右手边是宏伟的教堂入口，柱子上挂着五颜六色的纺织品，混凝土地面上铺着地毯，上面摆放了一张主教宝座。一支铜管乐队正在演奏激昂的军乐，乐手身穿白绿制服，正步前进。金邦古宗教是一个非常爱好和平的宗教，但同时却充满了军事化色彩。这些具有军事性质的符号一开始并不是金邦古教的特征，是在20世纪30年代从救世军（Salvation Army）那里借鉴来的。救世军是一个基督教派，在当时并没有被禁止。金邦古教信徒相信，救世军制服上的“S”代表的并非“救世”（salvation），而是西蒙（Simon），因此对救世军的军事化礼拜仪式产生了浓厚的兴趣。直到今天，绿色仍然是金邦古教的代表色，军乐队仍然会一天数次在信徒的祈祷时间奏起令人振奋的音乐。

这些乐队的确给人以威严的印象。我坐在广场上的那一天是安静的周一。从铜管乐到长笛，乐队的演奏不曾中断，信徒们在音乐声中一步步向前，接受精神领袖的祝福。四五名信徒一组跪在宝座前，精神领袖自己则站着。他穿着灰色的短袖套装和灰色的袜子，没有穿鞋，手中拿着塑料瓶子，里面装着来自“约旦”（Jordan）的圣水，“约旦”是当地的一条小溪。信徒们跪在地上，让圣灵住进他们心里。孩子们都张开嘴接圣水；一位年轻聋哑人希望将圣水滴到他的耳朵里；一位快要失明的年迈女性则希望圣水滴到她的眼睛上；跛足的人希望圣水滴到脚踝上。一些父亲带着病中孩子的衣物前来祈福；母亲们拿出家人的照片，精神领袖用手指轻抚照片上的人。排队的人源源不绝，恩康巴本地人口只有两三千，大部分都是来自其他地方的朝圣者和信徒，金沙萨、布拉柴维尔，也有人来自布鲁塞尔和伦敦。

成千上万人涌进这里，每天都是不一样的人。在一个局外人眼中，这可能就是一个很怪异的仪式，但从本质上讲，它和人们去卢尔德朝圣没有区别。卢尔德是法国比利牛斯山上的一个小镇，每年前去朝圣的人都会排成长队经过那里的一个洞穴，这个仪式已经持续了一个多世纪。去卢尔德朝圣的人也来自远近不一的地方，他们也听说这里曾发生过非常奇特的事情；他们也是渴望被治愈，渴望奇迹降临；他们也把希望寄托在一瓶泉水之中。这是一种群众信仰，更多的是在说明民众的绝望，而非神的仁慈。

仪式之后，在吃简餐时，我和一位极为端庄的女性进行了交流。她曾经是一个逃离刚果的难民，后来成为一名精神科护士在瑞典工作多年。她爱瑞典，但她也爱自己的信仰。如果有可能，她每年都会来恩康巴静修，特别是现在她正因为自己未成年的儿子而烦恼。她的儿子也跟她一起来到了恩康巴。“每次回到瑞典之后我都感觉焕然一新。”她说。

第二天我终于见到了恩卡西的弟弟主教万宗加萨，我来恩康巴就是为了找他。他已经 100 岁了，但仍很活跃。真是了不起的家庭！他 60 岁的堂弟看来像是 45 岁，他 126 岁的哥哥是世界上最长寿的人之一。20 世纪末，万宗加萨还是恩康巴教区的高级神职人员，教区的传道、金融、建设以及物资供应都由他分管。从 1962 年开始，他就是金邦古教会的首席牧师（Pasteur No.1）。1921 年，当 31 岁的西蒙 · 金邦古成名之时，万宗加萨只有 13 岁。

在刚果，没有哪个地方比下刚果所受到的欧洲人的影响更深。奴隶制被废除后，铁路修建对搬运工和其他劳工的巨大需求割裂了传统生活模式；农民必须为殖民者种植木薯和花生，货币和税收制度也被引入。欧洲人一再强调要让刚果面向世界，要将文明带进刚果。对于刚果人而言，直接结果就是灾难。昏睡病和西班牙流感几乎导致三分之二刚果人死亡，也证明了欧洲人的药物是无效的，引发了当地人的强烈质疑：白人带来的是疾病而非治疗。

在距离他出生的村庄 12 千米的贡贝 – 卢泰特（Gombe-Lutete）传教点，金邦古由英国浸信会传教士施洗礼，后来自己也成为一名传教士。1919 年，他到金沙萨找工作，和当年的恩卡西一样。他申请到威廉 · 利弗的比属刚果制油公司工作，但没有成功。不过，他发现金莎萨有很多游历经验丰富、能写字会算术的非洲人，很多黑人为大约 20 家公司工作。那个时候，他已经听到了脑海中的声音，一幕幕愿景在召唤他去做大事情。一开始，他并没有听从这样的召唤。直到一年后，他回到自己的村子，发现英国浸信会已经任命另一个人担任本土传教士，他才感觉到有一些东西已经崩溃了。

4 月 6 日，他听说一位名为金堂多（Kintondo）的女人病得很严重。他头戴一顶帽子，牙齿间紧咬着一个烟斗，找到了这个女人……有人可能会说，他很像一个传教士。他来到金堂多住的地方，把手放在她身上，命令这个濒死的女人站起来。传说，第二天这个女人真的站起来了。传言顿时像野火一样蔓延开来，而且传言向来是越传越不合常理。在接下来的几个星期里，据说金邦古又治好了一个聋子和一个瞎子。传闻甚至还说他还让一个已经死了几天的女孩起死回生！终于出现了这样一个人，他比欧洲人更有能力，那些白人只会给昏睡病患者注射药物，不但没有治好病，反而让病情加重。就要被救赎了！听到这个消息的人都离开家乡，奔向恩康巴。

恩卡西的父母也在其中。当时恩卡西人在金沙萨，但他的兄弟亲眼见证了这个景象。

我们坐在恩康巴当地政府办公室的绿皮椅上，聊起这段遥远的过去。作为金邦古教的信徒，万宗加萨平静友好地跟我讲述：

> 我的父母都是新教教徒，他们是农民，我小时候有些驼背，我母亲听说在恩康巴有一人能治好所有的毛病，不管是失明还是失聪，他甚至还可以让人起死回生。母亲带我一起去，到恩康巴的时候，那里全都是人。根据先来后到的规矩，他们一个个被叫上前。轮到我的时候，我和母亲一起上前。我们一起跪在西蒙·金邦古面前，他把手放在我的头上说："以耶稣的名义，站起来，伸直腰板，走起来。"我按照他的说法做了，我发现我的驼背没有了，这个过程中一点痛苦都没有。

他讲着自己的故事，非常冷静，非常真实，完全不会让人觉得他在说服听众。事实就摆在那里，愿意相信的人自然会信。

> 母亲高兴坏了。西蒙·金邦古说我们应该用圣水洗一洗自己。我们在那里待了三天多，以确认自己是否真的已经被治愈。今天的医生说我那时患了肺结核，不对，我当时完全是弓着背走路，我是被自己的信仰治愈的。我的家庭被信仰庇佑着，否则的话我哥哥不可能活到126岁，是不是？我们

> 村子里有很多病人，我被治愈的消息传播得很快，之后每个人都去了恩康巴，都成了金邦古教的信徒。[2]

当地居民纷纷离开自己的村庄，殖民政府对此现象感到担忧。下刚果瀑布区（the Cataractes district）本来是金沙萨的重要粮仓，但是突然之间，市场上没有粮食了。传闻甚至影响到了大城市，一些人放下手头的工作，回到了他们原来生活的地方。最开始担忧的是新教传教士，因为金邦古教最初的信徒大多来自新教传教点。即便新教的教义本来就倾向于在个人与上帝之间的联系，但这些传教士还是怀疑金邦古过于个人化了。金邦古点燃的火把，让所有乡村地区都燃烧起来。在下刚果，一批“先知”迅速成长起来，被称为“班古恩扎”（Bangunza）或者单数形式“恩古恩扎”（Ngunza），他们的集结场面十分狂热。一位曾经在刚果生活过多年的瑞典传教士在自己的日记中写道：

> 今天我参加了恩古恩扎集会，场面非常震撼。你可以看到他们在颤抖，他们伸展胳膊指向天空，看着天空，直视着太阳。你能听到他们在呼喊，祈祷，低声说着“耶稣，耶稣”。你能看到亚姆布拉(Yambula,金邦古教最优秀的传教士之一)在跳跃、跑动、旋转。你能看到人群一起前进，跪在地上，颤抖的双手高举着先知的画像——听听这里都在发生什么！离开，不要相信那些伪神！[3]

必须强调两点：首先，这一新宗教的信徒并不与新教对立，实际上，他们是在利用新教达到自己的目的。金邦古教的创立不是与基督教决裂，而是为基督教添色，是的，是对基督教的强化；不是要变回殖民时代之前的宗教，实际上，金邦古教信徒明确否定了他们祖先所信仰的巫术。不过同时很有趣的是，这些信徒一直在使用与传统治疗（迷睡、符咒和咒语）类似的宗教符号和手法。他们反对过去的巫术所崇拜的物件，但行为却像土著治疗师。换句话讲，他们找到的是一种非洲化的进口信仰。其次，即便这种突然出现的宗教复兴与当时的社会环境有关，但它最初只是一种精神现象。金邦古不是政治上的叛变者，他没有发表过反对殖民统治的长篇演说，他的教义也并不针对欧洲人。但很明显，要让殖民当局相信这一点很有难度。

在金邦古第一次公开亮相后还不到三周，地区专员莱昂·莫雷尔（Léon Morel）就对他发出了警告，原因完全可以理解。殖民当局正准备将表征货币经济和经典工作伦理引进刚果，这个时候，那些拒绝工作的人整天聚在一起当然会让他们感到不安。1910 年之后，殖民当局将当地人口分到多个小的、安全的酋长区，现在这些人突然之间聚集起来参加非常奇怪的仪式。当局在蒂斯维尔组织了一个会议，一些天主教和新教传教士都受邀到场。天主教传教士绝大多数都是比利时人，他们和殖民官员的意见一致，并认为正是新教传教士对待当地人的方式太散漫，才导致了这样的局面，他们要求政府进行严厉的干预。新教教徒则相反，他们希望采取柔和的措施，认为金邦古教毕竟也是基督教信仰的一种形式，不至于被全盘否定，难道不是吗？很多他们非常看重的信徒都牵涉其中，他们已经和这些人认识多年，而且结下了不错的友谊。粗暴的措施只会让这些人彻底疏远传教点，况且，难道这样的镇压不会适得其反吗？

新教传教士的行为和立场通常要比天主教传教士更加温和、有同情心，不过与天主教传教士和殖民当局结成的强大同盟进行正面碰撞显然是徒劳的。6月6日，莫雷尔带着治安部队的一个小分队前往恩康巴逮捕金邦古，引发了小规模的战斗和掠夺。士兵们抢走信徒的衣物、席子、鸡、《圣经》、赞美诗集以及信徒身上的钱。他们直接向信徒开火，导致很多人受伤，一人死亡。之后，带头反抗的那些人都被抓到蒂斯维尔，但金邦古本人却逃脱了。对他的信徒而言，这恰恰是金邦古有超自然能力的又一证据。

他东躲西藏了三个多月，在殖民官员很少去的村子里继续传播自己的信仰，这些地方的人都不会出卖他。这说明了他的受欢迎程度，以及当地人对白人统治者的憎恨。1921年9月他把自己交了出去，信徒们觉得这和耶稣在客西马尼（Gethseman）被捕的情形很相似。他们把接下来的审判比作彼拉多（pontius pilate）对耶稣的起诉。这是一种嘲讽，金班古被判有罪是必然结果。为了让金邦古上军事法庭而非更普通、更和善的民事法庭，当局甚至强制实行打了折扣的戒严令。这种审判意味着金邦古没有法定代理人，也没有上诉权。三天之内，他的命运就被决定了。今天来读当年的庭审材料，会为当地法官的倾向性提问方式感到惊讶。这种提问的唯一目的就是要证明金邦古犯有危害公共安全和扰乱和平罪，这是唯一可以判给他、同时也能判以死刑的罪名。

司令官阿玛迪奥 · 德罗西（Amadeo De Rossi）主持了军事法庭审判："金邦古，你是否承认你组织了反对殖民当局的叛乱？你是不是将白人，也就是你的恩人，描述成可怕的敌人？"

金邦古回答："我没有发动任何叛乱，无论是针对比利时人还是针对比利时殖民政府，我只是在布讲耶稣基督的福音。"

主审法官并没有因此动摇："那你为什么号召人们放下手头的工作并拒绝交税呢？"

金邦古回答："这不对，人们来到恩康巴完全出于自愿，他们想聆听上帝的声音，找到治疗方法，得到祝福。我从来没有叫他们停止交税。"

法官试图用另一种方式让他认罪，突然间变得很熟络的样子，语气更具有讽刺意味："你是救世主吗？"

"不是，救世主是耶稣。他赋予我使命，我有责任向我的人民传递永恒救赎的消息。"

"你能够起死回生？"

"是的。"

"你是怎样做到的？"

"靠的是耶稣赐予我的神圣力量。"[4]

这恰恰是法庭审判人员希望听到的答案，他们确认了金邦古是个危险的幻想家。因为信徒在恩康巴吟唱的赞美诗提到了武器，所以法庭想定他一个煽动暴力罪，金邦古则辩称新教传教士即便是在赞美诗中提到"基督士兵"也没有被逮捕。法庭则尽力抓他的错处，引述他曾说过的话："白人应该成为黑人，黑人应该成为白人。"

金邦古的确说过这样的话，但他的意思并不是比利时人应该卷起铺盖走人，而且从什么时候开始，平等主义思想变成了种族主义立场？审判人员怀疑他在金沙萨的时候，曾经和一些美洲黑人接触过，这些美洲黑人是牙买加激进主义分子马库斯·加维（Marcus Garvey）的追随者，认为非洲只属于非洲人。对于这样的指控，金邦古坚决否认："这是不真实的。"

但他的自辩完全没用。审判还在进行的时候，金邦古突然恍惚起来，他开始胡言乱语，浑身颤抖，这也没有起到丝毫帮助作用。今天，他的症状可能会被诊断为癫痫，但在当时，法医开出的药方是泼凉水，再鞭打 12 下。最后判决并不出人意料。1921 年 10 月 3 日，金邦古被判死刑，与他关系最紧密的追随者被判处终身监禁和苦役。法庭判令并没有掩饰殖民当局的真实动机："到现在为止，对当局的敌意确实只体现在煽动性的歌曲、冒犯、各种诽谤以及几起互不相关的骚动上。但同样不可否认的是，事情继续发展可能会推动起义，导致致命的后果。"[5]

当局对金邦古的处理，是要达到杀一儆百的目的，这一点很清楚。起诉人希望看到他尽快被处决，但让所有人震惊的是，阿尔贝国王赦免了他的死罪，对他的判决改成了终身监禁。他被带到了刚果的另一边，关押在加丹加省伊丽莎白维尔的监狱里，接下来的 30 年一直在牢房里度过，直到 1951 年去世。一个在不到六个月的时间内，为一些不幸的村庄带去一丝希望和安慰的人却受到如此重罚，这是不合常理的。在整个殖民时代的非洲，他被关押的时间算是最长的，甚至比曼德拉被关在监狱里的时间还要长。绝大部分时间他都被单独囚禁。而实际上，他从来没有采取过暴力行为。

这样的战间期是和平的插曲吗？只是一些小骚乱？对金邦古的过度惩罚说明，表面镇定自若的殖民政府其实就像惊弓之鸟，极度害怕出现骚乱，这一点在金邦古的追随者被迫害一事上得到了体现。

从 1921 年开始，殖民政府将金邦古教的重要人物驱逐到其他省份，目的是要瓦解这一宗教运动。老万宗加萨对政府这一手段非常清楚。他的叔叔就被迫在治安部队里服役长达 7 年之久；他最小的弟弟，那时候还是个孩子，被迫接受天主教教育，被迫受洗，成为一个新教家庭中唯一的天主教教徒。不过，他后来的未婚妻的家庭所遭受的痛苦是最深的，“他们都被放逐到利萨拉（Lisala），在赤道省的东边。”为什么会这样？因为他未婚妻的母亲和金邦古的妻子玛丽·姆维鲁（Marie Mwilu）有关，“我妻子的父亲死于流放地，我的妻子当时还是一个孩子，她留在了这里。”

起初，直接受这些措施影响的是几百个家庭，但在整个殖民时代，这个数据逐渐上升到 3200 个家庭。可是，今天金邦古教的信徒表示，当时超过 37 000 个家庭被迫迁移，受到影响的人数超过 150 000 人，但殖民当局的记录只占其十分之一。当时，国内流放是政府可以采取的符合规定的惩罚措施：整个殖民时代，大约有 14 000 人被流放到这个国家的其他地方，绝大部分流放都有政治和宗教原因。官方对此的解释是让这些人接受再教育，但实际情况中，流放通常是永久性的。其中一些细节容易让人想起 20 世纪 40 年代的欧洲。金邦古教信徒通常被关在封闭的家畜车里带走，一路上，饥饿、疾病和酷热会夺走不少人的生命。有一个男人在到达目的地之前就失去了 3 个孩子，他们被埋在了河边。[6] 金邦古教信徒被流放到赤道省的热带雨林、开塞、加丹加甚至东方省，他们住在一些与世隔绝的村子里，在那里他们的信仰是非法的。从 1940 年开始，风险最高的流放是被发配到殖民农场和劳动营，强迫劳动，四周围着铁丝，武装士兵带着警卫犬把守。流放到这种地方后，死亡率有时会高达 20%。

不过，这些措施都没有达到预期效果。强硬手段并没有瓦解金邦古教，放逐反而更加坚定了人们的信仰。每个困境的出现，都会让他们越发相信金邦古就是真正的救世主。在这么困难的条件下，信仰给了他们慰藉和坚持下去的理由，在这样的情况下，信仰反而是易于传播的。当地居民都深受这一信仰的感染，金邦古教就这样传到了刚果内陆。当局的流放措施并没有阻止金邦古教的传播，反而让它继续壮大。金邦古教的信徒增长到了数万人。

与此同时，在恩康巴周边区域，金邦古教转入地下。信徒们在晚上的森林里举行集会，听金邦古的妻子玛丽讲金邦古的故事，教后来的信徒唱歌祈祷。很多人甚至从赤道地区一路沿河走过来参加集会，他们通过暗号与流亡到其他地方的信徒联系。这种隐蔽性可能会对传教构成障碍，但换个角度讲，也是非常奇妙的学习经历，对整个宗教的发展和巩固起到了促进作用。地下传教的活力和热诚有时候会让人想起早期在罗马人的统治下传教的基督徒。当时十几岁的万宗加萨亲身经历了这一切。“我们只能在晚上的丛林里祈祷，周围有‘蜘蛛’，也就是那些为白人侦查的刚果人，白天我们在丛林中选择不同的线路，但会交换暗号，到了晚上我们就走到一起歌唱。有时候，当我们正在祈祷时，比利时人会把我们包围起来。他们能够听到我们歌唱，但却看不见我们。我们能看到他们，而我们对他们来说却是不可见的。罗马时代的早期基督徒在受到迫害时，也会用神奇的故事来提升士气。如果世俗不能给予你应得的尊敬，那么你应该在更高的地方去寻找。”

对金邦古教的强硬镇压是政府所犯的最严重的错误之一，殖民当局完全误判了形势。他们所应对的是一种症状，而非这种症状的根源。他们完全忽视了导致这场大规模宗教复兴的真正原因，将对形式的残酷镇压优先于对问题实质的理解。这种错误做法最终让他们付出了代价。1934 年，激进化的金邦古教——恩贡兹教（Ngunzism），出现在下刚果省。该教教义明确反抗殖民主义，其信徒公开呼吁刚果人停止向殖民当局交税，并要求比利时人离开刚果。这之后很快又出现了姆帕迪教（Mpadism），也有人称之为卡其教（Khakism），由西蒙 - 皮埃尔 · 姆帕迪（Simon-Pierre Mpadi）创建，他将士兵的卡其布制服引入金邦古教，却不去说那些更加激进的思想。他反对殖民统治、提倡一夫多妻制、组织民众集会并狂热地跳舞。第二次世界大战开始时，他希望刚果能被德国人来解放。马茨瓦教（Matswanism）又是另外一种现象，它发源于刚果（布），由安德烈 · 马茨瓦（André Matswa）创立，此人在第一次世界大战时期曾随法国殖民军队到法国作战。在法国期间，他创立一个互助会和非洲人应急基金。回到刚果（布）后，他被尊崇为救世主，人们对他的崇拜传播到了河对面。最后，马茨瓦被流放到乍得（Chad），1942 年在那里亡故。尽管殖民政府施加各种各样的镇压手段，救世主还是不断涌现。这种不屈服的韧性是显著的，形成了第一波针对殖民当局的有组织的抗议，也说明了有那么多人都在渴望自由。

不仅是在下刚果省，新的宗教运动在全国各地出现。加丹加的矿区出现了基塔瓦拉（Kitawala），这个名字是对“瞭望塔”（the Watch Tower）的一种误用，“瞭望塔”是“耶和华见证人”（Jehovah's Witnesses）以前的名字。这一信仰在1872年发起于美国，后来传到南非，1920年开始，从南非传到加丹加产铜地带。[7]在刚果，这一宗教有很明确的政治特性，它通过地下传播，逐步发展成为继金邦古教之后的最大宗教运动。其他地方，小型秘密教派也相继出现。宽果地区出现了卢库苏（Lukusu）运动，也被称为“蛇教”（the snake sect）；赤道省出现了里基里教（Likili），其信徒拒绝使用西方的床、垫子、床单以及蚊帐，他们认为正是这些东西导致刚果出生率下降；[8]东方省阿鲁维米河上游地区出现了一个更邪恶的教派——阿尼奥托社团（Anioto），其成员被称为“豹人”（the leopard people）。这一教派在刚果东北部广泛传播。“豹人”经常从事恐怖活动，杀害了数十名当地人。阿尼奥托社团的行事动机往往不明确，但运动基调很明显是反欧洲人。[9]从20世纪20年代到20世纪30年代，刚果大约出现了50个教派，其手段从和平到恐怖各有不同，但背后的仇恨基本上是一样的。[10]在刚果，宗教成了民众的“皮利皮利”（pilipili，“红辣椒”的意思）。

“我们是上帝的子民，”万宗加萨在谈话快要结束时说道，我们当时坐在圣城公共会议室里的绿色扶手椅上，“我们不可做恶，即便是对那些过去对我们做过罪恶之事的人。我们不要求以眼还眼，我们要操作的是铜管乐队，而不是大刀。”他停顿了一下，我将目光从笔记本转移，抬头看到他安详的布满皱纹的脸庞。他出生在1908年，那一年利奥波德国王将刚果移交给比利时政府。他信仰的宗教得到比利时政府的正式认可是在1959年12月24日，就在大约6个月之后，刚果独立。他此时可能在思考他的前半生，他的前半个世纪。最后，他用很平静的声音说道：“当时根本就没有自由。在殖民时代，人口被买卖，我们都像奴隶。真的，殖民主义的唯一颜色就是奴隶制的颜色。”

在金沙萨，我有机会就20世纪20年代和20世纪30年代的刚果以及本地居民的抵抗运动，和恩卡西进行一次长谈。就算是在后来很尊敬白人的他也不得不承认，当时是乱世之秋。“那个时候，白人非常无情，根本不是同志。”在金沙萨干了一段时间的体力活之后，恩卡西回到了自己的家乡。当时，很少有人一直待在城市里，雇佣劳工都是季节性工人。他最小的弟弟被金邦古治好之后，对他来说必须要做的一件事就是改信金邦古教，尽管有很多潜在的危险。“在恩康巴，阿方斯先生被任命为地区专员。”他很平静地说。阿方斯的任务就是在金邦古教的骚乱过去之后恢复这个地方的和平。为了达到这一目的，他起用了卢图努，这位曾经的童仆、酒鬼、摄政，为自己在当地的代理人。毕竟，卢图努和白人的关系不错。[11] 阿方斯频繁往来于蒂斯维尔的行政中心和恩康巴之间。对此，恩卡西记得非常清楚。“我必须去帮忙抬他，没错，就是用肩膀。两个人抬着他坐的轿子，他在上面前后摇晃得厉害。”不过，恩卡西说到这段往事还能尽情大笑。他坐在自己的床边，模仿起白人殖民官员前后摇晃的样子。他的手在两边胡乱摆动，一副要失控的样子，就好像他自己坐在轿椅上一样。在当时，幽默一定给了他们很大的帮助。在约为 80 千米的行程中，阿方斯先生很严酷。“我叔叔应该说是当地比较有名望的人，但还是挨了阿方斯先生 200 鞭。我记得那应该是发生在 1924 年的事情，我叔叔当时曾说‘白人应该成为黑人，黑人应该成为白人’。或许鞭打的次数不到 200，但这句话只不过是金邦古信徒的一句口号而已。”治安部队的士兵脱下他的裤子鞭打他，我叔叔本来有两个妻子，但这次鞭打之后，他成了优秀的基督徒、金邦古教信徒。这也是为什么被鞭打了这么多下之后，他的屁股上什么都没有留下，没有伤疤、没有鞭痕、没有瘀伤。”

也正是在这个时期，马塔迪到金沙萨的铁路经过了拓宽改造，并为电气化做好了准备。随着刚果快速实现工业化，列车在如此狭窄的轨道上缓慢行驶已经远远不能满足需求。当然，空运在那个时候还处在萌芽阶段。直到 1925 年，才有第一架从布鲁塞尔出发、降落在利奥波德维尔的飞机。那是一架双翼飞机，飞完整个行程花了 25 天，比客货船慢了一倍多。[12] 铁轨改造工作从 1922 年开始，一直持续到 1931 年，每天的工作时间长达 11 个小时。线路各处都被改造，挖掘 3 条隧道，旧的桥梁被替换。改造完成后，这段行程所花时间由原来的 19 个小时降低到 12 个小时。[13] 恩卡西曾经亲眼看到自己的父亲参加这条铁路的修建，现在，他又成为了铁路改造工程的一员。他之前有没有获得什么经验？当初，他也拿着铲子在金沙萨工作过。“我现在必须用镐工作。”他说镐时用的是意大利语，因为许多意大利人参与了铁路改造工作。工头帕斯卡尔（Pasquale）先生也是意大利人，“我工作一个月的报酬是10法郎和一袋米。但是有一天，帕斯卡尔先生跟我说‘你是在打瞌睡吗？’”恩卡西现在仍能模仿这个意大利人糟糕的法语，“我告诉他‘我在工作’。他把我带到他的家里，于是我成了他的童仆，他教我怎样摆桌子、铺床。只做这些事情，我一个月的收入是20法郎。”想到这里，他脸上仍然会绽开笑容。他从来没遇到过这么走运的工作。“那些意大利人习惯晒太阳。他们都是单身，从来不会把妻子带在身边，他们也不会和黑人女性发生关系，绝对不会！”

新的铁路工程一共雇用了6万名刚果劳工，其中不少于7000人死亡。恩卡西的新工作让他有经济能力考虑结婚的问题，自从货币被引进之后，嫁妆的花费直线上升。只有有钱人才有能力结婚。富人可以娶好几个老婆，但很多年轻人根本没钱结婚。[14]恩卡西当时已经快40岁了，在他的家乡恩提曼西村，他结识了同为金邦古教信徒的苏珊娜·姆比拉（Suzanne Mbila）。他们的第一个孩子在1924年出生，他们在1926年结婚。两人的家庭逐渐变大，他觉得自己再一次生活在了本地人当中，这种情况后来也没有改变的迹象。

当然，除非将美国证券交易所考虑进去。

1929年10月的华尔街股灾甚至影响到了下刚果省的森林地区。世界各国经济已经密不可分，纽约投资者的质疑和恐惧，可以决定刚果一个微不足道的乡村里一个家庭的未来。当然，这种影响是间接的，因果链如下：股市危机拖累经济发展，导致世界范围内对原材料需求的下降；作为殖民地经济的发动机，刚果采矿业瘫痪；殖民地出口下降超过 60%；[15] 进而导致 1929 年的巨额预算赤字；比利时政府意识到殖民地的财政预算过于依赖矿产收入，于是决定实现经济多样化；农业成为一个替代性选择，特别是出口农业；然而，大规模种植烟草、棉花和咖啡需要时间和投资；在危机时间，要保护企业的发展也就意味着增加收入的更好方式是向当地人征更多税；向自然人征更多税的额外好处是：导致刚果人对钱的需求上升，不得不接受雇用，从而促进文明的发展。国家的收入增加了，同时对已经开始不满的当地人的控制也加强了——这难道不是俗话说的一石二鸟？

上述措施果然达到了预期效果。1920 年，殖民地税收收入是 1550 万比利时法郎，到了 1926 年这个数字增加到 4500 万，而在 1930 年，危机之中，这个数字增加到 2.69 亿。四年里，税收收入变成了 6 倍。到 1930 年，直接税占殖民地预算的 39%，而对那些大公司所获利润征收的税，占比仅为 4%，但实际上这些公司在前几年赚取了丰厚的利润。[16] 不仅如此，一些陷入危机的私人公司也在接受殖民政府的资金援助，因为他们当初被引进刚果时得到了政府的财务保证：在低迷时期，他们可以分得殖民当局收入的 4%。[17] 危机导致的资金缺口必须得到填补，换句话说，除了比利时政府的资本注入以及殖民地的博彩收入以外，必须用刚果当地人的钱去填补。这并不意味着每个有收入的刚果工人突然之间要交 6 倍的税（城市里的税收压力已经在逐步上升），而是说税务部门的触角正伸向内陆深处。

这种个人课税促使成千上万刚果人进入矿区、种植园或者政府部门工作。1920 年，一共有 123 000 名刚果人为在职人员，到了 1939 年这个数字上升到了 493 000 人。[18] 所有拒绝受雇、想要自给自足的人都必须种植指定的农作物，出售给私人殖民地公司。到 1935 年，大约有 90 万人参与棉花种植。[19]

恩卡西也觉得自己必须从事类似的工作。“是的，危机来了……缺钱……姆班扎恩古恩古的行政官员“米斯佩耶”（Musepenje）路过恩提曼西村时，我也申请到省政府工作。”

这一现象的影响是非常大的。在这之前，金邦古信徒已经开始鄙视一切与殖民政府有联系的东西。他们躲到森林中，从自己对宗教的热情中得到温暖，不想和白人有任何瓜葛。但现在，他们又必须为白人工作。增税的实行获得彻底成功。

然而，恩卡西很快就迷恋上了欧洲文化。

他很幸运地碰到了这位“米斯佩耶”。这个名字是我根据恩卡西的发音记在笔记本上的。米斯佩耶？米泽佩热（Muzepenjet）？我在采访中听到无法理解的词时，都会尽可能准确地记下这个词的发音，而恩卡西的吐字很多时候都比较难懂。难道是佩涅先生（Monsieur Peignet）？我将这个名字也写在一旁，回家之后花了好几天才弄明白这个人到底是谁。在 20 世纪 30 年代的殖民地年鉴中有一个叫菲尔明 · 佩尼厄（Firmin Peigneux）的人，他是恩卡西所在区域的省级行政官员，与当地民众有过非常密切的接触。他从一个酋长区到另一个酋长区，和村落酋长交流，并就涉及财产权的各种纠纷做出裁决。应该就是这位佩尼厄先生。绝大多数说班图语的人都把法语中的“eu”

发成“è”，这一点我应该想到的。在布鲁塞尔，我在比利时外交部的非洲档案中找到了他的个人档案。[20]我很快意识到，他和残暴的阿方斯先生完全不同。

佩尼厄先生来自比利时列日省（Liège），1925年独自前往刚果时只有21岁。他很快就因为怀有同情心而获得了很好的名声。在刚果工作一年之后，上级对他做出如下评价：

> 这位官员具备在短期内成为精英行政官员的所有品质……在与当地人的接触过程中，佩尼厄先生所执行的明智政策让他赢得了当地酋长和重要人物的信任。他对社会事务很感兴趣，并且已经掌握了与当地人打交道的艺术，做事小心谨慎，考虑周到，不会在风俗和宗教方面冒犯他们……对于这位官员未来的工作表现，政府有理由抱有最高期待。

后来的事实证明，这番评价并不是溢美之词。佩尼厄在殖民地的工作生涯十分辉煌，1948年被任命为省专员，在殖民官员体系中仅次于刚果总督。在20世纪50年代因为健康原因被调回比利时之后，他成为土著人福利基金会(the Fund for Native Welfare)的董事会成员，没有停止过参加各种社会活动。

恩卡西在谈到佩尼厄先生时仍然充满感情，“米斯佩耶先生就像我的叔叔一样，他甚至和我们一起喝棕榈酒。当时白人中，只有他和里克曼斯先生对我们很友善。”安德烈·里克曼斯（André Ryckmans）的父亲是皮埃尔·里克曼斯（Pierre Ryckmans），是比属刚果历史上最好的总督。他的任期是 1934 年到 1946 年，之所以对他评价很高，原因在于他的才智和节操。从外表上看，他和阿尔贝·加缪（Albert Camus）很像；从人性上讲，也是如此。他的儿子安德烈是一位省级行政官员，和当地居民的关系也非常融洽。他学会了当地语言，会说流利的基孔果语和基雅加语（Kiyaka），还学会了当地舞蹈。刚果独立后不久，他在悲惨的环境中被杀害。

恩卡西开始为佩尼厄先生工作。他学会了木工手艺，成了一名细木工匠。几年之后佩尼厄先生被调到宽果区担任地区专员助理时，恩卡西也跟了过去。他和家人搬到了基奎特，在那里住了二十几年。他最年长的儿子，皮埃尔·迪亚夸纳（Pierre Diakuana，接受采访时已经 84 岁）证实了这一点。我在金沙萨一个后街区找到他，“我出生在恩提曼西村，搬往基奎特的时候我还很小。我父亲参与了那个城市下城区的建设，我们住在黑人社区：开塞路 10 号。我们住的房子很大，是用土砖盖的。父亲当时已经是西化的非洲人，我也有一些比利时朋友。”[21]

想起那个时期，恩卡西很快乐。“我为国家工作，我是首席木匠，我的工作就是为白人建设新国家。”他的说法很准确。基奎特当时刚刚被确定为宽果区的行政中心，在这之前，这一地区的行政中心位于北边的班宁维尔（Banningville，现在的班顿杜）。起义和骚乱迫使政府向地区中心迁移。对恩卡西个人来说，这个时期也是非同寻常的。“在基奎特，我有 4 个孩子，死了一个。1938 年元旦我父亲去世了，他当时真的已经很老很老了。”在基奎特的那些年里，他有机会近距离了解欧洲文化。“那个时候我几乎完全成了一个白人，我只有一个妻子，我穿西装打领带，鞋子也是白色的，吃饭就在佩尼厄先生家里。我为他当翻译，把刚果当地语言翻译成法语。佩尼厄先生甚至还开车去车站接我的妻子，我是国家的工作人员，和欧洲人一样。这也就是他们给我公民证书的原因。”从 1948 年开始，一些生活方式已经足够先进的刚果人被授予优秀公民证书。20 世纪 20 年代一个危险宗教的追随者，之所以会在 20 世纪 40 年代和 20 世纪 50 年代为自己的准欧洲人地位自豪，都要归因于 20 世纪 30 年代的税收压力。直到今天，恩卡西还是对此引以为豪，尽管那个时代的辉煌已经所剩无几。

但从另一个角度讲，恩卡西对基奎特的记忆则非常有意思。“在基奎特我还参与了监狱的修建。”他告诉我，“监狱长是弗拉曼（Framand）先生，一个很胖的人。”过去的几年当中，我多次参观基奎特这所监狱。总体来说，是个悲惨的地方，今天仍然在使用。监狱里的囚犯衣衫褴褛，直接睡在地板上，之所以有饭吃，是因为在监狱里工作的神父，一位年迈的佛兰德传教士，和周边教区一起建立了一个食品分享系统。监狱里没有厕所，囚犯们只能在空荡荡的囚室里找一块空的水泥地面蹲着方便，因此粪便就在他们的周围。囚犯都是年轻男性，只有一个年轻女子，她长得很漂亮，但沉默寡言。和她一起的还有一个两岁的孩子，不知道是在入狱前还是入狱后怀孕的。监狱入口上方的蓝色石头上刻有年代：1930 年。几乎所有的刚果监狱都是在 1930 年至 1935 年修建的，这个阶段，司法系统被逐步强化，以应对越来越频繁的起义。更多法庭，更多法官，更多法律诉讼，还有更多监狱。

"在那个监狱里，我曾经做了一个绞刑架，"恩卡西说，"当时是为了绞死两个男孩子。他们偷走了一家商店里的衣服，还杀害了店主，店主被杀时就睡在店后面。我想，应该是在 1935 年。"[22] 在比属刚果时期，很多人被判死刑，而在两次世界大战之间，很多死刑判决最终都被执行。1921 年，也就是金邦古被判死刑的那一年，来自阿尼奥托社团的 10 名"豹人"在东方省博米利（Bomili）被处死。1922 年在伊丽莎白维尔，一个名叫弗朗索瓦·穆萨菲力（François Musafiri）的人因为捅死一名白人男性而被处以绞刑，据说这名白人男性是他妻子的情人。处决的时候，有很多人到现场观刑。约有 4000 人到场观看，几乎是这座城市的一半人口。其中 3000 人是当地的非洲人，包括小孩子，另外 1000 人是白人，约占刚果的欧洲人总数的十分之一。[23] 公开处决似乎有教化效果，可以让黑人遵纪守法，并且对殖民当局心怀敬畏。但也有人怀疑，这种方式是否总是有效呢？1939 年，在绞死安布鲁瓦兹·基滕格（Ambroise Kitenge）的时候，局面从一开始就变得很糟。囚犯脚下的活板门被打开的同时，绞绳断了，绳子是从当地消防部门借来的。粗制滥造显然与殖民者想要树立的严峻形象不一致。关于执行死刑的频率，现有数据并不完整，但我们知道 1931 年到 1953 年，一共有 261 人被判死刑，其中，127 人最终被处死。[24] 如此算下来，平均两个月就有一个人被处死，而在两次世界大战之间，频率一定更高。需要特别指出的是，没有一个比利时人被判处绞刑。

基奎特之所以突然之间成为地区行政中心，和周边地区一次非常可怕的民众起义密切相关，殖民当局怀着恐惧将事态掩盖起来，所以恩卡西从来没有提起过。1931 年，一些蓬德人（Pende）发动了一次革命，导致了刚果独立之前最严重的一次骚乱。很多蓬德人受雇于联合利华子公司：比属刚果制油公司。这家公司的开发区域有很多棕榈树，但极度缺乏工人，而在蓬德部族生活的地方，情况恰恰相反。因此，蓬德族的居民通常被枪指着去当收割工人或者搬运工，或者转移到这个国家的其他地方。工作极其辛苦：男人每个星期要上交 36 串棕榈果，如果能够做到，在每公斤棕榈果 20 分报酬的基础上奖励 2.1 法郎和 3 公斤大米。这样的工作量意味着他们每天要找到 5 到 8 串成熟的棕榈果，为了将这些棕榈果采摘下来，他们必须爬上棕榈树。要知道这些棕榈树枝丫非常少，而且还很高，有时甚至要爬到 30 米高的地方，然后用大砍刀将棕榈果串砍下来。联合利华公司的经营者以为所有的黑人天生便掌握了爬树的技能，可以毫不费力地爬到树顶，但事实上，并非所有黑人都会这样一套具体的爬树技巧。因此，致命的事故时有发生。把棕榈果从树上砍下来之后，工作并没有结束，他们还必须把这些果子送到收集点；在实际操作过程中，这也就意味着蓬德族的妇女要头顶 20 到 30 公斤棕榈果串，沿着森林里的小路步行 30 千米左右。

经济危机爆发，联合利华公司同样受到严重冲击。1929 年，一公斤棕榈油的价格是 5.9 法郎，1934 年下降到 1.3 法郎。[25] 公司感觉必须降低工钱以弥补一部分损失。20 世纪 30 年代中期，他们为每公斤棕榈果支付的劳工费降到了 3 分，而不是之前提到的 20 分，[26] 导致了非常强烈的不满。一方面国家在增税，另一方面公司在削减工资，这样的局面不可能持久。

社会经济动荡同样以民间宗教的形式表现出来。一个名叫卡武恩迪吉（Kavundiji）的女人开始被关注，图佩勒佩勒教（“游民”的意思）由此出现。这一教派运动幕后的真正领袖是马特穆·阿·克郎热（Matemu a Kelenge），绰号蒙德勒·丰吉（Mundele Funji），“白色风暴”的意思。该教派的信徒希望祖先回归，使社会恢复平衡，进入新的繁荣期。怀着这样的希望，信徒们要抛弃所有与欧洲有关的东西。身份文件、税单、纸币、雇用合同都被扔进河里，人们会在河边建一个棚屋，祖先会把留给他们的东西放在里面，是一些神奇的东西，比如花生，祖先留下的花生只种一粒就足以长满整片田地。对救赎的渴望前所未有地强烈。当时生活在该地区的一位居民做了清晰的总结：

> 白人把我们变成了奴隶，为了让我们上交棕榈果，他们毫不犹豫地鞭打我们。他们还将妇女和女孩子从我们的村子夺走，供他们自己娱乐。我们过的再也不是人的生活，我们被当成牲口。我们的存在价值就是服务白人：为白人睡，为白人吃，为白人和白人的工作早起。我们厌倦了一直为白人而工作，他们让我们受到非人的待遇。这就是为什么我们注意到并响应了马特穆的号召。当他让我们停止交税、停止为白人工作，将这些人从身边赶走的时候，我们听从了。[27]

就像当初对付西蒙·金邦古一样，殖民当局派出了军队。1931 年 6 月 6 日之前，局势似乎都处于控制之下。在这一天，年轻的比利时官员马克西米利安·巴洛（Maximilien Balot）带着几个黑人助手，开车到这个区域收税。在基兰巴村（Kilamba），他的车开上了通往棚屋的路，就在那里碰到了这个教派的领袖马特穆·阿·克郎热。马特穆喊道已经没有钱了，他威胁要干掉巴洛和他的助手。在这种情形下，巴洛鸣枪示警。听到枪声之后，很多人都跑了，包括巴洛的助手。他开的第二枪打伤了一位村民。马特穆这个时候高喊道："你们看到了吧？白人想杀我们！那就来杀我吧！"巴洛向他开枪，但没有打中。马特穆跌倒之后爬起来，朝巴洛挥舞大刀，巴洛用步枪的枪托猛击马特穆，然后走开，但是一个村民用弓箭射中了他的脖子。马特穆赶上去，用大刀砍向巴洛的胳膊，几乎完全砍断。三个村民的弓箭继续射向巴洛，其中包括一位酋长。巴洛倒在地上时，酋长看到他还没有死，于是直接砍下了他的头，将其当作战利品。第二天，巴洛的身体被大卸八块，分给了 8 个不同村子里的显要人物。他的包裹都被洗劫一空。

在这之前，比属刚果从来没有官员在执行公务时被如此残忍地屠杀。殖民政府的回击也很残忍。为了将这次起义完全镇压，当局向宽果派出了一支军队，目的是惩戒肇事者，自由邦最糟糕的年代过去之后，还没有过这种情况。三名军官、无名军士，率领 260 名士兵和 700 名搬运工占据这个区域长达数月，激烈战斗接踵而来。反叛者被抓起来，并受到十分残酷的折磨；甚至有很多女性也被捕入狱，遭到强奸。比利时政府后来派出的一个调查委员会确认了当时的可怕情形。至少有 400 名蓬德族人被杀，或许真正的死亡人数要多出好几倍。蓬德族的起义被镇压，但人们的不满没有被击碎。

巴洛的遗孀回到布鲁塞尔后，用不可思议的慷慨和温和语气说道："私人企业的代理人虐待黑人，剥削他们。人们应该知道这些事实。在刚果发生的一切必须停止，否则到处都会有起义发生。私人企业赋予自己本应只属于政府的权利。而且，很多地方官员的行事作风是错误的。我丈夫实际上是替这些人付出了代价。"[28]

大规模民众抗议最先发生在农村，由下刚果的农民和在宽果收割棕榈果的工人发动，这多少让人惊讶。1920 年，一位很有思想的观察家在旅行于刚果时预言，第一波骚乱应该发生在城市，因为城市劳工的居住环境十分简陋，工作艰苦、不利于身体健康。但事实并非如此，为什么？

粗略地讲，有两个原因。一是城市的生活质量在持续改善，因此很多非洲人逐渐在这里有了家的感觉；另外，欧洲人也在尽其所能防止民众反抗。

在两次世界大战之间，最初的居民聚集区逐步发展为真正的城市，人口大幅增长。1920 年到 1940 年，金沙萨的人口增加了一倍，达到 50 000 人。[29] 伊丽莎白维尔的人口也从 1923 年的 16 000 人增长到 1929 年的 33 000 人，仅仅 6 年就翻了一番。[30] 越来越多的刚果人来到城市，强制招募的时代已经终结，许多劳工自愿到城市工作。在开塞、马涅马、基伍，甚至在卢旺达和布隆迪，成千上万农民离开村子来到加丹加为矿产联合会工作。1919 年，这家公司约雇用了 8500 名当地工人，1928 年上升到 17 000 人。[31] 利奥波德维尔的工人主要来自下刚果省和赤道省，斯坦利维尔的发展则主要归功于东方省的劳工。

绝大多数离开家乡到城市工作的都是年轻人。在矿山、种植园以及工厂工作对他们来说吸引力何在呢？通常，他们急于离开自己的村庄，是因为村子里生活贫困，腐败的酋长和有权势的长者将所有年轻女性都据为己有。离开乡村就意味着离开以务农为生的痛苦生活，不再种植国家指定的作物，离开了强制性的道路建设和粗糙的乡下生活，离开充满剥夺、没有未来的世界。[32]

更重要的是，城市和矿区的工作条件再也不像以前那样恐怖了。加丹加联合矿业公司的工人死亡已经大幅下降。1918 年，20.2% 的工人死于西班牙流感，一年之后死亡率下降到了 5.1%，到了 1930 年则下降到 1.6%。[33] 矿工染上疾病的概率也降低了，[34] 因为他们接种了预防天花、伤寒症和脑膜炎的疫苗；矿区还设立了医院和医疗中心。矿工的住房、衣着以及营养条件都得到了很大改善。开塞的钻石矿区同样如此。而在基洛 - 莫托金矿上，除了棕榈油和盐以外，一个工人一天可以分到 179 克鲜肉或鲜鱼，357 克大米和 286 克豆子，3 斤香蕉。[35] 而在自己的村子里，如此丰富多样的食谱只能在梦中出现。

除了健康标准之外，快乐指数也提高了。从 1923 年开始，加丹加矿区工人的营地生活有了很大的变化，矿产联合会允许工人将妻子和孩子带在身边。1925 年，18% 的矿工为已婚人士，到 1932 年，这个比例上升到 60%。[36] 上一代来到城市中的人感觉自己被迫离开了出生地，如今，这种感觉在快速消失。很多人自愿选择延长劳动合约。从1927年开始，矿工可以签署为期3年的劳动合同，在这之前，合同期限一般都为6个月。很多工人都乐于接受这样的改变，到1928年，已经有45%的工人选择签署长期合约，1931年，这个比例上升到98%。[37]在矿井里工作再也不是一种苦难。1929年到1933年的经济大萧条迫使矿业公司裁掉四分之三的员工，工人的抗议并非针对突然的失业，而是必须回归乡村的可怕前景。实际上，这些被裁掉的工人离开公司住房后并没有回到家乡，而是在紧邻伊丽莎白维尔的地区安顿下来，开荒种植，直到经济复苏。[38]

过去居住在加丹加矿区的，是劳累过度的年轻人，他们在条件恶劣的职工生活营里一待就是几个月；现在住在矿区的，是很多对周围环境很满意的年轻家庭，工资涨了。在生活营里出生的小孩对父母的村子和祖先的了解，全都来自于长辈的口头描述。在伊丽莎白维尔的其他地方，本地人居住区（the cité indigéne）逐渐壮大成热闹的多种族社区，具有独特的活力和氛围。在矿区生活营里居住的都是矿业公司的矿工，本地人居住区里的居民则形形色色：木匠、泥瓦匠、铁匠以及各种手艺人，此外还有护士、文书以及仓库领班。中小企业经营者的住所与政府工作人员相邻。[39]本地人居住区的人口密度是市中心白人居住区的5倍。[40]换句话说，非洲人成了庞大而且稳定的城市人口。面对这种现象，殖民当局一开始完全没有热情，这样的无产阶级聚居区会不会导致危险氛围的形成，更甚者，会不会成为布尔什维克主义的温床？殖民政府对红色威胁的恐惧已经根深蒂固，或者更简明地说：“对红色威胁的恐惧成为幌子，矫饰对黑人的恐惧。”[41]

1931 年，殖民者意识到社区已经形成，不再是也不可能变成传统的村庄。它们的存在得到由殖民当局非常在行的公文用语定义：非习惯法中心（the center extra-coutumier），类似于法外中心（the extra-legal center）。对这些中心实施的治理模式与之前的酋长区相似，每个中心任命一位酋长，作为民众和殖民当局的中间人。

新的城市生活方式不同于乡村文化，但也不是欧洲城市文化的照搬照抄，原因之一是非洲人的聚集完全不同于欧洲人。身在殖民城市是一种全新的体验，甚至对于比利时人来说也是如此。这里有很多空间和自由，建筑之间的距离更远，行车道更宽，停车场更大。这些城市在开始规划的时候就考虑到了汽车。很多白人都觉得这种城市更像美国，比如利奥波德维尔，有不同的城市核心区，但没有一个明显的城市中心，更像美国洛杉矶，而不是比利时的中世纪城镇，也不像 19 世纪布鲁塞尔或安特卫普的中产阶级社区。殖民地城市并没有效仿欧洲城市，而是要领先于欧洲城市。一位比利时记者在见证了刚果的白人女性乘飞机前往利奥波德维尔生孩子之后，惊叹在殖民地“一个新的白人社会，一个有着新观念的比利时正在诞生”。在 20 世纪 20 年代的刚果，似乎能看到 20 世纪 50 年代的欧洲。[42]

对于刚果人而言，殖民城市也是物质文化自成一体的新世界。我们可以想象一个来自开塞的年轻家庭刚刚搬到伊丽莎白维尔，他们会搬进新的砖房，父亲到矿区工作。他的妻子开始用搪瓷盆和平底锅准备一顿饭，而不是用以前的陶器，尽管比起昏暗的厨房，她可能还是倾向于到敞亮的户外做饭。这个家庭开始用上了桌子、椅子还有餐具。在身体保健和个人卫生方面，人们接受了新的观念：穿上欧洲人穿的衣服，有时还会穿上鞋子；开始用肥皂洗澡；习惯使用公厕。父母晚上睡觉的时候会盖上来自英国的毯子；如果他们的孩子生病了，会用比利时的药。一个女人怀孕了，会去黑人护士或白人修女管理的产科病房生产。如果全家人有机会回到原来的村庄，他们会给自己的亲戚带去一些新鲜玩意儿，比如针线、火柴、剪刀、安全别针、镜子和钱。但也正是这样的回访让他们之间的差距变得明显。作为一个领工资的雇员，年轻的父亲有自主意识，因此村子里的酋长和长老所说的话对他的影响变弱了，反过来，现在是他们在听他讲！他告诉他们在矿区有铁的纪律，每天早上有铃声通知他们工作，一个星期的工作六天。当然，村里的人对此都嗤之以鼻。一个星期做六天？那还不如待在乡村里更好，他的妻子可以到田里干活。他知道，他们是在嫉妒他。每个人都一脸羡慕地看着他穿的衣服，他早就注意到了。在回城的路上，他感觉到了前所未有的活力和积极性。如果他在矿产联合会的级别能再上升就好了，比如说他想过成为一名机器操作员，那么工作很长时间之后，他就可以用积蓄为自己的家庭买一辆自行车、一台缝纫机，甚至他还想着能买一台留声机。在周日的早上，他们可以骑车去教堂，妻子坐在后面，孩子们坐在前面的横梁上。这就是富裕，富裕的感觉很好。[43]

一个星期当中，只有周日下午可以用来庆祝这种新的生活方式。在伊丽莎白维尔，矿工们可以去看白人踢足球。[44]在博马，码头工人会在这个时候出去散步闲逛，戴着假衣领、草帽，拿着手杖。他们的夫人穿着在欧洲早已过时的印花棉纺织品，戴着帽子。[45]在开塞钻石矿区附近，安宁的奇卡帕镇（Tshikapa）上，男高音恩里科·卡鲁索（Enrico Caruso）的歌声从草屋中飘出来。[46]也有人用自己的留声机播放爵士乐和古巴音乐。在利奥波德维尔，四点钟的时候，“阿波罗宫殿”已经挤满了跳舞的人。[47]男人们都穿着西方人的裤子：长裤、短裤、紧身运动短裤、马裤、足球短裤。女人们穿连衣裙、长裙、褶状短裙，脚踩高跟鞋，有的鞋跟足有12厘米高。个别男性会穿上无尾礼服和漆皮鞋，但大部分男人都是赤脚。他们跳舞时会非常小心，非常认真，因为担心被女士的鞋跟踩中。乐队通常演奏梅伦格舞曲（加勒比地区的一种交际舞）或者伦巴舞曲，用瓶子或鼓敲打出复杂的非洲节奏。但也能听到方丹戈舞、恰恰、波尔卡舞以及苏格兰音乐的旋律，此外军乐和圣歌也少不了。[48]各类音乐当中，影响力最大的要数古巴音乐，黑胶唱片里录制的音乐让刚果人产生莫名的熟悉感。几个世纪之前，他们的音乐随着黑人奴隶漂洋过海，糅合了多种拉丁元素，如今又重回故土。利奥波德维尔的歌手喜欢用西班牙语演唱，或者是容易被误认为是西班牙语的语言。清晰的元音听起来像林加拉语。有时会唱到“心”（corazon）或“我的爱人”（mi amor），你只需要跟着歌曲的节奏摇摆。除了班卓琴、曼陀林、手风琴以外，吉他成为最流行的乐器。卡米尔·费鲁兹（Camille Feruzi）是最杰出的刚果手风琴演奏大师，曾经创作过很多无与伦比的忧伤乐曲。登上从内陆到利奥波德维尔的船，年轻的温多·克罗索伊（Wendo Kolosoyi）不知彼倦地弹奏吉他，他后来成为刚果伦巴舞曲之父，刚果伦巴是20世纪在撒哈拉以南非洲最有影响力的一种音乐。在那个年代，利奥波德维尔类似美国的新奥尔良，在这里，非洲、南美洲和欧洲的音乐融合成一种新的音乐流派：刚果伦巴。这种令人无法抗拒的舞曲将席卷整个非洲大陆，但当时只能在新首都的酒吧中听到。它能让人欢笑忘忧，让人们跳舞调情，让人快乐，充满激情。这就是周末夜狂热（Saturday Night Fever），但只发生在周日下午。你还有什么理由去抗议这种喧嚣炫目的生活呢？

但殖民当局的官员仍然时刻保持警觉。20 世纪 30 年代，在伊丽莎白维尔的阿尔贝俱乐部（Cercle Albert），人们经常能看到 3 个男人围着一张桌子全神贯注地交谈。[49]这 3 个白人男性说话声音很低，表情严肃，完全听不见他们到底在说什么。他们抽着雪茄，头顶上烟雾缭绕，偶尔爆发出一阵愉悦的笑声。官方并没有禁止黑人到欧洲人的餐厅吃饭，但非常时尚的阿尔贝俱乐部是一个例外。正是在这里，欧洲人做出了很多有关黑人的生活和未来的决定。这 3 个人分别是加丹加行政专员阿穆尔 · 马龙（Amour Maron）、矿产联合会董事艾梅 · 马尔托（Aimé Marthoz）或他的继任者，加丹加主教费利克斯 · 德 · 昂普蒂纳（Félix de Hemptinne）。昂普蒂纳颇显高贵的白胡子让很多非洲人认为他是利奥波德二世的儿子。三个比利时人，分别处于殖民权力三大支柱——政府、金融 / 工业和教会——的顶端。人们有时候开玩笑说这就是“殖民地的三位一体”（blessed colonial trinity），谁知道主教闻此是否笑得出来。

这三个人协力维护伊丽莎白维尔这个矿业城市的秩序，他们各自负责的事务以多种方式形成合力。工业需要唯命是从的工人，政府不希望金邦古事件或者蓬德事件重演，教会希望净化人们的灵魂——培养顺从的公民是共同目标。在殖民地的其他地方，三方的联系也十分紧密。尽管殖民地三大支柱之间的关系也常有紧张的时候，但在有一点上，他们的看法完全一致：如果从部族生活方式到工业时代生活方式的转变不以痛苦的失败为结局，他们就不得不密切关注黑人的动向。逐步且慎重地，将这些新的城市刚果人塑造成勤劳的工人、顺从的臣民和虔诚的天主教教徒。

大城里没有爆发大规模起义，不仅是因为工人们满意自己的生活条件，更重要的原因是殖民地三大支柱采用了老练的策略，密切监视、严厉控制，如有需要则运用惩罚措施。或许并不存在完备的规划，但在实际操作过程中，殖民当局、大公司和教会经常行动一致。他们的原则——我们如何控制这些人？如何让他们保持最佳工作效率？如何指示他们？——在各方面得以体现。在利奥波德维尔，那些聚在一起跳舞的黑人让当局非常紧张，他们强烈要求在夜里亮起路灯，否则“光靠几个在黑暗中摸索的警察，如何对 2 万个人进行有效的监督？”[50] 在伊丽莎白维尔，殖民当局还成功推广了一门通用语言：斯瓦希里语，这种语言并非刚果的本土语言，几乎不是任何人的母语，但这种语言的使用有利于殖民当局控制这个种族大熔炉。[51]

学校教育仍然是教会的特权，并成为按照需求塑造民众的强大工具。学生能学到与比利时王室有关的所有知识，却对美国民权运动一无所知，甚至连对法国大革命的介绍也经过了非常小心的处理，因为欧洲的教科书太具有煽动性。“在欧洲，人们并没有以适当的批判眼光来看待这次革命，过于轻易地为一些受到教会谴责的改革、自由喝彩。”古斯塔夫·胡尔斯塔特（Gustaaf Hulstaert）如此写道，他在是一位很有影响力的传教士，同时也是一位督学。他认为，学生如果接受这样的教育，就会成为“自由主义者，无神论者”。[52]

同时，非洲文员开始阅读法语报纸。从1925年开始，共产主义报纸被禁，如比利时《红旗报》（*le drapeau rouge*），还有一些题目具有引诱性的杂志，比如《巴黎快活》（*Paris Plaisirs*）、《诱惑》（*Séduction*）以及《巴黎性感》（*Paris Sex-Appeal*）。[53]第一次世界大战之后，当第一批电影院出现时，对内容的删减同样非常明显。电影被当成危险的媒介，可能会在没有受过教育的下层居民中引起骚动。1936年，当局还专门针对非洲观众设立了一个电影审查委员会，欧洲人和刚果人要分开观影。通常，不适合欧洲白人儿童观看的电影也不适合非洲成年人。[54]颁布这一政策的官方文件解释：“殖民地的所有欧洲人一致认为，无论是从智力还是政治的角度讲，黑人都还是孩子。”[55]从文明的角度讲，非洲人仍然是个孩子：不能听任他自行其是，他的成长过程必须受到密切关注。最终，殖民统治的“三位一体”要实现某种形式的解放，但这仅仅是一个长远的目标，如果有需要的话，这个期限会非常长。过度的放纵是不允许的。时任总督皮埃尔·里克曼斯的座右铭是：为了服务而统治（dominer pour server）。家长式？完全不。“为了服务”这个提法对于很多人来说太过进步了，“为了控制”或者“为了教育”可能更切实际。

20世纪20年代，保罗·洛马米·奇班巴（Paul Lomami Tshibamba）还是个聪明而敏感的小男孩，生活在利奥波德维尔。第二次世界大战之后，他成为刚果文学第一巨匠。在1985年，去世之前不久，他回望刚果：

> 殖民者竭尽所能让我们相信自己还是个孩子，将来也会一直如此，我们在他们的监护下成长。为了受到教育，逐渐融入所有文明中最理想的西方文明，我们必须听从他们的一切指示。我们还能期待什么呢？我们这一代人已经不知道上一辈的传统。我们出生于殖民者建立的城市中，在那里每个人都要屈服在金钱的力量下……没有钱你最后只能待在监狱里。钱可以用来交税，用来买衣服，用来买东西吃，住在村子里的人不知道这些。能给我们钱的正是殖民者，因此无论他们说什么，你都要顺从。这就是我出生的世界，也是我生活的地方，你必须听从别人对你的要求。[56]

但是，单单监控城市工人的生活环境是不够的，还必须进行积极干预。除了学校之外，针对俱乐部和家庭的政策也被纳入考虑范围。允许工人的妻子孩子住进生活营的决定背后有一个功利主义动机：提高工作积极性，阻止嫖娼和酗酒，促进一夫一妻制的落实，维持工作营地生活的安静。此外，在生活营长大的孩子也会受到企业文化的熏陶，在教会学校的帮助下，他们会成为下一代遵纪守法的工人。[57]

教堂也例外行使政治权力。1930 年左右，比属刚果天主教传教士的数量和殖民官员的数量几乎相当。[58] 宗教权力和世俗权力之间的配合简直天衣无缝，就像奇班巴所知：

> 在我们的日常生活中，神父要求我们服从指示，因为殖民政府的代表都有上帝赋予的权力。我们的完全服从就是他们的期望。这就是神父的建议！无论是对上帝还是这个新社会的人民来说，绝对服从都更有利。这个新社会是由白人创建的，它要求我们顺从、屈服和尊敬。让我们被奴性控制，尽管殖民当局没有使用这样的说法，但事实就是如此。[59]

大公司的社会政策也以培养奴性为动机，矿产联合会做得最彻底。的确，为工人和他们的家人修建了学校、医院和休闲俱乐部，并从20世纪30年代末开始为工人提供退休金。从这个角度讲，该公司确实为工人提供了从摇篮到坟墓的全程关怀，比中非地区任何其他矿业公司都做得完善。但毫无疑问的是，这种家长式仁慈主要是出于提高工作效率的需要而非行善，目标是培育完美的工人：幸福的、听话的工人。

矿产联合会不仅是一家公司，也是一个国中之国，有时候甚至是一个集权主义国中之国。营地生活的每一面都处于白人管理员的监视下。他为每个工人及其家庭建立档案，负责住房、生活物资、薪水以及上学问题，负责调停冲突，并执行处罚措施。如果矿工的妻子要回自己的村子，首先必须得到营地管理员的允许，即便她并不是矿业公司的工人。他们的孩子从10岁开始就要上手工训练课，为他们将来参加工作做准备。如果是男孩，公司还会帮他们积攒一笔彩礼钱。矿产联合会是一家得到教会和国家支持的集权公司。[60]

本地组织被视为滋生社会不安定因素的潜在温床。“当局会尽量打消当地人的结社念头，营地管理者对当地人组织的任何活动都会进行严密监控。”[61] 矿产联合会建立妇女缝纫小组，组织唱诗班，开办经济学课程，比起工人们自己组织的活动，这些活动更容易控制，工人社区的教堂正好是合适的场所。在利奥波德维尔，类似活动大部分由圣母圣心会组织，在伊丽莎白维尔则主要由本笃会（Ordo Benedictinnorum）组织。每到周日，一支非常优秀的格列高圣咏合唱团就会到伊丽莎白维尔的大教堂演出，合唱团的成员都是非洲男孩。

从 1922 年开始，比利时教士见证了刚果城市里第一批童子军的组建。童军运动从本质上讲是世俗性的，比起教会，更符合国家形象，但它的准军事组织特性在殖民地只是一种天主教现象。这一特性允许传教士在课后控制最优秀的学生。通过开路、爬树、野营以及学习莫尔斯电码等活动，他们学到了荣誉感和纪律。年轻的童子军领取勋章，大声说出誓言，呵护自己的制服。童子军的规模从来都不大（刚果全境约有 1000 人），却培养出了一批有纪律性和忠诚感的本土精英。[62]

比利时传教士完成得最成功的工作要属对足球的传播，因为足球，刚果形成了一个更大的群体。开始于 1920 年左右，同样是利奥波德维尔和伊丽莎白维尔领先于其他城市。穿着长袍的传教士向孩子们讲述足球的规则，很快，这些孩子就用自制的球或葡萄柚在满是灰尘的街道上练习。第一批足球队也随之成立：利奥波德维尔的“星队”（Étoile）和“联盟”（League），伊丽莎白维尔的“查尔斯王子队”（Prince Charles）和“利奥波德王子队”（Prince

Léopold）。1939 年，单在利奥波德维尔就成立了 53 支足球队和 6 个赛区。足球队还分穿鞋球队和不穿鞋球队，不穿鞋的球队踢球的力度要温和一些，但动作更灵活。足球比赛一般在周日下午举行。除了足球运动员之外，比赛还会吸引成千上万的支持者。朋友、同事、妻子和孩子们在观赛时为球员们呐喊。足球运动不仅仅是一种娱乐方式，它还促进了新的生活方式形成。就这一点，一位来自佛兰德的本笃会传教士说道：“周日的下午，他们不再蹲在自己的草屋里喝酒，或者去酒吧喝酒，和女人搞暧昧，他们现在可以自由地到户外参加他们感兴趣的运动。”[63]一位玛利亚兄弟会会友也积极评价道：“至少可以让他们在做完礼拜之后，有几个小时不去跳舞或者是闲荡，足以让他们在周日下午过得很开心。”[64]在佛兰德大区的一些学院和寄宿学校里，足球运动被当成释放性能量的压力阀，在殖民地，足球也被用于消除社会不安定因素。因为足球不仅是一种充满生气的游戏，足球还是一种纪律。要从事这项运动，必须接受训练，学习技巧，控制反应能力，遵守规则，同时还要服从裁判的判决。充满欢乐，同时受到限制：殖民当局理想的训练场。“运动教会本地人……自觉遵守纪律。”[65]

2007 年，在基奎特的街道上，我偶然间看到一辆有些破旧的黄色小摩托车开过去，司机是一位年纪比较大的白人男性。这一幕很特别，这里的欧洲人总是开汽车，特别是年纪比较大的欧洲人。这个骑摩托车的人叫亨利·德·拉·凯特胡勒·德吕霍夫（Henri de la Kéthulle de Ryhove），他是一位有着贵族血统的耶稣会会士，当时已经 80 多岁了，仍然在不知疲倦地从事社会活动。过去几年里，他特别关注镰状细胞性贫血症（sickle-cell anemia），一种遗传病。亨利神父的叔叔名叫拉斐尔·德·拉·凯特胡勒（Raphaël de la Kéthulle），或许是比属刚果最著名的传教士。他的叔叔之所以获得如此响亮的名声，不是因为曾经深入丛林进行传教、改变了当地人的信仰，也不是因为他将福音带到悲惨的麻风病人隔离区。实际上，拉斐尔神父毕生都在金沙萨工作，主要职责就是教当地人踢足球。他是一位玛利亚会教育家，是首批城市传教士之一。他来自比利时布鲁日（Bruges），出生于一个说法语的贵族家庭，后来曾就读于圣洛德韦克斯大学(Sint-Lodewijks College)。这一个信息让我会心一笑，因为我就读的学院曾经就是在这所大学的分校。经过了四分之三个世纪以及后来的荷兰化，足球在我的学校仍然是仅次于基督教的第二大“宗教”，校园里画出了五六个足球场外框，场地上有5张排球网、2个篮球筐。我们每周的体育课时间不是2个小时，而是4个小时。西部佛兰德天主教虽然受到吉多·赫泽勒（Guido Gezelle）——我们的杰拉德·曼利·霍普金斯(Gerard Manley Hopkins，英国著名诗人、罗马天主教教徒、耶稣会神父）——的影响，但比起诗歌，还是更钟情于体育运动。

“我叔叔是刚果第一家运动俱乐部——刚果运动协会（Association Sportive Congolaise）的创始人。”在一次面对面交谈中，亨利神父告诉我。骑摩托车后，他的白头发被吹向后方，这就是基奎特发型。“在金沙萨，他是功劳最大的足球推广者，”但这还不是故事的全部，“他的俱乐部还向民众们推广体操、田径运动、游泳甚至水球。”拉斐尔肯定和他这个侄子一样，工作时不知疲倦，除了各种各样的运动项目之外，他还创办了很多学校。他是殖民地童子军活动和学校戏剧项目的发起人之一，成立了一支铜管乐队，创办了一个校友会。最重要的是，正是他推动了利奥波德维尔体育基础设施的建设。亨利神父一直把这一点记在心里，“他建了三个足球场馆，一个大型体育公园，多个网球场和一个奥林匹克标准游泳池，甚至还有五米跳板。他还在这个游泳池里组织了皮划艇比赛。”他最大的成就应该是建成了博杜安国王体育场（Stade Roi Baudouin），后来更名为“5 月 20 日足球场”（Stade du 20 Mai），可容纳 8 万名观众，1952 年正式对外开放时，是当时全非洲最大的足球场。1959 年发生在这里的暴乱最终推动了刚果独立；1965 年，约瑟夫 - 德西雷 · 蒙博托发动政变后，在这里向支持他的民众发表演讲；1974 年，穆罕默德 · 阿里（Muhammad Ali）和乔治 · 福尔曼（George Foreman）在这里展开了一场非常著名的较量。今天，仍然是每个金沙萨人都知道拉斐尔神父，即使只是因为这个大型体育馆是用他的名字命名的，即使只是因为他和肯德基老爷爷十分相似的形象出现在圣拉斐尔学院（Collège Saint Raphaël）门前。“是的，他干劲十足，”亨利神父总结道，“虽然他穿的鞋子类似轻靴，”轻靴？“对的，但是大家都知道，如果必要的话，他随时准备踢快速球！”

天主教传教团推进的俱乐部生活，不仅给城市工人提供了健康的娱乐方式，同时也有目的地改变了社会形态。出于对类似蓬德部族起义的种族叛乱的恐惧，殖民者打破了部族界线。在这之前，在教会学校的教育中，种族界线一直划分得非常清晰。亨利神父跟我说：

“通过运动，我的叔叔让不同部族的人混合到一起。他组织的足球赛中，每一支参赛队伍都是由来自不同种族的队员组成的。他组织了刚果足球赛，甚至组织了第一场国际足球赛：刚果队对阵比利时队。我相信代表比利时参赛的一定是贝尔肖特俱乐部（Beerschot）。”[66]

但是，血统是无法否认的。部分城市刚果人仍然存在某种渴求，尽管运动项目和家庭政策让他们很满意。殖民当局可能展现了友好的一面，但前提条件是刚果人的服从。殖民地“三位一体”微笑着控制他们，所有越线的人都会受到惩罚，绝不宽待。

所以，本土组织继续存在。[67]基塔瓦拉教（Kitawala）仍然在矿工中传播，并渗透到很多农村地区。从加丹加传播到基伍、东方省和赤道省。宗教活动秘密开展，神秘主义和反叛趋势交织。1936年，这一教派的信众在雅多维尔（Jadotville）被逮捕，他们用《圣经》为自己辩护：“这本书上说所有人都是平等的，上帝创造出白人不是要让他们来统治黑人……黑人做了所有工作仍然生活在贫困与悲惨中，白人的工资却高得多，这不公平。”[68]很多信徒最后都被放逐，但是如同当初处置金邦古教信众一样，流放反而会促进其发展。

加丹加的部族组织带给成员的欢乐和舒适感是任何童子军都无法比拟的，比如卢卢阿人（the Lulua）和巴卢巴人的组织。他们为新成员提供各种帮助，还为他们积攒娶妻婚嫁的费用。甚至一些名字相同的人之间还形成了某种团结。一位来自卢本巴希的老人解释道：“如果我叫阿尔贝，你也叫阿尔贝，那么你就是我的兄弟……我们互相照顾，帮助对方获得食物，一起参加运动，我们尽己所能支持对方。”[69] 从 1929 年开始，金融危机让刚果人更加团结，前文提到过的的那位来自卢本巴希的安德烈 · 亚夫说：“那个时候，每个人都时常感到饥饿，失业率上升到难以想象的程度。但我们会这样做：如果一个人有工作，那么他就是所有朋友的衣食父母。大家都到他的家里吃饭，拿他家里的衣服穿。”[70] 这种自发的互助组织是无法根除的。

在 20 世纪 20 年代，刚果还出现了一些自称“比利时人”的团体。这些团体的成员不乏幽默感，他们用殖民官员的称号（地区专员、总督、国王）自封，在舞蹈中模仿白人官员和传教士。除了讽刺娱乐之外，他们还为新成员找住处、分发食物、组织葬礼。[71]

金融危机之后出现了第一批由社会地位较高的非洲人组成的协会，“文明黑人友爱协会”（Cercle de L’Amitie des Noirs Civilises）、“法国比利时协会”（the Association Franco-Belge）等协会将受过良好教育、有体面收入、会说法语的刚果人聚在一起。这些协会的诞生意味着刚果中产阶级开始形成，在承载所有希望的同时也催生了一种势利文化。协会会员通常看不起流落街头的生活，而实际上，他们自己也不过是刚刚脱离那种生活。他们渴望更加欧化的生活方式，渴望获得更多尊重。这些愿望得如果不到满足，就可能转化成抗议和愤怒，这一点完全符合 20 世纪 50 年代的刚果。然而，在两次世界大战之间，他们的活动还不完全是政治性的，尽管他们希望完全独立于教会之外。

从 20 世纪 30 年代开始，在与罗得西亚接壤处的边防哨所，每个星期都能多次观察到一个非常有意思的现象。[72] 从英国殖民地开来的列车一到这里就会停下来，然后白人司机从车上下来，来自比属刚果的同事上车，火车继续开向伊丽莎白维尔。第一次看到这种现象的人一定不敢相信自己的眼睛：上车的司机真的是一个非洲人？是的，他的确是非洲人。比属刚果不像南非和罗得西亚，不存在严格种族隔离，国内的人也以此为豪。在矿区和工厂工作的非洲人有资格操作昂贵的、危险的机器设备，尽管处于白人监工的监督下。矿产联合会的非洲员工如果工作很勤奋，可以在一定范围内被提拔。从理论上讲，宾馆、饭店和咖啡馆对所有人开放，只有电影院里存在明显的种族划分，也没有针对白人和黑人发生性关系的正式禁令。

但是，没有法律意义上的种族隔离并不意味着不存在无形的种族隔离。[73] 而后者或许是最顽固的种族隔离现象。从职业发展的角度讲，非洲人不可能进入公司高层。在行政领域，非洲人的最高职位是文书和打字员。刚果的城市里，白人中心和边缘上的黑人社区界线分明，据称这么划分的目的是阻止疟疾的传播，但这是一种虚伪的说法。墓地也按种族进行了分割，总不能说这样做也是为了防止疟疾传播吧。童子军里也不存在种族混合的现象。刚果足球队不能和欧洲足球队打比赛，因为担心他们在失败后闹事，或在胜利后羞辱欧洲队。殖民时代最敏锐的一位观察家曾经写道："非常明显，没有正式的种族隔离制度反而激化了白人的种族反应，虽然法律上没有种族隔离，但现实生活中的种族隔离几乎无处不在。"[74] 他说得再真实不过了。今天，任何人在读到两次世界大战之间的殖民地文件时，都能发现当时人的思维都被“我们 / 他们”的逻辑限定，强硬的措辞背后暗藏恐惧。在一个白人被一个刚果人杀害之后，刚果当时最流行的报纸《比利时殖民地的未来》（*L'Avenir Colonial Belge*）写道：

> 在利奥波德维尔，我们的人身安全、白人的安全还能得到保障吗？
>
> 完全发自内心的回答是：没有。黑人的不顺从行为变本加厉，他们越来越傲慢，甚至让我们当中最勇敢的人也心存恐惧。盗窃行为越来越频繁，盗窃范围越来越广；黑人对白人的傲慢有时是令人惊愕的；我们给他们灌输的恐惧感已经消失了；对白人的敬畏已经成了过去时。
>
> 这就是公元 1930 年发生的事情。
>
> 我们听你说，但是斯坦利湖（金沙萨和布拉柴维尔之间）区域需要再次平定吗？
>
> 为什么不呢？

这家报纸认为再次平定的含义非常清楚：任何威胁到白人生命安全的非洲人，不管是出于什么原因，都应该被判死刑。[75] 正当自卫、减轻处罚情节、过失杀人、不可抗力都不应予以考虑。幸运的是，法庭方面要谨慎得多。但是，高喊这种鬼话的报纸能在殖民地媒体中占据最有影响力的一席，充分说明了多数白人在种族问题上的看法。在报纸上，“黑人”（Les noirs）用小写，“白人”（Les Blancs）则用大写。

从本质上讲，两次世界大战之间的殖民社会被相互恐惧主导：白人统治者害怕在黑人眼中失去体面，很多刚果人则对白人当局心存恐惧，竭尽所能去获得白人的尊重。被恐惧勒着脖子的状态将会维持多久呢？

阿尔贝·库贾博和保罗·潘达·法尔纳纳作为战俘待在德国的4年里，除了为柏林的人种学家唱土著歌曲以外，还要忍受强制劳动、疾病折磨、讽刺和羞辱。库贾博在斯图加特（Stuttgart）郊外的一个农场里劳动，他还被那里的农民骗了一些钱。潘达去了汉诺威（Hannover），后来又从汉诺威被带到罗马尼亚（Romania）。

不过现在他们回到了比利时：这个少数刚果人冒着生命危险捍卫的国家。然而老兵杂志《战士日报》（*Le Journal des Combattants*）又是如何写他们的呢？"让我们把他们遣返回国，送他们回到香蕉树下，在那里他们肯定会更有家的感觉。他们可以重新学跳黑鬼的舞蹈，给他们的家人讲述战争经历。家庭成员会围坐在他们身边，像一群黑猩猩。"[76]

他们的战斗和苦难就换来这样的回报吗？他们不能对这一切听之任之。有人回应道："在战壕里，士兵们不知疲惫地反复说着我们都是兄弟、我们和白人是平等的。可是，战争已经结束了，不再需要我们的服务了，你们就宁愿我们消失。在这方面我们完全同意，不过有一个条件：如果你们如此强烈地要求把黑人遣返，那我们也要求遣返所有在非洲的白人，对于我们来说，只有这样才合理。"[77]

够胆量！刚果没有人敢用这么自信的口气说话。和原来刊登在杂志上的文章相比，这段回应所用的法语更为精妙。人们确实听到了一个新声音。几个星期之前，也就是 1919 年 8 月 30 日，刚果人协会（the Union Congolaise）在布鲁塞尔成立，“这是一个旨在帮助刚果人、促进刚果人德智发展的协会。”类似安德烈 · 马茨瓦在法国成立的组织。协会成立时有 33 名会员，几乎全是老兵。协会的核心人物是前战俘保罗 · 潘达 · 法尔纳纳，他的战友阿尔贝 · 库贾博任秘书。他们着手帮助穷人和病患，帮助支付葬礼费用，筹办免费的夜校培训。但是，该组织的政治路线是明确的。早在 1920 年，刚果人协会就要求放松强制劳动制度，提高工人工资，同时扩大教育规模。最重要的是，他们主张刚果人在殖民统治下应有更多的话语权。再说一遍：这是在 1920 年！那个时候，殖民当局至多只会与他们自己任命的酋长商量相关事宜。更让人叹服的是，潘达还提出，应该让刚果人自己为博马的殖民政府选举出一个咨询委员会。

潘达的刚果人协会稳步发展，并在比利时列日省、沙勒罗瓦（Charleroi）、马尔希安娜 - 奥 - 蓬（Marchienne-au-Pont）设立分会。新加入成员通常是在安特卫普港离船潜逃的刚果水手，这些年轻的单身男人在震耳欲聋的轮机舱工作了好几个星期，有的是上油工，有的是锅炉工，有的负责堆放货物。白人干同样的工作，薪水却是他们的 2 倍，他们选择反抗这样的现实。在刚果，没有白人劳工，只有白人监工，但在大型远洋轮船上，白人劳工和黑人劳工之间的巨大反差第一次清楚呈现。陆地上的愤怒导致宗教狂热，船上的不满则导致更直接的抗议：罢工。安特卫普和马塔迪港的工人都罢工了，特别是在非洲船员通过私下贩卖自行车和缝纫机来贴补微薄工资的做法被禁止了之后。不仅如此，上岸之后，他们还被禁止进酒吧，因为比利时政府担心这些人会去红灯区，更怕他们去红色咖啡馆。毕竟，安特卫普的共产主义者已经很多了。

一开始，刚果人协会得到了一定程度的支持。保罗·潘达·法尔纳纳是个非常有口才的人，善于将激进的观点合理化。1920 年 12 月，他获准在布鲁塞尔第一届全国殖民大会（the first National Colonial Congress）上发表演讲，他在演讲中提到了本地人参与政治的必要性，得到了在场比利时人的支持。他最后一句话是“给我们权力”，赢得了不少掌声。作为一名很有天赋的演讲者，他还不忘引经据典，为自己的演讲增色。

一年后，保罗·潘达·法尔纳纳出席了第二届泛非会议（the second Pan-African Congress），该会议由非裔美国人发起，由美国人权运动家杜波依斯(W. E. B. Du Bois)领导推进。这次会议给保罗·潘达·法尔纳纳带来不好的名声：殖民地媒体指责他是民族主义、布尔什维克主义和贾维主义（倡导黑人与白人分离，在非洲建立由黑人自己统治的国家）。这些控诉是不正确的，因为当时的泛非主义所主张的是解放全世界的黑人。这次大会为时一周，在伦敦、布鲁塞尔、巴黎举办，反驳了潘达是布尔什维克主义的指控。所有与会代表都期望黑人获得与白人平等的地位，无论是战时还是和平时期。代表团成员对特佛伦殖民博物馆进行了实地考察，那里的馆藏让非裔美国人感到愤怒，因为在他们看来，博物馆所展示的全是殖民当局的掠夺成果；在此之前，保罗·潘达·法尔纳纳从未有过这样的想法。

巴黎和布鲁塞尔召开的会议由布莱兹·迪亚涅（Blaise Diagne）主持，他是塞内加尔人，1914 成为法国议会议员，是第一个进入法国议会的非洲人。这一点肯定给保罗·潘达·法尔纳纳留下了非常深刻的印象。当法国已经许可殖民地选举产生的代表进入议会时，在比属刚果，当地人的职业地位不会高于火车司机、唱诗班的歌手、童子军和守门员。论起政治，受勋酋长的身份根本没有意义：完全没有参与度，只是一个幌子。几年之后，保罗·潘达·法尔纳纳毫不掩饰地表达了自己的最终观点："到目前为止，对刚果的殖民地化只是实现了对欧洲有利的'文明的破坏'。"[78]

1929 年 5 月，保罗·潘达·法尔纳纳回到刚果，住在自己的故乡恩曾巴村（Nzemba），靠近大西洋。在那里，他帮助建立了学校和教堂。凭借丰富的人生经历以及敏锐机智，他原本可以通过谈判为刚果争取更公正的殖民政权，但在回刚果不到一年，他就去世了，没有结婚也没有孩子。比属刚果失去了一位最优秀的持不同政见者。他去世时只有 42 岁。

第五章

“等待开战的时刻”

战争与战后的“平静”

1940—1955

他们站成一圈，摇摆不定，重心从一只脚换到另一只脚，动作介于谨慎的舞步和原地踏步之间。在金沙萨老兵会社，这一小群老兵显然非常享受当下的快乐时光。崭新的制服是比利时军队赠送给刚果现役武装部队的礼物，老兵们穿在身上非常自豪。他们拍着手掌，用当地语言低沉地唱道："敬礼，敬礼，立正，我们向所有首领敬礼。"这是一首进行曲，他们后来跟我解释，这里说的"首领"是比利时人。那个时候，所有的军官都是比利时人，后来才变成"我们刚果人，我们刚果人，我们展现了力量，今天我们征服了塞奥"。一首简单但容易记住的战士之歌，你一旦听过就忘不掉。1941 年，一位刚果士兵首先唱出了这个旋律，当时他们刚刚拿下了阿比西尼亚（Abyssinia，今天的埃塞俄比亚）的军事重镇塞奥。返回基桑加尼的路上，经过苏丹广阔的干旱地带时，刚果士兵们在卡车后车厢里唱起了这首歌。已经过去 70 多年了，但老兵们心里仍然记着这个旋律，它诉说着另一种兄弟情谊。没错，那段时间白人仍然是他们的上级，但是战争中有些东西变了，刚果士兵由衷自豪地将他们攻下的塞奥呈献给白人上级。

然而，这种自豪感不会持续太久。第二次世界大战期间，白人和非洲人的关系甚至比第一次世界大战时更友好，但战争结束后，这种友好关系就破灭了。我和 87 岁的安德烈 · 基塔迪谈起这段历史，那一天唱歌的老兵里就有他。他是 1940 年—1945 年老兵协会的副会长，说话细声细气，是个判断敏锐的人。他的办公室里，只有一张金属桌、一面刚果国旗和一个大水坑。水泥地上有前一夜雨后留下的积水。“显而易见，我们为比利时而战。比利时人利用我们保护自己的利益，纪律性让我们选择参战，面对战争，我们有一种责任感。”[1]

1940 年春天，德国军队在 18 天内全面击败比利时，在之后数月里，比属刚果的法律地位始终不明确。究其原因，是宗主国的全面崩溃。比利时政府先逃到法国，后来又流亡到英国并加入同盟国阵营；与此同时，利奥波德二世的侄孙，当时的比利时国王利奥波德三世（Leopold Ⅲ）选择向德国投降，沦为纳粹德国的阶下囚，直到战争结束。既然出现了这样的局面，那么现在殖民当局要听命于谁？比利时已经丧失了主权，但还有一块殖民地，那么比属刚果的最高行政权力掌握在谁手里？国王还是已经流亡到他国的殖民地大臣？殖民地内也意见不一。以加丹加颇有影响力的主教费利克斯 · 德昂普蒂纳（Félix de Hemptinne）为例，保守派人士都是保皇主义者，他们选择向德国和新的法西斯主义世界秩序投降；许多工业家也怀有极右翼思想，他们希望继续向德国供应原材料，并在战争期间取道葡萄牙将想法付诸实践。很多地方出现了反犹太主义。在此之前，伊丽莎白维尔的埃尔多拉多已经形成了一个小型犹太人社区。当地的拉比，也是刚果唯一一位拉比，惊骇地目睹了犹太商人的窗户被涂上“肮脏的犹太人”（sale juif）这类标语。[2] 最终，比属刚果总督皮埃尔 · 里克曼斯表明了立场：比属刚果各界一致支持同盟国，与纳粹斗争到底。从职务上讲，他应该请示流亡到英国的殖民地大臣，但实际上，他享有很大的自治权。他个人的勇气要比任何来自伦敦的指令都重要。

法国的殖民地一开始也犹豫应该选择哪个阵营：绝大多数殖民地决定支持菲利普 · 贝当（Philippe Pétain）的维希政府（Régime de Vichy），少部分支持夏尔 · 戴高乐（Charles de Gaulle’s）的自由法国（Free France）。同盟国与轴心国之间的冲突就这样转移到了非洲。虽然德国在 1918 年丧失了最后的海外领地，但是非洲很多地方还是进入纳粹党的势力范围。不仅如此，作为德国的盟国，意大利仍然拥有一些非洲殖民地。从 19 世纪末开始，意大利一直统治着厄立特里亚（Eritrea）和位于非洲之角的意属索马里（Italian Somaliland）；苏伊士运河（Suez Canal）开通之后，红海沿岸的战略地位更为显著。1911 年，意大利成功夺取利比亚（Libya），1935 年墨索里尼（Mussolini）入侵海尔 · 塞拉西一世（Haile Selassie）统治的埃塞俄比亚，当时唯一一个未被殖民地化的非洲国家。这一次的殖民统治之所以是短暂的，在某种程度上要归功于比属刚果的士兵。

流亡的比利时政府选择支持同盟国之后，温斯顿 · 丘吉尔

（Winston Churchill）要求比属刚果提供物资和军事援助。要知道，当非洲之角对英属肯尼亚和苏丹构成威胁时，在北非，利比亚也威胁到了埃及。（1922 年埃及已经获得独立，但在很多方面仍然依赖英国。）一开始，丘吉尔将自己的军队从殖民地派往阿比西尼亚，但是从 1941 年 2 月开始，这些部队得到了刚果治安部队第 11 营的支援。约有 3000 名刚果士兵和 2000 名搬运工参与此次军事行动，每 50 名非洲人由 1 位比利时军官带领。他们乘卡车和船横跨苏丹，白天的温度即便是在树荫下也能达到 45℃。他们要从苏丹方向进攻阿比西尼亚多山的西部地区。卡车涂上了伪装色：棕沙色和军蓝色混合。实际上，士兵们多数时候都在荒凉地带步行。白天的酷热几乎让士兵们崩溃；到了晚上，行至海拔高处，他们又冻得牙齿打战。几周之后进入雨季，一些士兵不得不在泥浆里露营。攻下阿索萨（Asosa）和甘贝拉（Gambela）这样的城镇并不难，短暂而激烈交战之后，意大利军队便落荒而逃，那些军官甚至扔下佩刀或网球拍就跑。最大的挑战是塞奥，靠近苏丹边境的意大利要塞。1941 年 6 月 8 日，在猛烈的炮火攻击后，士气涣散的意军要求停战，尽管他们在兵力和武器上占有明显优势。

比利时指挥官接受休战，条件是意大利士兵全体投降。超过 9 名意大利将军成为战俘，其中包括彼得罗 · 加泽拉（Pietro Gazzera）和阿尔科诺瓦尔多 · 博尔纳科斯伯爵（Count Arconovaldo Bonaccorsi），前者是东非意大利军队指挥官，后者在西班牙内战（Spanish Civil War）期间担任法西斯武装的监察长，对马略卡岛（Mallorca）实施恐怖统治。此外，战俘中还有 370 名意大利军官

（其中 45 人为高级军官）、2574 名军士和 1533 名当地士兵，另有 2000 名当地士兵被遣散回家。

攻下塞奥镇在物资和战略上都具有重要意义。刚果治安部队缴获了 18 门加农炮、5000 发炮弹、4 门迫击炮、200 挺机关枪、330 支手枪、7600 支步枪、15 000 枚手榴弹和 200 万发轻武器子弹。除此之外，还没收了重达 20 吨的无线电设备（包括 3 个完整的发射台）、20 辆摩托车、20 辆汽车、2 辆装甲车、250 辆卡车，还有在高原地区非常重要的运输工具：500 头骡子。显然，胜利之后这支军队在那里就无事可做了。塞奥战役取得了比利时对法西斯主义最重要的一场胜利，实际上也是比利时军队有史以来取得的最大胜利，然而胜利的最大代价却是刚果人付出的。比利时伤亡情况：4 人死亡，6 人重伤；刚果士兵伤亡情况：42 人战死，5 人失踪，还有 193 人死于疾病和久伤未愈，274 名搬运工死亡，多数死于疲劳和痢疾。

刚果治安部队在阿比西尼亚的作战有助于海尔·塞拉西夺回帝位，埃塞俄比亚沦为殖民地的时间仅为 5 年：1936 年到 1941 年。历史悠久的帝王政权成功复辟，给了牙买加的拉斯特法里教（Rastafarianism）成员以新的启示，从 20 世纪 30 年代起，他们将海尔·塞拉西皇帝奉为神明。然而，他的神圣地位更多是在军事上而非宗教上得到拥护。刚果人解放了埃塞俄比亚很多城镇，如阿索萨、甘贝拉和最重要的塞奥。因此，可以说比利时的殖民统治间接为雷鬼音乐（西印度群岛的一种舞曲，源自牙买加）的传播做了贡献。第二次世界大战时期的塞奥相当于第一次世界大战时期的塔波拉：鼓舞士气的巨大胜利。它是不平凡的功绩：有史以来第一次，一个非洲国家依靠非洲士兵摆脱了殖民统治。“我们眼中只有白人，”来自刚果东部的老兵路易·恩贡比（Louis Ngumbi）告诉我，“我们只对白人射击。”[3]这种说法略有夸张，但刚果治安部队的确俘虏了几千名白人士兵，其中还包括9名将军，让人印象深刻。塞奥战役烙印在一代军人的记忆中，老兵协会副会长安德烈·基塔迪的心里刻着这些数字：“在阿比西尼亚，我们俘获了9位意大利将军，此外还有370名军官，2500名意大利士兵，15 000名当地士兵。”[4]

1940年，基塔迪自愿参军。当时战争已经开始了，但他的参军意愿没有因此动摇。实际上，军队也是很不错的教育场所：他成了一名电报员。在刚果治安部队在阿比西尼亚作战时，他一直在与苏丹交界的东方省待命，随时准备投入战场，但是他没有接到这样的命令。当军队唱着凯旋之歌，群众为之欢呼时，他被调到了博马，但待在那里的时间不长。在非洲之角取得胜利之后，同盟国将中心转移到西非和北非，尤其是北非。1942年秋，维希法国被驱逐出阿尔及利亚和摩洛哥，基塔迪和战友登上一艘航母，被送往尼日利亚拉各斯（Lagos）。攻占达荷美①的战役就是从这个英国殖民地推进的，当时达荷美还是拥护维希政权的法国殖民地。“四天后到达尼日利亚，抵达拉各斯之后，我们立即被带到300千米之外的兵营，在那里训练了整整6个月。”在那里，刚果治安部队士兵与英国殖民部队接触，虽然仍由比利时军官的领导，但是基塔迪已经换上了英国制服。

① 达荷美（Dahomey）：贝宁（Benin）的旧称。——译者注

1943年3月初，他接到新的行军命令。随着同盟国在非洲的节节胜利，达荷美王国站到了戴高乐将军这一边，利比亚时是德国和意大利在非洲的最后堡垒。正是从利比亚，德国将军埃尔温·隆美尔（General Erwin Rommel）袭击埃及，强行打开通往苏伊士运河的道路。同盟国想要不惜一切代价阻挡隆美尔，于是决定往埃及增加兵力。因此，基塔迪不得不从尼日利亚前往埃及，但是执行这一任务非常不容易，因为地中海仍然由控制意大利控制。那么，选择陆路呢？横跨非洲？当时，临近的法国殖民地乍得由支持戴高乐将军的黑人总督菲利克斯·埃布埃（Félix Eboué）管理，他将通行权开放给同盟国军队，允许他们借道。现在唯一的问题是：穿越沙漠……

> 我们出发的时候有10个或者15个纵队，每个纵队的士兵分乘150辆卡车，由一位比利时军官率领，外加一个无线电操作员。我就是他们中的一员，作为一名操作员，我负责操作无线电设备，与其他队伍保持联络。我们一起从尼日利亚出发，到了苏丹，又穿过努比亚沙漠（Nubian Desert）。我们只能用指南针确定方向，我一辈子也忘不了那一次穿行。有时候会碰到沙尘暴，遮天蔽日，一连好几个小时什么都看不见。沙子变热的时候，你会看到不存在的东西。穿越沙漠花了我们一个多月的时间，有时候我们一天只能前进20千米，有时候碰到沟壑还会发生事故……我们吃的是饼干和咸牛肉罐头，每个人一天只有半升水喝。很多人后来都生病了……一路上，2000名士兵当中足足死了200人……我们像动物一

样，根本无法洗澡……从拉各斯到开罗，全程数千千米，我们开车行驶了 3 个月。[5]

他的声音逐渐变弱，然后停了下来。我在此之前从来没有听说过这一穿越撒哈拉沙漠的壮举。我问他有没有将自己的故事写下来，"没有，"他说，"你是第一个问起这件事的白人。"

当然，去埃及还有另一条路。已经 92 岁的马丁·卡布亚当时就走了这一条路线，他的祖父在 1916 年参加了夺取塔波拉的战役。卡布亚所在的队伍当时也驻扎在尼日利亚，他同样是一名无线电操作员。他的外貌还是很威风，不过声音已经有些虚弱。他低声将自己的故事告诉了我："莫尔斯电码，我非常非常拿手，嘀——嘀——嘀嘀——嘀，我从来都没有犯过错，就算只用耳朵也没问题。如果你能做好这个工作，剩下的就容易了。1943 年 3 月 24 日，我接到指令登上荷兰商船："里特蒙德公爵夫人"号（the Duchess de Ritmond）。我们在大西洋上向南航行，到了南非绕过好望角往北来到亚丁湾，进入红海，靠近苏伊士运河。当时至少有 100 艘船，在南非附近，有些船遭到了日本飞机的袭击，其中一艘船上有 27 人遇难。士兵都挤在一起睡觉，情况非常糟糕。"[6]

基塔迪和卡布亚都参加了埃及的作战。按基塔迪自己的说法，他在亚历山大省（Alexandria）外的沙漠里待了"一整年"，与敌军阵地和飞机展开激战。威胁来自利比亚和西西里岛（Sicily）。"白天天气非常炎热，到了晚上必须戴上手套才能让手暖和起来。周日我们可以进城，去亚历山大，不过这个城市被德国人轰炸过，到处都是苍蝇。”卡布亚被派驻到日内瓦营，一个靠近苏伊士运河的大型兵站。他的主要工作是截获并破解敌人的莫尔斯电码。“我被分到监测组，负责窃听敌军的行动。”

战争让他们有机会接触其他国家的人：英国军官、尼日利亚士兵、阿拉伯人以及德国和意大利战俘。比属刚果封闭的兵营如今离他们很远。“亚历山大有很多意大利战俘，”基塔迪说，“我们把他们关在沙漠里，用带刺铁丝网围起来，不过他们会挖地洞。我们的军火库离得有点远，阿拉伯人想偷我们的军火，他们是真正的贼。”他很愉快地回忆道。卡布亚也见到了很多战俘，“有一次一个德国战俘跟在我后面，他身材真的很高大，估计足有 2 米高。他手上拿着一把左轮手枪，我用刺刀捅了他的肚子。我们的刺刀都是带毒的，是很不错的武器，这个德国人是我杀的唯一一个人。”

战争结束的时候，两人都乘卡车去了巴勒斯坦，那里的局势要平静些。最紧张的任务是偶尔要到海法（Haifa）的边境线上去站岗，而基塔迪遇到的最大危险是一次食物中毒，他还因此被送到了加沙（Gaza）的医院，罪魁祸首可能是变质烤肉。

实际上，刚果治安部队参与联合战役几乎是不为人知的。从数字上看，其贡献并没有第一次世界大战时那么具有决定性作用。第一次世界大战时期，刚果提供了数万名后勤搬运工，第二次世界大战时，这些人工基本上都被卡车取代。故而，即便是在今天的刚果，人们关于这些战役的记忆也在很快变淡。在金沙萨这个拥有 800 万人口的城市里，只有寥寥几位老兵仍然在世。利贝尔·奥腾加（Libert Otenga）便是其中之一，他现在还能用自己最大的声音唱起“我们要在齐格菲防线上晾衣服”（We’re going to Hang Out the Washing on the Siegfried Line）。我非常想和他谈谈，因为他是为数不多的在比利时战地医院服务过的老兵之一。在战争中，即便是在最遥远的战场，也能见到由比利时医生和刚果义务兵组成的移动医疗团队，他们甚至去了缅甸（Burma）的丛林。因此，比属刚果对英国的支持不仅包括物资和兵力，还体现在医疗上。比利时的战地医院成为声名远播的比属刚果第 10 野战医院（the tenth Belgian Congo Casualty Clearing Station），包括两顶手术帐篷和一顶无线电帐篷，其他的帐篷里有 30 个病人床位，200 多副担架。战争期间，他们一共治疗了 7000 名伤员和 30 000 名病号。即便是在最繁忙的时期，野战医院也只有 23 名比利时人（其中包括 7 名医生）和 300 名刚果人。[7] 奥腾加是他们中的一员，当我终于找到他的时候，他仍然清楚地记得这段经历。他的声音像警钟一样响亮，不过他的措辞非常谨慎：

> 我 1942 年参军，是一名医疗助理。一开始我们去了索马里，在那里我和一位比利时军医一起工作。胸部、腹部、骨头，我们什么手术都要做。之后，我们随英比联军前往马达加斯加，那里有德国战俘。相信我，德国人的情况很特殊。他们中有一人急需输血，比利时的瓦尔克医生（Dr.Valcke）自愿献血，但那个德国人拒绝了，他不要同盟国支持者的血；至于黑人的血，完全不可能。他想保留自己的尊严，但我们想救他的命。最后，我们趁他睡觉的时候给他输了血。

他到现在还是会因为这个事情放声大笑。我从来不知道，战俘就算在违背自己意愿的情况下，也会受到《关于战俘待遇之日内瓦公约》（*the Third Geneva Convention*）的保护。奥腾加很快开始了新的征程，“我们从马达加斯加乘船去了锡兰，医院和军队在科伦坡（Colombo）进行整顿。之后，另一艘船将我们送往印度。”肯定是到了恒河三角洲〔Ganges Delta，今天的孟加拉（Bangladesh）〕，“在那里我们又换乘了一艘内河船，沿着布拉马普特拉河（Brahmaputra River）溯流而上，我们下船之后，还要步行很长一段路才到缅甸边境。”当时，日军和包括英军在内的反法西斯武装在那里激战。1942 年，日军侵占缅甸。“边防哨所所在地被称为德穆（Tamu），我们从那里进入缅甸，到了钦敦流域（Chindwin Valley），沿江行至葛利瓦（Kalewa），在那里建立医院。”这一路上经过的所有地方，其名称都已经深深地刻在奥腾加的记忆里。他甚至还能拼写出这些地名，“葛——利——瓦，你听明白了吗？我们负责治疗当地人，不管是士兵还是文职人员。很多人受的是枪伤，我还记得有一个英国士兵，弹片进了肠子。当时就是这种的情况。”刚果护理人员在亚洲的丛林中帮助照顾缅甸人民和英国士兵，是殖民历史中缺失的一页，很快就被遗忘了。“缅甸是我们停留最久的地方，我们在那里完成了各种复杂的手术，甚至还有一架救护飞机供我们使用。最终我们被原子弹解救了，日本不得不投降。”[8] 为了强调胜利，他再一次唱起了“我们要在齐格菲防线上晾衣服”。

在按下按钮的那一刻，有一个事实是保罗·蒂贝茨上校（Colonel Paul Tibbets）没有想到的。那是在1945年8月6日，他驾驶的轰炸机代号为“艾诺拉·盖”（Enola Gay），几秒之内，飞机下面的城市将只剩一个名字：广岛（Hiroshima）。他可能不会想到，一位美国飞行员在日本上空投放的原子弹本质上来自于刚果。美国制造第一枚原子弹所使用的铀产自刚果加丹加。当原子弹炸毁广岛的消息最终传到缅甸内陆的时候，奥腾加根本不知道最后“拯救”他的是自己家乡的一种矿石。在刚果，欣科洛布韦（Shinkolobwe）的矿工永远想不到这种挖出来之后被加工成“黄饼”的黄色矿石，会在地球的另一边造成如此巨大的破坏。没有任何人知道。矿产联合会当时的常务董事埃德加·森吉尔（Edgar Sengier）秘密地保证了刚果的铀矿不落入法西斯之手。那个时候，欣科洛布韦有世界上已探明的最大铀矿。战争爆发之前，当来自纳粹的威胁越来越紧迫的时候，他将1250吨铀运到了美国纽约，然后放水将铀矿淹没。因此，只有很小一部分储存在比利时的铀矿石落入德国之手。铀的潜在军事用途还不是特别清晰，（当时主要作为色素用于制陶工业，）但在20世纪30年代后期，核物理学家宣布铀可以用于一种不可控的链式反应。爱因斯坦（Einstein）原考虑向比利时伊丽莎白王后（Queen Elisabeth）汇报这一情况——他认识这位王后，两人都爱好音乐——但他后来选择报告给身在纽约的比利时大使，最终直接向美国总统罗斯福做了说明。当曼哈顿计划在1942年启动时，负责开发原子弹的美国科学家正在寻找高纯度铀矿，之前使用的加拿大铀矿效果欠佳。让他们惊喜的是，纽约的阿彻丹尼尔斯米德兰仓库（Archer

Daniels Midland Warehouse）中存放着一批最优质的铀矿。这一发现随后导致了一场美国与比利时流亡政府之间的激烈谈判，最终结果是比利时政府收取美国 250 万美元现金，用于比利时的战后重建。此外，比利时还获得了核技术。1952 年，比利时在佛兰德区摩尔镇（Mol）设立了一个研究中心，在金沙萨建立一个小型反应堆，也是非洲第一个核反应堆。[9] 另外，美国还为刚果 2 个大型空军基地的建设提供支持，这两个基地分别位于基托纳（Kitona）的海边和加丹加的卡米纳（Kamina）。第二次世界大战时的刚果人对这些事情几乎一无所知。美国对刚果的特殊兴趣主要源于铀矿的战略意义，这种兴趣开始于战争年代，在刚果争取独立时期起到决定性作用，一直持续到 20 世纪 90 年代冷战结束。

不光是铀矿，对于同盟国而言，刚果也是他们与德国、日本和意大利作战时的重要原材料供应地。摧毁珍珠港之后，日本在 1942 年早期占领了东南亚的大部分地区，包括印度尼西亚、新加坡、马来西亚和缅甸，同盟国来自这些地方的物资供应被完全切断，是刚果解决了这个问题。对各种矿石和其他原材料的需求再一次旺盛起来，生产子弹壳和炸弹壳体需要铜，钨是生产反坦克武器的重要原料，锡和锌用于生产青铜和黄铜，甚至一些植物和从植物中提取的物质都有了战略价值，比如橡胶、棉花、柯巴脂和奎宁，棕榈油用来生产“阳光牌”肥皂，同时在钢铁工业中也大有用途。

从这个角度讲，在第二次世界大战时期为同盟国的胜利做出贡献的刚果人并非只有士兵，还包括殖民地的矿工、工厂的工人以及种植园里的劳工。和第一次世界大战期间一样，刚果经济再次高速运转。

1939 年，在刚果大约有 50 万在册领薪酬的雇佣工人，到了 1945 年的时候这个数字可能已经扩展到了 80 万甚至 100 万。[10] 在撒哈拉沙漠以南的非洲，刚果是工业化程度仅次于南非的国家。两次大战之间，更多的纺织厂、肥皂厂、炼糖厂、水泥厂以及啤酒公司、烟草加工厂纷纷在刚果建起，不过处于最佳状态的工业并没有带来繁荣。因为战争，抵达刚果的货船越来越少，没有纺织原料，没有机器，没有药物。医生离开了，小医院没有物资供应，河道上的船只也变少了。供给越少，物价自然越高，但工资是固定不变的，因此一般雇员的购买力就下降得非常厉害。[11] 比较偏远的伊丽莎白维尔非常依赖进口物资，同样的纺织品，价格要比利奥波德维尔贵上 4 倍多，从英国和巴西进口的纺织品的价格则上涨了 7 倍。[12] 在矿业城市贾多特维尔（Jadotville，利卡西的旧称），毯子的价格涨到了原来的 4 倍。[13] 当人们意识到加丹加的夜晚会有多么寒冷的时候，问题就变得格外突出。

严重的通货膨胀只会导致一个后果：社会抗议。战争开始和结束之时，都出现了各种罢工和起义。1941 年 11 月，在加丹加北部的马诺诺（Manono），矿工们试图把比利时国旗降下来，升起另一面黑色旗帜。他们戴着用棕榈树叶编织的冠饰，绝大多数都是基塔瓦拉教的信徒。他们宰杀了所有山羊和狗，深信一个新的时代很快就会到来。[14]

一个月之后，加丹加首府伊丽莎白维尔爆发了大规模抗议。矿产联合会的白人雇员组成一个了工会，抗议空前低下的购买力，白人的不满扩散到了黑人工人的生活营里，矿工也要求实质性的加薪。

这时，社会抗议没有以宗教复兴为外衣（比如 1921 年的金邦古教），也没有打上种族的旗号（比如 1931 年蓬德部族起义），而是表达了明确的、可以理解的工资诉求。但是殖民当局和工业巨头还是以传统方式应对，本土人的工会仍被严格禁止。罢工进行到最关键的一天，工人们聚集在镇上的足球场上，很难想象还有比这更具象征意义的情景：本来用于教会大众遵守纪律的足球场，现在成了大众抗议和血腥镇压的场所。加丹加省省长阿穆尔·马龙和矿产联合会人事部经理想安抚这些罢工者，但他们完全不买账。罢工领袖名叫莱昂纳德·姆帕依（Léonard Mpoyi），一位受过教育的文书。当时在场的一位罢工者回忆：“马龙说‘回去工作，已经给你们加薪了’。我们对此说不，工人开始呐喊、咆哮，马龙又问姆帕依，‘所以你的人拒绝离开？’姆帕依回答，‘我拒绝离开，我们希望你能给我们一份证明，一份书面证明，表明公司已经提高了我们的薪水。’”这个证明不会出现，但恐慌很快爆发，治安部队开始行动。“马龙命令士兵向罢工的工人开枪，士兵们执行了命令，毫不留情。”[15] 至少有 60 人死亡，100 人受伤，第一个被杀害的人就是姆帕依。[16]

镇压罢工人群所采取的暴力行径在伊丽莎白维尔留下了深刻的烙印。前文提到过的刚果童仆安德烈·亚夫，在记录自己的故事时也写道：“这是 1940—1945 年战争期间让人印象深刻的一年，很多很多人都因为想要更高的薪水死了，那一天给伊丽莎白维尔留下了巨大的悲伤，就是因为那位总督先生。”[17]

这次发生在伊丽莎白维尔的大罢工在刚果社会发展史上是一个里程碑式事件，因为这是城市刚果人的第一次公开抗议。伊丽莎白维尔是刚果第二大城市，同时也是国家经济的引擎。矿产联合会是殖民地企业中的佼佼者，因为给员工提供慷慨的社会福利得到广泛赞扬。不过其家长式、事无巨细的管理方式显然有局限性，工人们不可能容忍在任何事情上都受到干涉。

战争期间，在利奥波德维尔的工人社区，一些传说故事很能说明当地人对白人当权者的态度，这几个故事编得很有创造性，流传也很广。第一个故事说的是白人姆温达（Mundele-Mwinda）。晚上，他提着灯笼走在金沙萨的街上，时不时把灯笼提起来，寻找黑人，任何人只要被他的灯笼照一下就会立刻瘫掉。之后，姆温达会把受害者交给另外一个白人恩古鲁（Mundele-Ngulu，Ngulu 在林加拉语中是“猪”的意思），这个人非常可怕，他的工作是养猪，他会把这些受害者养肥，直到变为猪。“这些猪最终会被用来制作香肠与火腿，供战争期间的白人食用。”[18] 父母会给孩子讲这样的故事，警告他们晚上不要上街。这种现象充分说明当时的当地人对白人的厌恶和反感。信仰天主教的比利时直到今天仍然在流传“黑彼得”（Black Peter）的故事，刚果人在故事中讲到的白人正好是“黑彼得”的完美转化。

白人被妖魔化，成年人也受到民间故事的影响，希望通过宗教得到慰藉；同时这些故事也是本地人不信任白人殖民者的最好证据。1944 年 2 月，卢卢阿布尔的兵营中发生士兵哗变，原因非常奇怪：士兵们拒绝打疫苗。当时，军队医护人员宣布了为士兵接种疫苗的计划，但谣言很快传开，声称这个计划是白人的阴谋诡计，目的是毁灭黑人。大量士兵由此反对上级，叛离兵营，分散到各个地区。哗变士兵和平民开始抢劫，税务所、库房和白人居住的房子都受到了攻击，而对兵变的镇压是非常严酷的。一个毫无根据的谣言却导致了如此大规模的抗议活动，足以表明刚果本地人有多不信任白人。[19]

刚果其他地方的局面同样如此，战争结束之时，社会骚乱再次全速蔓延。1944 年春天，在基伍省的马西西地区（Masisi），基塔瓦拉宗教的信徒发动了一场社会—宗教起义。起义者当中有很多人在当地金矿工作。三名白人和数百名黑人被杀，起义领袖被绞死。1945 年 11 月，利奥波德维尔有 5000 到 6000 名工人和黑人童仆举行罢工，铁路工作人员将这一消息捎到了马塔迪港，码头工人也随之加入。他们拔掉铁轨上的铆钉，切断电话线路，1500 名工人拿着棍棒、锤子和钉了钉子的球棒上街游行。他们当中，被士兵杀害的人数目不详，包括妇女和儿童。当局关押游行者，并在城内实行宵禁。接下来的日子里，马塔迪的监狱变得拥挤不堪，甚至导致一些罢工者窒息死亡。[20] 在刚果，战争的结束并不意味着解放。当布鲁塞尔获得解放的时候，刚果人在利奥波德维尔的街道上跳舞庆祝，希望所有事情都会因为战争的结束而不同。然而，欢乐的气氛并没有持续多久。

当城市里的工人在要求更高的薪水时，战争的影响已经深入内陆。军事动员让年轻人离开村子，除了军事动员以外，战争期间还存在影响更为深远的民间动员。当局规定，每个村庄都必须为抗战做贡献，为国家强制服役的天数由之前的一年 60 天上升到了 120 天，这给小规模农业生产带来了很大的压力。在赤道森林地区，这种为战争做出的努力让人们生活艰辛。当地人要在大片沼泽地上修公路，在宽阔的河流上建桥。村民要采集棕榈果和柯巴脂，甚至要再次割胶。1939 年，刚果的橡胶产量仅为 1 142 吨，只相当于橡胶热时期的很小一部分。到了 1944 年，这个数字已经不少于 11 337 吨。[21] 五年内几乎增长到原来的 10 倍，而这个时间段刚好是在战争期间。

有关战争对农村地区的影响，比利时一名有着俄罗斯血统的年轻农业工程师的日记中有十分生动的记述。他的名字是弗拉基米尔 · 德拉丘索夫（Vladimir Drachoussoff），笔名弗拉迪 · 苏沙尔（Vladi Souchard）。1917 年十月革命（October Revolution）期间，他的父母逃到了比利时，他在那个时候只有几个月大。22 岁时，他前往刚果，那是在 1940 年 5 月末，战争才爆发了几个月。一开始，他受雇于下刚果一个甘蔗种植园，后来加入了殖民系统。作为一名年轻的农学家，他要到乡下去激励村民为战争做贡献。他的工作区域在赤道省，靠近利奥波德湖（Lake Leopold）。突然之间，来自布鲁塞尔一个移民家庭的他，要为数万平方千米内的农业活动负责，这么大的区域里没有道路，没有任何工业，有些地方只是"有水、有树和有泥"而已。[22] 他要么骑自行车，要么步行或者乘独木舟，去考察的乡村很多年都没有殖民官员去过。他手中的地图已经过时，因为有些村庄已经搬迁，一些政府设施完全废弃。战争期间，没有新的殖民地官员等着接受调遣，因此他不会期待有人来接替他的位置、分担他的责任。德拉丘索夫不得不要求村民们重新种植水稻和花生，并采集橡胶。最后一个要求让村民们不寒而栗，因为"红橡胶"政策正是给这个地区留下了最深的伤疤。年轻人从他们的父母和祖父母那里听说过当时的故事，其中一些描述并不需要验证，因为德拉丘索夫曾目睹过。“在洛波里河（the Lopori）流域和靠近利奥波德湖的地方，我亲眼见到了两个失去了右手年老黑人，他们没有忘记那段岁月。”[23] 许多村民声称他们所在的地方根本就没有橡胶树，他们从来就没有看到过橡胶树，或者说橡胶树的橡胶已经被采干了。一场关于橡胶的激烈争论开始了。[24] 然而，德拉丘索夫还是敢于提出异议：“我们有什么权利把刚果人卷入这场战争？没有这样的权利。但情出无奈，罪可赦免……希特勒胜利后将在这里推行种族主义暴政，相比之下，殖民主义的滥权之举似乎是可以接受的。”[25]

德拉丘索夫非常清楚那是一个非常矛盾的时代，他在必要性和无能为力、国际政治和刚果丛林、反轴心国义务和殖民地现实之间选择该走的路线，在行政人员比较短缺的时期，作为一名农学家，他肩负着很多任务。当夜幕降临之时，他写下了自己的经历。

1943 年 11 月 10 日，星期三，梅基里（Mekiri）

早上 4 点钟出发去孔杜（Kundu），我骑着一辆借来的自行车，两名同行士兵步行，他们带着行李去梅基里。

我在天亮之前到了孔杜，在等待天亮的时候吃了一大块面包。快到 6 点了，我敲响那位中间人的门，让他把所有的人都召集起来，把昨天一天的收获给我看。村民们很吃惊，全都出来了，提着橡胶和没有橡胶的人都在。我对那些干得好的说了一些鼓励的话，对 3 个人处以罚款。另外，在 4 个表现最差的人的脖子上套上绳子（这种做法只是象征性的，只是将20厘米长、用树皮做的绳子放在脖子上，不会有任何痛苦，只是象征被捕），然后我就带着“囚犯”得意地离开，去追赶大部队。

德拉丘索夫的工作区域内根本没有监狱，监禁的意思是必须和跟着殖民官员走几天。远足就是纪律处分，大自然就是监狱。

我在去恩贡果（Ngongo）的路上找到了士兵，将囚犯交给他们。正义得到了伸张，孔杜应该为战争做出贡献。

过了恩贡果，我追上了后卫部队。新行程大约有20千米，要穿过一片沙原，沙原上只生长着扇叶树头榈，在河边形成一小片树林。我们检查了沿途村庄的橡胶产量，没什么特别的，我开了一些罚单。

到了梅基里村，前一天晚上被告知我要去的人正拿着橡胶等我们，因为我要向他们展示如何让橡胶凝结。我一边说明，一边派法依涅（Faigne）和皮昂索（Pionso）去检测田地。当天晚上，我们住的地方下起了倾盆大雨，屋顶根本挡不住，雨水很快就漏了下来，床、衣服和食物都湿透了。我很快签发了几份有罪和无罪判决书。

这个过程中需要做很多文书工作。我被任命为地方法官，可行使有限的裁决权（也就是说仅在经济领域执行裁决权），领导数量有限的流动狱警（也就意味着我可以将有罪的犯人带上路）。如砍了保护树种、违反狩猎规定、拒不从事劳教，最高刑期为 7 天，而如果未能为战争做贡献，最高刑期为 30 天。当然，我也是当地法警部队的警官，作为地区农学家行使有限的裁决权。

从程序上讲，作为法警部队的警官，我首先应该将犯罪行为上报给法官，然后再作为法官处理这份报告。我在换衣服的时候通过裁决，在这之前已经进行了极端荒诞的审讯。

一个人因为没有种出 10 公亩（1 公亩 =100 平方米）花生出庭，他要么有一个合理的理由，这种时候我会让他回家（当时一些书记员甚至要求我们起草一份无罪判决书），要么就编一些故事。结果在审讯的时候就出现了下面这段对话，这段对话被一字一句地记录下来，作为法庭审判的细节。

为什么你一点花生都不种？

因为我病了。

病了多久？

2 天。

你有 3 个月的时间来修整土地，病了 2 天不可能让你没办法做你应该做的事情。

这是真的，白人先生。但还有其他事情……

什么事情？

我父亲的第二个老婆生了孩子。

天啊，环湖生活着三四十个不同部族，要熟知全部风俗是不可能的，但我知道生孩子后的庆祝不会持续十几个星期。因此：

好吧，判你 5 天监禁。

好的，白人先生。

有的人会争辩，有的人则说到了点子上。

为什么你不种地？

因为懒……

我也想判他们无罪，但如果我这么做，第二天所有人都会给我这样的答案。[26]

德拉丘索夫是殖民当局的一员，不过和同代人不同的是，他对当地人抱有同情心。这些人因为拥有森林与河流而满足，对金钱不太感兴趣。“因为在这个区域的检测不频繁，大多数农民为了享有 357 天的平静生活，宁愿接受 8 天的监禁，我真的能降罪于他们吗？”[27]

和 19 世纪的情况一样，市场对橡胶的巨大需求驱使当地人深入丛林，哪怕会遇到猛兽和舌蝇。昏睡病的传播曾经一度被抑制住，但现在卷土重来，夺去了更多人的生命。赤道雨林地带，近 20% 的居民染上这种疾病；其中，很多人同时患有肠道寄生虫病，因为在离家很远的地方只能喝沼泽地上的水。[28]

德拉丘索夫的日记非常吸引人，因为它能让我们看到一个殖民官员的世界观在动摇。当绝大多数白人官员在坐等战争结束、生活一切如旧之时，他意识到“欧洲的衰落只会导致离心力”。[29]不可能再和从前一样，绝望感出现。来自俄国移民家庭的他比一般的比利时人更加敏感，特别是对突然出现的历史转折。他在日记中最精彩的段落堪比预言：

> 我们到底来这里做什么？
>
> 是以文明的名义“教化”当地人吗？可是这一文明（西方文明）已经分崩离析，不再相信自己。来传教？……那为什么我们会在这里？
>
> 我们带来了和平，并守卫和平，我们为这里添加了道路、种植园、工厂，我们建立学校，我们关心人们的身体健康。作为交换，我们获得他们土壤中和地底下的财富，雇他们为我们工作……支付少得可怜的薪水。以服务换服务，这就是殖民契约的全部。
>
> 那么明天呢？我面前的黑人婴儿到时候会是什么样子，此时他被紧紧地绑在母亲身上，这个殖民化非洲的子孙，会变成什么样子呢？他是愿意从我们手中接过权力，还是将权力夺过去？这一天还有多远？在今天，在丛林深处看来……但历史也有加速发展的时刻：当我的父亲还是个孩子的时候，他也相信家长式社会将会一直持续下去——那是在距离

1917 年还有 25 年的时候！或早或迟——我希望对刚果来说不要太快——总有一个人会站起来。他会是一位擅长应对现代权力手段，同时又不落窠臼的部落首领？会是一个在毕业仪式上高唱《奔向未来》（*Vers l'avenir*）的男孩儿？许多殖民地官员直到今天仍不会去考虑这个问题，即便评判刚果殖民化的根据不是殖民统治创造了什么，而是殖民统治结束之后还留下了什么。

他继续头脑清醒地沉思。

我们假设一下——这种假设可能是荒唐的——如果刚果在 1970 年独立，会带来什么样的问题？在欧洲，社会组织和技术环境之间没有出现过不可克服的矛盾，因为二者或多或少是携手前行。而在非洲，陈旧的社会组织和至高无上的技术文明之间发生了严重的冲突，因为后者导致前者分崩离析，却没有为其找到替代品。

当然，刚果也在一步一步迈向现代……但这种前进难道不是以传统世界的崩塌为代价吗？刚果的传统社会虽然已经过时，但却仍有存在的必要——至少暂时还是如此——而且不可替代。我们以什么名义来摧毁刚果的传统？以我们文明的名义？可是欧洲正在品尝这一文明的苦果……所以，我们很难问心无愧。我们仅仅是在做自己，却破坏了一些陈腐但珍贵的传统，而我们提供的替代品只有白色的裤子、黑色的眼镜，外加浅薄的知识和无尽的渴望。

但教育难道不是一种解放吗？难道殖民统治没有让殖民地成长吗？就像殖民统治的“三位一体”宣称的那样。

可是当“教育”一而再再而三地成为“贬低”的同义词时，我们是不是仍有权力实施教育和惩戒呢？即便是我们当中最开明的人。[30]

德拉丘索夫的日记是殖民文学中被埋没的名篇：文体优美，语调谦和，尽管是日记，但文学色彩浓厚。对他来说，在刚果的那些年是谦卑的一课。“非洲是人格的训练场，但同时也是假象的坟场。”他在战争结束时如此写道。[31]

1945 年，德意志第三帝国灭亡之时，曾经穿越撒哈拉沙漠的无线电操作员安德烈·基塔迪还在巴勒斯坦。他在离家乡这么远的地方做什么呢？一位牧师带他和他的战友们参观了所有的圣地，“我们去了耶路撒冷（Jerusalem）、伯利恒（Bethlehem）、拿撒勒（Nazareth）……一部分人甚至选择在约旦河再次受洗。”利贝尔·奥腾加，在缅甸军队医院工作的医疗人员，也趁此机会开了开眼界。只是，他的观光比较世俗。“离开缅甸之后我们回到了印度，吃喝、跳舞、找姑娘，”他大笑起来，“她们都很不错。”

每次战争之后，老兵通常都会成为一个让人烦恼的群体。任何一个冒着生命危险为国家拼过命的人都希望获得回报，赞赏、荣誉、金钱。一般说来，战争结束之后才能感觉到战争的代价。回归平民生活，老兵会真切地意识到他们所遭受的伤痛，无论是身体上的还是精神上的，从来没有真正被抚平。年轻人缺了胳膊少了腿，也失去了梦想。回想往事，痛苦在静寂中郁积。他们看到留在家中的人过着平静的生活，根本感受不到战场上是怎样的情形，正是为了这些人，他们遭受了各种苦难。老兵总是一个难以对付的群体，而在殖民军里的老兵更是脾气暴躁。因为他们更多的是为外国统治者战斗，而非为自己的人民。这一点上，刚果并无不同。“我们是代表比利时殖民地打这场仗。”奥腾加嘟囔道。这种付出应该得到慷慨的回报，“他们应该让我们成为比利时公民，这才是公平的。”[32]另外一个我拜访过的老兵觉得战争胜利之后他们被遣返回国，“就像一条可怜的狗，被猎人赶了回去，还没有给任何骨头。”[33]

老兵们带着许多对殖民主义的新认识回去了。他们更老于世故，不再轻易服从比属刚果的殖民政权。在阿比西尼亚，他们甚至俘获过白人将军！在尼日利亚，他们看到了另一种形式的殖民主义！安德烈·基塔迪用他特有的说服力表达了自己的看法：“英国人对我们就特别好，让我们穿得不错，吃得也不错。在拉各斯，他们还为我们、为士兵做饭，有茶、面包、牛奶和火腿……但回到刚果之后，我们必须到丛林里去找食物。我们还看到英国军队中有军官是非洲人，有的甚至是少校或上校级别；英国人还会将优秀的非洲学生送到英国去读中学。但在比属刚果，这些福利都没有。这不公平！完全让我们处于他们的控制之下！所以才导致了这么多愤怒和猜疑，甚至反抗。战争结束之后，我们说‘我们也需要这些福利！’我们需要改革，但他们甚至不允许我们进他们的商店。我们不满意现在的状况。我们已经学会了英语，我们穿上英式服装。我们假装美国人走进葡萄牙餐厅，大声谈话，问对方‘你想喝点什么？’‘你想吃点什么？’”[34]

白人的权威受到了挑战，尽管不易察觉。权力平衡已经改变，许多刚果人都清楚，和宗主国比利时相比，殖民地本身更强大。第二次世界大战时，比利时被击垮，而刚果不仅屹立不倒，还取得了军事上的胜利。和第一次世界大战时一样，刚果治安部队的表现比比利时国家军队更出色。比利时被占领，政府流亡到伦敦，全靠殖民地才生存下来。至于战后重建，这个已经支离破碎的宗主国会更加依赖殖民地。换句话说，比利时对刚果的需要远甚于刚果对比利时的需要。

实际上，新的战后世界秩序也证明刚果人的想法是对的。在雅尔塔（Yalta），战胜国绘制了新世界的边界。美国的前身也是殖民地，所以对欧洲人的殖民行为毫无赞同之意；苏联则基于无产阶级意识形态反对一切形式的压迫。曾经寄托着无数华丽梦想与希望的殖民地，突然之间似乎已经属于另外一个时代，似乎已经过时。对此丝毫没有怀疑。1945年，当来自全球50个国家的代表齐聚旧金山起草《联合国宪章》（*United Nations Charter*）时，“殖民地”这个词被定格在历史中，代之以“非自治领土”（nonautonomous territory），这个说法对于宗主国来说是一种非难，但对于殖民地本身而言则意味着希望，因为其附属地位不会永远持续下去。《联合国宪章》第73条明确规定：

> 联合国各会员国，于其所负有或担承管理责任之领土，其人民尚未臻自治之充分程度者，承认以领土居民之福利为至上之原则，并接受在本宪章所建立之国际和平及安全制度下，以充分增进领土居民福利之义务为神圣之信托，且为此目的……按各领土及其人民特殊之环境及其进化之阶段，发展自治；对各该人民之政治愿望，予以适当之注意；并助其自由政治制度之逐渐发展。

那么然后呢？

这就是巨大的转折？在这样的国际大背景下，人们可能会期待情况突然好转。老兵开始撼动权力之树；文职人员感觉到来自国际的支持；工人更大声地发言；农民开始挥舞农具，更准确地说，可能是大刀。

但上述情况都没有发生。

马塔迪的罢工被镇压之后，局势突然平静了，整个殖民地寂静得非同寻常。从 1946 年到 1956 年，十年间，平静主导着刚果。没有和 20 世纪 20 年代一样出现宗教复兴，没有和 20 世纪 30 年代一样出现农民起义，也没有像 20 世纪 40 年代一样发生兵变。没有罢工运动。

原因何在？难道比利时殖民当局一夜之间改变了立场？某种意义上讲，是的，至少在刚果人看来的确如此。1946 年，里克曼斯总督在告别演讲中说："殖民时代已经结束了。"他的意思主要是旧时代的殖民掠夺已经走到尽头，"就像正直是最好的外交手段，利他是最好的殖民政策。"[35] 殖民地至少应该从自身的财富中获得利益。

到目前为止，改变不在于“独立”，而是在于“发展型殖民主义”。[36]

当时的流行口号也反映了这种新精神。第二次世界大战结束后，殖民官员谈起刚果时总说它是“比利时的第十个省”，试图用平等主义取代过去高高在上的姿态。殖民地不再是偏远的海外领土，而是宗主国不可分割的一部分。但这个概念其实非常可笑：一个幅员辽阔的国家怎么变成了比利时的一个省？要知道，刚果的国土面积是林堡、布拉班特（Brabant）、埃诺省（Hainaut）的1000倍！

另一缓和关系的努力见于“比利时—刚果共同体”（Belgian-Congolese Community）这一概念。这一想法来自于莱昂·佩蒂永（Léon Pétillon），他从1952年起担任刚果总督。他旨在用这个概念取代“为了服务而统治”这一老提法，因为后者听起来过于家长式。比利时人和刚果人将携手努力，创造一个全新的、现代的世界。英帝国转变成英联邦，法国将其在海外的领地重新定义为法兰西联邦（Union Française），比利时为了突出平等，提出了“比利时—刚果共同体”的概念。

一些政治家也在口头上支持维护“本地人福利”的言论。在这方面，保护本土人常设委员会做得更好，指出“种族的未来和刚果人的福祉比任何其他问题都重要”。[37]来自比利时各个政治领域的舆论领袖也达成了一致。“殖民统治首先必须包括代表本地人利益的文明事业。”一位天主教人士说；[38]一位社会主义者已经意识到“不管我们是否喜欢，我们在刚果的命运都取决于黑人”；[39]“任何事情都由本地人做主，任何事情都是为了本地人。”一位欧洲自由党政客总结道。[40]这种一致性似乎令人惊讶，因为在战后的比利时，社会经济领域的分化很严重，影响深远。但是，很多人都已经意识到刚果民众在战争期间遭受了深重的苦难。

比利时人积极谋划新的殖民篇章，他们比以前更乐观，也更自豪。他们要引领殖民地步入现代社会，教化当地民众，同时超越自己。1949 年，当局出台了一个雄心勃勃的十年计划，目标是在刚果全境提供现代化基础设施。

那是一个高速公路、尼龙袜和盆栽植物的时代。新的世界秩序让人们在某种程度上相信了刚果正在进步，或许还为之振奋。大量瓦隆人和佛兰德人离开比利时去了刚果，为刚果注入了新鲜血液，这正是德拉丘索夫这样的人在漫长的战争中迫切期望的。战争结束之时，刚果的白人数量仅为 36 080，到 1952 年，这个数字上升到了 69 204，创下历史新高。[41] 殖民官员和训练有素的产业工人都是男性，他们越来越倾向于把妻子也带到刚果。让天主教堂大松一口气的是，由当地女仆照顾白人起居的时代终于接近尾声，尽管留下了数千名无论是在白人的世界还是在黑人的社会里都没有地位的混血儿。他们的母亲都是刚果人，父亲一般是在比利时政府机构工作的欧洲人，除了比利时人之外还有希腊人和葡萄牙人，但葡萄牙人和希腊人通常是个体经营者，要么开商店，要么开餐馆。如果这些父亲承认自己和刚果女人生下的儿子或女儿，那么这些孩子就会受到欧洲教育并取得欧洲护照。如果不认（这种情况占九成以上）的话，孩子就只能和母亲生活在一起，要么待在黑人社区，要么回到乡下，而在这些地方，他们通常会被视为外人，对黑人来说他们太白了，但对于白人来说，他们又太黑了。[42] 战争结束之后，欧非混血儿出生率大幅下降，新来的比利时人会把整个家庭都带到刚果，或者在刚果生孩子。这些金发碧眼、白皮肤、满脸雀斑的孩子穿着运动裤，喜欢在别墅前的草地上追蜥蜴，对芒果比对苹果更熟悉。

但对刚果人来说，变化真的不大。旨在让刚果人享有更多权利的基本改革（针对刚果人的政治参与度和社会经济地位的改革）实际上来得很迟。[43] 在日常生活中，没有任何迹象表明白人和黑人达成了新的协议。殖民统治体系中的三位一体仍然倾向于对公众进行渐进式教育，从技术的角度讲，在短时间内可以培育出一个精英群体，但当局担心这样一个精英群体会被一般群众疏远。殖民者认为，在进入下一个阶段之前，所有人都应该进入文明的初级阶段。教会大众读写能力要比培育出一个享有政治权利的小群体更稳健、更有价值。而且，难道大部分刚果人曾经都要求过参与政府工作吗？[44] 好吧，确实没有！

但是，没有要求政治权力这一事实并不能说明他们对现状很满意。本地人对政治的不关心更大程度上是缺乏教育的表现，而非满足于现状。

另外，在日常生活中，比利时人和刚果人的关系也未见得有多友好。相反，两者之间的鸿沟实际是在拉大。新来的欧洲人都住在新建的、舒适的别墅里，生活的奢华程度更甚从前。他们居住的社区更容易让人联想到比利时海滨疗养地克诺克（Knokke），或温泉小镇斯帕（Spa），而不是中非。每天工作结束之后，他们会和家人待在一起；到了周末，朋友来访，一起吃烧烤或者打桥牌，冰箱里总有很多啤酒（电冰箱少不了，探险者的艰苦时代真的结束了）。在刚果，越来越多比利时人拥有汽车，每个周日早上就在自己的花园里就用水管洗车。欧洲人社区开始接近20世纪50年代的加利福尼亚，位于郊区，居民多为中产阶级。这里充满了欢乐，但在这样的外籍社区里，大家更多时候是谈论非洲人而非和他们交谈。对本土文化的兴趣减弱，一种或多种本地工作语言消失了。弗拉基米尔·德拉丘索夫对此感到遗憾：

> 鲜有官员在职责之外对本土文化表现出任何兴趣。家庭生活、更舒适的室内陈设、“像在欧洲一样生活”的可能，以及因可能而产生的渴望取代了以往殖民官员的艰辛。在过去，殖民官员带着自己的弱点和错误，四处奔走，努力和当地村落的长老交流，到最后终于弄明白对方的意思，同时也让对方理解自己的意思。[45]

所谓的“比利时—刚果共同体”已经成为一个空想，逐渐被一个越来越封闭的比利时殖民社会所取代。欧洲探险者常戴的软木遮阳帽被丢弃了，人们在科尔曼灯具下喝着威士忌讲奇闻逸事的场景永远消失了。欧洲人的刚果成了小资产阶级社会，很多白人女性从来不去本地人居住区，她们认识的黑人只有家里的童仆或司机；白人孩子在潜在的种族主义环境里长大。1951年，事情发展到这样一个程度：保护本地人常设委员会呼吁“能教会白人孩子尊重他人的学校教育和游戏，因为这种尊重的缺失已经让本土家庭和黑人孩子感到担忧。”[46] 像该委员会这样有威望的机构却不得不关注“捉鬼”“捉迷藏”这样的儿童游戏，足以说明很多问题。

从内心深处同情刚果人的欧洲人少之又少，佛兰德方济各会修士普拉西德·坦普尔斯（Placide Tempels）是个例外。他在加丹加非常活跃，曾经努力调查当地矿工何以对现状如此不满。早在1944年，他就开始关注殖民地爆发的各种起义，为此他还写了一篇勇气可嘉但饱受诟病的文章，题目是《反抗的哲学》（*La philosphie de la rébellion*）：

> 本地人的幻想彻底破灭。他（本地人）和我们在一起本是为了成为我们的一分子，然而他没有被当成家庭成员对待，反而只被视为拿工资的奴隶。现在他知道了，这个家庭永远不会接纳自己。[47]

这是一个无人采用过的视角。普拉西德·坦普尔斯的代表作《班图哲学》（*Bantu Philosophy*）发表于1945年，英语和法语译本让他蜚声世界；让－保罗·萨特（Jean-Paul Sartre，法国20世纪哲学家）饶有兴致地读了这本书。他从内部理解非洲文化的尝试，引入了以“力量”（force）为中心原则的概念。他提倡另一种完全不同的殖民主义：“我们曾经认为必须教育刚果的‘大孩子们’，相对于现在来说，在过去要做到这一点是容易的。但突然之间，我们发现自己在和完全成熟的人在打交道，和自我意识非常强的智者打交道，他们自己有一个全面的哲学系统。”[48]这样犀利的分析使得坦普尔斯在教会里陷入困境，从1946年到1949年，他被召回佛兰德斯，其实是一种强制性流放。和金邦古教教徒被流放到丛林中的村子里不同，这一次是一个有远见的天主教教徒被监禁在圣特雷登（Sint-Truiden）的修道院里。

1946 年到 1956 年，刚果的确是平静的，但这种平静是可怕的，其后暗藏更多的是从未消失的恐惧，而非新的希望。在殖民地的别墅花园里，每逢周日下午便能听到玻璃器具叮当作响，其上空却是黑云聚集，但没有人看到，甚至是在草坪上玩耍的孩子，他们只知道把蜥蜴捉起来放在玻璃罐中。这是暴风雨前的平静。

这场宣泄憎恨的暴风雨会最先降临在哪里呢？农村居民有足够多的理由进行抗议。农村居民仍然活得非常悲惨。田地荒芜，战争动员对正常的农业生产构成巨大障碍，因为无法种植生活所需的农作物，居民普遍营养不良，狩猎也停了下来。殖民官员不得不鼓励民众重新开始收集毛虫、白蚁以及蛆虫，因为这些昆虫都是蛋白质的传统来源。[49] 在饲养牛的地方，牛肉主要是为矿山准备的。在前文提及的十年计划中，让本地人的农业回归正常轨道是内容之一，其目标是帮助当地农民运用现代农业技术和生产手段，但这些努力并没有取得多少实效。农村仍然很脏，很贫困。刚果农村的贫困并非出现在独立之后，而是在殖民时代就已经开始了。虽然今天非洲的一大问题是人口膨胀，但在 20 世纪的上半叶，比属刚果日益下降的出生率却是让人们担心的问题。

这么多痛苦本应导致社会抗议，但并没有。或者也可以说，抗议是在以一种不同的形式进行。人们没有挺身而出，反倒都逃离了农村。在刚果，战后那些年见证了农民以史无前例的规模离开农村，搬到城市中。1940 年，金沙萨有 5 万人口，到 1955 年这个数字扩大到 30 万。[50] 在两次世界大战之间，年轻人已经开始自愿搬到城市；但现在，他们是大规模离开农村。战争结束之后，在 70% 的刚果农村，人口密度不足每平方千米 4 人。[51]

在这种背景下，还有谁会带头抗议呢？有梦想的人已经去了其他地方追逐自己的梦想，留下来的人已经筋疲力尽，对现实漠不关心。农村人口在加速老化，1947 年大约有 40% 的农村居民年龄在 50 岁以上。[52] 在人均寿命比较短的情况下，这是一个非常高的比例。这些老人基本上没有接受过教育，只能被动地接受殖民统治。没有农业合作社或协会，没有一种社会结构能够捍卫农民的利益。他们所知道的唯一一种社会结构就是部族，但这种结构也普遍处于加速衰退的状态之中。酋长不再是道德权威，因为他们完全服从殖民者的命令，一心追逐私利。

城市里的情况又怎么样？煽动性行为是不是愈演愈烈？梦想汇集之后，人们会不会攥紧拳头进行反抗呢？事实并非如此。对很多人来说，搬到城市里实际上为自己提供了新的机会。这当然不是说城市里到处流淌着奶与蜜，而是因为从任何角度都可以看出来，城市要比他们离开的地方更好。一些城市新居民的运气还相当不错。

我在基奎特找到隆然·恩瓜迪（Longin Ngwadi）的时候，他已经 80 岁了。要找到他还真不容易，花了几个月的时间，没找到之前一直盼着他还在世。我最终见到他的时候，他正在奎卢河（Kwilu River）里洗澡，河水呈棕褐色。他瘦得皮包骨，用的毛巾完全是一块绿色的碎布，不是旧到露线，而是只剩线了。这难道真的是我要找的人？他的脸看起来似乎比照片中的长，只有当他走起来的时候，你才能从典型的弓形腿和摇摆的步伐看出来，他曾经是一位狂热的足球运动员。

他住在土房里，门前路边有一棵很大的桉树。鸡在红土地上找食，小山羊在旁边游荡，时不时叫两声。洗完的衣服晾在太阳下，风起的时候，五颜六色的衣服随风飘动，裤子和上衣袖子发出拍打声，听起来像是一群人在球场外，或者王室成员或名人通过的大道旁欢呼。我看了看天，可能要下雨。隆然邀请我到屋里，让我坐在一个塑料椅子上。屋子里非常黑，我试图坐得离门更近一点，以便有足够的光线让我把谈话记录下来。他的几个孙辈站在门口，一双双大眼睛盯着我，被他挥赶后就笑着往四处逃开了。这时，第一滴雨落了下来。

"下雨了！这是两个星期以来的第一场雨。"他面带喜色，"上天的保佑，这是上帝在祝福这次谈话。"

隆然于 1928 年出生在卢祖那（Luzuna），这个村子位于奎卢河边。他在朱马（Djuma）一个天主教传教点受洗。他的父亲是一位木工，"就像木匠圣约瑟夫一样"，为传教点做椅子、门窗以及课桌。他的母亲负责打理农务、种植木薯。那个时候他们吃得不错，不仅有米饭、木薯、鱼，还有小龙虾、幼虫、蘑菇和西葫芦，和今天大不相同！"现在我们一天只吃一顿饭，不是米饭和豆子就是木薯和豆子，吃肉的时候非常少，而且再也没有鱼吃了。”

天上乌云密布，我们能听到从远处传来的隆隆雷声。天已经暗了下来，我几乎都看不见笔记本上写的东西。

隆然继续平静地和我聊着。他出生的时候，父母已经是天主教教徒。他在三个孩子当中排行第二。在朱马，他第一次看到了汽车，那是一辆皮卡，属于传教点的修女。“我曾经告诉我自己，白人很聪明，我很赞赏神职人员。”也正是在传教点，他接受了学校教育。传教士在殖民地兴办了很多小学，也得到当地教师的大力协助。中等教育要么就是职业培训，要么就是面向极少数人的神学院教育，旨在提供综合教育的标准中等教育还不存在。第一批标准化中学到1938年才设立，但是之后很长一段时间内，中等教育仍然是为了让人们成为木匠或者神学院的学生。隆然学的是技术，“父母期望我成为一名技师，可以到利弗特学公司上班，但我自己不喜欢一天到晚都脏兮兮的。”16岁的时候，他去了基奎特。他非常想成为一名神职人员，“但神父说‘你现在已经这么大了，很难再实现这个愿望’，所以我就离开学校，回到了家乡。”

我们很难想象当时的拒绝会让他感到多么沮丧。因为进入神学院不但是唯一一条继续学习的路，而且教士等神职是刚果人所能取得的最高社会地位，可以被尊称为“教士先生”（monsieur l’Abbé）。

隆然给我看了一张他自己的彩色旧照。在照片中，他穿着一件紫色的主教法衣，端坐在宝座上，很专注地看着镜头。“这身袍子现在已经很旧了，但过去我常常在周日穿着它走在镇上。我把预知的一切告诉人们。那时候在基奎特每个人都叫我‘阁下’！”他一直都和宗教有联系。这里的基督教，当然，是“他的”基督教。

当初新教传教士不想让西蒙·金邦古继续担任传道士，金邦古就自行布道传教；天主教传教士拒绝接受隆然·恩瓜迪为神职人员之后，隆然·恩瓜迪也自行穿上了主教法衣。

雨开始下起来，下得很大，地面上被砸出弹珠大小的坑。暴风雨席卷基奎特，抽打着草屋和砖房的薄屋顶，电闪雷鸣，天空像是裂开了一样。每一场热带风暴中都有这样一个时刻：雷声不再轰隆隆地回响，而是变得特别尖锐。这个时刻就是现在。

隆然这时把双手伸向空中，向上帝祈祷，一滴口水流过他的下巴。“主啊，正是您把戴维先生派来这里，我们恳求您，能不能声音小一点，这样我们才能继续谈话？感谢主，阿门！”

然后，就像一切都没有发生一样，他继续和我聊天。“1945 年我去了金沙萨，当时我 17 岁。父亲给了我买船票的钱，母亲给我做了吃的，让我带在身上。我从卢祖那走到朱马，在那里坐上渡轮。在船上的时间大概有四五天，先是在奎卢河上航行，然后是开塞河，最后才进入刚果河。”

离开家乡前往首都的年轻人数以万计，隆然只是其中之一。他们当中，大多数人与已经住在首都的家人或朋友同住，但隆然在首都没有可以联系的人。“到金沙萨的时候，我谁也不认识。但是一个守夜人跟我打招呼，然后把我带到由他负责看守的地方，让我睡在那里的地上，在室外。他和我来自于同一个地区。”

看来，他在城市的生活并没有一个特别顺利的开端。

“在那之后，我很快就找到了自己的第一份工作，为迪米特里奥斯（Dimitrios）先生工作。他是位希腊犹太人，拥有一家百货商店。他让我做了几道算术题，然后告诉我可以留下来。我的工作就是卖裤子、衬衫、女性纺织品、肥皂、糖，各种各样的东西。他给我弄了一个房间，靠近植物园（Jardin Botanique）。3 个月之后我就有了自己的床垫、被单、毯子和 2 把椅子，此外还有坛坛罐罐和平底锅，当然也少不了吃饭用的刀叉。迪米特里奥斯先生给了我不少礼物，我为他工作了 3 年，之后去人民商场（Économat du Peuple）工作。那是一家有 7 个巡视员的大商场。我在那里只待了一年就被赶走了，原因是我卖了一些已经变质的香肠。”

虽然不能跟教士的工作环境相比，但他对自己在利奥波德维尔展开的新生活还是相当满意。作为香肠推销员的经历谈不上成功，但他的另一种才能大大弥补了这一失意。“我为勇敢足球俱乐部踢了 4 年球，当时俱乐部由拉斐尔神父带领。”勇敢足球俱乐部是这个城市最成功的俱乐部之一，由拉斐尔 · 德拉凯特胡勒神父（Father Raphaël de la Kéthulle）于 1936 年创立。这家俱乐部一直存续至今，现在的名称为摩特马彭巴勇敢俱乐部（Daring Club Motema Pembe），仍然是刚果最一流的俱乐部。“在很长时间里，我和邦加 · 邦加（Bonga Bonga）是一个队，他是第一个参加比利时足球联赛的刚果球员，曾经为沙勒罗瓦足球俱乐部（R. Charleroi S.C）和标准列日足球俱乐部（Standard Liege）效力，他就是我们的贝利！我们在金沙萨的比赛通常在金坦博球场举行。我是 9 号，担任前锋。拉斐尔神父一般会在赛场边观看我的比赛，抽着他的烟管，摇头晃脑。他无法相信自己的眼睛，因为我在场上像蛇一样灵活。”

为了强调他说的话，他站了起来，用那八旬老人的双腿，在黑暗的房间里演示盘球的动作。就在这低矮的房间里，他给我表演了一整套假动作，时至今日仍然做得很到位。左，右，用脚后跟向后传球，迅速转身，他放慢速度完成了这些动作。屋外，雷声不断。我能看到雨水从起居室的墙上流下来，不是滴，完全灌进来。隆然对此毫不在意，他说：“我的绰号是‘橡皮筋’，当时所有人都这样叫我。‘橡皮筋’前锋，来自勇敢俱乐部的 9 号球员。”

这些还不是他传奇故事的全部。20 世纪 50 年代早期，这个城市还为他准备了另外一个惊喜。“佩蒂永被任命为刚果总督，”那是在 1952 年，“他叫了 5 个人到白人公馆（the Maison des Blancs）干活。那里有刚果所有的秘密，是白人聚在一起讨论如何统治刚果的地方，就在梅姆林酒馆（Memling Hotel）旁边。只有那些冷静、聪明而严肃的人才会去，那是欧洲人的圈子。而我的工作就是为他们服务。我会用法语说‘请，谢谢，如果你需要任何东西，请让我知道’。工作时间很长，但完成工作后我得到了 50 法郎。被叫去的 5 个刚果人当中，我是第 1 名，是最有礼貌的，也是动作最优雅的。所以佩蒂永说我可以成为他的家庭用人，之后我和他一起去了总督府。”

一个木工的孩子，一开始不被允许任神职，后来先后成为家居服装和香肠销售员，但没多久又成了勇敢足球俱乐部的前锋，最后成为比属刚果倒数第二任总督的家庭用人。“我为他工作了 4 年，他叫我‘儿子’。”利奥波德维尔的确是一个机会之城。[53]

隆然的故事当然比较例外，不过很多新来者都在这座城市里感受到了自由，女人也一样。丈夫去世之后，来自开塞的泰雷兹（Thérèse）搬到了利奥波德维尔。一位叔叔把她带到这里，还帮她做起了一点小生意。在金沙萨的街边市场，她一开始卖木薯酒，后来又卖香蕉汁。一年之后，孩子也搬到城里，再过几年，她再婚了，对象是她认识的一位工人，和她来自同一个部落，也在城里扎根。[54]在城市里，“自由的女人”指的不再是妓女，以前官方文件中对妓女的定义是“健康的本地女人，从理论上讲独自生活”。现在，“自由的女人”就是靠自己过活的女人。

阿波琳修女（Sister Apolline）也一样，她的年纪和隆然差不多。我是在方济各会位于金沙萨的传教点碰到她的。她来自刚果内陆，是个混血儿，父亲是刚果人，母亲是坦桑尼亚人。她的父母在第一次世界大战期间相遇，父亲在刚果治安部队服役，当时则在德属东非作战。12岁的时候，父母给她找到了一个非常合适的结婚对象，但她有不同的计划。她想进入传教点，因为在传教点更自由。修女的生活让她来到大城市。“我在卢本巴希工作了29年，在那里担任小学校长。多年之后，我成为省宗教委员会第一位黑人委员。我一直住在这个城市里。”[55]

维多琳·恩乔利（Victorine Ndjoli）是第一个获得驾照的刚果女人。“我参加方济各会修女教授的家庭经济课，学会了缝扣子、做针线活。后来在社区中心，我学会了做童装和帽子。那个时候一些白人正在寻找漂亮女孩子拍广告，我成了一名形象模特，代言过自行车、牛奶和雪利酒品牌。我喜欢这个工作，但我还想获得更多东西。

因此我离开了，去学习驾驶课程。一开始，我的父亲不愿意让我学，但后来他为我感到自豪。学了一个星期我拿到了驾照，那是在1955年，我当时20岁。我学驾驶的时候开的是一辆道奇（Dodge），但是我始终不曾拥有一辆自己的车，因为家里的男人反对。”[56]

维多琳还参加了利奥波德维尔第一届选美大赛，大赛组织者是一所舞蹈学校的老板“公牛主管”（Maître Taureau, Master Steer），很难想象出比这更具有阳刚之气的名号。我在工人阶级社区、也就是永乐区（Yolo）见到他，那个地方几乎所有人都认识他，我问到这一名号的来历。“其实我的真名叫弗朗索瓦·恩贡贝（François Ngombe），恩贡贝在林加拉语中是公牛的意思。之所以有‘主管’这个说法，是因为我是自己生活的主管。”他大笑了起来，“在我的舞蹈学校里，我会教恰恰、伦巴、波列罗舞、恰郎加，也教摇摆舞和摇滚舞。作为一项副业，我在社区组织“魅力小姐”选美大赛（Miss Charm）。希腊和葡萄牙商人赞助布料，女孩子们把这些布料当缠腰布（pagne）穿上，起到打广告的作用。然后举办一场比赛，最后有一个女孩子被选中。”[57]

金沙萨变成了时尚、优雅和风情之都。年轻的女孩子穿上长长的、色彩艳丽的裙状缠腰布，这种衣服是由修道院的修女引进的。通过欧洲，蜡染纺织品运到了中非。女孩们的头发早年都比较短，但从10岁左右开始，就不再剪头发。于是兴起了很多非洲发型，做好有些发型需要3个小时以上的时间。[58]女人在塑造新的都市文化方面扮演着关键角色。她们控制着小型商贸活动，决定什么样的衣服、音乐和舞蹈是时尚的，推动了一种崭新的、现代化的非洲生活方式的形成。[59]

一些女性还突破重重障碍升任非常重要的职位。1949 年，波利娜 · 利桑加（Pauline Lisanga）被聘任为比属刚果电台（Radio Congo Belge）的播音员。这家电台主要为非洲听众提供服务，她也由此成为非洲第一位黑人女播音员。[60] 当时有收音机的刚果人其实很少，但城市里很多地方都安装了喇叭，人们会聚在喇叭下听广播。他们能听到利桑加的声音，播报的内容包括新闻节目、教育类节目以及宗教节目，还有传统刚果音乐以及西方的轻音乐，有时候甚至还会播放当代刚果音乐。

那个时候的利奥波德维尔有不少乐队，为婚礼、葬礼以及各种聚会提供服务。活泼的节奏、精湛的吉他编曲、假声、精妙的曲调、轻松的歌词，共同打造出让人无法抗拒的舞曲。这就是中非的摇滚。在刚果，主要的跳舞场所都控制在希腊移民手中，在金沙萨有“雅典卫城”（Akropolis），在基桑加尼则有“奥林匹亚酒吧”（Bar Olympia）。一些希腊企业家还在刚果开设了录音棚，录制保留了很多刚果乐团的精彩舞乐。电台的出现催生了新的流行偶像，卡巴塞勒（Kabaesele）创办的非洲爵士（African Jazz）和佛朗哥（Franco）创办的 OK 爵士（OK Jazz）成为 20 世纪 50 年代最流行的乐队。

当然，选美比赛、木薯酒以及舞曲并不是城市生活的全部。在利奥波德维尔的船坞里，在加丹加的化工厂和冶金工厂中，在市中心的贸易公司里，像隆然一样的新一代刚果人找到了自己人生中的第一份工作。也是在这些地方，他们逐渐熟悉了要求严格的现代经济。虽然没有出现罢工，但这只是暴风雨来临前的宁静。仅仅几年之后，当独立浪潮席卷全国时，很多人都梦想着权力易手之后可以不用工作。但在此之前，刚果处于一种不祥的平静中。人们的不满能以怎样的形式浮出水面呢？工会不会提供任何方案，因为一直到 1946 年，黑人工人仍然被禁止成立工会。白人公务员早在 20 世纪 20 年代就已经成立了第一批工会，但这些工会并不会吸收刚果人。仅仅对专门人才开放的行业联合会——本地专业工人联合会（Syndicats des Travaileurs Indigène Spécialisé）——在第二次世界大战结束之后成立，但有效地把 90% 的刚果工人排除在外。后来又成立的殖民地本土职工协会（Association du Personnel Indigène de la Colonie，APIC）， 是一个更激进的组织。但按规定，这样的组织必须接受白人顾问的监督，正因为如此，殖民当局能够将每一个工会组织置于自己的监视范围内。[61] 殖民官员或者神父随时都在监督潜在的反叛动向，成功摧毁了民众的自主权。工会活动似乎应该是平静且具有建设性的，因为殖民者认为工会最多不过是教育工人的有用工具而已。[62] 换句话说，是另一种形式的足球运动，室内的。你能够从中学会如何举行会议、制定日程、做会议记录、讨论某项预算……工会被视为一种培训组织，而不是反对派和抗议者的合法舞台。当比利时的工会组织——包括天主教组织和社会主义组织——尝试在殖民地站稳脚跟时，他们的努力注定失败。因为刚果工人对这些工会没有好感，他们觉得工会是上面强加给他们的，是白人强加的。1955 年，记录在册的刚果工人超过 120 万，其中只有 6160 人加入了工会，只有总数的 0.5%。[63]

不过，政府的确在鼓励大公司建立工人委员会，让刚果人在其中有更大的发言权。这样的组织比工会更容易监督，地方委员会开始吸收黑人成员。从 1951 年开始，殖民地行政委员会（the colonial administrative council，一个非正式顾问机构，没有实质权力）吸收了 8 名非洲委员——大多数来自农村地区，并不属于新兴的城市中产阶级。这些尝试之举的目的在于听取殖民地本地居民的倾诉和抱怨，但是也证明了下述观点：采取实质性措施还要等待很长时间。[64]一帆风顺，至少他们如此认为。

人们怎么会怀疑革命正在孕育呢？农村居民一如既往地温顺，城市居民看起来也对现状很满意。实际上，确实出现了一个这样的阶层，他们梦想着能够过上完全欧化的生活，对于比利时的任何东西都感到狂热，甚至高声赞美殖民主义。他们被称为“先进阶级”（évolués），在今天看来，把这个词用在西方化的非洲人身上似乎有些问题，但很大程度上是他们自己选择了这一称号。[65]在殖民当局看来，这些“先进阶级”自然构不成什么威胁。有时候，整洁的套装和做作的法语让他们显得滑稽，但这些人是真正攀上社会阶梯的人，他们收获了西方人传播文明事业的成果。没有比他们更忠诚的臣民了。

不过，恰恰也是在“先进阶级”内部，炸弹最终被引爆。他们之中，绝大多数人于两次世界大战之间出生在城市。关于农村生活，他们只获得了二手知识。他们上教会学校，在欧洲人的公司里上班，尊重殖民政府，因此视白人统治者为唯一社会模范。很多人不遗余力地获取白人的尊重。在公共图书馆学习，读报纸，听广播，看电影，看戏，读书。他们羡慕的是白人的智慧，而非他们的繁荣，因为后者只是前者的一种表现而已。

充满活力的俱乐部和社团文化已经出现，虽然这些组织仍然处于殖民当局的监督之下，但无法抹杀其历史重要性：校友会、学术俱乐部以及部落组织都为后来的政治觉醒埋下了种子。[66] 拉斐尔神父所创办的学校的学生聚到一起，组成圣母圣心校友会（Association des Anciens Eléves des Pères de Scheut），也是第一代刚果政治家的摇篮。在"先进阶级"俱乐部的里，他们会讨论图书、组织辩论。这些非正式夜校如雨后春笋般迅速发展。1950 年，全刚果出现了 300 多个类似组织。城市里的部族协会现在已经不仅仅是互相帮助的应急组织，他们成了文化组织，而且很快就会表现出政治野心。在伊丽莎白维尔，来自开塞的巴卢巴人和加丹加的巴卢巴人之间的关系越来越紧张：前者大量涌入矿山工作，让当地矿工非常恼火。为此出现了很多新的俱乐部。在利奥波德维尔，班加拉人的涌入让当地刚果人感觉受到了威胁，班加拉人来自赤道省，在军事和商贸领域非常活跃。林加拉语逐渐取代利奥波德维尔本地的基孔果语，于是，阿巴科党（Abako，全称 Alliance des Bakongo，即巴刚果联盟）随之成立。这是一个纯文化协会，促进了当地土著语言的应用。协会的创始人又是一位被教会拒绝的年轻人。

所谓"先进阶级"是指一个男人（从来不会是一个女人，"先进阶级"男人的伴侣除外），他受过一定程度的教育，有固定收入，非常严肃地看待自己的工作，崇尚一夫一妻制，采用西方人的生活方式。两个"先进阶级"的孩子曾告诉我，一个"先进阶级"会有一辆兰令（Raleigh）自行车，"在那个时代是黑人的奔驰"。

家里会有一盏科尔曼灯、一台唱机，用来听伊迪丝·琵雅芙（Edith Piaf），温多·克罗索伊（Wendo Kolosoy）的唱片也相当不错，因为这些都是比较安静的音乐。“但绝对不听任何会让人想起下流舞蹈的音乐。我的父母一般是在周日去跳舞，我父亲总会戴上礼帽。”“先进阶级”往往在孩子出生之前把妻子送到健康中心接受产前照料，孩子出生之后会称重量，回到家里后会遵照白人修女给出的营养建议来抚养孩子。他们拒绝传统药物和祖先崇拜。但男女之间的差距非常大：男人会接受教育，找到一份不错的工作，女人不接受教育，也不工作。那个时候在斯坦利维尔一共只有两三个女性能用很基础的法语进行交流。[67] 有一位“先进阶级”的孩子曾经跟我说：“我经常听到父亲对母亲说，‘你，你就是一个十足的黑鬼，你知道的！白人不这样生活。’”[68]

“先进阶级”的数量始终不多（1946 年不到 6000 人，1954 年仍不足 12 000 人），这样的规模对他们来说是有利的。不幸的是，当他们想要跟欧洲人有更密切的接触时，后者却不想和非洲人有过多接触。欧洲人越来越局限在自己的圈子里，待在自己的别墅里，在游泳池里消遣，或者看网球比赛。的确，虽然比属刚果有黑人火车司机、电报操作员，但是酒吧和餐馆里的种族隔离色彩却比以前更浓。在刚果，如果一个白人记者把黑人同事带去一家欧洲人经营的酒吧，那么他们两人的谈话会无法进行下去；火车或轮船可能由黑人驾驶，但客舱肯定会严格划分为白人区和黑人区；如果一个黑人跳进游泳池，里面的白人肯定会马上离开。鞭打作为体罚形式被用在非洲人身上，即便他能够阅读戴高乐的演说词，知道拉丁语语法中“与格”

（dative case）和“属格”（genitive case）的区别。作家保罗·洛马米·奇班巴曾经为政府监办的报刊《刚果之声》（*La Voix du Congolais*）工作，其读者是“先进阶级”。在1945年发行的第二期中，他发表了一篇有争议但立场温和的文章，以“我们在明天的世界有什么位置？”（Quel sera notre place dans le monde de demain?）为题。根据他自己的说法，文章的刊登给他招来“无数审问和鞭打”。[69] 鞭子抽打在非洲人身上的同时，在城市的其他地方，网球以懒散得多的速度从木板上弹开。与此同时，白人殖民官员在观看赛马、组织自行车比赛。在一年一度的自行车比赛中，业余选手热情洋溢，身上打着马提尼苦艾酒的广告。

在我看来，“先进阶级”这个群体所感受到的痛苦，在吕克·莱森（Luc Leysen）感人的纪录片《思念热带》（*Heimweh nach den Tropen*）中，通过几秒钟的历史片段得到了最清晰的展示。那是在1951年，一群白人为一场在利奥波德维尔举行的比赛当评委。参赛者不是宠物狗，也不是家禽，而是家庭。比赛观众全是白人，一个个刚果人家庭从评委面前走过，父亲穿短裤，妻子在旁边，孩子们按年龄大小排列。家中最小的孩子拿着一块牌子，上面写有家庭编号。观众礼貌地鼓掌后，他们面容黯淡地走下展示台……就在这几秒里，我们能看出他们沉重的绝望。[70]

“先进阶级”渴望通过法律肯定他们在这个社会中的独特地位。这一点完全可以理解，毕竟他们已经成为社会意义上的“黑白混血儿”，摇摆在两种文化之间。[71] 卢卢阿布尔这种小镇上的“先进阶级”表述得最为真切：

我们请求政府善意地承认这样一个现实，那就是在过去的15年当中，本土社会已经经历了非常大的转变。除了那些被认为不太重要或者没有受过教育的本土大众之外，还有一个新的社会阶层正在产生，构成了某种形式上的本土中产阶级。

这些本土知识精英正在竭尽所能提升自己，以过上令人尊敬的生活，就像受人尊重的欧洲人一样。这些“先进阶级”已经意识到他们的责任和义务，同时他们也认为自己即便不被给予特殊的法律地位，也应该获得政府的特别保护，免受那些针对无知和落后民众的措施的伤害……被看成是野蛮人是一件很痛苦的事情，特别是当一个人充满善意的时候。[72]

同样让人痛苦的事实是，一个文笔这么好的人也难免受到鞭打。卑微如奴仆一般的语气说明他们非常渴望其所述待遇。“先进阶级”并不想打碎黑人和白人之间那堵墙，他们只想越过这面墙，并不会为摧毁种族隔离制度而努力，也不会为全体刚果人或其所在部族争取权利，他们只为这个自己费了很大气力才进入的群体争取权利。利己主义？肯定的。可耻？是的。但他们进行了最后的分析，对于同化的渴望甚至让他们去认同欧洲人对当地人的看法。

比利时殖民当局犹豫了很长一段时间，毕竟他们并没有打算培养一个本土精英阶层，不是吗？在适当的时候做适当的事，这才是他们的座右铭。直到1938年，殖民当局才犹豫着建立了第一批中学，直到1954年（距刚果独立仅6年，但当时没人知道），刚果才成立了第一所大学：鲁汶大学（Lovanium），是比利时天主教鲁汶大学（Catholic University of Lovanium）的附属分校。开学第一年，这所新成立的大学一共只有 33 名学生和 7 位教授。学生们可以学习自然科学、社会和行政学、教育以及农艺学；法学院是在 1958 年设立的。[73] 换句话说，根本不着急。当时真的有必要去承认一个本土特权阶层吗？

1948 年，比利时当局找到了一个临时解决办法："进步阶级"可以申请"优秀公民证书"（certificate of civil merit），只要没有犯罪记录，没有被流放过，发誓不支持一夫多妻制，不相信巫术，同时能读能写，会算术，都有资格申请。持有证书的人可以免于受体罚，如果面临审判则可以由欧洲法官进行判决。在医院里，他们可以住进独立病房，晚上 6 点以后可以经过白人社区。[74] 这些规定让普通刚果人印象深刻。优秀公民证书制度引入的时候，卡米尔·马南加只有 13 岁，后来在博马，他告诉我："这个制度是为真正优秀的人准备的，他们可以和白人一起购物、喝酒，享受很大的殊荣。那时候我还太小，这个证书对我来说甚至比天空还要远。"[75] 但对于那些凭借努力工作在社会阶梯上攀爬多年的人来说，与他们的付出相比，证书代表的特权微乎其微。结构性的工资不平等仍然存在。作为一名以前的"先进阶级"，博马的另一位居民维克托·马逊达（Victor Masunda）回忆起这个制度的时候仍然很生气："我当然没有申请，因为它并不代表更高的工资。很多人奴颜婢膝地想得到这个证书，但我不想降低身价，申请这样的证书就是降低身价。我应该成为他们的小弟？不，我靠自己也可以喝到红酒和威士忌。"[76]

因此，1952 年又引进了“登记卡”（registration card）。这一新文件让“先进阶级”在公共生活中和法律面前与欧洲人享有同样的权利。最重要的特权是“先进阶级”可以将他们的孩子送到欧洲学校读书，这一破格提升保证其后代能够接受体面的教育。不过，很多殖民精英仍然持怀疑态度，因此对登记卡申请者提出的要求极其严苛，通常具有羞辱性。在申请过程中，检查员可能会突然造访申请者的家庭，检查申请者和他的家人是不是真的在以一种文明的方式生活。检查员要确认申请者家中的每个孩子都有单独的床，家庭成员都用刀叉吃饭，所用餐碟样式大小一致，厕所干净。还要检查是所有人都坐在桌边吃饭，还是按照老习惯只有男主人和访客可以上餐桌，主妇和孩子只能在厨房就餐。最后只有极少数申请者能通过审核。经多年努力争取到的法律地位，受益之人却少之又少。1958 年，在刚果 1400 万人中，只有 1557 人获得优秀公民证书，而获得登记卡的只有 217 人。[77] 人们因此非常沮丧。迟早，他们的渴望会变成厌恶，甚至是敌视。

在搜索引擎上输入关键词“雅迈 · 科隆加”（Jamais Kolonga），几秒钟之内你就会听到一首最经典的刚果伦巴乐。它可能由好景社交俱乐部（Buena Vista Social Club）演奏，但作曲的是非洲爵士乐队，也是 20 世纪 50 年代刚果最受欢迎的乐队。这支传奇乐队由约瑟夫 · 卡巴塞勒（Joseph Kabasele）带领，此人绰号“大卡勒”（Le Grand Kalle）。这首歌由乐队里才华横溢的吉他手蒂诺 · 巴洛扎（Tino

Baronza）创作，成为非洲爵士乐队最成功的作品之一。“噢耶，噢耶，噢耶，抱紧我。雅迈·科隆加，抱紧我。放开我，我可能会倒下。”（Oyé, oyé, oyé, hold me tight. Jamais Kolonga, hold me tihgt. Let me go, and I might fall.）“抱紧”可以有很多种解释。

在林瓜拉（Lingwala）布满灰尘的窄巷里，我爬出汽车。是这里？在殖民时代，林瓜拉是“先进阶级”的社区，被我问到的老人都认识雅迈·科隆加。当然认识！但他不是已经去世了吗？当地媒体不是刊登过一篇让人担忧的文章吗？《老雅迈·科隆加被疾病击倒》（*Old Jamais Kolonga flattened by illness*）是当时的头条。文章写到这个“曾经锦衣玉食，凭借俏皮话和玩笑成为20世纪60年代金沙萨的活力化身”的男人，现在已经重病缠身。

在走进一条条死胡同又花钱打了一通电话后，我终于接近了一条街道和一个门牌号码。院子四周的围墙已经崩塌，院中有一片已经枯萎的玉米，像灰尘一样干燥。从煤渣砖砌起的房子里走出来一个人，他穿着运动裤，拄着拐杖。

“你是雅迈·科隆加吗？”

“是的，世上唯一一个。”

有的采访对象见证了很多但不愿多说，有的虽然不愿多说过往但仍然很健谈。科隆加不属于其中任何一类。他不仅见证了很多，而且是个讲故事的高手。只是他自己不这么认为，“我刚刚做过髋部手术，恢复得不是很好，服用了医生开的所有药，但还是很痛。”他把裤腿卷起来，让我看上面触目惊心的伤疤。

“有什么我可以帮忙的吗？你有什么需要吗？”

“来点酒吧。如果你有钱的话，我可以让我的孙子出去买点酒。”

“酒？不考虑现在的身体状况？确定吗？”

我和这位个头不大但很机敏的男人谈了整整 3 个下午，有时候在他的起居室，有时候在房外的阴凉处。他是个很不错的谈话对象，很有幽默感，对生活有着永不消沉的乐趣，记忆力也好得惊人。有一次他要在医院静养几天，于是我去那家小医院拜访他，看见他一直和护士逗笑。他的髋部也一天天康复。但这次，我问起了他和那位白人女性之间的故事。

“那是在 1954 年，我 18 岁，刚刚开始在刚果交通办公室（the Office des Transports au Congo）工作。”

“刚果交通办公室？”

“是的，没错。我父亲也在那里上班。一开始他们让我到金沙萨的码头上去工作，但满 21 岁之前，我的工资都交给了父亲。真不理想，我甚至不能自己买酒。这也是我申请调去内陆的原因。”当每个人都在往城市里搬的时候，他反而离城市而去。“我必须要去法兰基港（Port Francqui），现在被称为伊莱博（Ilebo），离开塞很近。如果你要是从金沙萨去卢本巴希，就是在这里下船再乘火车。我甚至为金邦古教的信徒提供了住宿，他们正要去监狱里看望金邦古。我在那里当文员。因为父亲的原因，我是那里唯一一个可以进入白人商店的黑人。我喝葡萄牙酒和威士忌，早在那个时候我就爱喝了。”

他讲这些话的时候，他的一个孙女去当地的小商店，买回了一些廉价的唐佩洛酒（Don Pedro）放在我们面前。我还是喝可乐。

有一天卡巴塞勒和他的乐团一起经过这里，但因为乘坐的火车脱轨，他错过了轮船。他们一直待在法兰基港长达15天。我知道我那位佛兰德老板的女儿很快就要结婚了，因此安排卡巴塞勒他们在婚礼上表演。说了就立即做。那天晚会的气氛很快活跃了起来，我穿海军蓝西装，打红领带。现场只有3个“先进阶级”，我必须为乐师们安排特别许可证，否则他们在天黑之后不能进入白人居住的社区。我站在酒吧里，看到一位葡萄牙女士。她舞跳得非常好！你必须意识到，在1954年，黑人是不允许和白人女性进行接触的。我们甚至都不能和她们聊天。我们能看到的唯一白人女性就是天主教修女。童仆是唯一能够跟已婚白人女性接触的一类黑人。但是，我在她跳舞的时候看着她，还问她丈夫我是否可以截舞。就是这样的一时冲动、痴迷幻想，但她丈夫同意了。因此我走近她，问她可否共舞一曲。然后我们一起跳舞，跳了一整支曲子。跳完的时候，在场的白人都在鼓掌，连省长也在鼓掌。后来，卡巴塞勒就此写了一首歌：雅迈·科隆加。

他又给自己倒了一点酒。一日为“先进阶级”，一生都是“先进阶级”。

“给我讲讲你的父亲。”

“他1900年1月1日出生在下刚果。”

“真的吗？不是人为设定的出生日期吗？不是传教士设定的？”

“不是，这就是他的真实出生日期。那一天有一个黑人被一头狮子攻击，我父亲受洗的时候白人仍然记得。那个时候狮子和水牛很常见，甚至是大象。”

现在已经没有这些大型动物了。论起野生动物，下刚果省已经空了。但这是多么快的转变啊！距雅迈·科隆加在一个欧洲人婚礼上跳舞仅有半个世纪的时候，下刚果还有狮子出没并袭击人类，传教士出门的时候还要走在自带的活猎物后面。

> （我父亲）十二三岁的时候，屈弗利耶神父（Reverend Father Cuvelier）来到我们村子，对我父亲说：“我想要你去给我擦鞋，你父亲在哪儿？”他又对我祖父说：“你能把你儿子交给我吗？”我祖父回答说：“好的，我会让他和你一起走，他偶尔回来看看我就可以了。”我的祖父是一位天主教教徒，你明白了吗？他在教堂结婚之后，将3个妻子中的两个送走，但是将孩子留了下来。总之，我父亲去了传教点，并于1913年12月13日在那里受洗。那之后，他们将父亲送到马塔迪一所至圣救主会（Redemptorist）学校读书，他6年之后又到博马的一所新建的中学继续学习。因此，事实上（原文中这个词组用的是拉丁语：ipso facto），他属于从那里毕业的第一批学生。

我去过刚果很多次，这是我第一次听到一个刚果人用拉丁语表达“事实上”。

> 大约是在1927年或1928年的时候，刚果交通办公室一位官员选中了我的父亲，他们需要一个聪明人，我父亲在这个机构一直工作到1958年退休，担任办公室文书。期间，该机构将总部从蒂斯维尔迁到利奥波德维尔时。我的父亲成为一名“先进阶级”，他管理着本地职工居住区，泥瓦匠、木匠、建筑工人都归他管理。他经常去职工家里拜访，每个周六会奖励收拾得最干净、弄得最漂亮的家庭。我父亲爱喝红酒，属于首批获得许可能够饮红酒的刚果人。一到节假日，他会给总督做汇报，包括里克曼斯、佩蒂永和科内利斯（Cornelis）这三位总督，他都认识。1928年，他甚至给阿尔贝国王做过一次汇报，在国王来刚果访问的时候。所以理所当然，殖民当局给了他优秀公民证书，后来又授予他登记卡。当时在整个刚果，只有47人同时持有2个证件。

他父亲给人留下的印象非常深刻，连恩卡西都记得这个人，“约瑟夫·勒马（Joseph Lema）完全成了一个白人”。后来科隆加的父亲被任命到刚果交通办公室下属的工会工作，后来又进入省工会。他是第一批对殖民当局的行政事务持有一定发言权的刚果人之一。从一个脏兮兮的棕色信封中，科隆加翻出了一张黑白照片，照片已经受潮，还被蚂蚁咬去了一部分，在他手中几乎快要碎掉。

“看，这就是我父亲，而这一位是我的教父：安托万（Antoine）爸爸。”照片中那位神父一身制服，佩戴了很多勋章，“他是位第一次世界大战老兵，是我父亲很好的朋友”。在照片的背后我看到了他父亲的手迹。非常飘逸、公整，自信满溢。

> 我1935年出生在金沙萨。和父亲说法语，和母亲说基孔果语，除此之外，在任何地方我都说林加拉语。我父母在结婚前生活在同一个村子。我母亲嫁给了一位“先进阶级”，但她每年都会回到自己的村子待上6个月。她肯定在那里被蚊虫叮咬过，所以1948年因为染上昏睡病而去世。当时我正在圣皮埃尔小学读书，这所学校由拉斐尔神父开办。放假期间，我就到学校图书馆整理图书。举办大型足球比赛时，我负责从拉斐尔神父的办公室里拿出一个足球放在球场的中心位置。乐队现场演奏军乐，我伴着音乐走到球场的中心，尽管我是最小的学生。拉斐尔神父教我要勇敢。

他想向我演示当时做的事情，但由于髋部疼痛无法做到。

“我想成为一名神父，我在神学院预备班里学过2年拉丁语和希腊语，就在金沙萨郊外的基布拉（Kibula），和至圣救主会会员们一起。但后来他们把我踢出来了。”

“为什么？”

“因为我不喜欢木薯面包，我真的吃不了那东西，但他们觉得我是在装样子。驱逐我的人叫雅克·瑟勒芒斯（Jacques Ceulemans）。我现在还能记得他的名字。他一点同情心都没有，我是真的无法忍受木薯面包。被赶出来是我早年最大的遗憾。但是独立之后，我成了政府发言人，这一次我把他赶走了。那时正值士兵哗变。”

渴望，沮丧，复仇：熟悉的心理过程。科隆加本来也满怀热情地想要成为一名神职人员，却被粗暴地从梦中叫醒。

“我最终在金沙萨拉斐尔神父创办的圣安妮中学完成学习。托马斯 · 坎扎、卡多索、博波利科、阿杜拉、伊莱奥当时都在同一所学校学习。还有博利康戈，但是他年纪大一些。”独立之后，他提到的每一个人都在政府中占有关键位置。让 · 博利康戈（Jean Bolikango）曾前往布鲁塞尔和比利时就独立条件进行谈判。西里尔 · 阿杜拉（Cyrille Adoula）、约瑟夫 · 伊莱奥（Joseph Ileo）和安德烈 · 博波利科（André Boboliko）都担任过总理，托马斯 · 坎扎（Thomas Kanza）是刚果首任驻联合国大使，马里奥 · 卡多索（Mario Cardoso）担任过教育部部长。“我们学校由圣母圣心会神父经营，金沙萨还有一所耶稣会学院。朱斯坦 · 邦博科（Justin Bomboko）、克莱奥法斯 · 卡米塔图（Cléophas Kamitatu）和阿尔贝 · 恩德莱（Albert Ndele）还有其他人都在那里上学。”他们都是刚果历史中赫赫有名的人物，前面两人后来都担任过外交部部长，后面一位担任过刚果中央银行（Congolese Central Bank）行长。

这是一个怎样的历史背景、一幅怎样的时代画卷……这就是刚果的年轻一代。他们就读的学校培养了年轻的城市精英，让他们充满野心和梦想，在他们之前和之后没有哪一代人接受过这么优质的教育。面对白人，自卑情结仍然存在，但是前一代人的恐惧感已经被勇气替代，对于科隆加这样的人来说必然如此。想起和莫里斯（Maurice）先生的纠纷，他现在仍觉畅快。

> 1952 年我开始在刚果交通办公室工作，莫里斯先生是老板之一。白人乘电梯，黑人只能走楼梯，即便是黑人白领也不能乘坐电梯。但我总是乘坐电梯，因为我得去四楼工作。有一天，我和莫里斯先生同在一部电梯里。我呼吸间有红酒的气味，因为我的父亲是一位“先进阶级”，所以我可以喝红酒……莫里斯打了我，然后我们就打了起来，最后都被带到了交通办公室的保安部。跟你说吧，我在公司是个麻烦制造者。[78]

战后刚果发生了彻底转变，“先进阶级”的存在是最有力的证据。博杜安国王（King Baudouin）在 1955 年 5 月和 6 月对刚果进行了一次著名的考察，满怀期待的气氛毫无疑问到达最高点。第一次，比利时统治者不仅访问了殖民地权力中心和狩猎保留地，同时还花了一定时间与当地居民接触。这次考察取得巨大成功，对殖民地来说是史无前例的欢乐经历。很多年轻人爬到树上向国王挥手致意，女人穿上印有国王肖像的缠腰布，孩子们高唱比利时国歌。[79] 国王和他的随从就像一个旅行马戏团一样穿梭于刚果，所到之处民众无不载歌载舞地欢迎。在斯坦利维尔，巴库姆部族（Bakumu）的人用轿子将国王抬了起来。在伊丽莎白维尔，当地女性在他身后面喊道：“我们的国王这么年轻，这么美丽，愿上帝保佑他！”（这是本地人第一次称比利时统治者为“我们的国王”）在金沙萨，有人想到让拿到驾照的维多琳·恩乔利开汽车带国王兜一圈。不过，这个计划落空了。当地人称国王为“漂亮的男孩”，因为他真的很年轻，而且当时还是单身。每个人都想看他一眼，他们认为看到他或者触碰到他可以带来好运。在很多省份，从来没有穿过鞋的孩子有了人生中第一双鞋，是父母为了迎接国王专门准备的。“穿着鞋子真难走路，”其中一人说，“但我们当然还是很欢乐。”[80] 今天，在很多年纪比较大的“先进阶级”家里，仍然能看到在他们的结婚照旁边，摆放着一张博杜安国王的照片。

国王也来到了林瓜拉（Lingwala），这里是“先进阶级”比较集中的地方。“他想亲眼看看这个群体，看看那些用国家资金建起来的房子，”科隆加说，“因此他来考察我父亲的房子，就在那个位置。”他用拐杖指着窗户外的一块地给我看，那里还立着没收割但已经枯萎的玉米秆。“房子现在已经不在了，但当时，刚果交通办公室的社会事务助理德提耶女士（Detiège）过来查看了椅子是否完好，还装饰了房子。墙壁上刷了新漆，桌子上摆放了鲜花。博杜安国王是和总督一起来的，他们和我父亲聊了至少有 10 到 15 分钟。”

很难相信仅仅几年之后，这位父亲每天都会在同一所住房里接待一位拜访者，此人就是约瑟夫 · 卡萨武布（Joseph Kasavubu），他会用与众不同的方式激发刚果人的独立愿望。几年之后，卡萨武布会成为独立刚果的首位总统。

刚果发生了很多改变。第一次世界大战之后，很多人渴望回到白人没有到来时代。但在第二次世界大战之后，越来越多的人希望能够像白人那样生活。虽然还没有出现独立热潮，但世界大战成了重要的催化剂。战争将宗主国的脆弱暴露，一览无遗，新的世界秩序也因此诞生。在新秩序下，殖民主义的实质变得模糊不清。安托万-罗歇·博兰巴（Antoine-Roger Bolamba）在1955年对潜在的紧张局面进行了最清楚的表述。他是一位记者，也是一位“先进阶级”，同时还是殖民时代最伟大的、用法语写作的刚果诗人。

在真正的斗争到来之前
我会等待
等待开战的时刻
我已经听到上空传来箭的呼啸
飞向远方，更远方
载着灿烂的胜利的火光[81]

第六章

很快就是我们的了

迟来的去殖民化，突然的独立

1955—1960

突然之间，刚果就实现了独立。1955 年，没有一个本土组织梦想实现刚果独立。5 年之后，政治自治已经成为现实。速度之快几乎震惊了每一个人，尤其是刚果本地人。毕竟，他们过去屈从的比利时殖民主义一直主张渐进式转变。刚果正一步一步缓慢脱离古老状态，但在比利时人看来，根本看不到刚果实现现代化的那一天。的确，这个国家在第二次世界大战结束之后步入了正确的发展轨道，但“文明化”的任务才完成了一小半。“独立？”1959 年，在宗教集会上，当时的圣心会传教士、未来的大主教彼得勒斯·韦南茨（Petrus Wijnats）不以为然，“75 年以内有可能，但 50 年内肯定不可能！”[1]

但事情的发展完全出乎人的预料，渐变被惊变取代，局面走向混乱。哪些人应该对此负责？答案不是某个人，也可以说是每个人。高速去殖民化很显然不是某个人或某次具体运动的结果，而要归因于各方人士极其复杂的互动。这一进程就像打乒乓球，一开始双方以稳定速度击球接球，突然之间球速加快，进入紧张的连续对打局面，频繁出现拦击、虚击、扣球、调高球。球速越来越快，无论是打球的人还是旁观者都已经看不清楚当下在发生什么。没有人能够跟得上球速，也没有人能进行评说，但每个人都知道：这样的状态持续不了多久。独立前夕的刚果就处于这样的状态中。唯一的不同是刚果不止两个参赛者，也不止一个球。去殖民化不是简单的刚果人反对比利时人的过程。刚果人当中，有“先进阶级”、士兵、工人、农民以及神职人员；下刚果民众的志向和来自基伍、开塞的民众不同；30 多岁的人，其梦想与 60 多岁的人不同。但迟早，所有人都会聚集到乒乓球比赛中。比利时人当中，不仅有身在殖民地的，还有身在比利时国内的；有自由主义者，有天主教人士，还有社会主义者；教堂和王室的利益与工业家、贸易商的利益并不一致；在刚果，殖民官员与内地的种植园主以及丛林中的传教士有不同的追求。这些利益团体有时候肩并肩，有时候面对面，甚至背靠背。他们的背后还有各自的支持者：苏联、美国和联合国站在看台上大声呼喝，周围是一些年轻国家，比如加纳（Ghana）、印度和埃及。场上选手一开始并不知道要听谁的，但处于劣势的刚果人很明显受到了最多鼓励。

然后，所有的球都放到了桌面上：至少有三个。刚果人们想独立吗？如果确实如此，他们想什么时候实现独立？他们所期待的独立刚果是什么样的？最后一个问题不光关系到刚果的国家体制（联邦制还是单一制），同时还事关刚果与比利时的关系（完全自治还是保持某种联邦关系）。回答这三个问题，各方的立场和观点非常不一样。比如说，球桌的一边，可能有人要求立即无条件独立，完全切断与比利时的关系，保持刚果的统一。球桌另一边，则有人支持渐进式去殖民化，继续维持与宗主国比利时的关系，但各省享有较大自治权。介于这两个极端主张之间，还有很多其他观点。

好比整届世界乒乓球锦标赛同时在同一张球桌上进行，结果出现争吵、恼怒、不安、敌对、兴奋、绝望、疯狂，当然，还有快打。游戏规则在不停地变。让头脑保持冷静的唯一办法就是专注，将注意力集中在自己的台面上，坚持自己的策略，只关注自己的比赛。所有人都采取了这样的做法。换一种说法，就是一孔之见。正是狭隘的视野导致了每一方、每一个人的蠢行。刚果悲剧性的去殖民化是一个充满无知的故事，时而出现的洞察力微不可见。但另一方面，后见之明是珍贵的。

我们还在雅迈 · 科隆加的家中。1955 年是关键的一年。在博杜安国王的考察结束之后，一个穿着毫无瑕疵的“先进阶级”开始频繁拜访科隆加的父亲。“卡萨武布每天都来这里，就是这个院子。”他指着已经破损的水泥地板说，“他有时候早上来，有时候晚上来和我父亲交谈。我拿红酒招待他，卡萨武布是一位真正的绅士。”从当时拍的照片看，这个人的成熟魅力是明摆着的。干净的上衣，时尚的眼镜，根据他的眼睛可以推测，他是一个爱微笑而非大笑的人。当时流传的一种说法是，他的某一位祖先来自中国，在 19 世纪 90 年代参与修建马塔迪到金沙萨的铁路，所以他才遗传了这样一双眼睛。

1915 年，卡萨武布出生在下刚果省，他出生的村子在博马以北 100 千米处，也就是在马永贝森林边上。在圣母圣心会的教会学校里，他学会了读书写字和算术。因为他学习成绩相当不错，所以进入了小修道院，有了成为神父的机会。他在小修道院学会了法语和拉丁语，18 岁时他进入开塞卡布韦（Kabwe）的神学院学习，这是他第一次离开下刚果省。学习了 3 年哲学之后，他得出这样一个结论：他的使命不是成为神父。于是他离开神学院，成为一位老师，后来又成为一名文书，最后成为一名公务员，但他身上的宗教色彩从来没有淡化。他永远都不会成为帕特里斯·卢蒙巴那样有感染力的演说家。他的声音又尖又高，语调无起伏，甚至让人觉得枯燥。对他来说，要抓住全部听众的注意力，并不是一件容易的事情。很明显，他是聪明的，不过他的这种聪明更多是努力工作的结果而非天生的才华。通过和志同道合的人进行频繁交流，他的立场和观点逐渐清晰。确立了这些观点之后，他就掌握了将其表达出来的技巧，而且十分具有说服力。

和很多年轻人一样，他在战争期间来到利奥波德维尔。25 岁时，他在殖民当局财政部门担任行政助理，这个职位让他成了新生的黑人城市精英中的一员。工作之余，他和科隆加的父亲这样的人聊天，谈谈巴刚果人的语言和文化在利奥波德维尔的地位。他们一致认为自己是首都的原住民，但让他们失望的是，首都通用的本地语言不是他们的语言而是林加拉语，那是住在刚果河上游丛林地区的班加拉人的语言。巴刚果人难道不是这里的第一批居民吗？巴刚果人的数量不是更多吗？学校里为什么要使用林加拉语？难道在利奥波德维尔没有“占领权”（right of occupy）吗？这个口号是一大发现：源自 19 世纪的殖民用语，是直接从柏林会议上得来的，但卡萨武布用其描述 20 世纪 40 年代和 20 世纪 50 年代的刚果城市。

他们也会思考社会和种族问题。白人的工资为什么比黑人“先进阶级”高那么多？甚至和那些持有登记卡的人相比也高出不少。卡萨武布还愤慨地喊出了一个大胆的口号：同工同酬。对于一个说话带羞怯的人来说，已经是很强硬的表达了。

卡萨武布加入了圣母圣心会校友会在利奥波德维尔的分会，第二次世界大战结束之后成为该校友会的总书记，并一直担任这一职位到 1956 年。同时也正是凭借这个职位，他认识了这个城市的很多年轻精英并与他们保持联系。那个时候，该校友俱乐部的会员大概有 15 000 人到 18 000 人之多。[2] 1955 年，卡萨武布被任命为阿巴科党主席，这个种族联盟在金沙萨地区推广巴刚果人的语言和文化已经为时数年。在他任职期间，刚果局势发生剧变，他将种族联盟转变成真正的政党，为“先进阶级”的政治化奠定基石。事实上，也为去殖民化的开始打下了基础。

另一事件也让 1955 年成为关键的一年，尽管在那时，比属刚果没有哪个“先进阶级”猜到了这一点。毕竟，这件事发生在比利时和荷兰。1955 年 12 月，佛兰德天主教工人联合会（Flemish Catholic Workers' Federation）的杂志《向导》（*De Gids*）刊登了《比属非洲政治独立三十年计划》（*A Thirty-Year Plan for the Political Emancipation of Belgian Africa*）。作者是热夫 · 范比尔森（Jef Van

Bilsen），他是比利时通讯社（Belga）的一名记者，在刚果工作了很长一段时间，并且在殖民地一所工艺学校教过书。文章指出，殖民当局应该着手培养上层知识精英，包括工程师、军官、医生、政治家和官员，为刚果的独立做好准备，使刚果或多或少能够在 1985 年到来之前自立起来。[3]

和殖民当局的其他主张不一样，比尔森的计划从一开始就没有遭到完全的反对。不论是在比利时还是刚果，人们都审慎地考虑了他提出的计划，包括进步圈子之外的人。毕竟，他的缓步解放概念完全符合殖民地三大权力支柱鼓吹了几十年的渐进主义政策。他的 30 年计划之于政治，就相当于 1949 年的十年计划之于经济和基础设施：缓慢但坚定地实现刚果的现代化。他没打破现存的范式，而是就其始末进行深思熟虑。他将 1985 年设定为最后期限，让整个计划突然之间变得具体了。但即便如此，他并没有想过让刚果完全独立。在他的计划中，在这个期限到来之后，比利时和刚果仍然应该绑在一起，效忠于同一个王室，形成某种联邦，也就是两个国家的联邦。

1956 年，这篇文章的法语版一经刊登，局势便开始紧张起来。刊登了这篇文章的出版物在利奥波德维尔的本地人居住区流传开。在这些社区里，成千上万人每天早上赤着脚出门，去百货公司、肥皂工厂或欧洲人的酒厂工作；“先进阶级”每天完成打字员或文员的工作后回到家中；也有一些人喝着葡萄牙酒，讨论世界局势一直到深夜。为什么白人老板直接叫你维克托或安托万，从来不叫你维克托先生或安托万先生？为什么每个白人都是直呼“你”而从来不用“您”？即便你穿着正装，是一位白领。在这些圈子里，比尔森的文章引起了轰动。一个白人在公开谈论黑人的政治解放，这是真的吗？一个涵盖了高等教育和新机会的计划，这是做梦吗？比尔森的30年计划似乎是一线阳光，穿透了笼罩在他们生活中的厚厚云层。这是不是意味着刚果当下的状态不会永远持续下去？

接下来要说的只是一本小册子刊物，但读完之后，卡萨武布的情绪变得很糟糕。那是1956年七八月发行的《非洲良心》杂志（Conscience Africaine）。这是一份有着天主教渊源的杂志，发行量不高，存在的时间只有几年，也不是定期发行，由来自赤道省的约瑟夫·伊莱奥负责运营。6名编辑当中有好几个是从拉斐尔神父所创办的学校毕业的，一人持有优秀公民证书，另一人甚至持有登记卡。一篇匿名文章在这期杂志中占了很大篇幅，大胆地以"宣言"（*Manifesto*）为题。文章作者很明显读过比尔森的计划，卡萨武布立刻看出了这一点。"未来的30年对我们来说将是决定性的，"他读道，"比利时人必须意识到他们对刚果的主导不可能永远持续下去。"[4] 和比尔森的观点完全一样的是，文章也认为政治解放势在必行，同时支持渐进式变革。文章呼吁建立比利时—刚果联合体，提出以友爱终结各种形式的种族歧视。毕竟，年轻的博杜安国王不是已经在考察刚果时树下榜样了吗？文章继续说道："我们要求欧洲人抛弃种族分割以及不赞同的态度，避免我们一直以来所遭受的侵害。我们要求他们放弃恩赐态度，因为那是在冒犯我们的自尊，我们不喜欢总被当作孩子对待。请理解，我们是与你们不同的，即便吸收了你们的文明，我们还是希望不失自我。"[5]"先进阶级"所渴望的不再只是白人的生活方式，他们还想依靠自己的能力进步。文章最后用大写字母这样写道："我们想成为文明的刚果人，而不是'黑皮肤的欧洲人'。"[6]

卡萨武布读完颇觉难受，不是因为他不同意文中的观点，事实上远非如此。让他苦恼的是，自己思考了很多年的想法，却在别人的文章中读到。更让他难以忍受的是，《非洲良心》整个编辑部的成员都来自赤道省，而他自己才刚刚成为全国最大的阿巴科党的主席。难道在政治抱负上也要输给首都这些说林加拉语的班加拉人吗？虽然并不广泛为人所知，但实际上在大城市中，种族敌对在去殖民化进程扮演着非常重要的角色，和当初对抗外国人统治时一样，尽管很多所谓的部落都是殖民者划分的。这些让卡萨武布烦恼的"班加拉人"只是国际人种学研究局（Bureau International d'Ethnographie）的一项发明。事实上，这些人各属于不同的文化，只是混居在赤道丛林中，他们之间根本不存在种族纽带。不过，要感谢教会学校，20世纪前二十年的人为种族划分在20世纪50年代的金沙萨已经非常真实。[7]巴刚果人不想将荣誉让给班加拉人。

在接下来的几周里，卡萨武布将阿巴科党的会员召集起来，一起研究《非洲良心》上刊登的《宣言》，并要求大家对此发表看法。他们的"反宣言"（countermanifesto）在1956年8月面世，以超越最好是粉碎前者为目的。因此，其色彩更加激进，内容毫无疑问也更加具有革命性。比如说，针对比尔森和《宣言》主张的30年计划，他们表示："我们不想去执行这个计划，只想取消这个计划。因为执行这个计划就意味着再次将刚果的独立延期，从本质上讲，就是老调重弹。我们的耐心早就耗尽了，时机已经成熟，他们必须让我们立刻获得解放，而不是再推迟 30 年。历史上没有迟来的解放，因为当时间到来之时，人民不会再等待。”[8]

当然，“人民”这一说法的确是夸大了。刚果人民并没有站在卡萨武布的背后支持他，即便是在“他的”下刚果省，大部分人也从来没有听说过他，他至多只能代表首都讲基孔果语的“先进阶级”。但是，他的发言就像一枚炸弹震荡了整个殖民地。刚果人如此公开地要求快速从比利时人的统治中解放出来，这还是第一次。联邦显然对他们没有吸引力，殖民地的统一对他们来说也并非神圣不可侵犯：他们看起来只想代表下刚果省争取解放。很多殖民官员开始紧张，说这群人“疯了”，是“走向自杀的种族”“种族主义比他们宣称要对抗的刚果现状更恶劣”。[9]比尔森成了指责对象，因为他们认为正是他打开了潘多拉的魔盒。

对殖民官员来说，突然的独立诉求就像晴天霹雳，说明他们居住的封闭世界正在发生很大的改变。毕竟在第二次世界大战结束之后，第一波去殖民化浪潮就席卷了亚洲。三年之内，从 1946 年到 1949 年，菲律宾、印度、巴基斯坦、缅甸、锡兰和印度尼西亚独立。同样的浪潮也在北非掀起，埃及摆脱英国殖民统治，摩洛哥、突尼斯和阿尔及利亚开始争取更大政治自治权。尼赫鲁（Nehru）、苏加诺（Sukarno）和纳赛尔（Nasser）等政治人物之间保持着密切联系，1955 年，万隆会议（Bandung Conference）在印度尼西亚召开，这种关系在会上达到顶峰。在这次亚非会议上，新独立的和正在争取独立的国家一致认为殖民主义应该被扔进历史的垃圾堆。“所有形式的殖民主义都是罪恶的，应该快速走向终结”，这是会议的闭幕词。[10] 万隆会议上没有刚果代表团，但邻国苏丹派团参加，几个月之后宣布独立。除此之外，这次会议召开之后，埃及和印度的广播电台开始宣传反帝国主义。通过短波，刚果人能够收听埃及的《非洲之声》（*La Voix de L'Afrique*）和印度的《全印广播》（*All India Radio*），后者甚至有斯瓦希里语专题节目。[11] 广播信息因为一项新的技术发明——晶体管收音机——得以广泛传播。引进这一体积小、价格适中的物件效果显著，人们再也无须到广场上或者街道的角落里去听比属刚果电台的官方通报，待在自己的卧室里即可秘密收听被禁的外国广播，而这些广播在反复传递一个信息：非洲是非洲人的非洲。

为了应对越来越动荡的局势，布鲁塞尔终于决定让刚果居民初步参与政治。在过去十年当中，政客们一直在争论城市里的本地人该以何种方式参政，1957 年终于通过了相关法律。在一些大城市的本地人居住区，居民参与区长和地方议会的选举。也就是说，刚果本地人将第一次掌握最低级别的行政实权。在此之前，殖民官员已经根据经验判断，非正式的社区议会能有效解决地方问题，特别是当议会成员由社区居民选举产生的时候。[12] 法律通过之后，选举被正式化，尽管自治区的行政长官仍须听命于上一级比利时官员。比属刚果历史上的第一波选举在 1957 年年末进行，但实行范围仅限于利奥波德维尔、伊丽莎白维尔和贾多特维尔，而且只有成年男性享有选举权。

刚果当时是非洲城市化水平、无产阶级化和受教育水平最高的殖民地之一。22% 以上的刚果人口居住在城市中，40% 以上有行为能力的男性都为雇主工作，60% 以上的儿童都上了小学。[13] 这种局面是全新的，同时也是不稳定的。20 世纪 50 年代早期，工资上涨很显著，但从 1956 年开始，工资上涨就处于停滞状态，甚至还出现了下滑。国际市场上原材料价格的下跌（其中一个重要原因是朝鲜战争的结束）导致刚果经济刹车，城市里开始出现失业。[14] 金沙萨的失业人数很快就超过了 2 万人。[15] 失业的人搬去和仍然有收入的家庭成员一起生活，因此本地居民社区里的房子和院子变得非常拥挤。[16] 小酒吧遍地开花，卖淫和酗酒行为相应增加，因为当生活艰难之时，道德更容易沦丧。正是在这种不安氛围中，刚果举行了第一波选举。

只有成年男性才有选举权并不意味着妇女和未成年人不过问政治。实际上，恰恰是这些群体让人们看到了其他社会参与形式：莫茨基（the moziki）和比尔（the bills）。“莫茨基”是（“moziki”源自意思为“音乐”的英语单词“music”）成功女性组成的各种协会，她们一起省钱，谈论最新时装。协会成员在聚会时穿同样的新潮、奢侈的服装。听起来可能显得庸俗乏味，但这些活动也是对当下社会的一种说明。这些“莫茨基”都有各自的法语名称，比如“丽人”（La Beauté）、“玫瑰”（La Rose）、“梳妆台”（La Jeunesse Toilette），因为法语代表更高的社会地位。她们以这种方式回应性别差异：采用“先进阶级”男性常用的语言，确认她们自己社会地位的提升。有驾照的恩乔利和几个朋友成立了“时尚俱乐部”（La Mode）：“我们从邮寄商品目录中获悉欧洲时尚并受其影响，俱乐部的法国名称证明我们受过教育，是文明人。女人有权利学习法语的时间非常晚，但是说法语是能让我们与男性处于同等地位的一种方式。”[17]电台主持人波利娜·利桑加也是“莫茨基”的一个成员。

很多俱乐部都支持城市里某支流行乐队。恩乔利的“时尚俱乐部”就是 OK 爵士的绝对粉丝。这个乐队由弗朗索瓦·卢安博·马基雅迪（François Luambo Makiadi）率领，此人昵称佛朗哥，现在仍被视为刚果伦巴乐发展史上最伟大的吉他演奏家和作曲家。在受英格兰文化影响较少的黑人音乐史中，他可以和 B.B. 金（B.B.King）、查克·贝里（Chuck Berry）以及小理查德（Little Richrd）平起平坐。人们喜欢称呼他“亲爱的佛朗哥”（Franco de Mi Amor）或“吉他巫师”（le sorcier de la guitare）。恩乔利和她的女性朋友经常去看佛朗哥的演出（他后来甚至娶了其中一位女士），在这个过程中喝“重油”（Mazout），一种混合了柠檬水的啤酒。她们喝的啤酒品牌肯定是“波乐”（Polar），因为这种啤酒由利奥波德维尔的刚果啤酒公司（Bracongo）生产，年轻的帕特里斯·卢蒙巴当时在该啤酒公司任销售经理。“我支持卢蒙巴，所以我们支持他的刚果民族运动党。”恩乔利说。在一个阿巴科党掌权的城市里，一个人的选择是不言自明的。“他死后，我们都去追悼他。”[18]虽然女人没有选举权，但她们的时尚、音乐、夜生活以及酒精和舞会都带有政治色彩，她们用自己的酒杯投票。“普利慕斯”（Primus）啤酒是该啤酒公司的竞争对手生产的，是卡萨武布的支持者选择的啤酒。[19]

当然，除了妇女以外，没有选举权的还有年轻人。持续了半个世纪的出生赤字之后，从 20 世纪 50 年代开始，刚果的出生率急剧上升。从 1950 年到 1960 年，刚果新增人口 250 万。刚果独立时，居民数量达到了 1400 万。刚果因此比以往任何时候都要年轻：在 20 世纪 50 年代中期，15 岁以下人口占刚果总人口的 40%。[20] 年轻人变得越来越重要，不仅仅是在人口学意义上，在社会和政治意义上也是如此。“比尔”是刚果第一个青少年亚文化群，[21]“比尔”之于利奥波德维尔，就像“诺泽姆”（the nozems）之于阿姆斯特丹、“扎祖”（the zazous）之于巴黎、摇滚乐迷之于伦敦。这些年轻人的灵感来自于电影屏幕上的西方人，他们心目中的英雄是野牛比尔（Buffalo Bill）。这个群体创造的行话叫作“欣杜比尔”（Hindubill），一种混杂了法语、林加拉语、英语和当地话的语言。在穿衣方面也有固定风格：领巾，牛仔裤，翻起的衣领；参考美国远西地区的牛仔风格，讽刺中规中矩的“先进阶级”。后者则为年轻人的堕落感到担忧，他们认为那些不健康的电影是问题的根源：

> 必须对电影院的放映活动加以限制。侦探和牛仔电影非常受欢迎，一直向观众展示如何偷盗、杀戮，一句话就是教观众做坏事，大部分的电影观众都是年轻人，甚至还有儿童。
>
> 人们看到这类电影的海报，会很容易觉得自己进入了一个粗野、纵欲的王国。
>
> 电影院里盘踞着恶魔，这种情形下，我们如何教会孩子谦虚、善良、自尊以及尊重别人？
>
> 在黑暗的电影院里，除了满是肉欲画面和靡靡之音的色情电影，观众还能看到什么？

有一天晚上，我走进电影院。里面一共只有10个成年人，剩下的呢？……全是6到15岁的孩子，电影院里挤满了小伙子。吵闹声简直可怕……那些男孩子在里面不耐烦地跳来跳去。荧幕亮了……一部牛仔电影……掌声……欢呼声……那是一个爱情故事……亲吻画面不断出现，电影院每个角落都传出欢乐的叫喊声……之后就是拳打脚踢和枪战，在观众当中引发了难以形容的狂欢……两部丑陋的电影……电影结束后，过去两个小时在荧幕中看到的所有内容就开始出现在了现实当中。年轻的女孩子离开电影院之后就被搭讪，让对方亲脸颊……男孩子们拿着棍棒，模仿枪击的声音，学着电影中牛仔的动作……这就是那天晚上的电影给我们上的道德课……

非常糟糕！

不要心存幻想。比属刚果的电影院将会成为流氓的课堂，除非禁播某些电影。[22]

年轻的“比尔”们被视为耽于偷盗、声色和大麻的街头流氓。同时期，城市里青少年犯罪率的确是上升了，但最恶劣的案例也不过是偷一篮子木瓜或者偷一辆自行车，算不上情节严重的犯罪。[23]尽管如此，这也是新发生的现象。父母的权威在崩溃，“先进阶级”高出一等的社会地位遭到嘲笑，传统酋长的影响力早已消失。“比尔”一代创造了他们自己的世界。他们组成很多帮派，在城市里占据各自的地盘，并为其命名，如：得克萨斯（Texas）、圣达菲（Santa

Fe）。他们对政治并无太多兴趣，却制造了让人不稳定的反叛和抵抗氛围。

1957 年 6 月 16 日星期天，有 6 万名观众涌进拉斐尔神父建造的博杜安国王体育场观看一场历史性的足球比赛：利奥波德维尔足球俱乐部（F.C. Léopoldville）对阵布鲁塞尔圣基莱锡联盟（Union Saint-Gilloise of Brussels），前者是刚果第一支国家队的前身，后者是比利时历史上最成功的足球队之一。[24] 这是第一次，刚果足球队在殖民地对阵比利时足球队。比赛非常激烈，结束的方式非常粗暴。在这次比赛中担任裁判的是一名比利时军官，他的裁决引发了现场观众的愤怒。当他以越位犯规为由吹掉刚果队两粒进球时，现场观众的反应怒不可遏。最终布鲁塞尔队以 4 比 2 的比分赢了比赛，刚果队的支持者高喊比赛被操纵。在离开球场的时候，工人、“比尔”、失业者、流氓、学生和生气的妈妈们向周围发泄愤怒，他们大喊大叫，乱扔乱砸，帮派年轻人和旁观者也加入骚乱。不断有石头砸在试图离开体育馆的白人官员所乘坐的汽车上，他们从来没有经历过这样的事情。足球不是一项会让大家更加遵守纪律的运动吗？早知道会出现这样的局面，就应该事先出动警察维护秩序。在这一天的骚乱中，40 人受伤，50 辆汽车被损毁。

1957 年 12 月 8 日举行的选举中很好地反映了日益紧张的气氛。选举本身取得了巨大成功：80% 到 85% 的选民都参与了投票。阿巴科党在利奥波德维尔表现卓越，因此得到了很多非巴刚果选民的支持，赢得了市议会 170 个席位当中的 139 席；8 位当选为区长的本地人中，有 6 人来自该联盟。在伊丽莎白维尔，居民主要来自于开塞，因此来自开塞的候选人赢得了大部分选票。亲比利时同时也是天主教信众的“先进阶级”协会在这次选举中的成绩也不错。另外，还有 9 名白人候选人当选。[25]

对布鲁塞尔而言，成功、有序的选举是刚果受控民主化的开始。这次选举之后，要逐步在其他城市实行地方选举，之后会有省级选举和全国选举。但卡萨武布认为，这样的进程太慢。他当选利奥波德维尔登达尔区（Dendale）区长后，像卢蒙巴在 1960 年当选总理后一样，发表了一篇激昂的演讲。

> 只要还有官员是受指派上任，不是通过选举产生的人民代表，民主就不到位；只要警察队伍中还没有刚果人，民主就不到位；同样的道理也适用于军队：军队里没有刚果军官，医疗系统中也没有刚果人担任管理者。教育机构和检查团的高层呢？只要还有人没有选举权，就谈不上民主。换句话说，我们还没有迈出第一步，我们需要普选和内部自治。[26]

有人指出卡萨武布是在谴责政府，但他自己并未因此出现任何慌乱。区长办公室和可观的薪水让他赢得了当地人的尊敬。因此，他继续参选。局势动荡之时，选举策略没有平息风波，反而是火上浇油。

定时炸弹继续嘀嗒嘀嗒响，越来越接近爆炸时间。1955 年，阿巴科党将重心转向政治；1956 年，《非洲良心》和阿巴科党刊登各自的宣言；1957 年，市政选举，动乱开始。但是，大转折发生在 1958 年，而引发风暴的直接原因，却是充满欢乐和友爱气氛的布鲁塞尔世界博览会。没有任何迹象表明，在 1958 年世博会上的一次轻松游览会起到革命性作用。但事实确实是如此，世博会给比利时留下了不朽的原子塔（the Atomium），给刚果留下了对自治的热切渴求。

雅迈·科隆加对其加以证实。在过去一些年里，一小部分“先进阶级”有机会去比利时去接受教育；而现在，数百名刚果人包括很多士兵受邀到比利时停留数月，以参观世博会。似乎是对 1897 年在特尔菲伦展览 300 名刚果人的一种补偿。这一次的世博会上也有一个刚果村，就在原子塔下面，但绝大多数刚果人都是作为参观者来到比利时的。“1958 年我父亲也去了比利时，”科隆加告诉我，“他对一路上的所见所闻印象深刻，他以前不知道欧洲人自己会刷碗、扫街道。他甚至还看到了白人乞丐，真是大开眼界。”[27] 与他从传教士讲的故事中和从上司的态度中了解到的比利时形成了巨大反差，白人并非天神般不可接近。他并没有因此而失望，相反，这些发现给了他希望，因为这意味着非洲同样有社会发展的空间。刚果人还发现，他们在布鲁塞尔的餐馆、咖啡馆和电影院里是受欢迎的，据说在妓院里也同样受欢迎。[28] 这些见闻和他们在殖民地遭遇的种族隔离大不相同。

来到比利时参观世博会的刚果人不仅发现了一个不一样的比利时，也发现了彼此。利奥波德维尔的居民第一次和伊丽莎白维尔、斯坦利维尔、科基拉维尔（Coquilhatville，姆班达卡旧称）、科斯特曼斯维尔（Costermansville）的居民交流。刚果地域辽阔，再加上殖民当局实施通行限制，所以不同地区的刚果人很少有相互接触的机会。虽然农民可以迁徙到城市中，但城市间很少有人口流动。在比利时的几个月里，大家交流逸事，谈论家乡的情况，梦想着不一样的未来。世博会期间，很多“先进阶级”接触了比利时的政客和工会领袖，左派和右派的都有。这种接触增强了他们的政治意识。

不过曾经的勇敢足球俱乐部明星球员、外号“橡皮筋”、后来成为佩蒂永总督的童仆的隆然 · 恩瓜迪则没有这么好的运气。我在基奎特采访他的时候，他告诉我 1958 年他也去了比利时，但一直都没有机会参观世博会。“我们是坐飞机去的，我的身份是佩蒂永总督的童仆，到比利时后一直待在那慕尔（Namur）做饭洗衣服。佩蒂永去参观世博会，看到了所有产品。铜、钻石，所有来自刚果的展品，来自世界各国的展品。”总督在布鲁塞尔和爱丁堡公爵、荷兰外交部部长共进美餐时，隆然只能待在那慕尔的厨房里做饭。“我在那里吃得不错，我也会用刀和叉子，因为我看到了其他人是怎么用的。之前我用错的时候，总督夫人总会大笑。在比利时很愉快，我收到不少礼物，听说了在地下行驶的火车和很大的海港。那慕尔是个充满智慧的村庄，就像基奎特一样。”[29]

佩蒂永发现邀请刚果人参观世博会完全是一种失策。送 300 个刚果人到布鲁塞尔，让他们有几个月的时间充分接触比利时式教育？“在混乱的人群和世博会的欢乐气氛中，他们完全可以任意妄为，成功完成了传播有毒思想和动摇民心的任务，连治安部队的士兵也被煽动。难以想象这一切都发生在比利时政府的眼皮底下。实际上比利时政府还没有意识到刚果已经或多或少进入革命前的状态。”[30]

作为一个实干家，他提出了强烈的反对。正因此，他在这次过程中接到命令留在比利时，并被任命为新的殖民地大臣。他的前任奥古斯特·比赛雷特（Auguste Buisseret）是少有的担任这一职位的自由派人士，走过于理想化的路线——比如在殖民地引进普通教育（即非宗教教育）。那些能从殖民地刚果获益的人表示，这一政策打破了到目前为止一直处于封闭状态的白人权威。为此，这一职位需要一个技术管理者来承担，最好是一位有当地工作经验的人，而不是一个只会唱反调的人。博杜安国王发挥自己的影响力，让佩蒂永接受了任命。然而仅仅过了 4 个月，他就放弃了。隆然则始终没能去参观原子塔。

到比利时参观世博会的刚果人中有一位 28 岁的年轻人，他有机会去一睹钢筋水泥结构的风彩。此人来自赤道省，他的父亲是圣方济会托钵僧（Capuchin）传教点的厨师，他在利奥波德维尔圣母圣心会的教会学校上小学，上了一年中学后加入治安部队，成为秘书、图书保管员、打字员，1954 年被提拔为中士。他对打字很感兴趣，作为军队中的打字员，他还用笔名向《非洲新闻》（*Actualités Africaines*）等殖民地出版物投稿。1956 年，他离开军队成为一名全职记者。两年之后，他被选去布鲁塞尔参观世博会。在世博会上，他表现平平，给人瘦高、羞怯的印象，和欧洲人交谈时经常用法语问“不是这样的吗？”。毫无疑问，他很谦恭，但在别人眼中更显笨拙。他的名字是约瑟夫 - 德西雷·蒙博托。

1958 年末的刚果异常混乱。参观世博的刚果人回来了。阿尔及利亚的独立战争进行到紧要关头，摩洛哥和突尼斯已经摆脱殖民统治，离刚果更近的苏丹已经由英国殖民地转变成独立自主的国家。在布拉柴维尔，法国总统戴高乐发表了历史上著名的一句话："那些想要独立的人可以过来，将独立拿去！"（Those who want independence must come and get it！）实为一种挑衅，任何一个积极回应这一邀请的人都将失去法国的全部支持。但是跨过刚果河来到比属刚果，喝咖啡的比利时人在广播上听到这句话时差点呛着；[31] 工人阶级社区里却是一片欢腾。

1958 年 10 月 10 日，利奥波德维尔的比利时通讯社收到一份新闻稿，宣告一个新政党的成立。消息本身并不特别，因为同一个月在刚果成立的还有其他政党，比如基伍的赛雷亚党（CEREA，全称 Centre de Regroupement Africain，即非洲重组中心）和加丹加的科纳卡特党（CONAKAT，全称 Confédération des Associations Tribales du Katanga，即加丹加部族协会联盟）。突然之间似乎每个地区都想成立自己的政党，因为阿巴科党在选举上的成功受到了广泛关注。但让人耳目一新的是公报中提到的完全国家主义的主张。这一特点已经由政党的名称——刚果民族运动党（Mouvement National Congolais, MNC）——反映出来。该政党的党纲包括"积极反抗所有形式的地区分离主义"的决心，因为"与刚果更广泛的利益无法调和"。阿巴科党只为下刚果的命运忧心，刚果民族运动党却坚决为全国各族人民的未来而奋斗。"刚果必须从帝国主义殖民统治下解放出来，着眼于在合理期限内，通过和平谈判实现国家独立。"[32] 刚果民族运动党是第一个将刚果视为一个整体的本土政治组织。公报下面列有名单，其中包括来自刚果不同地区、不同部族的人，有巴刚果人、班加拉人、巴卢巴人，有天主教人士、自由主义者、社会主义者、工会成员以及记者。这个政党的主席就是帕特里斯 · 卢蒙巴。

卢蒙巴，1925 年出生于开塞省一个叫奥纳鲁阿（Onalua）的村庄，从种族的角度讲，他属于巴特特拉部族，也就是在 19 世纪末治安部队对阿拉伯贸易商开战时煽动兵变的部族。卢蒙巴的父亲是教养较差的天主教教徒，以脾气暴躁、性格倔强出名，他还自己酿棕榈酒自己喝。卢蒙巴本人曾在新教和天主教的教会学校上学，第二次世界大战期间奔波于刚果内陆各地，之后来到大城市斯坦利维尔。在这里他先找到一份低级别行政官员的工作，之后又成为邮局职员。殖民地邮局派他到利奥波德维尔参加培训，在此期间，他的法语有所提高，同时对知识的渴求更加强烈。回到斯坦利维尔之后，他成为一名热情的读者，在图书馆做义工，每天晚上都醉心于阅读，享受文化盛宴。1954 年，卢蒙巴获得了自己梦寐以求的登记卡，自信心随之大幅度提升。在当地的社团活动中，他的表现极其活跃，似乎可以胜任任何社团职务。他是邮政工人协会的主席，还领导殖民地本土职工协会地区分会，同时与比利时自由党保持联系，并担任斯坦利维尔先进阶级协会（Stanleyville's Association des Évolués）主席。[33] 人们都知道他每天晚上只需要睡两到三个小时。[34] 在工作之余，他会写一些政治分析文章，向一些报纸投稿，比如《刚果十字架》（*Le Croix du Congo*）、《刚果之声》（*La Voix du Congolais*）等，甚至创办《邮政回声》杂志（*L'Écho Postal*）。当时斯坦利维尔所有见过他的人都对他印象深刻，卢蒙巴反应很快，思维灵敏，同时热情洋溢、精力充沛。他有文字天赋，同时也有说服他人的能力。他喜欢打领结，留着胡子，这种形象在非洲人当中并不多见。这些特征让他在很多人心目中留下了充满智慧和魅力的印象。他的勃勃野心被魅力外表和能说会道所掩盖，有时候他倾向于说一些听众愿意听的话，就像变色龙。

1955 年，也就是卡萨武布成为阿巴科党主席的那一年，斯坦利维尔的“先进阶级”协会在卢蒙巴的带领下，走上了更为政治化的道路。他因此成为这个城市最有影响力的刚果人。博杜安国王考察刚果的时候，在省长宅邸的花园里举办的招待会上，他在招待会上成功和国王交流了整整十分钟。在刚果河畔的花丛边，他向年轻的国王解释了刚果人遇到的问题。国王认真倾听，还不时提问。两人之间进行了实质性的交流，这个消息以及相关流言迅速传遍斯坦利维尔的大街小巷，卢蒙巴从此受到本地人的喜爱。在此之后不久，他便受邀到比利时学习，和他一起去的还有其他一些前途看好的刚果年轻人。学习期间，他称赞利奥波德二世和比利时殖民主义的善举，全无讽刺意味。[35]但是回到刚果之后，在邮政机构忠诚服务了 11 年之后，他因为伪造罪和挪用公款被起诉。那之后，他会说：“我不就是拿回了一些比利时人从刚果偷走的钱吗？”[36]卢蒙巴被判 12 个月监禁，出狱之后，他离开斯坦利维尔去了利奥波德维尔，在前文提到的酿酒公司——也就是波乐啤酒的生产商——工作，担任销售经理，工资比不少白人都要高。在他的带领下，波乐啤酒和竞争对手生产的普利慕斯啤酒展开了激烈竞争。卢蒙巴到工人阶级社区分发啤酒，并凭借自己的能言善道创造了奇迹。他带来啤酒，向大家承诺自由。他的啤酒缓解了民众的口渴，他的言论却让他们渴望更多。

解放就是从一罐免费啤酒开始的。波乐啤酒卖火了，卢蒙巴本人也越来越有名。随着时间的推移，他认识了很多年轻知识分子。而与这些人不同的是，他对殖民地很多地方都非常熟悉。在来到首都之前，他已经在刚果6个省份中的3个生活过，因此对于卢蒙巴来说部族框架并不重要，毕竟利奥波德维尔的巴特特拉人并不多。因此就像公报所表述的那样，他“代表全体刚果人奋斗”。[37]

在基桑加尼，也就是以前的斯坦利维尔，我有幸采访了几位从一开始就支持卢蒙巴的人。80岁的阿尔贝·图克克（Albert Tukeke）和卢蒙巴来自同一个地区，他们的母亲甚至还是亲戚。和卢蒙巴一样，图克克也在邮局工作过，此前也在利奥波德维尔读过书。后来，他去了伊丽莎白维尔做邮局营业员，正是在那里他加深了对殖民主义的认识，负面认识居多。“欧洲人在邮局永远不会排队，他们只会说‘把柜台清理干净！’，他们总是这么粗鲁。我们年轻，不能还嘴。如果有需要的东西，他们就会问我们‘有人在这里吗？’，他们指白人。这种歧视让我们很受伤。”殖民主义不仅是一个庞大的国际体系，还是无数体现在细节上的羞辱，包括语言表达和脸部表情的细微变化。卢蒙巴毅然痛斥白人的态度，这一点图克克记得非常清楚。“卢蒙巴和其他人一样，就是想维护黑人的权利，但他的个性、想法和视角都是与众不同的。如果说当时他已经走过了100千米，那别人仅仅走了1千米，我这么说不是因为我是个巴特特拉人。”[38]

让·马亚尼（Jean Mayani）也是卢蒙巴的支持者，他在2008年说起卢蒙巴时还与1958年支持他时一样狂热。在他位于基桑加尼卡班多区（Kabando）的家中，我听他滔滔不绝地讲了一个早上。早在

1959 年，他就开始担任当地刚果民族运动党的支部书记，在一年之后的市政选举中，他是卢蒙巴的首席副手。马亚尼的叙述非常清楚，很有条理：

> 听着，那个时候并不存在极端种族主义，但种族之间的界线非常清晰。在商店、社区、学校，甚至是在墓地，都存在某种形式的种族隔离。我们对那些有优秀公民证书或登记卡的“先进阶级”印象很深，他们有一定的社会优势，可以去欧洲的学校读书。不过，比属刚果的殖民政策和法国人的殖民政策有很大不同。法国殖民地的黑人可以到法国学习，（利奥波德·塞达尔·）桑戈尔（Léopold Sédar Senghor，后来成为塞内加尔总统）甚至是法国国民议会的议员，还当上了副部长。因此，我非常赞同刚果民族运动党的主张。1958 年，我是该政党在基桑加尼的首批支持者之一。我仍然记得当时在本地人居住区里的第一阶段会议，地点有时候是酒吧，有时候是体育公园。卢蒙巴跟我们谈历史以及殖民统治的暴行，他的勇气让人难以置信。他实事求是地论起刚果人的痛苦、对金邦古教信徒的驱逐、人性的缺乏、种族仇恨以及矿区、公路建设和特路建设中存在的强制劳动。听众因为有这样一位领袖而欣喜若狂。[39]

老拉斐尔·马因多（Raphaël Maindo）完全赞同让·马亚尼的观点，他仍怀念那些日子。“卢蒙巴讲话的时候没有人想离开，即便下起了雨，即便是在夜里，大家还是会留下来。”和马亚尼不同的是，马因多不是党内领导，他只是一名基层积极分子，负责销售党员证。“其实挺简单的，因为每个人都想要，甚至还有女性加入。我的党员证编号是 4。每张党员证 20 法郎，全国统一。我们去了所有地方，有时候甚至会去 700 千米以外的地方，因为我们有自己的汽车。”[40]对于很多刚果人来说，购买党员证不仅仅是一种政治行为，也是一种自我肯定和自豪。

1958 年 12 月，卢蒙巴来到利奥波德维尔的恩吉利机场（Ndjili），准备前往加纳首都阿克拉（Accra）。就在一年前，加纳成为撒哈拉以南非洲第一个宣布独立的国家，总统克瓦米·恩克鲁玛（Kwame Nkrumah）的英雄之名从非洲西海岸的塞内加尔传到了东南部的莫桑比克。恩克鲁玛是泛非主义（Pan-Africanism）代表，梦想非洲的自由和平和统一，所以邀请全非洲的领导人和思想家聚集一堂。卡萨武布也去了机场，但海关——或许是事先安排好的——拒绝接受他的防疫卡：殖民当局并没有忘记他在当选区长后发表的具有煽动性的就职演说。最后出席阿克拉会议（the Accra Conference）的刚果代表只有卢蒙巴和他的两位亲信，这次会议对卢蒙巴的影响超过了他读过的任何一本书。他和与会的知识分子以及活动家进行交流，发现他们对自己的主张很有兴趣。他还在会上结识了朱利叶斯·尼雷尔（Julius Nyerere）和肯尼思·卡翁达（Kenneth Kaunda），两人分别是坦桑尼亚和赞比亚未来的总统，还有几内亚（Guinea-Conakry）首任总统艾哈迈德·塞古·杜尔（Ahmed Sékou Touré）。原来力争提高社会地位的“先进阶级”如今是一个自觉的非洲人，为自己的根脉、国家以及肤色而自豪。对卢蒙巴而言，比属刚果越来越不合时宜，已经没有合理的理由让人们继续接受其统治，他要将自己的国家从恐惧和耻辱中解放出来。

1959 年 1 月 4 日，这一天的布鲁塞尔非常寒冷。周日的早晨天寒地冻，街道上覆着一层雪，几乎不见车子和行人。在时尚的伊克塞尔（Ixelles，荷兰语 Elsene），道路两旁都是大树，在靠近康布尔修道院（法语 Abbaye de La Cambre，荷兰语 Abdij Ter Kameren）的地方，一辆车缓慢驶过旁边的雄伟建筑，车里的人是热夫 · 范比尔森。对于很多人来说，就是此人提出的 30 年计划唤醒了地狱犬，将它放了出来。但他也是和刚果精英联系最多的比利时人，没有人比他更清楚“先进阶级”圈子里的动向。那天早上，他接到一个电话，比利时国防部部长阿蒂尔 · 吉尔松（Arthur Gilson）在电话那头要求他尽快到自己家中一会。刚刚过去的新年发生了一些不愉快的事情，吉尔松几乎把整个周末都耗在了政府白皮书的内容上。在 1958 年的最后几个月里，比利时政府派出的一个行动小组几乎走遍刚果，收集并记录刚果人的诉求。这一做法值得称赞，但唯一不足是行动小组中没有一个刚果人。而他们做调查报告的目的之一就是要发表一份强有力的声明，奠定比利时新殖民政策之根基。在圣诞假期，数位内阁部长阅读了这份报告之后难以做决定，国防部部长也是如此。或许比尔森可以看一眼这份报告？在那个安静的周日早晨，比尔森向部长解释，如果不谈独立以及独立的具体日期，那么再重要的声明也是没有用的。闻此，部长一脸惊愕。比尔森后来说："我们站在刚果人的角度讨论什么是必需的，又从比利时的角度讨论什么是可行的。与其说是讨论，倒不如说是一场毫无意义的表演。"[41]还是没有打破僵局，比尔森没有达到来时的目的就回到了车里。

同一天在刚果，利奥波德维尔酷热难耐。雨季还远远没有结束，空气潮湿，云层很低。在总督官邸，大家都在为花园里的新年招待会做准备。[42]任务分配了下去，玻璃擦得锃亮。新任总督的名字是里克·科内利斯（Rik Cornelis），他当时不可能知道自己将是末任总督。一些比利时人因为头一天晚上跳舞到深夜还没起床，其他人正在享受早餐，吃着抹了草莓酱的面包，有些更积极的人已经去乡村俱乐部游过泳或打过网球了。这次招待会很入时，为了契合"比利时—刚果共同体"这一原则，一些刚果人也受到邀请，数位本地区长将会出席。在新年讲话中，毫无疑问，总督将会谈及来年的主要挑战。香槟自然少不了，水晶灯光芒照人，发言的人会"表达希望""强调信仰"，还有很多人会谈到"本着友谊精神相互理解"。

也是1959年1月4日，离总督府几千米的城市另一边，在刚刚建好的"先进阶级"住宅区班达隆瓦（Bandalungwa），卢蒙巴应邀到一个新朋友家里吃饭。监禁期间，卢蒙巴定期阅读约瑟夫·蒙博托在《非洲新闻》上发表的文章，这位记者以前当过兵，后来还去比利时参观过世博会。获释之后，卢蒙巴和蒙博托成了朋友。他会定期去蒙博托的家里，享用蒙博托的妻子烹饪的精美食品。在这个周日的午餐时间，两人制订了当天下午的计划。他们知道下午两点，在本地人居住区的基督教青年会招待所（YMCA），阿巴科党安排了一场集会。上周，卢蒙巴面向7000名听众发表演讲，谈自己的阿克拉之行。那是他最精彩的一次演讲。台下听众热情高涨，演讲结束之后大家都用林加拉语齐声喊道“独立！独立！”这也可能是这座城市的首任民选市长、比利时人让·托德尔（Jean Tordeur）最后决定禁止今天的集会的原因。这是一项安全措施，他并不想和蛊惑人心的政客打交道。不管怎么样，卢蒙巴和蒙博托还是决定去前去看一下具体情况。他们没有汽车，不过蒙博托有一辆摩托车。蒙博托和卢蒙巴一起坐在摩托车上，两个新认识的朋友，一个记者，一个啤酒销售员，一个28岁，一个33岁，卢蒙巴坐在后座上。在这个闷热而潮湿的下午，他们开着摩托车，一路的高谈阔论声，在摩托车的轰鸣中仍然听得见。[43] 两年之后，他们中的一人帮助别人谋杀了另一人。

1959年1月4日，大批民众涌进博杜安国王体育场观看一场重要的足球比赛。这个巨大的体育场和基督教青年会招待所相距不过几百米，当天的比赛吸引了2万多名球迷。[44] 他们穿着五颜六色的衣服和缠腰布，有的人头上扎着羽毛，脸上画着条纹，像他们的先辈一样，白色的条状图案与黑色的面颊和额头形成鲜明对比。他们睁大眼睛，跳着桀骜的舞，样子看起来挺吓人。球场四周陡峭的水泥看台上人山人海，观众有节奏地敲着手鼓和其他鼓乐器，欢呼声和尖叫声此起彼伏。旁观者看来会以为有一场战争正在进行，因为此情此景很像19世纪70年代斯坦利一行乘汽船第一次经过刚果河畔的村子时的情景。让人紧张的战鼓声，数千名当地村民愤怒的喊声，越跳越野的舞，怒目圆睁的勇士。在体育场的地下室里，球员们系紧鞋带，将护胫套进袜子里，整装待发。此时在总督官邸，一瓶瓶香槟刚从冷藏箱里拿出来摆好，瓶子上的水珠在阳光下晶莹剔透。

还是在 1959 年 1 月 4 日，在离基督教青年会招待所不远的博杜安王子大街（Avenue Prince Baudouin）上，卡萨武布告诉群众集会不幸被取消，人们大声抗议、抱怨，互相推挤。作为和平主义者和甘地的崇拜者，卡萨武布要求自己的支持者们保持冷静。即便没有麦克风似乎也有效果，他是领袖、首领，是群众选举出来的区长。卡萨武布松了一口气，放心地回到家中。

但就是在 1959 年 1 月 4 日，一切都变了，你到目前为止可能还不这么认为。看起来，刚果正在跟上时代的步伐。利奥波德维尔是全世界第二个应用飞轮储能汽车的城市，这种电动公共汽车的车顶上装有“天线”，汽车停在车站的时候，“天线”连接充电桩后可以给发动机充电。第一个应用这种未来主义公共运输工具的城市在瑞士，但现在这种巴士也出现在了利奥波德维尔的本地人居住区附近。[45] 几千名阿巴科党的支持者仍然在原定的集会地点转悠，一个白人电车司机与其中一人争论起来并举起了拳头。未来主义遭遇种族主义。很快，拳打脚踢就像雨点一样落在他身上。场面混乱，一发不可收拾。警察随后赶来，包括黑人警察和白人高级警官。警察认为，因为正值新年，很多人可能仍然没有醒酒，一两个人打架没什么。两个白人警察用力推开斗殴的人，但这并非好主意。开始有人高喊“独立！”“抓住白人！”，于是恐慌出现了。警察鸣枪示警，他们停在远处的一辆吉普车被推翻，还被放了火。当时足球场已经空了，看球的人和等待参加阿巴科党集会的人会合到一起。足球就是火药，激化了混乱、失控、挫败感和不安。1830 年，在一场歌剧演出之后，比利时获得独立。1959 年，刚果在一场足球比赛之后要求独立。一辆摩托车开了过来，坐在上面的两个年轻人几乎无法相信自己的眼睛。在过去的几年当中，他们都在努力接受教育以求社会地位的上升。但现在，他们看到了群众的愤怒，这些人来自他们已经脱离的群体。此刻，他们作为“先进阶级”，不再习惯性地看不起这些人，他们感受到了刚果人的团结。精英和群众终于走到了一起。

当时的利奥波德维尔大约有 40 万居民，其中 2.5 万是欧洲人。城市警察的数量少得不能再少，一共只有 1380 人。[46] 并没有所谓的国民警卫队，警察下面的执法机关就是军队。利奥波德维尔的兵营中大约有 2500 名士兵，但他们接受训练是以到国外参加战争为目的，而非镇压国内起义。警察尽全力平息暴乱，但在几个小时之内，事态已经蔓延到整个本地人居住区。石头像雨点一样砸向白人的汽车，玻璃窗都碎了，火光四起。警察开始将枪口对准示威者，柏油路上一摊一摊的血倒映着火光。成千上万年轻人开始抢劫，所有比利时人的东西都成了他们的目标。天主教堂和教会学校遭到破坏；提供缝纫课培训的社区中心被洗劫。5 点左右，一些青少年开始分帮派抢劫希腊人和葡萄牙人的商店，这些劫匪将商店里的所有东西抢劫一空，包括印花面料、自行车、收音机、盐和鱼干。

在总督的新年招待会现场，电话响了。“本地人居住区发生了非常糟糕的事情。”一个长达 10~12 千米的区域爆发了严重骚乱，利奥波德维尔的欧洲人居住区被封锁起来。军队出动，一开始用催泪瓦斯，后来直接开枪。很多示威者中枪倒地，人们后来意识到“就像用一把锤子杀蚊子”，对示威者进行军事镇压显然用力过猛。[47]但是，一些殖民地的欧洲人很愤怒，竟然拿起猎枪出去“帮忙”。累积多年的歧视与恐惧爆发了，特别是后者。大约6点钟的时候，夜幕降临，城市里已经相对恢复了宁静，余火还没熄灭。欧洲人的医院中，数十名白人在等待治疗；医院外面，他们的汽车停在黑暗之中，已经被毁得面目全非。在他们住的别墅里，主妇们必须自己烹饪，黑人童仆早就跑得无影无踪，这还是多年来的第一次。

到了第二天，很多比利时人失望多于愤怒，“我们把脸丢尽了”，他们对彼此说。[48]有些人开始囤积沙丁鱼罐头和植物油，有些人则直接预订单程机票返回布鲁塞尔。军队花了三四天的时间夺回城市控制权，最终伤亡人数让人无法忍受：刚果人中，47人死亡241人受伤。这是官方的数据，但目击者认为有200人甚至300人死亡。

1959年1月4日，这一天，刚果的形势发生了不可逆转的改变。

“几天之后我乘坐DC-6客机返回布鲁塞尔。”2009年秋天，让·科尔迪（Jean Cordy）在他位于新鲁汶（Louvain-la-Neuve）的公寓中告诉我。1959年，科尔迪担任科内利斯总督的私人秘书，“我得到的指令非常清楚：必须说服比利时政府将‘独立’一词放进期待已久的政策文件中。总督表示我们绝对不能错过当时的机会，我去拜见国王，告诉他比利时必须在政策文件中提及独立。”[49]

1959年1月13日，在骚乱过去一个多星期之后，内阁的政策白皮书和王室声明都已经公开发表。政府文件含糊其辞，里面有一些技术性的说法，前后也不太连贯；但博杜安国王的演讲却清晰明了，演讲录音送达刚果后立即被广播。莫安达海滨上的渔民，甘蔗田里的农民，水泥厂中灰尘遮面的工人，沉浸于书本之中的神学院学生，正在洗手的护士，内地村子里的酋长，河船上的舵手，在花园里除草的修女，无论老幼都在收音机旁，听他们敬爱的国王宣布历史性的消息："我们今天的决定是为了带领刚果人民走向繁荣与和平，不拖延也不躁进地迈向独立。"[50]

难以置信！这个消息好到让人觉得不真实。卡车司机开车经过下刚果省的乡村时摁响喇叭，高声朝窗外唱道：

> 独立来了
> 独立很快就是我们的了
> 博杜安自己都这么说了
> 白人首领这么说了
> 独立来了
> 独立很快就是我们的了[51]

但这种欢乐并未意味着刚果会回归暴乱前的状态。骚乱仍在继续，而且向农村蔓延。一些抗议传统由来已久的地区再次动荡不安，比如奎卢和基伍；在开塞，卢卢阿人和巴卢巴人之间发生冲突；下刚果省也爆发了大规模示威游行。1 月 4 日的骚乱之后，政府颁布法令解散阿巴科党，卡萨武布和另外 2 名领导人被拘留了一段时间，后来被比利时政府负责海外事务的新任内阁部长毛里茨 · 范赫梅尔赖克（Maurits Van Hemelrijck）释放。但这一举措反而提高了卡萨武布在刚果内地的声望，与此同时，民众对殖民者的厌恶也越来越明显。卡萨武布呼吁民众进行非暴力和平对抗。让·科尔迪是阿巴科党唯一一位白人党员，1959 年 6 月随临时总督安德烈·舍勒（André Schöller）到下刚果省了解情况，“突然之间，民众都毫不犹豫地支持卡萨武布，没有人愿意和政府沟通，‘卡萨武布是我们的领袖，去和他谈’，这就是他们的原话。即便我用基孔果语，他们也不做任何回应。我 1946 年就去了刚果，从来没有碰到过这种情况。沟通的桥梁已断，对话已经结束了，即便比利时政府和国王都发布了有关独立的声明，即便范赫梅尔赖克部长亲自访问了刚果，他们的沉默对于我们来说非常非常陌生。”[52]

政治转型的前景激发了很多人治理国家的野心。新的政党如雨后春笋，1958 年年底刚果还只有 6 个政党，一年半之后各种政党足有 100 个。每一周都在见证新政党的诞生，诸如刚果全国联盟（Union Nationale Congolaise）、进步主义农民联盟（Alliance Progressiste Paysanne）、巴松统一运动（Mouvement Unitaire Basonge）等。很多政党都取其全称首字母的缩写，比如普纳党（PUNA）代表国家统一党（Parti de L’Unité Nationale），科卡党（COAKA）代表开塞联盟（Coalition Kasaïenne），巴卢巴卡特党（BALUBAKAT）代表加丹加巴卢巴人联盟（Baluba of Katanga），有时候政党缩略名的字母数比其党员数还要多。

政党领袖都是什么人？仍然是相对年轻、接受过中学教育的男人。他们是这个国家的上层知识精英，生活在城市，搬到城市时还很年轻。

他们通常活跃在校友会或文化协会，通过阅读和辩论，逐渐对政治产生兴趣。不可否认的是，他们的语言要比见解更尖锐，积极性比实干能力更出色。这些政党没有详尽的党纲，少数几个政党除外。[53]

但是，这些政党领袖有一大特点是不容忽视的。尽管生活在城市中，处于青涩的年龄，遵循现代生活方式，但新一代政治人物都很珍视在时空上似乎与他们相距甚远的部族感。看似矛盾，但实际上种族认同感在城市环境中更为突出，因为只有在和别人形成对比时，一个人才会思考自己的出身。这些年轻的政治人物和部族组织建立联系，并对其进行现代化改造。从政治战略的角度讲，以部族为基础是聪明之举，能让你接触到群众。你是一个骄傲的乔奎人（Tshokwe）、雅卡人（Yaka）或萨卡塔人（Sakata），这样的事实能拉近你与相关部族的距离，不仅能拥有更多支持者，也能保证自己的声音更有可能被各级殖民政府听到。卡萨武布代表巴刚果人，博利康戈代表班加拉人，贾森·森德韦（Jason Sendwe）代表加丹加的巴卢巴人，朱斯坦·邦博科代表蒙戈人（the Mongo）。种族认同让年轻的政治精英成为他们所属群体的代言人。[54]

完全可以理解的是，刚果内陆的酋长们并不乐意让年轻人掌握领导权，其中一些酋长仍然对本部族移民到城市中的成员有一定的影响力。但革命性的变化发生了。在中部非洲的大部分地区，传统权威建立在年龄基础上，年长意味被尊重；现在，一群二三十岁的年轻人在争夺权力，与此同时还在争取民众的青睐。酋长们无可奈何，因为比利时政府正在推行普选制。刚果东部地区一位巴耶克人酋长说："引入普选制度之后，传统权威将被削弱，注定消失。"他是对的，

1960年之后，年轻一代已经掌握了刚果的领导权，并证明他们是唯一一群既理解民主同时还能够成功利用民主的人。隆达地区（原来的隆达王国，位于加丹加和安哥拉的交界地带）的酋长称普选是“不可原谅的错误”。[55]

当时最著名的隆达人，事实上也是刚果历史上最著名的隆达人，并非这位酋长，而是莫伊兹·冲伯（Moïse Tshombe）。1959年，刚满40岁、生活在城市中、学过记账的他接受了新政党——科纳卡特党（即加丹加部族协会联盟）——的领导职务。冲伯的表情往往被误读为冥思苦想，但丰厚的家产足以让他生活优裕，尽管他自己算不上是成功的商人。冲伯出身名门，父亲是非常富有的贸易商，他自己则娶了隆达大酋长的女儿。部族荣耀对他来说并不陌生（他曾经领导过伊丽莎白维尔最重要的隆达人协会），但他也不反对普选。科纳卡特党试图运用民主手段为加丹加的原住民争取更多权利，比如隆达人、巴松人、巴塔布瓦人（Batabwa）、乔奎人以及巴卢巴人（不是来自开塞的巴卢巴人，因为他们是“外来者”）。加丹加省多年以来持续引进外来工人，其中很多人来自开塞地区，原住民感觉自己的利益受到了威胁；在伊丽莎白维尔，来自开塞的巴卢巴人甚至赢得了1957年的选举。冲伯希望为“真正的”加丹加部族争取更多权利，因此，他的科纳卡特党在很大程度上与卡萨武布的阿巴科党类似。两个政党都以维护所在城市原住居民的利益为目的（虽然阿巴科党只代表巴刚果人），都希望实现广泛的地区自治，都梦想成立权力高度分散的刚果联邦（和卢蒙巴的想法不一样），如果有必要，下刚果省和加丹加省都可以成为独立国家。但针对比利时的未来角色，两者的态度有根本性的不同：阿巴科党激进和反殖民主义，特别是在1月份的骚乱事件之后；科纳卡特党却不打算斩断任何与比利时的联系。冲伯身边有很多比利时顾问，虽然梦想着有一天能够实现和平有序的独立，但仍然相信“比利时—刚果共同体”这一概念。“我们要求独立，并不是要赶走欧洲人；恰恰相反，我们想继续和他们合作，携手并进，建设这个国家的未来。”[56]

这些政党之间的区别主要在于两种立场的选择。首先，是激进还是温和？激进意味着支持快速去殖民化，并与比利时决裂。其次，是支持联邦制还是单一制？阿巴科党（卡萨武布）：激进，联邦制；刚果民族运动党（卢蒙巴）：激进，单一制；科纳卡特党（冲伯）：温和，联邦制。其他政党都可以根据这两种立场进行划分。

卢蒙巴意识到政治中的宗派主义有害无利。1959年4月，在他的号召下，8个政党以团结协作为目的齐聚开塞。这是刚果第一次政治大会，类似小规模的阿克拉会议。让·马亚尼作为卢蒙巴最早的支持者，也出席了会议。在基桑加尼的家中，他告诉我：“我作为所在社区的党支部书记参加大会，所有国家主义政党都在场。来自基伍的赛雷亚党（非洲重组中心）、森德韦领导的巴卢巴卡特党（加丹加巴卢巴人联盟）、来自奎卢的非洲团结党（Parti Solidaire Africain, PSA）和卡萨武布领导的阿巴科党。真的，每个党都在，几乎有四分之三的人都支持卢蒙巴。”[57]赛雷亚党反对白人在东部基伍省享有至高无上的权力，巴卢巴卡特党维护加丹加卢巴人的权利，与冲伯的立场正好相反，非洲团结党在奎卢地区很活跃，而且很快就在克莱奥法斯·卡米塔图（Cléophas Kamitatu）和安托万·基赞加（Antoine Gizenga）等重要人物的带领下享誉全国。

卢蒙巴希望这些政党可以协商出一个确定的独立日期。博杜安国王在演讲中曾承诺在独立问题上“不拖延但也不躁进”，但判断拖延和躁进的标准是什么呢？卢蒙巴意识到，如果这次大会能够就独立的具体日期达成一致，将向前迈进一大步。而且，对他个人来说也是一个巨大的胜利：作为倡导者，他将被推崇为这个国家最重要的政治人物。卢蒙巴自己提出的独立日期是1961年1月1日。有人反对吗？有。“为什么这么着急呢？”一位代表问道，“难道1961年1月1日会是世界末日吗？”卢蒙巴反击道：“你这是顺从殖民统治的口吻。”[58]为新的政治体系做准备，两年时间似乎足够了。独立前的加纳也是如此。在党纲无力、政治领袖不成熟的时候，深思熟虑和对细节的关注都被忽视了。任何人提议渐进改变的人，即便态度谦卑，都会被斥为殖民主义的走狗。各个政党都迷失在一场史无前例的赌局中，盲目下注。雄心勃勃的华丽言辞比切合实际情况的提议更有价值，迅速、无条件实现独立成为目标，甚至成为一种强迫观念。“自由的贫穷好过殖民条件下的富裕”之类的口号十分流行。[59]但是，这种状况的出现是必然的。因为在会议现场，除了几个本地人居住区的区长之外，没有一个人被授予过政治权力，非常欠缺行政经验、现实主义以及规划能力，糊里糊涂却又不甘人后。但是，恰恰是这些人影响着一个面积堪比西欧的国家的未来。

隆达族酋长在欢迎总督和比利时部长时说：“我们不需要你们

在少数人高声鼓噪造成的压力下做出决定，我们也不能理解很多人为什么如此急于获得独立。我们虽然可以郑重地承认对独立的渴望，但并不看好此时立刻实现这个愿望。为了正常的发展，我们需要非常多的帮助与支持，任何不必要的匆忙都可能再一次让我们的国家陷入过去的贫困和悲惨。”[60] 这些话恐怕不仅仅是恭维。

当时，类似的言论似乎具有反动色彩，到 2010 年的刚果，它却成了悲惨境遇中随处可闻的悔恨。很多年轻人都责怪他们的父母不应该不惜代价追求独立，有一次在金沙萨街头，有人问我：“这种独立还能持续多久？”作为一个比利时人，我已经无数次被问及类似问题。“比利时人什么时候回来？毕竟，你们是我们的叔叔，不是吗？”这样的说法通常是一种恭维，但有时候也不仅如此。甚至连阿尔贝·图克克，这位来自基桑加尼的卢蒙巴的远亲，在我们谈到最后时也说：“我们不应该这么快独立，但战争之后，你知道的……当时就有这种冲动和急迫感。如果不是如此急切，我们现在也不会面临这么多问题。”[61]

本地人与殖民政府之间的矛盾升级，刚果各政党之间的竞争越演越烈，导致了冒失的去殖民化。在斯坦利维尔，殖民当局在暴乱中屠杀几十个卢蒙巴的支持者并没有改善局势。卢蒙巴的支持者马亚尼说：“在政党大会之后，殖民当局认为刚果民族运动党的主张实质上是针对比利时人的种族仇恨和恐外情绪。”我想了想才意识到，在殖民地的词汇，“恐外”（xenophobia）被视为刚果人的特性。“治安部队强硬打压卢蒙巴的支持者，在基桑加尼的曼格波区（Mangobo），20 个党人被杀，卢蒙巴被捕入狱。和 1 月 4 日发生在金沙萨的骚乱一样。”[62]

1959 年末举行的市政选举遭到阿巴科党、刚果民族运动党和非洲团结党的抵制。这些政党已经对过渡措施和缓慢的改变失去兴趣，对他们来说，只有独立是当务之急。比利时希望渐进式民主化能够赢得民众的支持，但事与愿违，紧张局势已经不受控制。1957 年组织的第一波选举，试图以此安抚《非洲良心》杂志的编辑部成员和阿巴科党，但实际效果恰恰相反。1959 年 1 月的骚乱之后，比利时人虽然承诺给予刚果独立，但相关声明仍然未能让泛起涟漪的水面恢复平静。殖民者自认为正确的举措都遭遇失败。到 1959 年，比利时已经丧失了重要时机和刚果人的友好——本来可以利用这些“资本”为独立做充分的准备。比起凝聚共识，出台临时补救政策，或许已经到了问刚果人自己到底想要什么的时候。

1960 年 1 月 20 日，约 150 人身穿冬大衣聚集在比利时布鲁塞尔国会大厦（Palais des Congrès）里，其中大概有 60 名比利时人，90 名刚果人。他们要花一个月的时间，就一些棘手问题进行平等、坦率的讨论，因此这次会议被称为“圆桌会议”（尽管桌子实际上是四方形的）。比利时社会党（Belgian Socialist Party）在当时是在野党，对这次的会议的召开很满意。比利时代表团中有 6 位内阁部长，5 位众议员，5 位参议员，另有几十名顾问和观察员列席。这些人对殖民地缺乏直接了解，在刚果的比利时人戏称他们为“旱季的朝圣者”。不过，他们之中有很多人或多或少倾向于联合国新奉行的去殖民化思想。刚果代表团主要由各个政党的领袖（包括卡萨武布、冲伯、卡米塔图等）组成，另外还有十几位部族长老作为传统权威的代表出席。会议开始之前，刚果代表团成员统一战线，暂时抛开了党派争斗、部族冲突以及在意识形态的分歧。他们不想把这次会议变成混乱的“乒乓球赛”，他们要用一个声音说话。团结成事，分裂失败——比利时人至少教会了他们这个道理。比利时代表团反而分成了天主教、自由主义和社会主义阵营，分成了内阁和议会，刚果代表突然组成的联盟让他们非常意外。很多人会前准备不足，没有议程，没有政府立场。毕竟，他们没有想过这个会议会达成任何有效的决议。

圆桌会议召开后的前五天，统一战线的刚果代表团取得了 3 大关键性胜利。第一，他们说服比利时人让卢蒙巴出席会议。卢蒙巴在斯坦利维尔骚乱之后被捕入狱，代表团成员声称如果没有卢蒙巴出席，这个会议就没有代表性，可能只会给刚果的局势火上浇油。为了让会议安全召开，比利时人决定释放卢蒙巴，并让他飞往布鲁塞尔参会。第二，比利时代表团不得不承诺将会议决策纳入提交给比利时议会参众两院的法律草案中，刚果人非常清楚自己没有立法权，但这一承诺相当于保证会议决策不会变成一纸空文。这一胜利意义重大，因为它代表这次会议的性质从非正式讨论会转变成影响深远的峰会。第三，独立日期的确定。比利时代表团本希望就（在未来某个时间）独立后的刚果的政治框架问题进行商讨，但对于刚果代表团来说，首要问题是：什么时候独立？

圆桌会议召开后的第 5 天，在卢蒙巴抵达布鲁塞尔之前，刚果代表团成员让·博利康戈和代理殖民地大臣奥古斯特·德施里弗（August de Schryver）已经就独立日期展开讨论，讨论过程就像金沙萨街头的讨价还价。1958 年梦想的独立日期“1961 年 1 月 1 日”被取代，速度之快出人意料。佛兰德有一句古老的谚语，“不问不知道”，博利康戈做了第一次大胆尝试，提议将独立日期提前到 1960 年 6 月 1 日，也就是 4 个月后。比利时人对此十分震惊，提议在 7 月 31 日独立。推迟两个月或许不够，但起码是正确的方向。刚果方面又提议是不是可以往前挪一个月定在 6 月 30 日？双方各退一步？成交！1960 年 6 月 30 日，刚果将在这一天独立。在布鲁塞尔国会大厦里，比利时代表团和刚果代表团起立鼓掌。刚果代表团成员目瞪口呆，没有人想到会如此容易达到目的。[63]

所以，殖民者就这样轻率地同意了刚果独立？并非如此。圆桌会议的进展确实超出了预期（1955 年之后比利时殖民政治中每项会议都是如此），比利时代表团也确实没有为会议做充分的准备。但同意刚果独立并非草率的决定。在当时情境下，比利时只有两个选择：拒绝刚果方面的提议，这么做的话肯定会引发大规模骚乱；同意刚果方面的要求，期待事情不至于完全失控。[64] 没有时间冷静地谈判，换句话说，该怎样选择已经非常明显。虽然当时的卡米纳和基托纳驻扎有足够多的比利时士兵，但比利时完全不支持进入冲突模式。在过去的 6 年当中，阿尔及利亚经历了血腥的独立战争，在比利时议会中，军事行动绝不可能获得多数人的支持。《联合国宪章》以及美国和苏联的反殖民主义立场也让比利时在国际舞台几乎没有调动军队的空间。阻止独立？有可能，但代价是在殖民地铤而走险，同时在道义上被国际社会孤立。1960 年，非洲已经获得独立的国家不少于 17 个，比利时不能落后。在欧洲，无意于放弃非洲殖民地的只有南部几个独裁国家：萨拉查（Salazar）统治下的葡萄牙拒绝放弃安哥拉、莫桑比克、几内亚比绍（Guinea-Bissau）和佛得角群岛（Cape Verde Islands）；弗朗哥（Franco）统治下的西班牙仍然抓住赤道几内亚（Equatorial Guinea）不放；实行种族隔离政策的南非也拒绝结束对纳米比亚的统治。比利时代表团之所以同意刚果在 1960 年 6 月 30 日实现独立，是因为他们知道在这个日期之后，比利时人仍然会参与刚果的决策制定，以及刚果的军队和经济。比利时的高级官员会担任部长顾问，白人军官仍然在军队中任职，大公司仍然由比利时人控制，传教士还是会继续在刚果从事教育活动。

布鲁塞尔市中心的广场酒馆（Plaza Hotel）里喜气洋洋。当然，人们还在谈论“刚果会成为一个共和国，割断与比利时王室之间的关系，成为单一制国家，各省将行使自己的政治权力，可是这一切还没有确定”，但事实上，结果已经很明确了。卡巴塞勒的非洲爵士乐团，这个曾经因为一首《雅迈 · 科隆加》取得巨大成功的乐队也和刚果代表团一起来到了布鲁塞尔。会议结束后，参加会议的谈判者即便是穿正装也一样欢快地跳舞。

沙利 · 埃诺（Charly Henault）记得非常清楚。他担任非洲爵士乐团的鼓手多年，但他是一个比利时人。“我是个白人，但我有什么好在乎的呢？在一个到处都是鼓手的地方，我也只是一个鼓手而已。”我找到他的那一天正下着雨，在他位于比利时东部的家中，他这样跟我说。他当时病得很重，躺在床上，记忆已经有些退化：“圆桌舞会在广场酒店举办，是的…欢乐和喜悦…卡巴塞勒直呼这些政治人物的名字，他们都很喜欢他……他是一个出色的男人，穿着带黑色滚边的粉蓝色礼服。非常时尚……他喜欢女人，喜欢开玩笑……有一次我甚至把他的睡衣藏了起来！”[65] 在广场酒馆，乐队开始创作在刚果音乐史上最流行的乐曲：《独立恰恰》（*Indépendance Cha-Cha*），歌词是林加拉语和基孔果语，庆祝刚刚争取到的自治，颂扬政党之间的精诚合作，并向在争取独立过程中做出贡献的著名人物致敬。“独立，恰恰，我们得到了 / 噢！自治，恰恰，我们得到了 / 噢！圆桌会议，恰恰，我们赢了！”1960 年之后，刚果在卡萨武布、蒙博托和卡比拉当政时分别采用不同的国歌，词曲无不荡气回肠，但在过去半个世纪中，真正的刚果国歌只有一首，那旋律直到今天仍然可以让所有中非人摇摆起来，就是这首顽皮、轻快但让人感动的《独立恰恰》。

6 月 30 日，就是这一天了。圆桌会议于 1960 年 2 月 20 日结束，只剩下 4 个月的时间，要做的事情却很多。组建过渡政府，起草宪法，设立参众两院，扩大政府部委，任命外交使团，组织省级和全国选举，确定内阁和国家元首……这还只是这个国家的政治机构。除此之外，还需要设计国家货币，设立中央银行，发行邮票，设计驾照、牌照，设立土地登记办公室。

殖民地许多比利时人对这一疯狂冲刺持怀疑态度，他们担心这个历经 75 年充分开发的殖民地会在几个月的时间里彻底完蛋。他们之中，很多人开始将积蓄、财物以及家庭成员送回比利时，有的则选择移居南非或者罗得西亚。在6月的前两周，从恩吉利机场离开刚果的乘客是去年同期的4倍。比利时世界航空（Sabena）不得不增加70个航班，前往安特卫普的轮船都超载运输。[66]

另一方面，普通的刚果人正沉浸在独立带来的喜悦中。他们相信黄金时代就要到来，刚果会立即繁荣起来。全国发行的宣传册子里充斥着美好的承诺。几乎所有政党都在承诺根本无法兑现的事情，有些承诺滑稽可笑，有的承诺则很危险。[67]“当独立到来之时，”一张阿巴科党的宣传海报上写道：“白人必须离开我们国家。”这显然不是圆桌会议的结论。“白人留下来的物资将成为黑人的财产，也就是说，房子，商店，卡车，商品，工厂以及土地将归还给巴刚果人。”这些文字如此具有煽动性，也难怪下刚果省的农民会期待无限制的自由。“所有法律都会被废除，我们再也无须听命于传统酋长、长老、官员、传教士、老板……”人们渴望突然而彻底的转变，从中可以听到金邦古时期的回响。“独立”被视为救世主降临的时刻，它会带来“生命、健康、欢乐、好运和荣誉”。卡萨武布和卢蒙巴，两人都曾被捕入狱，后来则被视为先知和殉道者。在卡萨武布的身上，人们看到了复活的刚果王国的国王，而充满活力的卢蒙巴则被比作苏联的人造地球卫星。天真的民众期待翻天覆地的变化，期待雇佣关系和税收的消失。有些人甚至相信，独立之后，“黑人会生下白人小孩”，而且“每个人都可以为自己挑选一个白人女性，因为她们将被留下重新分配，就像汽车和其他东西一样”。[68]一些小商贩利用这种天真，开始大声叫卖白人的房子，要价40美元……一些上当受骗的人甚至真的去敲白人别墅的大门，问自己是不是可以进去看看新购的财产，有的还要求检验屋子里的女人，因为他们在买房子的同时也为其支付了 20 美元。[69]

从宏观经济角度看，待办事项也很多。毕竟殖民地工业在很多方面都与殖民政府交织在一起，而殖民政府很快将不复存在。为了处理这些事情，布鲁塞尔召开了第二次圆桌会议。这次会议没有得到刚果各大政党的重视，在他们看来，独立是最重要的事情，而现在，他们已经获得了独立。而且，那个时候已经是 4 月底，每个人都忙着为 5 月份即将举行的大选做准备。这个时候，没有一位重量级的政治人物还有时间离开刚果。所以，出席会议的是年轻的政党成员，他们的助手则是一些在比利时学习的刚果人。

代表团成员中有一人名为马里奥 · 卡多索，后任刚果参议院的副议长。在金沙萨，他邀请我到富丽堂皇的梅姆林酒店共进午餐。

> 我是第 3 个获得许可到比利时求学的刚果学生。每年，拉斐尔神父都会送一名圣母圣心会学生到比利时鲁汶大学去学习。耶稣会传教士认为本地人应该在他们自己的国家受教育，但圣母圣心会传教士想证明他们的学生不亚于比利时学生。第一个去比利时求学的是托马斯 · 坎扎，时间是在 1951 年，他学习心理学和教育。事实上，他想学法律，但刚果总督不允许，担心刚果学生学完法律之后会有反抗意识。第二年去比利时的学生叫保罗 · 穆谢特（Paul Mushiete），他也学习心理学和教育，此外还有社会学。轮到我是在 1954 年，我想进军事学院，这肯定是不被允许的，因此我

> 学的还是心理学和教育。1959年，我回到金沙萨，在这里的鲁汶大学担任助教。我当时计划成为一名教授，但卢蒙巴让我去参加经济圆桌会议。我带领刚果民族运动党代表团，也就是卢蒙巴的决策机构。

当时，刚果民族运动党出现内部分裂：卢蒙巴派（MNC-L）——支持集权制，卡隆吉派（MNC-Kalonji）——致力于提高开塞巴卢巴人的利益。“会上充满猜疑。比利时代表团中的一些绅士曾经是我们的教授，而我们必须和他们谈判，要取得成果绝非易事。谈判的主题是殖民地公司的未来地位，但每一件事似乎都事先决定好了。”[70]

比利时方面想通过经济圆桌会议保证其在刚果的商业利益，并认为比利时公司应该自由决定1960年之后的注册地址。[71]对此，卡多索直到现在仍然耿耿于怀，“这些公司有权决定是遵守比利时法律还是刚果法律，我们被迫接受了这一必然结果。”绝大多数公司都选择了比利时，他们担心刚果财政不稳定，当然更担心被国有化。从利奥波德二世统治时期开始，刚果就是自由市场经济的试验田。在刚果运营的公司受益于宽容的财政制度，很少受政府干预，以兴业公司为代表的大企业经历了一个不受限制的资本主义时期。即便在一些公司里殖民政府是大股东，比如影响力很大的加丹加特别委员会，政府还是把公司的运营权力交给商人。刚果独立在即，很多商业领袖担心能够自主决策并与政府保持良好关系的好日子恐怕是屈指可数了。虽然他们在刚果的活动仍然很积极，但还是选择在比利时注册，也就是从实质上把他们的公司置于比利时而非刚果的统治之下。刚果的财政因此损失了一大笔税收收入。

第二轮谈判的议题还包括“殖民资产目录”（colonial portfolio），指的是比属刚果殖民政府在殖民地公司（包括矿业公司、种植园、铁路公司和工厂）中持有的股份。这些股份该如何处置？很明显，一旦比属刚果变身为刚果，这些股份应该成为新国家的财产。但比利时的政客和商业领袖并不予以认可，他们说服刚果代表团成员接受这样的观点：把这些股份转移给一个新成立的比利时刚果开发公司可能会更好。运用这一狡诈策略，可以继续掌控刚果的钱袋子。[72] 刚果则因为其代表团没有经验而付出了代价。只学过心理学的人要做出重要的宏观经济决策，当时的比利时首相加斯东·伊斯更斯（Gaston Eyskens）称他们为“二流的人物”。[73] 其中包括记者蒙博托。他也是好友卢蒙巴派去的，这次经历一辈子都萦绕在他心头，他后来说道：

> 我坐在那里，就是一个傻乎乎、举止粗野的记者，而坐在同一张桌子上的是比利时金融界的“大白鲨”们。我从来没有接受过财政知识，代表团中代表其他政党的成员也没有。这次会议于我而言不是什么美妙的回忆，从4月26日至5月16日，我们一点一点地抠，却像西部牛仔一样被职业骗子一次又一次地耍弄。我们谈到夜里很晚，第二天却发现比利时议会做出的决定使一切谈判成为废话。我们必须在每一件事情上努力争取……当然，我们再一次遭到碾压。对手在谈判中用一系列法律和技术策略成功捍卫了他们的利益，维护

了比利时资本家和跨国公司对刚果钱袋子的控制权。[74]

最糟糕的情况几个星期之后才出现。1960 年 6 月 27 日，也就是距独立还有 3 天的时候，比利时议会在刚果政府的支持下解散了加丹加特别委员会。[75] 这是刚果所犯的最愚蠢的错误，使新国家丧失对矿业巨头矿产联合会的控制权，丧失了推动刚果经济发展的马达。为什么会出现这样的情况？从本质上讲，加丹加特别委员会是一家国有企业，将加丹加的开发特权授予一些私营公司换取一定的股权。实际上，它占有矿产联合会大量股份，因此拥有该公司的控制权。历史上，政府很少使用在公司中的话语权，殖民当局一直依赖企业界的能力。现在，既然刚果很快就会成为一个独立国家，那么刚果政府就有机会参与矿产联合会及其所有子公司的活动，但由于刚果特别委员会被解散，这种可能性实际上已经不存在了。参加经济圆桌会议的刚果代表团成员对西方资本主义非常不满，认为西方资本主义会造成巨大剥削，因此他们一点也不反对解散这样一个机构。卢蒙巴的新政府很快也会采取同样的立场……为此，刚果只能成为公司的小股东，手握的权力和能够获得的收益较比利时信托公司（如兴业公司）小很多。从这个角度讲，刚果不仅丢掉了大量收入，而且也失去了让这些公司为国家利益服务的机会。

与无知共舞，这个国家一步步走向独立。政治钥匙已经收入囊中，经济之钥却被比利时牢牢控制。尽管如此，在比利时巧施诡计后，两国仍然在第二天签署了“友好条约”，包含互帮互助等内容。

终于到了5月末，刚果举行了期待已久的全国大选。投票率非常高，选举结果则在预料之中。除了卢蒙巴的刚果民族运动党，最大赢家是一些区域性政党，其中一些政党具有分离主义倾向。阿巴科党在下刚果省获胜，科纳卡特党在加丹加南部获胜，在北部胜出的是巴卢巴卡特党，刚果民族运动党卡隆基派在开塞获胜，在奎卢获胜的是非洲团结党，在基伍获胜的是赛雷亚党。后面两者并不是真正意义上的部族政党，给种族上高度碎片化的基伍和奎卢地区带来了超越种族的活力。1960年的刚果选举地图大致上与半个世纪之前人种学家绘制的种族地图重叠，但是这种重叠不应该被看成一种返祖现象。如果今天在欧洲举行一场泛欧选举，结果也很可能是法国人投票支持法国人，大部分保加利亚人支持保加利亚的候选人。在刚果这么大的国家，绝大部分地区的民众最多只接受了小学教育，选民支持与自己来自同一地区的候选人一点也不奇怪。这次选举中，竞争力最强的三位候选人是卡萨武布、卢蒙巴和冲伯。卡萨武布在刚果西部有很大影响力，卢蒙巴的影响力则体现在西北部和中部地区，冲伯在极南地区。与这些地区对应的主要城市分别是：利奥波德维尔、斯坦利维尔和伊丽莎白维尔。三大区域之间的地带则划分出了一些较小的政党。

碎片化现象给组织具有代表性的联合政府造成了困难。没有一个政党占有绝对优势，（卢蒙巴的巨大胜利也仅在于——在6个省份中的5个——赢得了三分之一的众议院席位，在加丹加省并没有取得任何进展），和少数几个政党组成初步联合政府的方案也被排除。协商需要很长时间。不仅如此，卢蒙巴赢得这么多选票让比利时政府很不满意，在他们看来卢蒙巴只是一个蛊惑人心的政客。比利时政府甚至任命 W.J. 甘索夫 · 范德梅尔斯（W.J. Ganshof van der Meersch）为常驻公使，负责监督刚果新政府的组成。随后，比利时又向殖民地派遣新的军队。卢蒙巴不能容忍这些外交手段，并不掩饰自己的不满。他和卡萨武布之间的争执没完没了。于是，卡萨武布成为了第一个被授权组建新政府的人，但他失败之后，这个任务还是交给了卢蒙巴。要将彼此之间存在巨大差异的个人组织到一个团队之中，对于卢蒙巴来说几乎是不可能完成的任务。一直到独立之前的一周，这位比利时的常驻公使仍然希望卢蒙巴不会成为总理。

但是就在 6 月 23 日，首届刚果政府形成，由 23 名部长、9 名副部长和 4 名国务部长组成，涉及政党不少于 12 个。艰难的妥协造成的痛苦要比欢乐多。来自赤道省的杰出人物、在布鲁塞尔谈判中领导过刚果统一战线的博利康戈，在最后一刻与总统职位擦肩而过。卢蒙巴需要阿巴科党的支持，所以，他做出让步：卡萨武布如果能压制自己的分离主义倾向，就可以担任新国家的元首。卢蒙巴自己虽然是选举中的大赢家，但只担任了总理而不是总统，即便他的政党赢得了众议院 137 个议席中的 33 个，而卡萨武布的政党仅仅赢得 12 个席位。

冲伯也意识到自己错失良机，他的政党勉强接受了一个部长级职位和一个副部长的职位。他所在的加丹加省贡献了这个国家财政收入的大头，却只获得如此微不足道的回报，他对此难以释怀。迟早，这一切都会产生后果。议会的态度也很迟疑：新政府只是勉强得到了议员的支持。[76] 因此，在卢蒙巴政府成立早期，没有一项政治提议能得到内阁成员的一致支持。

这个团队不但不规范，而且非常年轻。75% 的团队成员不满 35 岁，最年轻的只有 26 岁，名叫托马斯 · 坎扎。他是刚果第一个获得大学文凭的人，担任刚果驻联合国大使，在刚果独立之后的头一个月里，这显然不是个什么好差事。最年长的内阁部长是帕斯卡尔·恩卡伊（Pascal Nkayi），59 岁，职位是财政部部长，他之前的全部工作经历只是在邮政局担任职员。新的精英群体在议会中占绝对优势：137 名议员中只有 3 人是传统的部族酋长。[77]

首届刚果政府从比利时人手中接管了一个有着良好基础设施的国家：铁路线超过 14 000 千米，公路超过 140 千米，机场超过 40 个，水电站和电厂的数量超过 100 个，以及现代工业（刚果在工业钻石领域位居世界前列，同时还是世界第四大产铜国）。此外，综合医疗保健事业已经起步（刚果已经建有 300 家为本地人服务的医院，还有一些医疗中心和生育中心），教育工作也做得不错，刚果的识字率非常高（1959 年，全国小学生数量超过 170 万），这些成绩和非洲其他殖民地比起来的确很了不起。[78] 而且，刚果的军队在两次世界大战中有非常出色的表现。但生活不只需要基础设施。托马斯·坎扎，这位学习心理学的内阁新人，很清楚对于许多非洲人来说成功只是相对而言。“和很多欧洲人的说法不同，对于非洲人来说，缺乏同情心、尊重和殖民者的爱所造成的痛苦，要比缺少学校、道路和工厂严重很多。”[79] 而且，如果被任命的政府官员中根本没人懂得如何治理国家，那么你还能做什么呢？在独立的那一天，这个国家只有 16 名大学毕业生，虽然有数百名受过训练的政策顾问和护士，但治安部队里没有一名黑人军官，全国没有一名本土医生，没有工程师、律师、农学家和经济学家。

“比利时没有殖民经验，”在梅姆林酒店和我共进午餐时，卡多索说，“至于去殖民化，比利时的经验更少。为何如此匆忙？如果再等 5 年，就能训练出第一批刚果军官，军中就不会发生哗变。”从 1955 年到 1960 年，殖民当局疯狂地寻找改革方案，希望以此来平息社会上的不满浪潮，但行动规模太小，时间太晚。因此整个去殖民化的进程就像火车脱轨，没有人能找到刹车。因为没有及早满足沮丧的本地精英提出的可以理解的要求，布鲁塞尔方面放手让各方势力进行博弈，造成的结果却远远超出其控制能力。而这些刚果的年轻精英也制造了同样不受控制的局面，他们不仅找到并引导下层民众的不满，还对其进行煽动和放大，直到无法收拾的地步。这一系列事件揭示了是一个能够注意到但无法解决的矛盾：去殖民化开始得太晚，独立来得太早。在狂欢的假象下，刚果的快速解放其实是一个悲剧，只能以灾难收尾。

第七章

六月里的
一个星期四

那个周四，雅迈·科隆加凌晨4点钟便已起床，为了以防万一，前一晚他一直睡在裁缝家里。[1]仪式要到11点才开始，但这毕竟是与众不同的一天。这个有50万人口的城市仍然处于黑暗和寂静中。无论是现代公寓还是传统茅草屋，都被暑热笼罩。一切事物都是静止的，衣服一动不动地挂在绳子上；火已熄灭，只剩灰烬。在看不见的地方，孩子们睡姿怪异；在看不见的地方；男人和女人相互偎依，享受一夜的舒适，也可能是一辈子。空空荡荡的马路上，信号灯的颜色从绿到黄到红；欧洲人居住区里，游泳池中的水没有一点涟漪。

鸟儿仍在巢中休憩，穿过花园和别墅，穿过草坪和绿化带，可见刚果河在夜色下流淌。一些来自上游丛林的土块上还有草木，树桩会在下一个激流处猛然跃起又重重落回水面。几千年来，刚果河一直如此，大自然对这值得庆祝的一天不感兴趣。

科隆加打开灯，祈祷，沐浴。崭新的西装挂在衣架上面，他很小心地将上衣下面的裤子取下来。裁缝为他做了一套漂亮、合身的无尾礼服，裤子光滑的布料给皮肤凉凉的感觉，衬衫笔挺，外套显然也是量身打造。他看着镜子中的自己。谁会想到，这个本名让·勒马（Jean Lema）但以科隆加这个名字为人所知的人，会在这一天扮演如此重要的角色。几年前，他还在内陆的赤道省做着一份简单的案头工作。作为刚果交通办公室的职员，他负责管理在刚果河上通行的货轮。但在当时，他已经能够感受到气氛的变化。在后来的晋升中，他接手了来自韦尔维耶（Verviers）的比利时人尤根先生（Monsieur Eugène）——一个白人——的职位。1958 年，他回到利奥波德维尔，嗅到了“独立的香气”。卡萨武布当时仍然定期到家中拜访他的父亲，他听到了两人振奋人心的谈话，察觉到令人难以置信的机遇。他不想再回到内陆，即便雇主反复劝说。在市中心的大街上，科隆加偶遇了让·博利康戈。博利康戈当年也在拉斐尔神父的学校里就读过，他也期待着即将到来的解放，是极少数在殖民政府中职位较高的刚果人之一：在信息部担任副专员。博利康戈当然知道科隆加的演讲能力，也记得科隆加的父亲是一名“先进阶级”（über-évolué）。毕竟，博杜安国王曾经莅临过他的家。博利康戈摇下车窗，当场邀请他担任政府信息服务部门的编辑、播音员和翻译。科隆加立即接受了邀请，从一名河道运输管理部门的职员，摇身一变，成为公共广播系统的记者。从那个时候开始，他每一天都可以闻到独立的气息。作为一名记者，他不仅报道时装秀和足球比赛，还近距离见证了这个国家的政治大转变。布鲁塞尔圆桌会议召开期间，他每天都在更新会场上的情况。1960 年 6 月 26 日，卡萨武布宣誓就任独立刚果的首任总统也是他的独家新闻。他肩扛笨重的磁带录音机，成功采访了这一活动。

崭新的黑皮鞋擦得锃亮，纯白色的鞋底一尘不染。4 天前，卡萨武布的就职典礼举行，科隆加的报道工作做得不错。2 天前，他们让他直播神圣的独立日仪式，他答应了。不过，这意味着他的裁缝必须加班加点地工作。

1960 年 6 月 30 日，严格地说，在午夜 12 点到来的那一刻，刚果就已经实现了独立，在国家宫（Palais National）举行的仪式则是对此进行确认。博杜安国王特地从比利时飞到刚果。比利时对刚果的殖民统治长达 50 年，如果以他的先辈利奥波德二世创建自由邦的时间为起点，则足有 75 年，现在他要把刚果的主权交给卡萨武布总统。科隆加作为一名记者，将亲历这一历史性的时刻。

比利时人在中非的历史深深影响了他家庭的历史。通过学习，他的父亲成了刚果最著名的“先进阶级”之一，他的祖父却还在村子里以打猎为生。科隆加知道祖父的故事，“白人来到下刚果省的时候，他用头顶着他们的行李。他不怕白人，但白人说什么他就做什么。他本来有 3 个妻子，但受洗之后送走了 2 个。”即便是在内陆深处，也没有一个人不曾受到历史变迁的影响。变化发生得太快了。

六点一刻，信息部总监安排了一个吹风会，准备了新闻发布材料。卢蒙巴总理的发言稿刚刚拿过来，现在可以交给记者。科隆加被带到自己的座位上，就在大厅的正前方。每一道程序都要得体地推进，这是反复强调的一点。因为在昨天，当比利时国王和卡萨武布乘坐的美国折篷汽车行驶在这座城市时，尴尬的事情发生了。

和 1955 年视察时一样，博杜安国王向人群挥手，人们也向国王挥手致意。但突然之间，一个人从人群中跑出来，一把抓起了国王的佩剑。在这起事件留下的录像和照片中，国王站在车上，身穿白色制服；卡萨武布站在国王的左边，穿着黑色西装。博杜安国王正在向治安部队的士兵致敬，这些士兵站在道路左侧，举着比利时的三色旗。国王察觉到右手边的动静时，并没有意识到发生了什么。一个额头很高的方脸男人跑到一边，手上高举着国王的佩剑：比利时王权的象征，它不仅仅是武器，还代表比利时皇室的权力。

这一事件的发生引起热议，“这个人心智不正常，”科隆加说，“他着了魔，他的灵魂误入歧途、焦躁不安，有轻度精神错乱。人们都说他已经疯掉了。”很多欧洲人觉得这一事件完全是愚蠢的炫耀之举，是肤浅的恶作剧，是对权力交接的讽刺。然而对于很多生活在工人社区的刚果人来说，这是匹夫之勇。触碰甚至拿走属于国王的圣物？他们说，这个人活不到第二天。如果连面具、祖先的画像、豹皮和猴子尾巴都有魔力，那么欧洲国王的佩剑该是何等不可侵犯？“先进阶级”也认为这是大逆不道的行为。那位有驾照的模特维多琳·恩乔利说：“那个疯子偷走国王的佩剑时，我们非常不安。后来听说他心智不太正常。”[2]

但愿今天一切进展顺利，科隆加想。仪式必须无缝推进，不能出现任何纰漏。但人们将一些古怪的期待寄托于独立，比如把鹅卵石装在盒子里埋起来，希望独立之后这些石头能够变成金子。还有很多人相信独立能让死人复生。[3]甚至有人在祖先的坟墓上放一些衣服，表示对复活的欢迎；在那些不受欢迎的死人的坟墓上，他们则放上波状铁皮，表示对复活的阻止。内地一些村民因为害怕死人从坟里爬出来，将自己锁在草屋里，长达4天；孕妇也拒绝走出家门去产房生产。[4]

在城市里，对独立的狂热表现得更加社会化。在斯坦利维尔，一些本土居民在属于欧洲人的土地上非法搭建草屋。基塔瓦拉教的信徒多年隐居，如今搬进比利时人废弃的别墅，在里面点上火把，举行自己的宗教仪式，唱自己的歌。在利奥波德维尔，独立前几天，偷盗和故意破坏案件的数量明显上升。很多童仆当面嘲笑白人老板，坐在汽车引擎盖上不下来。[5]

上午9时，科隆加见证了众多政要名人走进国家宫的圆形大厅。比利时参众两院的议员，高级军官和文职官员，来自非洲友邦的代表摩洛哥的哈桑王子（Prince Hassan）、刚果（布）总统富尔贝尔·尤卢（President Fulbert Youlou）、卢旺达国王基格里（King Kigeri）。但最重要的出席者，还是选举产生的第一届刚果参众两院的议员。国家宫几年前才落成，当时的总督官邸（那个时候人们觉得，总督的位置在未来几十年内都不会受到影响），现在却成了议会大厦。坐在穹顶之下的大部分来宾都穿着黑色西装，其他人戴着传统头饰，贝壳、羽毛、兽皮，和总督用秃鹰羽毛装饰的遮阳帽一样令人印象深刻。

每个人都坐定之后，卢蒙巴总理走了进来。又过了一会儿，所有人都起立欢迎博杜安国王和卡萨武布总统。博杜安国王是第一个发表讲话的人，这位魅力四射的国王所发表的演讲稿更适合1900年而非1960年。他赞扬了利奥波德二世的努力，好像他的这位先辈不曾受到调查委员会的谴责一样。“刚果的独立代表着一项伟大事业的完成，这项事业肇始于利奥波德二世国王的天才，由他无畏的勇气和比利时的决心推进。”这位年轻的国王也没有回避家长作风，“现在轮到你们了，先生们，请向我们证明对你们的信任是完全正确的……你们的任务是艰巨的，你们将是第一批意识到这一点的人……如果需要帮助，千万不要犹豫。我们时刻都站在你们身边，随时为你们提供建议”。[6]

他结束演讲时，台下听众礼貌地鼓掌。与此同时，成千上万的农村和工人社区居民都守在收音机旁，听科隆加用法语、林加拉语和基孔果语播报：“女士们先生们，你刚才听到的是比利时国王殿下的演讲，从这一刻开始，刚果独立了。”[7]科隆加的眼睛焕发出快乐的神彩，他是第一个宣布刚果独立的刚果人。

卡萨武布在国王之后发表演讲，他是科隆加曾经在自己家中的起居室里见过多次的人。卡萨武布曾经和他的父亲有过激情澎湃的对话，在之前的市政选举中，他曾严厉抨击殖民当局。这一次，他的演讲却十分委婉。这也难怪，因为他的演讲稿是让·科尔迪撰写的，这位比利时人曾经是科内利斯总督的私人秘书。“卡萨武布的演讲稿是我写的，至少初稿是我写的。另外，他就任总统时的演讲稿也是我写的。”[8]从当天的记录来看，独立日仪式中的演讲部分到此结束。

但他们有所忽略。

在总统的演讲过程中，卢蒙巴一直在旁边做纠正。他的膝盖上放着一叠纸，上面写满了各种观点。几天前，卢蒙巴已经看到了卡萨武布态度温和的演讲稿，觉得不能放任不管。他决心最后一次反驳殖民者，这么做也可以让他重新成为被关注的焦点，因为不是他而是卡萨武布在尽地主之宜让他很恼火。他是选举的最大赢家，却只能在旁边看着他的主要对手卡萨武布——一个根本没把刚果放在心上的地区主义者——站在博杜安国王旁边出风头。[9]卢蒙巴本人在头天晚上写好了自己的演讲稿：直到现在他仍然可以一天晚上只睡两三个小时。有人说他的比利时顾问、忠实支持者让·范列尔德（Jean Van Lierde）也参与了演讲稿的撰写。今天，这份演讲被视为20世纪最伟大的演讲之一，同时也是非洲去殖民化历史中的重要演讲：

> 如果今天刚果的独立由我们与比利时一致宣布，如果说比利时是一个友好的国家，如果说我们和比利时平等共处，那么，真正的刚果人应该永远不会忘记，这份独立是通过抗争实现的。日复一日的抗争，炙热的抗争，带有理想主义色彩的抗争。在抗争中，我们不遗余力，不畏艰险，承受了痛苦和血的代价。
>
> 饱含泪水、苦难和鲜血的抗争让我们的每一个细胞都充满了荣誉感，因为它是高尚的，是正义的，为了结束强加给我们的屈辱的奴隶身份，它是不可避免的。
>
> 几十年殖民统治，被操控的命运不会从记忆中消失，我们的伤口还是新的，还很痛。我们付出艰苦劳动，换得的工资却无法让我们吃饱穿暖，无法让我们拥有体面的住房，无法给我们的孩子无忧无虑的成长环境。

从早到晚，我们一直被讽刺，被羞辱，只因为我们是黑人。谁又能忘记，黑人永远被称为“你”（tu），不是出于亲热，而是因为“您”（vous）是专属于白人的尊称？

我们见证了这个国家的原材料以合法的名义被盗走，但这种法律只将权利赋予最有势力的人。

我们见证了法律对白人和黑人的不平等：对前者通融，对后者残忍。

我们见证了一些人因为政治信念和宗教信仰被流放，过着的悲惨生活。他们在自己的国家被流放，其命运比死亡还要糟糕。

在城市中，我们见证了白人住进华丽的房子，而黑人只能住茅草屋；见证了黑人不被允许进入所谓的“白人电影院”“白人餐馆”和“白人商店”；见证了白人享受豪华客舱，而黑人只能在他们脚下的货舱里容身。[10]

的确，这是一份值得铭记的演讲稿，和所有伟大的演讲一样，用实实在在的细节简要地阐述了历史，用具体的事例描述了人们遭受的不公。但卢蒙巴选择的时机是相当不合适的，因为这一天是刚果实现独立的日子，但他却像在参加竞选。太执着于不朽的地位，被泛非主义的浪漫色彩遮住了双眼，卢蒙巴作为刚果统一的伟大提倡者，在刚果获得独立的第一天，忘记了自己应该领导这个国家走向和谐而不是分裂。他自称代表了人民的声音——当天出现了各种严肃的措辞（诸如人民、奴役、抗争，当然还有解放）——但人民却并没有一致站在他的身后。毕竟，他只赢得了不到三分之一的选票。从意义的角度讲，卢蒙巴的演讲是伟大的，但从效果上讲则充满了问题。而且，与历史上一些真正伟大的演讲——1863 年亚伯拉罕·林肯（Abraham Lincoln）在葛底斯堡（Gettysburg）发表的演讲（“民有、民治、民享之政府不会从地球上消失”），1940 年 5 月 13 日温斯顿·丘吉尔担任首相后的第一次演讲（“我所能奉献的没有其他，只有热血、辛劳、眼泪和汗水”），马丁·路德·金（Martin Luther King）在 1963 年发表的演讲（“我有一个梦想”），纳尔逊·曼德拉（Nelson Mandela）1964 年向法官宣读的关于民主的演讲（“我愿意为这个理想生存，愿意努力实现这个理想。但如果有需要的话，我也愿意为之献出生命”），或者 2008 年巴拉克·奥巴马（Barack Obama）震撼世界的胜选演讲（“美国已经迎来改变”）——相比，卢蒙巴的演讲更着眼于过去而非展望未来，展现了更多的愤怒而非希望，表现了更多的敌意而非宽宏大量。因此，这篇演讲在更大程度上体现了他的叛乱之心，而非治国之才。

科隆加在前排，他听到卢蒙巴的支持者前后 8 次用掌声打断了他的演讲，但同时也看到了“受邀嘉宾冰冷的表情和国王的一脸苍白”。他还看到博杜安国王靠近卡萨武布，要求他做出解释，但卡萨武布一动也没动，因为他事先也不知道卢蒙巴会做这样的演讲。卢蒙巴的演讲稿在禁止发布的情况下仍然被分发给了记者，但国王和总统都没有看过这份文字。之后，博杜安国王无比愤怒，觉得自己受到了严重的冒犯。对于他来说，这简直就是加冕礼的重演。10 年前的典礼上，共产主义参议员朱利安 · 拉奥（Julien Lahaut）喊了一声“共和国万岁”（Vive la république！）那一天也被大家视为节日，是对他的王权的确认，然而，典礼同样被毁了。一个左翼煽动分子突然闯入，吸引了所有人的注意力。一个星期之后，拉奥在他的家门口被一群不明身份的人刺杀。6 个月之后，同样的命运等着卢蒙巴。

博杜安国王想立即返回比利时，他已经没有兴趣去参观先驱者公墓（Pioneer Cemetery）和利奥波德二世骑马的雕像。但比利时首相加斯东 · 伊斯更斯（Gaston Eyskens）及时干预，并在午餐时要求卢蒙巴发表一篇更友好的演讲。结果是伊斯更斯首相亲自撰写了一篇演讲稿，卢蒙巴大声将其读出来，博杜安国王才留到了这一天结束。

认为整个刚果都因为卢蒙巴总理的大胆言论而欣喜是错的，1400 万刚果人很少达成一致。科隆加总觉不安：“卢蒙巴不是外交人员，有些话说得太极端。卡萨武布更像一位绅士，他希望白人留在一些省份继续担任副职，比如农业和财经领域的副职。但我们的宪法授予总理太多权力，我们的总统和比利时国王的形象类似：统而不治。”作为下刚果省的本地居民，他更支持卡萨武布。对于很多巴刚果人而言，卢蒙巴算不上英雄。“卡萨武布冷静，有教养，值得尊敬。”下刚果地区的一些老人直到今天仍然这样说。“卢蒙巴轻率、做作、粗鲁，他是问题之源。他和国王说话的方式是非常不负责任的。他应该说‘你们现在独立了，来吧，享受你们的独立！’而不是旧事重提。”[11] 今天，几乎所有居住在博马、马塔迪和姆班扎恩古恩古（也就是以前的蒂斯维尔）的老人都还会因为这个事情而生气。“都是从那个时候开始的，卢蒙巴的演讲激怒了比利时人，国王甚至都不想留下来参加午宴。卡萨武布并不想赶走比利时人，但卢蒙巴想完全从头开始，这是个非常糟糕的开端。我这么说并不是出于种族原因。”[12]

即便是卢蒙巴最忠实的支持者也不免忧虑。马里奥·卡多索来自卢蒙巴家乡斯坦利维尔，在独立前召开的经济圆桌会议上是卢蒙巴的个人代表。他告诉我：“我当时就在下面听，我也惊呆了，卢蒙巴就像一个蛊惑人心的政客。我也是刚果民族运动党的成员，但他说的话不符合我们的纲领。有一些代表鼓了掌，但我没有。我当时想，他那是政治自杀。”[13]

不过，在刚果其他地方，这件事并没有引起太多关注。在伊丽莎白维尔，这一天平静而欢乐。冲伯只能满足于省长职位，他再次强调了刚果和比利时之间维持友好关系的重要性。在加丹加矿区的独立日庆祝活动中，一个儿童合唱团献上了几首赞美诗。殖民官员也加入当地人的庆祝活动，并且受到大家的欢迎，尽管他们还需要时间来适应身份的改变：突然之间已经是前殖民官员。[14]其他地方的人也都举行弥撒，载歌载舞。卢蒙巴的演讲是之后才传开的，很少有人会不同意他的说法，但多数人思考的问题是是否有必要说出这些话。一位首都的居民曾经说：“与新生相伴的总是痛苦，但既然孩子已经出生，那么就应该微笑了。”[15]

刚果解放后的第一天，上演着各种庆祝游行和比赛，民间舞和焰火表演让人目不暇接。庆祝活动要持续 4 天：从周四到周日。一个漫长而自由的周末开启了刚果的独立时代。博杜安国王体育场内举行了多场体育比赛（本来应该由卡萨武布为优胜者颁奖，但被卢蒙巴夺过奖杯取而代之）；[16] 利奥波德维尔还举行了一场街道自行车比赛（所有比赛中最具有比利时特色的，但前 3 名都由刚果车手获得）。大家开怀畅饮，喝了很多啤酒，因为此时刚好是月末，每个人都领了工资，酒吧外墙边堆满了啤酒箱。几天之后，新政府下令禁止酒类销售点在晚上 6 点和早上 7 点之间营业。庆祝活动有些失控，但没有发生犯罪行为。开塞出现了一些骚乱，并没有人攻击比利时人、斗殴、强奸女性或洗劫欧洲人的住宅。

但是，就在独立这一天，有一个人——根据他自己的记述——被关在监狱里痛苦呻吟。他就是来自基奎特的隆然 · 恩瓜迪，一名想成为神父但未获得许可的信徒，勇敢足球俱乐部的明星球员，曾经是佩蒂永总督的童仆，去过比利时但没有机会参观布鲁塞尔世博会。在这个新国家里，他是第一个异议分子。“我的腹部胀得像个气球，我的鼻子和肛门都在流血，而且还尿血，像被妖风吹过一样。我的手被铐着，好像我偷了什么东西似的。”当天早上的 4 点钟，当科隆加在为这个大日子准备着装、卢蒙巴正在写自己的演讲稿时，隆然已经躺在那里好几个小时，一直哀叹着自己的命运。前一天，他被省长让 - 巴蒂斯特 · 伯曼斯（Jean-Baptiste Bomans）逮捕，“他带了 2 辆吉普车的士兵来抓我，伯曼跟我说‘你疯了’，我说，‘我没疯，我很正常，博杜安国王是我的兄弟。无论你做什么，我就是先知，和以利亚（Elijah）和耶利米（Jeremiah）一样。’”

2008 年，我终于在基奎特找到了隆然，他当时正在河里洗澡。为了欢迎我，他穿上自己最珍视的一件衣服：一件豹纹衬衫，他用别针在上面别了一张卢蒙巴和安托万·基赞加并肩站着的照片。基赞加是他的政治英雄，和他来自于同一个地区，在卢蒙巴担任总理期间，他是副总理。我们会面的时候，基赞加还在约瑟夫·卡比拉手下担任总理，那时已经是他执政的最后阶段。隆然是我遇到过的最富有色彩的刚果人，这还不仅仅是因为他令人惊叹的人生经历，因为就连他的装饰也让人吃惊。在我们见面的第一天，他的脖子上戴着一个大十字架和一枚圣牌，圣牌上面是圣·特蕾莎（St. Theresa）和耶稣圣婴的图案，此外还有天使长米迦勒的圣牌，卢尔德蓝十字架，一把有“意大利制造”的刻有“ICSA”商标的旧钥匙，隆然称其为“天堂的钥匙”，一把锤子和一只口哨。锤子暗指了另外一个政治人物的名字：让·马尔托（Jean Marteau），也就是卡米塔图的昵称，此人和他来自于同一个地区；至于口哨，他表示“每当我看到未来的时候，我会吹口哨把大家叫过来，然后把信息传达出去”。

隆然的想象没有边界，甚至宣称半个世纪之前冒犯国王的人就是他。“是的，我就是拿走博杜安国王佩剑的人。”在相当长的一段时间内，我一直相信他说的是真话，他额头很高，长着椭圆形的眼睛，很像在独立日前夕拿走国王佩剑的人。但同时我们也知道，这个故事有不少版本。不少年纪大的刚果人都说自己知道是谁偷走了国王的佩剑，也知道其中的原因，但这个事件的主角其实在很久之前就已经去世了。这些故事信息量丰富，构成了人们对去殖民化的记忆。“博杜安国王是人们的偶像，”隆然说，“他很坦率，年轻又英俊。”

隆然从比利时回到刚果后，佩蒂永已经不再担任总督，这时的他也对刚果的解放热潮深深着迷。与众不同的是，他的兴趣带有神秘主义色彩。隆然在利奥波德维尔街道上闲逛，每天都去利美泰区的圣皮埃尔教堂，约瑟夫－阿尔贝·马鲁拉（Joseph-Albert Malula）在这里主持弥撒。马鲁拉是一个非常聪明的人，他近距离见证了刚果人为独立抗争，甚至参与撰写了《非洲良心》刊登的“宣言”。1959年，他被任命为主教，后来成为刚果第一位大主教，并成为蒙博托的对手。

“我每天都去他的教堂，当我祈祷的时候，物体都发出白光。我有精神的力量、历史的视野。所有去那里祈祷的人，我似乎在以前已经认识他们。我唱着各种圣歌，看穿了全部秘密，我看到了花，很多很多花。我说‘噢！上帝给了我和平’。我告诉马鲁拉，他给了我一支圆珠笔和一个小笔记本，让我把我看到的写下来。”

今天，隆然依然是一个笃信宗教的人。精神性充满了他的全部生命，他不停地祈祷，每一次和来访者的谈话都以祝福开始：往来访者身上喷发胶或香水，把手伸向天空请求庇护。对于他来说，宗教和政治是连体婴。有一天，我和他一起步行在基奎特的街市上，被他身上廉价女士香水的味道熏得头晕。这条商品带一直从城区大街延伸到横跨奎卢河的桥上，每过五分钟他就会停下来，吹响口哨，用基孔果语向每一个听得见他说话的人喊道：“基奎特的孩子们，如果你仍不相信我的力量，看看这个人，我让基赞加给我送来一个白人，现在他来了。”半个小时之后，他的儿子不得不让他修改这条预言，因为并不是每个人都是基赞加的支持者，这么做可能会给我带来危险。在离桥很近的地方，有个小贩在兜售玩偶、草药、面具以及猴子的头盖骨，但没有人停留，隆然的儿子对我说：“别看这些东西，它们会带来坏运气。”隆然却仔细打量这些商品，很明显他觉得自己的力量胜过巫术。他的家中有一把自制的“神剑”，是用旧伞杖做的，用假花、铜丝、耶稣像和一条小飘带装饰，飘带上写着代表卢蒙巴主义统一党（Parti Lumumbiste Unifié）——也就是基赞加现在的政党——的缩写字母“PLU”。明显是在模仿半个世纪之前从国王身上拿走的剑，这一“赝品”承载的记忆毫不费力地被赋予了神秘主义色彩。

我找好位置，在靠近铁路工人纪念碑的车站里等博杜安国王。他是个很帅的小伙，每个人都想看他一眼，但到处都是荷枪实弹的士兵。对别人来说是不可能的，但我凭借自身的力量溜了进去。我想给国王献花，表示我对他的爱，但我看到了那把闪亮的长剑。于是我拿走了它，仅仅是觉得好玩。我跑开 5 米之后，听到子弹上膛的声音，但博杜安国王说：“不要开枪。”我走回去对国王说：“祝愿您的刚果之行顺利愉快。上帝派我来拿走您的佩剑，我们可以一起去议会，像好朋友一样。我们独立的时候到了。欧洲的女人就像圣玛丽，但仁慈的上帝会赐予我们和白人女性结婚的权利。比利时很遥远，是像天堂一样的共同财产，那里必须有黑人。共同市场存在。黑人也能去比利时。我没有疯，我很正常，我把剑还给你。”博杜安回答他：“没有人会打你，我要送给你一个礼物，不要忘了我。以后你会娶一个白人女性，这是

> 真的，条件是你要学法语。”但他当天就离开了，并没有给我礼物，他没有兑现自己的诺言。

这段令人印象深刻的对话是否真的发生过实在是个问题。在对话当中，神秘主义和性欲与欧洲当时的大事件（欧洲共同市场！）和比利时的语言竞争（学法语！）巧妙碰撞。但是，在庆典过去 50 年之后，一个人记忆中的独立是从未兑现的承诺这件事已经足以说明问题。从他的无稽之谈中，我们看到了一个深刻的事实：独立本应是礼物，却成了没有诚意的承诺。

第八章

权力之争

第一共和国的动荡

1960—1965

每个人都知道，独立初期会发生一些突发性事件。但刚果独立后，最初6个月里发生的一切绝对超出所有人的想象：一起严重的兵变，比利时人大批离去，比利时军队发动一次入侵，联合国的军事干预，苏联的后勤支持，冷战高峰，没有先例的宪法危机，两个地区的分离（覆盖三分之一国土），更严重的是国家总理被囚、逃跑、被捕、被拷问、被谋杀。

改善局面需要很长的时间。从1960年到1965年，这段时间现在被称为刚果的第一共和国时期（the First Republic），但在当时就像末日审判（the Last Judgement）。整个国家分崩离析，要应对内战、种族屠杀、两次政变、三次起义。6位政府领导人先后登场，帕特里斯·卢蒙巴、约瑟夫·伊莱奥、朱斯坦·邦博科、西里尔·阿杜拉、莫伊兹·冲伯和埃瓦里斯特·金巴（Évariste Kimba），他们之中，两位、也有可能是3位被杀：卢蒙巴在1961年被射杀，金巴在1966年被绞死，冲伯在1969年被发现死在阿尔及利亚的囚室里。甚至连当时的联合国秘书长达格·哈马舍尔德（Dag Hammarskjöld）也在刚果遇难，死因至今不明——此类事件在战后多边主义历史中从未发生过。这一时期，刚果人的死亡人数高到无法估算。

刚果第一共和国是灾难年代，在这个时间段里，任何可能犯的错误都没有被避免。无论是政治上还是军事上，这个国家陷入了无法摆脱的、彻底的混乱，经济更是每况愈下。不过，刚果还没有完全失去理性。5年悲剧并非野蛮主义复兴的产物，也不是殖民时代被压抑的原始主义的苏醒，更不是模糊的“班图精神”（Bantu soul）的回归。这个时期的混乱起源于逻辑性而不是非理性。更准确地说，是不同逻辑碰撞的结果。总统、总理、军队、叛军、比利时人、联合国、俄国人、美国人，每一方都有自己的逻辑，每一方的逻辑都在内部保持一致性和说服力，但与外界的逻辑不可调和。就像剧院里上演的历史悲剧，诠释的不是理性与非理性、善与恶的对抗，而是剧中人命运交织却偏要各自为政。理想主义者和理想主义者对决，当大家都成为狂热的理想主义者时，所有形式的理想主义都会导致盲目。历史是可怕的一餐，由最好材料混合成。

这动荡的5年可以分成3个阶段，第一阶段：1960年6月30日到1961年1月17日，后者是卢蒙巴被谋杀的日期。在前6个月里，殖民政府的“纸牌屋”崩塌，“刚果危机”主导着每一周的世界新闻。第二阶段：1961年到1963年，这一阶段的主要事件是加丹加分离，结束于联合国的军事干涉。第三阶段：开始于1964年东部爆发的大起义。这次起义席卷半个国家，中央政府历经重重困难才控制了起义地区。1965年，刚果本应恢复常态，但出乎意料的是，1965年11月24日，蒙博托发动政变，对这个国家的历史起了决定性作用。从1965年到1997年，32年中，蒙博托一直掌权，这个阶段也就是所谓的第二共和国（the Second Republic），是从中央集权到独裁统治的演变过程。

第一共和国活跃着一大群刚果政治家、军人、欧洲顾问、联合国的工作人员、白人雇佣兵以及本土反叛者，其中有4个主角：卡萨武布、卢蒙巴、冲伯和蒙博托。从复杂性和冲突强度上来讲，他们之间的权力斗争很像莎士比亚笔下的历史剧。他们第一次被投放到民主游戏中，第一共和国的历史就是4个男人之间的淘汰赛。每个人都被一群要为自己争取利益的外国玩家包围着，取得自己的胜利是不可能完成的任务。卡萨武布和蒙博托受美国中情局的支配，冲伯是比利时顾问的傀儡，卢蒙巴承受来自美国、苏联以及联合国的巨大压力。国际社会的意识形态竞争放大并复杂化了4人之间的权力斗争，强权选手在上方操纵悬丝，木偶们便很难真正为民主服务。

更关键的是，这几人从来没有在自己的国家里体会过民主。比属刚果没有议会，没有制度化对立、审议、寻求共识和学会接受折中方案的文化，所有决定都来自布鲁塞尔。殖民政权本身就是一个行政机构，内部存在的不同意见不允许被刚果本地人知晓，因为那只会损害殖民者的声望。总督代表殖民地的最高权威，看起来似乎无所不能，头上的白色的遮阳帽用秃鹰的羽毛装饰，其形象更接近封建非洲王国的酋长，而不是一个民主政权下的高级官员。难怪第一代刚果政治家不得不与民主原则做斗争，难怪他们更像打斗激烈的王位争夺者，而不像选举产生的官员。在非洲草原上的古代王国里，王位的继承往往伴随着残酷的权力斗争。1960 年的刚果也是如此。

而事实上，现在不就是要从博杜安国王那里接过权杖吗？卡萨武布是第一共和国第一位也是唯一一位总统，他为自己设计的军礼服完全复制了博杜安国王的礼服。利奥波德维尔和下刚果省的民众一致支持他，他的国家元首地位很少受到公开质疑。但在 1965 年，蒙博托推翻了他。后来的事实证明，蒙博托在就职仪式上穿的制服同样复制了博杜安国王的礼服。

卢蒙巴的权力根基在东部，以斯坦利维尔为中心。他是刚果最受欢迎的政治人物，但他非常厌恶臣服于卡萨武布的感觉。虽然他的人生只经历了第一共和国的前 6 个月，但他的精神影响一直持续到现在，始终是刚果政治舞台上的重要角色。

冲伯的愤恨或许更强烈，在组建新政府的时候，他的政党得到了不公平的待遇，他本人除了接受加丹加省省长这一职位之外也别无选择。尽管从管理面积和工业地位上讲，他的职位堪比德国总理，但他必须面对一个现实：真正的权力中心不在加丹加的伊丽莎白维尔，而是在利奥波德维尔。

在独立那一天，蒙博托是 4 个人中最不引人注目的角色：卢蒙巴的私人秘书。和其他 3 人不一样，他背后没有主要城市的支持，更别说像卡萨武布（巴刚果人）和冲伯（隆达人）一样各自代表一个强有力的部族。蒙博托来自赤道省最北边的一个小部族：恩格班迪族（Ngbandi），一个边缘族群，语言甚至不属于班图语系。蒙博托那个时候只有29岁，是4人中最年轻的（卡萨武布45岁，冲伯40岁，卢蒙巴35岁）。但5年之后，他成了真正的主宰者。他将成为中非最有影响力的人之一，同时也是世界上最富裕的人之一。这是一个小跟班变身为黑手党老大的经典故事。

在刚果独立大戏的第一幕中，卢蒙巴是毫无争议的主角。他在交接仪式上发表了一篇煽动性的演讲，吸引了所有人的注意力。剧幕拉开时，他是受万人拥戴的民众领袖，然而，几个场景之后，他就开始受到鄙视、唾弃，被迫吃掉演讲稿的副本。

1960年7月，旱季，天空湛蓝。独立庆典持续了4天。刚果的军队，也就是治安部队，像往常一样维持秩序。刚刚独立的刚果或许仍然在逆水行舟——政治制度尚处于起步阶段，政府的统治经验几乎为零，面临的挑战是巨大的——但武装部队坚如磐石。部队中的军官仍然是比利时人：1000名欧洲军官控制着25 000名刚果士兵。军队总司令还是埃米尔·让森斯将军（General Émile Janssens），此人曾残酷镇压1959年的骚乱，毫无疑问是所有比利时军官中最具普鲁士风格的，他是一个思想僵化的军人：纪律对他来说是神圣的，所有抗议都是叛变，混乱则是软弱的象征。所以，他不得不忍受对卢蒙巴的服从，因为卢蒙巴不仅是总理还是国防部部长。对卢蒙巴的看法，让森斯后来写道：“品德：没有；知识：肤浅；体质：他的神经系统似乎更接近猫科动物而非人。”[1] 毫无疑问刚果的确是独立了，但比利时人不仅掌控着刚果的经济，同时还控制着整个国家的军事机器。

6 月 30 日，周四，夜空中还是焰火璀璨，到了 7 月 4 日，周一，问题就已经出现了。刚果作为一个独立国家，其稳定才持续了几天而已。利奥波德二世兵营在进行午后操练时，一些士兵拒绝遵守命令，让森斯按照以前的习惯进行处理：当场给不服从命令的士兵降级处分。但这一次，他的处理办法并没有收到预期效果，反而引发了更激烈的反抗。在接下来的几天里，约有 500 名士兵聚集在食堂里表达不满情绪。这些士兵们都处于非常疲累的状态，因为在过去 18 个月里，他们穿行于整个国家，镇压各种小规模起义。他们想要晋升的机会，想要更高的工资、更少的种族歧视。独立前不久，他们写道：

> 没有人会忘记，在治安部队内部，我们这些士兵的处境如同奴隶。他们想怎么处罚我们就怎么处罚，因为我们是黑人。我们无法和军官共享同样的设施和便利，我们住的两人间非常小（地板面积只有 7.5 平方米），没有家具，也不供电；给我们提供的食物很少，而且无论如何也不符合健康标准；工资根本不足以维持日常开销；我们还不能阅读黑人主办的报纸。一旦被发现藏有《刚果现状》《解放》《我们的刚果》这些刊物，就会被关 2 个星期的禁闭。这一不公正的处罚结束之后，还会被送往洛坎杜（Lokandu）的军纪营接受教育，学习军事化生活……在治安部队里，我们的军官却像美国人一样生活，他们住很大、很现代的房子，而这些房子都是由部队里的士兵装修的。他们的生活标准非常高，很傲慢，活

> 得像王子一样。他们有特权，因为他们是白人。今天，晋升为军官、得到体面的薪水、终结治安部队内部的歧视是所有刚果士兵的一致愿望。[2]

为了消除士兵的不满情绪，需要进行激进的军事改革，但在独立前后的混乱中，让森斯将军都无意于这么做。第一批刚果军官正在布鲁塞尔皇家军事学院（Royal Military School）接受培训，刚果的卢卢阿堡也建立了一个军士学院。几年内，这一拨人就可以上任，但在此之前治安部队保持原样。7月5日，也就是周二早上，让森斯将军来到利奥波德二世兵营，他给军队发出的指令非常明确：治安部队为国家服务，在过去的比属刚果时代如此，现在同样如此。为了强调自己的信息，他特意在黑板上写下醒目的“独立前＝独立后”。这并不是一个妥善的解决办法，黑板上的标语引起了士兵们的反感。他们眼看着刚果的文职人员一天天被授予更高级别的行政职位，也目睹了政治人物在大转变的时候如何为自己捞得好处。毕竟，新议会通过的首批法案规定了这些人有权获得50万法郎的酬金，是比利时同行的2倍。[3] 士兵们突然惊醒，发现独立给他们带来的好处微乎其微。

对于兵变，人们通常归咎于卢蒙巴的煽动性演讲。但这种解释显然是有问题的，因为在士兵们眼中，刚果政治家和他们的白人上级一样可恶。他们不仅想向让森斯将军，也想向卢蒙巴本人发泄自己怒意。对他们来说，卢蒙巴这个从未在军中服过役的国防部部长根本就算不上英雄，也算不上知识分子，尽管穿着正装打着领结。卢蒙巴在政坛得意洋洋、许下冠冕堂皇的诺言，而他们这些士兵的命运却没有任何改变。[4]

7 月 5 日，哗变士兵来到驻军城镇蒂斯维尔，从首都到这里也就不到 2 个小时的车程，事情朝更加暴力的方向发展。数百士兵参加起义，殴打军官，强迫他们带着妻子和孩子躲进军队食堂，同时占领军火库。兵营外面，在通往首都的道路沿线，马蒂姆巴因吉西区（Madimba-Inkisi district）发生了非常严重的骚乱。这一次，士兵们的发泄对象不是白人军官，而是白人平民。很多欧洲女性遭受了性暴力，其中一位女性在 5 个小时之内，当着丈夫、母亲和孩子的面被强奸了 16 次。[5] 几天之后，消息才传到首都。

与此同时，卢蒙巴竭尽所能平息军队中的骚乱。他相继采取了 3 项措施，每一项措施的出发点都是非常好的，但结果都远远超出了他的控制能力。7 月 6 日，在让森斯将军的陪同下，他视察了利奥波德二世兵营，承诺提高每个士兵的军衔。“二等兵提升为一等兵，一等兵提升为下士，下士升为中士，中士升为上士，上士升为军士长，军士长升为副官。”[6] 不过全体升级的办法并没有取得预期效果。“谎言！”[7] 士兵高喊道，他们并不打算轻易让步，他们想取代白人军官。

2 天之后，卢蒙巴解除了让森斯将军的职务，任命维克托 · 伦杜拉（Victor Lundula）为治安部队总司令，蒙博托为参谋长。军队高层的非洲化可以提升士气，不是吗？这一步完成之后，他毫不犹豫地采取第 3 项措施：加速实现整个军官队伍的本地化。士兵们有权推荐自己认为合适的人选，通过这种方式，中士和副官一下子被提拔为少校或上校。为了强调与过去的不同，治安部队的名字也改成了“刚果国民军”（Armée Nationale Congolaise，ANC）。

这些决定的确有助于暂时缓和事态，但导致的最终结果却是灾难性的：仅仅过了一个星期，新诞生的刚果共和国就已经没有一支可以正常运作的军队。新国家最坚实的支柱倒塌了。在今天去军事化的欧洲，北约（北大西洋公约组织）在无形之中保护其成员国，很难想象一支常备军对于一个新生国家的重要性。只有垄断了武力，一个国家才能真正称之为国家（在社会、种族和领土层面上都是如此）。在20世纪60年代混乱的刚果，军队是至关重要的。然而在一个星期内，治安部队，这支在第一次世界大战和第二次世界大战期间都取得了关键胜利的殖民地军队，变成了一支难以管控的部队。军队的最高指挥权由两个预备役军人掌握：伦杜拉，贾多特维尔市市长，15年前当过医护兵，是一位中士；蒙博托是一名记者，当过一段时间的图书管理员，也是一位中士，最近成为卢蒙巴的亲信。卢蒙巴和蒙博托曾经同骑一辆摩托车穿行在利奥波德维尔，而如今一人成了总理，另一人则在这个大国毫无组织纪律的军队中担任参谋长。蒙博托很可能已经是比利时和美国情报机构的心腹，但卢蒙巴否定了这样的怀疑。不久后，正是对这一怀疑的否定让他丢了性命。

卢蒙巴对兵变的处理办法，让人想起了比利时在20世纪50年代平息社会骚乱的做法：面对社会上的叛乱因素，过于仓促地做出决定，实际上是通过重要让步来获得社会稳定。但事实再次证明，这么做只会导致与预期完全相反的结果。人们的愤恨没有消失，反而继续扩散。

“我们的女人被强奸了！”这样的消息像野火一样在刚果的欧洲人居住区里蔓延。7 月 7 日，一列满载比利时人的列车抵达首都。这些人刚刚逃离蒂斯维尔，对于他们来说，现实比噩梦更可怕。有人被吐口水，被羞辱，被奚落，很多人感到自己的人身安全受到了威胁。但最让他们恐慌的是关于性暴力的传言。在殖民社会，人与人的最大距离存在于非洲男性和欧洲女性之间（相反，欧洲男性和非洲女性之间的接触却是理所当然的）。雅迈 · 科隆加和一位欧洲女性跳了一支舞，于是就成了名人。隆然也曾亲口告诉博杜安国王，自己想娶一名欧洲女性。在 6 月 30 日之前，很多刚果人天真地认为他们可以买下一套比利时人的房子和一位比利时妻子。白人女性不易接近，所以才勾起了他们强烈的好奇心。在 20 世纪 50 年代末，一位比利时殖民官员曾经亲历过一件虽然滑稽但很能说明问题的事情：

> 卡塔纳（Katana）的邮局里有一位本地员工，有一天他跑过来跟我说：“先生，他们骗了我。”我说：“告诉我什么情况。”“好的，先生。（这些话都是用斯瓦希里语说的。）看看这个，我有一份布鲁塞尔玻马舍百货公司（Bon Marché）的商品目录，看看这上面的图片（一个可爱的女孩，戴着漂亮的胸罩），我订购了一份，但你知道他们最后给我寄来的是什么吗？只有一个胸罩。”此人后来告诉我，他本来以为图片上的女孩会被一并送过来，价格要比在当地娶一个姑娘实惠不少。[8]

在殖民地刚果，白人女性要么已婚，要么是修女，黑人几乎不可能与她们发生性关系。独立之后，本地男性通过性暴力这种残忍的方式，去满足殖民地社会中最难以满足的欲望，极力羞辱前统治者。如果对于刚果男性来说，白人女性是神秘的存在，那么对于很多欧洲人来说，非洲人的性行为是同样神秘的。这种思想影响了事件的真实性。强奸是可怕的，但其发生频率与欧洲人因其产生的恐慌程度却是不成比例的。每个人都在宣传恐怖的强奸案，每个人都受到这些故事的刺激。

没有一个欧洲人在暴乱中丧生，却产生了欧洲人大规模逃离的结果。据估计，在两三个星期内，超过 3 万名比利时人离开刚果。[9] 比利时人都想搭渡轮去布拉柴维尔，从利奥波德维尔到刚果河边渡口，汽车排成长龙，大众甲壳虫、皮卡、奔驰车首尾相接。其他地方，很多人直接抛弃了汽车。独立之前，布鲁塞尔方面曾要求比利时人尽可能留下来，在原来的岗位上工作——因为年轻的刚果非常需要他们的技能——但 2 周之后，比利时政府却建议比利时人返回欧洲，或者至少把他们的妻子和孩子送到安全的地方。比利时航空为此组织了空运，在 3 周内将数万名比利时人带离刚果。这是一次幻觉般的大撤退，约有 1 万名文职人员、1.3 万名私营部门的工人和 8000 名种植园主离开刚果。

今天我们都知道，比利时人精神上的极大不安与当时的现实危险不相称。打个比方，如果有人在一家电影院里面大喊“着火了！着火了！”，影院肯定会迅速清空，但事实是一个装得太满的烟灰缸里燃起了火苗。“看看火势，我说得没错吧！”看电影的人边跑向出口边大声喊，很明显没有意识到助长火势的恰恰是自己离开时造成的气流。形势严峻，这一点确定无疑，但没有理由采取全部疏散措施。但恐慌中，理性已经被抛到九霄云外了。从某种程度上讲，每一波恐慌都会激发无法缓解的压力。1944 年，对疫苗注射的非理性恐惧导致卢卢阿堡兵营被清空；现在，欧洲人离开刚果也是因为对安全风险的误判。

当然，也有一些人仍然保持头脑冷静。2008 年，在下刚果省的恩西奥尼村（Nsioni），我和年长的医生雅克 · 库特茹瓦（Jacques Courtejoie）共度了几天时间。他小时候生活在斯塔沃洛（Stavelot，位于比利时列日省），目睹了 1944 年的阿登战役〔the Ardennes Offensive，也称“坦克大决战”（the Battle of Bulge）〕，战场和他家的房子之间的距离在 300 米以内。这次经历让他学会了保持头脑冷静。从 1958 年开始他就住在刚果，一直一个人居住，没有结婚。他是人道主义、献身精神和乐观主义的化身。在刚果，他培养了 6 个团队成员，教会他们责任感和自信心。他们一起制作的宣传医学的小册子和海报分发刚果全国，包括与绦虫、眼疾以及家兔养殖有关的书，和普及洗手、哺乳以及结核病等信息的海报。我很少见到他这样的人，即便在相当困难的环境之下，仍然正直地为人类尊严事业服务。他就是无名的阿尔贝 · 施韦泽医生（Dr. Albert Schweitzer）。从到刚果的第一天开始，库特茹瓦医生就对殖民主义持反对态度，“1960 年 7 月，我听到广播上有很多报道，到处都出现了恐慌，所有人都跑了。我尽力保持冷静和理性，我真的看不出有什么理由要逃跑。”他就是极少数留下来的人之一。独立 3 个月后，全刚果的医生只剩 120 名。[10]

> 当时出现了太多不理性的恐慌。比如说距独立还有2个月的时候，我去一位地区行政官员家里吃饭，他是一位白人，因为参加阿巴科党的一个政治会议，所以回家比较晚。他到家的时候，他的妻子对他说："我希望你没有和卡萨武布握手！"现在我都能记得她说这句话的口气，那个时候，很多白人仍然认为非洲人是很肮脏的。但2个月之后，就是这个人成了刚果总统！那个时候的社会氛围就是这样的。黑人不能和白人同乘一辆汽车，最多只能站在皮卡车的后面，就算是病人和怀孕也不能坐在前面。有一次，我甚至看到他们让一位黑人教士的年迈老母亲坐在卡车后车厢里，尽管她病得很重。在这个地方，白人从来不和黑人同桌吃饭。[11]

库特茹瓦医生每天都在和偏见做斗争。他和团队成员一起外出时，每个人都可以坐进吉普车里面，直到坐满为止。午餐的时候，他会和他们一起吃木薯面包，吃同一个沙丁鱼罐头。

很多欧洲人逃跑时想着，等过几个月局势平静了再回来，但他们没有。很多比利时的前殖民地居民都为自己取得的成就而自豪，但同时，这些成就也让他们感受到离开带来的痛苦。他们从内心深处觉得，作为一个小国的公民，他们在刚果已经超越了自我，表现了可贵的奉献精神和无限动力。农学家弗拉基米尔·德拉丘索夫于第二次世界大战期间在刚果工作，他在那段时间里写下了丰富的日记，直到20世纪80年代还记得"帮助开发一个大国所带来的乐趣""今天这个国家已变成外国，但在当时我们真的是把它当成自己的国家"。[12]

殖民地给他们提供了在欧洲不可能得到的机会，刚果是他们最珍视的祖国。而现在，它成了异国。托马斯·坎扎是第一个获得大学文凭的刚果人，同时也是卢蒙巴政府最年轻的内阁部长，他对这些比利时人的心境有非常深刻的见解，他写道："几乎所有人在非洲取得的成就都要超过他们在欧洲可能取得的成就，因为在殖民地他们有更多发起倡议、展示技能和精力的机会，简而言之，有更多实现自我的机会。"[13]离开刚果也就是意味着放弃自我实现的梦想，但对他们来说，这种梦想的实现又是和家长式观念绑在一起的。在这一点上，德拉丘索夫也坦言："我们的家长作风是坚定而明朗的，因为我们深信自己受益于更现代化的文明，同时这种文明也是全人类的标准……我们绝大多数人都因为自己是欧洲人而感到自豪，我们的身份是建造者和设计者，我们的目的是塑造和改变，同时相信我们有权这么做。"当然，他也意识到这种冷静的自信也有其黑暗面。白人和黑人形成敌对关系不是没有原因的，"白人的优越感可以理解，但也危险，它影响了殖民过程……'文明者'很想保护、教育当地人，但这种意愿的实践必须是从上到下的，学生必须恭敬、服从。没有人可以完全逃离上帝创造的等级体系，种族主义就是等级的直接表现，更慷慨的人有更好的良知。"[14]

大撤离让白人沮丧，对于刚刚独立的刚果来说则是第二次重击。简单来说，独立一个星期后，刚果没有了军队；独立两个星期后，政府瘫痪了——更准确地说，是行政高层的空虚。1959 年，在 4878 个高级别职位上，只有 3 个刚果人。[15]但一经独立，只受过一点教育的本地人成为高级行政官员，承担以他们的能力完全无法胜任的职务。军队对于维持秩序至关重要，行政机构则对于国家的正常运转至关重要。在基桑加尼，我曾经和经历丰富的帕帕·罗文斯基（Papa Rovinscky）谈过这个问题，此人的法语名为德西雷·范迪埃尔（Désiré Van-Duel），非洲原名为博尼约洛洛·罗孔贝（Bonyololo Lokombe）。在你有生之年，如果国家的名称更改了4次，那么自己的名字为什么不做相应改变呢？帕帕·罗文斯基用音乐来欢迎到访者，他敲木鼓敲锣，仍然用罗克勒族的传统方式远距离传递消息。“白人来了，正坐在安乐椅上。”我一拿出圆珠笔和笔记本，他就开始击鼓传送这条信息。起居室的墙壁上贴着他手写的人生故事和简历，他还记下了和9个女人生的35个孩子（8个没有活下来）的名字。他说自己是“独立记者、执事，天生的国家和国际历史学家，通信阶级外部人员（我不清楚他指的是什么，但听起来似乎不错），致力于和平的艺术家、巫师、诗人、乐师”。但今天，他已经73岁，以做棺材为生，主要是需求量很大的儿童棺材。在刚果，每五个孩子中就有一个会在五岁前夭折。独立之前，他在殖民政府做打字员和速记员的工作，会盲打（“我的手指就像长了眼睛一样”）。但独立之后，他突然被任命为乔波区（Tshopo District）的区委书记，“只有几个白人，其他管理人员都是黑人，没有一个人为新职位做好了准备。区长负责组建团队，因为我会速记，会打字，所以就成了书记。我必须在市议会上做会议记录，这对我来太难了，因为我从来没有接受过类似的培训。”[16]

比利时人的大逃亡也导致了严重的经济后果。1960年下半年，以出口为导向的农业严重衰退。棉花、咖啡、橡胶不再出口，到了收获季节无人收割，只能烂在田地里；可可豆和棕榈果的出口量下降了50%；[17] 其他高度依赖欧洲人的专业技术领域也遭到重创，比如林业、公路建设、交通部门和服务业；采矿业是唯一一个没有受到大冲击的行业。在这样的背景下，刚果失业率急剧上升。曾经在白人家庭里当童仆、厨师和女佣的本地人都没了工作，成千上万在种植园、制糖厂、肥皂厂以及酿酒厂工作的工人也失业了。从长远来看，工业化农业衰退，传统农业逐渐占据主导地位。人们又一次开始种植木薯、玉米，采集蚱蜢等昆虫，在感到腹中饥饿的时候回到家中。传教士不遗余力推广的核心家庭，同时也是“先进阶级”的理想家庭模式，逐步让位给数代同堂的大家族。叔叔、侄子、侄女都在其中，在困难时期可以相互取暖。

1960 年的起义不仅影响了刚果军队、行政机构以及经济，还导致了武装冲突。1960 年 7 月 9 日，第一起流血事件发生在伊丽莎白维尔：5 名欧洲人被杀害，其中包括 1 名意大利领事。当晚，比利时国防部部长阿蒂尔 · 吉尔松决定以血还血。他批准对刚果进行军事干预，没有听取比利时外交部部长皮埃尔 · 维尼（Pierre Wigny）的劝告，也没有通知比利时驻刚果大使。[18] 吉尔松的理由是，国人的性命受到了严重威胁。7 月 10 日，比利时军队从卡米那（Kamina）空军基地飞往伊丽莎白维尔。同一天，伞兵空降卢卢阿堡，解救比利时公民。

从任何角度讲，比利时的军事干预都是不幸之举。

在独立前几周，比利时士兵已经驻扎在基托纳和卡米纳军事基地。根据两国政府签订的友好协议，只有在利奥波德维尔发出请求的情况下，也就是在国防部部长卢蒙巴的正式请求之下，比利时才可以向独立刚果提供军事援助，但实际情况绝非如此。布鲁塞尔方面声称，军事干预旨在保护比利时国民，但解救比利时人的军事行动很快演变成对刚果大片领土的占领。刚果军队一片紊乱，比利时决定亲自维持刚果的秩序（和经济发展），用四分之三个世纪取得的成就不能在一个月的时间内被毁掉。出发点可以理解，但是愚蠢。比利时本应该将行动限制于对国民的保护，剩下的事情让联合国处理。可是，固执的军事干预逐渐演变成对一个主权国家的入侵。在加丹加，比利时士兵强制解除了刚果军队的武装，而且是没有哗变的刚果军队。自1830年以来，比利时王国首次在外国领土上发动攻势，而他自己似乎还没有意识到这个事实。

对于比利时的做法，卡萨武布和卢蒙巴一开始倾向于睁一只眼闭一只眼——毕竟，确实有比利时人身在危险之中。可是一天之后，他们因为十分充足的理由改变了态度。7 月 11 日，比利时暴露它的真实目的，而且还是 2 次。第一，当天 2 艘比利时海军军舰炮轰港口城市马塔迪。这一攻击行动显然和保护比利时公民毫无关系，因为马塔迪的比利时人已经完全撤离，所以，在外界看来，比利时意在拿下一个战略位置非常重要的港口。第二个更重要的理由是，同一天冲伯宣布加丹加“独立”，立即得到了比利时的支持。在这个时候，卡萨武布和卢蒙巴正四处奔波，以外交方式处理全国各地的起义。他们和比利时人一样，十分关注这个国家的分裂趋势。在下刚果省，包括区长加斯东·迪奥米(Gaston Diomi)和夏尔·基索洛凯莱(Charles Kisolokele)在内的行政人员都在出色而勇敢地制止了兵变，后者是西蒙·金邦古的儿子。也就是说，刚果国内已经采取了一些成功的行动计划。总统和总理在接到加丹加宣布独立的消息后立即飞到该省，但比利时军官韦伯（Weber）却不允许他们的飞机在伊丽莎白维尔降落。后果当然是糟糕的，他们分别是国家民选政府的头号人物和二号人物，现在居然被拒绝在自己国家的第二大城市着陆！而且发号施令的还是一名一天前才到达加丹加的外国军官。[19]

卡萨武布和卢蒙巴得出结论，加丹加之所以宣布“独立”，比利时是幕后黑手。这种推测可以理解，但不完全准确。虽然比利时和加丹加长久以来一直往来频繁，但以此为理由认定布鲁塞尔参与策划了加丹加的分离也未必正确。[20]事实上，比利时政府一开始也惊讶于冲伯的鲁莽之举，而且并不觉得欣慰。但在地方，加丹加行政领袖、比利时士兵和矿产联合会的管理层很快开始密切接触。比利时士兵将卢蒙巴的军队解除武装之后，很快帮忙组建了一支加丹加军队：加丹加宪兵队（Gendarmerie Katangaise）。布鲁塞尔从来没有正式承认加丹加的“独立”，但实际上，冲伯依靠着比利时的大力援助。比利时国家银行（Belgian National Bank）甚至帮助他设立了加丹加中央银行(the Central Bank of Katanga)。[21]比利时皇室也倾向加丹加，博杜安国王对冲伯十分尊敬，远远高于他对卢蒙巴的认可。他在给冲伯的信中写道：“80年来，两个国家被联系在一起，这种联系是热诚而坚韧的，是个别人的敌视政策斩不断的。”在最后的文本中，“敌视”这个词被删掉，而“个别人”显然是指卢蒙巴。[22]

比利时进行军事干预的初衷是恢复刚果的秩序，但导致的结果却是冲突的全面升级。1955 年到 1965 年的刚果历史中，充斥着一系列政府为了遏止骚乱采取的措施，这些措施都无一例外导致了骚乱的加剧。这一次，比利时当局的做法相当于无节制的火上浇油。

1960 年 7 月，4 架比利时战机开始在下刚果上空徘徊，寻找机枪和导弹的攻击目标。但仅在 6 天之内，1 架飞机坠毁，1 架飞机被击落，另外 2 架飞机的机翼和油箱上全是弹孔。[23] 被击落战机上的飞行员受了重伤，刚果士兵将其杀死，把尸体扔进了因济西河（the Inkisi）。

任副职的地区行政官员安德烈 · 里克曼斯也被射杀，他是曾经的比属刚果总督里克曼斯的儿子。此人是当时最出色的行政官员之一，和当地村民相处得非常愉快。[24] 他讲基孔果语时，如果只听声音，任何人都会以为他是一个非洲人。在白人中，他对刚果人的同情是无人能比的。老恩卡西也记得他是一个真正友善的白人，这样的白人很少。去和哗变士兵就释放白人人质谈判时，里克曼斯被暴徒杀害。一个优秀的、对非洲人最具同情心的白人被愤怒的暴徒以私刑处死，充分说明比利时的军事干预是多么糟糕。

“安德烈先生，是的，我知道他，”在博马，卡米尔 · 马南加微笑着对我说，“他是一个真正的刚果人，他把自己当刚果人。但他们杀害了他，就在因济西河的桥上。”我问他是否记得比利时的军事行动，他立即回答：“当时我在博马，从基托纳基地开过来的比利时军队要去解除刚果士兵的武装，飞机场上停满了坦克。我在政府当一个小职员，有一天早上，我正要去上班，镇上到处都是士兵，一个比利时人拦住了我。‘你去哪里？’他问我，我说我去政府工作，他说，'回家去，比利时已经占领了这里。'但我还是往前走，我太好奇了所以没有回家，那是我第一次看到坦克。比利时人并没有待太久，但那确实是占领。"[25]

换句话说，比利时并没有让刚果恢复秩序。全国各地，针对比利时人的暴力活动在增多。白人公务员和种植园主都挨了当地人的鞭子、皮带和棍棒，一些人甚至被迫饮尿、吃变质食品。天主教修女被迫当众脱衣服，然后被绑起来。士兵们问她们为什么不是卢蒙巴政党的党员，有没有和神父睡过觉？一些士兵建议在白人女性的阴道里放手榴弹。羞辱是手段也是目的。从7月5日到7月14日，大约有100名欧洲男性遭到袭击，同样数量的欧洲女性被强奸，5名白人被杀。[26]比利时同意刚果独立，以避免殖民战争，但最后战争还是发生了，而且要归因于它犯下的愚蠢错误。

刚果共和国政府请求联合国立即提供军事援助。我们的请求是合理的，因为比利时在刚果境内部署军队违反了两国在6月29日签署的友好条约。条约规定，只有在刚果政府明确请求比利时提供支援时，比利时才能对刚果进行军事干预，而刚果共和国政府从来没有提出过这样的正式请求。比利时不请自来，其军事行动是对我国的侵略，绝大多数起义都源于殖民者的挑衅。我们谴责比利时政府以继续控制我们国家为目的，阴谋策划加丹加的分裂。刚果人选举出来的政府拒绝向这样的既成事实屈服，这是比利时的帝国主义者和一小撮加丹加领导人的阴谋造成的……我们坚持请求联合国迅速向刚果派遣军队。[27]

签名：约瑟夫·卡萨武布和帕特里斯·卢蒙巴。这是一封发往联合国的电报，通过这份电报，刚果总统和总理在7月12日，也就是加丹加宣布“独立”的第二天，请求联合国的介入。那个时候，联合国还是一个相对年轻的组织，成立不满15年，只执行了4次短期观察员任务。当时的联合国秘书长是达格·哈马舍尔德，瑞典前首相之子，有很强的新教教徒责任感。卡萨武布和卢蒙巴将所有希望寄托于联合国。刚果成为联合国成员的时间还不到一周。

当天晚上，联合国安理会召开紧急会议。在纽约简朴的会议室里，各国代表彻夜讨论刚果局势。苏联提出接受卡萨武布和卢蒙巴的所有请求，其他成员国同意进行干预，但在谴责比利时这一点上态度迟疑。秘书长表示国际特遣部队的主要任务是维护和平，而不是执行刚果政府的命令。至于比利时的军事行动是否属于对刚果的侵略，秘书长也持保留意见。波兰和苏联认为比利时是侵略者，应该立即撤出刚果。接近凌晨4点的时候，联合国安理会第143号决议案（UN Resolution 143）获得通过，联合国安理会要求“比利时政府从刚果共和国领土撤军”，同时决定向刚果派遣维和部队。[28]“联合国刚果行动”（ONUC，Operation des Nations Unies au Congo）在当时是历史上最大规模的联合国行动。

但联合国的决议并没有让卢蒙巴满意，因为其中不包括对比利时的谴责，而且对加丹加的“独立”只字未提。他本希望联合国安理会立场坚决，希望联合国的“蓝盔”部队接管刚果已经瘫痪的军队，赶走比利时士兵，收复加丹加。决议案没有满足他的要求。你在骚乱爆发之后打报警电话，出现的却是消防队。虽然有用，但远远不够。正因此，他和卡萨武布决定向苏联——对刚果表现出最多同情的安理会成员国——请求帮助。7月14日，刚果与比利时断绝外交关系，同时致电莫斯科：

> 如果西方阵营不终止对主权国家刚果共和国的侵略，我们不得不请求苏联出面干预。刚果领土现被比利时军队占领，共和国总统和总理的生命也处于危险中。[29]

这条电报为冷战开辟了一个新战场：非洲。在此之前，东西方的紧张局势主要表现在东欧和亚洲（朝鲜和越南），突然之间，非洲成了焦点。电报内容在传达给莫斯科之前已经泄露给美国中情局，引起了华盛顿的紧张：刚果果真在向劲敌寻求帮助？

1960年，已经有17个非洲国家获得独立，其结果是对非洲的新一轮争夺。和19世纪西欧强国开辟海外殖民地不同，这一次是第二次世界大战的战胜国试图扩展各自在全球的势力范围。经济利益仍然扮演重要角色，但意识形态、地缘政治以及军事因素更具有决定性。非洲国家中，刚果第一个被卷入两个超级大国之间的纷争。刚果地域辽阔，地理位置重要，控制刚果就可以控制整个中部非洲。不仅如此，刚果的地下储藏着制造武器所需要的重要原料。美国非常清楚，第二次世界大战的胜利得益于刚果的铀矿，而且当时世界上只有两个国家出产制造导弹和其他武器所需要的钴矿，一个是刚果，另一个就是苏联。[30] 放任刚果投靠苏联将会严重危害美国的军事利益。

卡萨武布和卢蒙巴是否意识到了这份电报所具有的影响力？很可能没有。他们在国际关系方面缺乏经验，其目的只是获得他国援助，解决自己的国家在去殖民化过程中遇到的问题。但是，他们求助苏联的举动打开了潘多拉魔盒，引发了全球冲突。很多人论述过卢蒙巴的共产主义倾向，与苏联的接触也被看成他倾向布尔什维克主义的证据。但事实上，从经济角度讲，卢蒙巴更倾向于古典自由主义而非共产主义。他无意推进工业和农业的集体化，反而更有兴趣从国外吸引私人投资。而且，卢蒙巴是一个国家主义者而非国际主义者，好的共产主义者应该是国际主义者。他的泛非主义完全以刚果为参考依据，无产阶级革命对他而言也是与己无关的；作为一名“先进阶级”，他已经是刚果新生资产阶级的一分子，他无意于推翻自己所在的群体。而且，他之前也向美国求助过。很多人都忘了，他是和卡萨武布一起写信给尼基塔·赫鲁晓夫（Nikita Khrushchev）的，而卡萨武布绝对不是共产主义者。甚至连赫鲁晓夫也说：“我能说的是，卢蒙巴是共产主义者的可能性，和我是天主教教徒的可能性一样大，但如果卢蒙巴的言行恰好符合共产主义主张，我会感到很高兴。”[31]

卢蒙巴向莫斯科求助也不是出于他的多变、疑心、不理智，或任何人们在他身上发现的性格特点。卢蒙巴确实有易怒和反复无常的名声，然而今天再来阅读他发给联合国和苏联的电报，就会发现另一种心理：恐慌，带着极度愤怒的恐慌。害怕失控，害怕谋杀。要知道，无论是卢蒙巴还是卡萨武布，之前都没有担任过任何重要的政治职务。卡萨武布成为刚果总统之前只是利奥波德维尔一个本地人居住区的区长，而卢蒙巴的第一个政治职务就是总理。独立之后仅 2 个星期，他们就已经在很多事情上失去了控制权。好比刚刚获得驾照，却突然发现自己身在一架即将坠毁的飞机驾驶舱里。面对不请自来的比利时军事干预，在可怕的时刻，他们采取了自认为最好的措施：迅速寻求帮助，对象是任何准备提供帮助的人。苏联早就准备好了。接到电报一天后，在一封极其热情的回信中，赫鲁晓夫表示如果比利时及其盟国的“帝国主义侵略”仍然继续，苏联将会“毫不犹豫地采取果断措施，终止这样的侵略”。他的国家绝对支持“刚果人民争取独立和领土完整的英雄行为”，他还补充道，“苏联的要求非常清楚：不要动刚果共和国。”说这话的时候，他似乎忘了苏联军队在 4 年前如何将匈牙利置于自己的控制之下。[32]

哈马舍尔德深知全球冲突形成的威胁，成功在 48 小时内将维和部队派往刚果：7 月 15 日，摩洛哥和加纳分遣队率先抵达刚果，来自突尼斯、埃塞俄比亚和马里的非洲部队也陆续抵达。与此同时，苏联派出 10 架伊尔（Ilyushin）运输机，往刚果运送卡车、食物和武器。美国考虑出动北约部队，但这样做可能会引发与朝鲜战争类似的冲突，甚至是新的世界大战，所以华盛顿方面决定通过 2 个更隐秘的渠道发挥影响力：联合国和中情局——纽约的外交游说和利奥波德维尔的秘密影响力。中情局在刚果的负责人拉里 · 德夫林（Larry Devlin）可以动用大笔资金，目的是让刚果从政者选择亲美。卡萨武布和蒙博托就要成为美国的宠臣，尤其是蒙博托。[33]

和科隆加交流后，我对那个混乱年代有了比较清晰的了解，他提到的一桩逸事很能说明问题。7月末，卢蒙巴决定前往美国与美国政府和联合国谈判。要进行一次正式访问，一方的高级政府官员和另一方的外交官应该仔细做好事前安排。但是，这套常规被置之脑后。卢蒙巴团队的一位成员去了利奥波德维尔的美国大使馆，直接要求使馆工作人员为总理和随行人员共计24人发放签证。没有计划、没有外交礼仪、没有预约。[34]“我去机场为他们送行。”科隆加说。自6月30日以来，他一直在总理的新闻部工作，在那里碰到了总理的秘书蒙博托。

军乐队奏乐，飞机舱门关闭，舷梯收起。但上飞机后，卢蒙巴意识到团队里缺一位负责新闻发布的随员。舱门再次打开，卢蒙巴指着我们这些送行的人。他到底具体指了谁？是我吗？还是我旁边的人？谁也不知道。“就是你！”他指着我喊道。我不得不登上飞机，和他们一起去。当时我身上只有一支派克钢笔和一个笔记本；除了身上穿的绿色衣服之外没有别的衣服；没有护照，没有签证。我没带任何行李就上了飞机，但回国的时候，我带了2个装得满满的箱子，还有一个单肩包。我还在联合国见到了达格·哈马舍尔德。[35]

年轻的刚果政府以随意性、无计划为特点，正因此，卢蒙巴在第一次访问期间没有给人留下好的印象。因为没有预约，艾森豪威尔总统（President Eisenhower）拒绝接待卢蒙巴；在联合国，卢蒙巴因为“提无法满足的要求，并要求立即取得结果”而被在场官员厌恶。[36] 当时的美国副国务卿 C. 道格拉斯 · 狄龙（C. Douglas Dillon）不满卢蒙巴“不理性的，‘精神病’一样的性格”：“他从来不直视你的眼睛，总是朝上看，然后开始滔滔不绝……而且他说的话和我们要谈论的事情根本不相关。你会觉得他陷入了一种狂热，好像自己是救世主一样，我只能这样说。他没有理智……我对他的印象是极其负面的，这是一个你无法与之共事的人。”据说，他还让一位国务院高级官员为他安排金发应召女，可想而知没有留下什么好印象。[37]

独立一个月后的刚果：军队瘫痪，行政机构没有行政能力，经济濒临崩溃，加丹加宣布“独立”，比利时卷土重来，世界和平受到威胁。而这一切的开始，是几名首都的士兵要求获得更高的薪水和职位。

与此同时，卢蒙巴把自己的前路一条一条断掉。他发表反对博杜安国王的演讲，将让森斯将军解职，于是，比利时也摒弃了他；他给赫鲁晓夫发电报，访问美国期间劣迹斑斑，于是美国也不再与他往来；联合国的耐心基本耗尽；而在国内，他的高调疏远了他和卡萨武布的关系。西方的外交家、顾问和情报机构发挥离间作用，每个人都站在卡萨武布一边，并建议他抛弃卢蒙巴。1960 年 8 月，卢蒙巴已成孤家寡人，支持他的只有苏联。

而且，让他愤怒的事情只会更多。联合国安理会已经两次要求比利时从刚果撤军（7 月 22 日的措辞是“迅速”撤走，8 月 8 日则是“立即”撤走），但比利时表示除非联合国维和人员能够确保比利时公民的安全，否则不会服从指令。[38]一直到8月底，比利时1万士兵才离开刚果。因此，在卢蒙巴的眼中联合国是没有权威的，甚至可能是亲西方的。

8月8日，最糟糕的事情发生了，开塞省南部宣布“独立”。盛产钻石的开塞是刚果最重要的矿区，地位仅次于加丹加。阿尔贝·卡隆吉（Albert Kalonji）自封为国王。他以前是卢蒙巴的支持者，但两人在大选前失和，他也因此在组建新政府时错失了部长职位。但是，南开塞的“独立”是由种族因素推动的，卡隆吉代表巴卢巴人。巴卢巴人本是开塞的原住民，大量巴卢巴人都到加丹加的矿区工作，并在当地被仇视为外来者和财富掠夺者。而在开塞，卢巴人和卢卢阿人之间也是纷争不断。卡隆吉希望通过成立新的国家，为卢巴人建立自己的家园。加丹加的冲伯对此表示支持，他和卡隆吉甚至决定组成邦联。

南开塞和加丹加占刚果全国领土的四分之一，也是刚果最富裕的地区。对于支持中央集权的卢蒙巴来说，南开塞和加丹加的分离是无法接受的。与此同时，让·博利康戈也在打算将赤道省从共和国分离出去。冲伯、卡隆吉和博利康戈都觉得自己是在新政府组建过程中受骗最多的人，因为他们都没有得到部长级别的职位。卢蒙巴想采取行动，但联合国的维和部队完全没有阻止加丹加的“独立”。因此，作为国防部部长，他向分裂地区派遣刚果军队。但这是一支没有纪律的政府军，带领部队的军官都是在2个月之前从士兵中提拔上来的。

往分裂地区派兵的结果是骇人的。8月末发生在开塞的军事对抗没有出现任何胜利，而是导致了让数千平民丧生的大屠杀。一个天主教教堂遭到攻击，在里面避难的巴卢巴平民中，超过 50 人被杀，包括妇女和儿童。除了机关枪，政府士兵还用上了砍刀。对于这样的暴行，联合国秘书长哈马舍尔德表示震惊，并指出巴卢巴人是种族屠杀的受害者。他称其为“对人类基本人权最明目张胆的侵犯，是种族屠杀”。[39] 卢蒙巴彻底失去了与联合国合作的机会。

卡萨武布一直身在幕后，但在 1960 年 9 月 5 日，他抓住机会，做了所有西方顾问都在推动他做的事：将卢蒙巴撤职。《临时宪法》第 22 条规定：“国家元首有权任命总理和内阁部长，也有权解除总理和内阁部长的职务。”[40]

对于收听国家广播电台的人来说，这是政府广播史上最古怪的一个晚上。晚上 8 点钟，国家电台播放的英语讲座被中断，广播里传出卡萨武布总统的声音，他宣布已解除卢蒙巴的总理职务。本地人居住区、工人阶级社区和内陆村子里的刚果人都获悉卢蒙巴不再是他们的总理，他的职务由温和派人士约瑟夫·伊莱奥暂代，伊莱奥曾撰写《非洲良心》杂志在 1956 年刊登的《宣言》。但让听众吃惊的是，过了不到一个小时，他们又听到卢蒙巴用不连贯的法语宣布他解除了卡萨武布的总统职务。太混乱了——英语语法规则都不能与之相比！刚果好像在嫌自己面临的危机还不够多一样，除了已经出现的军事、行政、经济、种族和全球危机，现在又要应对宪法危机。

卢蒙巴的依据是《临时宪法》第 51 条：“只有众议院和参议院

才有宪法解释权。”[41] 这是聪明的博弈，因为在9月13日，国会坚定了对卢蒙巴的信任，拒绝承认伊莱奥为新总理。卡萨武布总统深感受到了羞辱，并在第二天宣布众议院休会一个月。

局面错综复杂，统治刚果的不再是政府，而是争论。国家利益已经让位于权力斗争。此时，参谋长蒙博托上校采取了行动，他希望终结混乱的局面。1960年9月14日，他在美国中情局的支持下，发动了第一次军事政变。他向媒体宣布军方会在年底接管政权。卢蒙巴和卡萨武布已经被解除权力，卡萨武布继续担任名义上的国家元首，卢蒙巴则被软禁在首都的家中。蒙博托和卢蒙巴之间的友谊就这样结束了。

卢蒙巴政府缺乏专业经验，教蒙博托吸取教训，将制定国家政策的重任交给年轻的大学生和研究生。曾前往比利时参加经济圆桌会议的马里奥·卡多索在刚果赴比留学生中很受欢迎，他告诉我：“蒙博托上校邀请海外的刚果留学生和学者回国，用他们的专业知识为国家服务。我们的职务不是政府部门的部长，而是高级专员，是非政治官员，不代表任何政党、部族、地区或村庄。我们有文凭，这就够了。”在高级专员委员会中，卡多索负责的领域是教育。朱斯坦·邦博科负责外交事务，他是委员会主席，也是实际上的总理。这种状况仅仅持续了几个月，“我们就是一个过渡政府，蒙博托的目的只是恢复秩序，因为卡萨武布和卢蒙巴之间的争斗是不会停止的。”[42]

这个由学者组成的政府远远不能让所有人满意。卢蒙巴反复宣称，自己是刚果唯一的民选总理。另一方面，比利时政府乐于看到他被解职，并与年轻的高级专员热情联系，其中多数人都在布鲁塞尔或列日学习过。蒙博托政府不惜任何代价阻止卢蒙巴重返政治舞台，如果有必要甚至会采取针对身体的措施。2个比利时军人，在比利时非洲事务部部长哈罗德·达斯普雷蒙·林登（Harold d'Aspremont Lynden）的授意下，已经做好绑架甚至谋杀卢蒙巴的准备。[43]此外，美国总统艾森豪威尔私下命令中情局将卢蒙巴清理掉：这位刚果总理很可能会被剧毒牙膏夺命，真正的邦德式。[44]在刚果国内，也有很多人乐意看到卢蒙巴消失。

察觉自己的生命受到威胁，卢蒙巴请求联合国提供保护，一队加纳维和士兵受命驻扎在他的花园里，防范任何针对他的袭击。事实证明，申请联合国的保护是非常有必要的，因为就在10月10日，蒙博托派遣200名士兵前往卢蒙巴的住所，试图将其逮捕。联合国出面制止，双方对峙持续了几个星期。卢蒙巴的住所处于双重包围圈里：负责保护他的联合国维和士兵，随时准备逮捕他的刚果士兵。卢蒙巴的电话线路被切断，与外界断了联系，副总理安托万·基赞加因此成为卢蒙巴政府的代表。他来自奎卢省，直到今天仍然深受一些年长者的爱戴，包括隆然·恩瓜迪。随着蒙博托的政变走向高潮，基赞加意识到他和卢蒙巴的其他支持者在利奥波德维尔已经没有立足之地。11月初，他带领卢蒙巴政府的剩余力量离开利奥波德维尔前往斯坦利维尔，也是卢蒙巴的大本营，力图以这里为根据地东山再起。

刚果局势越来越复杂，独立4个月后，同时存在4个政府，每一个政府都有自己的军队和外国支持者。在利奥波德维尔，卡萨武布和蒙博托获得了美国的无条件支持。凭借美国提供的大笔资金，蒙博托得以重组国民军。以他为中心形成了一个“宾扎集团”（Binza group），以多数集团成员在首都的住所所在区命名。这个非正式集团的权力很大，得到了中情局的大力支持。在斯坦利维尔，基赞加仍然坚持卢蒙巴主义。他以一部分武装部队为后盾，他的政府得到苏联的援助，尽管从系统性和实际内容上讲都无法和美国对利奥波德维尔的援助相比。[45]在伊丽莎白维尔，冲伯领导着自己的“独立”国家，比利时为其提供后勤和军事援助，宪兵队中的比利时军官为数众多，矿产联合会提供大部分财政支持。在巴宽加（Bakwanga），卡隆吉领导的南开塞也成为巴卢巴人的“独立”国家，比利时的钻石商人活跃在当地，其生活必需品由刚果国际森林和矿业公司（Forminière）提供。

冲伯和卡隆吉只是区域领导人，但卡萨武布和基赞加都宣称自己代表合法的国家政府。谁的说法是正确的呢？双方都在积极寻求国际认可，他们还把战场搬到了纽约的联合国大会上。在联合国，刚果代表团分成两个阵营：卡萨武布、蒙博托派对阵卢蒙巴、基赞加派。在联合国，26岁的心理学家托马斯·坎扎是卢蒙巴政府的代表，蒙博托政府的代表却是卡萨武布，他亲自来到纽约，试图说服全世界自己代表刚果共和国的唯一合法政府。卡萨武布表示他解除卢蒙巴的总理职务是有宪法支持的，这一说法得到美国、比利时以及很多其他成员国官员的认可。11月22日，投票结果出来了：53个国家支持卡萨武布，24个国家反对，19个国家弃权。[46]卡多索当时为蒙博托工作，现在仍记得这一大胜利：“那一刻，我们赢得了联合国的认可，卡萨武布是代表团团长，卢蒙巴在国际上输了。”[47]随着在国际舞台上被边缘化，卢蒙巴开始发出临死前的哀鸣。

他仍然被软禁在首都的家中。纽约的投票结果传来之后，他意识到自己继续待在利奥波德维尔的日子已经屈指可数。既然联合国已经有这么多国家不支持自己，联合国维和部队还会保护自己吗？他决心去斯坦利维尔和支持自己的朋友会合。11月正直雨季，27日晚上，超常热带风暴来袭，包围他住宅的士兵不得不找地方躲避，他们分散了注意力。卢蒙巴趁机躲进一辆雪佛兰汽车的后备厢里，在倾盆大雨中离开了自己的家。

那个时候，刚果的道路状况良好，如果中途不停留，2天就能抵达斯坦利维尔。但逃跑当晚，卢蒙巴没有立刻离开首都，和民众对话拖延了很多时间；不仅如此，路上经过村子时，他也会停下来享受当地人的热烈欢迎。[48]当时是雨季。在首都，蒙博托很快发现卢蒙巴已经逃跑，他发誓不惜代价阻止其和基赞加会合。成功的会合势必会让卢蒙巴的政治势力再次回升，蒙博托的比利时顾问和中情局都不希望发生这种情况。联合国拒绝帮助蒙博托搜寻卢蒙巴，但一家欧洲航空公司提供了一架飞机和一名善于低空侦察的飞行员，没用多久就找到了护送卢蒙巴的车队：3辆汽车，1辆卡车。12月1日，在姆韦卡（Mweka）附近，蒙博托的军队逮捕了试图渡过桑库鲁河（the Sankuru River）的卢蒙巴及其扈从。卢蒙巴被空运到蒂斯维尔的哈迪营地（Camp Hardy），几个月之前兵变开始的地方。从这个时候开始，卢蒙巴再也指望不上联合国的保护了，他已经成为利奥波德维尔当权者的阶下囚。他被带到营地的时候，眼镜掉了，双手被绑，有人往他嘴里塞了一团纸，纸上的内容是他在独立日发表的演讲。

卡萨武布和蒙博托会如何处置卢蒙巴？把他关起来，让他成为第一共和国的西蒙·金邦古？把他送到加丹加或开塞是不是更好？没错，这两个省与国家政府为敌，但正是因为这个原因，卢蒙巴在那里得不到任何人的支持。而他此时所在的地方，动乱再次上演。1961 年 1 月 12 日，蒂斯维尔又一次发生兵变。非洲事务部部长达斯普雷蒙支持将卢蒙巴送到加丹加，不管送去什么地方，都要让他远离首都，保证他不会被叛兵营救。达斯普雷蒙的支持意味着比利时方面有意强化与卡萨武布的关系，重建与利奥波德维尔的外交关系。这个前宗主国希望避免给人留下只支持对加丹加的印象。最后，达斯普雷蒙施加影响力，冲伯不情愿地接收了卢蒙巴和另外 2 名政治犯。

1961 年 1 月 17 日下午 4 点 50 分，一架道格拉斯 DC-4 载着卢蒙巴极其亲信——莫里斯·姆波洛（Maurice Mpolo）和约瑟夫·奥基托（Joseph Okito）——降落在伊丽莎白维尔。飞行过程中，他们都遭到了殴打。机场上，近百名武装士兵正等着他们，这些士兵由比利时上尉加特（Gat）带领。下飞机之后，他们立即被车队押送到布鲁韦别墅（Villa Brouwez），这是一座无人居住的独立别墅，离机场不远，房主是比利时人。2 名比利时军官率领宪兵，负责别墅内外的安保工作。此后，至少有 3 名加丹加内阁部长来别墅拜访，他们是戈德弗鲁瓦·穆农戈（Godefroid Munongo）、让 - 巴蒂斯特·基布韦（Jean-Baptiste Kibwe）和加布里埃尔·基腾格（Gabriel Kitenge），分别负责加丹加的内务、金融和公共事务，这些人也对卢蒙巴3人进行了殴打。冲伯没有去，当时他正在电影院里观看《自由》（*Liberté*），该电影的创作灵感来源于20世纪30年代的道德重整运动（Moral Re-Armament），在当时的背景下，这部电影的名字颇具讽刺意味。电影放完的时候，他和这几位部长会合，没有欧洲人在场。会议从下午6点半持续到8点，但实际上当晚的所有措施似乎在会前就已经采取了。将卢蒙巴送到加丹加是利奥波德维尔当局、比利时顾问以及布鲁塞尔当局的共同决定，但处死卢蒙巴则是加丹加当局单独决定的。其中，19世纪非洲阿拉伯奴隶贸易商姆西里（Misiri，曾用武力攻占隆达王国）的孙子——穆农戈——扮演了关键角色。

会议结束之后，一个部长级代表团再次前往布鲁韦别墅。囚犯被押上一辆汽车的后座，和这辆车一起开走的还有另外几辆车以及2辆军用吉普车。夜幕已经降临，车队一直往西北方向前进，穿过草原开往贾多特维尔。汽车的头灯照亮了道路两边的灌木丛和白蚁堆，大约45分钟之后，车队驶离大路；又过了一会儿，在一个隐蔽的地方停了下来，囚犯们不得不下车。路边的灌木丛中有一口浅井，是几个小时前才挖好的，旁边站着一些穿黑色制服的警察和卫兵，还有几个穿西装的男性："总统"冲伯、"部长"穆农戈和基布韦，以及他们的一些同行。4名比利时人也参与了此次行刑：弗朗斯·维尔舍雷（Frans Verscheure），警察局局长和加丹加警察机关的顾问；朱利安·加特（Julien Gat），加丹加国民卫队队长；警佐弗朗索瓦·索恩（François Son）和中尉加布里埃尔·米歇尔斯（Gabriël Michels）。囚犯被一个接一个拉到井边，他们到加丹加不到5个小时，经受了殴打虐待，如今，离他们4米远的地方站着行刑队：4名手持机枪的加丹加志愿兵。夜晚，枪声响了3次，卢蒙巴最后一个被枪毙。晚上9点43分，刚果第一任民选总理的尸体仰倒在井中。[49]

卢蒙巴被杀，消息被封锁。不久之后，清理痕迹，加丹加警察机构比利时籍副检察长热拉尔·苏特（Gerard Soete）将卢蒙巴3人的遗体挖了出来。有传言称有一只手没有埋进去，还伸在土的外面，很可能是卢蒙巴的手。[50]索耶特将尸体锯成碎块，放进装满硫酸的浴盆里。他从卢蒙巴的上颌取下两颗镶金的牙齿，又砍下了他的3根手指。[51]在布鲁日（Brugge）的家中，他偶尔会把一个小盒子拿给访者看，里面装着卢蒙巴的两颗牙齿和一颗子弹。[52]多年之后，他将它们扔进了北海。

卢蒙巴被杀的消息传开，世界为之惊愕。从奥斯陆（Oslo）到特拉维夫（Tel Aviv），从维也纳（Vienna）到新德里（New Delhi），人们走上街头，游行抗议；贝尔格莱德（Belgrade）、华沙（Warsaw）以及开罗（Cairo）的比利时大使馆都遭到攻击。莫斯科一所大学还以卢蒙巴的名字命名；在西方，“卢蒙巴”——一种由白兰地和巧克力牛奶混合而成的鸡尾酒——比以前更受欢迎了。基赞加领导的卢蒙巴政府很快得到苏联、波兰、东德、南斯拉夫、加纳和几内亚等国的承认。被谋杀的总理瞬间成为去殖民化的烈士，地球上所有受压迫者崇拜的英雄，无神论共产主义者心中的圣人。卢蒙巴会获得这些地位，更应该归功于他被杀时的悲惨，而不是他的政治成就。他的当权时间甚至不到两个半月，从1960年6月30日到9月14日。

他的执政记录放在一起就是错误的集合：对军队的迅速非洲化得到了支持，但结果却是灾难性的；向美国和苏联寻求军事援助是可以理解的，但轻率得可怕；在开塞的军事行动让数千平民无辜丧生。卢蒙巴还在世的时候，刚果（布）首任总统尤卢、塞内加尔首任总统桑戈尔（Senghor）就认为卢蒙巴的诸多行动是值得质疑的。[53] 但另一方面，对于自己所要承担责任，卢蒙巴措手不及，他不得不去处理比利时人的大撤离和比利时的军事入侵，却看出了联合国不欲对比利时的入侵进行谴责。他以可悲的方式回应真正的不公正，却在这个过程中培养了更多的敌人而非朋友。在短暂的政治生涯中，他的悲剧是独立之前的王牌——鼓动群众的本事——在掌权之后变成了他巨大的劣势，因为执政需要冷静的头脑。他的才能就像一块磁铁，一开始发挥了“吸引”的作用，到后来却起了“排斥”的作用。

该为卢蒙巴的死负责的人很多。独立后不到 2 周，布鲁塞尔方面便表示刚果需要换一位总理。仅仅一个月后，联合国和美国都表现出想让卢蒙巴下台的愿望。一开始，各方只想用政治手段赶他下台，但渐渐地，比利时和美国开始考虑把这个人清理掉。1960 年秋天，美国中情局是蒙博托政变的幕后支持者，而白宫的指令是要除掉卢蒙巴。比利时非洲事务部部长也为除掉卢蒙巴的秘密行动提供掩护。他们的尝试都失败了。但是 1961 年 1 月，卢蒙巴从蒂斯维尔被转移到加丹加，这不仅仅是利奥波德维尔和伊丽莎白维尔两地当局的意思：整个行动计划由利奥波德维尔的比利时顾问起草（在比利时世界航空公司的办公室里，他们在一次会议中制定了转运计划），得到布鲁塞尔某些政府部门的积极支持，特别是非洲事务部。非洲事务部意识到卢蒙巴可能会在加丹加丧命，却没有采取预防措施。美国中情局也是如此，中情局在利奥波德维尔的负责人听到消息后，没有阻止把卢蒙巴转移到加丹加的计划，即便知道这个计划可能会导致极端后果。加丹加当局执行了对卢蒙巴的处决，我们不知道比利时顾问在其中具体扮演了什么角色，但至少知道他们在1月17日晚上被告知押运卢蒙巴的飞机已经在伊丽莎白维尔着陆。不管在什么情况下，他们没有尝试过阻止谋杀事件的发生，即便他们知道自己的影响力可以使结果有所不同。几名带领加丹加卫兵的比利时军人还亲自参与了行刑。

刚果独立大戏的第一幕结束了。这个时间段里，各种事件接二连三地发生。最后，两颗牙齿在欧洲灰色的海洋里打旋，缓缓沉入泥沙里，它们属于一个雄心勃勃的非洲人。

2008年4月，在卢本巴希一个漂亮的花园里，我见到了安妮·姆托什·阿姆特布（Anne Mutosh Amuteb），她已经91岁了，是我在研究过程中采访过的最年长的刚果女性。安娜·姆托什是一位公主，她的祖父是隆达王国的国王。因此，她也是冲伯家族的一员，非洲人说她应该是冲伯的“姑姑”，和她交流就相当于和加丹加的历史交流。她告诉我，她的父母在1900年前后就已经学会了读书写字，是跟美国卫理公会传教士学的。她曾经是一位助产士，但她的商业才能要比接生的本事更出色。我问她一生当中哪段时光最美好，她想都没想就用深沉的声音回答：“比属刚果时期和加丹加独立时期。

比属刚果时期，你看到的一切都是有序的。那个时候没有腐败，商业活动都正常进行。我从荷兰进口纺织品，偶尔也进口一些面粉和谷物，有一次订了50麻袋，在当时是很容易办到的事情。在独立时期，货物的进口也不是问题。蒙博托上台之后才变得如此困难。”[54]

考虑到血统，毫无疑问，她是支持加丹加独立的。隆达人怀念自己的帝国，在很长一段时间内梦想着实现区域自治，并得到了留在刚果的欧洲人的支持。很多前殖民官员都支持加丹加独立，这和白人继续统治南部非洲的趋势是相符的。南非、罗得西亚、西南非（后来的纳米比亚）的种族隔离制度，与葡萄牙对安哥拉和莫桑比克的殖民统治有很大不同，但是，当非洲大陆的其他地方正在走向独立的时候，非洲南部的白人右翼政权正在强化他们对权力的控制。加丹加的情况就符合这种大环境。[55]

加丹加的分离是第一共和国的第二幕，开始于1960年7月11日，结束于1963年1月14日。1961年1月17日卢蒙巴被杀事件发生后，刚果出现了完全不同的局面。冲伯在卢蒙巴的葬身之地现身，在那之后成为刚果政坛的主要角色。刚果独立之后，政治王者地位的4个角逐者到现在还剩3个，卡萨武布和蒙博托与冲伯一样，手上都沾满了卢蒙巴的鲜血，但卢蒙巴之死并没有让前两人的关系走得更近。从现在开始，权力斗争在他们三人之间展开。

冲伯能成为这场权力斗争的中心角色是让人惊讶的。毕竟，卢蒙巴被谋杀之后，他的加丹加在国际上成了流浪狗。共产主义阵营表达了对加丹加的痛恨；联合国决定对其采取更加有力的措施；没有一个国家正式承认过加丹加的“独立”，包括比利时和美国。但是，冲伯能成为长时间的有力竞争者，与比利时人脱不了干系。矿产联合会不再向利奥波德维尔当局交税，而是把这些资金提供给了加丹加当局。比利时人掌控着军事、行政以及经济，每一个加丹加部长的背后都有一名比利时顾问，加丹加的宪法由来自列日和根特（Ghent）的比利时教授起草，一些主要机构如加丹加国民卫队、加丹加情报机构和中央银行都由比利时人领导。[56] 在伊丽莎白维尔的酒店大堂里，经常看到白人的西装翻领上别着加丹加旗帜胸针。[57]

另外，冲伯的竞争力还要归因于白人雇佣兵。这些“志愿兵”——人数从未超过 500——主要来自南非、罗得西亚和英国，但也包括一些曾经在印度支那和阿尔及利亚作战的法国外籍军团老兵。乌合之众、无赖、偏执的右翼分子、壮汉、斗士，他们喝酒喝到记不住自己的名字，更别说记起和他们睡觉的妓女叫什么。他们接受雇用是为了钱，为了冒险，为了白人至上的模糊理想。比利时军官积极招募、训练、部署这些人。[58] 雇佣兵因此成为加丹加最令人毛骨悚然的武装部队。

雇佣兵的对手是联合国维和士兵、刚果国民军以及加丹加北部的巴卢巴人，而这些对手只是听起来比较强大。实际上，联合国已经给维和部队下达了更强硬的指令，但在执行方面仍有些犹豫不决；刚果国民军仍然不稳定；巴卢巴人的武器还是毒箭和大刀。

正好在卢蒙巴被杀一年之后，一位 22 岁的佛兰德人第一次来到伊丽莎白维尔。他来自西佛兰德（West Flanders）的一个乡村，刚从根特的理工学院毕业，获得技术工程学位，专业是低压电气工程，以前还从未离开过欧洲。他受雇于新下刚果至加丹加铁路公司（Nouvelle Compagnie du Chemin de Fer du Bas-Congo au Katanga，BCK），但在铁路上工作并不是他儿时的梦想。他之前申请了比利时世界航空公司和矿产联合会的工作，他想成为一名飞行员，但多年的努力学习毁掉了他的视力。他的名字是迪尔克·范·雷布劳克（Dirk Van Reybrouck），10 年之后他成了我的父亲。

他去的"国家"叫加丹加，而不是刚果。对于他来说，刚果的其他地方就是外国。他在利奥波德维尔只看到了比利时世界航空公司的招待所，因为转机前他在那里待了一夜。最终的目的地加丹加有自己的旗帜，自己的货币，自己的邮票。他的登记卡也能说明问题，我写这段话的时候它就搁在我面前。绿色卡片上面仍然用两种语言——法语和荷兰语——印着"比属刚果"（Congo Belge/Belgisch Congo），会有一个人用圆珠笔将其划掉，然后再用大的橡皮图章敲上"加丹加"（État de Katanga）。

我父亲的工作地点在贾多特维尔，也就是现在的利卡西，他主要负责管理电气火车头、架空线路以及一直到安哥拉边境、长达 600 千米的铁路沿线的变电站。对于"独立"的加丹加而言，这条东西走向的铁路线就是生命线。[59] 铁矿石和其他原材料无法继续往北运输，再经利奥波德维尔和马塔迪出口，因为这些地方在当时已经成为敌人的领土，任何货物都只能经过铁路线运送到安哥拉海岸。在安哥拉，这条单轨铁路——本格拉铁路（Benguela railroad）——直到今天仍在通蒸汽机车，在当时是加丹加进出口的关键。我父亲要经常外出到“线上”去工作，一辆柴油铁路车是他的移动工作台，一次工作会持续两三周，包括检查铁线路上的变压器，更换转换器。新下刚果至加丹加铁路公司等级森严，但在那几年里，保守分子将很多职责交给了新员工。“他们已经将家人送回了比利时，”我父亲的前同事瓦尔特·伦比克（Walter Lumbeeck）说，“他们坐等工作期结束，让别人去做具体的工作。你的父亲有些胆小，他的工作对于他那个年龄的人来说是很吃力的，而且一开始他的法语也不是很好。但过了一段时间之后他就能很流畅地和黑人交流了。”[60] 同时，他还学习了斯瓦希里语。很多年之后，在我的家里，说到“狗”的时候仍然用斯瓦希里语，“糖”和“烟草”也一样。

争夺权力的各方都很清楚本格拉铁路的战略重要性，我父亲还在世的时候——但他不是一个善于讲述的人——仍然记得很多个晚上被叫醒的经历，“因为某个地方的桥被炸断了”。在黎明时分的灰暗光线里，他迅速搭工作车赶往现场，而整个世界正在慢慢变亮。非洲员工负责驾驶工作车，在这个过程中他还可以多睡一会儿。到了被破坏的地方，他们必须修好架空线路，重建铁轨。

“在加丹加我们仍然占统治地位，”伦比克说，“这是主流看法。我们没有乱套，人们都想让加丹加的一切都运转得不错，让其他地方下地狱吧。铜的价格很好，矿产联合会仍在正常经营。”刚果或许已经独立了，但在加丹加，殖民主义仍然很强大。比利时员工享用来自南非的威士忌和水果，新鲜的海产品甚至直接从比利时空运过来。年轻的比利时人过着阳光满溢的生活，远离父母，远离教堂，远离乡村。那些日子里流行派对和烧烤野餐，几乎每个人都会抽烟，包括留着蜂窝头的时尚女人和穿白衬衫、系窄领带的男人。那是阿达莫（Adamo）、朱丽叶·格雷科（Juliette Gréco）和弗朗索瓦·阿迪（François Hardy）的时代。一到周日，人们就会去体育和休闲俱乐部，躺在游泳池边喝马提尼，从不远处传来的打网球的声音清晰可闻。

2007 年 7 月，我走在熊猫俱乐部（Cercle de Panda）里，我父亲曾经是这家俱乐部的会员。游泳池已经没有了水，网球场上的设备也已锈迹斑斑，跳水板上面的文字已经没有了。

“你的父亲有一辆福特敞篷车，”我父亲在俱乐部结交的朋友弗兰斯·弗莱斯豪韦尔（Frans Vleeschouwer）和玛丽亚·弗莱斯豪韦尔（Marja Vleeschouwer）夫妇说，“这辆车耗机油要比汽油还多，迪尔克总会带上好几升机油。”[61] 他们一起去姆瓦丁古沙（Mwadingusha）的瀑布，或者去参观卡波尔韦（Kapolwe）的传教点；喝佛兰德传教士酿的啤酒；或者去偏僻的地方捕鱼，其中有些地方的当地人还在用比属刚果的货币交易。友谊甚至要比家庭纽带更重要。弗兰斯和玛丽亚的女儿出生后，他们让我父亲当孩子的教父——在佛兰德，这个光荣的角色通常只留给家庭成员。

但加丹加的白人世界是封闭的。“每个人都可以加入俱乐部，”弗兰斯和玛丽亚回忆说，“但是会员费非常高，没有黑人能够负担得起。实际上，很多白人也负担不起，但矿产联合会会把这笔钱直接转回我们在比利时的账户，令人难以置信，不是吗？”还有其他引人思考的地方，“我们让女儿和黑人小孩一起玩，有人会问‘你难道不担心孩子染上病吗？’。虽然没有实行种族隔离制度，但在当地的肉店，为黑人服务的是黑人，白人则为白人服务。”

瓦尔特 · 伦比克和艾丽丝 · 伦比克（Alice Lumbeeck）是我父亲的另外两个朋友，他们完全同意弗莱斯豪韦尔夫妇的说法。在他们当时的派对照片中，你找不到一个非洲人。

> 在当时，与黑人接触是要尽量避免的事情。如果你带黑人参加派对，就会丢掉现有的朋友。人们真的瞧不起白人男性和黑人女性的组合，那是老一代人会做的事。在新下刚果至加丹加铁路公司或者矿产联合会，仍然会有一些年纪比较大的白人娶了黑人做妻子，但那不属于我们的圈子。这种做法是与我们的身份地位不相称的，是不时尚的，和今天某公司执行董事召妓的行为是一样的。白人更愿意与白人同事的妻子发生关系。你父亲当时是单身，他很享受与说荷兰语的人在一起。如果他带一个黑人参加派对，下一次我们就不会再邀请他了。

加丹加的“独立”是与时代不同步的。卢蒙巴被杀之后，联合国决定用强硬措施对付冲伯以及他的新殖民主义分离活动。1961 年上半年，这些措施都从外交渠道落实。在塔那那利佛（Tananarive，马达加斯加首都）、利奥波德维尔和科基拉维尔举行的多次会议上，联合国迫切要求刚果实行联邦制，在实现国家统一的同时，各省保留相当一部分权力。比利时赞成这一提议，但加丹加某些部长的比利时顾问却集体抵制任何形式的妥协。这种顽固的态度导致了更大的摩擦。1961 年 8 月，随着形势的发展，刚果到了紧要关头。一方面，最后一次会议在利奥波德维尔的鲁汶大学举行，联合国从中斡旋。刚果的新总理即将上台，不是伊莱奥，他是卡萨武布极力推荐的人选；不是蒙博托，他自己极力想获得这个职位；也不是邦博科，他正领导当时由学者和专业人士组成的政府——而是西里尔 · 阿杜拉，他是一位中间派人士，同时也是一位有能力的工团主义者，为各方所接受。另一方面，全国性改革已经在酝酿之中：放松中央集权，强化省级政府的权力。共识似乎很快就能达成，但最后一刻，冲伯退出了讨论。

这样一来，联合国决定用武力解决问题。1961 年的 8 月、9 月和 12 月，联合国的“蓝盔”部队开始发动猛烈攻势，力图结束加丹加的分离、解散地方武装、赶走外国雇佣兵。但作战没有获得成功。雇佣兵撤退到罗得西亚，在那里继续战斗。联合国发动的攻势给当地平民带来了诸多苦难，救护车被攻击，医院遭到轰炸，无辜平民被杀，超过 30 个欧洲人失去生命。另外，联合国的攻势还导致了刚果历史上第一个难民营的出现。超过 3 万巴卢巴人因为害怕冲伯的报复过上流浪生活，他们不支持加丹加从刚果分离，感觉自己的生命安全受到了威胁。在伊丽莎白维尔边缘，他们住在路边用纸板、树叶和破衣服搭建的小屋里。

安妮 · 姆托什也记得联合国这次军事行动。“摩洛哥‘蓝盔’士兵在路障边强奸了很多妇女，连孕妇也不放过。当时我是加丹加妇女联合会（Union des Femmes Katangaises）主席，我向时任联合国秘书长哈马舍尔德和美国总统肯尼迪写信反映这个情况，我还见过哈马舍尔德一次。”

联合国秘书长本人决心终结带有新殖民主义色彩的“独立国”加丹加，在利奥波德维尔和伊丽莎白维尔之间积极斡旋。1961 年 9 月 18 日，他乘飞机前往北罗得西亚的恩多拉机场（Ndola airport）与冲伯会面，但飞机在准备着陆时坠毁，机上无人生还。当时到底发生了什么，到现在还是一个谜。“祈祷孤单能让你找到活下去的理由，它足够伟大，让你为之献出生命也在所不惜。”哈马舍尔德曾经写道。[62]

冲突看起来没完没了。刚果就像一个已经破碎的花瓶，不能再黏合到一起。同时（1961 年 12 月—1962 年 1 月），蒙博托的政府军成功终结了开塞的分离状态，并推翻了东部的基赞加政府。因此，刚果境内并存的四个政府中已有两个被清理掉，加丹加还能再坚持一年。新任联合国秘书长吴丹（U Thant）在整个 1962 年都在试图通过谈判达成解决方案，但在这一年的 12 月底，美国决定速战速决。肯尼迪总统（President John F. Kennedy）为联合国的最后攻势提供了大力援助，这次行动被称为“大满贯行动”（Operation Grand Slam），两周之内，加丹加被控制。

1963 年 1 月 3 日，我父亲在贾多特维尔的家中，站在二楼的窗户边。新下刚果至加丹加铁路公司给了他一套为单身男士准备的公寓，不是带花园的别墅，而是一个空间很大的公寓，有一楼的车库和现代风格的楼梯。公寓就在城外，位于通往伊丽莎白维尔的大道旁边。他当时已经知道联合国军队占领了加丹加首府，有些人说这是“解放”，其他人则说是“占领”。这支国际部队正在往北推进，朝贾多特维尔的方向开过来。贾多特维尔是加丹加第二大城市。联合国部队走的路线和两年前卢蒙巴被处决时走的末日之路是一样的。在卢库特韦河（Lukutwe river）和鲁菲拉河（Lufira river），联合国士兵遭到抵抗，但还是在 1 月 3 日中午没费多少力气就进入了贾多特维尔。

我的父亲看着窗外，一辆白色的大众甲壳虫汽车从市区方向开过来。既然军队已经从这儿过去了，那么很明显，通往伊丽莎白维尔的道路又开放了，生活正在回归正常。突然，公寓对面响起了一串枪击声，那辆大众汽车停了下来。车子里有 3 个人，1 个司机和另外 2 名女乘客。一共是 3 位比利时人和 1 条狗，我父亲以前见过他们。司机从车里爬出来，他叫阿尔贝 · 韦布吕格（Albert Verbruggle），在一家水泥厂工作，他举起双手示意自己并没有武器，他的眼睛下面有一道伤口，鲜血直流。他尖叫着，哀号着，步履蹒跚。里面的 2 个女人——他的妻子玛德莱娜（Madeleine）以及玛德莱娜的朋友阿琳（Aline）——没有出来，她们的花裙子前面，巨大的红点正在扩散。当她们的尸体被拖出来放在路边的草地上时，韦布吕格才明白发生了什么。来自印度的联合国士兵很明显是将他们当成了白人雇佣兵。[63] 那条狗也死了。

“狗的尸体在那里躺了足有一周。” 20 世纪 80 年代早期某个时间，我父亲告诉我。我当时和他一起坐在一个牙医诊所的候诊室里，咖啡桌上放着一本被翻阅过无数次的《巴黎竞赛画报》（*Paris*

Match），封面上是一张黑白照片，呈现了上文提到的场景。当时我大概十到十一岁，可以从照片中那个男人的眼神中看出恐惧。我的父亲盯着照片看了几分钟，然后说："拍这张照片的人一定就站在我旁边，不会太远，这件事就发生在我的住所门口。"后来我了解到，一名美国摄影师拍摄了一组照片，很快传遍了世界。1962 年 1 月，《时代》周刊（*Time*）刊登了这组照片，今天仍然能在互联网上找到。[64] 这是加丹加分离历史中最著名的照片，我父亲目击了其中的情景。

2007 年 7 月份的一个周日，我站在了父亲当年站的地方。我向窗外望去，看着当时事情发生的地方，路面上布满灰尘，路旁有 CelTel 公司的广告，有人正推着一辆自行车往前走，车上满载木炭。我父亲住过的公寓还在，现在住着一个非常友善的年轻公务员，还有他可爱的妻子和 2 个孩子。一到周日，这位公务员就成为"耶和华的军队"（l'Armée de L'Eternel）——刚果众多五旬节派（pentecostalism）分支之一——的传教士，我父亲当年的无窗车库（曾经 5 年里，他那辆福特牌汽车就停在这里）现在是人们做礼拜祷告的临时场所。我也参加过一次，大约有 30 名信徒挤在一起，坐在摇摇晃晃的木凳子上，光线从半开的车库门里照进来，在半明半暗中，我看到祈祷的人容光焕发。想到那些黑白照片，1963 年和 2007 年重叠在了一起。我的父亲一年前去世，也就是 2006 年，人们为他唱了凄美的挽歌。

那条狗的尸体在腐烂的时候，加丹加被夺回。10 天过后，也就是 1963 年 1 月 14 日，冲伯宣布加丹加结束“独立”。他的加丹加宪兵和白人雇佣兵都越过边境逃到了安哥拉，冲伯本人也逃到了佛朗哥统治的西班牙。当地的比利时人是极其反美的：他们将联合国发动的最后一次军事进攻归罪于肯尼迪总统。“都结束了，”我父亲的同事瓦尔特·伦比克当时就这样想，“加丹加又变成刚果的领土了，像梦想幻灭，很多人都离开了。”[65] 刚果国民军来了，年轻的士兵不会说斯瓦希里语，他们说林加拉语，举止傲慢，典型的胜利者姿态。整个行政体系都由来自利奥波德维尔的人接管，“在独立时期，童仆的养老计划还是有效的，”弗兰斯和玛丽亚说，“但行政当局换人之后，这一切都消失了。人们回去用木炭做饭，商店里除了牛奶和牛肉之外，几乎买不到任何东西。”[66]

为了获取香烟和剃须皂，我父亲不得不去找埃塞俄比亚‘蓝盔’士兵。联合国部队在加丹加继续驻扎了 18 个月，以维护和平。1980 年代中期，我第一次用剃刀刮胡子的时候，我父亲拿出一大管棕榄公司（Palmolive）生产的老式剃须皂，他本人在很早之前就开始用电动剃须刀了。作为一名电气工程师，他不明白用泡沫刮胡子魅力何在。“不要一下子用完了，”他说，“这是 20 多年前我从联合国驻刚果维和士兵手上买的。”我现在还没有用完，这块肥皂已经生产了半个世纪了，但用起来仍有不少泡沫。

加丹加的独立状态已经结束，但白人的小圈子还继续存在。他们在贾多特维尔举办名为“巴伐利亚阿尔卑斯山”（Bavarian Alps）的活动，穿着皮短裤，手上高举着啤酒杯。在大草原的中间……艾丽丝·伦比克回忆起 1963 年 11 月 22 日，一位比利时邻居家中在举办庆祝活动，大家载歌载舞。到底发生了什么？他们曾经有一个邻居是加丹加官员，很疯狂的一家人，家里的啤酒箱堆到了屋顶。加丹加人曾在他的花园里烧烤，烤老鼠吃。一个白人雇佣兵也在隔壁住过一段时间，是一个很可怕的人。而现在，他们听到了从比利时邻居家里传来的喧闹声，这些人可都是普通公民。“我问他们排队是关于什么的，‘肯尼迪被暗杀了！肯尼迪被杀了！’他们欢呼雀跃地告诉我。”[67]

现在只剩下卡萨武布和蒙博托了。第一共和国第三幕戏开演时，胜者是卡萨武布：卢蒙巴死了，冲伯流亡海外，蒙博托没有因为加丹加的收复就获得认可，因为那实际上是联合国‘蓝盔’士兵的功劳。自独立以来，卡萨武布首次统治刚果全境。国家重新统一，卡萨武布能够去很多地方视察，刚果与比利时的关系得以恢复，与美国的关系得到加强。为了表示对刚果的重视，华盛顿给利奥波德维尔送来免费的浓缩铀，用于鲁汶大学核反应堆的研究。[68]至于那几年的稳定，卡萨武布将一半功劳归于总理西里尔·阿杜拉。阿杜拉任职 3 年，是第一共和国时期在位时间最长的总理，当时，多数总理的任期都不能用年来计算，只能用月。阿杜拉是一位勤奋、聪明但不爱交际的官员，处事不够果敢坚决，因此从来没有对卡萨武布构成威胁。[69]

在第三幕中，卡萨武布得以巩固自己的地位。和平与安宁似乎已经回归，他成为新宪法的狂热支持者，强烈提倡用一部新宪法来取代《临时宪法》。1964 年，一个委员会负责起草这个国家未来的游戏规则。于是，《卢卢阿堡宪法》（*Constitution of Luluabourg*）出台，宪法文本通过了全民公投，达成了卡萨武布的两个愿望。首先，新宪法将刚果变成了一个地方分权的国家，这是卡萨武布在过去10来年一直梦寐以求的。各省被赋予更多权力，但占地面积也大幅缩水。1962年，殖民时代的6个大省被细分成21个省，与刚果的种族分布现实以及历史上的行政区域划分更加吻合。[70] 其次，新宪法赋予国家元首更多权力。从此以后，总统完全凌驾于总理和政府之上。议会的权力也被弱化，如果议会投票通过的法律得不到总统的认可，总统有权要求议会重新投票，毕竟，每个人都可能犯错。为了避免同样的错误犯两次，票数要达到三分之二以上才可以推翻总统的决定。在紧急情况下，总统甚至可以自己起草法律，和总理的角力从此成为历史。"相应地，他可以根据自己的意愿解除总理的职务，或者中央政府任何一个或几个成员的职务。特别是当他发现自己的立场与他们的立场存在严重分歧时。"宪法第62条就是这样写的。[71] 卡萨武布处于极为有利的地位：整个国家被分成了很多个小块，加丹加也被分成了3个省，而他对权力的控制也比以前更牢固。这就是人们通常所说的分而治之。他想，他的地位已经不可能被撼动。

1963年11月19日，两位苏联外交官从布拉柴维尔返回时被逮捕，随身携带极有害的文件。被捕之前，在刚果河彼岸的首都，他们和卢蒙巴政府的内政部长克里斯托夫·本耶（Christophe Gbenye）碰了面。布拉柴维尔是卢蒙巴支持者最先选择的避难所，因为它离利奥波德维尔近，但在卡萨武布的掌控范围之外。文件上的内容包括成立一个革命团体：全国解放委员会（Comité National de libération），由本耶领导，相关代表团已经访问过莫斯科。在文件中，委员会请求苏联为年轻士兵的训练提供援助；还希望苏联能为委员会提供无线电台、小型录音机、微型摄像头和复印机，“或者其他类似的间谍材料”，让人不由自主联想到电影《碟中谍》（*Mission Impossible*）。除此之外，他们还想要“20 把微型手枪（有消声器），外表看起来要像打火机或圆珠笔”，以及几个“双层底手提袋”。卡萨武布认为天下已经太平的想法显然还不成熟。[72]

第一个反抗中央政府的地方是奎卢省。皮埃尔 · 穆勒勒（Pierre Mulele）煽动了民众的不满情绪，他曾在卢蒙巴政府担任教育和美术部部长，也是基赞加的盟友。穆勒勒与布拉柴维尔的阴谋者没有任何关系，但他们做的事情是一致的。独立后的第一届政府解体之后，他逃到海外。带着游击战的经验，他秘密回到自己的出生地。基赞加来自蓬德部族，也就是 1931 年反抗过殖民当局的部族；穆勒勒则来自相邻的姆邦达部族（Mbunda），他想激发当地农民的反抗意识。这一次的敌人不是白人殖民者，而是谋杀了卢蒙巴的刚果第一代政治家。毕竟，他们不是更关心权力而不是公共利益吗？他们的生活方式不是很浮夸吗？他们对经济利益的攫取不是很可鄙吗？他们不是腐化堕落的资产阶级猪吗？他宣称，当权者根本没有为人民服务，他们滥用手中的权力，将手伸向装钱的抽屉里，亲西方的态度更是加重了他们的贪婪。农民们听着穆勒勒的演讲都点头称是。事实确实如此，刚果人民根本没有看出独立带来了任何好处，事实上，他们的生活变得更加艰难了。他们想，是时候推动“第二次独立”了，不是吗？“第二次独立”非常受欢迎，它新的独立，是正确的独立。

穆勒勒的革命从农民起义开始，这是非洲独立运动爆发以来第一次重要的农民起义。穆勒勒本人表现出了显著的理想主义和伟大的忘我精神，他就是刚果的切·格瓦拉（Che Guevara），一个和普通百姓打成一片的左翼知识分子。在农村的茅草屋里，他向农民阐述革命思想，一次又一次地强调自律在起义中的重要性。[73] 参加革命的人应该尊重每一个人，包括战俘；偷盗是严格禁止的，祷告也一样。[74] 要对已经造成的破坏进行赔偿；"尊重女性，不玩弄女性，杜绝玩弄女性的倾向"；革命也需要女儿。在穆勒勒的游击队里，女人同样接受训练。

但他们能够获得的武器非常有限。穆勒勒不想依靠外国势力，起义军必须自力更生，而参加起义的农民只有过时的火器、刀和用自行车辐条做成的毒箭。他们放火烧学校，破坏传教点和桥梁，死亡的人数以百计，尽管有前面所言的戒律，屠杀还是发生了。但是革命运动并没有流行起来。穆勒勒的外国理论并未在所有地方都受欢迎，或许是因为它过于世俗。为什么不允许战士做祷告？淳朴的奎卢农民并不知道鸦片是什么，对有关虚假意识的故事也没有任何兴趣，他们的思维具有鲜明的宗教色彩和部族特色。而且，穆勒勒的权力范围始终没有超出蓬德部族和姆邦达部族的领地，城市远远不在他的掌控之下。起义从 1964 年 1 月持续到 4 月就结束了，但它具有很重要的象征意义。继冲伯之后，卡萨武布的权力又一次受到公开挑战，同时，这一事实证明卢蒙巴的思想还相当活跃。如果卢蒙巴是烈士，那么穆勒勒就是其思想的一个宣扬者。

在那些日子里，在斯坦利维尔宽阔的大街旁，在骄阳下的现代建筑之间，人们有时候能看到一位上了年纪的女人。80岁，也可能是90岁，她就是伦根尼老妈妈、马库洛的遗孀。马库洛当年得到斯坦利的帮助而摆脱了奴隶身份，1941年就已去世，伦根尼却继续活到了20世纪60年代。1962年，她到斯坦利维尔参加孙女儿的婚礼，由于健康状况恶化，没法回到雨林里的村子生活。[75]

还是个小姑娘的时候，她是部族暴力的受害者；现在老了，还是只能眼睁睁地看着战争卷土重来。当然，她不会知道布拉柴维尔的革命武装已经决定采取行动，但她很快就会察觉到这一点，本耶的全国解放委员会正计划进攻刚果东部。在紧邻卢旺达的布隆迪，这个1962年获得独立的国家，即将参与作战的叛军士兵接受了外国游击战专家的训练；另一方面，苏联也准备随时提供援助。南基伍的叛军由一个名为加斯东·苏米亚洛特（Gaston Soumialot）的人率领，加丹加北部叛军的领导人是洛朗·德西雷·卡比拉。叛军士兵的年纪都非常小，大部分是十六七岁的男孩子，有些刚满10岁，甚至有不到10岁的儿童。他们更容易接受巫术、魔法，而非马克思列宁主义。他们自称“辛巴”（simba，东非用语，意为“狮子”），非常相信战争仪式。

卡比拉和苏米亚洛特的军队都请了一位拜物教祭师：60多岁的奥涅马老妈妈（Mama Onema），每一个年轻的士兵都受到她的点拨。她用一把剃须刀在士兵双眼间的部位上割三个小口，再从火柴盒里取出黑色粉末——狮子和猩猩的骨与皮磨成的粉，混合碾碎的黑蚂蚁和大麻——抹在切口上。每个士兵都拿到一个护身符，戴着手腕或脖子上，相信它能给他们力量。士兵每一次上战场之前，她都会在他们的胸口和武器上洒水，让他们免受敌人的进攻。她要求这些勇士遵守一套严格的行为准则，永远不和“辛巴”以外的人握手，不能洗澡、梳头发、剪指甲，否则力量会再次变弱。很多准则实际上并没有表面看起来那么怪异。绝大多数“辛巴”战士没有统一的制服，没有火器。他们裸露着胸口上战场，用动物皮和树枝装扮，用传统的飞镖、大刀和棍棒武装自己。他们就这样对付蒙博托的政府军队——当时或许还是比较混乱，但至少装备了机关枪。祭师规定的法则让“辛巴”们不得不遵守某种形式的军纪。禁止性行为，因为性行为会导致不受控制的性暴力；惊恐也是不允许的，因为惊恐可能导致战士逃跑；不允许回头，不允许躲藏。这些战士必须毫不犹豫地冲向敌人，同时高喊：“辛巴，辛巴，穆勒勒之水，卢蒙巴之水，卢蒙巴万岁！”他们相信，只要这么喊，政府军射过来的子弹一碰到他们的胸口就会转向，打到水里；如果有人被子弹打死了，肯定是违反了上述某项戒律。[76]完全不可理喻？不，和第一次世界大战时期有些人直接被赶去挡子弹相比，这还不算荒唐。让人称奇的是，不仅这些战士相信自己有魔力，政府军的士兵也这么认为。看到这些人歇斯底里地朝他们冲过来，大喊大叫，眼睛圆睁，蒙博托的士兵也吓得半死。

1964 年 5 月，“辛巴”战士占领了乌维拉（Uvira）和阿尔贝维尔（Albertville），坦噶尼喀湖西岸的两个主要城市，对卡萨武布和蒙博托造成了屈辱性的打击。政府军士兵甚至将树枝绑在自己的步枪枪管上，希望借此中和掉“辛巴”战士的魔力，但多数情况下他们都是掉头就跑。在一片尖叫声和咆哮声中，叛军占领了刚果东部地区。他们没收汽车，洗劫商店，捡起仓皇逃窜的政府军士兵留下的枪支。苏米亚洛特带领士兵从乌维拉向斯坦利维尔前进，经历了几个月的丛林行军。他们所到之处，无论是农村还是城市，都有新的年轻人加入进来，这些人都痛恨刚实现不久的独立。高层政治阴谋造成局面的混乱，导致刚果东部成千上万年轻人没有办法上学。[77]教师只能领到微薄的薪水，甚至根本领不到薪水，刚果全国的教师都在罢工。[78]中学教育是寻求社会地位上升的主要手段，现在却成了泡影，因为有学生却没有老师。对他们而言，比起"独立"，"革命"包含更多希望。他们还太小，不可能为了妻子、房子、土地而战，但也有梦想要追寻。他们没有什么可以失去，他们是叛逆者，年轻的狮子，是因为独立失去最多的群体。同时，他们也是恐怖的杀人机器。

伦根尼老妈妈亲眼看到叛军入城。1964 年 8 月初，他们占领了斯坦利维尔，这个城市又一次成为卢蒙巴和基赞加的根据地。叛军开始搜寻从独立中掠到财富的人，"先进阶级"、知识分子以及富人都成为他们攻击的目标。在卢蒙巴的塑像前，大约有 2500 名"反动分子"被处决，"辛巴"士兵将他们的心挖出来吃掉，认为这样做可以让死者永远不得重生。其他城市也见证了他们的极端残忍。"黄油！黄油！"在冲伯（Tshombe），用刀劈开一个敌人的头颅，看到脑浆流出来时，他们这样喊道。[79]把孩童和婴儿从他们父母的怀中掳走，放在太阳下暴晒，直到死亡。[80]在卡松戈，他们肢解了一些老人，再强迫旁观者吃掉他们的内脏。[81]除此之外，他们公开反美、反比利时、反天主教。他们逼迫驻斯坦利维尔的美国领事践踏美国国旗，吃掉国旗的碎片；[82] 任何人，只要使用带有“美国制造”（MADE IN USA）的东西，都有可能被杀。火烧比利时传教士的胡子变成了一项游戏——点燃胡子，用暴打的方式灭火。许多“辛巴”士兵都有基塔瓦拉教的背景，这一宗教在刚果东部尤其盛行。[83] 他们痛恨白人，传教点很多修女被强奸、杀害，传教士则被虐打、屠杀。[84]

伦根尼老妈妈害怕自己无法回到亚勒姆巴的新教传教点，她的丈夫马库洛葬在那里，她希望在那里迎接死亡，希望去世之后能在丈夫身边长眠。但是，1964 年 9 月 5 日，叛军宣布新国家的成立。他们建立的“国家”被称为“刚果人民共和国”（République Populaire du Congo）。本耶出任这个“国家”的主席，苏米亚洛特担任国防部部长，武装部队总司令的职务则由尼古拉斯 · 奥伦加（Nicholas Olenga）担任。他们占领了刚果三分之一的领土，伦根尼老妈妈走不掉了。

刚果人民共和国的成立对于卡萨武布来说是彻底的侮辱，也让蒙博托像傻子一样，因为他的士兵看到叛军只会扭头就跑。对军队进行现代化改造时，蒙博托得到了古巴战斗机驾驶员的协助，这些人逃离卡斯特罗（Castro）政权，决心阻止所到之处发生的任何左翼革命起义。可即便如此，也不能扭转形势。难道刚果真的要落入共产主义之手？美国人不会高兴看到这样的局面。如果加丹加再次被夺走怎么办？如果冲伯从西班牙回来加入叛军怎么办？他有足够的手段和军队。果真如此的话，刚果将有三分之二国土落入革命者手中。

但当时发生的事情可以说是不可能出现的转折，类似情况只在刚果的政治史上发生过。冲伯确实是回来了……但他选择支持利奥波德维尔——他曾在两年半的时间里极力反对的政府。这是彻底的立场转变，但如果抛开“正直”这样的因素，也并非完全不合逻辑。蒙博托和他的“宾扎集团”——主要是外交部部长朱斯坦·邦博科、情报总监维克托·恩达卡（Victor Nendaka）和国家银行行长阿尔贝·恩德莱（Alert Ndele）——都意识到冲伯仍然可以调动他的加丹加卫兵和雇佣兵。[85] 他要做的就是让这些人跨越安哥拉边境回到刚果，如果这些人和叛军结盟，那么利奥波德维尔就彻底输了。他们想，一个站在窗外向屋里撒尿的麻烦制造者，要比一个站在屋子里往窗外撒尿的麻烦制造者好得多。

反过来，冲伯一直希望能够在首都建立权力基础。蒙博托伸出橄榄枝是一个完美的机会，他可以趁此结束在马德里的流亡，同时也可以为他的政治履历添上新的一笔。在致卡萨武布的信中，他不无谄媚地写道：“在这样的困难时期，这个国家必须比以往任何时候都更强大，才能应对摆在我们面前的巨大挑战，我愿意重新接受您的指挥，为祖国的利益服务。”[86]

自独立以来，卢蒙巴的 3 个敌人首次组成三人同盟。卡萨武布继续担任总统，蒙博托担任总司令，冲伯担任总理。1964 年 7 月，冲伯取代阿杜拉，并向人民许诺“在三个月之内让刚果焕然一新”。在利奥波德维尔巨大的足球场里，三万到四万名听众为之欢呼。在斯坦利维尔，就在这个城市被叛军攻下之前，他甚至还为卢蒙巴的塑像献了一个花圈，而他本人就参与了对卢蒙巴的谋杀。[87]

冲伯的手中有两张王牌：雇佣兵和美国的军事援助。雇佣兵包括迈克·霍尔上校（Colonel Mike Hoare），一个爱尔兰裔南非人，绰号“疯迈克”（Mad Mike）；鲍勃·德纳尔上校（Colonel Bob Denard），法国人，无疑是20世纪最臭名昭著的雇佣兵；让·施拉姆（Jean Schramme），也被称为“黑杰克”（Black Jack），此人是加丹加的种植园主，但他决定献身于“拯救”刚果的事业。布鲁塞尔、巴黎和马赛（Marseille）一些名声不太好的咖啡馆里正在招募新的士兵，合同规定雇佣兵在战斗中丢了一个脚趾头会获赔3万比利时法郎，失去大脚趾获赔5万比利时法郎，失去右手获赔35万比利时法郎，如果牺牲了，他们的遗孀会获得100万比利时法郎的赔偿。[88]

美国派出一个机队共计23架飞机供利奥波德维尔调遣，其中包括13架T-28战斗机、5架B-26轰炸机、3架C-46运输机，另有2架双引擎小型客机。都是第二次世界大战时期的剩余物资，不过用来对付袒露着胸膛、相信自己刀枪不入的年轻士兵则是绰绰有余。[89]当雇佣兵、加丹加卫兵、刚果政府军、比利时军官一起发动地面攻势时，美国则从空中打击“辛巴”士兵，他们的据点一个接一个地沦陷了。

“辛巴”战士愤怒无比，发现自己根本不是刀枪不入让他们很震惊，认为魔力的消失跟雨季有关系，是雨水将魔力冲走了。[90]就像着了魔一样，他们开始在白人中搜查广播设备，因为他们相信敌人正是通过这些设备获取了情报。任何被发现持有收音机乃至圆珠笔的人都会成为怀疑对象，“辛巴”士兵抓捕了占领区内数百名欧洲人，将他们关在斯坦利维尔的维多利亚酒店（Victoria Hotel）

当人质，一度威胁要将他们全部杀掉。比利时和美国由此开始展开大规模军事行动，行动由地面进攻——“游走行动”（Operation Ommegang）——和空中打击——“红龙行动”（Operation Dragon Rouge）两部分组成。1964 年 11 月 24 日，343 名比利时士兵空降斯坦利维尔，很快占领机场。与此同时，地面部队也迅速开进城中。超过 2000 名欧洲人被解救，14 架 C-130 运输机载他们离开斯坦利维尔；约有 100 名欧洲人被杀。接下来的几天里，“辛巴”士兵实施报复，在内陆屠杀了 90 名白人神职人员和普通信徒；[91] 一直没有数据可以说明有多少刚果人被杀。

伦根尼老妈妈侥幸逃生。斯坦利维尔被解放当天下午 5 点半，她听到了飞机引擎的轰鸣，于是将自己和家人锁在家中。“过了一会儿，一架飞机飞到了我们所在的乔波社区（Tshopo）的上空，”她的一个儿子回忆：“在我们家正上方，它发射了一枚导弹，落在离我们家只有 10 米远的地方，爆炸后弹片打到了前门上，所有窗玻璃都被炸碎了。”伦根尼老妈妈当时就坐在客厅里，对着门，爆炸发生后便昏倒在地。“她的儿子女儿喊着‘妈妈死了！’，孙子孙女儿喊‘奶奶死了！’我们把她搬到院子里，她很快恢复了呼吸，睁开了眼睛。”[92]

斯坦利维尔被拿下之后，叛军开始逃向内陆。伦根尼老妈妈的 2 个住在河边的女儿用独木舟来接她，不过，亚勒姆巴的传教点也非安全之地。很多村民被美国的轰炸机给吓怕了，纷纷离开了自己的村庄。

> 很多人逃到丛林中，或者跑到岛上去。伦根尼老妈妈和

她的孩子也成了森林中的难民，那里的条件非常糟糕。他们不得不搭建临时草屋遮风避雨，还要不停地搬家，伦根尼老妈妈最后累垮了，只能让人背着。她的女儿布利亚（Bulia）和孙女儿米斯（Mise）、恩达那莉（Ndanali）轮流背着她走，小孩子娜奥米（Naomi）、托依特里（Toiteli）、马卡诺（Maukano）、莫阿里（Moali），还有她们的侄子阿萨洛·肯戈（Asalo Kendo）拿着行李在后面跟着。

因为条件糟糕，环境危险，他们决定离开森林到恩诺利岛（Enoli）上去避难。这个岛屿位于河中心，安甘加叔叔（Uncle Anganga）和他的家人住在那里。[93]

这位老妇人生命的开始和结束都没有逃开战争的悲剧。那一天是1965年的5月1日，晚祷之后，她睡着了。那天晚上雷声阵阵，大约凌晨3点，睡在她边上的大女儿点起灯笼，发现伦根尼老妈妈已经离世。他们用独木舟把她的遗体运回班迪奥村，也就是1883年马库洛被绑走的地方。村民们用传统锣鼓将她去世的消息传递出去，当地人走出赤道丛林参加她的葬礼。最后，她被葬在丈夫身旁。

内战还在继续，利奥波德维尔方面接连胜利。然而，就在叛军节节败退快要穷途末路之时，他们在东部获得了意外援助。组织涣散的革命者从来没有关注过外交，埃及、阿尔及利亚、苏联等国家只提供了最低限度的支持。但出人意料的是，1965年的4月，切·格瓦拉在坦噶尼喀湖边登陆。他从古巴飞到刚果，还带来了100多名训练有素的古巴士兵。为了避免被人察觉，这些士兵都是非洲裔，是曾经漂洋过海的中非黑奴的子孙。现在，他们要帮助卡比拉和“辛巴”战士夺回刚果。格瓦拉很快注意到，刚果的革命之火还烧得还不够旺。喧闹的非洲舞曲在丛林中的秘密营地里回响，那里居然还有闲逛的妇女和儿童。士兵也无所事事，没有进行任何训练。他们根本没有想过挖战壕，因为他们认为地上挖的洞都是用来放尸体的。他们对打靶练习毫无兴趣，因为他们无法做到只闭上右眼，他们不喜欢瞄准，总是把枪端在髋部发射。[94]“我们有一个同志总开玩笑说在刚果开展革命，没有一个条件是成熟的。”格瓦拉在日记中嘲笑道。[95]他们的确上了几次前线，古巴人曾目睹“军队是在前进，但只要一开打士兵就四处逃散，为了跑得快一点将手上价格不菲的武器扔到一边”。[96]卡比拉本人一直待在坦桑尼亚，2个月后才出现，后来又迅速消失了。格瓦拉承认卡比拉是唯一有领导才能的人——但要做一个真正的革命领袖又完全是另外一回事了。“对于革命，他的态度必须非常严肃，要用思想指导行动，要用行动反映敢于牺牲的精神。目前为止，卡比拉并没有展现出上述任何一点。他现在仍然很年轻，或许将来某一天会改变。我非常直白地说，恐怕要很多年之后才能看到一线曙光，我非常怀疑他是不是有能力战胜自己身上的缺点。”[97]卡比拉的游击将持续30多年，他在1997年推翻蒙博托的时候，格瓦拉已经去世很久了。

7个月过后，格瓦拉和他的古巴士兵离开了刚果，反叛没有取得任何成果。他痛苦地表示：“在刚果的最后几个小时里，我感到非常孤独，这种孤独感比以前任何时候都强烈，无论是在古巴还是在我游荡过的其他地方，从来没有如此孤独过。”[98]

冲伯获胜了，叛乱被镇压要归功于“他的”雇佣兵和“他的”加丹加卫兵。继军事胜利之后，他又取得了极其重要的外交胜利。冲伯前往布鲁塞尔，就臭名昭著的“殖民资产目录”——刚果独立之前比利时在一系列刚果公司中持有的股份——与比利时谈判。谈判围绕如何将这些股份归还给刚果展开，被称为“比利时和刚果的辩论”（Belgian-Congolese dispute）。冲伯成功地让比利时谈判者承认了“目录”中的股份都属于刚果，因此刚果应该将“下金蛋的鹅”带回到原来的农庄。他返回刚果之后，走到哪里手中都挥舞着一个公文包，里面装着所谓的“目录”。[99]人们以欢声笑语相迎，脸上放光。战争结束了，钱回来了。“现在我们又可以吃鳕鱼了！”他们唱道，这种鱼在很长一段时间内都贵得离谱。

第一共和国时期，普通刚果人在经济上遭受了巨大损失。通货膨胀水平飙升，1960 年 1 公斤大米的价格是 9 法郎，1965 年涨到了 90 法郎；[100]购买力严重萎缩；[101]高失业率也成了很大的问题，有工作的人要供养更多的家人，而工资却越来越少；[102]到处都在闹饥荒；[103]以前被控制的疾病又卷土重来，比如昏睡病、肺结核以及盘尾丝虫病（river blindness），夺去了很多人的生命。[104]

1965 年，冲伯成为刚果最受欢迎的政治人物，刚果举行了去殖民化以后的第一次议会选举。冲伯获得压倒性胜利，带着他的超级政党联盟，赢得了 167 个众议院席位中的 122 席。卡萨武布已经意识到他的总统地位受到了威胁，因为在当时，冲伯作为总理还手握外交、外贸、就业、计划和信息部部长的权力。[105]因此 10 月 13 日，就像当年解除卢蒙巴的职务一样，卡萨武布解除了冲伯的总理职务，让他的亲信埃瓦里斯特·金巴（Évariste Kimba）取而代之，但这个人并没有赢得众议院的信任。在新宪法下，总统有权解除总理的职务，然而此举似乎意味着历史的重演。

在我们一次交流过程中，科隆加拿出一张色彩鲜艳的相片，虽然有点皱，但还是可以看得很清楚。照片上是一群年轻人，笑嘻嘻地围着一张桌子站着，我很快认出了年轻的蒙博托，他看起来真像非洲的博杜安国王。“这张照片是蒙博托 35 岁生日时拍的，生日派对在利奥波德维尔动物园内的一家饭店里举行，那是城里最好的饭店。”那是在 1965 年 10 月 14 日，也就是冲伯被解职的第二天。“左边第一位是伊萨克·慕斯基瓦（Isaac Musekiwa），OK 爵士的小号手，往右是保罗·姆旺加（Paul Mwanga），乐队的主唱，然后是我科隆加，我就站在蒙博托的旁边！最右边是非洲爵士的主唱穆乔斯（Mujos），他旁边是伟大的卡巴塞勒。这个人是罗歇·伊泽迪（Roger Izeidi），OK 爵士的成员，蒙博托旁边是佛朗哥本人！”当晚，刚果音乐史上最优秀的人物都聚在武装部队总司令身旁，好比披头士（the Beatles）和滚石乐队（the Rolling Stones）和英国武装部队最高司令官合影。让·勒马，也就是科隆加，现在看到这张照片仍然非常开心。“1960 年，卢蒙巴掌权时我曾经和他共事过 3 个月。你知道当天晚上蒙博托在我耳边说了什么吗？他说，‘让，一个月之内我将成为共和国总统。’”[106]

1965 年 11 月 24 日晚上 9 点，每个刚果人都记得这一天。蒙博托将刚果整个军队高层召集到自己的官邸。他的桌子上堆满了文件、报纸和杂志。开了一整天的会后，他下定决心：要成为新的国家元首。第一共和国已经成为一场彻底的灾难，要靠他将局势导入正轨。如果卡萨武布要重复 5 年前要过的把戏，那么蒙博托也将重导 5 年前的政变，只是这一次政变持续的时间不是 5 个月，而是 5 年。他口授了一份公报，派一位少尉去电台发布；与此同时，他授意一位少校去破坏卡萨武布的电话线路。与会众人都承诺支持他，他们开始自在地享用啤酒。蒙博托夫人用鱼和油炸大蕉招待客人，她当时仍然感到不安，低声跟蒙博托的兄弟说："不能停止这些不着边际的行动吗？如果被抓住了，你们就都死定了。"但第二天深夜两点半，她给每个人倒了一杯香槟。3 个小时之后，政变的消息通过刚果无线电台广播出去。[107] 那一天剩下的时间里，电台一直在反复播放军乐。刀枪未动便终结了第一共和国，王权之争已经有了定论。虽然四大主角都各自辉煌了一段时光，但最后拿走胜利果实的人是蒙博托。

图书在版编目(CIP)数据

刚果：一个民族的史诗：全2册 / (比) 戴维·范·雷布劳克著；王兴栋译. -- 武汉：华中科技大学出版社, 2019.2

ISBN 978-7-5680-4316-8

Ⅰ. ①刚… Ⅱ. ①戴… ②王… Ⅲ. ①刚果民主共和国—历史 Ⅳ. ①K464.0

中国版本图书馆CIP数据核字(2018)第235690号

湖北省版权局著作权合同登记　图字：17—2018—144 号

FLANDERS LITERATURE

This book was published with the support of Flanders Literature (www.flandersliterature.be).

刚果:一个民族的史诗

Gangguo：Yige Minzu De Shishi　　[比] 戴维·范·雷布劳克 著　王兴栋 译

总 策 划：亢博剑　闫青华
责任编辑：张　丛
特约编辑：葛秋菊
装帧设计：谷亚楠　李　晨
责任校对：张会军
责任监印：秦　英
出版发行：华中科技大学出版社（中国·武汉）
　　　　　武昌喻家山　　邮编：430074　　电话：027－81321913
印　　刷：北京文昌阁彩色印刷有限责任公司
开　　本：880mm × 1230mm　1/32
印　　张：27.5
字　　数：587千字
版　　次：2019年2月第1版第1次印刷
定　　价：128.00元

華中出版

本书若有印装质量问题，请向出版社营销中心调换
全国免费服务热线：400-6679-118　竭诚为您服务

CONGO

梦想和黑暗是最忠实的伙伴。

——巴迪班加，《在鸡蛋上行走的大象》（布鲁塞尔，1931）

刚果

一　个　民　族　的　史　诗

THE EPIC HISTORY OF A PEOPLE

CONGO

下卷

[比] 戴维·范·雷布劳克　著

王兴栋　译　万语　校译

David Van Reybrouck

华中科技大学出版社

http://www.hustp.com

中国·武汉

目 录
CONTENTS

【上卷】

001 引言

001 第一章 新精神
中部非洲吸引东西方关注｜1870—1885

041 第二章 “秽物”
利奥波德二世统治下的刚果｜1885—1908

099 第三章 比利时人让我们获得“自由”
早期殖民统治｜1908—1921

151 第四章 人心惶惶
和平期里的不安与不和｜1921—1940

207 第五章 “等待开战的时刻”
战争与战后的“平静”｜1940—1955

271 第六章 很快就是我们的了
迟来的去殖民化，突然的独立｜1955—1960

325 第七章 六月里的一个星期四

343 第八章 权力之争
第一共和国的动荡｜1960—1965

【下卷】

409 第九章 电气时代

蒙博托政权 | 1965—1975

455 第十章 “永远为人民服务”

元帅的疯狂 | 1975—1990

501 第十一章 垂死挣扎

民主反对派和军事冲突 | 1990—1997

551 第十二章 同情心，那是什么？

非洲大战 | 1997—2002

589 第十三章 啤酒和祈祷

废墟里的新玩家 | 2002—2006

639 第十四章 休会

一个新生民主国家的希望和绝望 | 2006—2010

685 第十五章 WWW.COM

709 致谢

719 资料来源

763 注释

785 参考文献

第九章

电气时代

蒙博托政权

1965—1975

1974年9月，一封来信让齐齐·卡邦戈（Zizi Kabongo）颇为惊讶。在巴黎，他经常收到信件，但没有哪一次是由学校校长亲自送过来的。从什么时候开始，国家视听学院（Institut National de L'Audiovisuel，INA）的校长居然扮起了邮差？这可是所培养电视电台记者的世界顶尖院校，作为校长，他难道没事可做了吗？

但卡邦戈发现寄信的是一个有影响力的人，经大使馆送出的信件在当时只可能来自总统办公室。在卡邦戈遥远的祖国，蒙博托将信交给内阁部长，内阁部长交给大使，大使再交给使馆其他员工。蒙博托在9年前夺取政权，成了刚果所有活动的幕后操纵者。

9月份，新的学年刚刚开始。度假的法国人回来了，地铁上又拥挤起来，街上又能看到行色匆匆的人，巴黎再度苏醒了。信封上写着“扎伊尔共和国大使馆”（Ambassade de la Rëpublique de Zaïre），

即便已经过去了3年，卡邦戈还是需要一点时间来适应“扎伊尔”三个字。1971年，发音饱满的“刚果”（Congo）被带摩擦音的“扎伊尔”（Zaïre）取代，因为蒙博托认为这个新名字比殖民时代的名字更有真实性。“革命之父”的选择依据是一份发现最早的历史文献：一张16世纪的葡萄牙地图。但国名更改后不久，蒙博托就发现自己犯了一个愚蠢的错误。葡萄牙人在刚果河河口登陆时，问当地人这条波涛汹涌的河流叫什么名字，当地人只简单答道：“恩扎迪！”（Nzadi，基孔果语，意为“河”），重复了好几遍，葡萄牙人却以为自己听到的是“扎伊尔”。从1971年开始，32年里，卡邦戈的国家一直叫“扎伊尔”，来源是4个世纪之前一位葡萄牙绘图者的草率发音。

不光是国家名字，从那个时候开始，刚果的河流、货币、香烟、避孕套还有其他很多东西都叫“扎伊尔”。“z”开头的本来就不符合发音规则，更别说还带有麻烦的分音符号，当你要在电脑上输入这个名字的时候，就会碰到这个问题，也就是“i”上要有两个点。蒙博托的美国盟友就很难准确发音，他们读不出那分音，直接按英语的发音来念，类似“Zair”，在单音节词“air”（空气）前面加“z”。

大使馆的信封上写着“卡邦戈·卡拉拉公民亲启”（À l’attention du Citoyen Kabongo Kalala），法国人发现“公民”这个称谓很有意思，至少有一个国家，在法国大革命过去近200年后，仍然看重革命年代的礼仪。

卡邦戈当然不认为信封上的名字会是“齐齐”，因为知道他真名的人并不多。正式通信中，他会用很普通的旧名伊西多尔（Isidore），

特别是在法国，因为法语中的“齐齐”（zizi）有“小阴茎”的意思。可信封上的名字也不是伊西多尔，“卡邦戈 · 卡拉拉”在过去两年成了他的正式名字。他 1940 年出生时名叫伊西多尔 · 卡邦戈，这个名字一直用到 1972 年，此后改名卡邦戈 · 卡拉拉，其中没有西方人所谓的“教名”，当时，基督教教名因为带有殖民色彩被禁用了。

蒙博托认为刚果人的思想被压抑了太久，他要将人们从精神的桎梏中解放出来，一系列名称的更换能够推动这一进程。利奥波德维尔改为金沙萨，斯坦利维尔改为基桑加尼，伊丽莎白维尔改为卢本巴希。小城市也改了更加本地化的名称：法兰基港改为伊莱博，卢卢阿堡改为卡南加（Kananga），博杜安维尔（Baudouinville）改为莫巴（Moba），科基拉维尔改为姆班达卡，贾多特维尔改为利卡西。利奥波德湖改称马伊恩东贝（Maï Ndombe），也就是黑水的意思，艾伯特湖（Lake Albert）改称为蒙博托湖（Lake Mobutu）。为了削弱地方自豪感，加丹加改称沙巴（Shaba）。

蒙博托认为光改地名还不够，人名也必须反映时代的变化，因为有很多人仍然对比利时怀有过度的敬仰。叫“卢库萨”（Lukusa）的人希望自己被称为“德卢克瑟”（De Luxe）；“卡隆达”有时会改名为“德卡隆达尔夫”（De Kalondarve）；歌手乔治 · 基亚姆安加纳（Georges Kiamuangana）喜欢用佛兰德语发音的“维尔基斯”（Verckys）作为艺名；来自基桑加尼的速记员德西雷 · 邦约洛洛（Désiré Bonyololo）喜欢自称德西雷 · 范 - 杜埃尔（Désiré Van-Duel）。对于第二共和国的意识形态专家来说，这种倾向是一种侮辱，扎伊尔人应该为新的公民身份感到自豪，而不是可笑地招摇自己想要的身

份。从现在开始，刚果人只能用本土名。

因此，所有人的基督教教名都被砍掉了。教名由传教士引进，他们给每一个受洗的人起一个欧洲圣人的名字：约瑟夫、让、克里斯托夫、特蕾莎、玛丽、贝尔娜黛特（Bernadette）。总统认为，扎伊尔人的名字应该和自己的祖先有更多联系，而不是遥远的圣人，所以他下令禁用基督教教名，用刚果人祖先的名字取而代之。“名”消失了，其位置由原本的“姓”取代，这一做法狡猾地削弱了教会的权威。伊西多尔·卡邦戈变成了卡邦戈·卡拉拉，蒙博托统治下的刚果，万事皆变，一变再变。

“一开始，蒙博托的政变的确让我们开心。”在和齐齐·卡邦戈的一次谈话中，他这样跟我说。我们聊过很多次，在采访过的人中，我和卡邦戈见面的次数基本上是最多的。[1] 他谈起自己国家的复杂历史时，思路非常清晰，语言也很巧妙。像很多同龄人一样，他曾经在神学院学习过一段时间，中途响应号召到加丹加担任拉丁语和希腊语教师。但他最终选择了新闻行业，现在他已经69岁，担任国家广播电台的负责人。“‘唷！’，我们当时就是这么感叹的，因为政治组织繁杂的局面终于结束了！第一共和国时期简直就是一团糟，卡萨武布和冲伯斗得没完没了……对刚果人民来说，第一共和国是梦想的幻灭。火车停了，国家的繁荣被粉碎，失业率上升；与此同时，你却看到政治人物坐着豪华汽车四处活动，把自己的孩子送到欧洲读书。因此，蒙博托取消政党活动的决定在当时深入人心。”

的确，蒙博托的风格让刚果民众耳目一新。政变后不久，他在金沙萨的足球场向群众发表演讲，人们看到一个身材修长的年轻演说家，头戴贝雷帽，穿一身卡其布制服而不是奢华的礼服。[2]在演讲中，他猛烈抨击“一些搞党派政治的人为了自己的利益牺牲国家和国民的利益，进行毫无意义的斗争”，听众完全赞同他的说法。“对他们而言，唯一值得考虑的就是权力和怎么用权力。剥削刚果和刚果人民，装满自己的腰包，这就是他们的座右铭。”蒙博托大声说出了他看到的事实，掷地有声，条理清晰。“我会一直跟你们说真话，不管这些话听起来是如何刺耳。在一切都不好的时候却保证一切都会好的时代已经结束了，现在我要告诉你们：事实上，在我们深爱的国家里发生的每一件事情都非常糟糕。”

他接下来向现场听众介绍了国家的经济情况，拿出了令人心酸的统计数据。玉米、大米、木薯、棉花和棕榈油的产量都在急剧下降；政府开支呈指数增长；国民的购买力大幅度下降；腐败无处不在。不能让这样的状况继续下去，“特别情况下要采取特别的措施，每个领域都应如此。”蒙博托宣布在5年内禁止政党活动，他要在这段时间内将整个国家带上正轨，而做到这一点需要每一个人的支持。“为了完成复苏计划，我们人手不够，需要很多很多人手。”蒙博托卷起袖子做出表率，“5年后，我们还在这里相聚，5年后你会看到两个时期的不同。我敢确定，你们到时候会意识到今天充满了悲伤、饥荒和困难的刚果，将会变成一个富裕繁荣、人民生活幸福的国家，成为世界其他国家羡慕的对象。”[3]

卢蒙巴之后，还没有哪一个政治人物如此充满激情地在首都发表

过演讲。蒙博托用卢蒙巴的演讲风格，公布了一个实实在在的行动计划，将自己的信心和信念传递出去：刚果将成为一个现代国家。

当时卡邦戈真正想做的事情是去欧洲，撰写有关夏尔·波德莱尔（Charles Baudelaire）的论文，但蒙博托认为年轻的知识分子应该以更加切实的方式为祖国服务。和其他年轻人一起，卡邦戈被派到巴黎学习电视广播行业的知识。在蒙博托带领这个国家走上正轨的过程中，国家电视台是一个必要的工具。1966 年 11 月 23 日，刚好是政变发生 1 年后，刚果电视台（Congolese TV）第一档节目开播，1 年之后，第一档林加拉语电视节目开播。

“天线和中继站在刚果各地出现，”卡邦戈跟我说，“刚果拥有彩色电视机的时间比很多东欧国家更早。那一代记者都接受了非常好的培训，我们去巴黎读书，蒙博托提供助学金，这笔钱是法国最低工资的 2 倍。我有自己的公寓，可以去电影院看电影，比一般的法国工人赚得还要多。”有一次蒙博托来巴黎看望这些学生，所有人都被带到香榭丽舍大道（Champs-Élysées）买了 5 套正装，蒙博托出钱。[4]他们去布鲁塞尔拍摄的时候，蒙博托的礼宾处处长负责检查摄制组的行李，确保他们的衣服都符合标准——即使是摄像师也必须打上领结。总而言之，每天给他们提供的补贴是如此丰厚以至于卡邦戈可以建自己的房子。

1974 年 9 月，卡邦戈收到了本章开头提到的那封信，信中内容是要求他在月底回一趟金沙萨，停留时间不会超过 48 小时。在国家视听学院读书的扎伊尔学生都收到了同样的信件，既然学费由蒙博托支付，那么学生被要求做出回报也很正常。但如此紧迫又是什么

原因呢？一场重量级拳击比赛将在金沙萨举行，必须有专业人士负责现场直播。就是在这场比赛中，阿里夺回了拳王金腰带。

蒙博托执政 30 年，前 10 年是充满希望、期待的时代，是复兴的时代。“蒙博托这个人是能发电的。”作家文森特 · 隆布姆（Vincent Lombume）曾经对我说。[5] 不仅因为他给这个国家带来了电视，建设了水电站，还因为他的精神风貌让这个陷入绝望的国家为之一振。1965—1975 年被认为是刚果独立之后的“黄金十年”。在此期间，金沙萨比以往任何时候都更有活力，被称为“美丽金城”（Kin-la-Belle），夜生活从未停止过。从 1969 年开始啤酒产量年均增长 16%，1974 年，也就是重量级拳击比赛举办的那一年，金沙萨一共酿造了 5 亿升啤酒。[6] 然而，在前 5 年当中，蒙博托大力巩固自己的权力，一些极其灰暗的时刻随之出现，包围着欢乐的气氛，就像扎在混凝土围墙上的玻璃碎片。

金沙萨恩多洛机场（Ndolo airport）西边的大桥旁有一块开阔的空地，一个朦胧的周四的清晨，人们开始陆陆续续地出现在这片空地上。难道是真的？头上顶着一篮子蔗糖的年轻女人放慢脚步；背着婴儿的母亲停了下来；穿着正装的公务员没走平常上班的路；身穿破旧 T 恤衫的孩子们也跑了过来。难道是真的吗？成千上万人来到这里，时尚的意大利人也穿过尘土飞扬的街道来看热闹，尖尖的鞋跟在沙地上钻出一个个小洞。多辆装满士兵的卡车停在一旁，它们中间那座搭起来的木台子和上面的绞刑架回答了人们的疑问。

这个星期四是1966年7月2日，蒙博托已经上台6个月。3天前，蒙博托在电台宣读了一份声明，称一个意图反抗他的阴谋已经被挫穿。4天前，上一个礼拜日，那一天也是圣灵降临节（Pentecost），所有人都听说了4名前部长因为策划政变被捕的消息，他们是亚历山大·马哈姆巴（Alexandre Mahamba），先后在卢蒙巴、约瑟夫·伊莱奥和西里尔·阿杜拉的政府担任部长；热罗姆·阿纳尼（Jérôme Anany），阿杜拉政府的国防部部长；埃马纽埃尔·班巴（Emmanuel Bamba），阿杜拉政府的财政部部长，也是一名金邦古教领袖；埃瓦里斯特·金巴，此人曾在蒙博托发动政变之前的短时间里，应卡萨武布的要求担任过总理。他们真的在计划推翻现在的政权？很有可能是落入了一个圈套：假装变节的军官让他们列出新政府重要职位候选人名单。接下来的审判中，没有一名涉事军官作为证人出庭，4名被告连自我辩护的机会都没有。其中一个人试图自我辩护的时候，军事法庭庭长说："先生们，这是军事法庭上的审判，不是辩论赛，我们只需要给出处罚意见，所以不会耗时太长。"[7]转瞬间4个人就被判了绞刑。他们中间，没有一个人从事过暴力活动，没有一个人持有武器，甚至没有一个人采取过试图推翻当下政权的行动。

那是刚果历史上规模最大的一次集会。据法新社（AFP）报道，当时聚集在刑场上的人不少于30万。[8]几年间，金沙萨的人口几乎翻了一倍，当时已超过80万。[9]其中一半以上人口的年龄在20岁以下。[10]某种程度上因为内战仍然在内陆进行，所以独立之后的刚果再次出现了向城市移民的浪潮。金沙萨快速发展，长15千米的地带上挤满了铁皮屋和临时搭建的草屋，绝大多数只有一层，几乎

所有的房子都拥挤过度；只有市中心有高楼。在那个周四的早上，金沙萨的所有新老居民都挤到了一起。在 20 世纪 30 年代，殖民者为了达到威慑的目的曾经公开行刑。蒙博托真的敢公开处决 4 名前政府的内阁部长？

就像人们现在所知道的那样，蒙博托可不是胆小怕事的男人。他以前的对手在政变之后除了立即逃难之外别无选择，卡萨武布回到出生地，冲伯继续流亡西班牙，他们不想冒险。卡萨武布给蒙博托写信表明他愿意接受“服务于国家更大利益的”政变。作为民选官员，他或许可以继续在议会中占一席，但他认为“在这个时间点离开是对国家更有用的选择”。虽然卡萨武布一直带有修士的气质，但说话还从来没有如此委曲求全过。“我最大的愿望就是在下刚果省过平民的轻松日子”，他表示愿意回到自己的乡村，脱下欧洲服饰，换上本地装束，为来访的客人酿造棕榈酒。[11] 尽管当时的局势还不是特别清楚，他还是补充道：“我没有任何煽动性的想法。”[12] 换句话说，卡萨武布已经出局。四年之后，52 岁的卡萨武布死于癌症。

但据人们所知，冲伯对政变的回应与卡萨武布截然不同。在之前的选举中，作为国家的救星，他取得了压倒性胜利，他有很大的政治野心。冲伯在巴黎、马德里和马略卡岛（Mallorca）之间来回奔走，寻找回归刚果政坛的机会。但蒙博托是绝对不会让他实现愿望的，难道他没有公开宣称过自己将会致力于“一次性铲除所有狡猾的政客”吗？[13] 在围绕着绞刑架的巨大人群里，没有一个人会想到 1 年之后，冲伯——即便和卢蒙巴一样是民主选举产生的领袖——也被缺席判处死刑，罪名是策划“颠覆活动”。1967 年 6 月，一位与刚

果最高层有联系的可疑法国商人邀请冲伯参加从马略卡岛到伊比萨岛（Ibiza）的空中旅游，回程途中那位商人突然掏出一把手枪，开了两枪，命令飞行员将飞机开往阿尔及利亚首都阿尔及尔（Algiers）。到达之后，冲伯直接被扔进监狱。刚果一开始要求将冲伯引渡回国，但阿尔及利亚总统胡阿里·布迈丁（Houari Boumédienne）不顾最高法院的建议，拒绝了引渡。蒙博托本来希望用刚果与色列断交为交换条件引渡冲伯回国，但法国总统戴高乐私下建议蒙博托不要进行这样的交易，因为引渡最可能的结果就是另外一场谋杀，冲伯会落得和卢蒙巴一样的下场。[14] 两年之后，1969 年 6 月 29 日，也就是卡萨武布去世 3 个月后，冲伯在阿尔及利亚监狱去世。医生给出的死亡原因是心脏病，但根据很多刚果人的说法，他是被谋杀的，冲伯死时年仅 48 岁。

蒙博托已经赢得了权力争夺战，但执政后的最初几年里，他仍然系统性地清除了他在第一共和国时期的对手，包括已经去世 5 年的卢蒙巴，因为卢蒙巴的支持者为数众多，而且不仅限于东部地区。为了中和卢蒙巴的影响力，蒙博托充分展现了他的战略智慧和赤裸裸的犬儒主义——他，蒙博托，在卢蒙巴被谋杀事件中扮演了关键角色，现在却宣布卢蒙巴是民族英雄！在国庆日活动中，刚果人民听到蒙博托毫不犹豫地说道：“这位杰出的刚果人应该获得所有的荣誉，他是一位伟大的非洲人，是我们实现经济独立过程中的第一位烈士，他是帕特里斯·埃梅里·卢蒙巴。”[15] 金沙萨的一条主干道利奥波德二世大道（Boulevard Léopold Ⅱ）很快被重新命名为帕特里斯·埃梅里·卢蒙巴大道（Boulevard Patrice Emery Lumumba），

今天在这条大街的起点处，可见一尊巨大的卢蒙巴雕像向来往汽车挥手致意。

蒙博托的策略巧妙至极，1964 年为了中和冲伯的势力起用卢蒙巴对付“辛巴”战士，现在为了中和掉卢蒙巴的影响力使其死后恢复荣誉。卢蒙巴主义者一时间都喘不过气来，因为他们自己的英雄突然之间也成了敌人的英雄。蒙博托似乎又把卢蒙巴拉到了他的摩托车后座上，在未来 30 年里，蒙博托在进行独裁统治的过程中还会常常用到类似手段。

在政体上，蒙博托同样进行了中和。他首先禁了政党，然后开始对议会下手，他对众议员和参议员说：“去休息吧，休个5年的长假！”[16]与此同时，他将亲自负责立法。省级机构也被裁剪，在他看来现存的行政区划是对资金的浪费，他倾向于将其简化。因此 21 个省合并成 9 个，都由蒙博托派去的能手治理，这一集权措施的目的是要应对部族主义和分离主义。刚果从一个联邦、一个民主国家转变成了一个中央集权的军事独裁国家。刚刚接管政权之时，蒙博托任命莱昂纳德 · 穆兰巴将军（General Léonard Mulamba）为总理，但一段时间之后他认为有必要中和掉总理的职权。齐齐 · 卡邦戈知道真实原因：“因为人们喜欢穆兰巴更甚于蒙博托，所以蒙博托要赶走他，让他出任新一任刚果驻日本大使。表面上提拔，给予荣誉、钱，实际上只是为了堵住大家的嘴。”总之，除了立法和军事权以外，蒙博托还掌握了行政权。

但公开执行绞刑是否可取呢？这种做法和让对方在一个遥远国家的奢华别墅里履行大使职务是完全不同的。“没有人认为他真的

会这样做，”卡邦戈说，“蒙博托的权力基础仍然不够牢固，他拥有的无非就是军队，而且军队中和 4 个被判刑的人同部族的士兵可能会哗变。”蒙博托犹豫了，一连好几天不见自己的妻子，因为他担心妻子会让他改变立场。大主教约瑟夫－阿尔贝·马鲁拉乃至教皇都要求他宽恕这几个人，但蒙博托认为屈服是软弱的象征……他当时最喜欢看的书是马基雅维利（Machiavelli）的《君主论》（*Principe*）。

那一天，刑场上有一支军乐队负责奏乐。现场人山人海，一辆吉普车开了过来，4 个被判死刑的人就在车上。他们被押上木台后，两个女人开始绝望地尖叫，“阴谋者”是她们的家人，她们必须被带离现场，和她们的孩子一起。她们歇斯底里地哭喊，被拖走的时候，衣服也被剥掉了，头发盖在脸上。现场所有的眼睛都盯着绞刑架，第一个走上去的是刽子手，那是一个体格健壮的男人，穿一身黑衣服，戴着黑色的头罩。很快，人们看到一个高大的、蒙着眼睛的男人被押了上去，他只穿了一条带红白条纹的蓝色足球短裤，这个人是埃瓦里斯特·金巴，刚果民主共和国前总理。台下已经摆好了 4 副棺材，一位神父就在棺材旁边倾听了他的忏悔。接着，刽子手宣读了判决书，金巴站得笔直，绞索套上他的脖子，脚底下的活板门打开了。人群中先是发出惊恐的叫喊声，之后就是死一样的寂静。被绞死之前，金巴经历了 20 多分钟的痛苦挣扎。人们静静地看着这位前总理的身体一直动来动去，最后一动不动。吉普车上，剩下 3 个人都知道，同样的命运在等着他们。

最后一个人受刑的时候，人群中出现了恐慌。奔跑的观刑者撞倒了士兵，很多儿童和成年人在混乱摔倒，遭到踩踏，短短几分钟之

内就有数万人逃离现场。恐慌告一段落时，这块空地上散布着倒在地上呻吟的人和跑掉的鞋子。不远处，第四口棺材也被盖上，钉上了钉子。那一天，1966 年 6 月 2 日，人们不再为蒙博托欢呼，只因为害怕他而颤抖。

“因为很难让一个人同时对你怀有爱与恐惧，因此当这两者只能取其一的时候，与其让人爱你还不如让人怕你来得更安全。”马基雅维利曾经如此写道。

“从那个时候开始，几乎每个人都生活在恐惧之中。”卡邦戈告诉我，“国家情报机构越来越强大，没人敢在动物园旁边的高级餐厅吃饭了，那里本来是政客和外交官们聚会的地方，但这些人都担心餐厅的服务员是间谍。即便是在追思会上，我们也害怕那些卖花生的小男孩是间谍。蒙博托用公开的绞刑告诉所有人‘没有人可以窥探我的权力’，他想把恐惧植入人们的心中，确认自己的地位。”

两天之后接受采访时，蒙博托说：“对我们来说，对首领的尊敬是神圣的，所以必须有威慑力。”不能再重演分裂、反叛以及撤职，“如果首领决定了，那就定了。”[17]

蒙博托要确保他的权力基石——也就是军队——不会动摇；不会有兵变发生，任何骚乱都可以用钱摆平。他大力推行军队的现代化改造，新兵也有了新机会。除了军官学院之外，他还组织了专业化的军事训练。基桑加尼是由比利时伞兵解放的，为此蒙博托决定他自己的军队里也必须有伞兵。

在金沙萨，我采访了阿方西娜·莫索罗·姆皮亚卡（Alphonsine Mosolo Mpiaka），她是刚果军队中的第1名女伞兵。1966年她25岁，“我们在恩吉利机场接受地面训练，那里设有伞兵中心，我们的教练都是以色列人。”美国支持蒙博托，因此以色列也支持他——这让阿拉伯世界非常恼火。“我们要去以色列接受跳伞训练，我跳了12次。我是一名女兵，在我之后蒙博托又招募了24个姑娘。团队有男有女，士兵的种族也不一样，有几个巴刚果人，有几个巴卢巴人，还有一些人来自加丹加。”部族特征被消除，蒙博托想要的是一支没有部族界限的军队，是忠诚。“我们备受尊敬，生活极度安逸，我的薪水甚至足够我买一栋别墅。可实际上我从来没有上过战场，只参加过金沙萨的阅兵。”[18]

不过，她的专业技能还是派上了用场。虽然东部地区的叛乱并没有被彻底镇压，但是蒙博托倾向于让白人雇佣兵来处理这一问题，鲍勃·德纳尔和让·施拉姆做了绝大部分工作并被授予勋章。施拉姆后来转而反对蒙博托，试图凭一己之力“拯救”刚果，结果却是耻辱性的失败。[19]叛乱一旦被镇压，刚果国民军就彻底抛弃了这些奔财富而来的白人。1967年年底，加斯东·苏米亚洛特和克里斯托夫·本耶逃之夭夭，刚果全境再次被首都控制。全境？在刚果东部靠近坦噶尼喀湖的山区，洛朗·德西雷·卡比拉继续称雄，但格瓦拉离开之后，他在费奇（Fizi）和巴拉卡（Baraka）之间的“革命”根据地就像法国漫画中阿斯特里克斯（Asterix）和奥贝利克斯（Obelix）的村庄：虽然自治，但构不成任何威胁。

刚果已经回归和平，从1968年开始，蒙博托着手恢复自己在民

间的威望。[20] 他本人甚至穿着便服出现在公共场所，人们第一次看到他脱下制服。豹皮帽子和经过雕刻的乌木拐杖——本来象征传统酋长的权威——成了他的标志。

皮埃尔·穆勒勒知道现在回国是安全的。1964 年奎卢农民起义结束之后，穆勒勒逃到了布拉柴维尔，但 1968 年，蒙博托赦免了他。外交部部长、“宾扎集团”的核心成员朱斯坦·邦博科向他保证，他们会向欢迎兄弟一样欢迎他回国。当年 9 月，穆勒勒渡过刚果河回国，他在岸边受到热烈欢迎，当时的气氛就像过节一样，他还受邀住进邦博科的家中。3 天之后，一队士兵接他出席足球场的集会，这位充满激情、意志力很强的自由斗士在集会上发表了演讲。但是，同一天晚上，他被带到一个军事基地，在那里受到残酷折磨。士兵将他的耳朵和鼻子割下来，挖出眼睛，割掉生殖器，这时他还没死，他们又砍下他的手脚。几个小时之后，他的残骸被塞进麻袋扔进了刚果河。[21]

卡萨武布、冲伯、金巴、本耶、苏米亚洛特、穆勒勒，蒙博托的对手在几年的时间里一个接一个离开了政治舞台。为了巩固自己的权力，他还必须确保不会出现新的对手。1967 年，他的绝对权威被写进新宪法。“刚果人民和我，”他曾经这样告诉议会，“是一体的，是一样的”。[22]

接下来的日子是痛苦的。首都外面绿树成荫的山上坐落着著名的鲁汶大学，当蒙博托在努力建立自己的绝对权威时，学生运动风起云

涌，他们以令人难以置信的勇气挑战蒙博托的权威。1968 年 5 月发生在巴黎、鲁汶、阿姆斯特丹的学生运动对欧洲而言非常关键，但其热度以及强度却无法和刚果学生运动相比。蒙博托曾经很成功地束缚了工会，让教会俯首称臣，只有学生还敢于展示他们的存在。[23]

1967 年 4 月，蒙博托和他的手下成立了人民革命运动党（Mouvement Populaire de la Révolution，MPR，简称“人运党”），该党主要文献写于 5 月 20 日。表面上称为“人民运动”，其实只是蒙博托一个人的政党。该党的会议通常在首都外面一个叫作恩塞勒（Nsele）的小镇上召开，几年时间里，这个河边村庄发展成大型会议中心，既有令人眼前一亮的会议室，也有白色的现代化访客区，是蒙博托主义的圣地。5 月 20 日起草的文本题为“恩塞勒宣言”（*Manifeste de la Nsele*），随着时间的推移被大家熟知，绿皮册子作为新政权的问答书被印刷出版。《恩塞勒宣言》称每一个刚果居民都是人民革命运动党的成员，人们叹息道：“无论你喜欢与否，你都是人运党的一员。”[24]

一开始，蒙博托似乎还打算为反对党的存在留下空间，但他很快就打消了这样的念头。就像很多刚刚独立不久的非洲国家一样，刚果成了一党制国家。刚果从大一统的殖民地国家突然变成民主的多党制国家，中间不存在任何过渡性措施，这恰恰是导致失败和混乱的原因。人民革命运动党则要将人们重新团结起来，“不光是阶级斗争，把人们团结起来还是进步的保证”。《恩塞勒宣言》上说道。[25] 整个国家必须对重建工作充满热情，人民革命运动党的核心只是一群年轻的蒙博托主义志愿者，但这个政党很快就掌握了至高无上的权

力——事实上，政党和国家之间的界线已经模糊了。“人民革命运动党就是这个国家的名称。”蒙博托的意识形态专家甚至这样说。[26]从总统、内阁以及强大的总统办公室，到人运党代表大会、政治局，再到立法、行政和司法委员会，所有头衔都改了，内阁部长改称国务专员，省长则被称为地方专员，议会议员则是人民专员。每个公民都是党员，连祖先和孕妇腹中的胚胎都不例外。

学生们正确地意识到，蒙博托是要废除有组织的政治，为了实现这个目的，他要把时钟往回拨——殖民时代也只有一个负责统计和报道的行政机构，并且不允许公众参与其中。刚果的学术界一开始对政变持欢迎态度，但他们的热情很快就消失了。刚果最重要的学生运动采取了坚决的反对帝国主义的立场，卢蒙巴是他们的英雄，蒙博托则是他们的敌人。1968 年 1 月，美国副总统休伯特 · 汉弗莱（Hubert Humphrey）访问刚果，他想给卢蒙巴的纪念碑献花，学生们却将此举视为挑衅，接着举行示威游行，很多人被捕。

1968 年到 1969 年，学生和新政权之间的矛盾不断升级，前者要求获取更大的发言权，减少人运党的干预，对奖学金进行更加公平的分配。他们计划在 1969 年 6 月举行更大规模的示威活动，但蒙博托派军队进入校园，鲁汶大学被封锁数周，与外界断了联系。但仍然有数百名学生逃过警卫的看守，成功溜出学校，并乘坐大巴来到市中心。在那里，他们与军队发生了激烈冲突。士兵用催泪瓦斯攻击学生，后者却用湿手巾遮面并把那些金属容器捡起来扔了回去。越来越多的当地人加入，军队向示威人群开枪，官方数据显示，在这次对抗中，6 人被杀 12 人受伤，而学生方面则表示有 50 人死亡，

800 人被捕。MPR 就是死得微不足道（mourir pour rien），这些学生对人运党充满了厌恶。蒙博托发誓要将学生运动斩草除根，每个学校都必须设立人民革命运动党青年团，《恩塞勒宣言》成为学生的必读书目，每个学生都被勒令回到课堂。抵抗运动被镇压，所有参与起义的学生领袖都受到严厉处罚，最高判刑 20 年。又一个批评的声音安静下来了。

绞刑、拷打、屠杀，蒙博托担任总统的第一个 5 年里发生了一连串恐怖事件，但这其实只是故事的一部分。现在，许多年纪比较大的刚果人都很怀念那段时光。“一切都井然有序，”在我大惑不解时，齐齐 · 卡邦戈说，“士兵都回到了军营，商品供应有保障，物价回落，工业振兴。在我的人生里，那是繁荣的开始。”

刚果独立以来，政府第一次将精力投入主要的基础设施工程。蒙博托开始建设刚果第一座水力发电站：因加水坝（the Inga Dam），总装机容量 351 兆瓦；金沙萨新建的社区通上了自来水和电；污水管道系统建成；金沙萨中心医院有 1500 个床位，每天能接诊 4000 名病人，每年完成手术约 1 万次，而每天要清洗的衣物多达 1.6 吨。[27]

虽然蒙博托并不是民主人士，但是他的确改变了刚果的发展进程。每一个体格健全的人都必须在周六下午为国家做几个小时的义工，类似殖民时代的税收，但当时被称为“萨隆戈”（Salongo），参加劳动的人要上街清除杂草、修补自行车车道以及扫马路。除此之外，为了提升农业产量，政府鼓励每个人开垦一块土地，即便是

军队里的将军也要亲自收割木薯。工作，工作，工作。蒙博托自己就是一个好榜样，他每天早上5点钟起床，阅读报纸，和外交官共进早餐，之后出席一系列会议，一天下来工作时间在18个小时左右。1969年，才39岁的蒙博托经历了轻微的心脏病发作。“如果是你，你会怎样领导这个糟糕的国家？”他曾经这样问自己的私人医生。[28]

当时的蒙博托还没有变成后来肌肉松弛的样子。经过第一共和国时期的一系列混乱和失败之后，他让刚果回归了正轨，赢得了人民的尊敬，让这个国家有了新的锐气和热情。美国人不是在月球登陆了吗？他邀请阿波罗11号的宇航员访问刚果，让刚果成为月球登陆者唯一受邀访问的非洲国家。[29]欧洲人不是组织了“欧洲小姐”选美大赛吗？他说服组织方在金沙萨举行最后的决赛，并且给这场比赛增添了本土元素——“非洲服饰”比赛环节，最后的获胜者是一位来自芬兰的金发美女。刚果女性难道不是非洲大陆最美丽的女性吗？他支持在刚果举办“扎伊尔小姐”选美大赛。“第一届获奖者来自加丹加，名字叫伊丽莎白·塔巴雷斯（Elisabeth Tabares），她的脚踝很漂亮，也不像普通的刚果女人那样脚趾又粗又短。”[30]

简言之，蒙博托兑现了自己的承诺：独立已经被唤醒，但没能一直履行承诺。

在蒙博托的统治下，刚果民众不光有“马戏”看，还有“面包”吃。① 1967年1月，金沙萨街头出现了一个欢乐的“送葬队”。蒙

---

① 面包和马戏（bread and circuses）：泛指统治者不践行优良的公共服务措施，不实施有效的公共政策，采取分散或转移注意力、满足平民最浅薄的需求等手段笼络人心。古罗马讽刺诗人尤维纳利斯（Juvenal）最先使用这一短语。——译者注

博托也在与其中，年轻的志愿兵举着一个十字架，上面挂着一顶软木遮阳帽和一个条幅，条幅上写着“愿死者灵魂安息，加丹加矿产联合会（UMHK），生于1906年，卒于1966年12月31日”。加丹加矿产联合会就这样被送进了坟墓，棺材是按该公司当时的董事会主席路易·瓦拉夫（Louis Walaff）的尺寸打造的，为了不冒犯祖先，矿业妖魔的“遗体”被扔进了河中。[31]

这一做法表面看来讽刺，却有极其重要的代表意义。冲伯从比利时政府手中拿回了“殖民资产目录”，对此，蒙博托毫不掩饰自己的不悦，他在1960年的经济圆桌会议上所受到的屈辱当然是重要的原因。他认为刚果虽然在政治上获得了独立，但经济上远未独立，数据说明他是对的。加丹加只有5%的员工是外国人，但这些人的工资收入却占到总工资的53%。[32]他们用来买一瓶高档威士忌的钱相当于一个普通矿工一个月的收入。因此，1967年，蒙博托计划将矿产联合会国有化。此举遭到比利时兴业公司的强烈反对，但反对无效。矿产联合会被更名为刚果矿业总公司（Générale Congolaise des Mines，Gécomin），但后来又改成刚果采石采矿总公司（Généraledes Carrières et des Mines，Gécamines）。进行国有化之后，铜矿收入可以直接进入国库，而这些收入是相当可观的。由于当时越南战争（the Vietnam War）打得正酣，国际市场上铜的价格大幅上涨。刚果经济总会因为世界其他地方爆发的战争而受益，1914—1918年、1940—1945年以及朝鲜战争期间都是如此，但越南战争给刚果的钱柜子里装了更多的钱。

为了强调他的新经济体系，蒙博托推出了新的国家货币。独立之

时，1 刚果法郎 =1 比利时法郎，但到了 1967 年，1 刚果法郎 =0.1 比利时法郎。[33] 蒙博托引进了新的货币单位“扎伊尔”：1 扎伊尔 =1000 旧刚果法郎 =100 比利时法郎 =2 美元。新的纸币上印着蒙博托和几位高官卷起袖子的肖像，和“Retroussons les manches!”（挽起袖子！）这句标语相呼应。

对于很多人来说，那些年是黄金岁月。我在卢本巴希见到保罗·卡森格（Paul Kasenge），他以前是刚果采石采矿总公司的一名雇员。“我们拥有我们需要的一切，我当时 26 岁，学完商业经济学后成了公司的经理，属于第一批坐到这个职位的黑人。外国经理离开之后，刚果人接管他们的职位。我们的收入不错，因为铜的价格很好。我们有自己的房子和花园，孩子也有学校上学，有医院看病。我们甚至获得了买汽车的贷款，可以分期偿还。”[34] 以前，自行车是刚果普通人的终极梦想，现在这个梦想换成了汽车。

对于其他人而言，人民革命运动党提供了很多新机会。安德烈·基塔迪，这位谨慎的第二次世界大战老兵曾经穿越过沙漠，战争结束后还假装美国人去葡萄牙人的餐厅用过餐，他告诉我：“人运党让我成了恩加列马区（Ngaliema）的议员，我之前从没有获得过这种级别的职位，我等这一天已经等了很久了。”人们并没有表示对蒙博托的不满，他在 1970 年再次当选总统的时候，赢得了 10 131 699 张选票，只有 157 张反对票，而这些反对票都来自金沙萨的学生区。同样值得关注的是，他获得的票数要比已登记选民的数量多，而投票并不是强制性的。[35] 安德烈·基塔迪很久之后才改变了想法：“独裁政权导致了国家的衰落，但我们在当时根本就不知道。”[36]

1974 年 9 月，齐齐 · 卡邦戈正准备回国报道拳击比赛。蒙博托在前 5 年中巩固了自己的权力，在后 5 年里用慷慨维持统治。重量级世界拳击冠军赛在穆罕默德 · 阿里和乔治 · 福尔曼之间展开，这场比赛是辉煌年代的顶点，成为历史上的“丛林之战”（the rumble in the jungle），刚果人都称其为“世纪之战”（le combat du siècle），的确，这是 20 世纪最伟大的体育赛事之一。因为拒绝服兵役（“没有一个越南共产党员管我叫过黑鬼”），阿里丢掉了冠军头衔，经 3 年半的禁赛期后复出。福尔曼要比阿里年轻 7 岁，当时只有 25 岁，已经获得了奥运会冠军、世界冠军，曾在两个回合里 6 次击倒拳击界传奇人物乔 · 弗雷泽（Joe Frazier），裁判不得不停止比赛。但是，阿里想夺回自己的冠军头衔。

拳击经纪人唐 · 金（Don King）担保了 1000 万美元的出场费，无论怎么看都高得离谱。没有人打算抛出这么大一笔资金来为一场拳击比赛买单，谁都知道这种比赛最多不会超过 12 回合，每个回合 3 分钟，但蒙博托是个例外。扎伊尔经济的增长势头已经持续了 6 年，他认为现在到了开派对的时候了。阿里非常开心，但他可能并不知道，这笔费用实际上间接来自于越南战争。金沙萨这场比赛对于阿里来说是复仇的绝佳机会，而对于蒙博托而言，则是进行“国家营销”的最好时机。

人民革命运动党的创始人会选择拳击比赛作为公关工具并不奇怪，对黑人来说，拳击是一种解放，因为在拳击比赛中黑人能够获得胜利，这是法律所不能给予的权力。1910 年，美国的杰克 · 约翰逊（Jack Johnson）成为首位获得世界重量级拳击冠军称号的黑人，他击败吉

姆·杰弗里斯（Jim Jeffries）后，全美爆发种族骚乱。塞内加尔拳手巴特林·斯基（Battling Siki）在 20 世纪 20 年代以一记漂亮的上勾拳击败法国拳击手乔治·卡朋迪埃（Georges Carpentier），在此之前，人们从没听说过哪个殖民地臣民让宗主国的超级运动健将受到这样的羞辱。1938 年，世界重量级拳击冠军乔·路易斯（Joe Louis）以技术性的出拳击倒德国拳手马克斯·施姆林（Max Schmeling），当天晚上，纽约市黑人居住区哈莱姆（Harlem）的街上，居民都在高喊“路易斯万岁！”这次在金沙萨，要争夺拳王称号的是两个黑人，但卡邦戈说扎伊尔人从一开始就支持阿里，“人们将阿里视为好的黑人，他很聪明，他来过黑人社区。人们都在喊‘阿里，干掉他’。福尔曼虽然是黑人，但被看成是白人中的黑人，完全是一个美国人，不是我们中的一员。”

阿里和蒙博托，这两个人之间的共同点要比他们第一次见面时表现出来的多。他们都厌恶白人的傲慢，都以黑皮肤为荣，因为政治或宗教因素两人都舍弃了自己原本的教名。阿里的教名本是卡修斯·克莱（Cassius Clay），现在他是成了一名伊斯兰教教徒；蒙博托原来的天主教名字是约瑟夫－德西雷，现在他叫蒙博托·塞塞·赛科·恩库库·恩格本都·瓦·扎·班加（Mobutu Sese Seko Kuku Ngbendu Wa Za Banga），这个听起来很古老的名字意为“强大的勇士，他凭借自己的毅力和意志力从胜利走向胜利，留在身后的只有火焰”（但同时也指“让所有母鸡不淡定的公鸡”，这取决于翻译）。他们一个是美国运动员，一个是非洲的独裁者，两人都很年轻，都态度强硬地挑战西方白人的主导地位。他们都懂得语言的艺术、有口才、

幽默而犀利，他们的语言也可以像拳头一样给人打击。蒙博托的法语铿锵有力，完全可以媲美阿里连珠炮式的英语。处决了 4 名所谓的政变者之后不久，蒙博托曾一本正经地接受 2 名比利时记者的采访，他说："我们班图人可以施行民主，但我们懂变通，和你们不一样。"蒙博托曾对一位溜须拍马者大发雷霆："我让你到这里来不是要听你天使般的声音，也不是要听你传教，把你想说的心里话说出来，你的问题是什么？"但有时候对于那些真敢说心里话的人，他又会说："所以，你是说你感觉自己被卷入了猫鼠游戏？""是的，就是这样。""那么好，告诉我：谁是老鼠？""是我们，大人！""那么谁是猫？""唔……也是我们。""好吧，那么问题是什么？"阿里则总是用英语说一些精妙的俏皮话，比如"我很糟糕，药都厌恶我。"或者"最艰难的战斗发生在我和我的第一任妻子之间。"待在金沙萨这段时间里，他说出了一句不朽名言：我看到福尔曼和影子练习，影子赢了。

最后一句话很接近事实，因为福尔曼在一次和陪练练习时眉骨撕裂，比赛为此推迟了 5 周。虽然齐齐 · 卡邦戈可以在巴黎再多待一段时间，当时与这场比赛相关的文化活动已经开始了，蒙博托将世界上最伟大的黑人音乐家悉数请到金沙萨。来自拉丁美洲的有赛莉亚 · 克鲁兹（Celia Cruz）和约翰尼 · 帕切科（Johnny Pacheco），美国的 B.B. 金、指针姐妹（Pointer Sisters）、斯莱兹姐妹组合（Sister Sledge）和詹姆斯 · 布朗（James Brown），来自喀麦隆的萨克斯管吹奏家马努 · 迪邦戈（Manu Dibango），南非歌唱家米丽娅姆 · 马凯巴（Miriam Makeba）；与他们同台献艺的扎伊尔乐界名人有伦巴

教父温多·克罗索伊，佛朗哥和他的 OK 爵士乐队，曾经名为罗什罗（Rochereau）的塔布·莱（Tabu Ley），年轻音乐人则以 20 世纪 70 年代刚果最具影响力的索卡斯（soukous，来自扎伊尔的非洲流行音乐）乐队的扎伊科·兰加·兰加（Zaïko Langa Langa）为代表。金沙萨为期 3 天的音乐节是非洲自豪感跨越洲界的表达[37]，是黑人的伍德斯托克音乐节（Woodstock）。奴隶贸易将黑人放逐到世界各地，蒙博托让他们在非洲重聚。

终于，卡邦戈可以启程了。他趁此机会去开塞看望了父亲，他在欧洲为父亲买了一台面粉机。卡邦戈的父亲以前是在新下刚果至加丹加铁路公司工作的铁道部官员，在蒙博托推行新农业计划之后成了兼职农夫。电动面粉机磨起木薯来要简单很多，“见面的时候，我父亲非常沮丧，因为蒙博托说那些美国艺术家都是黑人奴隶的后代，但把他们的先辈当作黑奴卖出去的并不是白人，而是黑人酋长。他说：‘蒙博托说是黑人将我们的兄弟卖给了白人！’‘他是对的，父亲。’‘但这简直令人难以置信！’他非常痛苦。我怀疑蒙博托是故意传播这样的观点，因为这有利于他击溃地方酋长的权威。”

蒙博托采取各种措施应对种族意识，他认为一个强大的国家与种族逻辑是无法相容的，年轻一代必须以新的思想体系为标准。国家足球队必须接纳来自全国各地的球员；来自不同省份的女性都可以参加“扎伊尔小姐大赛”；军队必须具有包容性，即使是丛林中的矮小的俾格米人也有加入军队的资格。[38] 为了加强国民的“扎伊尔意识”，蒙博托还开展了高等教育改革，现存的 3 所大学被合并成一所超级大学，分成 3 个校区。你可以去金沙萨学习法律、经济学、

医学、自然科学和工艺，可以去基桑加尼学习心理学、教育学以及农业工程学，也可以到靠近矿区的卢本巴希学习地球科学，就算在远离首都的地方，你也可以学习一些“有风险的”课程，比如社会科学、哲学和文学。[39]这一改革削弱了学生运动的影响力，使年轻的学者群体中出现了强制性的种族混合。让人印象最为深刻的例子是一天傍晚我在布卡武拜访的一个家庭，到阿道菲娜·恩戈伊（Adolphine Ngoy）家里的时候，她女儿正用炭火做饭。阿道菲娜出生在莫安达（Moanda），那是大西洋沿岸的一个海边小镇，她为什么会嫁到2000千米之外与卢旺达接壤的布卡武呢？“多多（Dodo）和我在金沙萨相遇，他学的是工科，我学语言学，他是来自布卡武的穆什人（Mushi），我是来自莫安达的巴刚果人。作为家庭中最年长的孩子，他应该娶一个同部族的女人，但他却选择了我。所以我就搬到了这里，但他的家庭极力反对，他的邻居和家族好几年之后才接受我。”[40]

欧洲的伊拉斯谟计划（Erasmus Program）旨在培养年轻一代的大欧洲意识，如果有必要可以找一个外国恋人，与之相仿，蒙博托实施教育改革的目的是培养年轻人的扎伊尔意识。蒙博托喜欢被年轻有活力的扎伊尔人围绕，因为他们完全赞同他在国家建设方面的想法，在这些年轻人当中，最有影响力的是萨孔比·伊农戈（Sakombi Inongo）和比森吉马纳·鲁韦马（Bisengimana Rwema）。

2008年4月，我乘船从戈马到布卡武，基伍湖美得让人窒息，而这个湖泊正是刚果和卢旺达分界线的一部分。在船上，我被引见给一位非常内敛、非常尊贵的年轻人：他是那种永远不会在客轮的后甲板上吹风的绅士，而是喜欢待在船舱里打电话。他就是比森吉

马纳的儿子，而比森吉马纳在很长一段时间里都是扎伊尔的二号人物。“我父亲从 1966 年开始为蒙博托工作，1969 年他被提拔为共和国总统办公室主任，蒙博托非常信任他，我的父亲甚至可以不同意蒙博托的看法。他们都叫他‘小豹子’，因为他也喜欢戴一顶豹皮帽子。1977 年两人失和，我父亲离开之后，蒙博托手下再没有人像他一样有如此大的权力。”[41]

船在湖面上航行，左侧舷窗外逐渐浮现出伊吉威岛的轮廓，卢旺达在岛屿后面。贝特朗 · 比森吉马纳（Bertrand Bisengimana）就来自岛上，他现在正在回家的路上。伊吉威岛原本被德国占领，然而第一次世界大战前就已经被比利人控制。岛上居民主要是来自卢旺达的图西族人，就像贝特朗 · 比森吉马纳和他父亲一样。图西族数个世纪以来构成了卢旺达的上层阶级，他们的社会和政治地位主要归功于养牛业，牛之于图西族相当于煤炭之于工业大亨。早在 19 世纪，卢旺达的养牛人就离开人口稠密的卢旺达来到了基伍湖对岸的刚果，他们定居南基伍的高原、北基伍的火山地区、伊吉威岛。对于刚果人来说，不管从哪个方面看这些图西人都是不一样的，包括他们的外貌和语言。他们说的卢旺达语是一种非常特殊的班图语，只有卢旺达和乌干达南部的人才会说，与布隆迪的语言同源。典型的图西族人身材非常高大（1.95 米并不罕见），尖鼻子，高额头，薄嘴唇。就像人们对爱尔兰人、意大利人和瑞典人有一些刻板印象一样，在扎伊尔，人们对图西族的评价是傲慢、缺乏幽默感，然而蒙博托仍然任命他们中的一人为总统办公室主任。[42]“蒙博托从来没有想过要给他自己所属的部族以特殊对待，”贝特朗说，“否则我的父亲，

一个来自伊吉威岛的图西族人，永远不会成为当时的二号人物。”蒙博托认为，选择一个来自移民小部落的人作为助手不会对自己构成威胁，然而他没有想到的是，在 1997 年，正是来自卢旺达的图西族人推翻了他的政权。

蒙博托已经给刚果人创造了更大的繁荣，现在，他的目标是给他们创造一个梦想——扎伊尔国家主义。这个梦想的设计师是多米尼克·萨孔比（Dominique Sakombi），不过当时他的另一个名字萨孔比·伊农戈更为出名。[43] 萨孔比是一个聪明善辩的年轻人，也是一个比蒙博托本人还要虔诚的蒙博托主义者。2008 年春天，我有机会通过电话和他进行了短暂交流，他说话时有气无力，无论如何都让人联想不到他当年的雄辩之音。他病得很重，无法当面接受我的采访。

20 世纪 70 年代早期，萨孔比的成就体现了他的足智多谋：他没有禁止部族主义，而是将部族特点上升到国家层面。扎伊尔人仍然可以热爱自己的部族……但这个部族叫作“扎伊尔”。他说：“祖先的村庄已经延伸到了国家边境所在的地方。”[44] 欧洲人在 19 世纪武断地定出了部族的边界，现在这些边界就像自然现象一样不具有任何社会意义。蒙博托不仅是国家元首，还是这个“国家村”的酋长，国民就是他的村民，他的孩子。

萨孔比担任信息部专员，这个部门一共有 1400 名员工，部门预算仅次于国防部。蒙博托当过士兵，也当过记者，他很清楚应该优先考虑什么。如果说他的独裁统治一开始依赖于军队，那么从 1970 年开始，

他要依靠宣传。

萨孔比的全面文化政策通过“恢复真实性”（Recours à L’authenticité）这一口号推广至全国。国家名称、城市名称乃至人名的改变只是该政策的一部分，一个人日常生活的每一方面几乎都受到了影响。每个扎伊尔人早上睡醒时，不用思考就知道该穿什么衣服。政府已经下令禁止西方服饰，男人再也不能穿西装打领带，必须穿一种叫作“阿巴卡斯特”（Abacost）的衣服，这种高领外套模仿了毛式服装，立领里面佩戴领巾（“Abacost”是蒙博托主义新词，来源于法语“à bas le costume”，意思是“脱下西服”。可见，语言也被改变）。女性再也不能穿超短裙，只能穿传统的服饰，这种优雅的服饰从下到上由 3 个部分组成：裙子、罩衫和头巾。发型必须自然，把卷发拉直是不允许的，更不允许淡化肤色。“真实”的扎伊尔人恰恰与“先进阶级”对立，再也不会想要成为白人，他（她）会从自己本来的身份、文化和传统中汲取力量。

如果一个扎伊尔人住在城市，他会发现上班路上立起了很多新的纪念碑。斯坦利的塑像、利奥波德二世和阿尔贝一世的雕像都被拉倒，因为萨孔比说：“据我所知，布鲁塞尔市中心并没有卢蒙巴的雕像。”[45] 广场上和政府大楼前面出现了很多人物雕像，他们或者双手伸向天空，或者提着篮子，单在金沙萨，新置的雕像就超过了 200 座。[46] 虽然它们具有现代风格，受到奥西普 · 扎德金（Ossip Zadkine）、巴勃罗 · 毕加索（Pablo Picasso）和康斯坦丁 · 布朗库西（Constantin Brancusi）的影响，但是因为这些欧洲艺术家的作品本身就深受非洲艺术的影响，所以和萨孔比的政策并不矛盾。恢复真实性的政策所

倡导的不是怀旧、复古，而是传统和现代的复杂结合。萨孔比曾经说："我们所做的正是我们的祖先会做的，如果他们的文化发展没有被殖民时期的文化输出阻断的话。"[47] 他的目的不是回到过去，而是恢复和继续发展，要以古老的资料为原型孕育出新的艺术。为此，蒙博托将全国各地的艺术瑰宝集中起来，成千上万的面具和崇拜物被收集起来放进国家博物馆，就如同殖民时代各种各样的手工艺品都被送往特尔菲伦一样。[48] 国家芭蕾舞团要学习内陆传统舞蹈，然后对其进行新的诠释。另外，扎伊尔还成立了一个国家戏剧公司，还设立了国家文学奖。[49]

当时，扎伊尔人在广播上只能听到扎伊尔音乐，西方音乐是禁播的。蒙博托将自己树立成流行音乐的拥护者，成立了一个新的政府机构推动音乐产业的发展，任命 OK 爵士乐队的佛朗哥为其负责人，政变之前，在蒙博托生日派对上，这个人不是刚好站在领袖身边吗？塔布 · 莱在蒙博托的支持下全国巡演，他甚至成为第一个在巴黎奥林匹亚音乐厅表演的黑人；多克特 · 尼科（Docteur Nico）尝试传统打击乐器组；佛朗哥则让年老的手风琴师卡米耶 · 费鲁兹（Camille Feruzi）回到聚光灯下，"恢复真实性"，有人曾经听到他把这句话唱了出来。金沙萨的音乐产业经历了最繁忙的岁月，傍晚 5 点才录好的音乐第二天早上 9 点就已经在商店销售了，到处都是录唱片艺人。在马通戈（Matonge），金沙萨夜生活的绝对中心，圆形胜利广场（Rond-Point Victoire）改名为艺术家广场（Place des Artistes），那里树起了一座巨大雕像以纪念刚果音乐的先驱，不，应该是扎伊尔音乐。

一个扎伊尔人晚上下班回家，他的晚餐也是“真实的”食物：木薯面包、幼虫，用“皮利皮利”（辣椒）调味。喝啤酒或者棕榈酒时，首先要往地上倒几滴，以示对祖先的祭奠。如果在吃完美妙的晚餐后打开电视，他会看到政治动画片，庞大的人群组成几何图案，所有人都穿着统一的服装（通常是印着国旗的绿色衣服），载歌载舞地颂扬人民革命运动党的功绩。日复一日地颂扬伟大领袖的善行，这样的节目每天都会持续 6 个小时，有时候甚至会连续播放 12 个小时。[50] 到了 6 点钟，国家电视台开始播放最精彩的节目：新闻。节目开始的时候，总统的脸在蓝天白云的背景下越变越大，看起来就像蒙博托从天而降，来到了你家的客厅。这是萨孔比的创意，孩子们看到这样的画面会把蒙博托当成上帝。“新闻会报道总统和总统夫人做的每一件事，”卡邦戈说，“还有政治局委员和中央委员会的成员所做的每一件事。个人崇拜的现象太明显了，萨孔比称蒙博托为‘非洲法老’（the African pharaoh）。”

就连晚上上床睡觉这件事也受到国家宣传机器的影响，因为蒙博托号召扎伊尔人多生多育——革命需要很多人手。生活中最私密的时刻还要响应最高领袖的召唤，有这样的笑话：夫妻做爱的时候，丈夫喊的不是“我要来了”，而是“扎伊尔来了！”……就像传教士在传教的时候会定义什么是“好的”（比如用肥皂，盖住裸体，一夫一妻制），独裁者也将自己认为正确的东西渗透到每个国民的生活中，包括男女亲密时刻，让他们真正臣服于一个全新的、无所不包的政权，这并不是什么儿戏，有性高潮也是为国家服务。

这当然是有用的，扎伊尔人开始认同自己是扎伊尔人。有了萨孔

比的帮助，蒙博托在几年时间内完成了欧盟半个多世纪都没有做成的事情：让人们真实地感觉到自己是一个大集体的一分子。英国人和法国人至今仍然不愿意被称为欧洲人，但巴刚果人和巴卢巴人都以身为扎伊尔人而自豪。

没有反抗吗？当然有，但反抗都是小心翼翼的。卡邦戈说："不能打领带是困难的，在加丹加，有时候会看到一些男人穿着西装打着领带走在街上，这是一种抗议。但是，警察看见了会立即上前拦住他们，问他们'为什么要穿上殖民时代的衣服？你是外国人吗？'然后，他们可能会回答'是的，我来自赞比亚。'毕竟，扎伊尔人会因为没有穿对衣服被处决！"在欧洲，领带象征资产阶级价值观和约束，在刚果，它象征反抗和对自由的渴望。"有些人会打着领带坐在自己家的客厅里。"

也有人悄悄反抗强制性更名政策。"我父亲给我一张写了9个名字的名单，这些名字都是我的先祖们用过的，我要从中选择一个自己用。我有一个同事原名热拉尔·艾克瓦兰加（Gérard Ekwalanga），他是一位体育记者，笃信宗教，非常喜欢自己的基督教名字。为了表示抗议，他将自己的名字改为艾克瓦兰加·阿波马索达（Ekwalanga Abomasoda），阿波马索达不是任何先祖的名字，在林加拉语中这个词的意思是'杀死士兵的男人'！还有一个原名奥斯卡·基塞马（Oscar Kisema）的人，他将自己的名字改为基塞马·金祖恩迪（Kisema Kinzundi），听起来像是普通的林加拉语名字，但在斯瓦希里语中，

它的意思是‘大阴道’。”

禁用教名对教会来说是一大打击。“蒙博托想摧毁天主教会的权力，”卡邦戈说，“他想用祖先来替代基督教的圣人。”一开始，教会表示忠诚于新政权。政变发生一个月之后，马鲁拉主教曾庄严地宣布：“总统先生，教会认可你的权威，因为权威是神赐的，我们将会忠诚地遵守你认为应该通过的法律。”[51] 然而6年之后，1972年1月12日，同一位马鲁拉主教发表了一篇反对现政权的犀利演讲。蒙博托怒不可遏，立即将马鲁拉驱逐出境，让他流亡国外，并禁止基督教教徒为他们的主教祈祷，但收效甚微，教会一直是这个政权所面临的最尖锐的批评者。主教们不光享有国际支持，他们还开办学校。一个国家通常从两个途径塑造公民：学校和媒体，而蒙博托只有媒体。因此，他竭尽所能削弱教会的权力：教会学校必须由本地人当校长，十字架被烧毁，神学院的学生必须加入人民革命运动党青年团，年轻基督教教徒的组织被禁止，圣诞节变成了正常的工作日，甚至除了忏悔以外的所有宗教集会在当时都成了禁忌。当这些措施都没有达到想要的效果时，他干脆给这些主教提供高级官衔、吉普车和高级轿车。

蒙博托的文化政策并没有明确规定刚果人应该信仰什么，祖先崇拜也没有形成系统的国家神学，但在殖民时代被严厉镇压的金邦古教又繁荣起来，被视为真正的非洲宗教。金邦古教的高度中央集权和高度等级化与这个国家一样，宗教领袖受到信徒载歌载舞的颂扬，就像蒙博托一样。殖民时代的受迫害者成了蒙博托主义的先驱。[52]

虽然依赖自己的真实身份是个不错的想法，但总是存在很多矛盾。为什么蒙博托在全国推广本地食物，而他本人最爱吃的菜却是罗马炖小牛胫？枯燥的政治宣传节目实际上只是照抄朝鲜的相关节目而已。至于蒙博托推广的男式服装，无非是模仿中国的毛式服装，只不过增加了一些色彩而已，最好的样品还是来自塞利克（Zellik，离布鲁塞尔不远）一家名叫“阿宗尼”（Arzoni）的纺织厂。难道女性的服装就真实地突出了非洲特色吗？其布料产自印度尼西亚，遮住女性的胸部的造型受到修女的赞扬，另外，最不容易褪色的一款是由荷兰赫尔蒙德一家“韦利斯克工厂”生产的。卡米耶·费鲁兹是地道的扎伊尔音乐家？他演奏的乐器是手风琴，而且显然听过很多蒂诺·罗西（Tino Rossi）的音乐。

“恢复真实性”仅仅是一个虚伪的策略吗？其目的是用迷惑众人的思想掩盖更深的现实吗？是的，的确如此，这个现实就是蒙博托对人民的关心越来越少。他忙于巩固自己的地位，忽略了政府的主要职责；他一天到晚忙于送出汽车、官职、荣誉、大使职位，导致国库空虚。人们的确可以说蒙博托的统治带来了经济复苏，但这种复苏更应该归因于越南战争而不是稳健的政策。这个时期的经济繁荣让蒙博托顺风顺水，却没有消除贫困。蒙博托用这些财富巩固自己的权力根基，而从本质上讲，他的权力扎根于一种极端形式的“政治分肥”。蒙博托身在权力金字塔的顶端，数千人直接或间接仰赖他的庇护，他和围绕在他周围的人形成了相互欠债和相互支持的网络，为了获得利益，他的追随者忠诚于他，蒙博托则利用这种忠诚来维护自己的权力——蒙博托已经变成权力的奴隶。

因此，扎伊尔出现了一个真正意义上的国家资产阶级，这一大群人的富裕都要归因于现在的政权。[53] 从字面意义上讲，国家充当了这个新生中产阶级的经济基础，他们毫不犹豫地用刚刚到手的财富购买高档轿车、住宅，生活方式极尽奢华。[54] 那些开着捷豹牌轿车、奔驰牌轿车的人被称为“奥纳西斯”（Onassis）。“他们只要有一点小感冒就要坐飞机到布鲁塞尔去看自己的私人医生。”卡邦戈说。

只要一直有钱，庇护主义就能维持下去。虽然对矿产联合会的国有化为蒙博托带来了巨额收入，但维持权力要消耗更多的钱。“我过去可以说是根本没有家人，”他曾抱怨道，“根本没有人关心我！但自从我当上总统之后，似乎一半扎伊尔人都发现他们以这种或那种方式和我又联系在一起，有权获得我的帮助。”[55] 当然，这一切的发生是对普通刚果民众不利的，因为他们和国家元首之间没有任何家庭关系。为了让这些被庇护的对象满意，蒙博托必须不断寻找新的收入来源。外国投资、双边协议以及国际贷款都派上了用场。[56] 国家越穷，他自己能攫取的利益就越多。

但仍然不够，1973 年 11 月 30 日，他做了一个极端的决定。当时，他刚刚访问了中国，见识到这个国家的计划经济。回国之后，他说：“政治上我们已经成为自由人，文化上我们正在成为自由人，但在经济上我们还远远不是自己命运的主宰。”[57] 蒙博托要推动经济“扎伊尔化”：仍然掌握在外国人手中的中小企业、种植园和贸易公司还有几千家，蒙博托要全部收归国有，交给自己的忠实追随者管理。[58] 于是，开餐厅的葡萄牙人、开鞋店的希腊人、开修理店的巴基斯坦人、经营种植园的比利时人，他们都在一夜之间发现自己一辈子的奋斗

成果化为乌有，一个扎伊尔人接管了自己的公司，他通常是总统的心腹，但对如何运营一家公司没有任何概念。最好的情况是他会让原来的业主担任经理，他本人每个月过来收取利润即可；最糟糕的情况是，他一来之后立即清空所有的货架，将库存全部卖空。

经济“扎伊尔化”的结果是可笑的。一位从来没有离开过首都的优雅女士突然之间要负责管理一家奎宁种植园，而种植园的位置却在国家的另一端。一些分辨不出哪些是公牛哪些是母牛的绅士居然成了养牛公司的负责人。军队中的将军要去管理渔场，外交官管理饮料厂，信息专员萨孔比成了一系列报刊亭和电影院的主人，此外还有一些锯木厂也归到他的名下。比森吉马纳得到了伊吉威岛上的利涅王子种植园，其面积占全岛三分之一。[59]我们的朋友科隆加虽然只是总统周围的一个小人物，却也成了他所在区域一家贮木厂的负责人，这个来自首都的“派对动物”要去管理一堆热带硬木。在这个过程中，有些人弄得一团糟，有些人却抓住了机会。流行音乐明星佛朗哥接手了威廉·佩尔格里姆（William Pelgrim）的唱片帝国，所属领域的业务他已经非常熟悉。[60]也是因为蒙博托的扎伊尔化政策，让诺·本巴（Jeannot Bemba）成了扎伊尔最富裕的商人，他被任命为雇主协会主席，同时还开办了自己的航空公司：扎伊尔航空（Scibe Zaïre）。最后，蒙博托本人得到了全国 14 家种植园，控制了全国四分之一的可可和橡胶产量，账面上从他那儿领工资的工人有 25 000 名，他因此成为全国第三大雇主，再加上矿业收入，据估计蒙博托在世界富豪榜中能排名第八。[61]

但蒙博托能看到他的国家并不好，1974 年年末，他转向了“激

进化”。境况不佳的公司都被国家接管，通过这种方式这些公司还能继续产生收益，有了这些收益，蒙博托就可以继续和朋友互利互惠。事实证明让这些人去运营公司并不是好主意，但新的经济改革本身产生的结果也很糟糕，因为作为美国的密友，蒙博托突然之间发现自己在发展共产主义经济。蒙博托想通过第三轮改革——“退回”，将这些公司归还给它们原来的主人，但这些人现在对收回这些公司没有丝毫兴趣。[62]

经济改革造成的社会后果是灾难性的。蒙博托有多能言善辩，作为一名经济学家，他就有多失败。扎伊尔化的失败导致失业率大幅上升，那些还有一份工作的人，比如公务员或者教师，也没办法维持生计。[63] 每个人都要兼职做砖匠、司机或者卖啤酒，他们的妻子努力做小买卖赚钱。她们有时候一整天都待在市场上，坐在一小堆木炭或洋葱旁边；有的从批发商那里买来面包，顶在头上叫卖，直到卖完为止；有的在家里开一个小店，既可以和孩子在一起，也可以向邻居们卖一些火柴、肥皂等小商品；还有人把自己家里的一部分空间租给饮料公司或水泥厂做囤货的仓库，赚取微薄利润。每个人都在尽力弥补开支上的缺口，即便这意味着向家人寻求帮助。

1974 年，终于到了危急关头：越南战争结束，铜的价格急剧下降。更重要的是，石油危机也波及了扎伊尔，导致物价飞涨。扎伊尔化的全过程对通货膨胀起到推波助澜的作用。因为现在有一个超级富裕的阶层，所以店主都顺势上调价格，但对普通的扎伊尔人来说，这意味着购买力进一步下降。1960 年，一个非熟练工人花 1 天的工资才买得起 1 公斤淡水鱼，然而到了 20 世纪 70 年代中期，同样一个

工人要买 1 公斤淡水鱼，需要花 10 天的工资。[64] 食品价格高得难以负担，往往耗尽整个家庭的预算。内陆地区的农业基本上被忽略了，既然没有道路可以将粮食运到市场上，那么农民为什么还要种植呢？扎伊尔本来是世界上土地最肥沃的国家之一，现在反而高度依赖昂贵的进口食物。在港口，大量罐装番茄酱从船上卸下来，而在内陆地区，成吨的牛番茄烂在地里没人要。

蒙博托承诺的经济复苏变成了一场灾难。人民革命运动党早期有一条口号：服务，但不是为自己服务。但蒙博托和他的追随者都在一心一意为自己服务。蒙博托的受欢迎程度下降了，“面包”快耗尽了，那么“马戏”呢？

拿走博杜安国王的佩剑这一冒险经历结束之后，隆然回到了基奎特，开始在巴塔国际连锁鞋业公司（Bata）分店当销售员。有一天一位漂亮的女孩儿走进店里，她看了看几款鞋，然后离开鞋店买鱼去了。几分钟后，隆然关上店门去吃午饭。他走在这位漂亮姑娘后面，她刚刚买完鱼，那个时候的鱼还是买得起的。他上前跟她说：

“买鱼的钱我来付，条件是你要做我的未婚妻。”

“真的吗？”

“真的。”

“那我把地址给你。”

当天晚上，他就拜访了这位姑娘的家。她把父亲和叔叔都叫了过来，家人首先想知道这个人到底是谁。

“我准备娶这个姑娘。”隆然说。

“你有钱吗？”她家里人问道。

“有。”

虽然这话不是完全属实，但在当时，隆然的欧洲老板确实愿意借给他娶妻的钱。这家鞋店不是第一次为员工做这样的事情，隆然要做的就是在未来一点一点将这笔钱归还给公司。巴塔公司的商誉很好，是一家真诚的店。这位姑娘的父亲和叔叔都同意了隆然的提亲。

隆然为巴塔公司工作了好多年，同时，按照传统，他的妻子负责耕种土地：种植玉米、木薯和花生。这对年轻的夫妇拥有他们需要的一切，1969 年，六个孩子中的第一个孩子出生了。几年之后，隆然买了一块长宽分别是 40 米和 30 米的地，在上面盖了很大的土房子，也就是我后来采访他的地方。“那是我人生中最富有的时期。”

没过多久蒙博托就开始实行扎伊尔化，“我的欧洲老板走了，巴塔公司被一个扎伊尔人接管。让他运营这家店简直糟透了，巴塔破产了。”之后就是困难时期。隆然经常到库库 · 彭巴（Kuku Pemba）的墓地祈祷，那里既危险又神秘。库库 · 彭巴是当地第一个见到白人的黑人，在饥馑的时候，人们通常会寻找精神寄托，库库 · 彭巴被视为强大的祖先，连蒙博托都畏惧他。

1974 年，隆然回到首都。“我去金沙萨是想看拳击赛，我坐在体育馆里，看到阿里在祈祷，他是个伊斯兰教教徒，脖子上戴着一根小链子，福尔曼带着一只大狗，就像一个欧洲人。比赛是在半夜开始的，福尔曼更强壮，阿里一直往拳台一角躲，整场比赛中都是如此。但最后，福尔曼的脸肿得像猪脸，阿里进行了不可思议的反击，

精彩极了！”

总统为你准备了如此精彩的派对，你怎么还会生他的气呢？

因为美国观众要在黄金时段收看这场拳击比赛，所以比赛直到凌晨 4 点才开始。城市的空气燥热而潮湿，雨季来了。比赛开始之前，体育馆已经满座。“孩子们放假一天不用上课，公司也让员工带薪休假一天，酒吧在这一天半价销售啤酒，甚至面粉都是免费的。”齐齐·卡邦戈回忆道。观众从四面八方来到金沙萨，甚至有人来自安哥拉和喀麦隆。7 万人的体育馆座无虚席，其中有几千个 VIP 席位，绝大多数都留给了蒙博托的人，体育馆外面还有一大批人。为了这个不同寻常的时刻，蒙博托在体育馆内外安装了照明灯，在大看台周围，四座高大的灯柱在黑暗中拔地而起，上面安装了一连串灯泡，多亏了因加水坝，整个体育馆都被照得通亮。蒙博托果然是能发电的。

拳击台位于足球场中间，美国电视台的工作人员带来了一系列先进设备。孩子们坐在水泥台阶上，脸上洋溢着自豪，因为全世界只有他们的国家能够组织这场比赛！连拳击台都是从美国运过来的！美国人甚至带了水和厕纸！

扎伊尔电视台的工作人员同样装备齐全。为了确保万无一失，国家广播公司购买了 5 台崭新的可以扛在肩上的阿莱弗莱克斯（Arriflex）摄影机。此外，记者还配备一些贝尔－霍威尔（Bell&Howell）轻型摄像头，可以捕捉赛场上的细节、拍摄特写镜头。当然，这些设备都能拍出彩色图像。现场有两位导演和两位法语解说员，一位林加拉语解说员。所有人都能因为上夜班获得额外报酬。

齐齐·卡邦戈主要负责用镜头记录观众的反应，一支管弦乐队在

体育场的赛道上演奏传统刚果音乐。当阿里从地下通道出来，走向拳击台的时候，现场观众高声欢呼，有的人在跳舞，有的人模仿拳击动作。他脱掉披风，在聚光灯下宛如天神。人们大声喊着“阿里，干掉他！阿里，干掉他！”

最让人吃惊的是蒙博托本人并没有来到现场。1965 年，同样是在这个体育场，他受到刚果民众的热烈欢迎。现在，他却回避了这个盛大场面。是害怕自己的受欢迎程度不如阿里吗？还是因为担心自己的安全？还是认为自己作为总统兼国父不在场反而更有存在感？究竟是什么原因，卡邦戈并不确定。不过，他确实知道，蒙博托在自己的宅邸观看现场直播。蒙博托享用这个国家唯一的闭路电视网络。卡邦戈用自己的镜头扫过现场无数张脸，在他的显示屏上，他看到观众一开始容光焕发、兴奋欢呼，然后渐渐沉默，脸色灰暗。

至于比赛本身，他只能偶尔瞥一眼，因此并没有看到在第一个回合，阿里的右拳连续击向福尔曼的脸部和身体，试图将其击倒，也没看到福尔曼变得多么愤怒以及阿里如何忘记他的蝴蝶舞步。“像蝴蝶一样移动，像蜜蜂一样出击。”这就是阿里承诺的，但观众没有看到。通过自己的镜头，卡邦戈只能看到观众，一开始欢呼，随后恐惧地颤抖，他没有看到第二回合是如何开始的。阿里被逼到拳台一角，身体尽可能后倚以躲避福尔曼的重拳。阿里用黑手套护着自己的脸，身上挨了无数拳。拳台每个角落的靠垫上都印着品牌名称“Everlast”（品牌名称，有“永恒”的含义），但问题是阿里能坚持多久呢？毕竟，福尔曼的重拳在重量级拳击历史上是最厉害的。阿里的计划是让他的对手打到筋疲力尽，他后来把这个战术称为“以

逸待劳”。卡邦戈没有听到阿里戴着牙套一直在喊：“乔治，我对你很失望”。“过来呀，笨蛋！他们说你很会打。”“你不是在打爆米花，乔治。”

卡邦戈的拍摄的画面不会转播到全世界，那是美国人要做的事情，他拍的是给国内观众看的。他看到了地位尊贵的观众：国家体育专员、省长、外交官、政治局委员和中央委员会委员——都是被蒙博托庇护的人。一些谄媚的观众给他钱，让他把自己拍得好看些，让总统看到，女性观众居多，有穿红色衣服的，有穿白色衣服的……他可以给她们一个特写镜头吗？

他每一次转过身都看到福尔曼在重击阿里，阿里很惨地挂在拳击边的绳子上。卡邦戈并没有看到，在第八回合，距离铃声响起还有大约 13 秒的时候，靠在绳子上的阿里突然跳起来，用右－左－右组合拳还击，快如闪电，最后一拳像一记大锤直击对方下颚，福尔曼的脸顿时变形，状如一堆橡皮泥。在前面八个回合中，福尔曼的胳膊不断发力出重拳，突然之间力气全失。福尔曼摔倒在地，他无法相信这个事实，他以前从来没有被击倒过，似乎是地板撞上了他的身体。

那是一个疯狂的夜晚，比赛刚刚结束，雷声便响彻长空。金沙萨的夜总会里坐满了人，大家都在豪饮，每个人都在参加派对，每个人都在欢笑，每个人都在疯狂享乐。但在回家的路上，卡邦戈禁不住好奇蒙博托是如何观看他拍下的东西的。在宅邸和家人一起看？

看着自己给这个国家安排的盛大表演狂欢？对镜头里穿红衣服的女子好奇，抑或是不停观察现场观众的反应，因为那些没有笑容满面的观众心生忧虑？

第十章

“永远为人民服务”

元帅的疯狂

1975—1990

在无限权力带来的孤独中，蒙博托盯着屏幕，在那场历史性的比赛结束15年之后，他看到了使他陷入更大恐惧的镜头，这个镜头比他之前看到的任何影像都更有冲击力。1989年的圣诞节，在一个国外的电视频道上，他似乎看到一只乌龟慢慢将头从壳里伸出来，非常无助，眼中满是对死亡的恐惧。不，那不是一只乌龟，是一个人，他在费力地往外爬——或者说他被卡住了——从一辆坦克里往外爬。在坦克灰绿色的钢甲之间，他的上身在缓慢移动，显得那么笨拙，他的胳膊贴在身体两侧，手仍在里面，这让他看起来很像一只乌龟。一个等在街上的士兵帮忙把他拉了出来，就像接生婆接生一样。

录像发黄模糊，尽管如此，蒙博托还是一眼认出了画面上的那个人。他是尼古拉·齐奥塞斯库（Nicolae Ceauşescu），罗马尼亚爆发了全国抗议，他和妻子刚刚被捕。蒙博托看着这位罗马尼亚总统跌

倒在地，摘掉自己的阿斯特拉罕皮帽整理头发。这顶帽子类似他自己的豹皮帽子，只是更适合在冬天戴，这不是两人之间唯一的相似之处。和他一样，齐奥塞斯库也在1965年掌权，蒙博托本人非常赞赏齐奥塞斯库让罗马尼亚独立于苏联之外的诸多手法。和蒙博托一样，齐奥塞斯库也得以仰仗西方大国的支持，国外忠实的盟友以及在国内顺从的小团体足以让他们的统治地位像王权一样稳固。两人都很中意别人给自己起的称号，齐奥塞斯库喜欢听人们叫他“指挥家”，而蒙博托则喜欢被称为“导师”。围绕“喀尔巴阡山上的天才”（齐奥塞斯库另外一个称号）和金沙萨的“伟大舵手”（蒙博托的另一个称号），都形成了狂热的个人崇拜。在扎伊尔，“真实性”原则变成了“蒙博托主义”；在罗马尼亚，“齐奥塞斯库主义”同样享受至高无上的权威。由于有着如此高的权威，两人都不善于应付批评，他们都选择限制言论自由，他们很乐意赶走持不同政见者，让他们在一些乱糟糟的巴黎咖啡馆里尽情吐露自己的不满，对他们的祈祷视而不见。齐奥塞斯库的安全卫队和蒙博托的总统特别卫队也非常相似，金沙萨和布加勒斯特（Bucharest）之间的关系非常好，并因为齐奥塞斯库和蒙博托之间的私下友谊达到顶峰。蒙博托一边向美国寻求经济援助，一边向东方借鉴治理国家的方法。他从毛泽东和金日成那里学到很多，但齐奥塞斯库是他唯一与之保持个人友谊的共产主义国家领袖，两人的夫人也有不错的私交。

蒙博托看着录像，一个月之前，两个人的政党还在布加勒斯特举办了一次两党峰会。[1]现在，录像中的齐奥塞斯库和他的夫人坐在一间空荡荡的教室里，他们看起来是何等疲惫！这一切似乎是突然之

间发生的。齐奥塞斯库穿着一件长棉衣，头发灰白，看起来就是一个普通的老人，他的妻子埃琳娜（Elena）穿着大领皮衣，就是一个年迈的老妇人。他们不像以前那样光彩照人，似乎只是一对东欧国家的寻常老夫妻。他们坐在一张桌子旁，细细的桌腿是金属的。齐奥塞斯库挥了挥手，嗓门儿提高了一些。镜头摇向右边，画面里出现几名胸前挂满勋章的军官，士兵起立，一个男人在大声宣读印好的声明。

在欧洲，这是极其动荡的一年。苏联的改革，柏林墙的倒塌……蒙博托密切关注着。米哈伊尔·戈尔巴乔夫（Mikhail Gorbachev）急于推动的政治解冻引发了连锁反应，一发不可收拾，戈尔巴乔夫本人也无能为力。对于蒙博托来说，对一个辽阔的一党制国家实行民主化完全是草率的冒险。

> 看看苏联，就算还没有建立多党制，只是允许这样的可能性存在就足以让地区主义和分离主义冒头。我对发生在波罗的海（Baltic）诸国、亚美尼亚（Armenia）、格鲁吉亚（Georgia）和白俄罗斯（Belorussia）的运动不做评价，我只想说仅仅是多党制这个想法就足以导致离心力的产生。[2]

对于民主化，蒙博托一直保持警觉。他非常清楚地记得第一共和国时期的混乱局面，东欧共产主义的解体在很多方面都与非洲的去殖民化相似：突然、生硬，潜在的希望都被裹挟到无法控制的洪流中。蒙博托运用他的诡辩术推论道：“如果我们强制实施西方的

民主制度，那么唯一的结果就是独裁统治。”[3]

在中欧和东欧，共产主义时代已经终结了，没有发生流血事件。在过去几天，蒙博托看到成千上万人冒着严寒来到布加勒斯特的广场上，要求他们的“指挥家”下台，但让他真正产生恐惧的，是一段摇摇晃晃的录像，来自首都之外的一个小村庄。齐奥塞斯库和埃琳娜没有坐在教室里，而是站在一个空旷的地方，他们身后是一堵黄色的墙。蒙博托看到了灰尘扬起，听到很响的杂音，就像有人在摇动一个装着小石头的罐子。这段录像将被载入世界历史，颜色消退，声音模糊，永恒的冬天。镜头后来扫向两个蜡像一样的人，埃琳娜倒在地上，头上血流不止，她已经没有了反应。齐奥塞斯库往后倒下，他的小腿非常不自然地折在身下。蒙博托看着，一直看着。

镜头推远，拉回来，聚焦于十几年前的 1978 年，明亮的阳光下，蒙博托自信满满。和发动政变时对比，他胖了一些，很明显，他很享受总统地位。1970 年和 1977 年，他两次当选总统，任期延长至 7 年，法律上对于连任届数没有任何限制。两次竞选中，蒙博托都是唯一的候选人，选民只有两种选择，要么投红票，要么投绿票。据一名在投票站工作的人运党官员介绍，红票代表混乱、流血和外国意识形态，绿色则是希望的颜色，代表木薯和人民革命运动党。每个人都能看到你投了什么票，因此，蒙博托能获得 98%—99% 的选票，更轻松地统治这个国家。他走路更慢了，说话也比以前慢，尊贵的姿态变得比精气神更重要。

发射火箭的准备已经做好了。高原边缘俯瞰卢武阿河（the Luvua River）河谷的地方矗立着一个瘦瘦高高的物体，大概有12米高，由2副钢铁架支撑着。1978年6月5日，这是一个周一，上午11点半，容光焕发的蒙博托邀请了一群朋友和记者来见证他的另一壮举：在扎伊尔的土地上发射一枚火箭。几年前，他和德国的轨道运输和火箭公司（OTRAG）达成协议，为其免费提供大片广阔的草原用于廉价火箭的建造和发射。OTRAG在德国政府的资助下，寻找美国宇航局（NASA）和欧洲航天局（ESA）昂贵工程的替代方案。[4] 德国造廉价火箭的长远目标是以低成本将卫星送入地球轨道。让一家私人企业制造火箭，这在航天史上还是第一次，得到一位非洲独裁者的支持更是史无前例。这一项目的重要推动者是卢茨·凯泽（Lutz Kayser），但工作人员名单上最醒目的名字应该是库尔特·德布斯（Kurt Debus），他是一个德国人，第二次世界大战期间参与了V-2火箭的开发，战后在美国肯尼迪航天中心（Kennedy Space Center）工作多年，并参与了阿波罗登月项目。

OTRAG要沿赤道找一片大的空地，已经考察过印度尼西亚、新加坡、巴西和瑙鲁（Nauru），这些国家都靠海。扎伊尔到后来才被纳入考虑范围，沙巴（也就是加丹加）的大草原上人口稀少，完全符合OTRAG的要求，1977年，这家公司在10天之内和蒙博托签署了协议，因为从任何一个角度上讲，这个协议都是极有利的。OTRAG控制了10万平方千米的土地，面积约为爱尔兰的1.5倍，让人想起19世纪的橡胶公司——拥有足够的领地，可以在上面开展商业活动而不受任何限制。合约到2000年才到期，OTRAG公司就

这样在极其利己的条件下租赁了约扎伊尔 5% 的领土。不用支付进口税收，也无须为破坏环境承担任何责任；公司的员工也不用交税，同时还享有法定豁免权；另外，草原毕竟和海洋不一样，虽然人口稀少，但还是有一些居民，合约甚至规定他们可以根据需要重新安置当地居民。蒙博托曾经极力反对分裂和起义，如今却把国家一大片土地的控制权交给了一家外国公司，而他索要的回报只是该公司净利润的 5%（如果有利润的话），以及一颗服务于国内安全的观测卫星（如果发射可以成功的话）。[5] 利润和卫星都没有兑现，但据估计他每年可以收取 2500 万美元的租金，这些钱迅速落入了他的腰包。[6]

蒙博托充满自豪，和亲信一起等待火箭发射，倒计时是用德语数的，在这之前已经有过 2 次非常成功的测试。一年前，在高度保密的情况下，这家公司发射了一枚 6 米高的火箭，火箭的飞行高度 20 千米；两周前，公司发射了一枚更重的火箭，飞行高度 30 千米。这次的发射也不容有失，这个巨人一样的家伙要飞到离地 100 千米的高度。

蒙博托喜欢这个壮景，他不就是邀请登月者来金沙萨的人吗？他不就是组织了世纪拳击大赛的人吗？难道当初公开绞死 4 名“政变者”的场面不壮观吗？但只有这些表演似乎还不够，他要给让这个国家拥有一些可以自夸的基础设施工程。因加大坝必须再建，要成为非洲最大的水电站之一。在 1982 年完工时，因加大坝二期工程总装机容量达 1424 兆瓦，远超一期的 351 兆瓦。很快，蒙博托又梦想建设三期工程，如果建成，总装机容量将达到 30 000 兆瓦，可满足整个

非洲的用电量，甚至还可以给欧洲供电。发展到这一步之前，他先建了一条从因加水电站到沙巴矿区的高压线，长达 1800 千米，直穿丛林地带。实际上，沙巴也有自己的发电厂，之所以要建设这条线路，是因为蒙博托想将控制这个叛乱省份的总开关握在自己手中。这个工程需要建设 1 万座高压线铁塔，为此他在金沙萨北部的马鲁库（Maluku）建了一家铸造厂，每年生产 25 万吨钢材。[7]

所有工程都有一些共同特点：由外国公司建造，用最新的装置，都是交钥匙工程。但是，东道国没能有效利用这种合作形式。款项到手之后，法国、意大利和美国的承包商立即撤走，将高科技设备全部留给当地人，而当地人不但不知道如何操作，而且没有足够的时间学习。因加水坝二期工程耗资 4.78 亿美元，扎伊尔却一直深受断电的困扰。[8] 水利发电机的维护工作完全被忽视，设计了 8 台发电机组，最后却只有 2 台机组仍在工作，利用率只有 25%。建设通往沙巴的高压线耗资 8.5 亿美元，但输送电压只达到预期的 10%。[9] 此外，这条线路没有设计足够多的支线为沿途的城市和乡村服务。马鲁库的钢铁厂耗资 1.82 亿美元，却从未盈利，因为它没有能力加工本地的铁矿石，只能进口废金属。[10]

对资金的浪费——2007 年，齐齐 · 卡邦戈第一次带我参观国家广播大厦，让我清楚地看到了这一点。蒙博托的建筑狂热不仅限于重工业，还包括美化金沙萨。在利美泰区建设四叶式立体交叉公路，入口、出口以及高架都非常宽阔；建造埃菲尔铁塔的现代风格复制品，锥形的钢筋水泥结构足有 150 米高，在塔顶设计了一个全景餐厅，可是这个结构一直没有完工；建在刚果河畔的扎伊尔国际贸易中心

（CCIZ）耗费巨大，却荒废了几十年，因为对外开放不久，建筑内部的空调系统就瘫痪了，同时，人们发现整个建筑的窗户都是打不开的，这种事发生在热带国家是非常让人讨厌的；在市中心建了时尚的多层购物中心“总统的画廊”（Galéries Présidentielles），几千米之外又为国家广播公司——卡邦戈上班的地方——建了媒体公园，耗资 1.59 亿美元。

“这是法国人建的，”他边说边带着我看，“他们一心想要拿到这份合同，作为交换，他们给了蒙博托数架免费的幻影战斗机。”他还带我参观了破旧的录音棚，9 个录音棚中只有 2 个仍然在用，录音棚很大，就像空荡荡的飞机库。胆大的记者只用 2 台老旧的摄影机和几个麦克风直播，如果不断电就没什么问题。但有一次，我刚好遇到了断电的情况。作为布鲁塞尔和金沙萨艺术交流项目的成员，我和其他几位嘉宾参加了一档早间脱口秀。天花板下垂，透过现场的灯光能看到石棉不停地往下掉，电力电缆裸露着，调音台用绳子绑在一起。我真的没办法想象他们如何用这样的设备进行现场直播。脱口秀开始前是新闻节目，女主播没有自动提词器，连要点提示都没有，但她的播报非常完美，没有一丝一毫的犹豫，全神贯注，气场强大。唯一的问题是，在新闻播了几分钟之后，现场的技术人员意识到主播台上没有麦克风。直播不得不中断，当大家在疯狂地寻找还可以用的麦克风时，电视机前的刚果观众只能盯着测试图看。我看到很大、很暗的破旧录音棚内，那位优雅的女主持人一直坐在明亮的主播台旁。

“这个建筑本来是为 6000 个人准备的，”卡邦戈说，“现在这

里只有 2000 人工作。”主楼共 19 层，外形像男性生殖器。入口接待处有一台电话总机，可以接进几百个电话，但这些设备已经多年未用过了，就像电梯一样。上下楼只能走楼梯，而楼梯间就像黑暗的迷宫，里面还充斥着一股尿骚味，因为顶层的排污管道破了。过去，高级管理人员一般喜欢将自己的办公室安排在顶层，方便俯瞰整个城市，现在没有人愿意吃力地爬到楼顶，因此现在的高级职员都将办公室安排在底层，这成了他们的特权。在这栋楼里，办公室位置越高说明地位越低。“太浪费钱了，”卡邦戈的办公室在第 5 层，我们爬山去时，他这样叹道，“无论是媒体公园还是国际贸易中心，建这些项目的时候恰恰是这个国家的其他地方极度贫困、极度需要钱的时候。”[11]

蒙博托不停撒钱的举动让人惊愕。1975 年，邻国安哥拉的去殖民化战争打响，似乎是一场没有休止的战争。扎伊尔无法再利用本格拉铁路，我父亲曾在这条铁路的延伸线上工作过，它连接着加丹加矿区和大西洋沿岸的港口。扎伊尔的矿石出口变得更加困难，蒙博托为此失去了很大一部分出口收入。国家经济正濒临崩溃，但他几乎没有意识到这一点。

四、三、二、一，火焰将白昼照得更亮，轰鸣声越来越响。慢慢地，发射台上的火箭开始上升。离地 100 千米，在非洲航天史上写下新的一笔，是这枚火箭的目标。丰盛的午餐已经准备好，等着客人享用。但是，火箭还没有完全离开发射台就出了问题，连小孩子也能看出来。火箭升起后左偏，在空中划出一道弧线，在几百米开外的卢武阿河河谷爆炸。草原上浓烟滚滚，蒙博托沉默着离开了，人们能看到火

箭留在空中的水汽尾迹。[12] 那是一条炭黑色的抛物线，像极了对蒙博托政权的图解，经历了开始数年的急升后，他的扎伊尔不可逆转地倾倒，直直坠入深渊。

那些年，从天上掉下来的东西还不止火箭。1974 年到 1980 年，扎伊尔军方 2 架 C-130 运输机、2 架马基战斗机、3 架“云雀”直升机和 4 架“美洲豹”直升机相继坠毁。[13] 这些飞机没有一架是在战斗中坠毁的，难道都是因为运气差？真实原因是士兵收入太低，他们将飞机的零件偷去卖掉了。皮埃尔 · 扬布亚（Pierre Yambuya）是国民军中一名直升机飞行员，他为我们了解武装部队当时的状况提供了一个独特的视角。“任何有私人飞机的人都知道，在金沙萨可以买到世界上最便宜的飞机零部件，士兵们的要价只有出厂价的二十分之一。”[14] 蒙博托在炫耀宏伟工程的同时忽略了让他的政变得以成功的机构：军队。空军飞行员无论将飞机降落在哪里，都会将一部分航空煤油卖给当地人换取收入，村民则用这些煤油点灯笼。这种现象特别常见，以至于一看到政府的飞机，当地孩子就提着黄色的汽油箱来装油。扬布亚说：“军士长一个月的工资是 280 扎伊尔，而当时一袋大米的价钱是 1200 扎伊尔；副官的月薪是 430 扎伊尔，但一套小学生的校服却要 850 扎伊尔，每个孩子只能拿到 5 扎伊尔的补贴，还不够买一支铅笔。”突然之间，腐败似乎也可以理解了。士兵们并没有逐级向上抗议，因为这样做可能会让他们丢掉工作，甚至是丢掉性命，但是底下发生这样的事情，上头也不会不知道。“比

如说，为了让自己的生活过得去，我卖一些直升机里的燃料，我的上司知道后会把我的任务经费放入自己的腰包，说‘如果你在什么地方着陆，可以卖点燃料，不要忘了，你做的事和我无关’。”[15]

扎伊尔病了，归根结底，病因是（铜危机、石油危机、失败的扎伊尔化以及乱七八糟的政府开支导致的）收入短缺，最严重的症状是国家混乱和腐败蔓延。这些现象首先出现在军队中，士兵把军用车从基地开走，然后用这些车拉私活，当出租车用；食堂里的收音机和唱机消失了，车库里的卡车和推土机也不见了；军官甚至将下属直接带回家当用人使唤；军营里的缺勤率非常高，有的地方超过了 50%，出勤的士兵也没有动力。军纪败坏由来已久，一份题为“反思备忘录”（Mémorandum du Reflexion）的内部文件在对军队的士气进行简单总结时毫不犹豫地自我批评道：“每个人都想发号施令，但却没有人愿意遵守命令。”[16]

与此同时，在东边的安哥拉边境，冲伯的军队（加丹加分裂时期的老兵）越来越活跃。他们中的很多人都属于隆达部族，这个部族的传统领地延伸到了安哥拉。多年之前，就在他们击败“辛巴”叛军之后，蒙博托将他们驱逐出境。不过现在，带着子嗣和新招募到的士兵，他们已经做好了复仇的准备。这些加丹加卫兵在加丹加分裂时期（1960—1963）为右翼的、欧洲人掌管的加丹加战斗，但 1975 年后，他们又在安哥拉与左翼的马克思主义政党——安哥拉人民解放运动党（Movimento Popular de Libertação de Angola，MPLA，简称“安人运”）结盟，原因很简单：安哥拉人民解放运动党和他们一样，视蒙博托为敌人。

葡萄牙爆发了“康乃馨革命”（Carnation Revolution），1975 年，安哥拉开始了暴力的去殖民化，和刚果独立之初各大势力角逐领导权的形势一样，但安哥拉的冲突更加血腥。安哥拉主要存在三派政治势力：阿戈什蒂纽·内图（Agostinho Neto）领导的左翼安哥拉人民革命运动党，奥尔登·罗伯托（Holden Roberto）的安哥拉民族解放阵线（Frente Nacional de Libertação de Angola，FNLA，简称“安解阵”）；若纳斯·萨文比（Jonas Savimbi）的争取安哥拉彻底独立全国同盟（União Nacional para a Independência Total de Angola，UNITA，简称“安盟”）。超级大国的插足使安哥拉成为非洲最受关注的冷战战场，安人运获得苏联和古巴的大力援助，安解阵和安盟则得到美国的支持。在美国的影响下，比勒陀利亚（Pretoria）从南边支持萨文比；金沙萨从北部支持罗伯托。因为罗伯托是蒙博托的妹夫，所以曾经的加丹加卫兵选择与安人运合作，带领他们的人名叫纳塔内尔·姆本巴（Nathanaël Mbumba），他们发动战争时用的名称是刚果民族解放阵线（Front pour la Libération Nationale du Congo，FLNC，简称“刚解阵”），这群人的昵称是“加丹加之虎”（les Tigers Katangais）。

叛军先后在 1977 年和 1978 年两度侵入扎伊尔，他们越过边境占领西沙巴的大片领土，也就是所谓的第一次沙巴战争（Shaba I）和第二次沙巴战争（Shaba II）。虽然从人数和后勤补给两个角度讲，叛军都逊色于扎伊尔的国民军，但是他们受到了当地居民的热情欢迎，不仅因为他们同属隆达族人，也因为当地人已经厌倦了蒙博托的统治。因此，叛军很容易地攻城略地，1978 年甚至占领了重要的

矿业城镇科卢韦齐（Kolwezi），这是十年来蒙博托首次不得不应对的一次军事起义。逃到布鲁塞尔和巴黎的持不同政见者都希望独裁政权被推翻，并在他们军事入侵中看到了“人民武装力量的胚胎”（embryo of a people's army）。[17] 他们认为，姆本巴可以让卢蒙巴和穆勒勒的梦想复活，“太阳王”①的帝国看来已经摇摇欲坠。

蒙博托则竭尽全力将叛乱描述为外国马克思主义者的军事干涉，根据他的说法，姆本巴只是安哥拉人民解放运动党，也就是苏联和古巴的一枚棋子。有了这样的推理，他希望自己能够获得国外的援助，因为他的军队事实上已经一无是处，他的策略奏效了。第一次沙巴战争进行 8 天之后，被法国军用飞机送来的摩洛哥军队粉碎；第二次沙巴战争中，叛军被法国外籍军团和比利时伞兵击败。叛军占领科卢韦齐之后，在一个别墅区屠杀了 30 名白人，所以蒙博托的盟友迅速采取了行动。但他的外国盟友可能不知道的是，屠杀这些白人的可能并不是叛军，而是蒙博托的士兵。直升机飞行员扬布亚当时就在科卢韦齐，对于自己看到的一切记得非常清楚：

> 5 月 14 日是一个周日，国民军中的博桑戈上校（Colonel Bosange）突然下令将所有的欧洲人关在别墅里处决，据他说，这些人都是雇佣兵。博桑戈不会接受任何反对意见，因此齐克瓦将军（General Tshikeva）也并没有试图劝阻他，

① “太阳王”：路易十四（1638—1715，1643—1715 在位）。——译者注

> 只有年老的穆桑谷（Musangu）表示反对。博桑戈让情报和安全部门的负责人穆图瓦莱中尉（Lieutenant Mutuale）和3名士兵去执行自己的命令，穆图瓦莱和士兵来到别墅时，别墅的门窗已经完全封闭起来，他们用机关枪扫射封闭的金属百叶窗，枪声回响，就像汽车碰撞的声音。5分钟后，穆图瓦莱带着士兵回来了：任务已经完成。[18]

蒙博托清楚历史，1960年，伊丽莎白维尔发生了5名白人被杀的事件，比利时人为此发动了军事入侵。1964年，几百名白人被扣为人质，比利时派伞兵助利奥波德维尔夺回斯坦利维尔。蒙博托知道，杀几个欧洲人可以让欧洲军队站在自己这一边，前提是要把责任推给别人。

两次沙巴战争持续的时间都不长，但留下的教训非常重要。首先，蒙博托为了维持自己的地位绝对可以做出任何事情。其次，他自己的军队已经没用了。最后，他可以依靠外国人的支持继续生存。从1960年开始，美国就已经是蒙博托可靠的盟友（除去偶尔的紧张之外），现在，法国也是。法国总统瓦莱里·吉斯卡尔·德斯坦（Valéry Giscard d'Estaing）实施了一项明确的政策，旨在扩大法国在中非的影响力。作为世界上面积最大的说法语的国家，扎伊尔当然会受到特别关注。1960年，当去殖民化运动正如火如荼地进行时，法国甚至想过凭借1885年的优先购买权从比利时手中接管刚果。[19]但让德斯坦总统更感兴趣的是经济收益，因此，法国和扎伊尔之间的贸易合作得到战略性提升。正是在此背景之下，法国为了获得媒体公园的建设

合同送给蒙博托幻影战斗机。这一工程的主要承包商是德斯坦的一位堂兄，而他的另外一位堂兄是这一项目的最大融资方之一。[20]重用亲戚不只是扎伊尔的发明。

在布鲁塞尔和金沙萨，我曾多次采访尤根·约卡上校，他是扎伊尔军队当中为数不多的战斗机飞行员之一。他父亲是一位第一次世界大战老兵，曾经和德国人作战，母亲则是最后一位仍在世的第一次世界大战老兵遗孀，他的祖父是殖民时代治安部队第一批士兵中的一员，他本人的飞行时间超过2000个小时。早在1961年，他就成了第一批完成训练的刚果飞行员之一。曾经在比利时蒂嫩（Tienen），他学习驾驶SV4-BIS双翼螺旋桨飞机，之后他还飞过T-6“得克萨斯人”初级教练机、P-148和达科他运输机，凡是你能叫出名字的飞机他都飞过。协和式超音速飞机于1973年首飞非洲时，他是飞行员，很快，蒙博托定期租赁超音速飞机供自己旅行，包括和他的家人一起到到巴黎迪士尼乐园游玩。[21]尤加也是能够驾驶幻影战斗机的精选飞行员中的一员，他曾在巴黎接受训练。我问过他有关沙巴战争的记忆，“我在那里，”他说，“无论是第一次沙巴战争还是第二次战争，但不是作为飞行员。”[22]从阿方西娜·莫索罗那里，我得到了相似的答案，她是刚果第一位女伞兵，曾经在以色列接受训练。“在1977年和1978年的战争中，我没有执行过跳伞命令。”这两位士兵都在国外接受过广泛训练，都参加过在金沙萨举行的年度阅兵，当战争到来时，他们都没有真正运用自己的专业，武装部队似乎已经沦落到无用之地。莫索罗说：“我没有跳伞，而是在蒙博托的‘卡曼约拉’号（Kamanyola）上为他做饭，这是他的私人游艇，在内河

航行。一天晚上，他在游艇上举行派对，蒙博托兴致正高，他真的是个非常喜欢派对的人。我已经做完饭了，当时坐在椅子上，但他希望我去跳舞。为了让我跳舞，他甚至把我的鞋子脱掉了，这是真的！总统弯下腰、膝盖跪地为我脱鞋子，即便那天我的脚很臭！”[23]

蒙博托的舞会还会继续下去，因为他完全同意扎伊尔的经济衰退只是暂时现象。铜价虽然今非昔比，原油价格也上涨了很多，但每个人都难免有倒霉的时刻，特别是对于经济发展如此依赖单一产业——比如矿业的国家来说。的确，他的国家没办法立即归还所有的债务，但他相信国际市场对于矿石的需求很快就会回升。于是，他暂时需要向法国、美国和新结交的阿拉伯盟友寻求帮助。

但扎伊尔的债务不仅仅是周期性的。1977 年，扎伊尔的财政赤字已经上升到总预算的 32%；[24] 每年的国民生产总值（GNP）都会下滑几个百分点；[25] 年度通货膨胀率高达 60% 已经成为常态；[26] 1974 年到 1983 年间，国内物价上涨了 6 倍。[27] 人们明白，这不是即将过去的问题。1984 年，2 天的工资只能买到 1 公斤大米，10 天的工资才可以买到 1 公斤牛肉。一个非熟练扎伊尔工人要足足工作 80 天才能买到一袋廉价的木薯（40 公斤）。[28] 但实际上，等他干完 80 天的活，木薯价格又上涨了。到 1979 年，民众的购买力已经下降到了 1960 年的 4%。[29]

起初，西方和日本的银行很愿意向蒙博托的工业化项目放贷——毕竟那个时候的扎伊尔还很富裕——但到了 1975 年，它们开始担心借出去的钱收不回来。当时，扎伊尔的外债已经高达 8.87 亿美

元，贷方共计 98 家银行。[30] 这些银行最终在“巴黎俱乐部”（Paris Club）联合起来，要求国际货币基金组织（International Monetary Fund，IMF）提供紧急贷款，以确保扎伊尔不会彻底坠入深渊。国际货币基金组织成立于第二次世界大战后，目的是防止 20 世纪 30 年代的大萧条再次发生，后来逐渐成为世界经济的监察机构。

不过，蒙博托对于好管闲事的 IMF 自然是不欢迎的，毕竟，他的权力是以一大群追随者的存在为基础的。如果让 IMF 干预扎伊尔的财政，他就无法再肆无忌惮地给自己的亲信派发好处；但如果不接受 IMF 的干预，他就没有钱。后者将导致他的政权立刻垮台，而选择前者至少还有不同的可能性。因此，他耍了个花招：先敷衍 IMF，友好地答应所有的要求，然后在幕后掠夺国库的财产。

蒙博托，这个曾经那么坚持国家“经济独立”的人，现如今不得不同意让 IMF、巴黎俱乐部以及后来的世界银行（World Bank）作为国家经济的主要参与者。1976 年，IMF 启动了稳定扎伊尔经济的计划，首笔 4700 万美元的贷款到位，交换条件是蒙博托必须削减公共开支、提高税收、将货币贬值、刺激国内生产、促进基础设施建设，同时提升国家的金融管理能力。只有实施了这一系列举措之后，国际银行才会和扎伊尔商谈下一步贷款事宜。

大量资本注入和过桥贷款会随之而来，然而单在 1977 年到 1979 年，保守估计，被蒙博托自己及其家属私吞的资金至少有 2 亿美元。[31] 在 20 世纪 70 年代采取了稳定化措施之后，由在接下来的 20 世纪 80 年代进行了更加严格的结构性调整，但这些措施取得的效果并不好，到 1990 年，扎伊尔的全部债务已经超过 100 亿美元。直到这个时候，

国外资金的流入才停止。

但是，蒙博托的账本并不是到这个时候才第一次曝光。实际上，第一次警钟是由一位严谨的德国银行家敲响的，时间是 20 世纪 70 年代末期。1978 年，长期在联邦德国中央银行（West Germany Bundesbank）担任高级职位的银行家埃尔温·布卢门塔尔（Erwin Blumenthal）受命于 IMF，承担收拾扎伊尔中央银行（National Bank of Zaïre）这个烂摊子的艰巨任务。在此期间，IMF 对扎伊尔的主要金融机构进行破产管理。布卢门塔尔在中央银行收拾残局，一次又一次将腐败的证据挖掘出来。“无论是 IMF 还是世界银行，没有一个官员不知道所有严格控制预算的努力都被同一个障碍阻挠，那就是总统府。”他写道，“谁会喊‘阻止那个贼’？要监控总统办公室的金融交易是不可能的事情。在总统办公室内部，个人需求和国家支出之间并没有明显的界线。国际组织和西方国家的政府何以如此盲目地信任蒙博托总统？”[32]

对政府资金的系统性侵吞、在欧洲银行发现的一系列秘密账户，蒙博托及其亲信的贪婪让布卢门塔尔厌恶，工作不到 2 年他便辞职了。他在离职声明一起提交的机密报告毫不含糊地表示：“毫无疑问，蒙博托和他的政府将做出新的承诺，外债飞速累积，偿还的时间将再一次被推迟；外国债主绝对没有可能，我重复一遍，绝对没有可能收回自己的钱。”[33]

《布卢门塔尔报告》（*The Blumenthal Report*）对蒙博托和他的贪腐集团的影响是毁灭性的，在一定的时间点肯定会被泄露出来。齐齐·卡邦戈还能清楚地记得当时的情景：“蒙博托想确保这份报

告不会在国内出现，一开始，扎伊尔国内没人知道这份报告，但巴黎出现了一份关于该报告的文本，是由恩古扎·卡尔伊邦德（Nguza Karl-I-Bond）发表的。记者从国外回来，在机场都会被搜身。恩古扎曾经担任过蒙博托政府的总理，1981 年逃去了欧洲，在那里他通过写书和小册子抨击蒙博托政权，对他而言，蒙博托就是‘扎伊尔病（Zairian sickness）’的化身。”[34]

布卢门塔尔大声说出了每个人的怀疑，但他的披露并没有带来根本的改变。1981 年，扎伊尔国债已经高达 50 亿美元，但对法国而言，蒙博托是非常重要的文化和经济合作伙伴，实在难以撇开；对美国而言，蒙博托是一个非常有价值的非洲盟友，因为当时非洲很多国家（扎伊尔的邻国中就包括安哥拉、刚果布、乌干达、坦桑尼亚和赞比亚）都在进行社会主义和共产主义实验。“蒙博托是个坏蛋，但至少他是我们这一头的。”美国中情局如此判断。秘密指令提到“IMF 的负面情绪或者美国的消极态度可能会让蒙博托重新考虑我们之间极其紧密的关系，从而危及（里根）总统认为对美国安全极其重要的一个项目。”[35] 特别是共和党总统，比如理查德·尼克松（Richard Nixon）、罗纳德·里根（Ronald Reagan）和老布什（George Bush Sr.），都和金沙萨维持着密切的关系；吉米·卡特（Jimmy Carter）1976 年赢得大选之后，双边关系曾经冷淡过一段时间。

虽然冷战逻辑给 IMF 的恢复计划构成了严重阻碍，但是 IMF 本身的问题也不容忽视。从历史角度讲，设立该组织的初衷不是帮助

穷国实现自立，而是避免全球性的金融危机。[36]甚至在 20 世纪 70 年代，IMF 里有专业素养的职员对于宏观经济学的了解仍然远多于对人类学的了解；他们更喜欢在华盛顿的办公室里审查各种表格，不愿和受这些政策计划影响的人进行交流。实地经验的缺乏所导致的结果是非常不幸的。

1979 年圣诞日，在 IMF 的监督下，扎伊尔历史上最引人注目的货币措施得以执行：货币贬值。为了应对通货膨胀，IMF 号召全国公民将所有的 5 扎伊尔和 10 扎伊尔纸币——当时市面上最大面值的纸币——交到银行，换取新的纸币。1976 年年末，市面上流通的 5 扎伊尔纸币大约有 5.9 万张，到 1979 年年末，数量上升到了 36.3 万张，增加了五倍，结果就是通货膨胀。货币之于经济就如同汽油之于汽车：太少了不好，但太多了也不好。[37]除了通货膨胀，聚藏货币也是一大问题。在刚果这样面积很大、经济很不稳定的国家，几乎没有人想或者有能力将钱存在银行里，他们把钱放在箱子里、枕头里、罐子里。迪达塞 · 卡旺（Didace Kawang）是一位演员，我曾经给他上过有关剧本写作的硕士课程。他告诉我，他的叔叔是卢本巴希一个成功的商人："他和赞比亚做生意，钱都是从大门里装进来，他把这些现金用橡皮筋捆起来，一捆捆像砖头一样大，他的现金都是成堆放的。他还用钱做了一个床垫子，真的，他直接睡在上面。"[38]

IMF 的银行家非常清楚，对一个国家的经济而言，市面上流通的钱（以纸币和硬币的形式）比银行中的钱还要多肯定是极其不健康的。他们也知道一个理论：钱放在银行中可以用作新的贷款，钱做成床垫则对经济毫无帮助。为了应对囤钱现象，他们推出货币贬值措施。

在 1979 年圣诞日将钱交给银行可以换回一半新钱，另一半钱存在银行里。这是很聪明的一招，一方面可以让很多“死钱”获得重生，另一方面也正好应对通货膨胀。IMF 故意在最后一刻才公布这一举措，同时政策执行的时间只有一天，目的是阻止人们拿着现金逃到国外。为此，扎伊尔的边境口岸关闭一天，连国家领空也关闭了。通过这个货币措施，扎伊尔将获得新生，健康地出现在国际舞台之上。但问题是，这个国家面积太大了，无法全面推进这一闪电行动。

“我的叔叔别无选择，只好也把钱存在银行里。”迪达塞说，“但当局只留了一天的时间。那一天，很多人拖着装满钱的箱子在银行门口大排长龙，眼看着太阳西沉，我叔叔还没排到窗口，他的所有钱都没用了……他一瞬间从富人变成穷人，就像教堂的老鼠一样，穷得一无所有。最后，他死在自己出生的村子里。”和他有一样遭遇的人数不胜数，那些住得离银行很远的人，或者那些根本没搞明白这种做法的人都失去了所有的积蓄。而蒙博托圈子里的人都提前知道了这一消息，很早之前就采取了措施。

IMF 的措施不仅存在操作上的错误，背后的基本理念也是歪曲的。1929 年股市崩盘发生后，IMF 谴责了过度自由的市场思维。然而到了 1975 年，IMF 本身却成了自由企业论的主要推动者之一。该机构中，几乎所有官员都坚定地认为，只要创造出良好的市场环境就足以让一个国家的经济起飞，根本无须考虑当地的文化、经济现状或政府结构，这也是宏观经济的盲目性。只要政府保持距离，市场这只看不见的手就会发挥作用——这已经成为 IMF 的金科玉律。IMF 根本不关心改变应该以什么样的节奏和顺序来推进。[39] 一揽子措施同

时执行，统称为“结构性调整”。对于自由主义的狂热支持者来说，所有形式的贫困，其原因都在于他们那些无懈可击乃至神圣的公式没有得到有效的执行（因为他们很少亲自到现场考察）。

扎伊尔货币的贬值不少于 6 次，1975 年，1 扎伊尔 =2 美元，但到了 1983 年，1 扎伊尔 =3 美分。[40] 这些货币贬值措施的目的在于推动国际贸易。作为“结构性调整”的一部分，IMF 要求大幅削减政府开支，实行全面私有化。政府和半政府企业必须裁员，实行更大程度的自主经营。基础设施和生产必须得到改善。

20 世纪 80 年代早期，IMF 开的改革药方似乎有些作用。通货膨胀确实得到一定程度的控制，经济似乎也更有组织性，从图表上看情况乐观。巴黎俱乐部的债权人终于可以松一口气，希望他们的贷款真的可以收回来，并在 9 个不同的场合投票支持对扎伊尔减免债务的计划。然而，结果表明事情的发展和他们的预期完全相反。IMF 介入之后，成功往往是一时的：过一段时间之后通货膨胀再次抬头，贫困率上升。人均 GNP 急剧下降，1980 年是 600 美元，到了 1985 年已经跌到 200 美元。[41] 人们吃得越来越少，死亡率很高，一个洋葱通常被切成 4 部分再出售。[42]

给公共部门瘦身？公务员的人数从 44.4 万人削减到了 28.9 万人，学校老师的人数从 28.5 万人减少到 12.6 万人。[43] 这当然是应对通货膨胀的一种办法，但结果是数以千计的家庭失去了收入，因为政府部门和学校是这个国家最后的主要雇主。

削减开支？政府在医疗和教育方面的开支已经被削减，因此那些没钱的人必须自己花钱让孩子上学以及看病。虽然相关报表没有体

现这一点，但实际上，穷人中最穷的一部分人为 IMF 的措施付出了最大代价，尽管这些措施有着不错的出发点。同时，国际援助资金让蒙博托本人安如磐石。[44]

推动国际贸易？只要蒙博托没有用这些资金来恢复并改善这个国家的基础设施，扎伊尔就只能更加依赖进口。这个国家有足够的条件，比如说成为一个重要的咖啡生产国，但在城市里人们只喝进口的速溶咖啡。一点也不奇怪的是，1960 年这个国家还有 14 万千米的道路可以通行，到后来只剩下 2 万千米。[45] IMF 本来想通过这一系列措施重新组织扎伊尔，结果却是让这个国家更加破碎。扎伊尔只不过成了国际贸易中的一个销售网点，在未来的几十年里一直如此。

2008 年，我在刚果河畔的旧港口博马待过一个下午。燕子在河上飞来飞去，渔民在独木舟上拉网捕鱼，时不时看一下网上有没有鱼，这样的场景跟 1890 年没有什么区别。一艘巨型货轮开过，让我从设想回到现实。这艘船从马塔迪开往大西洋，出水部分比较高，在船尾靠近螺旋桨的地方甚至能看到龙骨，这是一艘空船，除了几个备用的集装箱之外，几乎什么都没装。它让我想起埃德蒙·莫雷尔（Edmund Morel），一个世纪之前，当货轮驶入安特卫普港的时候，他看到船上满载着橡胶和象牙，离开的时候却空空如也。对于莫雷尔来说，船只浮出水面部分的高低，就是判断自由邦从事的是掠夺还是商业贸易的标准。而我注意到的这只空船则表明国际经济机构数十年来力推的自由贸易政策其实也是某种形式的掠夺。

20 世纪 80 年代，蒙博托已经变成了一个疲惫、忧郁的人，似乎没有从自己的职责中汲取到任何乐趣。在母亲和第一任妻子去世之后，蒙博托的周围已经没有任何人可以左右他。他的新任妻子波比·拉达瓦（Bobi Ladawa）及其孪生妹妹（也是蒙博托的情妇）的影响力，远远不及他的母亲“妈妈耶摩”（mama Yemo）或第一任妻子玛丽－安托瓦内特（Marie-Antoinette）。蒙博托很尊重自己虽然年老但精力充沛的母亲，她的去世对他打击不小。他的第一任妻子总是直言不讳，曾经顽固地拒绝放弃自己的基督教名字，在很长时间里，她都对丈夫的愚蠢行为起到一定的约束作用。现如今，这两人去世之后，几乎没人可以对蒙博托施加影响。他赶走了自己的办公室主任比森吉马纳，而他的私人医生，也就是来自美国的威廉·克洛斯（William Close）也离开了扎伊尔。

蒙博托几乎成了孤家寡人，他越来越忧郁，随着时间的流逝，也越来越孤单。他痴迷于奢华的生活，就像那些人生中已经不会再有惊喜出现的人一样。在欧洲，他购买了一处又一处时尚住宅：布鲁塞尔富人区于克勒（Ukkel）和圣海内叙斯－罗德（Sint-Genesius-Rode）的城堡、储藏空间、住宅共计 12 处房产，巴黎福煦大街（Avenue Foch）一套 800 平方米的高级公寓，靠近瑞士洛桑（Lausanne）的萨维尼城堡（Savigny Castle），威尼斯一处宫殿式建筑，法国的里维埃拉地区（Riviera）的奢华别墅，葡萄牙阿尔加维（Algarve）的马术庄园；在西非和南非，他买下了一系列酒店；刚果河上停着他的豪华游艇。[46] 当然，众多豪宅当中最令人难以置信的是巴多利特（Gbadolite）。在家乡的丛林中，与中非共和国交界的地方，蒙博

托建了一座城市，设施完备，包括银行、邮局、一家医疗设备完善的医院和一个超级现代化的宾馆，还有一条飞机跑道供协和式超音速飞机起飞和降落。（齐齐·卡邦戈：“是真的，作为一名记者我曾经搭乘协和式超音速飞机从巴多利特飞往日本。”）另外，他还在巴多利特建了一座教堂和一个中国村，教堂地下室做家族墓穴用，中国村里有宝塔和招来的中国人。巴多利特最华丽的建筑莫过于蒙博托 1.5 万平方米的行宫，桃红木行宫大门足有 7 米高，门上镶着孔雀石。宫殿内，墙壁镶着白色卡拉拉大理岩，覆盖着丝制挂毯；水晶吊灯、威尼斯镜子、法兰西帝国时代流行的家具让人眼花缭乱；配套按摩浴缸、按摩室、游泳池和美容院；蒙博托夫人的步入式衣帽间足有 50 米长，里面的法国时装估计超过 1000 件；地下酒窖里尘封着数千瓶顶级法国酒（如果没有因为热带气候变质的话）；除此之外，还有为孩子准备的迪斯科舞厅和一个可以容下所有家庭成员的避难室。[47] 宫殿外面，喷泉顺时针分布，晚上还配有灯光——而其所在地区几乎没有电网。蒙博托有时候会在行宫举办数千人参加的国宴，宾客可以开怀畅饮玫瑰香槟酒——蒙博托的最爱，一只只烤乳猪口中含着橘子，笑嘻嘻地躺在宴席上。

“他请来比利时和法国的大厨。”基班比·辛特瓦（Kibambi Shintwa）回忆道，他到现在还保留着自己的“真实性”名字（蒙博托发动改名运动之后起的名字）。从 1982 年开始，辛特瓦作为一名记者为总统府工作，因此对蒙博托比较熟悉。“多年的努力工作之后，他开始放松自己，享受美味佳肴。同时，也在馈赠的同时获得乐趣，他真的是非常慷慨。”不过，这种慷慨是有目的的，“他总觉得有

必要提醒别人自己才是领袖，他想展示自己的权力。”[48]

蒙博托的腐败让人想起英语中一个长期遭人遗忘的词汇：盗贼统治（kleptocracy）。科隆加在一段很短的时间内经营过一家锯木厂，之后为开塞的国家钻石公司（Miba）工作。“不过我经常去巴多利特，通常和米巴斯·乔南·姆康巴（Mibaas Jonan Mukamba）一起去拜见总统。我每次都会带上一个公文包，见面的时候交给总统，里面装的全是钻石。”[49] 不过，“盗贼统治”只是故事的一部分，另一部分是“赠礼统治”（giftocracy）：蒙博托盗窃国家财富，然后送人，以此来保证支持率。据说，没有哪一个人是空手离开巴多利特的，要么拿几百美元，要么拿一旅行袋本土货币，要么拿一雪茄盒的钻石：蒙博托总是为自己的客人准备好了礼物。

“蒙博托主义”和随之而来的个人崇拜已经非常清楚地表明，蒙博托的虚荣心是没有止境的。在他执政期间，扎伊尔央行印制的 79 版货币当中，71 版都用了他的形象。[50] 到了 20 世纪 80 年代，他的自恋已经到了病态的地步。对此，没有人比佛兰德裁缝阿尔方斯·梅尔滕斯（Alfons Mertens）更清楚，我曾经在安特卫普一个非常不错的住宅区里采访过他。他是一个很顾家、脾气很好的男人，做梦也没想过自己能与世界历史发生直接联系，但他为塞利克的阿宗尼公司工作，正是这家公司制作了世界上最时尚的“阿巴卡斯特”服装，它的名字在扎伊尔成为一个品牌，就像迪奥和范思哲一样。梅尔滕斯是一位非常优秀的裁缝，1978 年成为蒙博托的私人服装设计师。“1978 年到 1990 年，我去过金沙萨不下 100 次，每次都住在洲际酒店。蒙博托让我为扎伊尔航空公司的飞行员、空姐或军队里的将军量尺

寸，他的儿子被提升为少尉时，我必须为他在军事学院的同班同学每人设计一套制服和礼服：一共有27人。我经常为蒙博托本人做衣服，包括便服。他的妻子或情人选料子，他定下样式，我根据尺寸来做。他们都喜欢用极其昂贵的布料，像蚕丝、柞蚕丝。他的尺寸没有经历过多大变化，身高大概1.8米，从来没有穿过54码以上的衣服。蒙博托真的是个很讲究的男人，你和他见过好几次面之后才能得到他的信任，但之后会发现他是个和蔼的人。”

1983年，梅尔滕斯接到了职业生涯中最具仪式感的使命。“我要为所有将军做新制服，要为蒙博托本人做的军礼服不少于4套：2套黑，2套白。将军们一致决定授予蒙博托元帅的头衔，我得为仪式做准备。”武装部队总司令蒙博托应对沙巴起义时手段恶劣，现在居然要被授予元帅头衔（这个头衔在扎伊尔历史上非常少见）！这当然是他自己的主意。

梅尔滕斯给我看了仪式的照片，对他的作品做了说明，“看这里，衣领、腰带还有袖口上都缝了金线，这条链子也是用金子做的。全手工缝制。两边袖子上各有7颗星，都是用购自法国的金子打造的。”[51] 帽徽上面有几个单词：和平（Paix）、正义（Justice）、工作（Travail），尽管他的国家没有和平、正义，也没有为民众提供工作机会。从照片上可以看出元帅授勋仪式的华丽程度。蒙博托戴着白色的手套，拿着节杖，坐上一辆白色的奔驰轿车，向人群招手致意。他检阅军队，审视治安法官以及高级官员，然后在华盖下面发表演讲。他对全国人说一个元帅需要一条格言，他的格言就是：永远为人民服务（Toujours servir.）。可笑，但人们已经麻木了。

但是，1980 年 12 月，13 名议员鼓足勇气给总统写了一封 52 页的公开信，呼吁政治变革。带头人是艾蒂安 · 齐塞克迪（Étienne Tshisekedi），曾经为蒙博托工作，参与撰写 1967 年宪法，后来担任过多个部长和大使职务。就像每个姓以“Tshi”开头的人一样，他是来自开塞的巴卢巴人。

> 在过去的 15 年里，我们一直服从你。我们在那些时间里做的事情，仅仅是为了取悦你吗？唱歌、跳舞、表演政治剧……我们经受了各种形式的羞辱，殖民者的恶行都无法与之相比。我们所做的一切，是为了让你在一无所缺的条件下完成哪怕一半的目标，但是你做到了吗？很不幸，没有。
>
> 15 年的统治，没有任何的分权，我们现在面对的是 2 个完全分裂的群体。一边是以特权种姓为标志的可耻富人；另一边是仍然生活在黑暗之中的广大群众，面对悲惨的命运，最多只能依靠国际上的慈善援助勉强生存。然而，当这些国际援助真的到达扎伊尔的时候，富裕的少数人会想尽办法申领，让急需援助的贫困人群雪上加霜！
>
> 你作为总统、国父、公民，应该明白，这些客观的分析足以表明我们的社会正面临严峻的问题。你经常说一个真正的领袖应该是一个敢于承认自己错误的人。你确实经常承认错误，但悲剧是你并没有承担错误导致的后果，而最糟糕的是你总是进一步，退三步。[52]

很长时间以来，没有人敢这么直率地跟蒙博托讲话，13 人全被逮捕，流放海外。1982 其中一些成员成立了民主与社会进步联盟（Union pour la Démocratie et le Progrès Social，UDPS，简称“民进联”），一个非法的反对党，旨在挑战人民革命运动党的一党独大。这个政党最后成了蒙博托棺材盖上的一枚钉子。

我曾采访过雷蒙·穆克卡（Raymond Mukoka），他也是那封公开信的作者之一。“公开信的联署人都被判流亡海外 15 年，我的名字没有在上面，但作为共同作者，我一开始被流放到伊图里（Ituri），然后是开塞。我必须自己出钱支付卫兵的薪水，给他们买吃的！大赦国际（Amnesty International）和天主教会给我们提供了一些帮助，用他们的电话让我的家人知道我的行踪，《非洲青年》（*Jeune Afrique*）写过有关我们的报道。1985 年我回过首都，停留时间很短。民进联在流亡中壮大，就像金邦古教一样。一些党员甚至还梦想组建一个准军事性质的分支机构，但我们一直都是进行非暴力抗争。齐塞克迪曾经说‘笔和文字就是我们的武器’。1987 年蒙博托邀请我们前往巴多利特，他对我们说‘加入人运党吧’，我们回答‘不！’然后他又说‘那么好吧，可以加入人运党的一些机构’。他让我们进入中央委员会，给我们部长职位或者国有企业的管理岗位，很多人接受了他的邀请，但我不想这样做，齐塞克迪也不想。”[53]

蒙博托对批评者的做法通常是给他们礼物，另外一招则是提供部长职位，他更青睐后者。对于很多人而言，前途看好的政治生涯过于诱人而无法拒绝。从 1965 年到 1990 年，期间组织的内阁不少于 51 届，也就是每一届的平均维持半年左右，而每一届内阁中约设有 40 个部

长职位。[54] 定期对内阁进行改组既可以确保没有人能够得到真正的权力，也给了很多人晋升的机会。

蒙博托是一个出类拔萃的政治阴谋家。“他不喜欢开大会，”卡邦戈说，“他总是选择面对面会谈，这样他就可以挑拨离间，将其他从政者玩弄于股掌之间。他在不同的人之间制造仇恨的能力是可怕的。”蒙博托有的是手段让别人围着他转。他既可以有魅力、友好、风趣，也可以有手腕、奸诈、邪恶。情感溜溜球是他有意识使用的一种工具，他头一天还对你热心而友好，可能第二天就突然和你保持冰冷的距离。基班比 · 辛特瓦跟我说：“蒙博托是一个变化无常、非常滑头的人，你真的很难看透他，因为他几乎每一天都在变，他最有兴趣让大家看清楚的是他的权力不容别人染指。他是一个嫉妒心很强的人，就像一只紧紧抓住猎物的动物。”

受到保护的人有时候会在众目睽睽之下受到他的羞辱，一些看似再无翻身之地的人可能突然间就得到了蒙博托的原谅，获准返回金沙萨，比如前总理恩古扎 · 卡尔伊邦德——恩古扎接受了蒙博托的邀请，为此失去了可信度，但在一段时间之内仍然是秘密反对派的希望。通过这种方式，批评者还是被人民革命运动党的节奏牵制，蒙博托就像聪明又温和的酋长一样获得了胜利。

蒙博托还贪婪地使用了传统酋长的另一特权：享有女性的初夜。齐齐 · 卡邦戈说：

> 他在全国各地视察的时候，地方首领总会给他提供一名处女。如果能够将自己的处女之身献给最高酋长，对整个家

> 庭来说都是巨大的荣幸。蒙博托进一步发挥这个古老习俗的作用，为了自己的权力游戏，毫不犹豫地拿女人当工具。他和很多内阁部长的妻子睡过觉，一方面可以打听部长的秘密，另一方面也是为了羞辱他们。因此，当这些部长被召去巴多利特的时候，他们从来不带自己的妻子，他们带侄女或外甥女去。他们并不是特别在意……莫孔达是一位法律顾问，也是蒙博托亲信之一，他有一位非常漂亮的妻子。有一天，莫孔达正在巴多利特和蒙博托开会，但他不知道的是他的妻子就在旁边的房间里睡觉，总统已经派私人飞机将她接了过来。我们过去经常说，蒙博托制造了多夫多妻现象，他摧毁了很多婚姻。

政治和性阴谋只是冰山一角，蒙博托越是深居游艇和宫殿中，就越想掌控这个国家正在发生的事情。20世纪80年代，情报机构的重要性就如同20世纪70年代的宣传部门，总统有6个秘密情报组织，各组织之间是相互对立和制约的关系，还是那句话：分而治之。间谍无处不在，丈夫不信任妻子，母亲不信任儿子，兄弟姐妹之间互不信任，蒙博托的眼线遍布各地，连遥远的比利时也不例外。每个人都患上了多疑症，内阁部长受邀与总统进餐时都声称自己的饮食有严格限制或者假装自己的肠胃有问题，或者自带午餐，因为害怕被总统毒杀。[55]甚至有人说金沙萨恩加利埃马山（Mont Ngaliema）上的总统府中有一条地下管道直通刚果河，反对派人士可能直接被扔进河道里喂鳄鱼。比利时的外交官一般不会直接提到蒙博托的名

字，即便内部谈话，他们习惯称其为“山上的杰夫”，“杰夫”是佛兰德语中的“约瑟夫”，“山”指恩加利埃马山。

真正的恐怖笼罩着刚果，这个国家被一个反复无常的人统治，人民无计可施。2005年，我刚到刚果就与A女士联系，她年纪比较大了，曾经担任过新闻播音员。我们一起吃饭的时候，她给我讲了她让人震惊的人生经历：

> 我丈夫是一档白天新闻节目的总编，我们有5个孩子。他长得很帅，蒙博托的小姨子在电视上看到了他就想占有他，不管他是不是已婚。一天晚上，当我们都坐在桌子旁准备吃饭的时候，一队全副武装的士兵突然出现，我丈夫不得不跟他们走。他们还警告我：你必须闭嘴，否则你和你的孩子都会被扔到河里去。上班的时候，他们告诉我：什么办法都别想了，他不是被一般人带走的。之后我再也没有见过他，蒙博托陆续让他担任驻多哥、阿根廷（Argentina）、奥地利（Austria）和伊朗（Iran）大使。他死于1995年，当时担任驻南非大使。金沙萨有很多人都知道这个故事，但并没有多少人知道我和这个故事有关。[56]

蒙博托的秘密机构行事残忍，以至于A女士到现在仍坚持匿名。在这些秘密机构当中，总统特别师（Division Spéciale Présidentielle，DSP）的名声尤其恶劣。这个部门由几千名经过特训的士兵组成，他们都来自于蒙博托的家乡，收入很高。蒙博托本来想将整个国家统一

起来、模糊部族边界限，如今竟然变得如此神经质，只从自己的部族中挑选贴身警卫。这是一支军队中的军队，他们非常忠诚，而且残酷无情。核心成员都被称作"猫头鹰"，之所以有这样的称呼，是因为他们往往在晚上行动，而且总是神不知鬼不觉地将人带走；将反对派人士或者被怀疑是反对派的人带走，不经任何审判直接扔进条件很差的监狱，也不会提供食物。在扎伊尔，就像在世界任何地方一样，人们在设计整人的工具和手段方面都极富创造性。有一种刑罚叫作"鱼"（fish）：将囚犯的双手绑在背后，然后将其倒吊起来把头放进水中；还有一种刑罚叫作"波音"（Boeing）：用滑轮将囚犯拉到天花板上，用棍棒抽打，然后让他像遇到气阱的飞机一样骤跌到地上；所谓的"速记员"（stenographer）：用绳子串起木头块，套在囚犯的手指上，然后收紧木块；"胡桃夹子"（nutcracker）：用是木块夹住囚犯的脚，然后将囚犯暴晒于太阳下，木块变干变紧，足以将脚上的骨头夹碎。[57] 此外还有电击生殖器，用香烟烫囚犯的嘴唇。大赦国际（国际特赦组织）曾经正式抗议扎伊尔的刑罚，并力图估算出扎伊尔的人权侵犯程度，然而始终得不到准确的数字。[58] 和殖民时代一样，人们也会被流放到国内别的地方，有些人甚至消失得无影无踪。

皮埃尔·扬布亚，也就是那位曾经偷卖直升机燃油的飞行员，曾经多次执行秘密飞行任务。有时候，他会遵照指令飞到刚果河或者湖泊的上方，飞机上的突击队员会搬出一些袋子扔下去，他亲眼所见，袋子里装的都是尸体。"1983 年的 3 月和 10 月，我曾经执行过 4 次类似任务，每一次都是飞到金苏卡区（Kinsuka）的激流上空，然后往下扔东西。据我了解，这样的飞行任务每周至少会有一次。"有

时候他们甚至都懒得先把囚犯弄死。有一次，扬布亚把直升机停在总统的游艇“卡曼约拉”号上，蒙博托的高级保镖雅姆巴尼（Yambani）带着2个被捆的人和2名突击队员爬上直升机，蒙博托就站在旁边看着。“直升机再次起飞的时候，雅姆巴尼告诉我朝那个方向飞。飞到某个地点之后他让我把飞机升到1000米左右的高空。他向四周看了看，确认目之所及的地方没有人之后——当然，丛林中的几个猎手除外——命令突击队员把安全带系好，打开直升机的后舱门，第一个囚犯还没来得及挣扎就直接被扔了下去。剩下那名囚犯哭泣求饶，但都无济于事，还是被扔了下去。他们从千米高空自由落体，掉入丛林中。”[59]

在金沙萨，压抑的气氛中谣言四起，真假参半。官方媒体只报道政府宣传的内容，小道消息被称为“路边广播”，街道成了猜疑和讽刺的场所。在车流汇集的十字路口，秘密漫画书和原始绘画被兜售，金沙萨出现了充满活力的视觉文化。人们在油印纸或粗糙的画布上描绘社会、政治和道德话题，不发表明确的支持或反对观点；漫画家和画家则用更艺术家的讽刺手法展现独裁统治之下的城市生活。创作主题通常是矛盾的：纵情描绘犯罪，同时对所有神圣的事物进行抨击。他们的画作与希罗尼穆斯·波希①

① 希罗尼穆斯·波希（Hieronymus Bosch）：荷兰画家，他的画作多在描绘罪恶与人类道德的沉沦，以恶魔、半人半兽甚至是机械的形象来表现人的邪恶。——译者注

和彼得·勃鲁盖尔[1]的作品有些相似。

厌恶蒙博托主义的年轻人开创了一种独特的社会评论形式，他们没有用语言或者图像表示抗议，而是用服饰。“先进阶级”的西装已经被禁止，强加于民的“阿巴卡斯特”对于他们来说是过时的服装，因此，他们穿上了崭新的、极其艳丽的衣服。他们把钱存下来，从布鲁塞尔路易斯安那大街（Louisalaan）或者巴黎旺多姆广场（Place Vendôme）上的精品店里购买价格昂贵的品牌服装，至少他们是这样宣称的。他们将这项运动称为“欢乐和潮流引领者运动”（La Sape），工人阶级出身的国际流行乐明星帕帕·文巴（Papa Wemba）是他们的偶像。这一运动引起了广泛关注，虽然第一眼看上去似乎显得荒谬——危机时代，戴着花哨的太阳镜，穿高缇耶衬衫和貂皮大衣走在金沙萨街上——但是，他们的物质主义实际上是一种社会批评，就像欧洲的朋克青年一样。通过这一运动，年轻人展现了对悲惨和压抑的深度厌恶，梦想一个无忧无虑的扎伊尔。物质主义是最常见的贫困症状之一。“欢乐和潮流引领者运动”是关于成功和关注度的。迪斯科舞厅是时尚、冲击和支票交织的地方，一个真正的“欢乐和潮流引领者运动”的言行永远不会失控，他会请朋友喝啤酒，能轻松约到女孩子，他是花花公子、势利小人。奢侈意味着尊重，他不会被别人看不起，反而会被羡慕。对于很多穷苦的年轻人来说，华而不实的衣服就是希望。

① 彼得·勃鲁盖尔（Pieter Bruegel）：16世纪尼德兰最伟大的画家，也是欧洲独立风景画的开创者，同时被誉为专画农民生活题材的天才。——译者注

和这些年轻人相比，卡邦戈太老了。“蒙博托办了一个大派对，佛朗哥、塔布·莱都来演出。客人都穿着‘阿巴卡斯特’，衣领上别着人运党的徽标；蒙博托自己的几个儿子却是文巴的超级粉丝，他们穿着宽松的大裤子，衬衫领子花哨得很。派对上的人似乎来自两个完全不同的世界，引领气氛和潮流果真是年轻人的事业。他们认为自己是新生代，反抗父母。帕帕·文巴拒绝谈论政治，他的音乐不是创作出来让人倾听的，而是要让你的脚快速动起来，听他的音乐就像被麻醉了一样。”

整整一代人在贫困和痛苦中成长起来，音乐让他们暂时逃离现实世界。但是，上学依然非常受年轻人欢迎，尽管大学里的礼堂像废墟，教授很少露面，没有练习册，油印纸张破烂不堪，大学教室里还是坐满了年轻人。日复一日，周复一周。他们希望一纸大学文凭能让自己脱离困境，对知识和文凭的渴求从未减弱。可是，教育水平是可悲的，腐败已经渗透到社会上的每一个角落。对于很多收入不理想的教授来说，任何事情都是可以谈判的，为了好成绩，很多女学生不惜用性交易。“对于很多女孩子来说，身体不再是美丽的资本，而是获利的工具。”一位道德哲学教授忧心忡忡地写道。这种现象甚至在中学阶段就出现了，校长、政党官员以及地方官都爱夸耀自己得到了一个 70 后姑娘。[60]“许多女子学校已经完全沦为政治人物的猎艳场所，他们下班之前就离开办公室，开车混在那些接孩子放学的车子里，而他们要接的是自己的小情人。对他们来说，夜生活往往在一家工人社区的餐厅开始，吃烤鸡、鱼、辣椒，结束在某个隐藏在黑夜中的小宾馆里。”[61]

危机中出现了一种平行经济。女人们早早起床，炸一只鸡拿到市场上去卖；富裕家庭的主妇可能会通过非正式渠道从国外弄一双时尚的鞋子，然后在自己的社区里把它卖掉；在医院工作的护士会顺手带一点药回来倒卖；前面已经提到了，飞行员会一些卖航空燃油；公务员在给每一份文件盖章之前都要讨价还价，警察乐见交通违章。永远有一些事情可以“打商量”，永远存在交换条件。

如果国家不顾及人民的疾苦，作为回应，人民也不会考虑国家的危机。他们虚构了“宪法第 15 条”（Article 15）：及时行乐，以此为根据从事非法活动（走私、偷窃和欺诈），然而当国家本身也在犯罪的时候，“非法”又该怎么定义呢？对付高层腐败最好的办法就是基层腐败，因为上交的税款到最后只会消失得无影无踪。蒙博托本人不是承诺过会睁一只眼闭一只眼吗？在金沙萨足球场举行的一次大集会上，他曾说：“如果你要偷，那就偷一点，给国家留一点。”[62]

他真的不应该在公开场合说这样的话。在那些年里，这个国家生产的产品中，很大一部分都被走私到国外：30%~60% 的咖啡（在 1975 年到 1979 年价值 3.5 亿美元）、70% 的钻石、90% 的象牙，以及成吨的钴和大量汽油。[63]国家就像筛子一样漏掉了不计其数的财物，损失了数亿美元的收入。正如总统暗示的，这些钱是一点一点流失的，直到最后一点都不剩。“即便是蟑螂也能吃掉一大块木薯面包，用牙齿就可以。”[64]要想生存，没有别的办法。多亏了非正规经济，人们才有钱支付上学和看病的费用。虽然说这个国家是在苟延残喘，但至少它还活着。

偷盗一样的经济自然是无法持久的，扎伊尔正在一点一点被吞

噬，再也没有人去关心这个国家的未来。邮局不再正常运转，水电供应稀缺，平均每一千个居民能够使用的电话线路还不足一条。[65]这个国家就像 Zao 在他有一首歌中所唱的那样，正在变成一具僵尸。河上的船只慢慢地随波漂行，或许有一天能够漂到目的地。扎伊尔航空，国家航空公司，曾经是大家引以为傲的品牌，现在却被起了一个绰号："或许航空"（Air Maybe），是扎伊尔唯一不会不翼而飞的东西。幽默是最好的治疗。

当时的扎伊尔有一个广为流传的笑话：蒙博托、里根和密特朗（Mitterrand）共乘协和式超音速飞机环游世界，里根把手伸出窗外说："我们现在应该飞到了美国上空。"另外两位国家元首问："何以见得？"里根回答道："我感觉到了自由女神像。"闻言，密特朗把手伸出窗外说："我相信我们现在正飞在法国上空。"蒙博托和里根问："何以见得？"密特朗回答道："我感觉到了埃菲尔铁塔。"最后，蒙博托把手伸出窗外说："我敢肯定地说我们现在正飞在扎伊尔上空。"另外两人抗议道："你何以如此肯定？扎伊尔连塔都没有，不是吗？"蒙博托回答说："的确没什么塔，但刚刚有人偷了我的手表。"[66]

危机还改变了两性关系。许多男人没了工作，因为无力养活家庭（更别说情人）而感到羞耻。他们比自己的父母更穷，经常需要向自己求助。原来是男人拿薪水养家糊口，但现在，家庭收入全靠女人。基奎特一所学校的负责人曾经告诉我："我的工资只够花 2 天，他们

没有给任何补给，很多情况下我甚至根本拿不到工资。我妻子在市场摆摊，卖肥皂、糖、盐，这是我们家里主要的收入来源。在那段时间里，很多女人赚得比丈夫要多，有些女人还会搬出去住，年轻女性开始上大学，变得更加独立。”[67]

非正式经济尽管艰难，带有很多不确定性，但还是为一些女性提供了机会，激发了她们的斗争精神。在基伍种植和销售木薯的农妇拒绝无条件向当地警察和官员交税，只要她们提着篮子到市场上去卖东西就会被要求上交各种新出现的税种。她们发动了正式抗议，一直闹到省长办公室。[68]在布卡武，一所女子学校的女校长雷吉娜·穆特吉马（Régine Mutjima）意识到，IMF 和世界银行实施的削减开支的政策被滥用了。

> 1983 年，当时的总理是莱昂·肯戈·瓦·东多（Léon Kengo wa Dondo），他计划实施更加激进的削减开支政策。女教师的怀孕假期都被取消了，理由是资金不足，但同时，政府资金都被人开着卡车偷走了。我是布卡武女教师联盟的负责人，一位加拿大的同事曾经跟我讲过甘地的故事，我读马丁·路德·金、卢蒙巴、恩克鲁玛的作品以及《非洲青年》，即便这样做是不被允许的。1986 年，我的一位同事在生孩子的时候去世，她一直工作到生产的那一天，孩子出生的时候体重不到 4 磅①，比一只小兔子还轻。在那之前，

① 1 磅 =0.4535924 千克 。——译者注

> 我从来没有经历过类似的事情，我决定组织一次静坐。我们到负责当地教师工资福利的办公室门口抗议，整个地区四分之三的女教师都参加了，我们在10点钟的时候坐下来，虽然冒着被射杀的风险，但是我们想看到这个城市瘫痪。当天晚上我被逮捕了，一辆装满士兵的路虎车将我带到市政厅，我当时只穿了一件睡衣。几乎所有人都在那里：市长、安全部门负责人、人运党的相关人员、教育委员会的成员以及当地议会的议员。差不多有50个男人，1个女人要对付50个男人。他们一个个都在辱骂我，但我脑子里全是那个体重不到4磅的婴儿，那只“小兔子”，而他的妈妈我的同事伦巴萨（Rumbasa）老师已经死了，她怀孕后没有休过假。我很愤怒，我爆发了，我对着市长大声尖叫。我哽咽着，成年之后第二次哭泣。我把话说完之后，他们都一言不发，他们看得出来我是多么愤怒，但之后我冷静了下来。大概半夜的时候，市长用他的奔驰车把我送回了家。[69]

雷吉娜·穆特吉马做出了意外的勇敢之举，她没有被起诉，反而获准参加在恩塞勒和巴多利特举行的会议，将年轻人面对的问题说出来。但是，不是所有的抗议者都能像她一样取得成果。在这个国家的另一边，泰蕾兹·帕卡萨（Thérèse Pakasa）在金沙萨一家小超市里当收银员，她曾经见到过卢蒙巴政府的副总理安托万·基赞加，基赞加流亡布拉柴维尔，但和她来自同一个地区。她阅读过卢蒙巴的作品以及《世界人权宣言》（*Universal Declaration of Human*

Rights），国家的现状让她愤怒。“我想组织一次抗议，但人们都没有勇气，倒只有3位女性响应，一位卖面包的小贩，还有两位家庭主妇。我们制作了标语和小册子，在1987年7月23日，拿着刚果以前的蓝色国旗走上‘6月30日大街’，比利时大使馆就在这条街上。”

4名普通妇女冒着生命危险在首都最重要的大街上游行抗议，还拿着违禁的国旗和标语……

“只走了几百米我们就被逮捕了，情报机构把我关了6周，我遭到一定程度的虐待，但并不算特别严重，反而让我坚定了反抗的决心。一年之后，我和其他10位女性再一次走上街头，再一次被逮捕。这一次我遭到殴打，在军警押送下被流放到国内其他地方。当我回到金沙萨的时候，我直接被抓进了监狱，我的孩子也都被抓了起来，连2周大的婴儿都没放过。他们无法相信一个女人居然会做出这些事情。”[70]

女人的头上鲜血直流，男人倒在地上，双腿不自然地折在身下。那段来自罗马尼亚的视频一直折磨着蒙博托。[71]东欧集团正在崩溃，冷战正走向终结，对美国而言，他即将成为一个失去意义的盟友。蒙博托的帝国得益于西方对共产主义的恐惧，但事实证明马克思似乎成了泥足巨人。与红色威胁做斗争的忠诚已经没有了价值，对人权的尊重成了新的标尺。在一次法语国家峰会上，弗朗索瓦·密特朗（François Mitterrand）总统宣布，法国从即刻开始只会支持那些遵循民主价值观、尊重人权的发展中国家，德斯坦的时代已经结束了。

1990 年年初，随着新十年的到来，似乎也出现了新的政治氛围。当年 2 月份，纳尔逊 · 曼德拉获释，给非洲大陆带来了新希望。在象牙海岸（Ivory Coast）、贝宁、加蓬（Gabon）、坦桑尼亚，实行多党制的呼声越来越大。刚果（布）和马里（Mali）的军事独裁政权动摇，自由的潮流也冲击到了扎伊尔。蒙博托意识到，他再也无法忽视自己的人民。

因此，他开始询问人民的愿望，就像利奥波德二世在 1905 年、比利时人在 1958 年所做的一样，早年的调查工作给刚果带来了巨大的变化，现在呢？调查人员从一个城市走到另一个城市，召开公开听证会听取民众意见，全国各地的民众可以自由表达对蒙博托政权的看法，甚至还可以发泄自己的不满，不必害怕被告发。第一场听证会在戈马举行，蒙博托亲自出席。他非常乐意听到一些建设性的批评，毕竟没有人是完美的。但听证会上，民众的抱怨像雨点一样砸过来，不，应该是像倾盆大雨一样泼向他。年纪大的女性站起来对他进行猛烈抨击，他有了另一个绰号：蒙博托 · 塞塞斯库（Mobotu Sesesescu），将他和他的罗马尼亚朋友清楚地联系了起来。新闻秘书基班比 · 辛特瓦观察到了蒙博托当时的反应："蒙博托无法相信正在发生的事情，他有一种很强的幻灭感。他本来认为这个国家所有的一切都要归功于他，所以很受伤，他离开了。他不想接受现实，因此拒绝出席接下来举行的听证会。"

调查人员继续工作，写了 6000 多份报告，绝大多数是批评之语。民意调查委员会主席将一份总结报告上呈给总统，齐齐 · 卡邦戈记得当时的情景，"蒙博托回到他的游艇上，将人运党政治局的成员

都召集起来，他们在上面待了两三天，内阁部长也来了。”连美国国务卿也前来拜访，告诉他虽然过去一直维持着友好关系，但是老布什不会继续给他提供无条件的支持。[72]

1990 年 4 月 24 日，蒙博托下了决心。他把将军、治安法官、内阁部长、省长、议会议员以及外国记者都召集到恩塞勒会议厅，这里在过去 25 年里一直是人运党的“梵蒂冈”。站在一排麦克风后面，蒙博托身穿黑色的元帅制服（由梅尔滕斯设计制作）发表讲话。他听到了人民的呼声，扎伊尔必须实行民主化。他宣布终结一党制，扎伊尔从即刻起存在三个政党，同时为新闻自由、工会自由拓展空间，在一年之内实行自由选举。“至于国家，”最后，蒙博托大声说道，“国家元首高于政党，他将成为仲裁者，进一步而言，代表最高上诉法院。我在这里宣布，从今天开始，我退出人民革命运动党，该党将选出一名新的领袖……”蒙博托犹豫了一刻，他无助地看着台下安静的听众，好像在一秒钟内变老了一样，往上抬了抬那副厚框眼镜，擦了擦泪水，说道：“请原谅我如此伤感。”

全国人都看到了这段视频，他们是否正确地理解了总统说的话？第二共和国就这样确定无疑地走向了终结？只需要发表简单的演讲，掉上几滴鳄鱼的眼泪？这一次的演讲是不是和 1965 年蒙博托夺取政权时在广播上发表的讲话一样？没有革命，也没有暴乱？年轻人翻开父母的衣柜，想在旧衣服里找到领带，虽然没有人还记得领带该怎么打，但是也没有人会在意，因为领带是自由的象征。女孩子们穿着兄长的工作服，虽然有些大，但还是笑着走到街上。这是无须扔石头，也不需要喊什么口号的革命。“我记得非常清楚，”

卡邦戈说，回想到自己生命中最有希望的日子，“那一天晚上，金沙萨的街上到处都是打着领带的人，虽然都打得乱七八糟。”

第十一章

垂死挣扎

民主反对派和军事冲突

1990—1997

雷吉娜和吕芬都住在布卡武，一个基伍湖边的漂亮城镇，但两人的共同点也仅此而已。蒙博托宣布终结一党制的时候，雷吉娜35岁，吕芬7岁，雷吉娜是一所天主教女子学校的校长，吕芬在一所天主教学校学习读书认字。几年前，雷吉娜组织老师静坐抗议，听说人运党丧失了一党独尊的地位，她高兴得跳舞庆祝。吕芬当时还太小，无法理解这一历史性转变的意义，她和朋友们喜欢踢足球，还开始梦想成为一名神职人员。但是，她们两个人都会与独裁者的倒台发生关系，在完全不同的时间点、以完全不同的方式而已。雷吉娜在1992年，吕芬在1997年。快要倒台时，蒙博托仍然拖拖拉拉，对手中的权力爱不释手。

雷吉娜认为蒙博托应该很快就会下台。“我们真的希望蒙博托能在选举后下台，然后继续在国内过体面生活。”[1]但没想到的是，在

1990 年到 1997 年，蒙博托仍然顽固而狡猾地抓住权力不放，一个独裁者把国家和自己拴在一起垂死挣扎。

1905 年，利奥波德二世再也无法否认发生在自由邦的暴行，可是他仍然磨蹭了 3 年才把他这块土地移交给比利时政府。1990 年之后，蒙博托的态度和当年的利奥波德二世相差无几。虽然民意调查的结果一开始让他放松了对权力的控制，但没过多久他的手又再一次收紧。他本人并不着急推行选举，他曾充分发挥创造性在 1970 年、1977 年和 1984 年让自己成功当选。但他知道，到了 1991 年，之前用过的花招不可能再有效。民主的潮流不可阻挡，可他继续掌权达 7 年之久，这一次没有通过任何选举。

雷吉娜非常清楚，蒙博托的权力来自钱和暴力，钱来自国外，暴力在国内制造。但是，冷战结束了，他的权力还能维持多久呢？1990 年 5 月 12 日和 13 日，也就是他的伤感演讲发表了几个星期之后，蒙博托下令武力镇压发生在卢本巴希的学生抗议。学生再一次成为最先走上街头示威的群体，对于西方而言，他们是压死蒙博托的最后一根稻草。有报道称数百名抗议者在镇压中丧生，但准确数字从来没有被披露过（雷吉娜后来听说可能只有 3 个人）。比利时暂停了所有的发展援助，法国冻结了所有的外交关系，美国不再需要蒙博托。总之，在 20 世纪 90 年代早期，蒙博托曾经的外国盟友都乐于见他下台，连 IMF 都终止了扎伊尔的表决权。

没了钱，蒙博托能用的手段只剩暴力。可是，军队已经不可靠了，随着越来越多的禁令被取消，情报服务机构失去了对民众的控制，官方媒体也停止了对信息的监测。政府报纸逐渐被新的法语报刊取

代，比如《观点》（*L'Opinion*）、《灯塔》（*Le Phare*）和《潜力报》（*Le Potentiel*），虽然这些报刊并没有发行到雷吉娜所在的布卡武，但它们在首都有非常重要的地位。卢蒙巴大道上的报刊栏附近出现了一个新现象：一群“常设议员”——实际上是失业人员——围着报刊栏，就上面贴出来的报纸头版展开讨论。于是，持批评意见的公民开始出现在公共场合。《潜力报》创始人莫德斯特·姆廷加（Modeste Mutinga）说：“我们完全独立了，甚至无须加入其他反对派，比如民进联或教会，我在斯特拉斯堡（Strasbourg）买了一台二手印刷机。可是，局势缓和只出现在20世纪90年代最初那段时间，过了那段时间之后，事情变得更糟糕了。总统特别师烧掉了我们的印刷机，也烧掉了其他报刊的印刷机，所有东西都被毁掉了。”[2]

除了报纸之外，民主化还有其他表达方式。当权者和普通民众之间形成了一个全面发展的民权社会，数百个新协会成立：农村妇女协会、出租车司机协会、祭坛侍者协会、土地开发协会、非专业人员团结协会、医疗保健协会……甚至还出现了协会领导人协会。[3]各种工会雨后春笋般涌现，1991年初只有一个依附于政府的工会，到了1991年年底，已经成立的工会多达112个。[4]和20世纪50年代后期一样，政党的数量也出现爆发式增长，蒙博托提议的三党制度不得不让位于真正的多党制。瞬间，曾经唯我独尊的人民革命运动党要接受300个大大小小政党的挑战，其中一些政党只有一名党员。总统即将退位的传闻让一些想过权力瘾的人蠢蠢欲动，蒙博托对此密切关注，政党的大发展加深了他对政权瓦解以及宗派主义的担忧。他肯定在想“如果你不能打败他们，你可以与他们联合”，为了弱化反对党

的力量，他出钱让一些忠实的支持者成立政党，宣传他的主张。这些政党被嘲笑为“生活费党”（alimony parties）或“出租车党”（taxi parties），因为这些政党的党员用一辆出租车就可以全部装走。这就是蒙博托许诺的多党制？看起来更像是“多蒙博托主义”。[5]

最后，喧嚣的政坛形成了两极，一端是以艾蒂安·齐塞克迪为核心的民进联——被称为反对派神圣联盟（Union Sacrée de L'Opposition）；另一端则是人运党和蒙博托的支持者；在他们之间是政治上的中立派。教会支持反对派，但随时准备中立。雷吉娜并没有觉得自己应该为哪一派服务，“有一段时间，我是民进联的成员，当时它还是一个秘密组织，但我不懂政治。对于我来说，1990 年最重要的事情就是民权社会的诞生。”

蒙博托同意组织全国大会，对反对党而言是一大胜利，对蒙博托自己而言，他希望能够通过此举在国外树立良好的形象，从而重新获得西方的支持。按计划，不同组织不同群体的代表齐聚全国大会，讨论这个国家的过去，制订未来的发展路线，和贝宁不久前召开的会议一样，那次会议用 10 天时间制订了国家的改革方案。会议在金沙萨召开，目的是实现国家从第二共和国向第三共和国的转变，后来，这次会议被定名为“最高国民会议”（Sovereign National Conference）。与会者不仅包括政治家和高官，还有来自各个阶层、协会和教会的代表，各省以代表团的形式出席首都的会议，电台和电视台对会议进行了全程直播。

在遥远的布卡武，雷吉娜也穿上了她的“战斗装”。“布卡武的女老师对我说：‘你应该去金沙萨！’所以我加入了南基伍代表团，代表

团能够代表南基伍所有的部族，我们不想根据部族选代表。在最高国民会议上，我们要谴责所有罪行，我们要废黜蒙博托并对其进行严惩。”

雷吉娜作为2800名代表之一去了首都，而这么多代表中，女性代表不到200人。“女性实在是太少了，不到10%。很多女性不敢表达自己的意见，她们几乎完全不知道这次会议的作用和游说的重要性。”但她会证明自己的勇气。1991年8月7日，会议正式举行，会期预计3个月，开幕会议在人民宫（Palais du Peuple）——也就是议会大厦——召开。这栋规模宏大的建筑是由外国援建的，与新的足球场的相距不过几百米。雅克·钦邦博·穆库纳（Jacques Tshimbombo Mukuna）在停车场给任何愿意成立新政党的人派发现金，这些钱都是无偿提供的，唯一的要求就是新政党必须支持蒙博托。[6]穆库纳是蒙博托政府的重要人物，曾经代表总统给赢得非洲杯的国家女篮队队员派发22辆奔驰车，却把其中11辆留给了自己。[7]现在，人们看到他拿着一箱钱站在那里，便调侃他是“国库的看守者”。显而易见，蒙博托要不择手段地阻挠会议取得圆满成功。

“他用各种方式收买我们，提供酒店房间、送礼物，或者让我们待在恩塞勒的会务酒店，”雷吉娜说，“但我们拒绝了。南基伍代表团毫不动摇，我们甚至在议会大厦门口的地面上睡了两晚。居民给我们送来食物，在那里我第一次吃到了木薯面包。金沙萨的蚊子又肥又大，在南基伍的山区是见不到的。”

如果有必要，蒙博托准备同意组建一个过渡政府，持不同政见者可以在其中占有一定比例。然而，一个让反对派手握大权的全国统一政府是蒙博托无法接受的。他承诺会亲自任命大会主席，然后

指定了一位年老的支持者，单是其名字的长度就可以说明他是多么支持蒙博托的真实性原则，他叫卡隆吉·穆坦拜·瓦·巴斯德·卡邦戈（Kalonji Mutambai wa Pasteur Kabongo）。雷吉娜现在想起这个名字仍然会绝望地叹："他完全就是一个提线木偶，他听力有问题，根本不明白我们在说什么！我们都叫他是'巴斯德·瓦·法瑟尔（Pasteur wa Farceur）'、可敬的小丑。我还记得我当时想'千里迢迢赶来参加会议，难道就是为了让自己被戏弄一遭吗？'我们对彼此说'必须让这个人闭嘴'。但该如何做呢？每天早上进入会场时都会被警察搜身。我们开始携带口哨，一些小小的塑料口哨，我在自己的鞋子里和辫子里藏了5个。每一次大会主席上台讲话的时候，我们就吹起口哨，直到他停下来为止。"

会议开始后，头几周进展非常慢，大家因为程序性问题和参加委员会的人选争吵不休。蒙博托本人则在远处关注着发生的一切，各方争吵正中他下怀。毕竟，大会的失败对他更有利。而人民宫外面，骚动不断升级。9月23日，恩吉利伞兵部队的士兵发动了一场兵变。他们占领机场，关闭了控制塔，从机场来到市中心，途中抢劫百货商场、商店、加油站，甚至私人住宅。任何有价值的物品都被抢走，包括电视机、冰箱和复印机等；一些贸易公司的仓库被洗劫一空。因为贫穷和饥饿而绝望的人群加入抢劫队伍，对于他们来说，这是一场狂欢。终于，普通人可以做国家领导人在过去25年当中一直在做的事情！一场狂乱颠覆了所有价值观。动乱蔓延到其他城市，持续了数天，比利时和法国不得不派出军队解救本国公民。30%~40%的城市企业遭到破坏，70%的零售商店被摧毁，117人遇难，大约

1500 人受伤。[8]

蒙博托没有采取行动应对骚乱，他让自己的军队不要多管闲事。很多人怀疑正是他煽动了兵变，其目的是破坏最高国民会议的召开，就连忠诚的新闻官基班比 · 辛特瓦也怀疑总统是机会主义者。我们在他那所小公寓的阳台上聊起这个事，“蒙博托想恶意毁掉这个国家，齐塞克迪获得的高支持率深深伤害了他的自尊心，他想复仇。就像一个人拿着一款不错的手机，”他拿出自己的手机做示范，“别人都想要，同时自己又负担不起，那么他会怎么做呢？”他拿手机的手往下放，挨着椅子边，“扔掉它，把它摔碎，这样别人也得不到它。这就是蒙博托做的事情，最高国民会议开始召开后，他搬去了巴多利特，不再回金沙萨了。他知道人民都厌恶他，所以早上 3 点士兵占领机场时，他没有采取任何制止措施，刚好印证了一句话：我死之后哪管洪水滔天（après moi le déluge）。他把被抢劫视为人民应受的惩罚，用这种方式来破坏这个国家，我非常失望。我第一次害怕自己被扎伊尔人民所杀，胜过担心被蒙博托所杀。”[9]

骚乱停止之后，大会换了一位新主席：这一次是通过投票产生的。洛朗 · 蒙森格沃（Laurent Monsengwo）是金沙萨人气很高的大主教，也是全国宗教会议主席，他立即取代了“巴斯德 · 瓦 · 法瑟尔”。人们对他充满了期待，紫色的法衣和道德权威让他看起来泰然自若，俨然是扎伊尔的德斯蒙德 · 图图①。反对派人士很喜欢他，因为扎伊

① 德斯蒙德 · 图图（Desmond Tutu）：南非大主教，在 1984 年赢得诺贝尔和平奖。——译者注

尔的主教会议经常对蒙博托政权进行尖锐的批评。在枢机主教约瑟夫－阿尔贝·马鲁拉的带领下，教会成为第二共和国的主要反对势力。当新的民权社会觉醒时，许多组织，包括世俗组织都从拉丁美洲的民间团体和解放神学中找到了灵感。[10]蒙森格沃或许不是天主教会最激进的神职人员，但教会本身在反对派中享有比较高的可信度。雷吉娜对此毫无异议："蒙森格沃是我们的候选人，他甚至还从蒙博托的支持者中获得了一些选票。"

对于这样的结果，蒙博托很不满意。他对教会的态度一直是矛盾的：与教会斗了 20 年，他也怕了教会 20 年。1980 年，在教皇到访的前夜，他和情人波比·拉达瓦在教堂里结婚。他在巴多利特建了一个天主教堂——要知道他曾经试图将礼拜仪式定为非法活动，还喜欢让一些西非的奇人和预言家环绕在自己身边。蒙森格沃已经成为大会主席，蒙博托不得不小心行事，他已经放弃了指定大会主席的权力，现在必须确保自己可以决定过渡政府另一个中心职位——总理——的人选。1990 年到 1997 年间，扎伊尔一共有 8 位总理，其中有 7 位得到了蒙博托本人的支持，任期最长的是 3 年，最短的只有 3 个星期，而这个任期最短的总理就是他的劲敌：齐塞克迪。1991 年 10 月，动乱结束后，蒙博托任命齐塞克迪组织内阁。难道是先后发生的起义迫使"伟大舵手"承认自己再也无法应付齐塞克迪？或者说，这是蒙博托又一狡猾手段，其目的是离间齐塞克迪和他的追随者？消息出来之后，卢蒙巴大道上的"常设议员"议论了好些天。然而仅仅 3 个星期之后，齐塞克迪的总理职位就被人取代了。蒙博托任命贝尔纳丹·蒙古尔－迪亚卡（Bernardin Mungul-Diaka）担任

总理，此人是他的另一个对手，任期1个月。接下来轮到了恩古扎·卡尔伊邦德，曾经也是一位持不同政见者。政治的旋转木马再一次全速旋转，但除此之外什么都没有发生。1992年1月，蒙博托宣布最高国民会议结束，在他看来，这场游戏持续的时间已经够长了，让他松一口气的是会议没有达成预期目标。他成功躲开了一块礁石，仍然将国家牢牢控制在自己的手中。

“政府将支付各地代表回程的差旅费，”雷吉娜说，“但我们不能空手而归，我所在省份的民众要得到一个结果，所以必须举行选举。政府最终撤回了给我们提供的差旅费，但是我们可以留在金沙萨，这要感谢民众的支持。”刚果民众仍然没有放弃变革的希望。

在刚果历史上，1992年2月16日和1959年1月4日（当时利奥波德维尔爆发了骚乱）一样重要，这一天也爆发了骚乱。直接原因是当局禁止示威游行，导致金沙萨爆发大规模抗议活动和随之而来的流血冲突。教会想抗议蒙博托终止最高国民会议的做法，但政府拒绝批准示威游行。若泽·姆蓬杜（José Mpundu）神父和民众的关系要比他与教会的关系更亲近，他直接参与组织了民众抗议。他的住所装修简单，就在老足球场外面，我在那里采访了他。他当时穿着短裤——这在刚果人当中非常少见——更少见的是——他和我讲话时用了熟人之间的称呼“你”。

主教们已经提出了重开最高国民会议的要求，神父们在

> 周日的礼拜仪式上提到了这一点，一些普通民众说：那么好吧，我们应该做点什么。我赞同他们的倡议，参加了他们的预备会议，在会上我谈了非暴力，因为在主教会议上，我担任公平与和平委员会的秘书。可是新任枢机主教[弗雷德里克·埃楚（Frédéric Etsou）]不同意游行示威，蒙森格沃认为主教应该和政府协商，而不是行动……但不管怎么说，我们还是制订了游行线路，并且定下了标语：无条件重开最高国民会议。后来，我因为这个事情被踢出了主教会议。

2月16日星期天，9点的弥撒结束后，游行正式开始。示威人群从金沙萨的100多个教堂出发，走上首都破旧的大街。参加游行的人都是普通的信教者，并非顽固的持不同政见者或彻头彻尾的政客，他们是学生、年轻的父母、穷人，他们觉得自己得到了神职人员的支持，比如离经叛道的若泽·姆蓬杜神父。他们挥舞着棕榈叶唱着歌，其中还有新教徒、金邦古教徒等。在马塔迪、基奎特、卡南加、伊迪奥法（Idiofa）、基桑加尼、姆布吉马伊、戈马和布卡武，都出现了类似的游行活动。超过100万人走上街头，参加刚果历史上规模最大的一次群众性集会——人们称其为“希望的游行”（March of Hope）。

“我从利美泰区走向卡萨武布大桥（Pont Kasavubu），”若泽·姆蓬杜告诉我，“在圣拉斐尔教堂遇到了一个营的重装士兵，我站在队伍前面。我们事前已经达成一致：如果出现什么情况，我们就坐

到地上。坐在我旁边的是一位年纪比较大的妇人，一脸怀疑地看着这些年纪或许只有十六七岁的士兵，其中有一名士兵直视着她的眼睛，她则对这名士兵说：‘我的孩子，难道你不是喝母亲的奶长大的吗？’那个士兵一下子不知道该往哪里看，这就是非暴力的力量，真理的力量。”这一刻，刚果很像甘地时代的印度。“但之后，他们用催泪瓦斯驱散我们。我们逃开了，很快又在不远的地方聚集起来，继续游行，继续歌唱。在金加布瓦区（Kingabwa），我们遭遇了警卫队，我认为他们为恩古扎总理工作。他们威胁要干掉我们，大喊着‘不要再唱了，只能游行’，但我对大家说‘如果我们继续游行，他们会朝我们开枪’。一个身材魁梧、佩戴左轮手枪的家伙想抓住我，但大家阻止了他。我法衣上的扣子被拉扯掉了，脖子上的链子被拉断了掉在地上，一位教民把它捡了起来。白人神父也遭到了殴打。”[11]

“希望的游行”以流血告终，至少有35名平民在那一天丧生。[12]那些警卫见人就开枪，甚至在非常近的距离内将人射杀，连孩子也不放过。他们不仅用催泪瓦斯驱散人群，还用非常易燃的凝固汽油弹来对付示威群众，这种武器极少被用于战场外。在国家广播公司食堂外面的野餐桌旁，卡邦戈告诉说：“那次游行结束后，蒙博托害怕自己会被开除教籍，所以很快同意重开最高国民会议，自己则躲到了巴多利特的行宫里。再次召开的会议变得更加积极、更加激进，恐惧都消失了。人们大声说：‘你真的认为你能把我们都杀掉吗？’在游行中，地上躺着不少尸体，我也被烧伤了。”他把腿从桌子底下伸出来，卷起裤管，我认识他已经有好些年了，但他之前从来没

有和我说过这件事。在他的小腿上，我看到一块很大的粉色伤疤，让人以为他是穿了迷彩服的白人，我们沉默了很久。“是凝固汽油弹。”他最后说。[13]

1992年4月，最高国民会议重新召开，取得不少进展。该会议真正实现了权力的“最高”：会议决定不再是温和的建议，而是具有法律效力的民意表达。最高国民会议成为国家的最高权力机关，民主化取得了决定性的进展。大会结束之后，与会代表分成了23个委员会和100个小组委员会，分管金沙萨不同地区。很多委员会的工作都完成得非常不错，不仅对现存问题进行了梳理，建立目录，还提供了实际的解决方案。雷吉娜被分到“妇女、儿童和家庭委员会”，“我是委员会的代理书记，我们夜以继日地工作，所有报告都会在大会上朗读、修订、认可。为了达成共识必须进行协商，这个过程是一堂关于民主的课，令人敬畏。蒙博托的支持者和反对派公开讨论，我们想展现这个国家真实的历史，让那些无权无势者能发出自己的声音”。

最高国民会议投票通过了一部临时宪法，该宪法最引人注目的条款是：任命总理的权力属于国民会议而非总统。与过去对比，这一改变是彻底的，不仅如此，国家名称也应该从“扎伊尔”改回“刚果”，并恢复1965年之前的国家格言和国歌。

可后来的情况是，蒙森格沃离开会议现场，单独前去与蒙博托谈判——完全与会议的最高权力相悖。[14]蒙博托非常明确地告诉他，这

个国家的名称仍然是“扎伊尔”，他绝对不接受国名的改变；但与此同时，他暗示自己可以成为更具礼仪性质的总统。蒙森格沃的做法让雷吉娜心情复杂，“虽然蒙森格沃擅自前往巴多利特的做法是让人无法接受的，但是我也觉得他这么做是为了让更多人免于被屠杀”。毕竟，蒙博托的总统特别师装备精良，爆发内战的风险依然存在。“蒙森格沃和蒙博托谈判是为了寻求渐进式改变，他并不想看到赢家和输家，因为后者很可能会伺机报复。齐塞克迪想得到速胜，即便发生严重冲突也在所不惜，蒙森格沃则选择‘软着陆’，尽力在复杂的环境中找到权宜之法。”

扎伊尔还是扎伊尔，但人们终于可以第一次投票选举总理。1992 年 8 月 15 日，最高国民会议任命齐塞克迪为过渡政府总理，得票率为 71%，他的对手托马斯·坎扎只获得 27% 的选票。斗争是在所难免的，几天前，民进联的办公室被砸得乱七八糟。齐塞克迪，这个 10 年前给蒙博托写公开信的人，成为继莫伊兹·冲伯（1965 年当选总理）之后的首位民选总理。

在此之后，过渡政府和过渡议会迅速成立，过渡议会由 2800 名代表组成，其中 453 人在后来成为共和国最高委员会（Supreme Council of the Republic）成员；新宪法的起草以 1964 年卢卢阿堡联邦宪法——刚果唯一一部经过全民公投的宪法——为基础，确定了选举日期。

民主的势头似乎不可阻挡，然而无论在洞察力，还是在战略上，齐塞克迪的新政府都毫无建树。[15] 总理本人没有尝试控制政府机器中的两大基本工具：情报机构和军队；内阁部长把大量时间浪费在接

待访客和公开仪式上。要治理一个国家，只坐在皮沙发高谈阔论是远远不够的，这些人的民主实践经验甚至还不如第一共和国的政治人物，他们根本没有治理的才能。齐塞克迪本人似乎在重蹈卢蒙巴的覆辙：在野时十分具有领袖魅力，一旦掌权就变得反复无常。对他来说，担任总理似乎比领导刚果更重要。[16]

最高国民会议已经接近尾声，但有两个委员会不得不在大会上宣读报告，其工作分别涉及两个最敏感的问题：非法获得商品（即盗窃）和政治谋杀。“蒙森格沃想关起门来召开相关会议，”雷吉娜告诉我，“蒙博托向议会大厦派遣坦克，终止了会议直播。”披露政府腐败行为的尖锐报告只读了一部分，还完全没有提到与侵犯人权相关的内容。同样的报告复印了几百份，但没有取得任何效果。“南基伍代表团中还有另外两名女性，她们根本不会读写。”雷吉娜说。在这样一个几乎两代人都没有受过正规教育、口语要比书面语更有权威的国家，公开披露的重要性是不可估量的。

1992 年 12 月初，持续了 17 个月（不是之前计划的 3 个月）的最高国民会议终于闭幕。一方面，蒙博托第一次被迫接受不是由他任命的总理；另一方面，虽然各委员会的历史性评估报告具有非常重要的意义，但是最关键的内容没有被公布，立法工作也没有完成。民主派反对党在政治上不够成熟，备受期待的选举仍然存在很多不确定因素。[17] 雷吉娜的总结非常经典：“我们想将独裁统治连根拔起，这是对的。但要砍倒一棵猴面包树并不简单，因为它倒下来的时候很可能会压到你自己。所以，你必须先一一砍断树根，然后站在从远处把它拉倒。”

倒下的猴面包树已经重重地压在人们身上，向第三共和国的过渡对于很多人而言是真正的痛苦。从 1975 年到 1989 年，扎伊尔的平均通货膨胀率是 64%，然而在 1990 年到 1995 年，平均通货膨胀率上升到了 3616%。[18] 通货膨胀率在 1994 年达到顶峰，9769%。[19] 一辆轮椅在 1981 年的售价是 750 扎伊尔，到 1991 年已经上涨到 250 万扎伊尔。[20] 用小型计算器算账的时候打不出足够多的零，在宾馆住一晚的费用就是天文数字。[21] 在这种情况下，工资毫无意义，购买力是笑话。一些老人经常说："在被比利时人统治的时代，我们一天吃 3 顿，在第一共和国时期我们一天吃 2 顿，到第二共和国时期一天就剩下一顿了，最后会减少到什么程度呢？"[22] 很多孩子死于饥饿，木匠们的主要工作不是做家具而是做棺材，通常是做儿童的棺材。在城市里，儿童死亡率约为 10%，农村地区高达 16%。[23]

很多人都在期待奇迹出现，在 20 世纪 90 年代的扎伊尔，机遇游戏非常受欢迎。人们以为博彩、风险投资和金字塔骗局可以让自己一夜暴富，实际上却让穷人更贫。[24] 他们把钱从银行里取出来下注，一开始赢一点，然后输掉所有。于是，他们向奇人术士求助，希望得到命运之神的垂青，因为金钱和神秘主义关系密切。连蒙博托的身边也养了很多非洲秃鹳和一大批拜物教巫师，当其两个儿子死于艾滋病时，他认为是超自然力量在作怪。

随着神秘主义的复兴，基督教又出现了一个新的分支，它不属于天主教、新教或金邦古教，而是带有福音派和救世主的色彩，被称为"灵恩派"（charismatic church）。一般由外国传教士发起，尤其是美国传教士。

在扎伊尔，最引人注意的重生基督徒是多米尼克·萨孔比·伊农戈，此人曾是蒙博托的信息部专员，也正是他提出了“真实性”、蒙博托主义以及政治娱乐等概念，如今，他成了上帝的发言人。他在布鲁塞尔郊外的一条高速公路上发生了交通事故（晚上在高速路上逆向行驶，撞死了一位比利时妇女），然后拥有了一次神秘体验。在梦中，无所不能的上帝对他说：“多米尼克，我的孩子，我赐予你生和死，但我建议你选择生！因为我将会拯救你，让你派上用场。”上帝还进行了一些说明。

“多年以来，你让我的子民为一个男人跳舞，但从现在开始，你要让他们为我跳，也只有为我而跳才能动员他们，他们会崇拜我并终获自由。”萨孔比决定彻底脱离蒙博托政权，并建议蒙博托自己也这么做：“你必须和齐塞克迪和平共处，必须彻底改变信仰……作为兄弟，我强烈建议你远离拜物教巫师、术士等，他们都是骗子……总统先生，不要抗拒主的召唤，他为了你被钉死在十字架上。”[25]对于这位前任信息部专员来说，第二共和国的所有符号都是邪恶的，包括国歌、国旗和盾徽。在漫长的祷告会上，萨孔比告诉听众他亲眼看到某个洞穴的石头上刻着这个国家的盾徽，这个洞穴位于埃及，在地下几十米，离开罗一座金字塔不远，洞内有一条地下河，河岸上有一群长老在念咒……国家货币也被施了咒：“你只要观察一下货币上的神秘符号就会知道，货币和魔法有关，只要使用这样的纸币国家经济就不可能发展起来……你会想起来，最近发行的纸币给这个国家带来了诸多问题，甚至是蒙博托和齐塞克迪发生冲突的根源。现在你知道为什么……因为货币被诅咒了。”[26]

实际上，最近发行的纸币确实存在怪异之处。萨孔比的荒诞言论并非完全没有依据，他只是给公众熟知的问题赋予了宗教色彩。1970 年，扎伊尔的纸币中最大面值是 5 扎伊尔，1984 年变成了 500 扎伊尔，这个数额变化意味着急剧的通货膨胀。1990 年出现了面值 5 万扎伊尔的纸币，再过 5 年甚至会出现了 500 万扎伊尔的纸币。[27] 最大面值的剧增如果不是意味着一个国家迅速富裕起来，就是意味着这个国家的货币已经一文不值，不幸的是，后者才是扎伊尔的实际情况：这 500 万扎伊尔只值 2 美元。但不管怎么贬值，纸币上的蒙博托始终镇定自若，他身上穿的白色元帅制服成了 20 世纪被描绘得最多的一套衣服。大规模印制钞票受到蒙博托的青睐，毕竟他要保证自己有足够的现金，特别是失去了国际盟友的支持之后。他向德国的捷德公司（Giesecke and Devrient）——希特勒（Hitler）和穆加贝①都曾是这家钞票印刷公司的客户——订购纸币，印好之后用货运飞机运回国内。单是 1995 年就运回了 8.3 亿张面值为 500 万扎伊尔的纸币，蒙博托不得不在第一时刻将接近一半的纸币兑换成美元支付印刷费用。[28]

蒙博托在 1992 年 12 月推行面值 500 万扎伊尔的纸币时，齐塞克迪总理宣布此举非法，他想叫停这一轻率的货币政策，结果却是新总理与总统之间的首次严重冲突。在金沙萨街头，人们给这种纸币取了一个绰号：多娜 · 贝雅（Dona Beija）——当时流行的巴西肥

① 罗伯特 · 穆加贝（Robert Mugabe）：现任津巴布韦总统。——译者注

皂剧中一个表面可爱实际上极其奸诈的角色。[29]蒙博托用这些钱给士兵发工资，像往常一样，士兵会立刻把领到的钱兑换成外币，因为如果是周五发工资，那么到了下周一，这些钱的价值就会损失三分之一。全国各地都出现了汇兑商人，通常是女性，她们坐在路边的遮阳伞下，身边有一张折叠桌，上面放着成捆的纸币。比利时驻金沙萨大使馆后面的一条街上有很多黑市交易点，很快被人们称为“华尔街”；马通戈的小巷子里也有很多非正式兑换点。公务员、交警、士兵在发工资当天把成袋的新纸币拿去兑换成美元，汇兑商人再把兑换过来的本国纸币卖出去，通常是卖给国有企业，因为这些企业需要钱发工资。扎伊尔在这个过程中逐步被“美元化”。[30]即便是在今天的刚果，大笔开支仍然是用美元支付，本地货币只用于小额交易。

面值500万扎伊尔的纸币导致了一场灾难。齐塞克迪宣布其为非法货币之后，汇兑商人拒绝接受这种纸币，看着每个月的工资缩水的士兵认为自己受到了欺骗，决定从其他途径弥补亏损。1993年1月28日至30日，他们进行了另一场全城打砸抢。直到今天，金沙萨的人仍然会谈起第一次和第二次洗劫，分别发生在1991年和1993年，这两起历史事件已经深深印在国民的记忆中。现在看来，第二次抢劫更暴力。这一次发动兵变然后抢夺公共和私有财物的，是蒙博托的精英部队——总统特别师。他们当着店主的面砸坏商店的窗户，将店里的吊灯从屋顶上拽下来；因为店面比较小，容纳的财物有限，所以他们连墙里的铜线的水槽都拿走了。扎伊尔成了一个不讲法律、没有希望的国家，屈服于盗匪行为和贪婪。数千人在第二次洗劫中丧

生，包括当时的法国大使和他的一名下属。法国和比利时不得不再一次出动伞兵。抢劫结束后，整个城市一片狼藉，就像被蝗虫扫荡过，街道上到处都是废纸、笔记本、鞋子、瓦砾等，窗帘从破窗户里飘出来，掉落在人行道上。普通人也想在暴乱中分一杯羹，因为在一个破产的国家，哪怕最普通的东西也价值不菲，比如废纸。金沙萨动物园是殖民时代的遗产，1938 年出生的鳄鱼直到今天仍然在里面沐浴阳光，在 1993 年的暴乱中，动物园的档案室被寻找包装纸的城市居民洗劫一空。[31] 抢劫结束后的几个星期里，每个到金沙萨市场上买花生当晚饭的人都会发现，他们买的花生被裹在一张黄色的纸里，纸上的文字描述了大猩猩和霍加狓的奇妙生活。

蒙博托认为他必须改变这个国家的现状。几个月前，他在巴多利特为自己的一个女儿举办了一场奢华的婚礼，婚礼当天，他的女儿戴着价值 300 万美元的珠宝，不是卡地亚就是宝诗龙；参加婚礼的宾客有 2500 人，餐桌上有足够的鱼子酱、龙虾，还有数千瓶顶级法国红酒；一架飞机飞了一趟巴黎，就为了取回在糕点大师勒诺特（Lenôtre）的店里定做的婚礼蛋糕——4 米高。上述都不是问题，至少在蒙博托看来没有任何问题。他的问题在于齐塞克迪，这个人拒绝发行印有他肖像、面值 500 万扎伊尔的纸币，引发了第二次洗劫事件，他没办法继续和这个顽固的傻瓜共事。

1993 年 3 月，蒙博托和（仍然活跃的）人运党的多位领袖进行了长达 10 天的秘密会谈，决定另外成立一个政府，包括设立议

会，颁布宪法，任命总理。曾经的政敌福斯坦 · 比林杜瓦（Faustin Birindwa）如今成了他的奉承者，负责执行货币改革，引进新的货币：用“新扎伊尔”替代旧扎伊尔，1 新扎伊尔兑换 300 万旧扎伊尔。

由此，扎伊尔出现了一个影子政府，除了由最高国民会议设立的机构之外，还存在由权力更大的总统设置的新机构，雷吉娜等人的奋斗成果就这样被蒙博托的贪婪破坏了。蒙博托先后在 1960 年、1965 年发动政变，理由是卡萨武布不顾已经存在民选总理的事实，私自任命符合他个人利益的总理——1960 年任命约瑟夫 · 伊莱奥取代卢蒙巴，1965 年任命埃瓦里斯特 · 金巴取代冲伯；现在，蒙博托在做卡萨武布做过的事情。僵局持续了一年，跨国组织意识到局势的严重性，并担心这种严重性会加剧，就像独立之后刚果的局势一样。非洲统一组织（Organization of African Unity）和联合国都向金沙萨派遣了特使，推动双发达成妥协，组成超级议会。超级议会由 700 名议员组成，分成两大平行团体：最高国民会议设立的议会和蒙博托设立的议会。超级议会被命名为共和国高级委员会 - 过渡议会（Haut Conseil de la Republique-Parlement de Transition，HCR-PT），蒙博托派占多数席位。1994 年 7 月，莱昂 · 肯戈 · 瓦 · 东多再次出任总理，他是波兰刚果混血，在 20 世纪 80 年代两度出任总理，在职期间政府相对稳定，他曾负责实施 IMF 制订的结构性调整计划。虽然这些因素让他得到了国际社会的认可，但是那个开支紧缩的年代给扎伊尔人留下了冰冷的记忆，肯戈不曾像齐塞克迪那样让他们的心中充满希望。他的工作是在大选到来前领导这个国家，大选原定在 1995 年举行，等到了 1995 年又被推迟到 1997 年。

新议会听他的，新总理不会坏他的事，选举不可能明天就举行，蒙博托似乎再一次拯救了自己，然而这只是表象而已。扎伊尔这个由他统一并大规模改造的国家，正在分崩离析。开塞民众拒绝使用新扎伊尔，这个自治货币区潜藏着分离的隐患。[32] 在加丹加，原住民和来自开塞的巴卢巴移民之间的冲突再次爆发，原因是加丹加省省长基伍恩古·瓦·孔万扎（Kyungu wa Kumwanza）梦想加丹加独立，为了实现这个梦想，公然采取种族主义手段，将数万移民赶出了加丹加。最严重的暴力事件发生在北基伍，在那里，说卢旺达语的卢旺达移民越来越不受欢迎，因为他们不正当地攫取财富、土地和权力。这些人当中，绝大多数于在 1959 年到 1962 年间定居刚果，因为当时的卢旺达正在发生骚乱。只要比森吉马纳·鲁韦马（我曾经在基武湖一艘渡船上和采访过他的儿子）继续担任蒙博托的总统办公室主任，这些说卢旺达语的居民（绝大多数是图西族）就仍然会被视为扎伊尔公民，可以轻松获得扎伊尔国籍。但 1981 年通过的一部新法有意提高了归化要求，而且从 1990 年开始实施的政策都以赶走这些图西族移民为目的。对于基伍的居民来说，这里的卢旺达人就相当于加丹加的巴卢巴人：都是不受欢迎的群体，是入侵者、外来者、牟取暴利的奸商、外国人，他们不属于这里。卢旺达移民成了嘲笑对象，小孩子唱道："卢旺达人都应该回家，我们再也不需要他们了。"[33] 扎伊尔人和卢旺达移民对彼此的敌意越来越深，民族主义民兵组织随之出现，这些军事组织统称为"马伊—马伊"（Mai-Mai），主张用武力抵制一切外来影响。他们效仿了 1964 年的"辛巴"战士，采用古怪仪式，但是他们的敌人不是蒙博托及其外国盟友，而是来

自东边的移民。

2008 年 12 月，一位马伊—马伊老兵自豪地对我说："我是扎伊尔人！"当时，他的国家的名字从扎伊尔改回刚果已经有 11 年了，"一开始，我们和卢旺达移民相处融洽，可是后来他们想消灭胡恩德人（the Hunde）、登博人（the Tembo）和尼扬加人（the Nyanga），我就是胡恩德人。卢旺达移民将胡恩德人锁在房子里，然后放火烧房子。"冲突的本质是土地纠纷，因为卢旺达和基伍是非洲人口最密集的农业区。"我在 1993 年成为马伊—马伊战士，要成为一名战士，你必须是班图族的人，非常爱国，而且要接受圣水的洗礼，仪式完成后你会得到一道伤疤、一剂传统药水和一些药草。偷盗和强奸是严厉禁止的，那个时候没有强奸事件发生。因为没有别的武器，我们把打鸟的猎枪进行改装。卢旺达人是外国人，他们想吞并北基伍，让其成为卢旺达的一部分。"人口拥挤、贫困以及不作为的政府合成了一剂致命毒药。1993 年，在北基伍的紧张局势导致的种族清洗运动中，至少有 4000 人死亡，也有人说 2 万人。[34]"我至少参加过 40 场战役。"[35]

我在戈马采访了皮埃罗 · 布沙拉（Pierrot Bushala），当时发生的一切仍然让他惊恐："20 世纪 80 年代，没有人在意自己的同学来自哪一个种族，到 20 世纪 90 年代种族差异才开始受到关注。我上中学的时候，班上有各个种族的同学，我都不知道我的女朋友是图西族的。但到了 20 世纪 90 年代，当我们要结婚的时候，她的父母不同意。我敢肯定，要是在 10 年前，他们肯定会接受我。"他将自己的心碎往事与历史大背景联系起来，"比利时人在 1918 年接手了

托管地卢旺达后，将数千名卢旺达胡图族人‘出口’到刚果的矿区，图西族人也自发越过边境移居刚果。在蒙博托的统治下，这些图西族人都持有扎伊尔护照，20世纪90年代却面临部族主义的生长。扎伊尔人说图西族人不再是忠诚的国民，因为他们支持他们的兄弟在卢旺达的斗争。扎伊尔人说‘如果你是图西族，那么你就是卢旺达人’，局面就这样变糟了。我最后和一个莱加族（Lega）的女人结了婚，这个部族发源于南基伍。”[36]

在南基伍，扎伊尔的图西族被称为“班尼亚穆伦盖族”（Banyamulenge），因为自19世纪以来，他们一直住在坦噶尼喀湖西部多雾的高原地带，靠近穆伦盖镇（Mulenge），过着牧民的生活。他们身材高大、外表特征明显，还戴着标志性的呢帽，恰恰就是传统图西族牧民的形象：漫步在牛群后面，肩上搁着一根木棍。这些图西族人越来越频繁地成为仇恨的对象。一位刚果女性曾经告诉说，他们就像蝙蝠一样，既不是鸟也不是老鼠，既不是卢旺达人也不是扎伊尔人，可怕又狡猾。还有点卑鄙！另一个人附和道，他们养牛赚了很多钱，但班尼亚穆伦盖族根本没有文化；他们买最贵的衣服，却没有品位；男人穿女人的衣服，女人用便盆捣木薯，哈哈！他们还一直做鬼脸，是因为长着大龅牙吗？还是因为他们觉得冷呢？

蒙博托试图唤醒民族情感，以此对抗部族主义，然而在缺衣少食的年代，敌意随时可能爆发。基伍的图西族人（包括北基伍的卢旺达移民和南基伍的班尼亚穆伦盖人）付出了尤其多的代价，但反过来，种族仇恨加强了他们的内部团结。被骂成班尼亚穆伦盖人的图西族人逐渐认同自己是班尼亚穆伦盖人，回望历史，他们发现自己

确实和其他人不同，他们的根基在卢旺达，他们在扎伊尔从来没有真正受到欢迎。一旦受到威胁，他们就组成一个个群体，这种时候，种族认同会变得比国家认同更重要。[37] 就连“国父”也回到了他的出生地，将自己的安全托付给自己部族的人。倡导国家统一的蒙博托，也成了部族主义者，扎伊尔再一次进入疯狂的部族分裂状。贫穷导致攻击，饥饿导致暴行。

没有钱，没有外援，军队无法正常运转，扎伊尔正在崩溃。在1994年，要摧毁蒙博托的独裁统治似乎轻而易举。然而就在这个时候，扎伊尔最小的邻国发生了一场人道主义灾难，动摇了整个中部非洲的稳定，国际社会再一次视蒙博托为狂风巨浪中的灯塔、一位智者、一堵防浪墙。这场人道主义灾难就是卢旺达的种族大屠杀，没有哪起国外事件像这场灾难一样深刻地影响了扎伊尔的历史。

和邻国布隆迪一样，卢旺达1962年脱离比利时的殖民统治获得独立。在第一次民主选举，在该国历史上长期占据统治地位的图西族丧失了领导权，被人口占大多数的胡图族取代。图西族从事畜牧业（养牛），胡图族从事传统农业，两大部族间的社会和经济差异长期存在并被比利时殖民者强化，胡图族和图西族界限分明。独立之后，胡图族政权对原来的掌权者采取了不容忍态度，许多图西族人赶着自己的牛群跨越边境来到布隆迪、刚果和乌干达，在这些地方凝望祖国的山河，发誓总有一天会夺回政权。他们在乌干达南部组成了卢旺达爱国阵线（Rwandan Patriotic Front，RPF），联合乌干达叛军领袖约韦里·穆塞韦尼（Yoweri Museveni），推翻了米尔顿·奥博特（Milton Obote）政权。穆塞韦尼由此成为乌干达总统，卢旺达

爱国阵线也从中学会了如何去征服一个国家，现在的卢旺达总统保罗·卡加梅（Paul Kagame）就是爱国阵线的军事领导人。1990年，卢旺达爱国阵线越过边境，发动了针对胡图族政权的内战，1990年到1994年间，据估计约有2万人死于战争，150万平民流离失所。图西族的进攻激发了胡图族居民极大的憎恶感，他们对图西族的仇恨有增无减，待在卢旺达境内的图西族良民也成了他们发泄仇恨的对象，被他们称为“蟑螂”。

1994年4月6日，胡图族总统朱韦纳尔·哈比亚利马纳（Juvénal Habyarimana）的飞机被击落预示了灾难的开始。胡图族民众坚信卡加梅的卢旺达爱国阵线是幕后黑手，以此为由大规模屠杀卢旺达境内的图西族人。这不是武装士兵的战斗，而是普通民众拿起大刀进行的屠杀。在此之前，胡图族政权已经培养了一大批民兵，他们的武器就是大刀。米勒科林斯电台（Radio Télévision Libre des Mille Collines）在广播里反复声称墓地仍然空荡，蝗虫仍有出没，武装民兵通常是怀着种族仇恨长大的青少年，在电台的煽动下，在接下来的3个月里，屠杀了80万~100万图西族人和中立的胡图族人。与此同时，卡加梅的爱国阵线正从北边向卢旺达首都基加利推进。

国际社会没有在第一时间得到消息，种族屠杀开始时，卢旺达政府军杀害了10名比利时维和士兵，目的是赶走卢旺达境内的联合国势力，为种族清洗扫除障碍。外国记者已经在暴力事件频发后撤离，因为曼德拉当选总统，全世界都将注意力转移到南非，很少有人清楚地知道卢旺达正在发生的事情，法国总统弗朗索瓦·密特朗也不例外。在他看来，胡图族是图西族入侵的受害者，因此派遣法

国军队前往卢旺达助胡图族政府一臂之力。法国提供支持的部分原因还在于胡图族说法语，而图西族说的是英语。密特朗不知道的是，他实际上是在保护实施种族屠杀的凶手。这次行动被命名为“绿松石行动”（Opération Turqoise），法国出动军队建立了一个避难所，胡图族民众可以借此逃到西南方，躲避卢旺达爱国阵线的攻势和事后的报复。

种族大屠杀的目的是让卢旺达成为一个没有图西族的国家，然而，同一个图西族从邻国而来，越过边境，准备征服卢旺达。卢旺达爱国阵线的军事实力被严重低估，法国士兵接纳了数十万胡图族难民，帮助他们越过边境。不仅仅是一个民族在逃难，也是一个政权在逃亡：政府军、国家军械部门、行政机关甚至整个国库都逃到了国外。其中27万人逃到布隆迪，57万人逃到坦桑尼亚，大部分——约150万人——逃到了扎伊尔东部地区。[38] 蒙博托将自己的机场贡献出来给法国军队使用，并且允许难民在扎伊尔避难。大部分难民（85万）到达北基伍，在戈马及其周围落脚，南基伍的布卡武也收容了大批难民（65万）。

2008年12月，我和布沙拉（就是那位丢了图西族女朋友的扎伊尔人）驱车前往戈马西边的穆贡加（Mugunga），这里曾是胡图族最大的难民营，现在仍是难民中心，从1994年开始，基伍就没有恢复过平静。20世纪90年代，在联合国难民署（United Nations High Commissioner for Refugees，UNHCR）的支持下，基伍开展了难民营的卫生保持工作，布沙拉也参与其中。“你想象得到吗？原本空荡荡的区域，突然间挤满了难民。”路面凹凸不平，覆盖着鲜绿色

的植物，他说话的时候，车子不停地上下颠簸。这个地方的地表全由黑色熔岩——来自不远处的尼拉贡戈火山（Nyiragongo）——构成，突然之间就有85万人住了下来。布沙拉负责其中一个营地的卫生工作，“一开始，难民随处歇息，之后，联合国难民署和红十字会提供了帐篷，在营地撒石灰喷消毒液。厕所是后来才造的，也就是在地上挖个洞。”到了穆贡加我才意识到，在火山岩地面上挖洞是多么艰巨的任务。寸草不生的火山岩地面上搭着很多小草屋和帐篷，布沙拉看着眼前的景象跟我说：“为了对付苍蝇和蚊子，我们随身携带喷枪，有人专门负责打扫厕所，我们还要把垃圾收集起来。”但这些工作并没有成功阻止霍乱和痢疾的爆发，至少有4万人死亡。他们的尸体沿路堆放，散发出难以忍受的恶臭。苍蝇飞起来就像厚厚的云层一样，足以将汽车的挡风玻璃完全覆盖。

发生在种族大屠杀之后的悲剧重建了蒙博托在国际上的声誉。法国人对他提供的帮助表示感激，并邀请他出席在比亚里茨（Biarritz）举办的一次国际峰会，联合国也认可他在照顾难民这方面所做的工作。难民营内暴发传染病的时候，很多非政府组织和国际援助机构都获准进入扎伊尔开展工作。一年之后，基奎特爆发高传染性的埃博拉疫情，蒙博托被视为受害者而非罪人。既然蒙博托的国际形象开始恢复，那么肯戈·瓦·东多总理就可以轻易将选举延期。

然而，在自己的国土上为150万人提供避难场所当然会付出比较高的代价，特别是在一个人口已经过于稠密且本地人对卢旺达人早已怀恨在心的地方。就像当时很多人热爱的赌博一样，蒙博托允许建立这么多难民营也是赌了一把，赌注自然不小。这场赌局一开始

让他在一定程度上赢回了形象，最终却成了他倒台的原因。

1996 年 4 月 6 日是一个周六，吕芬·卢里巴（Ruffin Luliba）正和当地人一起踢足球。那一天天气晴朗，球场上响起孩子们传球时与队友交流的声音，足球被踢开时发出的沉闷的重击声，少许观众的尖叫声，裁判的哨声。吕芬当时 13 岁，在布卡武上完小学之后来到姆戈里（Mugeri）的玛利亚兄弟会寄宿学校，开始在神学院学习。那个周六，他所在的球队正在和另外一支球队打半决赛，现场有一位名叫德奥格拉蒂亚斯·布盖拉（Déogratias Bugera）的观众，此人是一位建筑师，平时在戈马工作，但喜欢在家乡过周末。“比赛结束的时候，布盖拉告诉我们，他愿意赞助我们的球队。他请我们吃甘蔗、糖果还有点心，如果我们下一周赢了决赛，他会给我们提供全套装备，包括运动衫和新的球鞋。”吕芬不敢相信自己的耳朵：新的足球鞋！“他来看了第二周的比赛，我们真的很想赢，最终 2 比 0 击败了对手。随后，我们全部坐上他的大发牌汽车去买新球服，那是一辆后车厢安装了铁网的皮卡车。我们队一共 13 人，年纪最大的 16 岁，其他的人十四五岁，我的室友罗德里克（Roderick）也一起去了。”但孩子们的兴奋很快变成了困惑：

> 布盖拉的车朝布卡武的方向前进，到了布卡武之后却没有停下来，一直开到了卢旺达边境。我们跨过鲁济济河（Ruzizi）上的大桥进入卢旺达，那里根本没有海关、没有

> 警卫、没有移民服务机构，什么都没有。车子一直往前开，最后到了一处机场，布盖拉让我们等在那里，然后就开车走了。我们不知道自己具体在哪里，我们还是学生，当时已经是5点半了，天越来越黑，我们害怕受到寄宿学校校长的惩罚，都哭了起来。7点钟的时候，一辆大卡车开过来，我们不得不爬上去，又在车上待了足足5个小时。“校长会说什么呢？”我们问彼此，这是当时最大的担忧。最终，我们被卡车拉到了加比罗（Gabiro）的一处军事训练营。我们拿到的不是足球鞋，而是橡胶靴，和家里穿的皮靴不一样。训练营里有很多从戈马和乌维拉被绑架来的孩子。还有一些班尼亚穆伦盖人，但他们是志愿兵，他们立刻剪掉了我们的头发。凌晨1点左右，为了捉弄新兵，他们让我们在泥地里爬，大声叫喊着你们必须亲自干掉蒙博托，做自己国家新的解放者。[39]

吕芬的证词非常重要，不仅描述了受胁迫的娃娃兵——某种新现象——的命运，还向我们展示了卢旺达为了入侵扎伊尔做了怎样的准备。种族大屠杀发生后，基加利的图西族政权时刻提防着扎伊尔的150万胡图族难民。他们没有遵照国际指示落脚在离边境几十千米远的地方，而是聚集在扎伊尔边境，与卢旺达只有一线之隔。被打垮的胡图族政权在难民营中重整旗鼓，他们有钱有武器，决心夺回卢旺达，和1962年到1994年间流亡在乌干达的图西族人一样，扎伊尔东部的胡图族人也在等待机会。但绝大多数难民——

85%~90%——并不属于流亡中的国民军，没有参与种族屠杀，也没有加入民兵。[40] 他们只是想回家的平民百姓，同时担心遭到另一方报复性的种族清洗。

难民营里酝酿着入侵计划，国际社会虽然意识到了这个问题，但似乎并不打算采取行动。此前，美国出兵索马里遭遇惨败，再也不想看到美国军人的尸体被绳子拖着游街示众的画面；比利时不想再失去 10 位伞兵。联合国秘书长布特罗斯 · 布特罗斯 – 加利（Boutros Boutros-Ghali）得不到足够多的支持来部署一支国际部队，更何况不管在什么样的情况下，在扎伊尔采取的任何国际行动都将被视为对蒙博托的支持。卡加梅决定把主动权抓到自己手中，他的卢旺达爱国阵线已经改名为卢旺达爱国军（Rwandan Patriotic Army），也就是新的政府军，他要主动出击，解除难民营的武装。他的老朋友乌干达总统穆塞韦尼承诺提供支持。

然而，袭击难民营则意味着对一个主权国家发动攻击，是对外国的侵略。因此，卡加梅得有人给自己打掩护才行，他在扎伊尔的图西族中找了这样一个人。扎伊尔的图西族人被“真正”的扎伊尔人羞辱了多年，现在又受到 150 万胡图族难民的冲击。绑架吕芬及其队友的布盖拉就是来自北基伍的图西族人，他是人民民主联盟（Alliance Démocratique des Peuples，ADP）的领导人，和他站在同一条战线上的还有安塞尔姆 · 马萨苏 · 宁达加（Anselme Masasu Nindaga），同样是图西人，来自南基伍，在布卡武的政界非常活跃，领导扎伊尔解放革命运动（Mouvement Révolutionnarie pour la Libération du Zaïre，MRLZ）。一些年纪更大的民主主义者也成了卡加梅的助理，

比如安德烈·基萨塞·恩甘杜（André Kisase Ngandu），他是巴特特拉人，支持卢蒙巴主义。还有洛朗·德西雷·卡比拉，他不是图西人，而是来自加丹加的巴卢巴人，从1964年开始掌控刚果国内费奇和巴拉卡之间的区域，曾给切·格瓦拉留下非常糟糕的印象。如果说卡比拉在1964年带领的起义一团糟，到了1996年也没有多少进步。卡比拉几乎住在坦桑尼亚，靠走私黄金和军火过日子，偶尔还会干一些绑架的勾当，换句话说，从事各种非法犯罪行为。

1996年10月，在卡加梅的煽动下，上述四人成立了解放刚果扎伊尔民主力量联盟（Alliance des Forces Démocratiques poul la Libération，AFDL，简称“民盟”），卡比拉被推选为主席，作为四人中最年长的一位，他还获得了一个光荣的称号：“老人”（Mzee）。布盖拉担任联盟副主席，基萨塞担任武装部队司令。

吕芬近距离见过民盟的领导人：

> 训练中，我们被介绍给创立民盟的这几个人，除了已经认识的布盖拉，还有基萨塞·恩甘杜、马萨苏和“老人”。“老人”甚至给了我们两头牛，这意味着在很长一段时间之后我们终于可以吃一顿好的了，平时只能吃装在饭盒里的豆子和玉米。两个营的士兵要接受为期6个月的训练，3个月的体能训练，为上战场和间谍活动做准备，2个月的意识形态培训，让我们牢记战争的目标，最后一个月是实战准备。第一部分训练特别艰苦，甚至有些人死在这个过程中。我在神学班的室友罗德里克因为染上痢疾死了，我们把他的尸体

> 用白毯子裹起来埋进土里，没有棺材。训练结束时，我们领到了真正的制服，他们再一次告诉我们：我们是这个国家“新的解放者”。

卢旺达不仅要消除难民营的威胁，还要将战线向西推进2000千米，直逼扎伊尔首都。卡加梅要看到蒙博托下台，因为他庇护了种族屠杀的凶手。小国卢旺达意图制服中非地区的巨人扎伊尔，民盟的存在让他得以将侵略战争伪装成扎伊尔的内部起义。继乌干达和卢旺达之后，扎伊尔将成为第三个在卡加梅的推动下实现政权更迭的中非国家。

指挥侵略武装的人面带稚气却勇敢无畏，他就是卢旺达军官雅姆·卡巴雷贝（James Kabarebe），卡加梅最信任的人之一。1996年，雅姆·卡巴雷贝才27岁，虽然长了一张娃娃脸，但他有很出色的领导才能，而且心思灵活。侵略武装朝气蓬勃，因为它首次起用了来自扎伊尔的娃娃兵，他们穿着宽大的制服和黑色的橡胶靴子，后者是卢旺达侵略武装的一大标志。卡拉什尼科夫冲锋枪对他们来说似乎太大了，但他们端枪的姿势透着杀气，而不是不情愿。

吕芬记得作战的第一阶段：

> 卡巴雷贝说：“我需要30个娃娃兵，10个来自布卡武，10个来自乌维拉，10个来自戈马。”我向他报告说我们可以伪装成街上的孩子进行侦查，卡巴雷贝说：“我就把这个任务交给你，查探扎伊尔武装部队（Forces Armées

> Zaïroises，FAZ），也就是蒙博托的政府军用的是什么枪，有没有增援。”他给了我一部摩托罗拉手机，让我和他保持联络。我穿着破衣烂衫越过边境，来到蒙博托政府军在布卡武的营地。到那儿的时候，我发现士兵正忙着抢劫，其中一个士兵还让我去帮他搬东西。我把摩托罗拉手机藏了起来，现场乱成了一团，枪声响成一片。我回到卢旺达，把看到的一切告诉卡巴雷贝。我到布卡武之后没有回去看我的家人，在军队中你会忘掉你的家人，军队就是你的家。

扎伊尔武装部队在抢劫？卡巴雷贝听到这个消息非常高兴，他判断现在的扎伊尔一推即倒。10 月初，南基伍省副省长宣布，他将于次日对班尼亚穆伦盖族进行种族清洗，导致受到威胁的部族采取报复行动，预示侵略战的开始。卢旺达发动攻势，几天之后，民盟作为叛军火力全开。1996 年 10 月 28 日，乌维拉被占领，2 天之后，布卡武也被攻下。克里斯托夫 · 姆恩齐希尔瓦（Christophe Munzihirwa）出现在第一批伤亡人员中，他是一位大主教，曾尖锐抨击卢旺达的阴谋。吕芬和他的同伴在前线作战，“和我们一起战斗的有卢旺达人、乌干达人，甚至还有厄立特里亚人。我们抽了 6 英寸[①]长的大麻烟，让自己更有勇气成为一名爱国者”。蒙博托的士兵见到我们掉头就跑，四处逃散，最激烈的抵抗来自于马伊—马伊民兵，这些民兵在当地

① 1 英寸 =2.54 厘米。——译者注

颇受欢迎，他们痛恨与卢旺达有关的一切：

> 我的第一场仗是与马伊—马伊民兵打，他们守卫着国家广播公司（Radio Télévision nationale congolaise，RTNC）的站点。我的武器是一把卡拉什尼科夫短步枪，需要花一点时间适应。我是个左撇子，老是烧到自己，弹壳从右边弹出来，弹到我的肚子上。一名戴着红色头巾和护身符的马伊—马伊民兵朝我冲过来，他没有任何武器，我开枪打穿了他的头。我慌了，我没有杀过人，我觉得杀人的感觉太糟糕了。我请求长官让我回到第三部队中，我不想继续在第一部对战斗。但长官的回答是“你别无选择”，还抽了我 100 鞭。

继乌维拉和布卡武之后，戈马在 1996 年 10 月 31 日陷落。几天之内，民盟占领了扎伊尔东部最重要的 3 个城市，也是接收难民最多的城市。民盟欲迅速进军金沙萨，然而清理难民营才是卢旺达的重要目标，吕芬明显感觉到了侵略武装内部的紧张气氛。“一到难民营，卢旺达图西族人就赶尽杀绝，死的人越来越多，成千上万……他们是父亲、母亲、女孩儿……他们说胡图人是毒虫。在离布卡武很近的卡舒沙（Kashusha）难民营，我走进一顶帐篷时，他们已经杀死了一个老妇人和一个孕妇，唯一活下来的是一个刚刚学会走路的孩子。他们想让我来杀掉这个孩子，但我做不到。他把我的枪当玩具。我把他放走了，让几个逃跑的胡图族人带他一起走。”

戈马附近 5 个最大的难民营里发生的杀戮尤其无情，卢旺达用

迫击炮和机关枪攻击难民居住的草屋和帐篷，迫使胡图族难民在恐慌中跑回自己的国家。几天时间里，约有 40 万难民逃回卢旺达，人群就像浪潮一样涌过边境。[41] 卢旺达因此出现了一个新的交通标志："车辆慢行，有难民通过。"（Ralentir: refugiés）[42] 但是，另外一大批胡图族人——特别是有武装的胡图族人——则向西深入，逃到了丛林中。联合国终于组好一支保护难民的部队时，难民营已经空了。接下来，卢旺达胡图族和图西族之间的斗争将在扎伊尔展开，这是种族大屠杀的续曲。

14 岁的吕芬已经近距离领略了战争的残酷，他所在的营继续向南推进，经过乌维拉，沿着坦噶尼喀湖进入加丹加。在加丹加北部小镇本德拉（Bendera），他经历了最残酷的战斗。他和战友完全被对方的炮火压制，"炸弹和火箭弹爆炸的声音听起来像有人在敲手鼓和落地桶鼓，步枪发出的声音像小军鼓，80 毫米迫击炮的声音像低音鼓，此外还有铙钹的声音，那是我们的尖叫。我们想用鬼叫把敌人逼疯，有的人低声叫，有的人高声叫。我们喊出敌人的名字，大声说我们一定会找到他们。"战争，疯狂，歇斯底里。就像一场没有球的足球赛，只剩下尖叫，还有枪。

事实证明尖叫没有用，吕芬和 3 名战友成了卢旺达胡图族人的战俘，吕芬吓坏了。"胡图族人喜欢用大刀杀人，因此恶名昭著，他们在种族大屠杀的时候就是这么干的。一般情况下，他们会把你的手臂砍下来，或者猛击你的头颅，直到看见你的脑浆迸出。"吕芬是 4 个战俘中年纪最小的，这也是他能活下来的主要原因。其他 3 个人，一个接一个被迫将手放到砧板上。

> 胡图族人拿着崭新的大刀，这些大刀闪闪发亮，就像镜子一样。当他们举起大刀的时候，我的朋友朝其他方向看。他尖叫起来，我看到他的手被砍下来扔到了地上，似乎还在动。之后，他们想尽办法折磨他，让他遭受最大的痛苦。他们继续砍他的身体，刀刃在四处划动，到他死了才停止。对待第二位战友的时候，他们将之前的动作重复一遍，第三个也一样。我亲眼看着战友们一个个被屠杀，轮到我的时候，现场的指挥官告诉我他的名字是蒙加拉（Mungara），曾经是哈比亚利马纳总统的保镖。他说他会放过我，然后用卢旺达语写了一封信。“把这封信带给卡巴雷贝。”他们把我的衣服扒光，让我穿着内裤走。我从丛林中走出来，回到原来的队伍中。那是我生命中最艰难的时刻，我永远无法忘记。归营之后，我把信交给卡巴雷贝。他读完信对我说：“这是天意，蒙加拉杀了所有人却放了你，你当我的保镖吧。”

吕芬，这个直到现在都不太清楚政治到底是什么、也搞不懂足球中的越位规则的扎伊尔男孩儿，差一点在卢旺达胡图族和图西族的冲突中被杀掉。“我真的不想再上战场，卡巴雷贝很喜欢我，他让我帮他拿行李袋。‘吕芬，把我的包拿过来！’他会这样喊。接下来的几天里，我看到他一直在研究刚果地图，因为他以前没有来过这里。卡巴雷贝没受过正规教育，但是他的逻辑思维能力很强，也非常冷静，善于分析和倾听。他的家人都不在了，他曾经跟我说‘你必须爱你的国家，孩子。’”就这样，吕芬这个热爱足球、想成为

神职人员的男孩儿，成了侵略军指挥官的保镖，最终将蒙博托赶下台的就是这支军队。

民盟采用了“钳形攻势”：吕芬跟随南边的部队，目标是卢本巴希；北边的“钳子”直指首都金沙萨，这座刚果河边的城市。这个国家的平民在独裁统治下生活了 30 年，如今又要遭受战争蹂躏，真正的大迁徙开始了。很多基伍居民想逃离战争，但最后几班飞机都人满为患，吉普车也都被蒙博托的政府军抢走了，成千上万民众最终决定步行到基桑加尼。700 千米的路程，一直在丛林中行走，首先要经过卡胡齐－别加（Kahuzi-Biega），一个山区的自然公园，在局势相对稳定的时候，有很多游客到这里来看猩猩。逃难的人群中，有来自布卡武的索基医生（Dr. Soki），他的房子被迫击炮摧毁了；[43] 来自戈马的艺术家塞孔比 · 卡通多罗（Sekombi Katondolo），他和几个朋友同行，去寻找安全的地方；[44] 来自布卡武的女药剂师埃米莉 · 埃芬达（Émilie Efinda），她家境不错，逃走的时候穿着高跟鞋。[45] 穿越丛林的过程异常艰苦，特别是在雨季高峰期。人们只能在树下躲雨，累了睡在地上，时刻提防蚂蚁爬到身上，吃的只有烂果子，袜子、手巾或者破布都被当成卫生巾用。[46] 道路泥泞不堪，很多地方根本没有路，桥被冲走的地方只能涉水。偶尔能看到卡车，但司机要收极高的酬金才肯带上病患和饥饿难耐、疲惫不堪的难民，而且车程很短。难民队伍人数庞大、人员庞杂，有参加过抢劫的扎伊尔政府军士兵，有惊恐的平民，有逃命的卢旺达胡图族难民，有吸大麻的娃娃兵，

还有来自卢旺达和乌干达的冷漠的军人。马伊—马伊民兵与这群人背道而驰，他们要去战场和入侵者作战，可他们是没有指挥系统的乌合之众。

深入内陆，对胡图族的追捕行动造成了严重侵犯人权的问题。村民们注意到，民盟的人一来，其中的卢旺达人就会问他们难民在哪里，找到之后就开始屠杀。[47] 这导致了大规模的屠杀。在一个叫廷吉廷吉（Tingi-Tingi）的村子，情况尤其严重，这里离基桑加尼仅一箭之遥；而基桑加尼聚集了13.5万胡图族难民，其中很多人处境悲惨，霍乱使他们的队伍越来越小，小孩子成批死亡。1997年2月末，民盟从东部向西边发动攻势后，幸存者逃到了丛林中。卢旺达的图西族人利用国际援助机构重组难民，一旦胡图族人再次聚集起来，就以安全因素为由禁止援助人员和记者接近新的难民营，再肆无忌惮地进行种族清洗。不光是胡图族士兵和民兵遭到清洗，营养不良的孩子、妇女、老人、伤者和濒死之人都被杀害。屠杀的工具有时候是枪，更多的时候是大刀和锤子，因为弹药不但成本高而且沉重，在穿越丛林的过程中会造成不便。

国际社会因为无法进入这个区域，所以在当时并不知道暴行发展到什么程度。由犯罪方目击者提供的证词非常有限。“是的，我当时在廷吉廷吉。”帕皮·布拉亚中尉（Lieutenant Papy Bulaya）说，他曾是民盟士兵。喝了很多瓶啤酒之后，他才开口谈起了这件事。

> 听着，我们的目标是基桑加尼，廷吉廷吉挡道了，因此我们不得不进行清理。我是一名娃娃兵，当时只有15岁，

> 我们的指挥官是鲁伍沙将军（General Ruvusha），一个卢旺达人。他在卢旺达军中升到了上校，但他为人很可怕。洛朗·恩孔达也在场，我们接到的命令是赶走敌人。我们的图西族长官还告诉我们：他们是种族屠杀的凶手，他们必须死。如果他们说“娃娃兵，把这个人杀掉”，我们必须服从，否则我们自己就会被当场处决，因此，我们不得不杀戮。有很多卢旺达人被杀了，他们的尸体被堆起来，浇上汽油烧掉，或者埋掉。运后勤补给的卡车跟在我们后面：车上装了我们需要的食物，还有用来焚尸的汽油。我回想起这些事情的时候，真的很痛苦。我很后悔，但在当时，我们是在向民盟效忠。[48]

廷吉廷吉的紧急难民营容纳了 8.5 万人，清洗发生后一个人也没有了。数万胡图族人被屠杀；约 4.5 万人逃往西方的赤道省，在博恩代（Boende）和姆班达卡遭到拦截，最后被集体屠杀。目击者甚至看到士兵用军靴碾碎婴儿的头颅，或者将他们的头部砸到墙上。[49]仍有一些胡图族人逃过了被屠杀的厄运，他们逃到了刚果（布），或者更远的加蓬。整个行程超过 2000 千米，完全靠步行。他们穿越扎伊尔，比当年斯坦利穿越刚果的过程要痛苦得多。最后的幸存下来的只有几千人，与最初的难民人数相比，只是极少的一部分。据估计，侵略军在前进过程中，一共屠杀了 20 万 ~30 万胡图族难民。[50]

战争持续了 7 个月，从本质上讲，是以金沙萨为目标的向西的

军事进攻。真正的两军交战发生在布尼亚（Bunia）和瓦察（Watsa）等地方，但在其他地方，民盟几乎没有遇到任何抵抗。1997 年 2 月 28 日金杜（Kindu）陷落，3 月 15 日基桑加尼陷落，4 月 4 日姆布吉马伊被攻占，其中，基桑基尼的陷落具有特殊的战略和象征意义，因为这座城市位于刚果河边，而刚果河是通往金沙萨的主要水路。肯戈 · 瓦 · 东多总理曾经郑重承诺，基桑加尼不会落入叛军手中，但事实是：叛军在这座城市畅行无阻。民盟向西推进的过程中，穿着黑色橡胶靴的娃娃兵排成长长的两列，分开在道路两旁，安静地向某个城市和城镇前进，你可以说他们是步兵，因为他们步行向前。当他们到达目的地时，蒙博托的军队早就逃跑了，通常是先抢劫再逃跑。在基奎特，当地居民出钱，让政府军不要抢劫直接离开。[51] 一旦政府军离开，他们会打上条幅，唱着歌迎接来自东方的解放者。国内的民主反对派也对军事解放表示支持，有些条幅上写着“民进联欢迎民盟”。[52] 来自远方的年轻士兵从街上走过时，他们的勇气和爱国热情受到当地人的敬仰。[53] 他们走到哪里都有新人加入，包括 1978 年入侵沙巴失败的“加丹加之虎”，民盟已经开始胜利大游行。

卡比拉在不同城市的大型集会上发表讲话，听众是刚刚被解放的民众，他们第一次见到这位无线电广播中经常提起的人物。卡比拉讲话时常穿黑色衣服，秃顶的大脑袋上戴着一顶牛仔帽；他身体强健，笑声爽朗，一只手插在口袋里，一副轻松的、甚至是对周围事物毫不在意的样子。他用清晰有力的声音夸大解放部队经历的事情，说明发动民间武装的必要性，恳请各位父母为了解放事业奉献自己的儿子。听众无法否认他的魅力，和巴多利特那个脾气暴躁的老头相比，

他就像新鲜空气，虽然让人嗅到了权力的味道，但也带来欢乐的气氛。从现在开始，刚果的一切都会变得不同。卢旺达坚决否认自己参与了这场纷争，虽然很多内陆居民仍然怀疑卡比拉的轻松获胜不完全是内部事务，但只要能把“老豹子”赶下台，没有什么是不允许的。“溺水之人会抓住自己能找到的任何漂浮物，哪怕是一条蛇。”基奎特的民众说。[54]

卡比拉的民盟不仅获得本国人的支持——因为他们已经厌倦了蒙博托，还获得了卢旺达、乌干达和美国的支持。大屠杀结束后，卡加梅的图西族政权——得益于它精心树立的受害者形象——获得了美国当局的信任。一些新的伙伴国由于未能成功阻止种族大屠杀的发生而尴尬，因此开始给基加利提供慷慨的援助，比如美国、英国和荷兰。而且，比尔·克林顿（Bill Clinton）当选美国总统后，有意彻底告别前总统的对扎伊尔政策。[55]他相信新的非洲领导人，比如曼德拉和穆塞韦尼——在他看来，这些国家元首完全不同于蒙博托、博卡萨①和伊迪·阿明②——卡比拉或许也属于新一代领导人。虽然国际上意见不一致，但卢旺达军队在执行计划时始终没有遇到多少

① 让-贝德尔·博卡萨（Jean-Bédel Bokassa）：中非共和国军事领袖，前总统，前中非帝国皇帝。——译者注
② 伊迪·阿明·达达（Idi Amin Dada）：乌干达前总统，任职期间驱逐8万名亚洲人出境，屠杀和迫害国内的阿乔利族、兰吉族和其他部族达10万~30万人。——译者注

抵抗。就像卢旺达种族大屠杀发生后法国继续支持胡图族政权，美国也在听说了发生在扎伊尔的屠杀后，继续为入侵军队提供后勤和物资援助。[56]克林顿政府摒弃旧的犬儒主义政策，又实行了新的犬儒主义政策：人道主义出发点，情报不充实的分析，灾难性的结果。没有远见，带着困惑即兴制定政策，美国对卢旺达和叛军的支持导致了持续多年的悲剧。卡比拉可能会觉得有趣：30年前曾经得到切·格瓦拉的支持，而现在却突然得到帝国主义的支持。

另一方面，蒙博托失去了盟友。法国曾想过派兵援助，但很快就失去了热情；他想利用欧洲雇佣兵逆转局势，但没能和1964年一样取得成功；唯一的外援是参加过南斯拉夫战争的波黑塞族人，但他们根本不是卡比拉军队的对手。

民盟进攻期间，蒙博托主要待在欧洲接受手术治疗前列腺癌（使没有价值的扎伊尔货币多了一个绰号：前列腺）。他住在洛桑卡普马丹（Cap-Martin）的私人别墅里，回到金沙萨的时候，已经是一个濒死的病人，几乎不能走路。尽管如此，他仍然受到大批同胞的欢迎。总统回来了！他是回来拯救国家的！所有事情都会好转的！但结果并非如此。在首都，蒙博托和齐塞克迪之间继续争执不休，不去理会正在逼近的大批叛军。他们就像以前那样，继续为谁将出任总理、谁可以任命总理而争吵，尽管半个国家已经落入他人之手。

与此同时，年轻的吕芬和他的战友正走在去卢本巴希的路上，背上扛着枪和火箭炮。“我们要背着所有武器和装备徒步前进，曾经

沿着铁路线走了很长时间，脚都走跛了。我们把水灌进靴子里，这样做可以减轻痛苦，让你在接下来的行程中轻松一点；但湿气更重，把鞋子脱掉之后，我们的脚和放了 3 天的尸体一样臭。”这是士兵们想出来的花样，也是战壕里的幽默。

1997 年 4 月 9 日，叛军攻下了卢本巴希——这个国家的经济首都。卡比拉迅速驻扎下来，并接待了几家国际矿业公司的负责人，比如戴比尔斯（De Beers）和滕凯矿业（Tenke Mining）。这些矿业公司的代表很清楚，从现在开始和他们打交道的人是卡比拉，他们甚至在蒙博托被推翻之前就已经签署了第一批采矿合约。[57] 很明显，32 年的独裁统治即将终结，一个新的时代即将开始。

对吕芬来说，战争进入了新的阶段。指挥官卡巴雷贝已经不需要他这个保镖了，“卡巴雷贝跟我说：‘我们的关系结束了。我要去基桑加尼，你们跟着‘老人’留在这里。’这是第一次我待在‘老人’身边，他的儿子约瑟夫也在那里。”卡比拉和他的儿子待在卢本巴希，来自卢旺达的卡巴雷贝带领部队转战其他地方。胜券在握，这让人稍微放松了一些。关于和未来总统同处的那段时间，吕芬有着比较愉快的记忆：“和‘老人’在一起后，好日子就开始了。他曾经跟我说‘我是你父亲，但不要忘了你的亲生父母’。他问我来自哪里，我说来自布卡武，被布盖拉绑架到卢旺达。他大笑几声说‘那你可没有机会当神父了’，他喜欢打趣我们。有一天我们洗劫了蒙博托政府军的一个仓库，我穿上政府军士兵的制服、皮靴和其他装备，老人看见了问‘是你吗？’我说是，我说我们偷了敌人的物资，他说‘你这么干了？’然后握着我的手说‘很好，就跟着我吧’。”

吕芬不可思议的青春出现了另一个意外的转折：他成了卡比拉的保镖。一年之内，他从一个爱踢足球的天真少年蜕变成了一个老于世故的年轻人，时刻保持警觉，亲眼见证历史的改变。每个阶段的蜕变都给他带来恐惧，让他丧失童真，同时受到新的赏识。“卡比拉喜欢我，他把钱托给我来保管，1万美元！他经常端着饭盒和我们一起吃饭，吃完饭我们会掰手腕，他当裁判，我们在丛林里的时候经常这样玩儿。我们从来不去夜总会或妓院，我只经历过神学院学生和士兵的生活。我们住在卡拉威亚酒店（Hotel Karavia），那是卢本巴希最好的酒店，‘老人’住在114号房，一些钻石商人会来拜访他。他给了我一部摩托罗拉。”

在酒店房间中，卡比拉会定期接到参谋长卡巴雷贝打来的电话，他正带领军队大踏步向首都挺进。沿河而下，他看到两座首都隔河相望，不得不向当地渔民询问哪边是金沙萨，不然会凑巧解放了布拉柴维尔。[58]卡比拉在酒店房间里清楚地听到金沙萨即将陷落的消息，他做梦也没想到事情会进展得如此之快。2周前，他飞到布拉柴维尔，曼德拉将他们两人邀请到中立地带，在黑角（Pointe-Noire）一艘南非轮船上谈判，但没有取得任何成果。蒙博托不愿妥协，卡比拉也没有任何理由往酒里掺水，毕竟他现在占据上风。金沙萨很快就会被武力解放，吕芬将见证这一切。

“老人告诉我们：‘出发吧，所有人都带着好运出发！我们在金沙萨会合！’我们说：‘听凭差遣！’”卡比拉只是叛军的挂名负责人，真正做事情的是卡巴雷贝，当然还有娃娃兵。吕芬说：“我是坐第一个航班的飞机到金沙萨的，那是一架扎伊尔航空的私人飞机，我

在此之前没有坐过飞机。我们的人已经占领了机场，下飞机后吉普车把我们载到利美泰区，从那里开始步行。”

当然，因为没有签署和平协议，所以民盟面临着诸多风险，每个人都怕金沙萨会发生暴力对抗，蒙博托任命马克·马赫勒将军（General Marc Mahele）为新的参谋长，他是一名真正的军人，在沙巴战争中被提拔，毫不手软地镇压了 1991 年和 1993 年的抢劫。毫无疑问，在当时，马赫勒是扎伊尔军队中最有能力的人。他的正直受到民众的欢迎，同时他的严酷也让人恐惧。现在，他要负责金沙萨的防守。1997 年 5 月 16 日星期五，蒙博托在黎明时分逃到了巴多利特的行宫，首都有陷入无政府状态的危险，接下来的 24 小时是决定性的。在金沙萨这样一个人口多达数百万的城市，人们最害怕看到的是混战场面。比起叛军士兵，金沙萨居民更害怕政府军士兵，他们害怕出现另一波更具有破坏性的抢劫。马赫勒将军看出局势已经无法挽回，他不想让这座特大城市成为蒙博托疯狂想法的牺牲品，更何况蒙博托自己已经逃走了。为了让老百姓免于荼毒，他主动联系了民盟，并于当晚去了查齐（Tshatshi）的营地——这里驻扎着最后一批蒙博托支持者，总统的大儿子也在其中，生性残忍，外号“萨达姆·侯赛因”（Saddam Hussein）。马赫勒试图说服他们放弃抢劫的念头，却被视为叛徒于第二天凌晨被杀害。

几个小时之后，吕芬穿着黑色橡胶靴走在卢蒙巴大道上，民盟的到来让金沙萨的民众欣喜若狂。虽然仍能听到从远方传来的炮声，但他和他的战友再也无须战斗。“我们受到了意想不到的热烈欢迎，男人都在高喊‘解放者！解放者！’女人们则把裙子铺在地上，让

士兵从上面走过去。金沙萨居民还给我们送水，他们说林加拉语，我们听不懂。知道我们在找肯戈 · 瓦 · 东多总理的家，他们就给我们带路。我们接到命令，要占领国家广播公司和蒙博托的大理石宫（Palais de Marbre）。”

在搜查过程中，吕芬私藏了一个纯金烟灰缸。那一天是 1997 年 5 月 17 日，民盟已经掌控了金沙萨所有关键地点，包括沙滩、洲际酒店、梅姆林酒店……一些政府军士兵开始抢劫，但大多数都溜进民宅，求居民施舍他们一些衣服：因为继续穿着军装四处游荡等于找死；那些因为蒙博托身居高位的女性迅速烧掉了印有人运党标志或“伟大舵手”肖像的衣服。[59] 记录表明，约 200 人死于孤立事件中，远远少于以前的抢劫事件中产生的伤亡人数。在卢本巴希，卡比拉接到卡巴雷贝的电话。“金沙萨被拿下了！”卡比拉高兴得叫了起来，在宾馆的红地毯上边走边笑。[60] 他立即去了金沙萨。

吕芬说：“那天我到机场去见老人，‘看，我说对了吧！’他对我喊道。他开了一个发布会，在所有照片和录像中，我都和他在一起，还有他的儿子约瑟夫和民盟的另一位创始人马萨苏。”

在发布会上，卡比拉宣布自己为新任国家元首，国家的名称改为刚果民主共和国（the Democratic Republic of Congo）。国名中有“民主”二字，他这个国家元首却不是经过选举产生的，而且齐塞克迪的非暴力反对派及其追随者完全被忽略了，最高国民会议提出的意见中，只有将国名改回刚果这一条被卡比拉采纳。雷吉娜等人争取实现民权社会的努力，被军事征服推上了快车道。当时，雷吉娜 42 岁，吕芬 14 岁。几天之后，也就是 1997 年 5 月 29 日，卡比拉正式宣誓

就任总统，但宣誓就职的地址并不是召开最高国民会议的议会大厦，而是新的足球场。卢旺达、乌干达、安哥拉以及赞比亚的国家元首都出席了他的就职仪式，但这座壮观的体育馆并没有被欢呼雀跃的金沙萨居民挤满，在这样一个人口多达几百万的城市，体育馆里三分之一的座位是空的。卡比拉的就职演说从扩音器里传出来，在半空的体育场中回响。

卡比拉把缰绳紧紧攥在手中。蒙博托借道多哥逃到了摩洛哥，永久流亡海外，知道自己的大限已近，他将母亲及其他几位亲人的尸骨火化之后随身携带。4 个月后，蒙博托在几位朋友和家人的陪伴之下，疲惫不堪又满怀不甘地离开了人世。

这一天和往常无异，基伍湖的湖水静静地泛着涟漪，然而对于吕芬来说，这是让人激动的一天。卡比拉第一次回布卡武时，吕芬和他一同前往。他已经多年不曾见到自己的父母，“下午 5 点，我回到家中。我的母亲在外面干活，我向天开了 3 枪，她被吓到了，跑进了屋里，我父亲跟在她后面。我喊道：爸爸，是我。我母亲又从屋子里出来，她开始哭。我离开的时候还是一个神学院的学生，回家已经是一名战士。他们以为我死了，很久以前就为我办了葬礼。每个人都在哭，包括我的兄弟。”对于这个家庭而言，吕芬就像从鬼门关回来了，真是让人欣慰的团圆。吕芬还去拜访了曾经的室友罗德里克的母亲，他们两人一起被绑架，罗德里克在卢旺达因痢疾而死亡。“我给罗德里克的母亲带去了悲伤的消息。我一直和‘老人’

住在当地的宾客酒店（Hotel Résidence），他让我把父母带去见他，当我把父母介绍给他的时候，他做的第一件事是给了我父亲 2000 美元。他说：‘请接受我的道歉，但我还是要把他留在身边，你的儿子是个爱国者。’”

第十二章

同情心，那是什么？

非洲大战

1997—2002

新的政权，新的声音，金沙萨居民肯定以为是他们的耳朵跟他们开了一个玩笑。后蒙博托时代开始于一个声音：低沉的金属音——逐渐升高变得尖锐——然后降低，就这样起起伏伏，它穿透一切物体，让车辆让行，在大街小巷中回响。正在踢足球的孩子们停下来，捂上耳朵做出鬼脸，脑袋转来转去，他们在寻找红色卡车。警报声忽高忽低，令人毛骨悚然。金沙萨有几百万人口，贫民窟连绵不绝，电网残破，电线裸露在外，小煤炉数以万计，这样一座城市终于有了必不可少的优先通行车辆：消防车。[1]

这只是个开始，看起来，洛朗－德西雷·卡比拉的确在改善市民的生活。数年来，黑人居住区成堆的垃圾第一次被得到仔细清理；城市下水道被疏通干净，一些部委大楼的门厅处可以闻到漂白剂的气味；恩吉利机场原本是世界上最混乱的机场，乘客、海关人员、

移民官员、士兵和警察吵吵闹闹、乱作一团，检查乘客护照和行李超重费收据的工作人员连推带挤，如今这么混乱的地方也逐渐变得有秩序了。士兵和警察可以领到工资，虽然不多，但至少是定期收入；教师和普通公务员可以攒钱购买自行车。通货膨胀由四位数降低到两位数，部分原因是美元走强，也因为超量纸币的印刷停止了，市场上流通的纸币变少了也更值钱了。1998 年上半年，通货膨胀率仅为 5%。[2] 在 1998 年 6 月，蒙博托时代发行的新扎伊尔被刚果法郎（franc congolais）取代，1 刚果法郎 =10 万新扎伊尔 =1400 万旧扎伊尔。新货币稳定（至少一开始是这样），且很快为全国所接受。印在纸币上的不是卡比拉的肖像，而是因加大坝或乔克维面具等中性图像。新货币开始流通后，得到了刚果音乐界大腕儿——从温多·克罗索伊到帕帕·文巴再到年轻的明星 J.B. 姆皮亚纳（J.B.Mpiana）——的赞颂。[3]

但表象是有欺骗性的，刚果人对卡比拉的热情消退了，当初兴高采烈迎接他的群众迅速感到厌倦。交朋友是一门艺术，但卡比拉掌握了一门更稀有的艺术：短时间内将朋友变为敌人。把某一部分朋友变成敌人说明他很狡猾，把所有朋友都变成了敌人只能说明他很愚笨。民主化进程开始于蒙博托时代，勇敢反抗独裁统治的无数普通百姓选择暂且相信卡比拉，他们期盼着最高国民会议通过的决议能得到卡比拉的认可，被赋予法律效力，希望卡比拉兑现蒙博托没有兑现的承诺。但是，卡比拉根本没想过满足他们的愿望，对他而言，征服是故事的开始。毕竟，他这个打了多年游击的人，和一屋子理想主义者 5 年前说的蠢话有什么关系呢？宪法、议会、政府和过渡

时期的选举委员会都被卡比拉扔进了垃圾桶。[4]民进联的支持者被关进监狱遭到虐待。[5]金沙萨被“解放”不过才2个月，齐塞克迪就被逮捕、审讯、软禁，最后被流放到自己的出生地。卡比拉的一位部长说：“我们给了他种子和一辆小型拖拉机，他可以开一个农场。”[6]

不，新政府不仅没有全面发展民主，反而恢复了极端独裁主义，新政权只以卡比拉一个人为中心。多党制被废除，只有卡比拉领导的民盟获得许可继续存在，即便它是因为卢旺达的教唆（为了方便入侵扎伊尔）才成立的。卡比拉起初只是民盟的发言人，他逐渐对另外3位创始人的势力进行了清理。唯一有军权的恩甘杜在战争期间就已牺牲，卡比拉宣誓就任总统后，马萨苏被判20年监禁，绑架吕芬的布盖拉被明升暗降，权力架空。民盟从军事联盟转化为国家政党，然而这个政党几乎是没有肉的光骨头；刚果变成民盟，而民盟实际上就是卡比拉本人。唯一的民间政治组织是人民力量委员会（Comités du Pouvoir Populaire），虽然没有人知道这到底是个什么样的机构，但能够嗅到没有经过消化的马克思主义的味道。1997年5月28日新宪法生效，这一宪法的本质是将所有权力集中到总统身上。从此，卡比拉凌驾于立法、行政和司法机构之上，高于军队、政府和外交机构。至于内阁部长，他倾向于选择和他一样的加丹加人或者曾经的政治流亡者，那些多年以来一直渴望获得政治权力的反对派眼看着机会被陌生人轻易拿走。卡比拉还让卡萨武布和卢蒙巴已经成年的女儿担任部长职位，他想借此让自己的政权显得更正当，其实只是演了一出闹剧。

“我 1994 年从卢本巴希大学毕业，获得国际关系专业的学士学位。”贝尔坦 · 蓬加（Bertin Punga）告诉我，他领导了后来的反卡比拉抗议运动。“我在政治上是个活跃分子，以前反对过蒙博托，在 1990 年的校园屠杀事件中，我看到 3 个人被杀。我来自开塞，很清楚地记得加丹加的省长是如何将我们赶走的。因此，民盟来了之后，我就加入了他们。在那之前，政治是分阶级的，而革命之后，似乎人人都可以参与政治。我跟自己说，我受过大学教育，应该从事政治。可是到了金沙萨之后，我发现很多工作机会都给了那些来自加丹加但基本没受过什么教育的人，我虽然有大学文凭，却只能被降格使用。看到多数部长都是加丹加人的时候，我清楚地知道卡比拉就是另外一个蒙博托。不，考虑到蒙博托对权力的滥用是分散在 32 年的统治时间里的，你会觉得卡比拉可能更糟糕。卡比拉上台后，多党制立即被废除，一党制回归，所谓人民力量委员会，在我看来完全就是人运党的翻版。”[7]

执政第一年，卡比拉的目标似乎是建立一个强大、专制、完全个人化的政权，然而这个政权仍然十分脆弱。没有实际政策，没有远景规划，政府机构残缺不全，连军队都成了笑料。蒙博托时期的扎伊尔武装部队被解散，代之以刚果武装部队（Forces Armées Congolaises，FAC），虽然听起来很正规，但实际上混杂了原扎伊尔武装部队士兵、原“加丹加之虎”叛军、娃娃兵、班尼亚穆伦盖族

士兵以及卢旺达图西族士兵，军队参谋长是卢旺达人卡巴雷贝。卡比拉管理国家的方式和在叛乱期间管理自己地盘的方式一样：极其松散。唯一让他上心的事情是控制信息传播的渠道，他在信息方面的顾问也是多米尼克·萨孔比·伊农戈，蒙博托的宣传者现在是服务于卡比拉的预言者。卡比拉肯定跟蒙博托学到了一点：一个强大的政权必须对媒体进行严密控制。某一天凌晨2点，士兵突然敲响他的门时，广播记者齐齐·卡邦戈亲身体会到了这一点。

“卡比拉和公共广播机构之间的关系非常冷淡。”卡邦戈告诉我。

> 他认为整个广播系统的工作人员都是蒙博托主义者。有一天晚上，我们正在重播他的会议录音，卡比拉没睡，也在听广播。蒙博托时代以来，我们没有钱购买设备，都是将旧磁带上的录音抹掉再重复使用。但这一次，磁带上的录音没有抹干净，卡比拉的会议录音放完之后，多了一条有关蒙博托的报道。值班的技术人员睡着了，听众又听到了蒙博托的声音，还有民众在呼喊“蒙博托是我们的朋友！”，以为蒙博托又回来了。当晚，军队将所有的记者都抓起来关进了监狱。凌晨2点，士兵来敲我的门，我也被逮捕了，有些人被判了死刑。局势非常暗淡，卡比拉要消灭所有的敌人。

卡邦戈的胫骨上还有当年反抗蒙博托时留下的伤口，现在却被指控为蒙博托主义的支持者。1997年5月到2001年1月，超过160名记者被抓进监狱。[8]“被抓起来的第二天，大家都被带到总统宫，卡

比拉怒斥了我们的反叛行为，惩罚我们认真学习马克思主义。不过，当这一切结束的时候，我们拿到了等待多年的新磁带。”[9]

以前的民主反对派和民进联完全被边缘化，民盟基本成了废物，媒体遭到打压后噤声，当然，这位新领导人还要继续摧毁架在刚果与其外国盟友之间的桥梁。卡比拉首先拒绝，然后阻挠针对胡图族难民被屠杀事件的调查，一而再，再而三地破坏联合国对他的信任。面对外国专家团队的联合抵制，卡比拉有两个选择：要么将矛头指向卢旺达（难民的来源地），这样一来等于承认自己的胜利并非来自他领导的起义，严重降低他在刚果国内的支持率；要么自己承担一切责任，在国际社会上落下一个大屠杀凶手的名声。国内利益和国际利益对立，就算是对政治老手来说，平衡这两者也相当于走钢丝，何况卡比拉根本算不上政治老手。外交手段对他来说是繁文缛节，粗鲁才是他的强项，他在国际舞台上的形象更接近多疑的叛军，而非成熟的政治家。他一再指责法国是新殖民主义，美国不懂外交礼仪，比利时是恐怖主义国家。[10] 虽然这三个国家也曾无法容忍蒙博托的作风，但卡比拉的荒谬言论更为新鲜，如果说蒙博托是狡猾的狐狸，那么卡比拉不过是个粗人。其他非洲元首也很快熟悉了这位新同行。1997 年，在刚果（布）的和平谈判中，他让曼德拉等了好几个小时，让一直很绅士的曼德拉怒意爆发；有一次，埃及总统胡斯尼 · 穆巴拉克（Hosni Mubarak）已经等在开罗机场，布置好了红地毯和礼仪兵迎接他的来访，卡比拉却以“有些疲惫”为由临时取消访问；坦桑尼亚总统本杰明 · 姆卡帕（Benjamin Mkapa）已经将他接进了自己的官邸，但卡比拉完全无视外交礼仪，缩短访问

行程，直接飞回了金沙萨。[11] 乌干达总统穆塞韦尼和卢旺达总统卡加梅也了解了卡比拉（曾经为他们所用）的不讲规矩，他们本来希望把他当成一枚棋子，用来控制混乱的邻国，然而如今的卡比拉却变成了一枚不受控的导弹。

接下来发生的事情非常重要：卡比拉与卢旺达和乌干达翻脸。在这件事情上，他别无选择，因为刚果国内抗议外国干预的声音越来越大，特别是针对卢旺达的抗议。每一位图西族人都被当成卢旺达人，而每一个卢旺达人都被当成占领者，甚至每一个鼻子比较尖或者额头比较高的人都被视为入侵者。武装部队里有大批图西族人，很多图西族人还身居高位，金沙萨居民对此非常不满。图西族军官既不说法语也不说林加拉语，他们说英语、斯瓦希里语或卢旺达语，他们的行为和傲慢的征服者一样，他们用河马皮做的鞭子抽打受刑的人，让刚果人回忆起殖民时代的痛苦。在公共场合穿牛仔裤或迷你裙（在 1990 年之后已经得到允许）的女性将受到鞭刑，出租车司机违反交通规则也会被鞭打，鞭打次数不遵循殖民时代不得超过 25 次的规定，而是由年龄决定：比如 50 岁的人就抽 50 下。人们普遍认为，人口过于稠密的卢旺达想获得原材料和生存空间，于是把目标瞄准了基伍，因为那里本来就居住着很多图西族人。人们还相信卢旺达想建立“火山共和国”（Grande Republique des Volcans），将卢旺达和基伍纳入国土范围。一群卢旺达精英呼吁召开“第二次柏林会议”，重新考虑 1885 年柏林会议划定的非洲国家边界。[12] 刚果民众对卢旺达的抗拒有增无减，很多刚果人感觉自己国家辽阔的领土已经在被小国卢旺达侵吞。[13] 两个国家之间产生了深刻的仇恨，让人想

起很久之前的英国和爱尔兰。在很多卢旺达人看来，刚果是一个慵懒而混乱的国家，这个国家的国民更关心音乐、舞蹈、食物，而非工作、基础设施、公共秩序；许多刚果人则认为卢旺达是一个冷漠专制的国家，因为公共卫生的原因禁止使用塑料袋，骑摩托车戴头盔是强制性要求，卢旺达是一个傲慢的国家、一个自命不凡的暴发户，看不起刚果人。许多人用“班图人”（Bantus）和“尼罗特人”（Nilotes）之间古老的文化冲突来解释这两个国家之间的不同，尽管相关概念来自殖民时代的人类学，是非常有问题的。只要卡比拉还被让人痛恨的外国人围绕着，他的权威就不会得到刚果人的认可：总统知道这是刚果民众的真实感受。卡比拉在一个对他来说陌生的城市，被他不认识也不了解的人群注视，统治一个面积广阔的国家。渐渐地，民众的欢呼声消失了。“应该让我们的解放者获得解放。”人们在街头讽刺地说道。[14]

这正是卡比拉所做的事情。1998 年 7 月 26 日，在来到金沙萨 1 年多以后，他通过夜间广播宣布卢旺达及其他国家的军队将撤离刚果。这一次，不是旧磁带上的录音没有被抹掉，而是卡比拉在公布一个事实，他还感谢刚果民众“对卢旺达军队的包容和支持”。[15] 这份声明预示他与基加利和坎帕拉（Kampala）之间的关系宣告破裂。在接下来的几天中，数百名士兵撤离金沙萨，卡巴雷贝参谋长以卡比拉的名义攻下刚果，后者对他的功绩表示感谢，让他带着愤怒回了卢旺达。现在看来，紧张局势的升级已经不可避免。实际上，不到一周，卡巴雷贝再次率领军队入侵刚果。

从 1996 年 10 月持续到 1997 年 5 月的战争将蒙博托拉下了台，其名称有很多，比如班尼亚穆伦盖族起义、解放战争、民盟攻势，今天最常用的是“第一次刚果战争”（First Congo War）。1998 年 8 月 2 日，第二次刚果战争（Second Congo War）爆发，卢旺达军队再次越过边境，指挥官还是卡巴雷贝，战争目标依然是推翻金沙萨现存政权，然而这一次冲突持续的时间不是 7 个月，而是 5 年，到 2003 年 6 月才结束。事实上，如果从非官方的角度讲，至少在我写这本书的时候，也就是 2010 年春天，战争仍然处于一触即发的状态。

第二次刚果战争是一场复杂的冲突，在某个阶段，至少有 9 个非洲国家、30 支民兵队伍参与其中。这是一场非洲规模的战争，刚果是中心舞台。非洲各国在战争爆发之后迅速选边站队，从北边的利比亚到南边的纳米比亚，要么支持卡比拉，要么反对卡比拉，让人想起第一次世界大战前欧洲各国间的结盟，因此有时也被称为“第一次非洲世界大战”（First African World War）——过于轻估了两次世界大战对非洲大陆的影响。用“非洲大战”（Great African War）可能更恰当一些，尽管冲突范围主要限于刚果境内，而且当地武装的活动时间要长于任何外国军队。就伤亡情况而言，非洲大战或第二次刚果战争是第二次世界大战之后死亡率最高的战争。从 1998 年开始，单在刚果就有 300 万乃至 500 万人在战争中丧生，远远多于被媒体广泛报道的发生在波斯尼亚、伊拉克和阿富汗的战争所造成的死亡人数的总和，死亡人数还在继续上升。2007 年，据报道，仍有 4.5 万人间接死于这场被遗忘的战争，其中绝大多数是平民，他们并不是在战斗中死亡，而是死于营养不良、痢疾、疟疾以及肺炎——

因为战争的原因，这些患者都没有得到必要的治疗。但必须强调的是，很多类似病患在这场战争爆发之前也没有得到治疗。刚果的死亡率本来就高于平均水平，战争不可能对此有所改善。2007 年，刚果的死亡率比撒哈拉以南非洲平均死亡率高出 60%。[16] 刚果人出生时的平均预期寿命只有 53 岁。

国际媒体没有报道第二次刚果战争，因为这场战争的情况十分不清晰。这场战争中并没有界线分明的两大阵营，甚至没有清楚的是非、好坏、正邪之分。冷战之后，西方记者在报道武装冲突时越来越倾向于对战争进行道德化处理，比如在南斯拉夫战争中，塞尔维亚人是犯罪的一方；在卢旺达，图西族人被视为无辜的受害者。在这两起事件中，这种完全对立的角色划分都导致了灾难性的误解和政策措施。在刚果，要分辨出“好”的一方并不容易，近距离感受过战争的人很清楚参与战事的双（多）方都有不可告人的秘密，苦难往往被视为免罪符，苦难者选择的回应方式所存在的问题却往往被忽视。只要考虑双方的合理性和一致性，就会发现没有任何一方可以从泥潭中抽身而退。对于人口年轻、教育程度低的穷国而言，他们只知道蒙博托的专制统治，在独裁统治下长大的孩子很少会成为典型的民主主义者。在第二次刚果战争中，每个人都认为其他人更应该受到谴责，进行反击合情合理，于是无休无止的暴力冲突随之而至。西方媒体只能转身离开。

冲突分成 3 个阶段，从 1998 年 8 月到 1999 年 7 月，卢旺达、乌

干达和临时组建的本地叛军联合，试图推翻卡比拉的政权，但并没有成功，这一阶段的冲突以签署《卢萨卡和平协议》（*Lusaka Peace Agreement*）告终，这份协议内容丰富，却没有带来和平。第二阶段冲突从 1999 年 7 月持续到 2002 年 12 月底，卢旺达和乌干达放弃了向金沙萨推进的计划，却在当地武装的帮助下，控制了刚果半壁江山，如此一来，他们就可以大规模开发占领范围内的原材料，当战利品优先于权力时，叛军出现内部分裂，基桑加尼爆发暴力对抗。2002 年 12 月刚果与卢旺达在比勒陀利亚（今茨瓦内）达成和平协议，标志这个阶段的动荡告一段落，相关协议于 2003 年 6 月正式生效。卢旺达人和乌干达人纷纷撤回自己的国家，联合国加强了对刚果的干预，正式宣告战争结束，但从非官方的角度讲，实际情况大不相同。第三阶段冲突开始于 2003 年，在基伍，冲突一直持续到现在，在这一阶段，冲突范围仅限于刚果最东部的领土，该区域与卢旺达（基伍）和乌干达（伊图里）接壤，遭受极端暴力、大规模人权侵犯，当地民众的悲惨境遇令人难以想象。

每一个阶段的冲突都反映了卢旺达种族屠杀事件的余波、刚果政府的软弱、卢旺达的军事活力、大湖地区的人口过剩、殖民时代所划定的边界的可渗透性、贫困导致的部族关系紧张、自然资源的存在、非正规经济的军事化、国际市场对原材料的需求、地方武装的不受控制、联合国的无能等。

2007 年 6 月 25 日，我在卢旺达首都基加利的著名酒店——米勒科林斯酒店（Hotel des Milles Collines）——用早餐，这家酒店在种族大屠杀期间收容了很多难民，为电影《卢旺达大饭店》（*Hotel*

Rwanda）提供了拍摄素材，现在仍是一家价格昂贵的星级酒店。我前一晚并没有在酒店过夜，只是赶早来这里采访辛巴·雷吉斯（Simba Regis），他是一位性格内向的卢旺达老兵，只比我大几岁。在餐厅，我们用钳子夹起因为涂了黄油而表面发亮羊角面包，女服务员给我们端来新鲜果汁。辛巴·雷吉斯出生于1967年，他的人生经历相当于一部卢旺达图西族简史。1959年胡图族起义，他的父母逃到布隆迪，他就出生在那里，但在童年和青年时期反复被告知自己的故乡是卢旺达而非布隆迪。他支持流亡的图西族人的斗争，并在1990年前往乌干达南部加入卡加梅的军队：卢旺达爱国阵线。他参加了入侵卢旺达的战争，而且是第一批抵达基加利的士兵之一。1994年大屠杀爆发，他因为牙齿的颜色有所不同而幸免于难。“六岁的孩子被扔在一边衰弱而死，年轻的母亲被民兵屠杀，这些画面令人发指，如果你目睹了当时发生的一切，你就不得不奋起抗争。”1996年，卢旺达第一次入侵刚果、清理胡图族，他在其中。1998年卢旺达第二次入侵刚果，他又一次来到前线，这一次的目标除了要将卡比拉赶下台，还要清理掉残余的胡图族武装分子。数千名卢旺达胡图族人仍然藏在刚果东部的丛林中，民盟实施屠杀之后，他们的复仇愿望比以往任何时候都更强烈。

战斗在8月2日打响。卢旺达得到乌干达和布隆迪的支持，这两个国家的参与既是出于对西部边境的担忧，也是因为很清楚刚果东部有丰富的矿产资源。戈马和布卡武很快陷落，两周之后，有人传言是刚果叛军——刚果民主联盟（Rassemblement Congolais pour la Démocratie，RCD）——攻下了这两个城市。曾经的历史学教授埃内

斯特·万巴·迪亚·万巴（Ernest Wamba dia Wamba）被推举为这一组织的领导人,但是刚果民主联盟和1996年的民盟一样,是挂名组织。辛巴·雷吉斯一边慢慢撕开羊角面包，一边肯定地说道：“我们训练了这些叛军，卢旺达军队更有组织性，叛军穿着卢旺达士兵的制服和靴子，接受我们的指导，我们是他们的教父。”

辛巴·雷吉斯在刚果国土上战斗了4年，从1998年到2002年，也就是官方公布的这场战的持续时间。他在加丹加和开塞参加战斗，有时候与卡比拉支持的民兵和马伊—马伊武装交战，但通常没有战事。“我们就是讨个生活。”他说，似乎在暗示掠夺矿产资源比发动战争本身更加重要。加丹加有丰富的原材料，开塞有丰富的钻石资源。他认为与有组织的胡图族人斗争是“正义而高尚的”，但他厌倦了只有战争的生活，“我不想干了，我从1990年开始参加战斗，那些做决策的人从来没有亲自战斗过，而我却在战争中失去了兄弟和朋友，我们有11个人，都来自布琼布拉①，来自同一个社区，上同一所小学和中学。现在只有2个人还活着，另一个人在加拿大生活。”在早餐厅外的露台上俯瞰基加利，整个城市都沐浴在晨光中。“我喝了啤酒之后会做噩梦，我看到房子被炸了，我的朋友在哭喊，他们的胳膊或腿被炸掉了，而我总是无能为力，帮不了他们，最后我会惊醒。我仍然无法摆脱战争的梦魇，我这一辈子过得非常糟糕，这是真的。我想去欧洲，因为5~10年后，这里的局势会再次恶化。”[17]

① 布琼布拉（Bujumbura）：布隆迪首都，旧名乌松布拉（Usumbura）。——译者注

卡巴雷贝认为他这一次会迅速完成任务，1996年，他领军攻下金沙萨只用了7个月，这一次他能够做得更好。他的计划既大胆又充满风险。在戈马机场，他劫持了几架飞机，强迫飞行员将刚果民主联盟的士兵空运至刚果西部，在大西洋之滨的基托纳军事基地降落，这里距离金沙萨只有400千米，这一策略似乎取得了成功。卡巴雷贝于8月5日攻下基托纳，并且成功说服该基地士兵——绝大多数为原扎伊尔武装部队士兵——协助他对抗卡比拉。8月9日，他领军攻下了战略位置非常关键的港口城市马塔迪，8月11日占领因加水电站。卡巴雷贝的手指已经放到了金沙萨电力开关上，随时可以切断首都的供电。夜复一夜，他让金沙萨数百万人无电可用。在一些工人社区里，反图西族情绪骤然高涨，数百名图西族人以及和图西族人体貌特征相似的人被愤怒的居民以私刑处死。和南非某些镇区出现的极刑一样，施刑的人在他们的脖子上套一个装满汽油的轮胎并纵火。

所有迹象都表明，金沙萨很快就会陷落；卡比拉的军队根本无法与卡巴雷贝抗衡。然而，结果大不相同。就在千钧一发之际，卡比拉被外国军队拯救。1998年8月19日，400名津巴布韦士兵进驻刚果；8月22日，安哥拉军队开始解放下刚果省；其中，安哥拉扮演了关键角色。在第一次刚果战争期间，安哥拉保持中立：蒙博托倒台在即，罗安达无人忧伤，因为蒙博托曾支持安哥拉右翼势力安盟叛军，给安哥拉带来苦难。在第二次刚果战争期间，国家关系重新洗牌。为了推翻卡比拉，卢旺达很可能会支持安盟，安哥拉当局不允许这样的事情发生。津巴布韦能从加丹加矿业发展中获取利益，

因此其干预更多是出于经济动机。另外，在津巴布韦总统罗伯特·穆加贝、安哥拉总统若泽·爱德华多·多斯桑托斯（José Eduardo Dos Santos）与卡比拉之间存在意识形态上的兄弟关系，因为他们3人都是“热带化马克思主义者”。古巴领导人菲德尔·卡斯特罗（Fidel Castro）支持安哥拉多年，他曾经让切·格瓦拉去帮助卡比拉。吕芬在担任卡比拉保镖期间，近距离注意到了古巴与卡比拉的关系：“‘老人’喜欢革命者，像穆加贝和卡斯特罗这样的人，他觉得他们非常了不起，他的私人医生就是古巴人。我和他一起去过古巴多次，包括我在内有4个娃娃兵。我们见到了卡斯特罗，我甚至和他握手了，我们在哈瓦那（Havana）和他一起吃饭。”[18] 可能正是卡斯特罗促请安哥拉总统多斯桑托斯往刚果派兵。[19]

卡比拉的联盟在壮大，继津巴布韦和安哥拉之后，又加入了纳米比亚，北方的盟友包括苏丹、乍得和利比亚，每个国家都有阻止卡比拉倒台的理由。苏丹之所以帮助卡比拉，是因为乌干达支持南部叛军；利比亚提供了多架飞机，目的是摆脱在国际上的孤立状态；乍得派遣了2000名士兵，以示与苏丹和利比亚的团结。最终，卡比拉手中可以支配的军队来自7个国家：除了自己的军队之外，刚果北方和南方各有3个国家派兵，以此对抗刚果东方3个国家——卢旺达、乌干达和布隆迪，其中卢旺达是主导力量，毫无疑问也是美国最青睐的国家——派遣的、以刚果民主联盟为幌子的侵略军队。刚果的中心地理位置再一次在历史中扮演关键角色。双方军队的规模都不容小觑：卡比拉联盟约8.5万人，叛军约5.5万人。[20] 如此大规模的军事存在到最后成了僵局，卡比拉很快恢复了对刚果西部的

控制，但东部地区仍被刚果民主联盟占领。没有真正的前线，只有明确的控制范围，通常被宽阔的无人地带隔开。卡比拉的权威只能覆盖了下刚果、班顿杜、西开塞和加丹加的大部分地区；基加利和坎帕拉则控制着加丹加北部、南基伍和北基伍、马涅马以及东方省。1998年乍得军队从赤道省撤走后，这个地区迅速被叛军占领，这里的叛军不是刚果民主联盟，而是在乌干达的支持下新组建的刚果解放运动（Mouvement pour la Libération du Congo，MLC）。这支叛军的指挥是让－皮埃尔·本巴（Jean-Pierre Bemba），他的父亲是蒙博托时代最富裕的商人让诺·本巴，总统特别师——蒙博托的私人部队，以残酷无情著称——的老兵是这支叛军的主要组成部分。[21]

卢旺达想复制1996年的成功却未能如愿，部分原因在于刚果人的态度与往日不同，刚果的局势更加复杂。如果说当时的民盟被视为解放力量，那么刚果民主联盟则被视为侵略力量。在戈马这样的城市，卡比拉的支持率仍然很高，万巴·迪亚·万巴想在当地招募士兵时，却遭到让尼·穆卡尼尔瓦（Jeannie Mukanirwa）带领的农村妇女协会的抵制。蒙博托时代末期，让尼·穆卡尼尔瓦（Jeannie Mukanirwa）参与创立了基伍的妇女运动，“我们一共有5000名妇女，万巴想把我们争取过去，为他的叛军服务，他说这是一场纠正过去错误的战争，但我们很清楚卢旺达是幕后指挥。我们说：‘1996年，你们带走我们的孩子，让他们参加战争，现在你们又想带走剩下的孩子，让他们兄弟相残。你们的战争没有道理！’是的，我们女人在那个时候非常勇敢。”[22]

万巴的刚果民主联盟在一夜之间被刚果人所仇恨，连班尼亚穆伦

盖人也无法毫不犹豫地选择与卢旺达联合，和两年前相比，他们的热情明显下降。[23] 来自戈马的人曾告诉我当地的市政管理完全被卢旺达人接手，税务所、移民机构、情报机构……城市被占领时没有发生战斗，一旦新的管理者出现，绑架、失踪案件便层出不穷。[24] 知识分子、记者、民权社会活跃分子以及教会领导人都遭到恐吓、逮捕，来自内陆的数百名持异议者和反暴动战士失去了生命。[25]

戈马的卡里塔斯宾馆（Caritas）位于美丽的基伍湖畔，我在它的花园里采访过一位自称“姆辛都”（Muhindu）的先生，他走路一瘸一拐，右手上还有一块很大的伤疤。他为刚果民主联盟一位指挥官当过 5 年卡车司机，回答问题时非常小心：“当时有很多年轻人被绑架，我开车去某一户人家的时候通常会带 3 个士兵，体格健全的男孩儿或男人都被装到卡车里带走。目的地是靠近穆贡加的金约戈特（Kinyogote），在基伍湖边。那里有一个车库，以前放快艇，现在成了监狱。我们把带来的人扔进去，几天之后他们会被杀掉，用绳子勒死。之后，我开摩托艇将这些人的尸体运到湖中，在尸体上绑上大石头沉下去。”波浪拍打湖岸，但他没有听。这里位于东部的高原地带，气温很低，可他只穿了一件 T 恤衫。他喝了一口啤酒，继续说道：“如果你和别人发生纠纷，你可以去找刚果民主联盟的朋友，只要给一些钱，他就可以保证你的敌人会被干掉。我的卡车每天大约装 16 个人，我开了 5 年。有时候车库里有 100 多个人，他们也可能死于寒风，有时候基伍湖的大浪也会涌进来。”[26]

刚果民主联盟在城市中的手段相当野蛮，但农村却不在他们的控制之下，那里是民兵和胡图族武装的天下，这些人得到了金沙萨

的支持。这似乎是不太可能出现的历史大逆转：1996 年，卡比拉率领叛军进攻金沙萨，一路屠杀胡图族难民；两年之后，卡比拉为同一批难民提供武器对付卢旺达入侵者……在刚果，任何事情都没有表面看起来那么简单，盟友来了又走，全取决于局势。意识形态上的一致性？政治上的亲密关系？都不重要。唯一重要的是军事上（后来是金钱上）的机会主义，敌人的敌人就是朋友。在刚果东部地区，这一逻辑让卢旺达胡图族和图西族之间的争斗无休无止，种族大屠杀的回响从未消失。

马伊—马伊武装同样获得了金沙萨方面的支持，卡比拉在刚果东部没有军队，但他可以通过马伊—马伊武装阻止刚果民主联盟完全控制内陆。因此，他实际上将东部的战争外包给了 2 个古怪的盟友：民兵和马伊—马伊武装，前者是卢旺达的胡图族，也是种族屠杀的凶手；后者是由刚果极端民族主义者，他们相信传统巫术。2007 年 6 月，我在布卡武与 4 名马伊—马伊士兵在极度隐秘的情况下共进晚餐，他们在城市中很警觉，直到夜幕降临后，才在一位共同朋友的秘密住宅里会面。开始时气氛有些紧张，“上校”是一个 30 多岁的男人，眼中布满血丝，高声讲着马伊—马伊武装的历史，都是让人情绪激动、斗志昂扬的英雄故事，因为他说起来没完没了，几名随行士兵都睡着了，在深夜醒来时，他又谈起战争和他们迷信的仪式。在吃完东西、喝了啤酒之后，他们还向我展示了他们的魔幻臂章：他们的护身符。他们卷起裤腿，给我看子弹穿过留下的伤痕（“是子弹打进的地方，也是子弹出来的地方！”），让我触摸他们的手臂，皮肤下面还埋着一颗子弹（“不需要医生，药草接触一下手臂就能

让我不受伤！”）。他们还向我承诺，下一次会面时，会将所有免疫仪式用在某个同志身上，然后对他开枪，届时就能看到子弹像水滴一样从胸前滑落。他们甚至还有更好的主意，看出来我对刚果非常感兴趣，他们认为我有潜力成为一名马伊—马伊士兵，他们可以将所有仪式用到我身上，然后朝我开枪。这是一段非常难忘的经历，不是吗？[27]

马伊—马伊武装从来不在意种族出身，只要你爱刚果就可以加入他们。伊夫 · 范温登（Yves van Winden）是一位比利时人，曾在刚果经营一家小型航空公司长达数年，当飞行员既是他的爱好也是他的业务，他热爱刚果，将刚果视为自己的祖国。战争期间，他是卡比拉和马伊—马伊武装之间的联络人。我们在戈马的一家夜总会碰面，和他一起的有几位俄罗斯飞行员，他们以黄金走私为副业，还有几个穿军服的人，我无法辨别是哪个国家的人，几位年轻的妓女坐在桌子旁，用吸管喝着可乐。“他们叫我‘白人马伊—马伊’，”范温登说，“我把卡比拉提供的武器带给他们。我一个人单独飞了400多趟，每一趟五六个小时，是非常长的飞行。绝大多数时候我开的是赛斯纳（Cessna），有时候也开DC–3或小型安 –26（Antonov 26）。每次载重约600公斤，大约是2万支卡拉什尼科夫步枪、300~500枚火箭炮、200门60毫米口径迫击炮、20门90毫米口径迫击炮、10门120毫米口径迫击炮或2发萨姆 –7（SAM-7）防空导弹。”为什么有人会为叛军运去240吨重的武器呢？“爱国主义，给马伊—马伊武装提供武器有助于阻挡刚果民主联盟，因为这些飞行，政府现在还欠我很多。有一次，我的赛斯纳刚起飞就遭到枪击，子弹从

我右边飞过，但我没有受到任何伤害。马伊—马伊士兵毫不惊讶，毕竟，他们也对我的飞机施了魔法。”[28]

刚果：西部和南部是卡比拉和他的安哥拉、津巴布韦盟友；北部是本巴和乌干达支持的刚果解放运动；东部是万巴和卢旺达支持的刚果民主联盟，与金沙萨支持的民兵和马伊—马伊武装作战。和谈在 1999 年年初开始，一直持续到当年 7 月，在美国和法国的施压下，最后终于在赞比亚首都卢萨卡达成和平协议。所有外国势力都承诺从刚果撤军，联合国将派遣 500 名观察员到刚果执行维和任务，刚果将发起全国对话，为战后过渡做安排。自从蒙博托 1990 年为民主化放行之后，这个国家就一次又一次经历过渡。

但战争并没有就此结束，《卢萨卡和平协议》签署之后，刚果进入了一个新的阶段：更混乱、更恶浊。所有战争都是肮脏的，尤其是战争的动机由政治变成金钱之后。刚果民主联盟的目标不再是攻下金沙萨，而是控制刚果东部，因为在这里可以赚很多钱。西方人通常认为战争是昂贵的，会消耗大量资金，对经济造成灾难性打击；中非地区的情况则完全相反：打一场仗很便宜，考虑到原材料带来的可观利润更是如此，因为这里的战争不需要高科技。国际市场上轻型、二手武器大多来自苏联解体后的东欧国家，因为供过于求所以价格低廉；娃娃兵的工资源于他们自己的掠夺所得，因此也不算开销。让人口减少的同时还可以去开采当地的矿石，换句话说，在经济上战争是可行的。为什么要叫停一笔利润丰厚的生意呢？因为

来自民众的压力？但战争就是为了回应民众的压力，不是吗？况且，如果一部分穷人也能够从矿产资源中获益呢？

我第一次见到索基医生的时候，他正在基桑加尼一家希腊自助餐厅里吃煎蛋饼。那一天很热，还好餐厅里有空调，我们很快进入正题。他来自布卡武，在1996年卢旺达第一次入侵刚果时逃亡到基桑加尼。迫击炮毁了他的家，他和家人在丛林里走了3个星期，几年之后，战争又打到了他的新家。

在战争第二阶段，最重要的事件是卢旺达和乌干达断交。既然获得战争胜利已经让位于经济利益，卡加梅和穆塞韦尼的友谊之船触礁，他们不再并肩作战夺取金沙萨，而是为了控制基桑加尼互相战斗。1998年，叛军攻下索基医生住的镇子，基桑加尼在当时是地区钻石贸易中心，城市里到处都是钻石贸易公司，多由黎巴嫩人经营，内陆采矿商都到这里将钻石换成现金。乌干达起先控制了基桑加尼，卢旺达为了占有可观利润决定将自己的北方邻居赶走。这座刚果第三大城市的街道上至少发生了3次枪战，直到今天，基桑基尼居民还会提到“一天战争”（1999年8月）、“三天战争”（2000年5月）和“六天战争”（2000年6月）。索基医生回忆，最后一场冲突尤其激烈。虽然官方宣布基桑加尼将解除武装，实行非军事化，但是在吉普车准备撤离的时候，双方都担心对方会趁机控制整个城市。[29]联合国维和部队以及联刚特派团（Mission de l'Organisation des Nations Unies en République démocratique du Congo，MONUC）都增派了人手，但不足以平衡局面。乌干达军队驻扎在城市北部的索特克斯基纺织厂（Sotexki textile plant），靠近乔波河（Tshopo River）；卢旺

达军队驻扎在城市南部，刚果河岸。虽然不清楚是哪一方挑起了冲突，但显而易见，所谓的有计划撤退演变成了全面交火，双方都动用了大炮。在接下来的6天时间里，千枚炮弹在刚果最现代化的居民区上空划过，夜晚的天空中炮声隆隆、火星四溅。[30]居民都躲进地下室，既没有水也没有电，几天之内没有吃的，只能喝水坑里或者是蓄水池中的死水，无辜地忍受这场与自己无关的战争。[31]乌干达和卢旺达为了这个陷入瘫痪但仍然富有矿藏的国家而反目，好比为了争夺一具尸体而打架的豺狼。

公立医院后面形成了临时墓地，在“六天战争”期间，400多名平民被杀，伤者无数，被毁掉的房子数不胜数。“战争在周一早上10点钟爆发，我正和一位客户讨论建筑计划。”乌楚迪（Utshudi）说，他是一位工程师，炮弹击中他的房子时他并不在家。“我们住在乔波区第二大街11号，我回去的时候，那里的房子都成了废墟，我们只能逃走。到处都是尸体，堆在那里6天没人清理，因为士兵甚至朝挖坟埋尸体的人开枪。这场仗打完之后，我们才回去把尸体装进袋子里，埋道医院后面。我失去了妻子、妹妹、表妹和4个孩子，7个家人都没了，我一直在向上帝祈祷，让我忘掉这一切。”[32]

卢旺达与乌干达决裂的同时，刚果民主联盟内部也分裂成“卢旺达派”（RCD-G，G代表戈马）和“乌干达派”（RCD-K，K代表基桑加尼），前者先后由埃米尔·伊隆加（Émile Ilunga）和阿扎里亚斯·鲁贝鲁瓦（Azarias Ruberwa）领导，后者先后由万巴·迪亚·万巴和安提帕斯·姆布萨·尼亚姆维西（Antipas Mbusa Nyamwisi）领导。[33]索基医生在一定距离外观察着当时发生的事情：“我不会花时间思

考政治问题，对战争背后的动机也一无所知。”“六天战争”开始的时候，国际援助机构撤走了工作人员。在一个人口50万的被困城市里，索基医生和加缪的小说《鼠疫》（*La Peste*）中那位医生一样，只想在一个没有人性的世界里维持人的尊严。

> 我在基桑加尼公立医院工作了6天，还有3名护士和15名实习医生，后来才来了一位红十字会的美国医生。所有人都睡在地板上，铺着他们自己织的席子上，把毯子和药品运进来需要比较长的时间。我们从早上7点忙到晚上8点，一共治疗了2000人，他们有的是腹部中弹，有的是胸部、腿甚至头部，还有些伤者的腹部被弹片撕开了。我们将他们肺部的血块清理掉，把膀胱里的弹片取出来，还要做截肢手术，真正的战时手术，不过我们没有出现感染问题。一开始没有足够的柴油发电，我们只好用煤火给手术用具消毒。后来一发炮弹击中了医院，两个手术室只剩一个，容量5000升的蓄水池也被炸破了，水都流了出来。病人和工作人员中出现了恐慌，即便是在医院，我们也不安全。

索基医生冷静地回忆，不是在讲英雄的行为，而是在诉说顺从和忧伤：“我们还治疗了士兵，4个乌干达士兵闯进医院，他们的腹部都被弹片划破，肠子都出来了，我们救了他们。我们来者不拒，不歧视任何人，我们把卢旺达伤兵安置在另一个房间里。我没有放弃，我曾经为了逃难步行700千米，一路上看到很多儿童和青少年的尸体。

很明显，我有帮助别人的勇气。”这些天，他总是一个人吃着煎蛋饼，他不想说太多，“那个礼拜我们还接生过孩子，因为受了战争的刺激，很多孕妇都出现了早产的症状。我们为一个女人做了剖宫产手术，我将孩子托在手上，愿上帝赐予他生命。”[34]

参加了 1997 年在廷吉廷吉的大屠杀后，帕皮 · 布拉亚中尉离开了民盟。他在基桑加尼成了家，然后去了贝尼（Beni），和妻子一家住在一起，解甲归田，和普通刚果人一样，在和平时期过普通生活。但 1999 年，刚果民主联盟内部分裂，万巴 · 迪亚 · 万巴来到基桑加尼。“他说：‘你要为你的国家战斗，卢旺达人想占领这个国家，看看发生在戈马的事情！’”农民布拉亚认为自己已经翻了足够多的土地，于是再一次成为布拉亚中尉。他接受了 3 个月的训练，由一位乌干达上校指导，万巴已经选好了新的阵营。

卢旺达人在 1999 年 8 月炮击基桑加尼，并第一次占领了这个城市。万巴将总部搬到布尼亚时，布拉亚中尉也去了东部。现在，他想加入罗杰 · 伦巴拉（Roger Lumbala）在核心矿石产区巴富瓦森代（Bafwasende）创立的“刚果民主联盟 – 国家联盟”（RCD-N，N 代表国家，用 L 更合适，代表地方）。伦巴拉本属于刚果民主联盟中的“卢旺达派”，后与“乌干达派”暧昧，成立自己的叛军，最后与本巴的刚果解放运动结盟。[35] 叛军已经分崩离析，特别是乌干达支持的一方，布拉亚为此辗转反侧，犹豫不决。一开始他想追随伦巴拉，后来又改变主意；然后他想回去找万巴，但当时万巴的地位

已经被姆布萨取代；他的想法是回到贝尼，和家人待在一起，但路程太远；所以，他最后只能和姆布萨一起，忠诚首先是一种机会主义。最终，他和一些士兵在丛林中活动了多年，这片丛林在和平时期是一个国家公园：霍加狓国家公园（Parc National de L'Okapi），面积足有1.8万平方千米，是刚果面积最大的自然保留地，在1996成为世界遗产，只有姆布提俾格米人（Mbuti Pygmies）在里面居住。

布拉亚带领着一个7人小队，他们深入丛林来到了小镇博米利（Bomili），在那里能欣赏到伊图里河与一条支流汇合，画面非常壮观。博米利由一个叫马马杜（Mamadou）的人统治，他本是马里的偷猎者，却摆出村落酋长的架势，让人想起19世纪来自非洲东部的非洲阿拉伯奴隶贸易商姆西里，他在1856年自封为隆达国国王。伴随官方政治权威的衰弱，外国贸易商开始自由活动，只要用一些手段就能掌握实际的政治权力。2000年，刚果内陆仿佛回到了19世纪中叶，野蛮而混乱，连商品都和当时一样。“马马杜有一间屋子，里面全是象牙，我看到15根，每一根都有2米长。他有4个猎手：一个叫帕斯卡尔（Pascal），另外3个是俾格米人。屋子里还有霍加狓的皮和犀牛角。马马杜拿走了我们身上的所有东西，包括脖子上戴的链子。他打了我们3个小时，然后说：‘搬象牙，否则我就杀了你们。’”这样的指令在19世纪很普遍。布拉亚和他的手下背着象牙走了7千米，19世纪阿拉伯贸易商在同一区域为非作歹。天黑后，他们搭起3个小棚子过夜，他们无意继续当搬运工。“一个小时之后马马杜来了，他一直跟在我们后面，追上之后就向我们开枪。我的队伍中有一人被杀，所以我们还手了，开枪打死了他的3个猎手，包括帕斯卡尔。

我们逃跑之前把象牙埋了起来，我会在将来某一天回去，到时再把这些象牙挖出来。”

听布拉亚讲这些经历，就像重新阅读约瑟夫·康拉德（Joseph Conrad）的《黑暗之心》（*Heart of Darkness*），让人进入阴暗的世界，充斥着暴力，所有人物都残忍、冷酷、没有理智。“马马杜实际上和刚果解放运动的二号人物拉姆西斯（Ramses）是同伙，与姆布萨的乌干达派是对手。”在这个混乱的世界中，所有人的脑海里只剩下迷茫。乌干达派叛军的攻击目标不再是金沙萨，甚至不是卢旺达，他们忙着窝里斗。“刚果解放运动想向东部扩张，他们先后进攻伊西罗（Isiro）、贝尼和布滕博。拉姆西斯是指挥官，他带领的叛军在曼巴萨（Mambasa）捕捉俾格米人，然后吃掉他们。”这是一个疯狂的世界，有各种古怪的仪式和可怕的事情。刚果解放运动的叛军甚至逼迫俾格米人食用亲人的尸体，把一些刚出生的婴儿的心脏掏出来吃……[36]这是一个潮湿的世界，水从树叶上滴下来，从远处传来动物嘶吼的声音。布拉亚语带嘲讽：“有一天，我和一位朋友失去了联系。我们开始没有找到他，后来在一条路的拐弯处看到了他的残骸，一根棍子上钉着他的头，绑着他的生殖器。他落到了拉姆西斯的手里。”

这是一个充斥着恐惧和尸臭的世界，200 万平民百姓漫无目的地奔逃。丛林深处，村民与外界的联系完全被切断，他们围着破布，再也找不到可以替换的衣服。他么只能赤身裸体在森林里找食物，他们被称为“裸体主义者”（Les nudistes），似乎和 1870 年的刚果人不同的是，他们会感到羞耻。[37]

殖民时代，博米利周围区域的小型金矿很有名气，虽然矿藏没有东边的基洛－莫托丰富，但仍然具有很大的开发价值。布拉亚开始参与当地的采金业务，事实证明比从事象牙贸易更成功，于是士兵变身成为企业家，杀手成了贸易商。“在尼亚尼亚（Nia-Nia）周边地区，我经营 35 个金矿，它们是我自己的业务。虽然没有人给我和我带的人支付工钱，但每个矿都有一个 CEO。”尽管这些人多是十几岁的青少年，穿着破旧的 T 恤衫，但“CEO”这个说法表明，掠夺经济也出现了一定程度的形式化。“我把所有 CEO 召集到一起，跟他们说：‘你们从现在开始必须主动做贡献，否则的话士兵们就会自取所需，给你们施加压力。每个人都要为战争做贡献。每个月，我要你们每个人贡献 5 克金子。’我们针对具体克数又进行了一些讨论，最后达成一致：3 克。有一些金矿上，人工超过 5000 人，不过 CEO 能得到的金子非常少。”

工业采矿发生在遥远的过去，殖民时代的机器已经荒废了几十年，锈蚀斑斑，现在的采矿工作都由人工完成。年轻人、孩童拿着锄头挖矿，与一个世纪前的加丹加相似，不同的是，没有工资单。每一个挖矿的人都是独立的商人，将自己收益的一部分交给上级作为税收。“我要做的事情就是收税，用这些税收供养手下的人，同时还要满足上面的需要，我将金子卖给旅长、营长。我还保留了几平方千米的自用矿区，自己挖矿，找来十几个矿工在河中淘金，如果足够幸运，一个月可以淘得 500 克金子，相当不错。”

布拉亚只是位于金字塔中层，人工采矿业形成了一条很长的利益链：从底层的采矿工人到矿山经理（CEO）到高级军官，再到城

市中心的商行乃至乌干达——金子被卖给国际买家的地方，乌干达总统穆塞韦尼的弟弟萨利姆·萨利赫（Salim Saleh），就与黄金交易密切相关。然而在基洛－莫托金矿，所有中间环节都被省掉了，因为乌干达军队直接控制了金矿。矿工在没有任何安全设备和报酬的情况下劳作，没有鞋子穿，甚至没有挖掘工具，他们在枪口下工作。如此，事故不断。1999 年，一处隧道坍塌，至少导致 100 名矿工遇难。[38] 在 1999 年和 2000 年，乌干达的年黄金出口额上升到 9000 万和 9500 万美元，卢旺达每年的年黄金出口额达 2900 万美元。这是一笔大数目，特别是对两个本国没有任何黄金矿藏的国家来说。[39]

其他矿石原料的交易情况和金矿一样。战争开始前，乌干达的年钻石出口额不到 20 万美元，却在 1999 年几乎翻了 10 倍，达到 180 万美元。[40] 卢旺达年钻石出口金额甚至高达 4000 万美元，而卢旺达国土中根本没有钻石矿藏。[41] 这就解释了为什么对基桑加尼的控制尤其重要。对原材料的掠夺不限于贵金属和宝石，卢旺达掠夺了大量锡矿——加工成食品包装材料。从 1998 年到 2004 年，卢旺达本国产出 2200 吨锡矿，出口量却达到 6800 吨，是生产量的 3 倍以上，其中的差额来自基伍的矿山。[42] 大湖周边地区就像非洲的申根区①，这里形成了一个统一市场，商品可以自由越过国境。除了矿石，热带硬木、咖啡和茶也在向东流，刚果成了一个“自助国家”。[43] 现在，是非洲

① 申根区（Schengen Area）：指履行 1985 年在卢森堡申根镇签署的《申根协议》的 26 个欧洲国家所组成的区域。对于国际旅行者而言，进出入这一区域需要经过边境管制，而在该区域内的各个国家之间却几乎不存在边境管制。——译者注

人在抢夺非洲资源。

钶钽铁矿是一种外表不出色的矿物，像黑色的砾石，和铅一样重，产自泥泞的矿山，却突然之间被全世界视为香饽饽。钶钽铁矿成了卢旺达在刚果的主要资产，地位和1900年的橡胶一样重要：刚果的钶钽铁矿储量丰富（占世界储量的80%），世界市场对钶钽铁矿的需求大幅上升。手机是新世纪的"充气轮胎"，钶钽铁矿含有铌和钽，这两种元素在元素周期表中前后相连。铌主要用于不锈钢的生产；钽的熔点非常高（约3000℃），非常适合用于制造航空航天领域超导体和电子设备的电容。拆开手机、MP3、DVD播放器、笔记本电脑以及游戏机，你能看到一个迷宫一样的绿色面板，上面有很多让人摸不着头脑的小元件，滴状、颜色明亮的就是电容，里面裹着来自刚果的元素。

2000年见证了世界对钶钽铁矿的狂热需求。当时，诺基亚（Nokia）和爱立信（Ericsson）正准备将新一代手机推向市场，索尼（Sony）准备推出PS2游戏机（实际上，因为钶钽铁矿的供应不足，该公司不得不推迟这款游戏机的发布）。[44]在不到一年的时间内，钶钽铁矿的价格涨了10倍，从每磅30美元涨到每磅300美元，除了澳大利亚的一个矿场以外，刚果东部是地球上唯一出产钶钽矿石的地方。钶钽铁矿对澳大利亚来说是国家收入的一大来源，对刚果而言却是诅咒而非恩典。对于一个虚弱的国家来说，土壤中的财富只会招惹更多麻烦。所有的钶钽铁矿都被卢旺达控制，在1999年和2000年，基加利每年出口的钶钽铁矿价值2.4亿美元左右，令人难以想象，其中绝大部分是纯利润。虽然卢旺达必须拿出一部分钱支付给贸易商和

刚果境内的叛军，但是和钶钽铁矿带来的收益相比，这些钱就是小菜一碟，在战争中获得的利润是损失的3倍。[45] 所以，偶尔买一些卡拉什尼科夫步枪只是很小的开支。

卢旺达和乌干达大量掠夺刚果东部的原材料，却不是获益最大的国家。在经济全球化时代，国际贸易网络复杂且瞬息万变，政府只是中间环节。不管是哪一条供应链，卡加梅和穆塞韦尼都不在末端，跨国矿业公司、狡猾的军火商以及来自瑞士、俄罗斯、哈萨克斯坦（Kazakhstan）、比利时、荷兰和德国的奸商（靠销售从刚果偷来的原材料大发横财）才是最大获益者。他们活动在一个极其自由的市场中，虽然从政治角度讲刚果是灾区，但从经济角度讲，刚果是天堂——至少对一部人来说。失败的国家在上演全球新自由主义的成功故事。

然而，布拉亚有不一样的想法。有一天，他决定再次尝试象牙生意，如果能得到俾格米人的帮助，应该不会太难。“我们得到酋长的许可，用了4天时间才摸清楚大象的行走路线，然后沿路线走了一个星期。终于发现了一头大象，但它只有一根牙。后来我们发现了一个象群，我开枪猎杀了一头母象，当晚我们吃了象鼻，味道不错。”

霍加狓国家公园中有6000头大象，超过一半被猎杀，人们要么为了象牙，要么为了吃肉。偷猎在刚果成了一个大行当。卡胡兹－别加公园（Kahuzi-Biega Park）中约有130只山地大猩猩（稀有品种），消失了近一半；维龙加国家公园（Virunga National Park）中原有2万多只河马，战争结束后只剩下了1300只。[46] 刚果的流动人口1年要消耗110万~170万吨丛林肉，烧掉7200万立方米木材，战争对大自然

的破坏可见一斑。[47] 由于供电完全被切断，刚果回到用木材生火做饭的时代，每个人 1 年要消耗 1 立方米木材。丛林肉通常是猴子肉和羚羊肉，每一个市场上都有人销售熏制的、几乎烧焦的猴子，它们的嘴巴大张着，眼睛被烧坏了。2003 年，我第一次去刚果，甚至在金沙萨的街市上看到了出售的象肉。

然而，布亚拉的偷猎生涯是短暂的。"第二天，我们又回去搞象牙，只看到一头小象站在母象的尸体边上，我开枪杀了它。同情心，那是什么？我走近看的时候，发现只有两根细小的牙。好吧，看来金子更能满足我。"[48]

第二阶段战争持续了很长时间，因为不少人可以从中获利。不只是遥远的跨国大公司，不只是狡猾的贸易商，不只是邻国的军事领导人，而是金字塔上每一层的每个人。悲惨的蒙博托时代终结后，普通人终于有机会为自己赚钱，这一点在钶钽铁矿的开采浪潮中体现得最为明显。北基伍和南基伍的农民都丢下了田地，学生集体辍学，连老师也离开了课堂。"我们知道，挖钶钽铁矿不会解决我们的日常问题，"一些矿工说，"但我们确实比过去赚得更多。"这完全是一个冒险游戏，让男人有机会重新获得财政自主权。20 世纪 80 年代的非正规经济为妇女提供了机会，战争期间的矿区却是男人的天下。"挖钶钽铁矿确实有利可图，"两位女性曾经告诉我，"但获利的只有男人，只要有了钱，他们就会去戈马找别的女人，甚至为她们买房子。我们的孩子却很少能过上好日子，甚至没办法上学。"[49]

虽然战争的开始并不是以经济利益为目的，但既然每个人都能从中获利，那么就让它继续好了。[50]贸易和战争互相捆绑：除了经济军事化之外，还出现了暴力商业化。对于和布拉亚一样的士兵来说，只要给钱就愿意提供服务。过去的非正规经济变成了军事经济：仍然是大规模走私刚果的财产，只是多了一把卡拉什尼科夫步枪而已。极端暴力变得极其常见，种族仇恨似乎与商业竞争没有差别。

“他们带走了30多岁的伦杜族人（Lendu）卡索尔（Kasore），用刀和锤子攻击他。”一位来自东方省蒙布瓦卢（Mongbwalu）的目击者说。蒙布瓦卢有黄金矿藏，居民分为赫马族人（Hema）和伦杜族人，是伊图里区的两个主要部族，他们为了争夺矿山的控制权爆发了激烈冲突。矿产资源曾经是种族融合的催化剂，现在却变成争斗的根源。另一方面，乌干达的政策也煽动了种族仇恨。[51]目击者称赫马族人“用刀杀死了卡索尔和他的儿子（20岁左右），将他儿子的喉咙割破、胸部切开、脚筋挑断，将头捣碎，还把肠子掏出来。”有时候，攻击者会向没被带走的人示威，让他们知道谁才是老大。全球化的背面是部族化，和全球化的原材料抢夺同步发生的是传统仪式的回归或新仪式的创造。某个巫师曾强迫一个赫马族男人完成怪异的测试：“他拿出两颗蛋，让伦杜族人把我绑起来，我怕得要死。他把一颗蛋放在地面上，告诉我如果那颗蛋滚到一边，离我越来越远，那我就是无辜的，如果滚向我站的方向，那我就是赫马族人，是有罪的。我比较走运，那颗蛋是朝反方向滚动的。但和我一起被绑的人就没那么走运，蛋滚动的方向不对，他们让他去把蛋追回来，就在他跑开的时候，伦杜族人用箭射中了他，然后用大刀把他剁成

了碎片。这一切就发生在我眼前，最后他们还把他的肉吃了。”[52]

除了经济利益，这场战争也与新形式的道德有关。人权机构提供的相关报告很少包括目击士兵的证词，但在艾伯特湖边一个名为卡森伊（Kasenyi）的渔村，我在克服了不少困难之后，终于说服了一些士兵接受我的采访。人们普遍认为娃娃兵都是被绑架的，这种说法其实与事实并不相符，因为很多人都是自愿加入的。“我们的村子两次遭到袭击，我的祖父、弟弟和妹妹都被杀了，我当时 12 岁，完全是出于自愿参军，我们的屠杀是回应他们的屠杀。我在 UPC（主要的赫马人武装）待了 3 年。”这个年轻的赫马族人已经是一位老兵了，他坚持匿名。“训练我们的是卢旺达雇佣兵，博斯科 · 恩塔甘达（Bosco Ntaganda）是将军，他还与约瑟夫 · 科尼①联合作战。我参与了马哈吉（Mahagi）的屠杀，我们把男人、女人、孩子抓起来，上级命令我杀掉他们，我执行了命令。杀妇女和孩子对我来说很难，还好我有枪，因为我很怕用大刀杀人。士兵将女孩子掳走当老婆，她们被强奸的时候我只能看着。博斯科说：‘当你是一名士兵的时候，女人就是免费的，任何东西都是免费的。’”[53]

在这个教育系统被破坏、没有工作机会、男人拿不出结婚的钱、人均寿命只有 42 岁的国家，战争带来的不光是经济利益，还有目的意识。那些认为自己没有未来的孩子突然有了理想和身份认同。[54]“我

① 约瑟夫 · 科尼（Joseph Kony）：是乌干达游击队首领，圣主抵抗军（LRA）的领导者。在 2005 年以战争罪和反人类罪被设于荷兰海牙的国际刑事法院起诉，但潜逃至今。——译者注

有两个兄弟现在都是渔民，他们划着独木舟在湖里工作，”另一个年轻人告诉我，“战争期间他们加入了 PUSIC（另一个赫马人武装）。2002 年，他们分别是 12 岁和 14 岁。战争结束后，他们谈到自己抢劫和强奸女人的经历时觉得很可笑。战争就是一个笑话，或许是会一个带来死亡的笑话，但仍然是一个笑话。”[55] 老兵聚在一起的时候，总爱拿战争期间的事情开彼此的玩笑，就像城里喝醉酒的学生。战争曾是血和啤酒的狂欢，是奔跑、掠夺和撕咬的仪式，是烤羊肉、柔滑女体、尖叫声和硝烟的盛宴，是冲刺、诅咒、欢呼，是价值观的临时颠倒，是有意识的犯罪，是与恐惧、鸡皮疙瘩和幽默伴随的禁忌的快乐。战争是一场可怕的盛宴，诠释生命的脆弱性。

我坐在湖边和姆辛都一起喝啤酒，他曾经开着摩托艇把尸体扔到湖里，在某个时间点，他说了一些令人不安的话：“士兵就像狗，如果你打开狗舍的门，他就跑出去搞破坏。早上，我们出发之前，领导会说：‘去吧，去做一些蠢事。’我们抢劫民居，抢走别人的身上的手机、钱、金项链，强奸女性。如果杀人得到许可，那么强奸又有什么大不了的呢？”

我坐在戈马一间昏暗的办公室里，可以听到街道上的嘈杂之声，门前没有国际非政府组织的旗帜，也没有任何标志，屋里没有空调。这是妇女协同会（La Synergie des Femmes）的秘密办公室，也是刚果妇女在这个城市的唯一避难场所，由女性管理。坐在桌子对面的是马西卡 · 卡初亚（Masika Katsua），一位 41 岁的南德族（Nande）

女性，她以前住在内陆。在贝尼和布滕博等地方，南德族人是成功的贸易商，也因此给自己招来了厄运。“那是在2000年，我们在自己家里，我丈夫从迪拜进口了不少货物。图西族士兵闯了进来，他们说卢旺达语，抢了所有东西后还要杀我的丈夫。‘我已经把所有东西都给你们了，’他对士兵说，‘为什么还要杀我？’他们却说：‘我们用刀杀大贸易商，不用枪。’说着就拿大刀砍断了我丈夫的胳膊。‘我们必须用力砍，’他们说，‘南德族人很强壮。’他们就那样把我丈夫砍死了，就像在屠宰场宰杀牲口一样，还把他的肠子和心掏了出来。”

她说话的时候，一直没有抬头，不停拿圆珠笔的塑料笔帽刮木头桌面的纹理。

> “我把所有尸体碎片都捡了起来。我在哭，他们拿枪指着我的头，逼我把尸体碎片捡到一起。他们还用刀砍我，所以我这里有一道伤疤，大腿上还有一道。他们逼我躺在丈夫尸体的碎片上，我睡在上面，到处都是血。我不停地哭，他们开始强奸我，一共有12人。然后，他们又到隔壁房间强奸我的两个女儿。我失去了意识，醒来时在医院里。过了整整6个月，我的身体还是没有康复，身上仍有地方流血，还散发出难闻的气味。我两个女儿都怀孕了，生了一个男孩儿和一个女孩儿，但她们不想要这两个孩子，只好由我来照顾。我回到家的时候，发现婆家的人把房子、土地都卖光了。他们说丈夫的死是我的错，因为我没有生儿子，所以没有权利

留下来，他们全家人都要赶我走。现在，我的外孙女儿有时候会问我这些伤疤是怎么回事，我无法告诉他们真相，因为是他们的父亲干的。”

2006年，马西卡再一次遭到殴打、强奸，这次的犯人是恩孔达的手下。马西卡逃到内陆后，开始将其他被强奸的女性组织起来，恩孔达的人因此找上门。每天都有新的受害者来找马西卡，她们都不敢直接指控强奸犯。“我想杀了恩孔达，上帝原谅我，如果我因此难逃一死，那么至少我让自己解脱了。我现在还是单身，没有男人还愿意要我，我恨他们。我想帮助其他女性，我向她们敞开家门。我经常祈祷，不是想得到任何东西，而是祈求忘记过去。每当我想起……想起和丈夫朝夕相伴的生活时……悲伤就铺天盖地，压得我喘不过气来。”[56]

基伍湖的波涛仍在拍打湖岸，尼拉贡戈火山的山顶消失在云海中。吉普车绕着湖慢速行驶，车窗玻璃是不透明的。两个小男孩儿在泥地中推一辆木制自行车，车上载着一个大包，包里装着五颜六色的人字拖，看得出来车子已经不堪重负。在一间昏暗的办公室里，一个女人拿圆珠笔的笔帽在木头桌面上来回摩擦，似乎要从中刮出什么东西来。

第十三章

啤酒和祈祷

废墟里的新玩家

2002—2006

问一个刚果人他（她）最想到哪里居住，你极有可能得到答案是“na Poto”——欧洲；林加拉语中的“Poto”源于“Portugal”——葡萄牙——第一个与中非地区往来的欧洲国家。实际上，刚果人所说的“Poto”，是指布鲁塞尔或巴黎，不包括欧洲其他地方（伦敦可能除外）。雅迈·科隆加是20世纪50年代第一个与白人女性跳舞的刚果人，他很自豪地告诉我，他的8个孩子全都住在欧洲。因此，“Poto”也意味着成功。如果问一个刚果人他（她）最不想去的地方是哪儿，答案肯定是“na Makala”——马卡拉；“Makala”的本意是“木炭”，也指金沙萨一个曾经生产木炭的外围区，现在是金沙萨劳教中心（Kinshasa’s Centre Pénitenitiaire et de Rééducation）也就是中央监狱所在地。对普通人来说，马卡拉代表刚果人害怕和痛恨的所有东西，从蒙博托时代开始，这个词就会让人联想到饥饿、

酷刑和谋杀。马卡拉是一个阴暗的地方，充斥着血和死亡，是这个国家露出毒牙的地方，也是出租车司机通常不会去的地方。

“你绝对绝对不能丢掉这张蓝色的小纸条。”看守在开门前再三叮嘱我。在混乱的门厅里，每个人都在喊着做安检，我都不记得自己被搜了几次身，不得不把手机和随身携带的现金交出去。东西交完之后，他们给了我一张皱兮兮的小纸条，上面写着一个数字。我提前把手机中的 SIM 卡取出来了，我的现金——20 美元，我故意只带这么多——很快消失在一个抽屉里。一位职员扯出一张纸，在上面写“戴维先生，上交 20 美元”。比起不正规的存根，那张蓝色的小纸条似乎更重要，虽然比卷烟纸更小，但它关系着我的未来。“出去的时候，你必须把这张纸条交上来，没有它我们就不会让你走。你必须等到晚上点名的时候，我们要看看是不是每个人都还在这里。”看我一脸狐疑，看守又说，“我们必须确保你没有让囚犯拿着纸条逃出去，明白了？”万一真的有囚犯失踪呢？“那么你就是第一嫌疑人。”如果我真的找不到纸条了呢？“那么你就得待在这里了。”欢迎来到马卡拉。

门闩滑到一边，我走过一片干草坪，来到一栋入口安装了旋转门的建筑前，向几个面无表情的看守点头致意。“1 区？”我尽可能随意地问道，好像我每周都要去一趟死囚牢房似的。其中一个看守抬了抬下巴，给我指了一道门。我走在两道高墙之间的狭窄走廊上，在这里抬头看，天空是一条蓝色的线，这里不是看守的地盘而是罪犯的天下。监狱看守已经多年未领工资，这就意味着他们处于长期罢工的状态。虽然仍会露面，但是他们不会做任何看守应该做的事，成天无精打采地靠在塑料椅子上，摆弄破旧的对讲机，看守长让囚

犯们自己来维护内部纪律。走廊两边的牢房里，数百双眼睛盯着我，粗哑的声音此起彼伏。没有一个囚犯穿囚服，我看到的是篮球衫、背心、肌肉、光头，监狱是按照容纳 1500 名囚犯的标准建造的，现在却关了 6000 个人。

因为站着一动不动是一种示弱，所以我从一排年轻的囚犯面前走过，他们跟我要，不，应该是要求我拿出烟和钱。我终于来到 1 区，明亮的日光似乎被突然“切断”了，走廊顿时陷入黑暗。有些牢房的门开着，上面晾着湿衣服。一些囚犯围着一小团煤火坐着，我能看到他们的脸。我想起了俄罗斯东正教教堂，但这些人不是被烛光照亮的圣像，而是准备用原始方式做饭的罪人。在马卡拉，看守不会给犯人发饭，如果你的家人不给你拿来食物，你就只能吃杂草和石子儿。

“我在这里待了 8 年了。”安托万 · 乌米里亚（Antoine Vumilia）告诉我。我打量了一下这间简陋的牢房，差不多 7 英尺长、3.5 英尺宽，比普通双人床的面积还要小。“我和另外两个人一起住。”他让我坐在他的小床上，床头边的小桌上放了几本书：路易 - 费迪南 · 塞利纳（Louis-Ferdinand Céline）的《长夜行》（*Voyage au bout de la nuit*）、加夫列尔 · 加西亚 · 马尔克斯（Gabríel Garcia Márquez）的《百年孤独》（*A Hundred Years of Solitude*）以及阿卜杜拉赫曼 · 瓦贝里[①]、扎迪 · 史密斯[②]和科莱特 · 布赖克曼[③]的作

① 阿卜杜拉赫曼 · 瓦贝里：吉布提作家。——译者注
② 扎迪 · 史密斯：英国青年作家。——译者注
③ 科莱特 · 布赖克曼：比利时记者。——译者注

品……对他来说，有书看是件好事，“最冷酷无情的囚犯是这里的老大，看守办公室让他们为所欲为。他们经营毒品交易、货币兑换和手机充值卡。”之后，他还小声告诉我，“去年，他们‘处决’了 3 个囚犯。”用枪？“不是，是用脚踹死的。”

安托万 · 乌米里亚受雇于国家安全委员会（Conseil National de Sécurité），也就是卡比拉的情报机构。他的办公室就在大理石宫旁边，只隔了一道墙。2001 年 1 月 16 日，刚刚过了中午，他被一阵可怕的声音惊吓到。“我听到了枪声，”安托万 · 乌米里亚在死囚室告诉我，“3 声枪响，几分钟后，又听到了 8 到 10 声。”

卡比拉当时正在墙那边和一位顾问开会，他们所在的房间离隔墙较远，一个娃娃兵向他走来。“老人”的卫队仍然由来自基伍的童子兵组成，这些人都忠诚于他。虽然吕芬已经在一年前退役——他已经 17 岁了，必须回学校，他的同学是一群 12 岁的小孩子，根本不知道如何使用步枪——但是他的战友拉希迪 · 卡塞雷卡（Rashidi Kasereka）仍在服役。拉希迪走到总统身边，似乎是要在总统耳边说点什么，然而，他瞬间拔出自动手枪开了 3 枪，其中一枪从后面打穿了总统的头。卡比拉当场死亡，次日便是卢蒙巴 40 周年祭日。几分钟后，年轻的拉希迪被子弹打成了筛子，开枪的是一位上校。

乌米里亚听到了枪声，一周后他被当成策划这一谋杀事件的嫌疑犯被逮捕。作为一名安全官员，乌米里亚曾经写过一份报告，警告卡比拉一些来自基伍的娃娃兵有明显的愤怒情绪。这些娃娃兵本

来是卡比拉最忠诚的追随者，但他们渐渐产生了被冷落的想法。乌米里亚也来自基伍，他知道娃娃兵中有人对卡比拉不满，但是因为其中一些人跟他交往甚好，所以他不愿意把知道的全部都说出来。“我也是进退两难：我必须保护这个政权，但那些人又是我的朋友。他们对现状非常不满，马萨苏在2000年11月被谋杀了，你觉得我应该怎么做？”年轻的安塞尔姆·马萨苏是他们的英雄：和他们一样是街头战士，是有气魄、有胆识之人，也是民盟的创始人。[1]卡比拉在1997年5月拿下金沙萨后，剥夺了马萨苏的权力，还把他扔进监牢。他在2000年秋获释后，梦想将基伍从刚果分离出去，并赢得了大批支持者，却在此后不久被枪杀。事件发生后，金沙萨的娃娃兵进行暴力抗议，数十人被杀，和“老人”之间的亲密关系永远终结了，卡比拉斩断了架在自己和“孩子们”之间的桥梁。娃娃兵怀着仇恨谋划事变，复仇、鲜血、谋杀。乌米里亚曾尽力阻止，“他们还是孩子，想用行动说明他们已经受够了。我告诉他们谋杀总统等于自杀，没有未来可言。”乌米里亚和他们一起被逮捕，在审判中拒绝做出不利于他们的证明，其实那也根本算不上审判。“他们想让我作证，证明我熟悉的人有罪，都是在监狱中每天和我一起吃饭的人。”

有没有可能卡比拉是因为别的原因被杀的？[2]可以完全确定这个阴谋来自基伍吗？安哥拉是否参与其中？有没有可能是因为钻石？安哥拉是卡比拉的大债主，有传言称卡比拉已与安盟叛军联合，而安盟正好控制了安哥拉北部地区——钻石矿藏丰富的地区。难道黎巴嫩人不是卡比拉和安盟的中间人吗？卡比拉被杀之后，不是紧接着又有11名黎巴嫩钻石贸易商在金沙萨被杀吗？的确，所有问题的答案都是肯定的，

但人们知道的只是模糊的现象，没有人清楚现象背后的本质，特别是乌米里亚。“我尽力劝他们打消谋杀总统的念头，却让他们以为我是卡比拉团队的人。”和其他 30 个人一样，乌米里亚被判死刑，根本没有上诉的机会。国际人权机构都指出这次审判是误判。[3]

乌米里亚又扫了一眼牢房，这个动作他已经做了无数次。“我已经在这里待了 8 年，其间的虚伪是你想象不到的，也无法形容。卡比拉政权下的高级官员知道事实，但他们只想迅速找一头替罪羊，堵住悠悠众口。”[4]

卡比拉之死是第二次刚果战争的转折点，他的儿子约瑟夫·卡比拉很快被任命为新总统。他还很年轻（只有 29 岁），声音有些颤抖，给人的第一印象是软弱。刚果人基本上都不认识他，西方人认为他是一个傀儡。然而，上任不到一个月，他就在纽约会见了卢旺达总统、他的大敌保罗·卡加梅，并发表了数篇让人印象深刻的演讲，谈及和平、国家统一以及国际社会扮演的角色。这是否意味着新时代的来临？是的，很有可能。联合国多份报告清楚表明，卢旺达和乌干达在掠夺刚果的原材料，卡加梅和穆塞韦尼再也无法宣称本国军队在刚果停留是出于国家安全因素。一系列和谈在哈博罗内①（2001 年 8 月）、太阳城②（2002 年 4 月）、比勒陀利亚（2002 年 7 月）、卢

① 哈博罗内（Gaborone）：非洲南部内陆国博茨瓦纳（Botswana）的首都。——译者注

② 太阳城（Sun City）：位于南非西北省（North West Province），位于南非与博茨瓦纳的边境上。——译者注

安达（2002年9月）、巴多利特（2002年12月）展开，2002年12月，最后一次和谈又回到比勒陀利亚举行。在最后一次的会议上，由于塞内加尔驻联合国谈判代表穆斯塔法·尼亚斯（Moustapha Niasse）的卓越表现，以及来自南非和非盟的压力，2002年12月17日凌晨3点，各国终于签署了给第二次刚果战争画上句号的《全球包容性协议》（*Accord Global et Inclusif*）。卢旺达和乌干达此前已同意撤军，而这一次，和谈协议还对两国支持的刚果国内武装有约束力。协议的签字方包括金沙萨政府、刚果民权社会代表、齐塞克迪的民进联、本巴的刚果解放运动、阿扎里亚斯·鲁贝鲁瓦的刚果民主联盟—卢旺达派、姆布萨的刚果民主联盟—乌干达派、伦巴拉的刚果民主联盟—国家联盟和马伊—马伊武装，充分体现了“包容性”。实际上，为了维护和平，战犯都没有被起诉，有的人甚至还被提拔为副总统。

协议规定，过渡期为2年，刚果在此期间的分权公式为“1+4”，将权力分配给小卡比拉总统和另外4位副总统。四个人中，两人来自叛军——本巴和鲁贝鲁瓦，一人是老卡比拉的随从——阿卜杜拉耶·耶罗迪亚（Abdoulaye Yerodia），一人来自和平反对派——所有人都没想到，此人不是在过去10年中一直进行非暴力抗争的齐塞克迪，而是阿蒂尔·恩戈马（Arthur Ngoma）。在2年的过渡时间里，刚果要将所有现存的民兵组织整合成新的国民军，同时为民主选举做准备。过渡期会延长2次，每次为期半年。在备受期待的普选来临前，由临时议会和内阁主持国内外事务。

毫无疑问，《全球包容性协议》的签署具有重要的历史意义。经过多年绝望，刚果人终于迎来了和平和重建的机会。新刚果因此

获得国际社会的一致支持，联刚特派团维和士兵增加到8700人，并在接下来的几年里上升到16 700人，成为联合国历史上最大规模的维和行动（年度预算高达10亿美元，也是联合国历史上最昂贵的维和行动）。[5]此次维和行动由联合国秘书长特别代表兼联合国驻刚果（金）使团团长威廉·斯温（William Swing）指导，监督协议中停火和武装解除条款的执行。斯温是一个乐观的美国人，“你好，斯文！”当年刚果电台播放的一首流行歌曲唱道，歌手模仿了斯温的盎格鲁－撒克逊口音。新政权的政策制定得到了国际过渡委员会（Comité International d'Accompagnement à la Transition，CIAT）的支持，该委员会是一个独特的双边和多边外交机构，其成员包括联合国安理会五个常任理事国的大使，比利时、加拿大、安哥拉、加蓬、赞比亚和南非大使，非盟、欧盟和联刚特派团代表，很大程度上是这个机构在治理过渡时期的刚果。该委员会并非外国顾问团，而是一个正式的过渡机构。[6]“实际上，我们是一个监督委员会，”约翰·恩·米克·斯温嫩（Johan en Mieke Swinnen）说，他当时是比利时驻金沙萨大使，“我们没有立法权，但我们提供动力，提供专业知识，我们不想做好管闲事之人，我们想做合作伙伴。当然，委员会和‘1+4’之间会有摩擦。我们发出了一些很具批判性、很坦率的公报，遭到了指责和谩骂，之后他们就再也不欢迎我们了。”[7]人们只说到“被监控的主权”，然而这个国家至少在某种程度上接受了破产管理，联刚特派团和国际过渡委员会不只是新刚果的辅助轮。[8]

对过渡期的刚果来说，国际过渡委员会的辅助是非常必要的。新领导层没有优秀的表现，他们效仿了蒙博托主义对权力的滥用，

其热衷程度连蒙博托本人都会感到吃惊。涉及军事改革和选举程序的重要文件还在等待生效，这时，议会通过了第一批法律：按规定，给议会议员涨工资。众议员每个月的固定工资翻倍，从600美元涨到1200美元（大学教授一个月的工资只有30美元），因为参议员通常都是政治元老，所以他们的月工资更是涨到了1500美元。[9]议会在2005年通过提案，给每位议员（一共是620人）配备一辆体面的专车：全新SUV，价值22 000美元——金沙萨的路况比较差，适合越野型轿车，却没有人提出把买车的钱用来修路。[10]政治权力没有用在社会重建上，反而成了个人获取经济利益的快车道。谈及安邦定国，领导者毫无动力，因为腐败能让他们获得相当丰厚的回报，无论是从资金层面出发还是从社会层面出发，腐败才是值得赞许的作风。“你千万不要忘了我们国家的政治人物都是穷人的孩子。”刚果一所学校的校长曾经告诉我。[11]在西方，腐败找不到任何正当理由，在刚果却被视为正当手段：不抓住机会造福家庭简直没道理可言。[12]

内阁部长和副总统当然不会错过这样的机会，他们认为自己有权在“后勤”方面享受“特别待遇”：一栋别墅，一辆大型汽车。4个副总统的别墅都很气派，带有3间浴室，车库里停着1辆奔驰轿车、1辆豪华小客车和2辆护卫车。设立一正四副总统的初衷是维持职权上的平衡，如今看来，实际情况与这个想法完全不符。这些“绅士”遵循互利互惠的原则，把大房子批给彼此，他们只关注一点：尽可能延长过渡期。2004年，每个人的预算超标额度都在1倍以上，本巴甚至超出了6倍。[13]在2005年的国家财政预算支出中，国家元首的经费是全国医疗事业经费的8倍、农业经费的16倍。政治就是另

一种形式的战争。国有的刚果采石采矿总公司仍有足够的资源为国家经济注入新的生命力，总统圈子却与名誉极度不好的外国商人签订了一系列内容可疑的合约。在合约下建立的合资公司让外国牛仔在矿业巨头的某些开发部门内自由行动，可以自由采矿，随意出口，刚果政府几乎不求回报——装满现金的信封在桌面下转手。[14] 这个国家的钥匙再一次被一小撮社会上层人士握在手里，庇护主义生机勃勃，一些画家有时会把“1+4=0”这个公式添加到他们的讽刺作品里。

至于军队建设，名义上应该把所有武装民兵整合成一支 12 万人的军队。[15] 的确，以前的叛军都领到了国家军队的制服，他们的指挥官被授予更高的军衔（拉拢军事领袖的最佳诱饵），但实际上这种整合只是表面现象而已。在表象之下，本质完全没有发生变化。这些士兵在过去 5 年里互为敌人，不可能马上去拥抱对方。到 2006 年，18 个旅中只有 3 个真正实现了融合。[16] 而且，融合措施导致刚果军队“头重脚轻”：所有叛军都受到提拔之后，军官和军士的数量几乎是普通士兵的两倍。[17] 在刚果武装部队内部，命令比遵命更让人愉悦，不，不是命令，应该是强征。为数众多的军官一刻不停地侵吞军费，普通士兵的工资直接落入上校和将军的腰包，这些人毫不犹豫地夸大手下兵员的数量，以骗取更多的资金。士兵的收入被克扣，没有接受正规训练，他们既没有斗志也不遵守纪律，他们只知道上行下效。这支新的政府军：刚果民主共和国武装部队（Forces Armées de la République Démocratique du Congo，FARDC）本来应该作为基石，巩固这个获得新生的国家，现在却和老卡比拉的刚果武装部队、蒙博托的扎伊尔武装部队乃至卢蒙巴和冲伯的刚果国民军一样，只是

徒有其名的乌合之众。部队名称的首字母缩写为“FARDC”，人们将其扭曲成发音相似的法语词组“phare décès”，意思是“死亡灯塔”。自独立以来，刚果没有一支军队在效率和纪律方面能够与殖民时代的治安部队相比，因此，刚果军队始终无法履行一个国家的基本功能：对武力的垄断。

战争并没有终结，只要安全部队不能发挥作用，联刚特派团就只能孤军奋战。刚果领土面积相当于半个欧洲，要维护这个国家的统一，你不能完全指望这 1.7 万人，即便他们是联合国历史上最大规模的维和部队。毕竟，和刚果的人口对比，他们不过是大海里的一滴水。伊拉克的面积只有刚果的六分之一，当时驻扎了 15 万美军，即便如此也未能控制伊拉克的武力。联合国维和部队的存在只能在一定范围内起到震慑作用，至于这个范围之外的地方，他们也无能为力。

刚果东部仍然一片混乱，《全球包容性协议》的签署并没有起到明显的改善作用。冲突在刚果东部进入了第三个阶段，范围更小，人们遭受的苦难却更深重。从本质上讲，武力活动集中在两个区域：伊图里和两个基伍省，正是矿产资源丰富的地区，分别与乌干达和卢旺达接壤。

在伊图里地区，恰恰是和平协议的签署激发了武力冲突。乌干达军队于 2003 年 5 月 6 日从布尼亚撤走，伦杜族武装分子随即攻入市中心，屠杀了数十名赫马族人。几天之后，赫马族人还以颜色，屠杀了数十名伦杜族人。两个部族的冲突有些类似 1994 年的卢旺达

种族大屠杀，只是规模更小。养牛为生的赫马族人对图西族人比较有亲近感：人口占少数却位居精英阶层的部族。相比之下，伦杜族人一般都是农民，自比胡图族人：人数众多却屈居社会底层的部族。事实上，这是牧民和农民之间因土地产生的古老冲突，也是牲畜饲养与农田以及农作物（被牛破坏）之间的冲突。[18] 这一次，伦杜族与赫马族的冲突却由人口密集的问题挑起，同时被贪图黄金的乌干达大加利用。[19] 两个部族的关系如此紧张，连其中虔诚的天主教女教徒都跟我说："连我们也拿起了武器，因为我们察觉到了危险。"还有人说："我们是共犯，把武器藏在篮子里或者水壶中。"[20] 服务于全球化的战时经济导致土地不足，伊图里地区发生种族暴力是必然结果——也预示了一个人满为患的星球将迎接怎样的未来。这样看来，刚果没有落后于历史进程，反而走到了历史的前面。

2003 年 5 月，一周之内，在布尼亚已经有数百人被杀，然而整个伊图里地区的流血冲突仍然没有停止的趋势。伊图里是第二次刚果战争所涉及的最复杂的地区。活跃的武装组织有 12 个，都是组织松散的娃娃兵，穿着人字拖鞋背着枪，领导他们的是二三十岁的年轻人，往往用假名，在不同的军事领袖之间摇摆不定，随时都可能换一个对象合作。伴随着数不清的分裂合并、接管、合作，新形式的武力冲突更像商业活动，而非我们所知道的战争。在联刚特派团的办公室里，垂头丧气的官员们将追踪不同武装组织的图表挂在墙上，然后更加垂头丧气。每个月都会出现新的武装组织，或者说每个月都要更新图表——增加竖栏、箭头、简称，还要往流氓组织图片集里增加新的图片——直到能媲美战场上的混乱，这些图表也就

失去了解释的价值。但混乱中有一个不变的因素：虽然有先有后，但是这些武装都由乌干达提供武器和培训。[21] 究其原因，是乌干达军队内部形成了对立局面，而不是乌干达有意采取分而治之的策略。每个乌干达将军都在刚果培养了自己的武装组织，如果形势需要，他们可以随时抛弃一个或者重新启用一个。乌干达绘制的图表上有更多的箭头、更多的关联；卢旺达也一样。战争并未结束，它缩小了规模，演变成了更难化解的冲突，一种持续的、永久存在的盗匪行为。

1 年之后，2004 年 5 月，基伍成了暴力犯罪最严重的地区。胡图族和图西族的不和仍然是最突出的问题，同时也受到人口过剩的影响，但主要是卢旺达国内的人口过剩。在种族大屠杀发生 10 年之后，卢旺达的胡图族人仍然不能回归故土，因为盲目的控诉在那里等着他们。"卡比拉没有将他们赶走，卡加梅也不会接纳他们。"比利时外交官约翰 · 斯温嫩如此总结卢旺达胡图族人的处境。[22] 但是长期流亡的他们仍然让卡加梅感到不安，促使卢旺达当局继续支持刚果的图西族武装，利用这个群体对付刚果的胡图族人。2004 年 5 月，洛朗 · 恩孔达和穆特布西（Mutebusi）的手下沿布卡武街道大肆抢劫、杀戮，强奸了数十名女性，通常集体作案，连小女孩也不放过，甚至还有两三岁的女童。[23] 恩孔达是来自北基伍的图西族人，是基加利当局的座上宾。从 1990 年开始，恩孔达便与卡加梅联合，1996 年和民盟一起向金沙萨发动攻势。1998 年，恩孔达在刚果民主联盟 - 卢旺达派担任重要领导职务，并在 2002 年对基加利民众实施恐怖统治。因为在大屠杀期间扮演了关键角色，所以他对新政府军的职务存有

戒心，也因此在基加利大展拳脚，并用他自己的方式控制了布卡武。一时间，脆弱的和平进程似乎停滞不前，这是第三次战争的开始吗？

布尼亚和布卡武的维和士兵（绝大多数都是乌拉圭人）看着局势的发展只能袖手旁观，不置一词，因而引发众怒。然而，多亏了数个“历史上第一次”，平静很快回归伊图里。历史上第一次，欧盟采取联合军事行动。联合国授权法国突击队展开“阿泰米斯行动”（Operation Artémis），稳住了布尼亚的形势；同时对罪行严重的战犯发出了国际逮捕令，其中 3 人被羁押并送往海牙（The Hague），包括来自赫马族最大武装组织的托马斯 · 卢班加（Thomas Lubanga）。2010 年，他成为海牙国际法庭新一届法官上任后审理的第一名被告。从这个角度讲，刚果再次走在了历史前头而非落后于历史。

在基伍，过渡或许要被一场新的战争取代：恩孔达的暴力行径遭到胡图族的报复，在布隆迪加通巴（Gatumba）的难民营中，超过 160 人被屠杀，绝大多数是图西族人。卢旺达再次向刚果派遣军队保护图西族人，历史似乎又开始重演；这个时候，联合国、南非和国际过渡委员会竭尽全力，力图化解危机。

在战争的第三阶段，冲突逐渐回到原点：卢旺达和刚果就如何处理流亡在基伍的胡图族难民发生分歧。卡加梅仍然想清除这些难民，因为他担心胡图族人会策划卢旺达政变，毕竟他本人在流亡乌干达期间就做了这样的事情。他认为，刚果东部地区的胡图族人正在策划接管卢旺达政权。卢旺达已经完全掌控在图西族的手中，他当然不会让这一切发生。冲突持续的时间已经超过 15 年，大湖地区遭受的苦难可以追溯到 1994 年春天那个决定命运的日子：法国政府当天

决定帮助胡图族政权逃往刚果东部，而且带着武器和所有物资。

今天，卢旺达面积虽小，力量却大，而且备受援助国的青睐，显现出一个蓬勃发展的军事独裁政权的所有特性。反观与之相邻的刚果，虽然国土面积大，却混乱而虚弱，根本就没有能力来处理当时面临的主要问题。卢旺达好比一个职业士兵，在一栋混乱的公寓楼里拥有一个单间，面积很小陈设简单；除了他以外，整栋楼的其他住户都来自一个内部争斗不断的大家庭，会忘记付账，甚至会忘记关煤气。这个士兵不止一次从墙上取下自己步枪，闯进邻居家的厨房。他虽然关掉了煤气，但是也砸碎了所有杯碟，在厨房的天花板上留下数不清的枪眼，离开时还要拿走一块煮好的火腿。结果在家庭内部矛盾的基础上，又引发了邻居间的不和：实际上，这正是今天出现在中非地区的局面，争斗双方不遗余力地给对方带来灾祸。金沙萨和基加利一样应该受到谴责，因为只要金沙萨拒绝实现真正意义的过渡，东部地区的第二次刚果战争就不会结束。

成百上千只棕色的啤酒瓶在传送带上抢位置，清脆的碰撞声像钟琴一样叮叮当当，盖过了洗涤机的嘶嘶声、贴标签机的噼啪声、传送带的嘎嘎作响和压力胶管叹息般的声音，就像报时的钟声盖过整个城市的喧嚣。这种紧张而欢快的声音穿过嘈杂的工厂，与酒精和麦芽的香气汇合在一起。2002 年，金沙萨的布拉利马啤酒公司（Bralima，是 Brasserie et Limonaderie de Léopoldville，即利奥波德维尔啤酒屋的缩写）新建了两条最新的普利慕斯啤酒生产线，实现

了全自动包装，一个小时处理 72 000 瓶啤酒。虽然战争没有结束，但是酿酒业在夹缝中迅速发展。布拉利马公司成立于 1923 年，一开始是殖民时代的一个小酒厂，1987 被荷兰啤酒企业海尼根（Heineken）收购，这家荷兰巨头有意控制并扩张潜力无止境的刚果啤酒市场。2002 年，布拉利马公司的啤酒产量是 1.5 亿升，2008 年上升到 3 亿升，尽管和 1974 年创下的 5.5 亿升纪录相比仍然相差甚远（那一年刚果举办了世纪拳击赛），但前景仍然比较光明。[24] 单在金沙萨一个城市，布拉利马公司就有 5 万多个零售点和酒吧。

政治人物的不合作对跨国公司构不成严重威胁，新和平时代的开始给新市场带来了希望，跨国巨头必须全速争夺，包括手机通信市场。刚果境内的种族暴力仍然在激烈进行的时候，南非电信公司沃达康（Vodacom）开始在这个国家铺设了第一条电缆，如果发生交火，工人就放下工具找地方躲避几个小时而已。[25] 在这样一个通信基础设施被破坏了几十年的国家，人们对手机有着巨大的需求。仅联刚特派团就需要数千部手机，刚果普通民众也开始梦想拥有一部全球通信移动手机。2003 年我第一次去金沙萨的时候，刚果手机号码只有 7 位数，到 2006 年就上升到了 10 位数。现在，手机之于非洲就如同当年的活字印刷之于欧洲：具有重新定义社会结构的革命性意义。[26]

刚果政府的弱势为国际玩家留下了巨大空间，冷战期间，其他国家（如法国、比利时和美国等）决定了扎伊尔的命运，现在影响刚果更多的则是外国的私营合伙机构，比如公司、教会以及非政府组织。上一次战争结束之时，刚果的大片土地实际上都由国际慈善组织管理，他们代行了政府的职能。小卡比拉的个人经费之所以是全国医

疗经费的8倍，原因之一是他知道相当一部分医疗事务的资金都来自海外，教育和农业也是国际援助机构最青睐的领域。数以百计非政府组织的确提供了大笔援助资金，可是刚果行政机构的腐败作风让很多非政府组织远离政府，只与地区和地方合作。[27] 这一点可以理解，但无助于恢复民众对政府的信任。另外，国外资金的大量涌入也制造了类似“对援助上瘾”的现象：刚果人开始怀疑他们的自我管理能力。丽扎 · 拉布维（Riza Labwe）在班顿杜经营一家普通旅馆，为人和善、工作勤奋，对刚果民众的被动性表示不满，曾经跟我说：“这些非政府组织让我们产生了严重的依赖性，总有一天，会有一个非政府组织过来教我们如何刷牙。”[28] 这种被动性在戈马表现得更明显，从2002年开始，这里一直遭受战争和火山爆发的双重蹂躏。2008年12月，我搭乘摩托（普通人最常用的交通工具）游览晚高峰时的城市，回头看被我们超过的车子，发现全都是非政府组织的吉普车，车门上贴有标志或者天线上挂着小旗子。对于创办妇女协同会的马西卡 · 卡初亚来说，这种现象是愤怒的根源：

> 现在，戈马一个城市就有200多个维护女性权利的组织，当中有很多冒牌非政府组织，是打着维护妇女权益的幌子从国外获取资金的当地机构，每个人都来捞钱。援助国的资金通过联合国进入刚果，相关工作人从中抽走了20%~30%的佣金，他们是真正的联合国黑手党。我再也不会和他们合作了，联合国粮食计划署（UNWFP）、联合国儿童基金会（UNICEF）……它们都带着大笔预算来到这里，但60%的

> 资金都用在了后勤上，根本没有取得任何成果的计划。所有外国人来到这里都要领取“危险工作津贴”，他们的办公室里必须有空调、家具，而且必备保安。另外，还有大笔的资金花在了公关上，为他们打造引人注目的形象。与此同时，需要帮助的妇女仍然生活在危险之中。[29]

马西卡措辞强硬，她不是泛泛之辈：2005 年，包括她在内的 1000 名妇女集体获得诺贝尔和平奖提名；2009 年，她获得荷兰政府颁发的“人权捍卫者郁金香奖”（Human Rights Defenders Tulip），同年获得“国际基督和平运动和平奖”（Pax Christi International Peace Award）。

相比于以人道主义为幌子的发展援助，贸易和工业至少会坦率地承认金钱优先性，以盈利为目的没什么不光彩。道夫·范登布林克（Dolf van den Brink）无须对此多做解释，在获得哲学和工商管理学位之后，这位精力充沛的荷兰年轻人开始担任海尼根驻金沙萨商务总监：也是布拉利马啤酒公司的二号人物。他在这个职务上实现了公司业务的飞速增长，“我 2005 年来这里的时候，普利慕斯啤酒在金沙萨的市场占有率是 30%，而斯科尔啤酒（Skol），也就是我们的主要竞争对手刚果啤酒公司的品牌产品，市场占有率是 70%。现在，我们的占有率是 70%，竞争对手占 30%。”[30] 他用幻灯片直观地展示了这种变化，图表上有一条上升曲线，曲线上方写了一句常见的管理学

行话：我们已经赢得了很多场战役，但还未赢得战争！布拉利马公司的会议室里悬挂着一块匾额，上面写着“战斗精神！”（Esprit de combat!）时刻提醒员工他们的首要义务是什么——似乎忘记了这个国家刚刚从一场可怕的战争中挣脱出来。

但这的确是商场上的战争。刚果啤酒公司 70% 的市场占有率主要归功于和维拉森（Werrason）的合作，而布拉利马啤酒公司的合作明星是姆皮亚纳。两人都是刚果流行音乐界的大腕儿，分别参与了两家公司的宣传推广。2005 年，维拉森显然要比姆皮亚纳更成功、更受欢迎，他的粉丝不可能去购买布拉利马啤酒公司出品的普利慕斯啤酒。在这样一个政治人物并非选举产生、很多人都没有工作、四分之三的城市人口都在 25 岁以下的国家，流行音乐人有着非常强的市场号召力。

维拉森和姆皮亚纳的对立带着浓浓的传奇色彩。其实，刚果每一代流行音乐人中都会出现这样的对立，20 世纪 50 年代的佛朗哥（OK 爵士乐队）和卡巴塞勒（非洲爵士乐队）；20 世纪 60 年代的佛朗哥和塔布 · 莱；20 世纪 80 年代的帕帕 · 文巴和科菲 · 奥罗米德（Koffi Olomide）；到了 20 世纪 90 年代末期，竞争氛围更加严酷。1981 年，姆皮亚纳和维拉森一起组建了一支名称很长的乐队：文格音乐 4 × 4 全领域雅皮士（Wenge Musica 4 × 4 Tout Terrain Bon Chic Bon Genre，简称“文格音乐”）。这是一个传奇组合，他们让全世界，特别是金沙萨兴起了 20 世纪 90 年代和新世纪最流行的舞蹈：恩东波洛舞（ndombolo）——集体舞蹈，男人腰弯得很低，像在打拳一样，女人则用非常引人注目的方式摇屁股。和很多流行舞一样，这种舞

蹈带有很强的挑逗性，显得滑稽而不正经，但是有趣。维拉森和姆皮亚纳在台上展示他们的第一代手机——块头足有橡胶鞋那么大。当时，一般只有军官和政府部长拥有手机，一些粉丝喜欢把啤酒瓶子插在牛仔裤的后兜里，装出自己也有先进科技产品的样子。文格音乐堪称20世纪90年代最轰动的乐队，当卡比拉入主金沙萨的时候，人们都在跳恩东波洛舞。然而，这支乐队和刚果所有流行组合与政治团体一样：刚刚成功就解散了。维拉森和姆皮亚纳成了竞争对手，文格音乐原来的粉丝随之分裂成两大阵营。即便到了今天，人们还会谈起文格音乐解散引起的粉丝争斗，比谈论战争更热情、更严谨。

人们对“专辑之战”“舞台之战”津津乐道。一开始，维拉森表现出了异常的战斗精神，他的第一张CD取名为“快速介入部队”（*Force d'Intervention Rapide*），收纳的歌曲包括《进攻》（*Attentat*）、《紧急状态》（*État d'Urgence*）、《最后通牒》（*Ultimatum*）、《宵禁》（*Couvre-feu*）、《停火》（*Cease-fire*）等，显而易见，军事术语已经渗透到流行文化中。[31] 他的每一张专辑都会推出一支新的舞蹈，掀起新的时尚，粉丝们都等到新专辑发布之后再去买衣服。1999年，姆皮亚纳成为他这一代人中第一个到巴黎奥林匹亚音乐厅和天顶音乐厅（Zénith）演出的音乐人；维拉森进行了反击，先后在巴黎贝西体育馆（Bercy sports palace）、天顶音乐厅和奥林匹亚音乐厅演出。从现在开始，刚果的历史在海外侨民经常出没的地方上演。

发生在刚果的悲剧迫使这个国家成千上万人移民海外，在巴黎的水塔（Chateau d'Eau）地铁站、布鲁塞尔的那慕尔门（Porte de Namur）地铁站、伦敦的七姐妹（Seven Sisters）地铁站的周边，刚

果人的娱乐区逐渐形成，这些地方有理发店、音乐商店以及销售木薯和熏虫的蔬果店。在金沙萨，维拉森和姆皮亚纳都在烈士体育场（Stade des Martyrs）举办演唱会，拼尽全力想压倒对方，现场观众有时会超过 10 万人。2005 年，两人进行了面对面对决——在体育馆两头搭台演出。这场“世纪演唱会”是一场决定谁是最强者的消耗战，乐队演出从晚上 10 点开始，通宵未停。第二天早上，警察试图拔掉电源叫停这场对决，平时在街上流浪的孩子却组成人墙，将发电机保护了起来；直到下午 1 点军队动用了催泪瓦斯，这场音乐对决才不得不停止。超过 20 万观众到场观看，但这一场对决仍然未分胜负，维拉森的人气继续上升。[32]

人们称维拉森为“丛林之王”，他的保镖则被称为“豹子的天使”。[33]维拉森常常面无表情，戴一副夸张的太阳镜，留着剃刀般锋利的山羊胡，他的形象在刚果人眼中是“酷”的典型。维拉森出生于 1965 年圣诞日，他的一生似乎注定不凡。他被联合国教科文组织（UNESCO）任命为和平大使，在罗马受到教皇的接见。在美国有线电视新闻网络（CNN）的节目中，牙买加超级巨星夏奇（Shaggy）称他为“非洲最伟大的在世艺术家”。[34]金沙萨有成千上万流浪街头的孩子，有些被怀疑会巫术而遭家人遗弃，有些是主动离家出走，还有一直住在维拉森排练室外的艾滋病孤儿，他们自称“申根人”（来源于“申根区”），因为他们生活在极其自由的市场里。对于这些衣衫褴褛的孩子来说，维拉森是他们的领袖，他们随时愿意为他而死。

2005 年 7 月，维拉森结束为刚果啤酒公司做宣传，开始与布拉利马啤酒公司合作！这个消息就像一枚重磅炸弹，引起议论纷纷。

维拉森在欧洲待了好几个月，是不是布拉利马啤酒公司买的单？不用等到与刚果啤酒公司的合同到期吗？每个人都在猜，因为音乐在刚果人生活中的地位甚至要超过足球在意大利人生活中的重要性。布拉利马啤酒公司付给维拉森多少钱？一直到今天，维拉森的“转会费”仍然是金沙萨保守得最好的秘密。道夫·范登布林克肯定知道到底花了多少钱，因为这个交易是他安排的。“我恐怕不能告诉你，”他笑着回答我，“相信我吧，我们每年花在流行音乐上的钱有几十上百万美元，占到我们营销预算的三分之二。我们花了 30 万美元投资了刚果最大的音乐会舞台，我们有卡车、发电机和服务员，有一个 30 人的代理公司，可以在城市里举办免费音乐会。签约艺人为普利慕斯啤酒写一首歌，使用录音棚、制作 CD 和视频的钱都由我们出，单这些的费用就是 10 万 ~15 万美元。作品完成后，我们会在当地人居住区的酒吧里免费发放 4 000 张 CD、9 000 份磁带，所以到处都能看到跟着这首歌的节奏跳舞的人。”

道夫·范登布林克自己似乎一时之间还不能适应这个现象，虽然他在荷兰社会学家迪克·佩尔斯（Dick Pels）的指导下写了一篇以“商业审美化”（the aestheticization of business）为主题的论文，但他从来没想过自己会成为一位非洲国际巨星的老板。“对我来说，音乐和啤酒公司是相互依赖的关系。维拉森有 3 个乐队，100 多个人靠他谋生，他不能只靠卖 CD 和磁带生活，但举办演唱会又贵得让人望而却步。因此赞助对他来说是至关重要的，此外还要举办 VIP 演唱会、到欧洲演出，这些活动也是我们来处理。他要去巴黎的天顶音乐厅演出时，我们了 50 张机票，如果我们不这么做，他会离开。”

一项非正式调查表明，维拉森是一个难缠的人。他是联合国和平大使，但某些做法非常可恶。他要求赞助商为他和他身边的人进口十几辆汽车，保证不被海关查验。对他来说约定无足轻重，比如安排好的采访，记者最多只能看到他一眼，然后花几个小时等他回来，而结果往往表明这样的等待是徒劳的——本人曾在12月寒冷的巴黎亲身体验。对此，道夫·范登布林克也只能叹气。他在自己的桌子上搜寻了一下，然后把一张小纸片拿给我看，“西尔维亚·玛曼帕塔（Sylvia Mampata）刚刚来过，她是维拉森的妻子。她打算办一个派对，就在不久后，要求我们提供50把花园塑料椅、30箱啤酒、5万美元。一直以来都是这样的，你明白我的意思吗？”

当然明白，因为范登布林克此前刚刚解释了幻灯片里的图表。“看这里，非常清楚，”他满意地说，“2005年7月维拉森加入我们，在两个月的时间里我们的市场占有额增加了6个百分点，从32%上升到38%，上升趋势非常明显，现在我们的市场占有额是70%。”布拉利马啤酒公司成了海尼根旗下市场增长最快的子公司，2009年其市场占有额甚至提高到了75%：欧洲管理者只能在梦里实现的数字。范登布林克因此得到奖励，在36岁的年纪，被提拔为海尼根美国公司CEO。

维拉森换东家之前，布拉利马啤酒公司做足了功课。维拉森从欧洲回到刚果——数万名年轻人来跟着他从机场走到排练厅——几天后，他在自己的家乡基奎特举办了一场普利慕斯啤酒音乐会，音乐会的主题是“换频”。在此以前，他没有在基奎特举办过音乐会。那是刚果历史上规模最大的一场音乐会。江轮上装满了音响和灯光

设备、发电机，还有几个月前从金沙萨运过来的5万箱普利慕斯啤酒；靠近机场的巨大场地上搭起了舞台，有数万人从全国各地步行到这里，有的人甚至走了120千米。音乐会当天，维拉森乘坐的飞机着陆，在他走下飞机的那一刻，所有人都跪下来亲吻土地，丛林之王享有的迎接仪式可以比肩国家元首，由布拉利马啤酒公司的车负责接送。太阳下山几个小时之后，他那支20人的乐队敲出第一个音符，随后，观众欣赏了卡科尔（Kakol）的节奏紧密的鼓点，弗拉姆·卡帕亚（Flamme Kapaya）清澈的吉他独奏，埃里捷（Héritier）不遗余力的假声，鲁瓦·达维德（Roi David）滑稽的说唱，后者和金凯利公司（Kerrygold）签约，为其奶粉产品创作宣传歌曲。你能亲眼看到这些多年以来只是听说过的人物，这是怎样一场狂欢！最后压轴的当然是维拉森，他登台时已经过了午夜零点，看着下面人山人海的观众（最保守的估计是30万人，粉丝的估计则是70万人），他唱了三首歌，然后给寡妇和病人分发药品——一团糟的政府可以效仿此举，却一直忙着内斗！这场音乐会是1974年世纪拳击赛的重演，唯一的不同是为这次活动买单的不是总统，而是一家来自阿姆斯特丹的有限责任公司——同样是一种换频。[35]

“来基奎特的观众非常非常多。”卡帕亚在基桑加尼告诉我。那天早上很闷热，我们坐在河边一栋房子的大花园里。卡帕亚担任维拉森的首席吉他手和艺术总监长达10年，在刚果问一位年轻人谁是最伟大的在世吉他手，得到的答案肯定是卡帕亚。“我们必须给观众热身，告诉他们维拉森是如何棒，必须卖力表演唱唱跳跳，迎接维拉森的出场。可是他一共才唱15分钟，却拿走了所有的钱，我们

连基本的报酬都没有拿到。从刚果啤酒公司跳到布拉利亚啤酒公司的只有他，对我们来说没有丝毫的改变。他拿走了一切，我们什么都没有。维拉森就这样富得很不光彩，他还在布鲁塞尔附近买了房子，他就像蒙博托的继承人。”因为利润比教养重要得多，所以布拉利马啤酒公司并没有纠正这个机制，海尼根的股东想看到让人满意的图表。这和以往外国对刚果的干预有本质上的相似之处：美国对蒙博托的所作所为咬牙切齿，但仍然没有将其赶下台一样；海尼根同样如此，他们学会了与维拉森和平共处，以防他投入竞争对手的怀抱。卡帕亚忠诚于维拉森，却换来对方的欺骗，事到如今，他仍然非常愤怒："作曲编曲的工作是我完成的，可他在法国登记时将这些歌全部记在了他自己的名下。在 CD 的说明文字中，作曲和编曲都是维拉森，我只是吉他手而已。"[36] 维拉森最成功的一张专辑是《龙的行动》（*Kibuisa Mpimpa*），业内人称其"在音乐和文化上都具有革命性"，卡帕亚是背后的灵魂人物。[36]"我在欧洲负责歌曲的录制工作，我把多位作者的音乐混录在一张专辑里，可是最后我连一张 CD 都没有拿到！他甚至偷走了属于我的 5 个作者的 CD。"

似乎很难让人相信，但我曾在巴黎一个寒冷的录音棚了待了 3 个小时，和一群穿着时尚冬装的追星女性一起空等维拉森接受采访，最后根本没有见到他的影子，这件事发生后我就相信了。卡科尔和埃里捷，分别是乐队的鼓手和歌手，做了所有的工作。他们指导伴唱歌手，操作各种设备，各种有关音乐的决定也由他们来做。"我们都太天真了，"卡帕亚说，"他需要的是不了解他的音乐人，如果你看透了他，他就不需要你了。音乐寄托着所有年轻人的热情，

但他滥用了这种热情。归根到底，这就是人对人的剥削和利用，也是我离开的原因。我不希望年轻人和我走同一条路，他们需要了解他们的权利。”他敲着椅子边缘，看着奔腾的河流对我说：“维拉森是一个商人、一个政客，很多和他在舞台上跳过舞的女人都待在了欧洲，很多人为了能够作为乐队成员去欧洲付钱给他。”[37]维拉森要和“乐队”的成员飞赴巴黎时，布拉利马啤酒公司出钱买了几十张机票。他的同行帕帕·文巴因为出钱给多人购买机票在巴黎被判了几个月的监禁，法国法庭的裁决是：帮助非法移民偷渡。

公司从来不具有中立性质，特别是在政府功能存在严重缺陷的国家。因为宣传预算要比政府教育或信息部门的经费高出多倍，所以这些公司能够接触到的人比政府还要多。今天的金沙萨街头随处可见跨国公司的广告牌，像雀巢、DHL、沃达康、可口可乐等，工厂、体育场和军营的外墙上遍布宣传标语，当地电视台播放广告的时间比节目时间还长。普利慕斯啤酒的宣传歌曲在很多频道播放，全年都能听到。这些歌曲持续的时间通常在10分钟以上，广告和娱乐之间的界线越来越模糊。金沙萨一直跟着营销节奏走。

类似信息还在其他的植入。移动电话运营商蒂戈（Tigo）在16个国家发展业务，总部位于卢森堡。2006年，该公司慷慨出资将金沙萨国家机场破旧的入境大厅进行了重新装修。所有大公司都有自己的慈善项目（如奖学金、医院、教学材料等：任何能让别人看见的东西）。几十年来，金沙萨恩吉利机场单调的墙壁第一次刷上新漆，

每一位乘客下飞机进入到达大厅之后，都会觉得自己来到了商品交易会上蒂戈公司的展厅，而不是一栋公共建筑，因为墙壁上到处都是该公司的标语和标志，没有别的广告。旅客站在明亮耀眼的大厅里，手上拿着护照，口中骂着这个疲弱的国家。

当然，布拉利马啤酒公司和蒂戈这样的企业要交的税常常是它们不愿接受的，因为在一个腐败的国家，每个礼拜都可能出台新的税收政策。如果政府的政策超出了可以接受的范围，它们可以使出杀手锏：关门走人。如此，不仅意味着在这些企业工作的员工都会失业（这些人拿到的报酬相当可观），同时意味着那些销售啤酒和手机充值卡的零售商也将陷入贫困，当然更重要的是政府的财政收入会骤减，断了政府官员的财路——任何一个税务稽查员都不想看到这样的结果。跨国公司是这个国家最大的纳税人，因此，政府会倾向于听取他们的意见。

1885 年的柏林会议决定刚果自由邦向国际贸易开放，市场和国家之间的竞争直到今天仍然存在，而且更加激烈。过去，国际贸易只关注原材料的购买，今天，产品的销售也成为焦点——即便是在非常贫困的国家也是如此，小商品交易也能带来很大利润，比如手机充值卡、苏打水瓶子和奶粉袋子。为了赢得这些穷得叮当响的消费者，外国公司将公共空间“殖民化”，使用狡猾的营销手段，用明亮的微笑掩饰贪婪和粗暴。

2008 年 10 月，在大概一个星期的时间里，我不费任何力气就成了金沙萨的小名人。我走在街上，一个陌生人走上来跟我说看了我的照片就认出了我，并且惊讶于我这样一个有社会地位的人居然没

有汽车。范登布林克几天前给我打电话："我们要和维拉森一起组织一场音乐会，地点在当地人居住区，想去看看吗？"音乐会将在金沙萨最穷的本布区举行，车队开往现场的时候，他跟我解释了其中的缘由："刚果啤酒公司开始玩阴的了，他们宣称本布已经'陷落'，普利慕斯啤酒已经不是这里的市场领军者。这当然不是事实，但我们不得不进行自卫，现在我们要把动静弄大点儿，向本布区的居民证明实际情况恰恰相反。我们不打广告，也不搞营销战，我们要办一场免费的维拉森音乐会。这是他第一次在本布区举行音乐会，我估计现场的观众会很多。"[38] 有空调设备的越野车在努力避开路面上的坑坑洼洼，范登布林克告诉我普利慕斯啤酒的营销经历了几个不同的阶段。一开始的宣传口号是"拿出最佳状态"，对氛围的重视在一个屡遭战争蹂躏的国家起到了很好的效果。之后，公司改变了商标的颜色，使其与刚果国旗的颜色相呼应：蓝黄红。现在既然战争已经结束，普利慕斯啤酒要向消费者证明自己是独一无二的国民啤酒。这个国家的核心已经腐朽了，但刚果人的国家荣誉感并没有受到任何影响，布拉利马啤酒公司对这一点大加利用。与此同时，他们制订了新的口号：普利慕斯，一直领先——重点是给消费者留下普利慕斯啤酒的市场领导地位无法撼动的印象。范登布林克相信，人们非常重视对主导地位的渴望，他们需要知道谁才是最强的。因此他要去本布区，让消费者看清楚答案是什么。

我认为这很有趣，南非电信业巨头沃达康公司也瞄准了国民情感和领导力。该公司在刚果有一个多年不变的宣传口号：一个网络，一个国家；现在，他们自称"手机世界的领导者"；公司网站上写

着："我们是优秀者中的佼佼者，输不是我们的选择。我们是一个团队，竞争是我们的运动。"哪家公司是最能引起刚果人共鸣的？谁才是真正的领导者？小卡比拉和本巴的竞选不是也围绕这样的主题吗？2006年7月，选举已经准备就绪，两位热门的候选人和流行音乐明星一样争得你死我活。本巴更像一个军阀而非政治家，他指责小卡比拉是半个卢旺达人，缺乏足够的刚果属性——奇怪的指控，尤其是当人们意识到本巴自身有四分之一的欧洲血统时。作为总统，小卡比拉想超越吵吵闹闹，他说道："忙着搬鸡蛋的人，不会分心与人斗嘴。"（原文为 He who carries eggs doesn't bicker. 卡比拉在这里指自己是手头有事忙的人，也指本巴是无事生非的闲人）但他没想到这个说法会在数个月里让自己不得安宁，因为听众想到了那些在街头流浪的男孩子，他们把煮老了的鸡蛋装在篮子里顶在头上，从一个酒吧走到另一个酒吧，把它们当点心出售。小卡比拉发表了这句言论之后，金沙萨人都认为总统是一个"卑劣的杂种"。小卡比拉和本巴疾言厉色地指责对方，和维拉森与姆皮亚纳的对立极其相似，也与布拉利马啤酒公司和刚果啤酒公司之间的争斗别无二致。在国家最高职位之争中，领导力的概念和国家认同直接联系在一起，商业和政治分享共同的口号。

车子开进本布区的时候，范登布林克向窗外看去。这个工人社区里一片昏暗，酒吧和路边的咖啡馆都挤满了人。他非常得意地告诉我，那些桌子上的瓶子80%属于普利慕斯啤酒。又开了一段路，我们看到刚果啤酒公司的卡车停在路边：这个竞争对手将在音乐会期间和音乐会结束后派发斯科尔啤酒。范登布林克甚至在想，刚果啤

酒公司是不是会雇一群年轻的帮派分子闹事，不管会不会，布拉利马啤酒公司都会部署自己的安保人员。预防措施是必要的，因为现场全是本布的年轻人，他们将在音乐会期间倾巢而出。我们离音乐会现场越近（从远方可以听到乐队已经开始演奏了），紧扒着车队末尾的越野车不放的年轻人就越来越多。那辆车的车窗是不透明的，上面刷了普利慕斯啤酒的标志，这些年轻人似乎很确定维拉森就在车子里。他们越来越疯狂，我们的车队不得不停止前进，过一会儿才好不容易绕到音乐会舞台的后面。车子朝外停放，保证一旦场面失控可以迅速撤走。我们从车上下来往舞台上走，一路上有不少人和我们握手。在半明半暗的后台，乐器奏出的低音似乎是从自己的上腹部发出来的，我没有第一时间认出维拉森。他的外表要比我在照片里看到的正常很多，也没有那么自信。我说："维拉森先生，预祝你的音乐会圆满成功。"他回答："嗯。"我们的对话就这样结束了，这是我经历过的最短的采访。

我们走上舞台，一排舞者站在前面，他们后面是乐手，所有人都穿着印有普利慕斯啤酒标志的T恤衫。我向鼓手卡科尔挥手，他后面的背景墙上有一行醒目的标语：普利慕斯，一直领先。舞台搭在宽阔的道路交叉口，我放眼台下，三个方向都有数百米长的人群往这边涌。我想数一下某一个方向到底有多少人，然后估算一下到底有多少人参加了这场音乐会。3万人？4万人？有人递给我一瓶普利慕斯啤酒，摄像拍到了舞台上的2个白人。这时候看上去略带羞怯、留着山羊胡的男人登上刚才搭起的台阶，走到舞台的左侧。他动作缓慢，甚至可以说是无精打采地走到聚光灯下，凝视着远方的黑暗。

成千上万的人举起手臂，跟着音乐的节拍，喊出维拉森的名字，那声音震耳欲聋。

音乐会结束之后，范登布林克非常高兴。因为维拉森不仅号召一群十几岁的小姑娘上台跳恩东波洛舞，还在演唱中两次举起普利慕斯啤酒，告诉台下的观众本布区仍然是布拉利马啤酒公司的天下。这样的品牌宣传是无价的，相比之下，为音乐会花掉的1万美元是微不足道的。接下来几天里，音乐会的现场录像在一些电视台不间断播放。布拉利马啤酒公司每个月向金沙萨最大的电视公司天线A（Attenne A）支付3万~4万美元，该电视公司用这笔钱支付员工的工资。实际上，布拉利马啤酒公司基本上买下了这家电视公司。

音乐会结束之后，有好几次我坐在出租车的后排座位上，旁边的金沙萨人都对我说："我认识你，你是在本布音乐会上登台的白人，你难道没有自己的车吗？"可见布拉利马啤酒公司的影响力之大。我在一个人口只有100万的城市住了10年也没什么名气，碰巧在一个人口多达800万的城市里待了一些天，却突然成了名人。

我通常在贝科（Beko）那里买手机充值卡，他的摊子摆在多荫的巴特特拉大街上，这是金沙萨其中一条让人感觉舒适的街道。贝科二十出头，有教育学学位，他坐在一把太阳伞下面，从早上6点工作到晚上8点，工作内容是销售蒂戈、沃达康、凯尔特（CeLTeL）和中国CCT公司（中建电讯集团）的预付卡，只有每周日的上班时间是上午11点，因为他要先去做礼拜。林荫道上形成了一个小市场，

贝科旁边是一个做外汇兑换生意的女人，她的另一边是一位卖油炸小鱼的年迈妇女，这些小鱼被称为“汤姆森”（Thomson），到现在我都没搞清楚为什么。和他们隔得比较远的地方，一个小男孩儿在卖口袋笔记本、圆珠笔和鞋带，他旁边是一位用炭火煎馅饼的年轻姑娘。很多在这里做生意的人一天下来只吃一个馅饼，味道不错而且充饥。

一天下来，生意好的话，贝科的营业额可以达到 100 美元，但属于他的利润只有 8 美元。售价 5 美元的电话卡，其中 4.6 美元归电信运营商，有的运营商甚至要收 4.75 美元。“而且只有一些条件不错的顾客才会买 5 美元的充值卡。”他解释道。贝科住的地方离巴特特拉很远，这个城市里有 160 万人每天都要在住处和市中心之间来回奔波，他就是其中之一，他们乘坐的交通工具是拥挤不堪、乌烟瘴气的大众公交车。[39] 每天要在路上花好几个小时以及 1.5 美元的车费。如果白天他想吃点东西，即便只是一块木薯面包外加一小片鱼肉，也会很容易花掉 1.5 美元。回到家之后，他还要拿出 1 美元给一起生活的姑姑，因为他的父母都去世了，他是家中唯一能赚钱的人，只能靠他为弟弟妹妹赚取家用。8 美元就这样花去了一半，但还没完。

我和贝科聊天的时候，一个男人走过来冲他和其他小贩叫嚣。没有表示任何抗议，贝科就给了他 200 刚果法郎。在远处，站着一个穿警察制服的人。“按规定我们不能在这里做买卖，他本来可以罚我们的款，但从来不开罚单。他唆使这个人来找我们的麻烦，如果我们能给他 200 刚果法郎，他就不会把我们赶走。唯一让人头疼的是，他一天要来三四次。如果我们不给钱，他就会拿走我们所有的东西。

所以，我每天还要在这上面花 1 美元到 1.5 美元。”[40] 只要政府不给警察发工资，这样的勒索或者粗暴的税收就不会停止。并不是说警察制服不再是一种具有价值的有利条件，实际上，它带给穿制服的人一份固定收入，不是上面发的，而是从下面剥削的。因此，有人跟警察进行职位交易并不奇怪，传言从警察那里买一份工作可以让一个人挣很多钱。

一个星期七天，周日可以晚一些，贝科一生中最美好的年华渐渐流逝。蒂戈公司引进了一项新服务，顾客只需要付一点点钱，就可以每天收到一条“让你的一天都充满阳光”的短信。选择“蒂戈《圣经》”（Tigo Bible），你可以收到一句从《圣经》中摘取的话；“蒂戈宗教”（Tigo Foi）为用户提供宗教咨询；“蒂戈爱情”（Tigo Amour）提供与爱情相关的建议；而“蒂戈财富”（Tigo Riche）教用户如何赚钱。如果你想振作起来，你可以订阅这些服务。这家电信公司不提供任何新闻服务。

我问贝科有什么梦想，他不自在地笑了，谨慎地说：“成为一名大使。”政治让他着迷，他每天都会从报摊上租一份报纸：花几个美分可以读半个小时。买报纸是不可行的，买一份要花 1 美元。在金沙萨，报纸是稀罕物，为数不多的几家报纸的发行量都不超过 1500 份，对一个人口 800 万的城市来说是极小的供应量，而且报纸上的信息量都很贫乏，首都以外的其他城市则根本没有纸质新闻。《潜力报》和《软报》（*Le Soft*）做得最好，其他报纸的版面都被八卦消息或党派之争占据了。记者收某位部长的钱，然后按照他的要求写报道。[41] 报纸的版面设计和印刷质量都很差，然而贝科每天还回

去的报纸都是干净整洁的。他的梦想有可能实现吗？我在 2007 年第一次见到他的时候，他 22 岁，“在刚果，人们通常活不过 45 岁，”他淡笑着说，“事实就是这样。”同年，蒂戈公司的总收益为 16.5 亿美元。[42]

贝科是一个例外，超过一半的金沙萨人都认为自己孤陋寡闻，女性比男性的情况更严重。只有老一辈人觉得自己跟上了时代，他们都年过半百，有大学文凭，是最后一代接受过正规教育的人。[43] 刚果并不缺少媒体，收音机仍然是最普遍的媒介，电视在城市的普及情况相当好，互联网不管在哪里都非常慢。网络到户没有实现，居民可以去网吧上网或者写简历，至少在没有停电的情况下可以。

国家广播公司早就瘫痪了，2002 年，联刚特派团和瑞士非政府组织伊龙代勒基金会（Foundation Hirondelle）合作成立了霍加狓广播电台（Radio Okapi），这家电台覆盖刚果全境，在 10 个不同城市设有编辑部。此后多年间，霍加狓广播电台始终是刚果唯一的国家级媒体，国外和本地记者每天都在勇敢地挖掘新闻，霍加狓广播电台的记者是最专业（也是报酬最高的）。虽然新闻报道是非常有价值的节目，但是每年 1000 万美元的支出让人怀疑它是否能长期坚持下去。如果联合国撤走了对刚果的援助，谁来买单？

在大城市中，电视已经得到普及。刚果男性每天看电视的时间超过 2.5 个小时，女性超过 3 个小时。[44] 所谓的“1+4”时期也是媒体的繁荣期。2003 年 2 月，金沙萨一个城市里就有 25 家电视台；到

了2006年7月，也就是进行第一轮总统选举的时候，电视台的数量增加到了37家。[45]大部分都是地方电视台，在刚果办一家电视台的投入不会超过2.5万美元，任何一个有地位的政治人物、企业家或宗教人物都有自己的电视台。换台是具有教育性的体验，却未必是因为电视台播放的内容。热带产物电视台（Tropicana）、米拉多电视台（Mirador）和拉加电视台（Raga）都是商业电视台，主要播放音乐片段，中间插播商业广告。数字刚果（Digital Congo）是小卡比拉总统的电视台，由他的孪生妹妹经营。与这家电视台并立的是刚果电视台（Canal Congo）和副总统本巴的金沙萨电视台（Canal Kin）。天线A电视台和刚果国家广播电视台（RTNC）因为有操作资金，所以尽可能提供有意义的信息。拉特尔基电视台（Ratelki）属于金邦古教教徒，阿门电视台（Amen TV）和力量广播电视台（Radio TV Puissance）代表近期兴起的基督教运动。超过一半的电视频道属于五旬节派教会。[46]RTVA电视台属于莱昂纳德·巴胡提牧师（Pastor Léonard Bahuti），此人在电视上劝观众（大多是女性）丢弃珠宝、头饰以及指甲油；RTAE电视台属于索尼·卡夫塔（Sony Kafuta）“将军”，此人是五旬节派分支“耶和华的军队”的领导人；RTMV电视台则由索尼·卡夫塔的主要对手费尔南多·库迪诺（Fernando Kutino）“大主教”控制，此人是“胜利军”（l’Armée de la Victoire）的创始人，曾被监禁多年。这些宗教电视台反复播放布道内容和肥皂剧，肥皂剧涉及金沙萨在生存和生活上面临的道德问题（如贫困、通奸、巫术、生育等），强调只有基督教才是这个混乱时代的真正救赎。2005年，我去了一部肥皂剧的录制现场，让

人印象深刻的不是设备的简陋（一台摄像机、一盏摄影灯和一个麦克风），也不是制作过程的粗糙（今天拍摄，明天剪辑，后天播放），而是演员都非常年轻。二十来岁的年轻人竭尽全力，用狂热的宗教对白丰富自己和观众的生命意义。最奇怪的电视台是 NTV，德尼·莱西牧师（Pastor Denis Lessie）伸出手，邀请你将手放在电视屏幕上，触碰他的手，因为上帝的活动介质也包括光纤和电波，触摸屏幕之后，观众会听到无所不能的上帝发出噼啪声，还能感觉到头发倒竖；最近，他还让信徒往显像管或等离子电视屏幕上洒水，称其为祈求上帝赐福的方式。

我翻了翻一家内陆宾馆的留言簿，在我入住之前没有多少外国房客。实际上，只有一个：来自佛罗里达的安德鲁·斯奈德（Andrew Snyder）。字迹清晰，力透纸背。职业？牧师。来访原因？传教布道。好吧，这个美国传教士很显然已经深入到了内陆的小城镇，他让我想起费尔南多·库迪诺。

在 20 世纪 90 年代早期的金沙萨，库迪诺看到了第一批美国传教士。这是一个新的群体，他们所属的基督教派与之前的不同，传教士都非常具有个人魅力和感召力，他们来自五旬节派。当时的蒙博托正因为天主教会的权力而愤怒，因为这些人组织了“希望的游行”，所以他乐意让其他教派的牧师来传达上帝的旨意。分而治之，同样可以用来应对教会的权力。当时，库迪诺还是一个不起眼的男孩子，知道美国传教士吉米·斯瓦加特（Jimmy Swaggart）在电视上哭着忏

悔自己的不忠，因而知名于西方世界；在金沙萨，他因为举行让成千上万信众进入狂热状态的仪式而出名。除了美国传教士，德国传教士赖因哈德·布永康（Reinhard Bonnke）、荷兰人约翰·马斯巴赫（John Maasbach）也来到扎伊尔布道，他们都是已婚男性，西装笔挺，用生动的表演和完美的发型来表达他们的信仰。他们没有接受某个教会的派遣，而是自发行动，同时也得到了自己家人的支持。这些“再生基督徒”与当地信徒交流，周日教堂里都会举行礼拜仪式，他们往往在教堂外面聚集起来举行自己的祷告仪式。不久后，当地就出现一些注重仪表的信徒，库迪诺是其中的关键人物。

库迪诺喜欢打上领结，称自己为“牧师”，他传达的信息和传统的基督教会完全不同。他代表刚果“觉醒教会”（églises du réveil），是复兴，也是新的开始。好奇的民众被其强调的“神赐能力”所吸引：强烈的宗教热情可以瞬间让人得到“治愈”和“拯救”，崇拜仪式会让信徒体验圣灵降临的感觉。五旬节派是基督教新教教派，与非洲古老的祖先崇拜类似。大声祈祷，驱除恶魔，言语不清——让人想起了1921年金邦古教迅速传播时的情景。狂热的信仰再次被视为对巫术的纠正，人们再次渴望迅速获得治愈。

库迪诺还增加了另外一层色彩：繁荣。从本质上讲，救赎不光是精神层面上的，也是物质层面上的——在20世纪90年代的危机年里，人们就想听到这样的消息。对于穷人来说，在他们的孩子快要饿死的时候，当他们手中原本就少得可怜的纸币到第二天又失去了一半价值的时候，精神上的祝福又能起到什么作用呢？富裕才是证明你与上帝有联系的证据，而不是贫苦。毕竟，上帝派来的使者不可能

破衣烂衫地出现在上帝的面前。库迪诺坐在夸张的宝座上，号召自己的追随者欣然捐赠，与摆阔相差无几的捐助成为虔诚与美德的证明。库迪诺坦然地接受了豪华轿车和手机，“我爱钱，”他曾对一位法国记者说，“有钱让你活得更好。”[47]令人厌恶？是的，然而中世纪欧洲的神职人员在让人捐资修建大教堂的同时，自己却穿着金丝锦缎、佩戴金银丝饰品招摇过市，库迪诺与他们没有什么不同。所谓的后物质主义是只有富人才能承受的生活方式，连皮条客都能受到穷光蛋的仰望。帕帕·文巴的夸张服饰给年轻人的“欢乐和潮流引领者运动”点燃了希望之火，库迪诺则通过信仰这条曲线道路给人们带来了繁荣的概念。库迪诺戴金表，穿鳄鱼皮鞋，完全是一个“欢乐和潮流引领者”，他代表着成功、力量和福利。[48]他是宗教领域的维拉森，2000 年 12 月，超过 10 万名信徒在烈士体育场参加他举办的祈祷仪式，他让所有人热情高涨。祈祷仪式伴着流行音乐现场演奏进行，有的是机会唱歌跳舞，“为王者之王，唱，唱，唱，跳，跳，跳！”一位有宗教信仰的流行音乐人在现场告诉听众，“因为你不在这里这样做，就会在别的地方这样做，那是一个黑暗的世界。”[49]金沙萨已经成了罪恶之城，只有上帝才会给予怜悯，而库迪诺是上帝的出纳员。

在 2002—2006 年间，“觉醒教会”发展迅猛，特别是在城市中。库迪诺的模仿者开始出现在披屋下、公交车上、繁忙的路口，随处都能看到自称牧师的人在充满激情地布道；金沙萨的很多商店只卖讲台，有木制的也有玻璃的；每个周末都会出现新的“先知”。到 2005 年，据估计金沙萨有 3000 多座五旬节派的教堂。[50]绝大多数教

堂都相当简陋，然而也有规模大的。五旬节派为时三四天的马拉松式传教仪式在烈士体育场举行，来自尼日利亚和美国的牧师在这个过程中传播了火热的信条，赞颂和感恩瓢泼而至。《潜力报》头版登了此次活动的广告，号召大家去烈士体育场见证由韩国牧师李载禄（Reverend Dr.Jaerock Lee）主持的“神迹治疗”，宣称：“让死者复生、哑巴说话、瞎子睁眼世界、聋子听见声音，治愈艾滋病、癌症、白血病等难以治愈疾病。上帝确实在我们身边，证据是看得见摸得着的：给你自己见证神迹的机会。免费入场。”[51]

五旬节派在刚果有众多分支教派，各分支间竞争激烈，都想超越对方，起的名字都具有战斗性，比如“耶和华的军队”“胜利军”“属灵争战”（Combat Spirituel）和“胜利者教会”（la Chapelle des Vainqueurs），让人想起某些流行音乐专辑的名称以及政治和商业领域的主导权之争。正常情况下信教者只忠于一个教派，现在，转变信仰的做法却十分普遍，于是就出现了所谓的“连续一神论”。“如果你的上帝死了，可以来试试我的。”是基齐亚米纳 - 基比拉牧师（Pastor Kiziamina-Kibila）的口号，好像他说的是一种洗衣粉而不是信仰。约瑟夫 · 拉青格（Joseph Ratzinger）当选教皇后改名本笃十六世（Benedict XVI），刚果明星科菲 · 奥罗米德随后也换了一个新的艺名：伯努瓦十六世（Benoît XVI），受到罗马教廷的谴责后稍作修改，改为伯努瓦十七世。[52]

这不是纯粹的教派竞争，事实上也是善与恶、基督与撒旦、真信仰与巫术之间的较量。“觉醒教会”持简单的二元世界观，它认为世界是二元对立的，让人们将自己生活中的矛盾放到一个框架中。

厄运是黑暗中的邪灵作祟，好运是上帝的恩赐。在“耶和华的军队”的教堂中，年轻女性花10美元、20美元或50美元，请求教会牧师索尼·卡夫塔“将军”赐福，用手触摸她们的头顶，帮她们完成结婚、怀孕甚至获得欧洲签证的心愿。厚颜无耻地敲诈陷入绝望的人，不是吗？“我们还想建学校，”该教堂的发言人向我解释，“我们认为人们应该工作赚钱，不应该全靠祈祷过日子。我们组织了免费的艾滋病检查，教年轻的父母如何抚养孩子。”[53]对于和贝科一样努力工作的孤儿来说，教堂提供了安全保障，填补了政府的失败。一些牧师促成了对立帮派的和解，这是警察从来不会尝试去做的事情。[54]他们把流落街头的“女巫的孩子”带回去，“治好”他们。[55]和跨国公司一样，他们填补了政府的瘫痪功能。绝望的民众在信友间找到了温馨的避风港，商店改名为恩泽（La Grâce）、耶稣基督（La Christ）、全能者（Le Tout-Puissant），网吧改名为“Jesus.com”，外汇兑换点改名为“上帝是我的银行”（God Is My Bank）；刚出生小孩子取名为图维迪（Touvidi，来自Tout vient de Dieu，意为“一切都来自上帝”）、普拉米迪（Plamedi，来自Plan Merveilleux de Dieu，意为“上帝的奇妙计划”）、爱莫罗（Emoro，来自Éternel Mon Rocher，意为“耶和华是我的支柱”）以及不太多见的梅尔迪（Merdi，来自Merveille Divine，意为“神迹”，我也是听他们解释了才知道是这个意思）。[56]

2008年11月2日，我在金沙萨的贫困社区南永乐（Yolo-Sud）参加了“上帝之语”（Parole de Dieu）的主日礼拜。搭着锌皮屋顶的庭院里挤了1000多人，他们摇着自制的拨浪鼓一样的器械边唱边

跳。我或多或少明白了这些教会成功的原因：仪式中的氛围是惊人的。现场没有举行募捐仪式，想捐钱的人可以自行在教会入口处把钱捐出去。“先知”多米尼克·孔德·姆波洛（Dominique Khonde Mpolo）穿着运动鞋坐在讲台上，简单是他的座右铭。不是每个牧师都喜欢敛财，他在漫长的布道过程中，大力抨击“耶稣商业”（Jésus Business），提出用“耶稣真理”（Jésus Verité）取而代之。“其他教堂都向人们做出金钱承诺……但我们对奢侈品没有需求，我们甚至不吃肉。这里没有人穿正装，我们应该为国家工作，而不是为了自己的形象。”他的能力是复活，自称已经让4个人起死回生。救活第一个人是最难的，后来他得到了神奇的药水，将其抹在死者的嘴唇上即可。[57]

天主教神父若泽·姆蓬杜支持工人阶级，曾参与组织“希望的游行”，五旬节派众多分支的出现对他来说是一种困扰。“这些新兴教会只会催眠，在解放民众方面毫无作为。他们向信众许诺通过‘神迹’获得幸福的捷径，却从来不对结果负责。他们说，上帝自有定夺。然而我必须直言：这些教会对现政权而言是一大福音，因为对政客而言，他们让很多问题变简单了，这也就是现政权支持它们的原因。索尼·卡夫塔与老卡比拉及其母亲走得非常近，他是他们的精神领袖。”[58]

库迪诺至少没有攀附权力，在整个职业生涯里，他曾先后反对蒙博托、老卡比拉和小卡比拉。卡比拉父子任命索尼·卡夫塔为国家军队的首席牧师时，库迪诺发起了“拯救刚果”运动，他邀请嘉宾做客自己的电视台，对于所谓的“1+4”体制进行抨击甚至谩骂。他

的教派因此成为五旬节派中为数不多的批评者之一，尖锐的批评直指“反价值者”（the anti-valeurs），其要旨是反卢旺达。在暗示约瑟夫·卡比拉受到卢旺达势力操纵——更糟糕的是，暗示卡比拉本来就是卢旺达图西人——之后，库迪诺的电视台被关停。他逃到了欧洲，2006年才返回刚果，但这并不是他的结局。

2006年5月，距离选举还有6个星期的时候，库迪诺——现在被称为大主教——重返金沙萨，在拉斐尔神父体育场（Stade Tata Raphaël，原来的博杜安国王体育场）举行了一场大型宗教集会。他穿着红色的主教法衣坐在吉普车里，一路上向欢迎他的人群挥手致意。在集会上，他继续抨击“外国”势力，并指责小卡比拉不完全是刚果人。播下怀疑的种子，引导人们质疑总统的出身，有人说小卡比拉不是她现在的母亲生的，有人说他是卢旺达人，这成了反对派的有效策略，尽管毫无根据。[59] 这一集会在副总统本巴的电视台不间断播放。集会一结束，库迪诺就被铐起来带走了，本巴有时会去马卡拉看望他。一个月之后，库迪诺被判20年苦役，缓刑10年。他的罪名包括非法持有军火、共谋、谋杀未遂，很明显都是事先定好的，国际人权机构强烈谴责可疑的司法程序。[60]“拯救刚果”行动的网站上有一段视频，记录了这位先知的“遗言”，拍摄于审判结束那一天。视频中，库迪诺显出前所未有的犹豫，似乎失去了滔滔不绝的才能，视频中还出现了梅尔·吉布森（Mel Gibson）的电影《耶稣受难记》（*The Passion of the Christ*）中血腥画面。视频要传达的信息是，这一位先知也遭到了迫害。但法庭上的库迪诺仍然衣着整洁，穿了一件量身定制的西装，上衣胸袋里插着胸袋巾。一个穿着定制西装的烈士，

或许恰恰体现了“觉醒教会”的矛盾性。

这个算不上统一的国家终于迎来41年以来的第一次自由选举，执行《全球包容性协议》的规定。公司和教会——啤酒和牧师——在竞逐公共空间，既让人愉悦，也让人困惑。一拖再拖，终于临近众所周知的“民主日”——2006年7月30日，如今这个国家的民众主要由消费者和顺从的信徒组成，而不是觉醒的公民。在殖民时代，教会、政府和工业部门组成了超级联盟，也就是所谓的殖民时代“三位一体”，用手段让平民保持奴性和顺从。现在的情况与之类似，虽然政府更加软弱，但它仍然依附着教会和商业这两大支柱。“后殖民时代的三位一体”由腐败的政治圈子、新生宗教派别和商业世界捧出来的娱乐明星组成。小卡比拉作为过渡时期的总统，虽然本人并没有任何杰出的表现，但他充分利用了其他两个权力集团。

早在2002年4月，维拉森就借着在巴黎天顶音乐厅举办音乐会的机会，号召民众支持“致力于和平事业”的小卡比拉。[61] 这样的宣传对小卡比拉而言是无价的，因为在金沙萨的工人群体中，他获得的支持率很低，本巴则“一直领先”。2003年，相关和平协议在太阳城签署，维拉森作为和平大使为所有代表举办了一场音乐会。[62] 在2004年，恩孔达攻下布卡武，当地民众与联合国维和部队翻脸，维拉森甚至被总统派去平息事态。被一家跨国公司捧红的流行音乐人，如今被赋予了恢复秩序、维护和平的使命。

2005年1月25日，小卡比拉办了一个派对，将刚果音乐界所有大明星邀请到总统宫畅饮香槟。除了维拉森以外，姆皮亚纳、帕帕·文巴、科菲·奥罗米德以及其他几位有力的竞争对手都应邀出席。总

统再一次扮演调停者的角色，不仅能给这个国家的东部地区带去和平，还能给金沙萨的酒吧带去和平。一张在派对上拍的照片被分享到世界各地，和科隆加拿给我看的照片异曲同工——在那张照片中，蒙博托的两边站着佛朗哥和卡巴塞勒。在刚果，政治和音乐永远密切相关。当年，卡巴塞勒不是参加了布鲁塞尔的圆桌会议吗？他还创作了《独立恰恰》。佛朗哥和蒙博托的"恢复真实性"政策之间不是存在紧密联系吗？卡比拉引入的新货币不是得到了帕帕·文巴的赞扬吗？是的，而且在过渡时期，音乐与政治之间的联系更加明显了。

20 世纪 90 年代，有些人会花钱请流行音乐明星为自己的名字编辑歌词，维拉森、姆皮亚纳和其他艺人都乐意为之。比如姆皮亚纳的歌词："爱，爱，这能够给我们带来什么，吕芬·马肯戈（Ruphin Makengo）？从爱开始，到哪儿结束，让·恩根杜（Jean Ngendu）？除了骄傲，还有什么，利迪·埃邦贾（Lidi Ebondja）？"[63] 这种吸引注意力的手法被称为"抛石头"，逐渐成为刚果流行音乐的固定特征。歌曲的第二部分是乐器演奏，吉他独奏伴随一长串人名将舞者带入高潮。政客以及其他知名人物不仅可以花钱让记者为自己写文章，还可以让流行歌手为自己做宣传。在布鲁塞尔最时尚的刚果迪厅：路易斯大街上的"144 舞厅"（le 144），你甚至可以听到 DJ 大声告诉观众当天是谁的生日，他们点了多少瓶香槟。金沙萨，流行音乐人不断突破极限，维拉森的《十三年》（*Treize ans*）中提高的名字不少于 110 个，姆皮亚纳的《获奖者》（*Lauréats*）甚至收纳了 200 多个人名。[64] 这不再是向歌词中提到的人致敬，而是一种广告植入。艺术自主性？这一点都不重要。恰恰相反，不能在歌曲中提

到有钱或有权者的人成了真正的落魄者，社会孤立对于一个想成为领先艺术家的人来说是致命的。维拉森和小卡比拉及其随从的合作是在投机取巧，这一点非常明显，姆皮亚纳对本巴的支持也一样。在这种背景下，媒体管理局（Haute Autorité des Médias）——相当于美国联邦通讯委员会（Federal Communications Commission）——认为在大选前几周非常有必要禁止电视台播放具有明显的宗派主义特征的流行歌曲。在此之前，很多电视台都在反复播放相关歌曲。然而，卡比拉父子的朋友塔布·莱在当时已经被任命为金沙萨副市长。女歌手查拉·穆瓦纳（Tshala Muana）有一首热门歌："投票，投票给卡比拉 / 每个人都投票给卡比拉 / 我们都要投票给卡比拉，我们的老大 / 他是刚果唯一正确的领袖。"

除了库迪诺的"胜利军"之外，所有五旬节派分支都见风使舵，支持总统候选人小卡比拉。"一切权威都来自上帝，"信徒们在礼拜日早晨听到这样的话，"所以为你们的领导祈祷吧。"似乎觉得意思的传达还不够明显，主持礼拜仪式的"先知"又说："每一个爱上帝和卡比拉的人都站起来鼓掌。"[65] 无论是在教堂还是电视台，军队牧师索尼·卡夫塔都充分表达了他对小卡比拉的狂热支持，以至于媒体管理局不得不指责他是在散播仇恨。[66] 罗马教廷也表示不赞同，和当年反对蒙博托一样，这一次也只能在远处扮演批评者的角色。[67]

2006 年 7 月 27 日，也就是大选前 3 天，金沙萨的大街小巷都被

选举热笼罩。国际过渡委员会不断施压，推动了大选日期的确定，独立选举委员会（Commission Électorale Indépendante，CEI）的出色工作发挥了最重要的作用，该委员会由马卢·马卢神父（Abbé Malu Malu）领导。刚果是一个基础设施非常薄弱的国家，连一些重要城市之间也没有道路连接。刚果更像一个“群岛”而非大陆国家，人们只能通过飞机或者独木舟在各个“岛屿”间来回。没有人知道“群岛”上到底住了多少人，因为没有人记录人口的增减，最后一种身份证件是蒙博托时代的人运党党员证。然而，2005年6月15日，独立选举委员会成功登记了2500万选民，这是一项让人赞叹的成就；2005年12月19日，新的宪法大纲通过了全民公投；2006年2月21日，新的选举法也获得通过。准备就绪，竞选可以开始了。反对派领袖齐塞克迪对选举进行抵制，让自己成了牺牲品，从一开始就丧失了角逐领导权的机会；副总统鲁贝鲁瓦被视为卢旺达的傀儡，也是一点机会都没有。继“阿泰米斯行动”之后，欧盟展开了第二次军事行动：派遣1400人的欧盟部队（European Union Forces，EUFOR）到金沙萨维护和平。毕竟，非洲的选举更容易导致对抗，而不是带来民主。

7月27日，副总统让-皮埃尔·本巴像胜利者一样来到金沙萨。本巴的部队曾犯下吃人肉的罪行，但他仍然受到热烈的欢迎，因为他是这个国家的儿子，是真正的刚果人。超过100万人簇拥着他从机场走到市中心，这条20千米长的路很多人都走过，比如博杜安国王、蒙博托、齐塞克迪以及维拉森。本巴要到拉斐尔神父体育场发表演说，这个地方同样见证了诸多历史性事件，包括1959年的骚乱、1974年的重量级拳击赛和2006年库迪诺举行的宗教集会。一群喝醉酒的男

孩子带着一条狗，狗身上穿着一件印有小卡比拉肖像的运动衫，引得周围的人哈哈大笑。还有人举着和本巴一样来自赤道省的蒙博托的巨大肖像，他们是听着蒙博托主义长大的一代人，体育场里甚至还飘扬着人运党党旗。在这个恢复中的国家，本巴代表希望和强有力的领导。和蒙博托一样，他可以脱稿发表90分钟的演讲，条理清晰，简单明了。在粗犷的金沙萨，本巴比小卡比拉更受欢迎，后者讲不流利的林加拉语和带英语口音的法语，给人留下羞怯畏缩的印象。对于很多刚果人而言，年轻的小卡比拉（当时只有34岁，本巴43岁）是国际社会的棋子，不会给这个国家带来新的骄傲。

接来下发生了一些很说明问题的事情。本巴的演讲结束后，一群狂热的年轻人开始在城市里攻击小卡比拉的两大支柱，矛头直指索尼·卡夫塔和维拉森。支持本巴的年轻人破坏了媒体管理局，他们怀疑该机构具有党派性，是现任总统的拥护者；他们冲进卡夫塔的教堂，将“耶和华的军队”的集会场所砸成了废物堆；维拉森的排练厅离教堂只有几百米，曾是金沙萨年轻人的圣地，现在却被同一群年轻人掀了个底朝天，维拉森公开支持小卡比拉被他们视为背叛。[68]布拉利马啤酒公司的市场占有额在2006年7月缩减了3%，啤酒、教会和现政权结成联盟，试图让民众继续无知下去，然而这并不意味着年轻的选民就一定会服服帖帖，因为这是他们的选举。

第十四章

休会

一个新生民主国家的希望和绝望

2006—2010

早上6点钟，光线还比较弱。帕斯卡尔·鲁肯戈瓦（Pascal Rukengwa）不得不习惯于小村庄的宁静，这里和金沙萨是多么不同啊。布松巴村（Bushumba）距布卡武约35千米，帕斯卡尔在喧嚣的金沙萨住了很多年，现在要回到家乡投票。他已经42岁了，这是他第一次参与投票。这个国家上一次举办自由选举时，他还只有1岁。“我要为生活投票，”他说，“为了活下去投票，这是新的开始。”[1]

他看到外面已经忙起来了，这么早，已经有好多人排队等在投票站门口，有人甚至在投票站门口过了一夜。[2]这个周日和以往大不相同，上了年纪的妇女也穿上了最漂亮的衣服；一些男人打上领带，穿着擦得锃亮的皮鞋；十几岁的少年戴着太阳镜，少女戴着新头饰。他们手中拿着橘色的投票卡，耐心地排着队。

帕斯卡尔·鲁肯戈瓦既不自豪也不感伤，但不管怎么说这也是他

的日子，他为这一天的到来奋斗了多年。他是独立选举委员会的成员，正是这个由 21 人组成的委员会组织了这场大规模选举。“所有的希望都寄托在我们身上，我们必须不断学习。有时候我觉得自己是丛林中的陌生人，随时都可能被突然冲过来的野兽撕碎。这些希望与我们的能力是不成正比的，不是吗？有些地方的人甚至从来没有见过电脑。”美国和欧盟为这次选举提供了大量的财政支援，约 5 亿美元，其中大部分来自欧洲。这是国际社会组织过的规模最大、耗资最多的一次选举。[3]

帕斯卡尔 · 鲁肯戈瓦向四周看了看，全国各地共 5 万个投票站都在此刻开门迎接选民，来自国内外的 4 万名观察员对投票过程进行监督。[4] 在过去的几个月当中，25 万投票站官员分布到全国，为选民提供相关信息。[5] 直升机、卡车和摩托车将投票箱运送到刚果最偏僻的角落，在丛林里的某些地方甚至动用了独木舟或人工。

今天，1600 万人出现在各地投票站，甚至包括从塑料棚屋里走出来的难民。帕斯卡尔所在的投票站位于南基伍的民权社会、非政府组织聚集区。“自由选举曾是最高国民会议最迫切的愿望，这一天对于民众来说是神奇的，对我来说却是充满压力的。队列里有一个孕妇晕过去了，而最近的医院也在 10 千米以外；有一个小孩儿突发急病死了。这一天我一直在不停地奔走，没有一刻是属于自己的。不过坦白地说，我没有想到人们对于选择自己的领导人如此看重。”

虽然出了一些小事故，但是相对而言，整个投票过程是顺利的。在每一个投票站（通常是一间比较大的棚屋），工作人员给选民发放需要填写的表格，投票卡上一共有 32 个名字，当然，包括约瑟夫 · 卡

比拉以及由叛军首领变成副总统的本巴和鲁贝鲁瓦。曾在卢蒙巴政府担任副总理的安托万·基赞加也名列其中，还有蒙博托的儿子恩赞加·蒙博托（Nzanga Mobutu）。前国家银行行长皮埃尔·帕伊·帕伊（Pierre Pay Pay），以及从美国回到刚果的医生奥斯卡·卡沙拉（Oscar Kashala）。议会选举的投票卡要复杂得多，来自250多个政党的1万名候选人角逐500个议席。每个候选人的名字旁边都附了一张护照照片，因为这个国家三分之一的民众都是文盲。一些老太太让工作人员勾一下"7号先生"，卡比拉的重建与民主人民党（Parti du Peuple pour la Reconstruction et la Démocratie，PPRD）在投票列表中位列第7。

投票结束后，计票工作开始。为了避免舞弊行为，无论在哪里投票，计票工作都在现场进行，尽管要做到这一点并不简单。"我们没有电，"帕斯卡尔说，"提供给我们的手电筒是坏的。没钱买蜡烛，就试着到别处去，所有问题都要我们自己解决。在一些投票站，为了确保不出岔子，工作人员甚至直接睡在投票箱旁边。"

勇敢敬业的公民待在棚屋里，在烛光下清点选票，一天下来什么都没吃；疲惫的男女工作人员抱着密封的投票箱睡觉，好像投票箱是圣物或自己的孩子。看到这样的画面，没有人不为之动容。这次选举的最大赢家是普通刚果人。[6]第二天太阳升起之前，很多投票站的投票结果已经通过电话或传真报告给各大计票中心，奇迹真的发生了！

帕斯卡尔飞回金沙萨。2006年8月20日，选举结束3周后，最终结果公布。根据现场数万名观察员的报告，投票过程中没有出现

任何严重的舞弊行为，让人惊讶的统计结果似乎证明了这一点，因为没有一位候选人的支持率超过50%。小卡比拉的得票率是45%，本巴20%。基赞加位居第三，得票率为13%，他没有开展过任何竞选活动，靠历史光环赢得支持。帕斯卡尔说："这样的结果让很多人倍感沮丧：本巴知道他没赢，卡比拉也意识到自己不是必胜。公布结果当天，城市里发生了多起枪击事件，本巴的支持者将愤怒发泄在卡比拉和我们身上，他们怀疑独立选举委员会在偏袒卡比拉。但实际上，真正让我们吃惊的是本巴居然获得了这么多选票。我们只能在地下室开会，我当时不确定自己是否能活到第二天，后来，联刚特派团用坦克将我们护送到国家广播电视台宣布官方结果。我坐在士兵中间，那是一辆很旧的坦克，不好发动，会发出柴油发电机一样的声音，你知道是什么样的声音吗？"

选举结果呈现在地图上之后，我们可以看到一条清晰的分界线：小卡比拉赢得了刚果东部的支持，在北基伍、南基伍、马涅马、加丹加，小卡比拉赢得了90%以上的选票（在马涅马和加丹加的得票率甚至高达98.3%）。人们意识到，小卡比拉本人就来自东部，而且在东部地区被视为终止了战争的和平缔造者，所以获得这么高的得票率并不奇怪。本巴则赢得了一些西部省份的支持，这些省份没有直接受到战争的影响，比如下刚果、金沙萨、班顿杜以及他自己所在的赤道省。这条分界线与林加拉语区和斯瓦希里语区的分界线大致吻合，因此，一度有人担心刚果会爆发规模更大的种族冲突。

选举结果公布当天，小卡比拉的卫队向本巴在金沙萨的住所开火。根据小卡比拉的卫队士兵的描述，他们在行动之前被本巴的保

镖挑衅。他们不知道本巴当时就在家中，正与所有国际过渡委员成员国的大使开会。交火持续了数个小时，本巴的私人飞机在这个过程中被摧毁。最后，联刚特派团和欧盟部队出面干预，平息了这场小规模冲突。

10月29日，第二轮总统选举在相对和平的环境中举行。和很多国家选举情况一样，进入第二轮选举后，在第一轮投票中获得支持率最高的候选人往往会和支持率排第三的候选人合作。为了赢得基赞加的支持，小卡比拉承诺当选之后任命他为总理。他还获得了得票率排第四的恩赞加·蒙博托的支持，条件是任命后者为农业部部长。小蒙博托加入小卡比拉阵营确实有些不同寻常，因为他和本巴一样来自赤道省。小卡比拉的联盟——总统多数派联盟（Alliance pour la Majorité Présidentielle，AMP）——不仅吸纳了他自己的重建与民主人民党，还加入了基赞加和蒙博托的政党。有时候，现实比小说更离奇：老卡比拉的儿子和蒙博托元帅的儿子结成同盟，会在坟墓中辗转反侧的祖先恐怕不止一个，这就好比听说丘吉尔的儿子和希特勒的儿子联手组成了一个政党。

在第二轮选举中，小卡比拉和本巴的得票率分别是58%和42%。2006年12月6日，小卡比拉宣誓就职，成为卡萨武布之后的首位刚果民选总统，他新婚不久，两天前刚过了35岁生日。在此之后，刚果终于进入了名副其实的第三共和国时期。早在1990年4月，蒙博托就宣布了第二共和国的终结，然而向新政体过渡却用了16年——16年的饥荒、贫困、战争和死亡，16年的绝望和无助。

刚果真的迎来了改变吗？从进入第三共和国后的第一天开始，很多金沙萨人就没有停止过怀疑。小卡比拉认为自己是西方世界选择的候选人。虽然从各方面讲此次选举都是按程序正确进行的，但是金沙萨人仍然记得，欧盟发展合作事务专员路易·米切尔（Louis Michel）在电视上以一种不谨慎的语气说小卡比拉代表“刚果的希望”。路易·米切尔曾担任比利时外交部部长，在中非地区非常活跃，但对于很多刚果人来说，他是经常逃避自身责任的“国际社会”的典型代表；他在电视上谈到小卡比拉的时候，口中叼着雪茄，表扬卡比拉时连说带笑，显得很不严肃。

曾组织“希望的游行”的天主教神父约瑟·姆蓬杜对选举结果冷嘲热讽。“从 1990 年到 1995 年，我就一直在为自由选举奋斗，今天得到的选举结果却不是我想要的。这是一场闹剧，是国际政治金融集团导演的闹剧！我想投票给齐塞克迪，但他自动出局了，我只能投票给本巴，我们就是跑个龙套。这是已经策划好的棋局，完全没有参与价值，国际社会出这么多钱买了一个自己想要的刚果总统。我们应该自己凑钱筹办选举，制作我们自己的投票箱，至少，这样的选举是属于我们自己的。”

在首都，尖锐的批评不止来自姆蓬杜一个人。独立选举委员会的工作人员帕斯卡尔·鲁肯戈瓦来自东部地区，该地区的选民几乎全部把票投给了小卡比拉。12 月 6 日，帕斯卡尔在现场见证了总统的就职典礼，然而他并没有因自己所见的一切而感动。当然，现场有很多重要客人，包括多国元首，而且查拉·穆瓦纳的歌声也相当优美，但在他看来，这个典礼组织得很不正式。“甚至没有足够的凳子，

人们只能站在太阳底下，一晒就是好几个小时。现场真是一团糟，屋子里挤满了人，很多都是不请自来的，我受到邀请反而没法进去。组织工作没做到位，实在不够专业。”这些当然是细节问题，帕斯卡尔还发现总统的就职演讲也无法让人信服，虽然西方观察家很满意。小卡比拉铿锵有力地宣布了国家重建计划中的“五大项目”——基础设施、水电、教育、就业和医疗，明确表示“休会期结束了”。

帕斯卡尔质疑道：“我不相信他，所谓的五大重建项目，在我看来是不成熟的。可是如果解决不了这些基本问题，那么这个政府还能做什么？他现在不是在竞选，对吧？我认为休会还在继续，他还是那个犹豫不决、没有行动力的人。现在回想起来，我能得出的唯一结论是我当时太乐观了。”[7]

如何描述第三共和国前夕的刚果？仅用统计数据、百分比和数字是不够的。

刚果是一方富饶的土地，然而这里很多人每两天只能吃一顿饭。无数民众因为吃了太多木薯，饮食结构不平衡，不得不忍受痔疮的折磨；他们没钱买药治疗，而且也找不到卖这种药的地方，所以只能用廉价的进口牙膏缓解痛苦。是的，很多朋友都跟我说过这个情况。受了刀伤就用机油处理，烧伤就用阴道分泌物。用免费避孕套擦鞋，其表面油脂可以让鞋子变亮。据说，一些想让臀部更丰满的女性会往阴道里塞浓缩固体汤料，或者用浓缩牛肉汁给自己做灌肠。

如何描述这样一个国家？这个国家不够统一，公务员的数量却超

过50万，他们年纪渐老也无法退休，因为国家根本没有规定退休年龄。他们日复一日到破旧的办公室工作，守着已经发霉或被蚂蚁蚕食的文件，领微薄的薪水，梦想着国家的管理能够得到一丁点改善。[8]他们要十分耐心地填写无数份表格，要对整个公务员等级体系怀有敬畏之心。虽然这个国家的体制只是一纸空文，但那并不意味着这个国家不存在。在布尼亚，一封来信要在7个不同的办公桌上走一趟才能得到回复。[9]我在博马见过一位城市图书管理员，但这个城市根本没有图书馆。

如何描述这样一个国家？一个人赶着一头猪走在赤道省的丛林里，走在回村的路上。他来到刚果河边等船出现，通常一个月里会有一条船经过。如果等到了船——很可能是一个移动的“村庄”，上面有集市，有法庭，还有动物园——他会登上去，将自己的猪卖给船员或者船上的乘客。实际上，到河边之前他走了250千米左右，一个人在丛林里走了3个星期；有时候赶着猪走，有时候拖着猪走，天黑了就睡在猪旁边。路程远得可怕，而他脚上只穿了一双人字拖。[10]

摆在小卡比拉面前的任务一点都不简单。他果敢地宣布：“要制定规矩和纪律，我有决心再次接手管理国家的任务，重新实现对局势的100%控制。”[11]不管怎么说，新宪法确定的制衡制度是经过深思熟虑的。刚果的政权组织形式既非总统制，也非议会制，而是介于二者之间（国家元首有权任命政府总理，如果总统和总理犯有叛国罪，议会有权对二者使用法律手段）；刚果的国家结构形式既

非中央集权制也非联邦制，同样是介于二者之间（省是国家行政区，但可以支配更多的资金、拥有更大的权力）。刚果成立了新的众议院和参议院（前者通过直接选举产生，后者通过省议会推举产生）。另外还设立了宪法法院，该机构拥有广泛的权力，可以裁定总统和总理之间的争端。之所以设置如此复杂的政治架构，目的在于避免将权力集中在某一个人或者某一个机构的手中。

议会和内阁并不存在权力过于集中的问题。500 名众议员所代表的政党不下 70 个，此外还有 64 个只有一个人的政党。最大的两个政党分别以卡比拉和本巴为领导者，加起来也只占了 175 个席位，而且两党都存在内部分歧。内阁则是一个臃肿的怪物，约设有 60 个部长职位——不是因为事务种类繁杂，而是因为有很多人需要安抚。（后来虽然缩减到 45 位，但和卢蒙巴 1960 年组建的内阁相比，数量仍然多出一倍。）初时，81 岁的总理基赞加备受赞誉，然而，人们很快发现他的形象更符合一个缺少活力的老人。他的诸多内阁部长当中有一人的名头是“总理旁边的部长”（ministre près le Premier ministre），其任务是在开会的时候提醒总理不要睡着了。

2007 年 1 月末，新总统就职不到两个月，一个清晰迹象出现在新的政治文化中。按规定，各省议会负责各自省长的选举，其结果——说得婉转一些——与预期相反。小卡比拉的政党——重建与民主人民党——赢得了 9 个省中的 8 个，甚至包括在议会选举中曾完全不占优势的地区，唯一的例外是赤道省，只有该省省长忠于本巴。贿赂行为在刚果大行其道，选举结束之后，一些没有当选的候选人甚至公开要求受贿者把钱退回来。[12] 省议会的议员最终承认了

收受贿赂的行径。在下刚果省，基本上没有人愿意让小卡比拉的走卒来领导自己引以为傲的省市，这样的欺诈行为引发了严重的骚乱。“刚果王国”（Bundu-dia-Kongo）是一个宗教政治团体，带有种族色彩，在蒙博托时代就已经开始致力于维护巴刚果部族的利益。这次贿选事件发生之后，该团体号召巴刚果人进行公开抗议。该团体梦想恢复刚果王国的荣光，历史上刚果王国的版图覆盖了现在的安哥拉北部、卡宾达、刚果（布）和刚果民主共和国西部。莫安达、博马和马塔迪的抗议行动中出现了大规模暴乱：10 名警察被杀，军方向示威民众开枪。最终死亡人数为 134 人。

2007 年 3 月，小卡比拉再次选择用武力对付本巴。作为“1+4”权力体系中的副总统，本巴曾有调动私人武装的权力；虽然现在只是一个参议员，但是他拒绝解散自己的私人警卫队。当然，他不可能像过去那样继续拥有一支超过 500 人的军队。他的住宅在 2006 年 8 月份被小卡比拉的卫队攻击，此后，他开始担心自己的安全问题。毕竟，小卡比拉仍然掌控着共和国卫队（Garde Républicaine），兵力不少于 1.5 万人，是他在过渡时期组建的私人精英部队。3 月 21 日，小卡比拉的政府军在金沙萨最繁忙的主干道“6 月 30 日大街”上与本巴的警卫队交火。接下来的 3 天时间里，金沙萨完全陷入瘫痪状态。政府办公大楼以及大使馆都被迫击炮袭击，尸体散落在圆形大厅里，储油罐爆炸起火。事件造成 300~500 人死亡。总统的部队逮捕了 125 人，并对他们施以酷刑，这些人绝大多数来自赤道省，其中数十人被处决。[13] 本巴本人逃亡到了葡萄牙，虽然国际刑事法庭已经签发了对他的逮捕令，但他认为参议员豁免权可以保护他。2008 年 5 月，本巴在布

鲁塞尔被捕并移交给海牙国际刑事法院。在这本书的写作过程中，他仍在等待受审。

“必须要有纪律。”小卡比拉曾说。然而他在2006年8月、2007年1月和3月采取的武力手段都预示了不好的结果。很多人想起了蒙博托发动政变后不久的一些做法——为了彰显自己的权威对4名内阁部长处以绞刑；卡比拉的共和国卫队也让人想起了蒙博托的总统特别师以及相关情报机构。事实或许比人们的猜想更加不幸，上述三次事件都源自失控的小冲突，都以没有预计到的残杀收尾。小卡比拉本人当然不会承认他的军队不受他控制，包括自己组建的精英部队，但以上事件就是最有力的证据。蒙博托想用强硬手段证明自己的强大，小卡比拉则要掩饰自己的弱势，掩饰纪律的无力。

小卡比拉的掩饰是徒劳的，很快，金沙萨谣言四起。有人说小卡比拉吸可卡因，也有人说他喜欢打游戏，整天抱着任天堂的游戏机，还有人说他遭到枪击受了伤，所以极少公开露面。总之，他们想出各种理由解释政府机构的瘫痪无能。“选举之前 = 选举之后”是大家的看法，和1960年刚获独立时一样，实在是讽刺。小卡比拉的支持率急剧下降，甚至在东部地区也是如此。人们很少见他微笑，当然本来也很少见他公开露面。只偶尔会看到他出现在电视上：面无表情地坐在椅子上，与狮身人面像无异，在做的事情无非是朗读某份声明。

虽然有这些问题存在，但是第三共和国仍然带来了新气象。庞大的众议院开始运转之后，在10个月里通过了15部法律，责问了16名部长的错误行为，设立了8个调查委员会，并对国家财政预算

进行讨论。众议院还开展了针对腐败案件和非法采矿合同的调查。[14]新气象在卢本巴希表现得更明显，所有公共空间都改造一新，柏油路上的坑坑洼洼都被填补起来，学校和运动场也被翻新，全城添置了 1600 个垃圾箱和其他公共卫生设施。[15] 2007 年 6 月我来到卢本巴希的时候，工人们正忙着检查和维修路灯，同时对市中心主道上的绿化树木进行修剪。

不过，总是少数几个有干劲的人致力于这些工作。众议院似乎正要着手处理实际事务，这要归功于众议长维塔尔 · 卡梅（Vital Kamerhe）。他是小卡比拉的亲信，深谙如何对冗长的辩论过程进行简短的阐释，并引导其他人做出最终决定。个性张扬的商人莫伊兹 · 卡通比（Moïse Katumbi）则让加丹加再次活跃起来，此人将自己的精明和民粹主义结合起来，善于赢得民众支持，更重要的是他无条件忠诚于现任总统。小卡比拉的确需要这样的人来说服民众相信他的重建计划。与此同时，他还要确保这些人的受欢迎程度不会超过自己。毕竟，2011 年还要举行新一届选举。2009 年 1 月，广受欢迎的众议长维塔尔 · 卡梅公开批评小卡比拉在刚果东部采取的军事行动，因此被迫辞职，现政权也失去了一位优秀的政治人物。从那个时候开始，加丹加省长卡通比安静了起来，他的察言观色首先说明了高度个人化政府的缺陷。2007 年 6 月，在卢本巴希医院，我看到了太平间里新添的两个冷栋柜和一辆运尸体的卡车，冷冻柜和卡车的侧面都刷有几个大字：莫伊兹捐献。莫伊兹确实很慷慨，然而卢本巴希医院作为全国第二大医院，在此前四年中连一滴自来水都没有。[16]病人如果要上厕所，必须先蹚过好几厘米深的污物，这是我亲眼所见。

选举花了很多钱，民众对其抱有很大期待，然而没过多长时间大家就发现，选举并没有改善他们的生活。遵循惯例，议员们给自己涨工资（2007 年月工资上涨到 4500 美元，2008 年又涨到 6000 美元），给自己和秘书配备尼桑新款越野车，对于这样的提案，议会内部几乎没有反对意见。[17]“我们什么都没得到，”一个金沙萨人曾告诉我，“在选举期间，所有候选人都直视着我们的眼睛，可是他们当选之后做的第一件事却是开着车子到处转悠。车窗玻璃都是不透明的，他们再也不用看着我们了。”军事改革、政府去中央集权化、法律改革等重要问题都未被提及，后果自然是可以想象到的。

经人介绍，我在卢本巴希医院见到了吕克（Luc）。他是一个英俊潇洒的年轻人，却只能坐在轮椅上。9 个月之前的一天晚上，他因为偷一卷电线被捕，在缺乏正规的司法体系的刚果，到处都是私设的法庭。在场的平民对吕克处以私刑，他们在卢克的手脚上浇汽油，看着他被点燃。吕克的左脚、右脚和左手被严重烧伤，几个月之后，他在一次上厕所的时候亲眼看着自己的右手手掌脱落。现在他的右手只剩下一个大拇指，不能自己操作轮椅，而司法制度仍然没有得到改进。

内阁方面和议会没有什么不同。2008 年 10 月，小卡比拉撤换了年迈的总理基赞加，启用阿道夫 · 穆齐托（Adolphe Muzito）。此人曾担任财政部部长，除了有腐败的嫌疑之外，行为中规中矩，同时也没有上进心。除了几位比较优秀的部长之外，绝大多数内阁部长都不会主动采取行动。主动是一种冒险，有可能让自己失宠或者丢掉一个捞钱的职位。（2010 年 2 月，小卡比拉再一次改组内阁，在

宴会桌上邀请20位新人加入内阁团队。）而且，实际政策都是在总统的心腹圈子内部制定的。在第三共和时期，握有实权的并不是被这个国家的民主机构，而是总统最信任的顾问团队，包括他的母亲和孪生妹妹。真正的政策制定者是奥古斯丁·卡通巴·姆万克（Augustin Katumba Mwanke）这样的人，他之所以有权主要是因为长期效忠于小卡比拉，而不是因为他的领袖魅力或能力。在军事方面，2009年以来最有权势的人是约翰·农比（John Numbi），他既不是国防部部长，也不是国家军队总参谋长，而是警察总监，一直是总统身边的红人，没有受过任何军事训练。

2008年国际金融危机爆发之前，刚果的货币相对来说比较稳定：1美元=500刚果法郎，危机爆发后却跌到1美元=900刚果法郎。虽然预算在逐年增长，但是到了2010年也只有49亿美元——相当于欧洲一个中等规模的城市的年平均预算，或哥伦比亚大学一个学年的预算的一半——根本无法支持像刚果这么大的国家的重建工作。另外，这些钱中有一半是来自国际的捐助，四分之一用于偿还国家债务。每年，GNP都会增长几个百分点，主要是矿业的贡献，该领域的发展也依赖外国资本。[18]刚果的人均GNP在2009年只有200美元，虽明显高于2000年的80美元，但远低于1960年的450美元。恐怕要到2040年才能达到邻国刚果（布）的水平（4250美元，得益于石油收入），这个时间来自总理办公室2010年2月的一份内部文件。要达到这一目标必须保证两个条件：一是GNP年平均增长率为13%；二是年人口增长率为3%。[19]

从宏观经济学的角度讲，缓慢的进步的确存在，但这样的趋势

对于普通老百姓来说基本上没有任何意义。联合国每年计算的每个国家的“人类发展指数”（Human Development Index），要比人均GNP更能反映公民的真正生活和福利水平，包括识字、教育、医疗、寿命水平等因素。2006年，刚果的人类发展指数在全世界排名倒数第十位，到2009年，该指标低于刚果的只有5个国家。[20]

每一年，美国《外交政策》（*Foreign Policy*）和美国和平基金会（Fund for Peace）会公布“失败国家指数”（Failed States Index），刚果在全球60个缺陷最多的国家榜上有名。2009年，刚果在榜单中名列第五位，比伊拉克都靠前，和2007年相比上升了两位。[21]经过一段时间的细微改善后，刚果似乎再一次呈现了混乱和管理失当。刚果的“营商便利指数”（Ease of Doing Business Index）处在183国之中倒数第二位，仅高于中非共和国。任何想在刚果经商的人，光是处理行政方面的事情就要耗费149天，获得一份建筑执照完全有可能耗时322天。平均每年要交税30次，利润税税率约60%——这些税收从来没有让普通刚果公民受益半分。[22]

普通刚果人被疾病折磨着，刚果是全世界婴儿死亡率最高的国家之一：每1000个婴儿中有161个活不过5岁；5岁以下的幼儿，每3个当中有1个体重不足；人口平均预期寿命只有46岁。另外，刚果人口中30%是文盲，50%的儿童没有上小学，54%的刚果人无法获得干净的饮用水。[23]

为何无人反抗？2007年的一项政府调查披露，18个月里有

13 亿美元被 3 个国家金融机构和 6 家国有企业侵吞，这是一个不小的数字，却没有引发公众的愤怒和抗议。[24] 与国际企业缔结的 60 份采矿合同，经过卡梅领导的议会的审核，没有一份是合理的，比如与安维尔矿业公司（Anvil Mining）、戴比尔斯、必和必拓公司（BHP Billiton）、安格鲁黄金公司（AngloGold Kilo）以及滕凯丰古鲁梅公司（Tenke Fungurume）签订的合同。[25] 刚果采石采矿总公司在 2008 年只向国库贡献了 9200 万美元，而不是欠政府的 4.5 亿美元。[26] 此外，巴宽加的钻石矿和基洛－莫托金矿几乎没有交税。公众的愤怒呢？敌意呢？虽然有少数公务员和教师举行罢工活动，但是普通的刚果人都选择在困难的环境中勉强过活，羞于谈论选举到来前自己心中燃起的希望。"凑合吧。"如果你问他们现在过得怎么样，通常会得到这样的回答。

2008 年 11 月，我采访了阿勒什（Alesh），他是一位来自基桑加尼的说唱艺人，只有 23 岁，应该算是刚果嘻哈界最有潜力的歌手。说唱在刚果还是比较新的音乐形式，对阿勒什来说是穿透乌云的阳光。在歌曲《巴纳金》（*Bana Kin*）中，他指责了金沙萨沉闷窒息的音乐氛围："虽然你的音乐很丰富，向我们展示传统，但从道德角度上讲，只是一味顺应！"维拉森和姆皮亚纳等歌手并没有将这个国家从昏睡中叫醒，即便他们的商业化创作或许具有一定的艺术价值。描述宗教时，阿勒什同样运用了微妙的措辞："我不反对祈祷，但对他们来说，祈祷就像蚊帐，将他们裹起来，让他们债台高筑，就像一张蜘蛛网。"和阿勒什交流就是和有自我意识的新一代人交流，他们已经没有了殖民时代和后殖民时代的自卑情结。"我们必

须敢于批评自己，有太多梦想因为没有希望而死亡。”他告诉我说。2008年他录制了《当选者》（*L'élu*），这是一首冷酷无情的歌曲，他在其中提醒当选的代表不要忘记他们当初的承诺：“你们居高临下，争论不休；你们尽管自命不凡，民众都渴望着你们被关进监狱的那一天。”[27]

那么，这场选举只是作秀？这是一个很难回答的问题。对于千百万公民来说，选举的象征意义是不可否认的。从他们在投票和计票过程中表现出来的巨大热情来看，这远不是一场由国际社会编织的白日梦。但选举的准备过程和投票过程要比选举结果更有意义，仪式本身的重要性绝对不输给结果。毕竟，完成一次规范的选举并不意味着一个国家实现了真正的民主。在过去的2500年里，西方国家虽然经历过各种形式的民主，但也是在近100年内才实现了自由普选。既然如此，西方又如何能指望选举会像变魔术一样，瞬间将一个腐败作风和庇护主义根深蒂固的国家转变成一个民主宪政国家？而且，无论是前殖民时代、殖民还是后殖民时代，这个地区的居民只知道不同形式的专制统治，对其他统治方式一无所知。经过一次选举民主就能在这个国家站稳脚跟，这样的想法是不是太天真了？民主必须作为一个国家的目标——毕竟，民主政府是所有形式的政府中最不坏的——但在刚果，人们甚少关注民主之路上的必要步骤以及完成这些步骤的节奏。1955年，热夫·范比尔森曾预言刚果从殖民地过渡到主权国家需要30年时间，从很多方面看，今天的

局势要比当时还悲观。自由选举不应该是国家民主化进程的开始，而应该是给民主化加冕的光荣时刻——或者说，至少应该是最后的步骤之一。实行自由选举之前，应该大力发展和平、安全和教育事业，此外还有地方选举，因为地方选举有助于形成基层的政治问责任文化。从原则上讲，首先应该举行地方选举，但小卡比拉蔑视并忽略了这个步骤。

不久前，国际货币基金组织和世界银行的宏观经济学家被市场原教旨主义限制，现在，西方的政治专家又被选举原教旨主义桎梏：他们认为，只要具备一个体系所有形式要件就足以让最荒芜的土地百花齐放。诺贝尔经济学奖获得者约瑟夫·斯蒂格利茨（Joseph Stiglitz）曾表示，引入市场经济体制必须讲求“顺序”和“节奏”。[28] 荒漠变良田的第一步不是播撒最好的种子，引进民主也是一个道理。

通过正规的选举程序，国际社会非常热情地将民主引进刚果，他们认为这是一劳永逸的做法，因此选举结束之后便抽身离开。民主是初衷，蒙昧主义却成了结果。作为一个主权国家的民选总统，小卡比拉不会容忍任何外来干涉（他已经受够了国际过渡委员会）。说得更愤世嫉俗一点：美国和欧洲花了大笔资金，到头来却钳制了自己在刚果的言论自由。当然，一个国家可以在承诺巨额援助资金的同时，附带善政应该满足的前提条件（特别是对国际货币基金组织和世界银行来说，“善政”是一个热门词，欧盟也表现得很急切）。对刚果而言，中国可以提供更多资金，却不会对资金的使用指手画脚，所以，一个非洲领导人为什么还要听取欧盟和美国的建议呢？

一些政治学家假设，要经过3~4次选举之后，刚果才能走上正轨。

的确，换届选举能够推动一种改变模式的形成，让候选人为自己过去的作为承担责任，现任领导人也不得不考虑实施更好的治国措施。但是，选举也很容易被当成一种仪式，它的功能是为专制统治披上合法的外衣。虽然要判断这场选举是否真的促进了刚果的民主事业发展，现在还为时太早，但值得注意的是，2009年9月，小卡比拉——着眼于2011年和2016年选举——设立了一个委员会，致力于研究是否有可以将总统任期从5年延长至7年，是否可以废除宪法中总统只能连任两届的规定，是否可以让他不限次数连选连任。[29] 同样值得注意的是，2009年许多人权活动家因为批评政府被逮捕。[30] 在选举前的某个午饭时间，总统的一个哥们儿（对于我知道他和总统的关系这一事，他其实并不知情）无意间告诉我："作为总统，曼德拉过于西方化；穆加贝和蒙博托才是真正的非洲领导人。"

2008年11月末，在戈马联刚特派团驻地对面的一家印度餐厅里，我和两兄弟一起吃饭，他们都是年轻的演员兼导演。我们坐在遮阳棚下，耐心地等着食物上桌，这时候我的电话响了。手机那头的人说："明天的行程必须取消。"电话是司机打来的，他遇到了问题，电池坏了或者是油箱没油了，总之太复杂了，我帮不上忙，他觉得非常抱歉并祝我晚上好。

"情况还好吗？"我接完电话，两人中年长的塞孔比（Sekombi）问道。

"不好，"我说，"我本来准备明天去见恩孔达，现在去不成了。"

我之前安排了一辆吉普车、一位司机，准备好了燃油，还找了一位对叛军的地盘比较熟悉的向导。那天早上，我花了 250 美元在刚果通讯和媒体部（Ministry of Communication and Media）买了一张记者证（是我买过的最贵的一张纸），照了证件照，顺便走访了国家安全局（State Security Offices）。我将我的采访计划告诉了联刚特派团的负责军官，最重要的是，我联系了恩孔达手下负责非军事事务的二号人物。要到叛军的地盘和他会面并不容易，那个区域没有手机信号，不过我们还是约好了时间：第二天早上 9 点钟他将在旧传教点和我见面。

“你想让我们开车送你过去吗？”塞孔比打断了我的抱怨。

塞孔比和卡提亚（Katya）都很结实，卡提亚更年轻，也更寡言。在弹痕累累、偶尔还要被火山岩浆袭击的戈马，没有强健的身体无法经营年轻艺术家的文化中心，该中心由两人的兄长佩特纳（Petna）成立。一个月前，当恩孔达率领叛军兵临城下，小卡比拉的刚果民主共和国武装部队在城内大肆掠夺时，这家文化中心仍在举办自己的电影节。和两个演员一起冒险进入战场？就开着那辆破旧的吉普车？

“你们俩有必要的通行证件吗？”

要见到恩孔达，我们必须先后经过刚果民主共和国武装部队把守的三个路障、几千米无人区、恩孔达的全国保卫人民大会（Congrès National pour la Défense du Peuple，CNDP）把守的三个路障。叛军设置的障碍不是问题，这一点已经得到了保证，因为恩孔达的军队完全受他控制。通过政府军的路障可能会是噩梦般的经历，护照和记者证未必能解决问题。

“没有，”塞孔比说，“但是我们有头发。”

什么？我正在吃等了2个小时终于上桌的咖喱鸡块，听了这话差点呛着。我看着他们一绺一绺的头发，怀着足够的善意，我会将其视为非洲脏辫。

“我们是拉斯特法里教的信徒，每个人都喜欢我们，我们很酷，他们会让我们通过的。”

我们在早上6点钟离开戈马的时候，天已经蒙蒙亮了。我们在邮箱里加满了汽油，还买了几包烟，“永远都要带点礼物在身上”。塞孔比说着吃了一口曲奇饼，他自己其实不抽烟。吉普车在路上来回颠簸，车子的方向盘在右边：刚果东部地区的汽车几乎都来自邻国，这些国家多数曾是英国的殖民地。海拔2000米的尼拉贡戈火山的轮廓出现在远方，永远烟雾缭绕。塞孔比开始抒情：“那座火山是我们的母亲，我们的姐妹，我们的情妇，合为一体。我看到那一缕烟，就联想到一个巨大的乳房，不停地流出乳汁。一旦你喝过这乳汁，就总会回到这里来。”但有时候，这乳房流出的乳汁如暗夜般漆黑：2002年火山爆发之时，喷出来的岩浆埋掉了半个戈马：住房的一楼全部被岩浆封存，二楼变成了一楼，整个城市就像陷入了厚厚的沥青里。戈马是锈棕色土地上的黑色城市，是刚果唯一一个路面没有坑洼反而隆起的城市。

往北边走，我们经过了第一个难民营，同一个营地1994年住着胡图族人，现在约住着25万躲避恩孔达武装的平民。这里本来可以

是一个节日露营地，现在没有节日可言，只有乱糟糟的帆布和纸板。在北基伍，逃难永远不会停止。

又开了 8 千米，我们来到了第一个路障所在的地方。一条细绳连着两个油桶，中间挂着一根树枝，6 名士兵在旁边无精打采地溜达。塞孔比将车窗摇下来，朝一位穿着卡其布军服的士兵喊道："嘿，哥们儿！"他的弟弟卡提亚静静地坐在后排，头上戴着一顶厚厚的针织帽，这是拉斯特法里教信徒的标志。"拉斯特法里教信徒，"士兵们欢呼道，"喔！"他们有说有笑，接过我们给的烟就放行了，还祝我们过得愉快。"和平与爱！"塞孔比回应道，我们就这样顺利过了第一关。和平与爱！跟士兵说这样的话，还是在战争期间！士兵把绳子解开，和我们挥手告别。同样的场景在其他路障重复，我从来没有意识到，要见到中部非洲最危险的武装头目，你只需要贡献一点尼古丁，再梳一个类似非洲脏辫的发型。

2004 年，恩孔达攻占布卡武，放纵部队实施暴行，此后一段时间行事比较低调。作为一位训练有素的心理学家，他在基伍一个五旬节派教堂担任牧师。[31] 到 2006 年，恩孔达才再次出头露面，当年的议会选举结果公布之后，他立即创立了全国保卫人民大会。[32] 刚果各路叛军通常都冠以没有根据的名称，恩孔达的叛军尤其如此：把民兵组织称为"大会"，把地方夸大为"全国"，至于"保卫人民"，只要问问难民营中的难民，就知道是怎么回事了。然而不管怎么说，这个名字当中的"保卫人民"可能算是最准确的部分，因为它确实保护了某个特定部族的利益。在过去的 20 年里，有一个群体一直被嘲笑、被烦扰，那就是刚果的图西族人，恩孔达就是他们中的一员。

如果20世纪20年代的人种学家在要保存一张原始图西族人的照片，那么他们肯定会把恩孔达拉到镜头前。恩孔达身材高瘦，高额尖鼻，展示了传说中图西族男性具有的所有特征，他和卡加梅长得就像兄弟一样。

选举几乎没有给图西族人带来任何益处，这个事实变得清晰的时候，全国保卫人民大会开始反抗。副总统鲁贝鲁瓦的刚果民主联盟本来可以代表图西族的利益，但该党在选举中一无所得：既没有部长职位，也没有省长职位，甚至没有省议会成员，只在众议院中获得了15个席位。[33]

2006年11月25日，就在小卡比拉宣誓就职之前，恩孔达露出獠牙，攻下了距离戈马只有30千米的城镇萨凯（Sake）。戈马北部的多山地带和火山区成了恩孔达的根据地，该地区与乌干达和卢旺达接壤。尽管这支叛军中并不全是图西族人，但从一开始就得到了卢旺达的支持。实际上，从类别上讲，恩孔达的全国保卫人民大会和卡比拉的民盟以及本巴的刚果民主联盟是一样的，唯一的不同是全国保卫人民大会不是打着刚果旗帜的卢旺达行动，而是获得卢旺达支持的刚果内部行动。它的主要敌人是刚果东部的胡图族难民，这群人现在组成了解放卢旺达民主力量（Forces Démocratiques de Libération du Rwanda，FDLR），这个名字也大有问题：没有体现“民主”，“解放卢旺达”也只是非常而言，因为很多士兵已经娶了刚果女性为妻，在基伍有自己的田地，监督一些小矿山的采矿活动，保证自己能有一份稳定的收入，与此同时从事强奸和抢劫。所以，这群人为什么要和卡加梅的强大军队作战呢？

刚果图西族和胡图族之间的斗争在全国保卫人民大会和解放卢旺达民主力量之间延续，既有种族性动机，也有经济动机。[34] 双方军队的人数都不超过 1 万，其残忍性却是难以言表。平民的苦难成为常态，轮奸事件时有发生。和第二次刚果战争期间的情况一样，胡图族人获得了金沙萨方面的支持——刚果民主共和国武装部队与解放卢旺达民主力量的军官联合作战，一起布雷——与此同时，马伊—马伊武装也加入斗争。双方都将性暴力当作武器，完全不讲法律和秩序，无法无天成了最高准则。连一些平民百姓也加入强奸队伍，他们没有作战的理由，纯粹是为了找乐子。

2007 年和 2008 年的标志是反复尝试阻止暴力。2007 年 1 月，恩孔达同意将手下武装并入政府军，然而实际上不是整合而是混合。叛军并没有彻底解散，而是分布在边远地区的政府军军营里，结果可想而知：刚果民主共和国武装部队没有吞掉全国保卫人民大会，而是全国保卫人民大会吞掉了部分刚果民主共和国武装部队。恩孔达摇身一变，成为政府军指挥官，反而为叛乱提供了便利。有人说："刚果民主共和国武装部队？是卢旺达驻刚果部队吧！"（两者首字母缩写相同）2007 年 12 月，在内罗毕（Nairobi）的和平谈判中，胡图族难民的命运成为议题。2008 年 1 月，在戈马举行的漫长谈判结束之后，和平进程启动，前选举委员会主席马卢 · 马卢神父成功说服所有的民兵组织签署了一份临时和平协议。

这些促进和平的工作都不见成效。2008 年 5 月，我乘坐一架联刚特派团的直升飞机从戈马飞往马西西（Masisi），正是在这个地方，马卢 · 马卢在比利时外交部部长卡雷尔 · 德古特（Karel De Gucht）

的见证下，正式宣布停火协议。成千上万普通百姓聚集在马西西，他们敲着鼓，载歌载舞，气氛热烈感人。是的，和平，人们已经盼望多时。但两个年轻的胡图族人告诉我："现在这样很好，我们需要再来一次种族屠杀，小规模的屠杀，将恩孔达的人全部清理掉。"[35]胡图族和图西族之间的仇恨已经根深蒂固。2008 年 10 月底，当塞孔比和他的兄弟们在放映艺术电影的时候，恩孔达的军队继续朝戈马前进。

吉普车穿过非军事区，这片区域基本上和维龙加国家公园重叠。更准确地说，这里是一个无人区：在深绿色的空间里，目所能及之处看不到一个人影，原始之美让人无法用语言表达。火山、森林、寂静和迷雾。

通过全国保卫人民大会所设的路障更是小菜一碟：他们连烟都不要。我们进一步深入叛军领地，路上的人越来越多。女人背着黄色的水壶，男人牵着红棕色的牛，小孩子推着木制自行车，上面载着甘蔗、香蕉和木炭。在丛林和遍布高大香蕉树的种植园里颠簸了几千米，我们终于来到已经被废弃的容巴传教点（Jomba），几百个孩子围着吉普车，看着车上的两个拉斯特法里教信徒和一个白人。他们摸着车身，塞孔比一按喇叭就兴奋地跑开了。和我约好要见面的人在这个时候走了过来，他就是勒内 · 阿班迪（René Abandi）律师。他穿棉布上衣和牛仔裤，看起来 40 岁不到，温和友好，说话声音也不大。这个人真是全国保卫人民大会的二号人物吗？他告诉我，

自己在安特卫普有不少朋友，曾在意大利乌尔比诺大学（University of Urbino）攻读博士学位。恩孔达发动攻势时，他成为恩孔达手下第一个文职人员。阿班迪是刚果的图西族人，一开始担任发言人，后来被提拔，职位类似于叛军的“外交部部长”，因为叛军在占领区设立了自己的政府。他示意我们开车到附近的一个村庄，恩孔达正准备在那里发表演讲。

道路变得泥泞，我们跨过两边都是纸莎草的溪流，沿着蜿蜒的小路上山，来到卢旺古巴（Rwanguba）。这是一座山顶城堡，风景美得令人窒息。从山顶眺望远方，东南西北四个方向的视野都非常开阔，可以看到十几千米以外的地方。山峰，火山，墨绿色的山谷，树边的一缕青烟，甚至还能看到远方的闪电，就像 19 世纪的全景画，是田园诗般的美景，然而，美景的背景却是战争带来的混乱。山顶的中央大楼前聚集了数百人，全国保卫人民大会的士兵先对我们进行了搜身，然后才放行。我们穿过人群来到楼前，那里坐着所有的叛军军官和重要人物，包括叛军参谋长博斯科 · 恩塔甘达，他被海牙国际刑事法院以反人类罪通缉。身着全套军礼服的恩孔达坐在中间，他那少见的修长手指正不停地抚摸一根黑色的拐杖，上面的银把手像一支翱翔的雄鹰。他眼窝深陷，让人联想到骷髅头，军帽下的太阳穴部位青筋暴起。看到我们，他起身欢迎，还给我们让了座。最近几周，他的名声达到了顶峰。叛军领地的面积约有半个卢旺达那么大，国际媒体对他进行广泛报道，他认为自己是不可战胜的。拿着长矛的孩子为他跳舞，姑娘们在草地上欢跃。在卢旺古巴，他要展示自己的权威，证明自己是新的首领。战阵舞结束之时，他站起来，

慢慢地走近人群。他开始讲话，中间没有停顿。他一边说，一边用力地挥舞着手中的拐杖，时不时用食指指着前方，偶尔还会开点玩笑，既让人感受到他的魅力，也让人心怀恐惧。他称赞没有逃跑的村民："你们是真正的人民，你们留了下来，这很好。回到田地里劳作吧，继续做你们之前在做的事。不要以貌取人，要看我的行动。"讲完之后，他冷静地回到自己的座位上，你能听到他的靴子与草地摩擦的声音。

当天下午，恩孔达和手下的文职及军事人员开会，地址是山边一栋新教传教士修建的房子。我和塞孔比、卡提亚在花园里等了好几个小时，他们提供了可乐和啤酒。约有 20 个娃娃兵负责放哨，步枪和火箭炮已经准备就绪。他们不会和我们聊天，但对我口袋里装着的东西非常好奇，我很配合地向他们展示了我的两部手机。那个时候，在 30 千米以北的地方，他们的战友正和马伊—马伊武装作战，战况极为激烈。

会议进行了很长时间，恩孔达还接见了一些希望降低税率的贸易商。叛军领地没有丰富的矿产资源，全国保卫人民大会的资金主要来自牛、咖啡和木炭交易，以及向贸易商和卡车司机征税。塞孔比和卡提亚开始变得紧张起来，因为当时已经是下午 3 点，而且看天气似乎要下雨了，为了安全起见，他们想在天黑之前赶回戈马。我开始有些犹豫，考虑了一下还是决定让他们回去。不一会儿，我便看见他们的白色吉普车开下了蜿蜒的山路，消失在一片绿色里。我要在卢旺古巴待一夜，周围的人于 2 周之前在附近的基万加（Kiwanja）参与屠杀了 150 名平民。[36]

安托万少校拿着半升啤酒，想和我聊聊历史。《圣经》中说埃

及人对待犹太人的方式非常糟糕，这是真的吗？埃及人曾经道过歉吗？为什么比利时人要把刚果人的手砍下来？这样做是为了获得更多咖啡吗？（“是橡胶”，一个在旁边偷听的人悄悄说道，“咖啡，只有这附近才有。”）为什么每一种原材料的价格都由比利时决定？为什么法国国家足球队里只有3个法国人？这是全球化的结果吗？那么为什么国际刑事法庭只起诉非洲人？最荒唐的问题夹带着狡猾的评论，他想表达清楚的是：“全国保卫人民大会是彻头彻尾的刚果组织，金沙萨那位是个卑劣的懒鬼，他要将这个国家卖给外国人。看他的士兵就知道他是无用之人，开战以后，一般不出半个小时他们就落荒而逃；如果战斗持续时间超过几个小时，那么对手肯定是解放卢旺达民主力量，即便他们穿的是政府军的服装。他们会一直战斗下去，他们很像受伤的动物。对他们来说，要么赢得战争，要么就什么都不会有。”[37]

外面已经一片漆黑，从早上6点钟到这个时候，我一点东西都没吃。因为地处高山，还要承受头痛和寒冷的折磨。终于，在晚上10点钟的时候，我获得进屋的许可。首先每个人都要吃东西：图西族妇女准备的山羊肉和米饭。约有8位军官和贸易商坐在桌子旁，围成了一个“U”形。恩孔达一个人坐在自己的小桌旁，就像字母“U”上头加了一个符号。他身后站着一名保镖，握着冲锋枪，戴着耳麦。没有人说话；当头目说话的时候，每个人都假装非常感兴趣；当他开玩笑的时候，大家都夸张地大笑。恩孔达最先吃完，客人们还在不安地继续进食，他开始用牙签剔牙，目光扫视桌子上吃饭的人，有时候还会做鬼脸，把牙齿露出来。他有一只眼的眼皮下垂得非常

厉害，偶尔会放松一下表情，吃一点剩下的食物。

“过来，我们谈谈。”他说。他把我带到后面的一间宿舍里，后面跟着他的保镖和勒内·阿班迪。我们坐在双层床和蚊帐之间的3个小矮凳上，那个十几岁的娃娃兵荷枪实弹，站在一边目不转睛地看着我。恩孔达开始讲话，声音不大，像说悄悄话一样。他语带恳求，说话时一直睁大眼睛盯着我，好像是要给我驱魔一样：“这个国家有很多分界线，东部的民众会投票给小卡比拉，西边的人支持本巴；蒙博托的扎伊尔武装部队和反对他的娃娃军之间也有界线；赫马人和伦都人、图西人和胡图人之间有界线。刚果需要经历一个民族和解的过程。”

我几乎不能相信我的耳朵，一个残忍的反政府头目居然要成为伟大的和解者？他是想通过这样的言论亲近西方？或者有别的目的？还是想用理性的话语制止国外势力对刚果局势的干涉？不管答案是什么，他都充分利用了国际社会对小卡比拉的失望。“我知道小卡比拉是个怎样的人，他善于辩论，不仅击败了本巴，还摧毁了下刚果省争取自主权的运动。这个国家有被解放的权利，这个国家从来都没有真正独立过。这个国家应该受益于它所拥有的全部机会，否则人们就会像当初反对蒙博托一样反对小卡比拉。”

在最有声望的时候，恩孔达明显调整了自己的野心。他关心的不再只是保护图西族人，或者身在刚果的卢旺达人的命运，而是解放全刚果。“不存在刚果境内的图西族人领地，全国保卫人民大会不是一支图西族军队，因为图西族士兵只占军队总人数的10%~15%。我们是一支刚果人的起义军，西方人在谴责种族大屠杀，却没有谴

责实施种族屠杀的凶手。他们还在这里，这是不可接受的，外国人的军队在我们国家内部活动，还得到了我国政府军的支持！正常的国家都不会容忍这些从事非法活动的外国人，我们的政府居然还给他们提供枪支！”

恩孔达成了这个国家的解放者，这是一个需要时间适应的角色转变。但不管怎么说，恩孔达本人似乎已经做好了准备：“我之所以创立全国保卫人民大会，就是想让它成为未来国民军的核心。”他继续说，“这是一种试验，我想证明即便资金很少也可以建立一支纪律严明的军队，这支军队不会掠夺百姓。”我没听错吧！“在全国保卫人民大会内部，你基本上看不到违反人权的事情发生，我们有很明确的行为规范。虽然我们的士兵没有钱拿，大米、豆子和玉米就是他们的工资，但是我向他们展示了一个美好的未来，他们为梦想而战。”我不想冒犯他，但仍然发表了反对意见：“可是刚果其他地方的民众都痛恨你的军队。”“那是因为人们只能听到了联刚特派团的声音，他们说我们是强奸犯，说我们屠杀民众，说我们是卢旺达武装的一个分部，这都是过去的事情！卢旺达和乌干达在刚果驻军的时候，民众确实生活在苦难中。”“但当时你自己也参与了，不是吗？你在基桑加尼领导卢旺达军队！”“没错，但我是在保卫基桑加尼，我还因此成了那座城里最受欢迎的军官。”

然而，我了解到的情况是直到今天他在当地仍然遭到很多人的痛恨。2002 年，正是在他的恐怖统治下，来自贫困社区的几十名年轻人被谋杀。在乔波河大桥上，200 名警察和士兵被屠杀，尸体被扔到河里。他们手脚被绑，嘴被堵上，有的被击毙，有的被肢解，其他

人要么被拧断脖子，要么被刺刀刺死。凶手为了防止他们的尸体浮出水面，还将他们的腹部剖开。当时恩孔达就在犯罪现场，在卢旺达的支持下，他监督了屠杀全过程。[38]现在，他却宣称反对外国干涉？

“当德国威胁到英国时，丘吉尔号召国民奋起抵抗并赢得了掌声，不是吗？那么，为什么我们就应该接受解放卢旺达民主力量对本国领土的占领，他们不是和当年的德国人一样吗？”“将军，丘吉尔是民众选择的领导者，你却不是。”“在战争年代，是不是民众的选择并不重要。希特勒也是推选出来的官员，但后来发生了什么？在战争期间，戴高乐不是法国人民选出来的，但他解放了法国，不对吗？”我愣了一下，他要将自己和法国20世纪最重要的政治人物做比较？“是的，我就是刚果的戴高乐将军。”[39]

恩孔达的言辞让我惊愕，在这个状态下，我和勒内以及另外7个人挤进了一辆吉普车，后面放行李的地方还挤着一个带步枪的娃娃兵。当时是半夜，吉普车穿过潮湿的山地向东边开，我们都希望不要撞见马伊—马伊武装，我既害怕又困惑。我不知道的是，就在当时的纽约，一份说明卢旺达参与全国保卫人民大会的联合国报告正在收尾；我不知道，人权观察（Human Rights Watch）正在准备揭露恩孔达暴行。[40]历史仍然是热的、新鲜的，让人琢磨不透。我无法看清大局，也没有人能看清大局。

我只知道，比起政治人物，我更喜欢和普通人聊天；比起说话的艺术，我更愿意从奇闻中了解历史。我只知道，在穆贡加难民营48区

32号，我曾坐在格拉斯·尼拉哈比马纳（Grâce Nirahabimana）的塑料棚屋里，因为空间太小，我在里面根本无法站直。格拉斯长得很漂亮，是一位23岁的母亲，她有两个孩子：法布里斯（Fabrice）和戴维（David）。她的两个弟弟都被恩孔达掳走了，一个12岁，一个16岁；两个妹妹死于痢疾，她本人曾被3名士兵强奸。她逃跑的时候什么都没带，两个妹妹就死在难民营里——可以吃的东西太少，也没有厕所——被埋在橡胶树间。格拉斯坐在床上，天气很冷，大风刮过被火山岩浆覆盖的地带，棚屋外面的塑料发出哗哗的声音。“我完全没有安全感，”她哭着说，“我很害怕，真的很害怕，害怕恩孔达。”[41]

漫长的行程终于结束，吉普车停在一栋殖民风格的老房子前。“我们已经来到和乌干达交界的地方了，”勒内告诉我，“这房子曾经属于这里的海关总监。看那边的树，从那里开始就是乌干达的领土。”这个地方叫布那加纳（Bunagana），是一个安全的留宿地点。但让勒内感到吃惊的是，我们进去的时候，房子里已经满是娃娃兵，至少有20个人。他们有的睡在扶手椅上，有的睡在地板上或厨房里。这里既没有水也没有电，但随处都可以睡觉。

第二天早上我起得很早，裸着上身到院子里读笔记。一个13岁的娃娃兵告诉我，他的步枪叫“车臣”。大约8点钟的时候，我和勒内去旁边的村子吃早餐。他昨晚睡得不好，“胃炎，”他叹了一口气，“我每天都顾虑重重，恩孔达也是如此，他还有哮喘的毛病。战争当然不是好事，战争是最糟糕的，可它却是我们能做的全部。”

我们来到一处看起来非常普通的房子前，原来这是全国保卫人民大会的大本营。我见到了前一天见过的所有高层，恩孔达的妹妹也在，

两人几乎长得一模一样。院子被当成露天车库使用，6 辆从政府军那里缴获的悍马车正在接受修理。几个星期以来，我第一次吃到奶酪，基伍奶酪是图西族人的特产。叛军领袖正在讨论当天的新闻：图图大主教和前联合国驻卢旺达维护部队指挥官罗密欧·达莱尔（Romeo Dallaire）呼吁国际社会向北基伍派遣大规模干预部队。“胡言乱语，”勒内轻蔑地说道，“他们给不出政治建议，就请出道德上的重量级人物，人道主义被滥用为军事行动的伪装。”其他人表示同意。“我们最终都要被送上国际刑事法庭，”他开玩笑道，“所以我们不妨继续强奸、屠杀，否则我们到了那里会不知道自己犯了什么罪。”

国际干预部队没有出现，欧盟没有意愿响应联合国秘书长潘基文（Ban Ki-moon）的呼吁，非盟、南部非洲发展共同体（South African Development Community）和安哥拉都没有兴趣帮助小卡比拉。在布那加纳的那个早上，我得出的结论是恩孔达可能还会在叛军领地上盘踞很长一段时间。虽然官方称乌干达边境已经封锁，但是我还是看到一辆满载面粉的卡车开进刚果。谁会阻止恩孔达？我当时在想这个问题。刚果没有像样的军队，联刚特派团也不会干预，更加广泛的国际干预部队不会到来，而且恩孔达还能保证部队的食品供给和税收。或许，他能够让这场丛林战持续很长时间，和当年的老卡比拉一样。

然而，我猜错了。1 个月之后，2009 年 1 月，人们做梦都没有想到的事情发生了：刚果和卢旺达联军逮捕了恩孔达。虽然这一行动出人意料，但是实际上两个国家别无选择。在联合国发布了那份指出卢旺达支持全国保卫人民大会的报告之后，卢旺达总统卡加梅的

国际声誉受到严重打击；自己的军队毫无价值让小卡比拉的形象严重受损，已经没有国家愿意帮助他。两个互为死敌的国家因为共同的目标联手，他们甚至力图击溃解放卢旺达民主力量。虽然他们只取得了部分成功，但是恩孔达在卢旺达被捕，此后在刚果等候受审。全国保卫人民大会被战犯博斯科·恩塔甘达接收，再一次与政府军“融合”。

刚果和卢旺达针对解放卢旺达民主力量展开了多次军事行动：2009 年上半年的行动代号为“我们的联合”（Umoja wetu），2009 年下半年为“第二次平息”（Kimia II），2010 年为“今天的和平”（Amani Leo）。这些行动由刚果政府军（实际上是政府军里的保卫人民大会，由恶贯满盈的博斯科带领）和联刚特派团共同开展，给平民造成的苦难要比取得的成就更醒目。[42] 在 1994 年逃到刚果的胡图族难民多达 150 万，到 2010 年，解放卢旺达民主力量只剩 6000 人，其中有种族屠杀嫌疑的不超过 300 人。

如果说卢旺达是过度军事化，那么刚果就是军事化不足。刚果的武装部队更像是一个幽灵，而不是一支可以依靠的真正武装力量，这一点显而易见。刚果政府军根本没有能力阻止乌干达叛军领袖约瑟夫·科尼的“圣主抵抗军”在刚果东北地区播撒骚乱的种子，更不用说去防卫超过 7000 千米的边境线。而且当地缘政治的紧张局势升级之时：乌干达关心艾伯特湖的石油、卢旺达关心基伍湖的沼气、安哥拉则关注大西洋的油田——这有时候也会导致一些零星的冲突。刚果军队连国内的一些事情也搞不定，2009 年 11 月在赤道省东戈地区曾经出现过因为鱼塘里的捕鱼问题而出现的骚乱，这个过程之中

至少有 100 人被杀，9000 人逃离。高层转变的意志看起来非常小。[43]有一支军队，小卡比拉能够更加自信；如果没有一支军队，他需要担心政变和暴动。[44]

生活就像刚果河一样继续流淌。在这个国家另一边的恩希奥尼村（Nsioni），满是尘土的红色主路上人来人往。我在露台上看着他们，耳边的音乐对我和另外两名顾客来说震耳欲聋。如果不去看手机的话，眼前的景象和 20 世纪 80 年代没什么区别。同样的软饮，同样的汽车，同样摇摇晃晃的货摊，上面同样摆着干鱼片。唯一改变的是干鱼片的大小，今天，它们被切成了小方块。然而，马路对面（也就是我所在的地方）却出现了“从天而降的 UFO”。一栋四面光鲜的白色建筑高出四周的棚屋，门前整齐地停放着 4 辆崭新的摩托车，颜色亮眼，座椅上还包裹着起保护作用的塑料膜。摩托车旁边停放着 10 辆栓在一起的男式自行车，和车架平行的车把还裹在包装纸里，刹车片也闪闪发光。建筑里面的等离子屏幕发出蓝光，门上悬挂的招牌上写着“中国友谊公司”（CHINA AMITIÉ COMPANY），第一批中国贸易商已经来到恩希奥尼。

我走进去和一对看起来很谨慎的亚洲夫妇打招呼，他们不会讲英语和法语，但是他们的商品自带说明：颜色鲜艳的运动鞋一直堆到天花板，旁边的货架上摆着电视机、钟表和香水。中国友谊公司给恩希奥尼村民留下了奢华和舒适的印象，和 20 世纪 50 年代的超市给欧洲农村留下的印象一样。多么强烈的对比呀！以前人们光顾货

摊只是为了买一根蜡烛或者一个刀片，和他们用了一辈子的自制条皂相比，香水又是多么奢侈啊！他们意识到以后不用去博马或金沙萨就能买到这些产品，多么便利啊！最重要的是，他们买得起！

商品甚至包括用艳丽的画框装裱起来的风景画，多以山水和高山牧场为主题。亚洲商人来到非洲内陆卖欧洲风景画，我相信这就是全球化，世界成了一大市场。我想到了马塔迪铁路桥上的涂鸦，离此地不到 100 千米。19 世纪 90 年代，恩卡西的父亲和中国工人一起修建了连接马塔迪和金沙萨的铁路，那座铁路桥就是其中的一部分，如今成了“画布”，对第三个千年进行了精妙的总结：www.com。[45]

从 20 世纪 90 年代末期开始，越来越多的中国人来到非洲。除了销售自己带来的货物，他们更频繁的活动是购买原材料。邓小平实行改革开放，在中国沿海地区进行了有控制的资本主义实验，中国经济出现爆炸式增长，对矿产资源的需求随之激增。1993 年，中国首次成为石油净进口国。[46] 首批与中国建立紧密联系的非洲各国是石油国家——尼日利亚、安哥拉、苏丹。蕴含铜矿的赞比亚和埋藏铁矿的加蓬随后加入。虽然刚果深受战争影响，商业环境也不理想，但是作为“地质宝藏”，它还是吸引了中国的目光。在加丹加，中国的冒险家很快抓住黄金机会，进入那些曾经繁荣一时、现在已成丘墟的矿山。2003 年，刚果采石采矿总公司在世界银行和国际货币基金组织的一再要求下，开除了 1.1 万名冗余矿工。[47] 这部分矿工拿到了一笔离职补偿，但绝大多数人都把这些钱全花在了买汽车和电视上，所以很多人开始手工挖矿，用有限的操作手段在老矿井中继续挖掘，然后将挖到的矿石卖给中国的“张先生”或“魏先生”。

2006年2月，我参观了鲁瓦希（Ruashi）的矿山。数百位矿工在那里挖掘水钴矿，这是一种既含铜也含钴的矿石。我看到一些孩子下到深达12米几乎没有加固设施的矿井中。我看到一个5岁的小男孩儿满脸尘土，身上穿着印有卡通图案的T恤衫。如果他们足够幸运，挖一麻袋矿石能赚5美元。有时候，几个朋友一起挖矿，一天最多可以挖10袋。虽然挖矿既费力又危险，但能够维持生计。当天晚些时候，我又参观了比利时商人乔治·福雷斯特（Georges Forrest）拥有的鲁苏西（Luiswishi）钴矿。这座矿山规模很大，整洁干净，一共只有十几个刚果人在作业。他们都戴着安全帽，操作挖掘机，挖掘机的轮毂盖比人还大。这是多么大的反差！

在刚果活动的许多买家都是私营企业主。其中一些人还建立了临时加工厂，出口精炼矿。他们雇用刚果人，按日计酬，工作环境极差。这些工人拿到的酬劳非常少，在工作过程中不断吸入有毒烟气，没有工作服，更不用说集体劳动合同。以让（Jean）为例，他为当地较大规模的某铜矿处理公司工作，该公司在科卢韦齐有一处矿山，在卢本巴希有一处工厂。公司雇用了200多名工人，他签了一份长期合同：因为他是一名熟练的熔炼工。临时工有时候也能够成为公司的在册职工，尽管合同通常只用外文书写。让在白天的轮班持续12~13小时，只有短暂的午餐时间可以休息，一周工作7天，公司实行日班和夜班两班制。没有起保护作用的工作服，让的工作工具非常破旧，炼炉旁边的温度高到让人无法忍受。他工作一个月能领到120美元的工资，另有100美元是他操作高炉获得的奖金。

一天早上，让和另外十几个同事上班迟到了几分钟，因为路上遇

到交通事故。作为惩罚，他们被锁在一个集装箱里，从早上 7 点关到傍晚 5 点，之后全体被解雇。毕竟，有大批工人等着接替他们的位置。因此，让只能挖矿，把挖来的矿石卖给前东家，但是允许他挖矿的矿山是有限的。或许，他应该跟着别人一起，半夜溜到矿业公司的矿山里去挖矿？在夜里挖矿很危险，一些矿工在矿井里溺死或窒息而亡，还有人被守卫射杀。科卢韦齐可以一直在埃马纽埃尔矿山（Emmanuel Depot）挖矿，但是因为矿石具有放射性，没有手套和面具的工人往往在午间休息时昏睡过去。[48]

加丹加成为粗暴资本主义的产地，让人想起 20 世纪 20 年代。然而，2008 年全球金融危机爆发，40 多家这样的私营公司只能打包走人。铜价从每吨 9000 美元暴跌到每吨 3600 美元，加丹加省更加严格地限制自发的挖矿活动，成千上万挖矿人失去了收入来源。一夜之间，加丹加似乎回到了 20 世纪 30 年代。[49]

中国国有企业活跃起来，它们不是打一枪换一个地方的投机商，而是拥有无限资金的巨人。金沙萨至马塔迪的铁路，以及从卢本巴希到赞比亚边境的公路都得以重建，现在经常可以看到满载矿石的卡车在这条公路上奔驰。CCT 是一家中国电信公司，现在是刚果主要的手机运营商，另外一家中国公司开始在刚果铺设总长 5600 千米的玻璃光纤，推动刚果实现数字化革命。[50] 现在刚果成了中国的最新贸易伙伴之一。2006 年，中国国家主席胡锦涛召开了重要的中非合作论坛北京峰会，48 位非洲国家元首出席了会议。会议期间共签署了 20 亿美元的合同，中国承诺提供高达 50 亿美元的贷款以及到 2009 年对非援助翻番，免除这些非洲国家的债务，给予有关国家大

部分输华产品零关税待遇。为了发展经贸关系，中国高级官员几乎访问了非洲的所有国家。中国极力奉行不干涉内部事务的外交政策，倡导南南合作，平等的兄弟关系和南北合作表现出的家长式干预作风形成鲜明对比。

2007 年 9 月，刚果基础设施、公共工程和重建部部长皮埃尔·伦比（Pierre Lumbi）宣布，刚果与中国达成了一项重大协议。刚果将与 3 家中国国有企业（一家银行、一家公路建设公司和一家总承包商）成立一家合资公司，以刚果的法律规定为根据。刚果通过刚果采石采总公司拥有合资公司 32% 的股权，剩余 68% 的股权为中国公司所有。合资公司获准在加丹加开采 1 000 万吨铜矿和 60 万吨钴矿——整个殖民时代中开采的吨铜总量为 800 万吨，刚果全国的铜矿总储量预计为 7 000 万吨。[51] 作为回报，新公司将投资 30 亿美元用于重建刚果国内的采矿设施，另外再投资 60 亿美元修建柏油路（3.4 万千米）、普通公路（2 738 千米）、铁路（3 215 千米）、住房（5 000 套）、综合诊所（145 家）、医院（31 家）、水电站（2 座）以及大学（2 所）。由于合资公司一开始不会有 90 亿美元的收入，中国将预先垫付所需的建设资金，合资公司可在日后慢慢偿还。对此，小卡比拉非常得意："在我们的历史中，刚果人民将首次直接受益于铜矿、镍矿和钴矿。"[52]

确实，该协议让人印象深刻。只有 7 页纸，比一般的租赁合同还要短，是刚果继 1949 年的十年计划之后最重要的一份文件。这种景象只在 20 世纪 50 年代以前出现过。在西方媒体看来，这份协议是中国向刚果发放的"贷款"，然而实际上它是一笔公平交易：用矿石换取基础设施。这种交换不是殖民地时期之前的物物交换，而

是绕过腐败的捷径：毕竟，一座医院不会轻易被装进某个人的口袋。这的确是一笔交易，协议规定：如果开采出的矿产资源总量没有达到合同要求，那么刚果必须通过其他方式偿付债务。

协议一经宣布，便被西方指责为血腥谋杀。新殖民主义！掠夺非洲的新形式！双赢的官样文章背后是赤裸裸的贪婪！一些人认为，它是 19 世纪斯坦利让村落酋长签署的协议在 21 世纪的翻版。刚果人任由自己被欺骗！这份协议甚至没有经过议会的讨论！它不会创造任何工作机会！有人说中国将自己的囚犯空运到从事相关工作！此类言论不胜枚举。

这些说法是纯粹的恐慌；是复杂的、日趋重要的国际秩序和中国快速逼近超级大国地位引发的恐慌，让人想起柏林会议召开之时或冷战开始之时的不确定性带来的惊恐。一个半世纪中，刚果始终吸引着外国势力的注意力，往往因此导致局势紧张：1870 年左右欧洲人和阿拉伯贸易商之间的冲突；欧洲单一民族国家之间的矛盾；冷战期间是美国和苏联之间对峙；如今崛起的中国和西方的分歧。每一个新来者都要求在中非这块棋盘上占有一席之地，其结果是从一开始就制造了紧张和猜疑的气氛。

刚果政府真的是冤大头吗？这一点很难说。从本质上说，要评价物物贸易是否合理，除了交易双方的满意程度之外没有其他客观标准。能够获得原材料，中国很满意；得到了重建本国基础设施的承诺，小卡比拉很满意。这份协议并不是强加给小卡比拉的，而是双方在北京进行了 2 个月的激烈谈判之后才达成的。[53] 任何量化协议公平性的尝试都注定要失败。有一点是非常清楚的，中国并不打算在短期

内大肆掠夺加丹加的资源，原因很简单：中国经济政策的特点是渐进性和计划性，榨干非洲资源或者导致非洲不稳定都不符合中国的利益。所以，将中国视为招摇撞骗的医生——给垂死的病人提供丰富的维C以换取其可用器官——的说法是错误的。中国在非洲扮演的角色是长期的、结构性的，在本世纪中，这种联系将改变世界面貌。

针对中国和刚果的合约，最顽固的反对者是国际金融机构。国际货币基金组织和世界银行对于其中一项条款尤其不满，该条款规定如果铜或钴的产量没有达到合同规定，刚果要用其他方式偿付其债务。这项附带条款给刚果带来了积累更多债务的风险……现在，这个国家仍然被蒙博托时代累积的巨额债务拖累，到2010年，刚果延期仍未支付的外债以及因此产生的利息已经高达130亿美元——相当于这个国家年度总开支的四分之一，超过90%的国民生产总值、1.5倍的出口总额、5倍的政府收入（不包括外国援助）。[54]

可国际货币基金组织和世界银行没有指出，它们自身也扮演了加重刚果经济负担的角色。年复一年，它们坚持要求刚果偿还债务，即便埃尔温·布卢门塔尔在20世纪80年代就已经明确指出要刚果还清这些钱是不可能的。一个独裁者在过去二三十年时间里挥霍无度，留下的债务却让一个选举产生的新政府去承担，这种不公平性到后来才慢慢被国际货币基金组织和世界银行理解。可以肯定的是，刚果欠了一大笔钱，在短时间内迅速还清债务必然会制造很多反面案例，但是始终背负着130亿美元的外债只会让所有重建计划都化为泡影。好比一所公寓的新租户要去承担前租户没有支付的巨额电话费，刚果知识分子里戈贝尔·米纳尼（Rigobert Minani）曾说“国

际金融机构已经绑架了刚果国民经济”，这个说法是很恰当的。[55]

国际货币基金组织之所以如此执着地要求刚果偿还债务，原因在于这笔没有收回来的钱是西方富国在刚果的唯一立足点。虽然该组织名义上是国际机构，但其投票权是以成员国的财政贡献为根据的。这意味着美国和欧盟作为该组织的主要出资方几乎控制了一半的投票权；中国人口占世界总人口的四分之一，却只有4%的投票权。[56]从外交上讲，刚果的选举一结束，西方在刚果事务上就几乎没有发言权了，国际货币基金组织（依照法规，其总裁只能是欧洲人）是最后的威吓者，针对刚果的反腐措施、财政、货币和经济政策提条件。因此，刚果的外债或许会缩减，但不会彻底消失。

国际货币基金组织宣布，作为对“重债国家”的大规模援助，可以免除刚果130亿美元债务中的90亿美元，但是刚果必须遵守一系列严格的条款，包括修改与中国的合约。一开始，小卡比拉不愿意妥协，但在2009年初，他发现刚果政府已经捉襟见肘——与恩孔达作战和全球金融危机导致铜价大幅下跌是两个主要原因——国库中只剩下3000万美元，不足以维持两到三天的进口。国际货币基金组织和世界银行以闪电般的速度回应了他的困境：捐助3亿美元。从这个时候开始，金沙萨方面意识到继续与这些机构往来是稳健之举，中国不是这个国家的唯一救星，面包的两面都抹上黄油岂不更好！

2009年12月，经过数月的重新谈判，刚果与中国达成协议：删除上述附带条款，作为交换，中国的投资将从90亿美元降到60亿美元。国际货币基金组织很快拿出1.5亿美元，宣布刚果离豁免债务更近了一步：原来的130亿美元债务，刚果现在“只需”偿还40亿

美元。

与此同时，印度也准备与刚果成为贸易伙伴。当然，国际货币基金组织会密切关注双方的合作协议。[57]

2008年10月17日，我开车来到金沙萨的临河区金苏卡。中国中铁公司（Chinese Railway Engineering Company，CREC）的工地被白色高墙围起来，从我的位置可以看见里面用来搅拌沥青的大型机械。中国中铁公司是和刚果签署合约的中国国有企业之一，也是亚洲最大的工程建筑公司之一，员工29万余人。得到小卡比拉的授权，这家公司可以使用靠近河边采石场的一大块土地和市区的另外两块地。

我很快发现，自己根本无法进入工地，更别提进行现场采访了。我能看到的只有白色的高墙，足有数百米长。把车开到高墙的尽头，我发现这个地方连接着一个工人社区，通往社区的只有一条沙路。当我下车走近住房的时候，一个大约四岁的小男孩朝我跑过来，他看着我，用手指着我，大声而清楚地说：中国人！孩子们往往喜欢叫出他们所知道的事物的名字。

对于今天成长在金沙萨的一代人来说，欧洲人似乎比中国人更加陌生。和19世纪一样，刚果的孩子从来没有在现实生活中见过白人，现在居然在金沙萨的工人社区看到了一个。当我穿过他们的小巷子时，蹒跚学步的孩子都尖叫着跑开，对他们来说，我就是一个怪物。

刚果的成年人却在东方和西方之间徘徊。他们仍然憧憬欧洲和美国的先进知识和技术，但很多人不明白为什么只看见中国人完成

了一个又一个大工程，却不见美国和欧洲的技术成果出现在刚果？他们猜测西方人可能对刚果不感兴趣。然而，奥巴马当选美国总统又给他们带来了新的希望。美国选出新总统的第二天，我把这个消息告诉老恩卡西，他不相信。奥巴马在美国发表了胜选演讲之后，在早上6点钟的刚果，很多年轻人聚集在金沙萨金坦博区繁忙的马加辛（Magasin）圆顶大厅里，他们欢呼："他是我们中的一员，他是我们中的一个分子，他是一个巴特特拉人。"奥巴马的姓以字母"O"开头，因此很多人认为美国总统来自巴特特拉部族，在这个部族中，奥马松伯（Omasombo）、奥基托（Okito）、奥伦加（Olenga）等以字母"O"开头的名字很常见；知道奥巴马身世的人也认为非洲和美国的关将翻开历史新篇章。之后，美国国务卿希拉里到访戈马，她是1997年以来首位访问刚果的美国国务卿。戈马与卢旺达接壤，希拉里却没有访问卢旺达，使得很多刚果人希望美国改变过去的亲卢旺达政策。美国任命了一位驻大湖地区特使，奥巴马总统在2009年12月发表诺贝尔和平奖获奖感言时，还明确地提到了发生在刚果的性暴力。然而，在实务中，美国新一届政府对中部非洲的态度却并不清晰。[58]

第十五章

WWW.COM

半夜，高速公路不是人们通常所见的样子。即便过了半夜，出租车仍然在路上穿梭，不断变道以求最快跑完一段路程，编织出一张看不见的网。但和金沙萨相比，这里的路面就和墓地一样寂静。没有古旧的达夫牌（DAF）大卡车隆隆作声，这种车的速度像蜗牛一样慢，排出的尾气像沼气一样浓；也没有载30多人的大众牌厢式小货车，乘客挤坐在货厢里的木凳子上，最后一排乘客的腿都在车厢外晃来晃去；路面上也绝对不会出现火山口一样的大坑。绿白相间的出租车行驶在繁忙的八车道高速路上，开过不断扩展的郊区、单调的住宅小区。靠近市中心，办公楼和公寓大楼之间出现了高架桥，有时候我们的头顶上和脚下都有高速路。在公路下面，很远的下面，我们看到一些挂着灯笼的小食摊和红色的霓虹灯广告牌。——这里就是广州。

我和 3 个刚果人乘一辆出租车，我们刚刚从机场出来，正前往市区。一天之前我们离开金沙萨，肯尼亚航空公司（Kenya Airways）的班机将我们载到内罗毕，停留 7 个小时之后再次起飞，飞到广州之前还在曼谷停了一次。我们向东飞过了 7 个时区。其他航线经停迪拜，比如埃塞俄比亚航空（Ethiopian Airlines）从亚的斯亚贝巴（Addis Ababa）飞往中国的航线。在过去几年里，两家航空公司每周都安排了 12 趟往返于非洲和中国南部的航班，从非洲出发，空舱起飞满载而归。

“我们为什么要带衣服？我们可以到了那里再买，难道不是吗？”

第一次去广州的时候，达丁十分谨慎。“飞机刚刚起飞后我就去了洗手间，将所有现金和护照都藏在衣服里，因为我听别人说必须当心尼日利亚人。他们可能会给你下药，然后拿走你身上所有的东西。那一次我带了 1500 美元，大贸易商身上可能会有 2 万美元，你必须时刻保持警觉。”

出租车司机的安全是有保障的，车内的驾驶座和乘客座位之间由塑料板隔开。出租车上的座位很舒服，前排座位的背面有一个内置的显示屏，不停播放卡通节目和护肤品广告，音量调得比较低。有一个刚果人坐在前排，他在和司机讨论车费的问题，已经讨论 20 多分钟了。这个刚果人叫乔治·恩杰卡（Georges Ndjeka），在广州待了几年，能说一口流利的广东话。虽然我知道几乎所有刚果人都能熟练掌握多门语言，就算年纪大了，学外语对他们来说也不是难事，但是不用上学就能掌握中文仍然超出了我的想象。乔治并不觉得中文有多特殊，一个年轻的刚果女性自学 3 个月就可以熟练运用这门语言。

出租车将我们载到了市区北边的天秀大厦附近，离热闹的环市东路和内环路很近。最近几年，这里形成了一个真正的非洲人社区，大约容纳了 10 万非洲人，绝大多数都是临时居住。乔治的货运处也在这个地方，同类型的货运处有好几百个。他的名片上写着主要业务包括“货物空运和海运，整装货柜和拼箱”，在接下来的几天里，我发现这儿的非洲人都有相似的名片：颜色花哨的硬纸，用英文、法文和中文 3 种语言书写的文字，6 个不同的手机号码，包括在中国使用的手机号和在非洲使用的手机号。天秀大厦旁边有很多宾馆，非常舒服的双人间 20 美元一晚，住满了非洲人。在接下来的 10 天里，我一直住在新登峰酒店，没有看到一个西方人。

出租车停在人行道旁，路边有很多人，有男有女，有中国人也有非洲人。在酒店办好入住之后，我开始研究社区环境。很多商店过了凌晨仍在营业，商品包括鞋子、箱子、T 恤衫、女士内衣和手机。马路边上有不少戴草帽的农民在叫卖我完全不熟悉的水果：还挂在树枝上的比樱桃更小的苹果；比足球更大的葡萄柚，剥皮需要运用技巧和耐心。我在一个老农那里买一公斤橘子，他用杆秤称重，眼光犀利地盯着上面的刻度。当地货币对我来说很陌生，我甚至不知道他们是不是常用公斤计量，付了钱点头致谢的时候也不清楚自己是否使用了正确的肢体语言。这个身材矮小的老人有一张饱经风霜的面孔，在任何时候都面带笑容，露出两颗坏掉的牙齿。我住的酒店不是独栋建筑，而是大商场的一部分。商场里还有很多店铺，销售同样的金项链；我在专卖足球衫的店铺里看到了巴萨的球衣、切尔西的球衣，还有荷兰国家队的球衣，上面印着“Ruud van

Nistelrooy”（鲁德 · 范尼斯特鲁伊）和号码“9”。我找到了通往酒店的电梯，到了 6 楼走出来却发现走廊两边根本没有客房，我到了一个完全陌生的幽暗空间。当时的情形就像梦境，弦乐划破黑暗，两条锦鲤在灯光柔和的水箱里悠闲地游来游去。我提着一袋橘子站在那里，逐渐意识到自己乘错了电梯。

朱尔 · 比图鲁（Jules Bitulu）见证了一个变化过程，在繁忙的大沙头商业区，我在陶乐大厦十楼的办公室里见到了他。“1993 年，我是这里唯一的非洲人。我和一个中国人合作，在顺德开了一家公司，离这里不远。两年之后，我们搬到了市中心。当时我对中国人来说简直就是外星人，去哪里都能吸引他们的目光，不是种族歧视，只是一种好奇而已。无论我走到哪里，都有人给我搬凳子坐。现在，单单这个区域就有两三千刚果人，绝大多数来自金沙萨、卢本巴希、戈马和布卡武。其中有 500 人没有签证，属于非法居住，也有一些人因为毒品惹上麻烦，还有一些持刚果护照的尼日利亚人。”

广州是广东省的省会，广东省的面积接近 18 万平方千米，人口 1 亿左右，几乎是刚果全国总人口的 2 倍。20 世纪 70 年代末，邓小平正是在这里首次松开计划经济的缰绳。广东省的地理位置远离首都北京，为开展自由化试验提供了良好环境，与香港和澳门形成竞争。30 年后，广东省成了世界工厂，是空调部件、微波炉、计算机、电信设备以及 LED 灯的全球领先生产方。同时，广东还是全球第三大纺织品出口城市，全球 30% 的鞋子都产自广东。深圳工厂生产的玩

具销往全世界每一个角落，制造了全世界三分之二的人工圣诞树——没有对一个无神论国家造成不好影响。广东省的经济总量占中国全国经济总量的 12%，出口量占全国总出口量的四分之一。有赖于政府提供的用于购买原材料的大量补贴，广东省取得了巨大成功，然而，2008 年的全球金融危机给该地经济造成了巨大冲击——虽然中国的国有银行仍有偿付能力，但是外国顾客都消失了，几十万工人失去了工作。当下，广东正在积极推动经济转型，从仅仅依靠出口转变依靠创新和知识，同时为快速增长的本地市场服务。这些努力似乎已经奏效：在发生全球金融危机的 2008 年，电信巨头华为技术有限公司签下了总价值超过 230 亿美元的合同，增长超过 46%。

地处珠江三角洲，广州一直以来都是国际贸易中心。很早之前，它是海上丝绸之路的起点，并与基督教和伊斯兰文明建立了联系。广州有一个漂亮的清真寺和一个天主教堂，前者的历史可以追溯到伊斯兰教诞生的公元 7 世纪，后者的修建时间要晚得多。波斯人、阿拉伯人、葡萄牙人和荷兰人都曾来过这里，因此，它在今天建立了新的外贸联系并不让人惊讶，这一次的贸易往来对象是非洲。

1988 年，比图鲁（Bitulu）凭借奖学金来到中国求学。当时，中国和扎伊尔关系友好，7 个扎伊尔人被选送到北京读大学，比图鲁是其中之一。第一年主要是学习语言，接下来四年学习计算机知识。因此到了今天，他的普通话比很多广东人都讲得好。而且，很少有外国人写汉字的速度能够和他相比。会写汉字的非洲人，这可能需要时间适应。

在一个到处都是计算机工程师的国家，作为一名刚刚合格的计

算机工程师，比图鲁并没有马上找到工作。但他有另外一项技能：音乐。在学生时代，他就和同在北京的几个刚果学生组了一个乐队，现在他加入了一个在中国巡回演出的乐团。“我们花了半年在中国内陆各地巡回演出，从一个村庄到另一个村庄，到过广西壮族自治区、湖南省、云南省、贵州省和四川省。一开始我只弹吉他，后来也唱中文歌，对于观众来说我就是卖点。但我不喜欢现在的生活，我没有见过别的刚果人，也吃不惯中国食物。”他的经历让人想起了一个世纪之前特尔菲伦世博会上的刚果人，当时的黑人也被当作马戏团的动物。

> 刚开始，我每个周末跟着一个雷鬼乐队去香港的非洲酒吧演出。后来，我又在酒吧和餐厅唱中文歌曲，有时候一天演 3 场，有时候一周 6 天都有演出，赚了不少钱。我会用普通话唱歌，也会唱粤语歌和英语歌——作为一个刚果人，这似乎有点怪异。我还会到大酒店演出，当然也唱卡拉 OK，因为这个工作我还到过内蒙古。2000 年，我去北京演出时碰到了 6 个刚果学生，他们既没有工作也没有签证。我把他们带回了广州，广州的刚果人社区就是从那个时候开始形成的。他们后来在迪厅工作，类似环境里的非洲人越来越多。在那之后，很多人都离开音乐开始做生意。我虽然也做起了生意，但仍然继续演出。

从跑场歌手到移民代表，比图鲁见多识广，非常会讲故事。在

我们的谈话过程时，我做了10页纸的记录。他告诉我，在2000年，一群来自塞内加尔、马里等西非国家的人在几个月里聚集到广州，住在靠近天秀大厦的一家宾馆里。他告诉我当初获得签证——即便为期半月或一年——是多么容易，今天的情况又是何等不同。今天，你能拿到停留期为2周的签证就已经很幸运了。“形势越来越不好，让人无法忍受，对那些有公务签证或居留证的人来说也是如此，比如我。机票越来越贵，物价持续上涨，运输成本也在涨，刚果的报关费用高得离谱，金沙萨的市场也逐渐饱和了。”

他并没有思乡之情，“我已经完全融入了中国文化，刚果人应该更好地组织自己，就像中国人一样。他们应该集体行动，可他们不想这么做，即便集体行动可以帮助他们在谈判中达成更有利的价格。现在，中国又要修建新的道路，速度之快无人能及。”

比图鲁1990年演出时去过的村子，当时只有不到5%的家庭有电视机，到了2006年末，这个比例上升到了90%。[1]“我看见了越南的发展，我去迪拜后深受震撼。没错，迪拜在沙漠里，但我看到那里开满了鲜花，因为他们把水管埋在草坪里，他们努力地发展自己的国家。如果上帝将刚果人放到沙漠中，他们能做得一样好吗？完蛋了！刚果如此落后不是白人的错，也不是蒙博托的错，他们都是替罪羊。看看中国人，他们向欧洲人学习，他们不相信魔法，只相信勤奋。”[2]

大沙头商业区完全是一个电子产业区，有些商场只销售数码相

机，旁边的门店专门卖笔记本电脑或液晶显示屏。和比图鲁道别之后，我迷路了。走着走着来到一个没有窗户的大商场里，里面只卖手机。各个柜台后面都是年轻的男孩和女孩。参与观察是最好的人种志研究方法，我开始审视他们的商品。我买了好几部仿制苹果和爱立信手机，价格都在 50 美元左右。回到金沙萨之后，我可以卖掉多余的，用赚到的钱买回家的机票。我当时不知道的是，我应该买 30 部手机而不是 5 部，因为它们会在一天内售罄，而且售价是成本的好几倍。

在其中一个柜台上，我认识了安森（音），他是一个年轻有活力的中国人。他帮我装手机卡换电池，速度非常快，更有意思的是他还会说林格拉语。他说自己从来没有去过刚果，每天都在这里上班，但他的很多顾客都来自金沙萨。他不会说法语，但他说到的很多专业术语都来自法语，虽然他自己没有意识到。“需要双卡双待的手机吗？”“先生，这一款没有配件。”这些话都是他用林格拉语说的。

天秀大厦是一个多层购物中心，走进去可以看到很多店铺打着霓虹灯招牌，播放着嘈杂的音乐。过道狭窄，两边都是玻璃柜子，店主都在热情地兜售自己的商品。很多店铺都是广东各地工厂的代销店，在一条 20 米长的过道里，我看到了产业用蜡染纺织品、人字拖、运动鞋、靴子、正装、运动服、T 恤衫、丁字裤、珠宝、手机充电器、手机、电风扇、蚊香、电锯、发电机、小型摩托车、爵士鼓。顾客一进门，坐着的售货员立马站起来，你的需求就是他们的使命。把布料展开后又放到一边，把一件件衣服从架子上取下来看是否合

身。语言沟通就是灾难，好在计算器能帮上大忙。售货员会把自己要求的价格（人民币）输入计算器中，然后把计算器拿给非洲客人看。非洲商人马上把价格转换成美元，皱皱眉头，说：“不，不，不！”然后再打个对折，将自己满意的价格输进去。中国售货员看到之后苦笑，然后摇摇头，输入一个让自己不那么痛苦的数字。这个时候，非洲客人会一脸失望，双手扶着玻璃柜台望向外面。愤慨与渴望交织的时刻结束之后，他在计算器中输入一个新的数字，再把计算器拿给售货员看。这样来来回回好几次，直到非洲客户假装要去别的店铺双方才勉强妥协。

有一家店专卖丁字裤，其中一款商品非常奇妙：上面印了安哥拉国旗，系带和三角形布料是安哥拉国旗中的黑色和红色，黄色的齿轮、星与镰刀印在阴户对应的位置。我谨慎地询问这种丁字裤一条多少钱，得到的答复是该产品不按一条卖，而是按一千条卖。“一千条，”女店主说，“不是一条。”她在计算器上输入一个“1”，又输了三个“0”。

达丁正因为一些牛仔裤犹豫不决，7 美元一条的价格对她来说很有吸引力，在金沙萨可以卖到 35 美元一条，但是她装进包里的牛仔裤已经很重了。这就意味着她带不了太多，而且刚果海关执行公务的方式也让她很担心，她首先要考虑这个问题。“国内是战区，当你刚从中国回来，非常疲惫地等着拿行李时，机场里的海关会突然抓住你不放，要你为每包行李交 30 美元，有时候甚至是 100 美元。更常见的情况是他们会用笔或钥匙划开你的行李，当着你的面拿走一件衬衫或一条牛仔裤。”

法蒂玛（Fatima）和菲娜（Fina）两姐妹陷入了困境。我在飞机上认识了她们，几天之后看到她们坐在一条长凳上休息，她们刚刚经历了一场采购大战。她们本来计划采购一集装箱番茄酱，集装箱是20英尺的小箱，而不是40英尺的大箱，因为后者对她们来说太贵了。但是工厂告诉她们订单在12月之前无法完成，这也就意味着货物不能在次年2月之前运抵金沙萨，赶不上年底的消费旺季。或许可以购买肉豆蔻碰碰运气，因为从2008年1月到10月，该产品的价格已经从每吨7200美元涨到了8200美元，一个集装箱可以轻松装下12吨。然后要计算运费，从中国到马塔迪港，一个20英尺集装箱的运费是5600美元，40英尺的集装箱的运费是10 000美元。还有进口关税，刚果海关的收费在全世界名列前茅：20英尺集装箱收15 000美元，40英尺集装箱收20 000美元。虽然这些费用是可以协商的，但是现在不少商人倾向于先将货物运到刚果（布）的黑角港，或许她们也应该这么做。在黑角港卸货之后，用卡车将集装箱拉到布拉柴维尔，然后再将数百袋肉豆蔻装上开往金沙萨的渡船。货物装船通常是交给坐轮椅的残疾人，因为他们需要支付的过境费用更低。我曾亲眼看到这些残疾搬运工把麻袋堆在身前，然后在视线被遮挡的情况下，作为乘客自己推着轮椅上渡船，他们认为用自己的轮椅搬运货物并获得一定报酬是他们的既得权利。

我见到过的最成功的刚果女商人是莉娜·加西亚·门德斯（Lina Garcia Mendes），她在4天内采购了装满2个大集装箱的建筑材料：瓷砖、门、空调部件、陶器、水槽、抽水马桶以及照明设备。在现在的金沙萨，你能看到很多中国品牌家居产品，比如“奥美康”抽

水马桶、“美佳乐”洗涤槽、“合肥晨梦”火警系统以及“维集美”卫生纸。莉娜的第一个集装箱已经装满货物密封好了，现在她正在搜寻要装入第二个集装箱的等离子显示屏。采购显示屏的工作做完之后，她打算给自己订做一些衣服。她带了一些从非洲杂志上剪下来的照片，让中国人将照片上的衣服做出来。唯一的问题是，她的胃部异常疼痛。陪她一起来中国的侄女认为是不是应该顺便在中国做一次生育治疗，既然可以购买服务，为什么只顾着买商品呢？莉娜体验中国医疗服务的机会要比预想的来得早，几天之后我再看到她时，她告诉我自己已经去了一个诊所。原来她肚子痛是因为得了阑尾炎，“一般来说我会到南非去做手术，”她说，“但这一次我要在中国做，因为他们都说中国医生不错。”

非洲人集体到广州的现象具有越来越重要的意义，他们来到中国并融入这个国家。一些来广州的非洲人像家人一样住在一起，其他人都出去采购货物的时候，有一个人会留下来用当地食材准备最精美、最地道的非洲美食。一些刚果人熟练地用筷子吃饭，就像筷子是他们惯用的餐具一样。有一个刚果人开了一家咖啡馆兼舞厅，名叫“江户”（Chez Edo），每个和我聊天的非洲人都说这是广州最有趣的地方，但这家舞厅因为没有营业执照被政府关闭了。还有一些刚果人开了理发店或者服装设计店。一些在非洲处境悲惨的同性恋者在中国还找到了生活的希望，没有回国的打算。我采访了一个刚果同性恋者，他来自金沙萨，因为性取向不同被赶出家门，来到

中国后和一位尼日利亚同性恋者建立了关系。对他来说，中国不是压抑之地，而是自由之地。

其中一位大商人富勒（Fule）先生得到非正式认可，成为“广州刚果人社区主席”。虽然这个组织及其功能都是不正规的，但它扮演了类似于刚果领事馆的角色，任何一个来到广州的刚果人都会跟富勒说明自己的情况。当我见到他的时候，他正坐在一张放满女士高跟鞋的桌子后面。“我来这里9年了，已经获得了居留权。”他很自信地说。当年比图鲁在北京演出时遇见了急需帮助的学生，富勒就是其中之一，他被比图鲁说服，从北京来到了广州。“没有签证的外国人很可能被中国人关进监狱，刚果人在中国的黄金岁月已经结束了，刚果的情况更加糟糕，我们的国家极度贫困，而且没有好转的迹象。但是感谢中国，人们现在至少有衣服穿了。”他对于两国签订的合约持正面态度，“这样说可能不准确，”他说，“外国人从刚果偷矿石已经不是一天两天的事情了，现在我们得到了几十亿美元的回报。刚果还没有摆脱困境，”他总结道，“但是我们终有一天会回去的。欧洲的刚果移民对他们的国家毫不关心，他们的社会生活已经完全脱离了刚果。但在中国的刚果移民意识到商业不足以让我们满足，终有一天我们还是会回去的。”[3]

在一个周日的早晨，我来到天秀大厦31层的3105号办公室，这里远离底层的店铺，布置简单，只在地上铺了一块破旧的红毯。然而，一位刚果商人在这里设了自己的教堂，名字非常响亮：国际和解教堂（Église Internationale pour la Réconciliation）。每周举行3次祈祷会；每周日举行2场礼拜，每场持续3个小时。走进教堂后，我注意到，

在这些散居海外的刚果人中，上帝的光芒似乎弱了一些；里面一共只有8位信徒，包括一名中国键盘手。在漫长的祷告过程中，信徒默念经文，牧师说："上帝的圣言就像雨水，只有在浸润了土地之后才会重升天堂，因此我们知道……""成功是什么！"大家齐声回答，这种应答对他们来说完全不陌生。"我们所有的……""事业！""因此他们都可能……""成功！"

然后所有人都站起来祈祷，闭上眼睛举起双臂，大声向上帝恳求力量和商业洞察力。牧师还让他们为"我们的兄弟"戴维祈祷，今天是他第一次来这里。在接下来的歌唱环节，非洲人跳起轻快的舞蹈，那位中国人只简单地跟着节奏踏步。"对他们来说这并不容易，"牧师后来告诉我，"他们对基督教知之甚少，甚至不知道亚伯拉罕是谁。如果你一定要向他们解释……"

那天下午，我经过帕图·勒洛（Patou Lelo）的家，他生意做得很大，每个月要往非洲运回100~150个集装箱的货物。他在武汉一所学校读了MBA，现在住在一栋普通住宅楼的底层，阳光很少照进屋里来。我去采访他时，他2岁的女儿正在地毯上玩耍，她有非洲人的外貌特征，但是长着中国人的眼睛，皮肤是温暖的黄褐色。

我刚来这里的时候，很多人都问我可不可以摸一摸我的皮肤。他们认为我就是一个中国人，因为在太阳下晒得太久所以皮肤黑，认为我很快就会白回来。我和女朋友走在街上，

> 很多人以为她是我的翻译，甚至有人猜测她是我招来的妓女。现在，我们已经结婚两年半了。她的母亲曾坚决反对这桩婚事，跟她说："你要么选择他要么选择我们。"她的继父倒是没有大惊小怪，还说："听着，他是一个冷静严肃的人。"在刚果，我家里的反应也差不多是这样，我的父亲毫不在乎，我的母亲非常焦虑。她一直不接受我的妻子，直到我们的孩子出生。和刚果一样，在中国，家庭是神圣的。不像欧洲，那里只重视夫妻关系。在这里，祖父母也非常重要，我们要照顾他们。夫妻，孩子，孩子的祖父母，这里的核心家庭都是三代同堂。

桌子上放着很多照片，包括勒洛和妻子在婚礼上穿着中式、西式以及日式服装拍下的照片：一对容光焕发的夫妻。他的侄子和弟弟专程从刚果飞到中国参加他的婚礼，他几乎邀请了所有住在广州刚果人社区的人。不过他承认，在中国生活并非总是那么容易。

他家里几乎每个人都移民了——弟弟住在西班牙，一个妹妹住在法国，另一个妹妹在美国曼哈顿，只有母亲还留在金沙萨。许多刚果人之所以出国，就是为了逃避令人窒息的家庭关系。在危机时刻，非洲人的团结受到称许、让人触动；但在重建时刻，家庭关系就变成了可怕的逻辑，会摧毁所有长期计划：如果其中一个人赚到了一些钱，那么这些钱会很快得到分配，去解决家里所有人的温饱问题；没有人在意再投资和规划的价值。在中国则要容易得多，当你拒绝将自己赚到的那点儿钱拿出来分享的时候，不会有叔叔、侄子谴责

你搞巫术，在刚果，巫术是“强迫团结”的终极借口。

“这里没有人谈论巫术。”勒洛说。人们已经摆脱了所谓的更高级的形而上学，那种如释重负的感觉完全是可以看得见的。在刚果，很多人信仰五旬节派就是为了免受巫术的伤害。在中国，我发现根本没有这种必要。“冒牌牧师只会在刚果受到追捧，因为刚果贫困。”[4]

晚上，我顺路去了乔治的办公室，我到达广州机场后，就是他去接的我。即便是周日，他也在努力工作。“我们必须趁年轻的时候努力工作，”他说，“因为总有一天我们会变老。”他的运输公司有一条座右铭：为你服务是我们的义务，这绝对不是空喊口号。公司里的两名员工西萨（César）和蒂莫西（Timothée）正在往秤上搬大箱子，他们几乎读不了显示器上的数字。乔治一直在打电话：集装箱已经封箱了吗？还能装多少吨？卡车什么时候出发？是不是已经有人去了机场？等一下，戴维，你的行李限额还剩多少？什么，40公斤！过去几天你都在做什么？难道什么东西都没买？只有5部手机和2件衣服？40公斤，你确定有这么多吗？你愿意把这些限额卖掉吗？14美元一公斤，怎么样？

我在这间小办公室里无所事事的时候，公司的两名中国员工伊索（Iso）和乔多（Jodo）正在填写表格。伊索是一位年轻女性，戴着一副看起来很精致的眼镜，她在翻字典；她在努力学习英语和法语，为一个刚果贸易商工作既可以赚些钱，还能学习外语。墙上贴着一张DHL的海报和一张世界地图，中国在地图上处于中心位置：欧洲

和美国在两边，亚洲和非洲在中间。欧美关系可能是 20 世纪最重要的洲际关系，到了 21 世纪则被亚非关系取代。

墙上挂着一道横幅，上面用林加拉语写了一句话：亲爱的朋友，这里是工作的地方。“我必须把这句话打印出来挂在墙上，”乔治说，“否则的话，很多刚果人会整天来这里闲聊。”广州的刚果人简直勤奋到令人难以置信，我想采访一位贸易商，联系他时他告诉我：“今天我实在是太忙了，但明天有 40 分钟的空余时间，够了吗？”与刚果的情况完全不同，在那里，几乎所有接受我采访的人都是随时有空，如果你待了 4 个小时就离开，大部分人都会感到失望。

2 名刚果员工完成了货物的称重和打包之后，建议我们一起去喝一杯啤酒。隔壁就是一家小吃店，有几张凳子直接摆在店外。夜幕已经降临，不过在广州，夜晚是一个相对概念。我们坐在路边，看着巷子对面按摩店的年轻女性，她们是中式按摩的行家，穿着白色制服，肩上搭着一条红色的丝带，正在招揽顾客。西萨说这是真正的按摩，不是“特殊服务”。

西萨的个人情况比较特殊。他的眼里布满血丝，说话的语调时而欢乐，时而忧郁。在刚果，他曾担任过多年的警官，在职期间经历了蒙博托时代和卡比拉父子的政权，现在仍习惯别人称他“西萨警官”。

> 当时我接受过非常严格的训练。有两天一直站在水池里，水已经到了胸口，非常脏，掉进去肯定会死。或者连续四天站岗，不眠不休，这也不是问题。但到了 2002 年我受够了，

家里有 6 个人都坐飞机离开了刚果，只有父母没有走，我的妹妹留下来照顾他们。我先去了泰国，计划从泰国去德国，有个已经在德国的朋友通过 DHL 给我寄来了他的护照。但当我抵达德国边境的时候，移民官员发现了其中的问题。我被关进监狱 1 个月，出狱后被遣返泰国，从那里去了新加坡、越南、马来西亚、韩国、菲律宾……还有中国香港。为了不让自己的护照失效，我不得不一个月挪个地方。最后我到了中国，但是我的签证已经过期了，他们随时可能将我抓起来。

他把杯子放下来，用广东话喊再来一杯啤酒。巷子里有些沉闷，我们旁边的地面上有一只肥硕的老鼠，它待着不动，好像是在吃东西。“我在这里遇到了一个留着黑色长发的漂亮女人，她来自中国西部，看起来和普通的中国人不一样。更像印度人或者俄罗斯人，我不确定。”我认为有可能来自维吾尔族，但是并没有打断他，蒂莫西正在撕扯啤酒瓶上的标签。西萨开始喝第二瓶啤酒：“后来发生的事情非常美妙，我们一起经营一家手机店，生意不错。她想和我生孩子，但我在金沙萨已经有 8 个孩子了。她开始逼我，要求我和朋友家人断绝关系，只和她在一起。但我是一个非洲人！”他大声喊道，脚下的老鼠却仍然不动。“我觉得自己被禁锢了，我做好了自杀的准备。但她太漂亮了，我们一起出去的时候，每个人都会看着我。手机店的生意很好，犹豫了一段时间之后我还是和她分开了，这是一个艰难的决定。手机店归她，她威胁我：如果我再去手机店，她就要举报我。因此现在我就这样了，没有工作，没有签证。我能做的就是

为乔治打点零工。”

老鼠终于跑了，蒂莫西建议我们去跳舞。我们去了卡玛舞厅（Kama），那是一段特别的经历。坐在出租车上，蒂莫西给我讲这个迪斯科舞厅的历史：“卡玛舞厅的老板是中国人，他娶了个阿拉伯女人，舞厅的 DJ 是尼日利亚人。”我们走进舞厅的时候，里面几乎一片漆黑，既有亚洲人也有非洲人。DJ 放着中国高科技舞曲、亚洲节奏以及刚果伦巴——刚果除去铜矿之外的主要出口。我们找一张桌子坐了下来，点了一些啤酒。西萨警官开始来精神了，他跟着魔法系统组合（Magic System）的《动起来，动起来》（*Bouger Bouger*）一起摇摆，这是第三个千年到来之后最容易被人记住的一首非洲人的舞曲。没有播放西方音乐，流行乐和摇滚是落后于潮流的，属于旧世界的遥远角落。一支乐队要开始表演了，DJ 给一位来自佛得角（Cape Verdean）的女歌手让路，她的伴奏乐队来自毛里求斯（Mauritius）。3 个菲律宾女歌手表演了迪斯科舞，她们的靴子有短裙的三倍长。

舞厅里有各种各样的小房间，顾客可以租下来举行卡拉 OK 派对。但是西萨不明白，当你可以欣赏到如此“有趣”的表演时，为什么要一个人去唱歌呢？一个迷人的中国女孩儿在桌子之间来回走动，她在兜售鲜花，甚至还要推销一个和她个头一样大的泰迪熊。西萨感到困惑，“这些中国人。”他说着叹了口气。

今天，从刚果的心脏里发出来的，不再是村庄之间传递消息的木

鼓声，不是手鼓沉闷而单调的声音，不是皮鞭抽打肉体的声音，不是教堂的钟声，不是火车的呼啸声，不是矿山上钻井机器的嘈杂之声，不再是电报机的滴滴声、收音机频道受干扰的声音或者是群众的欢呼声，不再是磨盘碾压木薯的声音或河水拍打独木舟的声音，不再是丛林中的枪声或被侵犯的女性的尖叫声。不，都不是。

在嘈杂的机场到达大厅里，新刚果回响着标志性的新声音。那是打包和拆封时发出的胶带的声音……你也能在到达大厅里的行李车上看到这种绑带，人们都在使用这种棕色的塑料制品。货物打包完成后，就用记号笔在包装上写明姓名、地区和街道。

虽然这种声音听起来刺耳，但它不是抱怨，而是新生活开始的声音。

登机时我已经注意到了她们：两位金发女郎，不，其实是两位戴金色假发的女士。她们相谈甚欢，拍着彼此的背，把头靠在彼此的肩膀上，咯咯咯地笑着。她们的箱包都带上了飞机，胶带上写着自己的名字。两人穿着同款的崭新外套和裤子，衬衣上有漂亮的花纹。衣服上的商标还没有剪掉，等着回到金沙萨后向别人展示！拥有了新东西，就要炫耀一下。有些男人也不会将新西装上的商标剪下来，不是吗？孩子们如果新买了自行车，也不会把车上的塑料包装完全撕掉，不是吗？

机舱里的气氛比较轻松，那两位女士已经带上了耳机，她们一边看卡通片一边大笑。我们正在返回中非的途中，乘坐第二趟从广州直飞内罗毕的航班，第一班在两周前出发，中间不会经停曼谷或迪拜，

直接从印度洋上空飞过到达非洲。

我在内罗毕看到两位皮肤晒得黝黑的年轻荷兰游客冲进机场，他们穿着短裤和拖鞋，拿着一个很大的长颈鹿木雕，那是一件纪念品，用当地的报纸包裹着。这个场景中的有些因素引起了我的不快，虽然我不清楚具体是什么因素。在过去这些天里，我似乎看到了人类的第三个千年，现在却感觉自己被粗鲁地扔回了上一个世纪：欧洲人在非洲购买长颈鹿木雕。虽然我的理由并非完全清晰，但我太过疲惫，无法考虑前后的连贯性。

返回刚果的最后一段行程，我们从内罗毕飞到金沙萨，横跨刚果上空。两位金发女士正张着嘴睡觉，透过狭小的机窗，我看到下面的苔绿色热带雨林，棕褐色的河流偶尔穿行期间，在阳光的照射下闪闪发亮。刚果的自然财富助力世界经济的发展，这是一个我们再熟悉不过的故事。从台球到橡皮筋，从子弹壳到原子弹再到手机，这些商品都包含来自刚果的元素。但是，我认为这种纯功利主义说法过于狭隘和老套，仿佛刚果这个美丽的国家只是世界的仓库——除了原材料之外——对世界历史的发展毫无贡献；仿佛刚果的矿产资源对全人类都很重要，这个国家的历史却只是渗透了梦想和黑暗的内部事务；与我在采访和阅读过程中的发现恰恰相反。20 世纪早期，橡胶政策引发了人类历史上第一次大规模人道主义运动；在两次世界大战中，刚果士兵为非洲战场上的胜利做出了重要贡献；20 世纪 60 年代，刚果首先成为非洲的冷战战场，联合国在刚果展开了第一次大规模军事干预行动。关键不在于这些史实是否是刚果的成就，而在于刚果的历史决定并组成了世界历史。1998 年和 2003 年的

战争推动了联合国有史以来规模最大、耗资最多的一次维和行动，以及欧盟首次联合军事行动，以监督议定政策的执行为目的，提供了多边外交与双边外交的独特结合；国际刑事法庭正通过对首批被告——3个来自刚果的男人——的起诉建立宝贵的审判规程。很明显，多数情况下，刚果历史在国际秩序的初步确定上发挥了重要作用。相应地，刚果与中国签订的合约对于这个多变的世界而言，也是一座重要的里程碑。

她们走在我前面，走过飞机跑道，走向黄色的航站楼。几架飞机随意停放着，其中一架飞机的喷气发动机发出轰鸣声，像一把巨大的电锯，要将这个世界切成两半。和轰鸣声相伴的是航空煤油的气味，夹杂着从附近的贫民窟飘来的塑料燃烧的气味。还未到正午，空气已经像翻滚的热浪，旅途和尝试理解带来的疲惫让我无力追赶她们。我看着她们在面前走过，依然精神百倍，显然对刚刚结束的旅行非常满意。她们每走一步，金色假发就会跳一下。当她们走过破旧的飞机跑道，走上回家的路时，我能看到她们衣袖上的标签在风中摆动，活泼欢快，好像有什么事情值得庆祝一样。

致谢

我写这本书的想法最早出现在2003年11月的一个晚上，当时，我正独自一人坐在布鲁塞尔的格林威治咖啡馆（Gafé Greenwich）中。此前，我多次去过南部非洲，也写过一些与该地区相关的文章。我的刚果之旅即将开始，为了做好充足的准备，我跑过布鲁塞尔的多家书店，却没有找到我想要的书。当时我意识到，或许我应该自己写。很明显，我碰巧可以写一些自己愿意读的书，我就是这样的作者。我当时不知道，写书的想法一闪而过之后，我将耗费多年时间来完成这个项目，我将拥有无数难忘的经历。一开始，我决定参考一些在我看来非常有价值的观点，他们来自海尔特·伯朗（Geert Beulens）、约瑟夫·德勒（Jozef Deleu）、吕克·海瑟（Luc Huyse）和伊福·库伊（Ivo Kuy）。按照中部非洲的优良传统，我称他们为“我的叔叔们”：我总是在需要的时候拜访他们，享受他们的信任，即便我还没有证明自己值得他们的信任。他们无声的参与对我来说意义非凡，

比他们自己意识到的还要重要。

写作自由对我而言是最宝贵的，为了筹集项目基金，我坚持大赦国际的原则：不直接从任何政府机构获取资金，只有这样才能保持自身的独立性。非常幸运的是，我得到了5家机构的支持，这些机构都与自主（乃至匿名）评估委员会共事。我要真诚地感谢佛兰德文学基金（Flemish Literature Fund）、荷兰文学基金（Dutch Foundation for Literature）、帕斯卡尔德克罗新闻调查基金（Pascal Decroos Fund for Investigative Journalism）、特殊新闻项目基金会（Foundation for Special Journalistic Projects）以及荷兰高等研究所（Netherlands Institute for Advanced Study）的鼎力支持。我去了刚果10次，其中2次跟随记者团，当时有比利时部长级代表访问刚果的背景。如果在刚果待的时间比较长，我通常会乘坐联合国维和部队的飞机到刚果国内不同地方采访，这是最大程度的政治嵌入。我没有得到任何政府部门或公司的资助，也没有接受任何非政府组织提供的住宿。我曾经向那些给我提供便利的机构打趣道如果我接受的话，会把他们置于风险之中。

独立是最大的好处，但这并不意味着我是独行侠。我受益于很多人的观点，首先就是我在书中提到的那些采访对象。他们给这本书的生命提供了血液，我甚至与很多采访对象成了很好的朋友。当然，我还得到很多幕后人士的支持。一大批优秀的刚果问题专家在信息方面给予了慷慨支持，利夫·约里斯（Lieve Joris）提供了很多著作以及联系人，他的慷慨在这个时代实属罕见。沃尔特·青岑（Walter Zinzen）、菲利普·德伯克（Filip De Boeck）、本诺伊·斯坦达尔

特（Benoît Standaert）是知识和友谊的不竭之源。盖伊·波普（Guy Poppe）、凯特里恩·赫尔曼斯（Katelijne Hermans）、因·鲁克斯（Ine Roox）、彼得·韦尔兰当（Peter Verlinden）、科恩·维达尔（Koen Vidal）、马尔滕·拉贝（Maarten Rabaey）和约翰·旺达勒（John Vandaele）与我分享的远远不止对刚果的看法。很多知道我正在写这本书的人为我提供了有意思的资料，在这方面要特别感谢科莱特·布拉克曼（Colette Braeckman）、拉夫·卡斯特斯（Raf Custers）、罗杰·于斯曼（Roger Huisman）、皮特·约斯滕斯（Piet Joostens）、吕克·莱森（Luc Leysen）、阿方斯·姆安比（Alphonese Muambi）、索菲·德舍普德里格维（Sophie de Schaepdrigver）、马克·谢弗斯（Mark Schaevers）、文森特·斯蒂德（Vincent Studer）、玛戈特·范德斯特拉滕（Margot Vanderstraeten）、帕斯卡尔·维贝肯（Pascal Verbeken）、保罗·韦布吕让（Paule Verbruggen）和奥诺雷·文克（Honoré Vinck）。

在金沙萨的时候，我采访了齐齐·卡邦戈，和他的谈话让我获益良多，此外还要感谢安妮·马蒂蒂（Annie Matiti）、诺埃尔·马雅马巴（Noël Mayamaba）、本诺伊·斯坦达尔特领事以及当时的比利时驻刚果大使约翰·恩·米克·斯温嫩和他的妻子。包括司机迪迪埃·卡图（Didier Catu）、上校弗兰克·韦尔布劳克（Frank Werbrouck）、大使若弗鲁瓦·德利德凯尔克（Geoffroy de Liedekerke）和布拉泽·吕克·范希纳（Brother Luc Vansina）帮我解决了后勤方面的问题。在基桑加尼，我还得到皮奥努斯·卡图阿拉（Pionus Katuala）、福斯坦·林耶库拉（Faustin Linyekula）和维

尔日妮·迪普雷（Virginie Dupray）的协助。在布尼亚，我很荣幸认识了当地电台记者让-保罗·巴希拉（Jean-Paul Basila）。在戈马，塞孔比·卡通多罗、克里斯平·姆瓦诺·包马（Chrispin Mvano ya Bauma）、克里昂·穆芬吉齐（Cléon Mufingizi）、卡里纳·乔马（Carine Tchoma）给予我很大的帮助。在布卡武，我做客阿道菲娜·恩戈伊家中。在卢本巴希，我与朱尔·比齐马纳（Jules Bizimana）、乔·德内克尔神父（Father Jo De Neckere）和保罗·卡博巴（Paul Kaboba）进行了长谈。在卢旺达，我得到了加迪·巴亚巴贾博（Gady Byabagabo）的指导。在金邦古教的圣城恩康巴，年轻的记者泰季斯·达纳埃·桑巴（Tétys Danaé Samba）给我提供了很多信息。在恩希奥尼村，我非常幸运地听到了雅克·库特茹瓦医生和他的朋友罗杰·齐穆安古（Roger Zimuangu）、克莱门特·恩宗古（Clément Nzungu）的回忆。在博马，档案员普拉西德·穆南佳（Placide Munanga）为我讲述了这座城市的历史。在基奎特，我和当地学校的校长吕芬·基巴里·恩桑加（Rufin Kibari Nsanga）交流了数个小时，他的桌子上堆着一摞摞书籍和文档，他的历史知识让人惊叹，他的好奇心和热情更是让人感动。

在和联刚特派团待在一起的时间里、在2008年恩孔达发动攻势的时间里，与威廉·叶拉齐（William Elachi）、塞尔维·范登维尔登贝格（Sylvie van den Wildenberg）和伯纳德·卡卢梅（Bernard Kalume）相处的经历非常有趣。在中国时，比利时领事弗兰克·菲利克斯（Frank Felix）、经济特使科恩·德里德（Koen De Ridder）、刚果记者加法尔·穆拉萨（Jaffar Mulassa）以及非洲企业

家乔治·恩杰卡、达丁·穆希图和莉娜·加西亚·门德斯为本书的写作提供了丰富的材料。

在记者和研究人员中，我特别要感谢卡蒂·克莱门特（Caty Clement）、塞缪尔·特平（Samuel Turpin）、格雷格·姆坦布－索尔特（Greg Mthembu-Salter）、基普鲁·桑巴（Kipulu Samba）、亨利·芒博（Hery Mambo）、戴尔芬·施兰克（Delphine Schrank）和克里斯蒂安·格南（Kristien Geenen）。大多数情况下我都是独自旅行，偶尔也有机会和勇敢的冒险者同行，比如简·古森斯（Jan Goossens）和卡尔·德凯泽（Carl De Keyzer）和斯蒂芬·范福莱特伦（Stephan Vanfleteren）。有一次从金沙萨飞往布卡武，我偶然结识了欧洲非政府组织网络在中部非洲的负责人克里斯·贝尔沃茨(Kris Berwouts)，飞机降落的时候差点坠毁，但即便这一切没有发生，我们仍然会成为好朋友。当我们毫发无损地从飞机上走下来，在暴雨中穿过草丛和泥浆，远离那架随时有可能爆炸的飞机时，我们都意识到了自己的好运，从那时开始，我们之间的联系不仅是出于对刚果的爱，也出于我们对生命的热爱。

在写作阶段，我有幸向各位历史学家讨教，包括让－卢克·韦卢（Jean-Luc Vellut）、丹尼尔·范格伦维格（Daniel Vangroenweghe）、扎纳·阿齐扎·埃坦巴拉(Zana Aziza Etambala)、居伊·范特姆切(Guy Vanthemsche）和樊尚·维埃内（Vincent Viaene）。还要感谢人类学家菲利普·德伯克、彼得·热斯希埃（Peter Geschiere）、克拉斯·德扬(Klaas de Jonge)、戴维·加尔班(David Garbin)和安妮·梅利斯(Anne

Mélice），艺术史学家罗杰·皮埃尔·图林（Roger Pierre Turine）、萨比娜·科内利斯（Sabine Cornelis），考古学家埃尔斯·科内利森（Els Cornelissen），经济学家弗兰斯·布埃朗（Frans Buelens），以及电影制片人瓦莱丽·坎扎（Valérie Kanza）。我父亲的朋友瓦尔特·伦比克、艾丽丝·伦比克、弗兰斯·弗莱斯豪韦尔和玛丽亚·弗莱斯豪韦尔帮我理解了比利时对加丹加分裂的看法，米歇尔·勒沙（Michel Lechat）和埃迪特·勒沙（Edith Lechat）、让·科尔迪（Jean Cordy）提供了与殖民时代相关的特殊信息。很多未曾谋面的采访对象通过电子邮件或电话回答了我的问题。马丁·姆考牧师（Reverend Martin M' Caw）、罗伯特·莱伊（Robert Lay）、朱利安·洛克（Julian Lock）、贝蒂·莱顿（Betty Layton）为我了解第一代新教传教士提供了重要信息。阿尔德温·勒斯（Aldwin Roes）、菲恩·丹尼奥（Fien Danniau）、南希·亨特（Nancy Hunt）、米里亚姆·梅尔滕斯（Myriam Mertens）、鲍勃·怀特（Bob White）、波多莫·亚当斯（Bodomo Adams）和布拉姆·利博特（Bram Libotte）给我寄来了未经出版的手稿，多米涅克·登杜文（Dominiek Dendooven）、迪迪埃·穆门吉（Didier Mumengi）、史蒂文·斯皮塔埃尔（Steven Spittaels）、迪迪埃·韦布吕让（Didier Verbruggen）帮我找到了详细的信息和文件。博古米尔·朱塞维茨基（Bogumil Jewsiewicki）、汤姆·德赫特（Tom De Herdt）、斯特凡·马里斯（Stefaan Marysse）和埃里克·肯尼斯（Erik Kennes）回答了棘手的技术性问题。奥黛特·库贾博（Odette Kudjabo）在电话里给我讲述了他的祖父参加第一次世界大战的故事，米歇尔·德拉丘索夫（Michel Drachoussoff）告诉我他的父亲在1940年到1945年间写下

的珍贵日记，多萝泰·隆杰尼·卡滕德（Dorothee Longeni Katende）给我讲述了她的祖父迪萨西·马库洛的故事。

这本书的手稿完成之后，樊尚·维埃内、居伊·范特姆切和菲利普·雷恩琴斯（Filip Reyntjens）分别对自由邦、比属刚果和独立刚果相关章节进行了审阅，弗兰斯·布埃朗核查了与经济有关的内容。我对他们在这一过程之中提出的评论和意见深表感谢。

在荷兰语的世界里，感谢一本书的编辑并不常见（他们通常会尴尬地说："我只是做了本职工作。"），但这个惯例并不适用于维尔·汉森（Wil Hansen），原因很简单：他不只是一位编辑，他还是一个十分难得、十分高尚的诚实人，与他共事是愉快的经历。

我的工作室位于布鲁塞尔安德莱赫特区（Anderlecht）的库雷格姆（Kuregem）——通常被人称为"问题社区"，《刚果》这本书就是在这里完成的。对我来说，比起社区本身存在的问题，更多的干扰来自盘旋在社区上空的警用直升机（这个城市的"零容忍政策"的一部分）。我在此地愉快地工作了4年多，想不出欧洲还有哪个地方更适合写刚果历史。在工作室里面可以看到街边的二手车交易市场，每天都有几十辆汽车在那里转手，然后被运往中非地区；还可以看到街角贴着维拉森演唱会的宣传海报或者非洲传统治疗手法的广告。从外面看，社区居民似乎没有融入比利时社会；但里面看，是比利时没有融入这个世界。库雷格姆是全球化的课堂，也是同情和参与的课堂。

体验这些课程的最佳场所或许是布鲁塞尔的皇家佛兰德剧院

（Royal Flemish Theater）。我对刚果的研究几乎与该剧院的艺术性刚果项目——刚果艺术家和比利时艺术家之间的长期交流项目——同时开始，我参与了该项目的初期活动，曾在金沙萨和戈马的工作室为刚果作家开课。与此同时，我也在创作自己的剧本《使命》（Mission），这幕戏在该剧场首映。简·古森斯和保罗·克尔斯滕斯（Paul Kertens）的精彩作品让我相信，比起大学和越来越商业化的媒体，剧院是批判性思维的圣殿，在这样的地方，人们会更加积极地参与广泛的社会讨论。正是在这样的环境中，我结识了亲爱的刚果朋友：作家比比西·蒙布（Bibish Mumbu）和樊尚·隆布梅（Vincent Lombume）、剧作家帕皮·姆布维提（Papy Mbwiti）、乔维亚尔·姆本加（Jovial Mbenga）和韦罗妮克·姆本加（Véronique Mbenga），女演员斯塔莱特·马塔塔（Starlette Mathata）和达丁·穆希图，制片人乔·芒加（Djo Munga），舞蹈编导福斯坦·林耶库拉，视觉艺术家维特肖瓦·姆维兰布韦（Vitshois Mwilambwe），雕刻家弗雷迪·钦巴（Freddy Tsimba）。他们不仅让我理解刚果，还让我爱上了刚果，这个国家孕育了如此有智慧、有勇气的艺术家们，它没有迷失。

我还要感谢我在欧洲的朋友：纳塔莉·阿里恩（Natalie Ariën）、海尔特·伯朗、埃米·德舒特（Emmy Deschuttere）简·古森斯、马艾科·佩雷博姆（Maaike Pereboom）、格拉日纳·普莱巴内克（Grazyna Plebanek）斯蒂芬·范福莱特伦、弗朗西丝卡·范蒂伦（Francesca Vanthielen）和彼得·维美徐（Peter Vermeersch）。没有他们的长期支持，这本书就无法完成。最后，我要感谢我的母

亲贝尔纳黛特·德布弗雷（Bernadette De Bouvere）和我的兄弟托马斯·范·雷布劳克（Tomas Van Reybrouck），感谢他们一直给我智慧和温暖。

2010 年 4 月 布鲁塞尔

资料来源

《刚果》这本书是阅读文献、聆听众多采访对象的叙述后写出来的。在这里，我尽可能全面地列出文献来源。其中一部分文献值得特别关注，我认为这些作品具有非常高的价值,它们可以帮助好奇的读者展开自己的研究，也因为我想公开表达我对这些作品的热情。

第一次飞往刚果的时候，我带的书是乔治·恩宗格拉－恩塔拉加（Georges Nzongola-Ntalaja）于2002年在伦敦出版的《刚果，从利奥波德到卡比拉：一个民族的历史》（*The Congo form Leopold to Kabila: A People's History*），这是一部非常优秀的作品，生动地介绍了刚果这个国家。不幸的是，我在飞机上把这本书落在了座位前放杂志的袋子里。后来，我又买了一本同样的书，在上面用铅笔做了很多笔记。伊斯多尔·恩代维尔·埃·恩齐姆(Isidore Ndaywel è Nziem)的经典之作《刚果通史》(*Histoire gènerale du Congo*）也非常有价值，这本书相对于前者的学术性更强，同时也很全面，有丰富的注释和地图，给人印象深刻。写作期间，我一直把

这本书带在身边。我会定期查阅另外一本非常有用的参考书：《刚果民主共和国历史辞典》（*Historical Dictionary of the Democratic Republic of the Congo*），由埃米泽特·基桑加尼（Emziet Kisangani）和斯科特·鲍勃（F. Scott Bobb）编写，近期出版了第三版。让-雅克·亚瑟·马鲁-马鲁（Jean-Jacques Arthur Malu-Malu）的《刚果（金）》（*Le Congo Kinshasa*）是一部可读性非常强的作品，从作者个人的角度概述刚果，值得更多人阅读。

每当写作进入一个新的时期和一个新的主题时，我都会阅读一些著名的参考书。七卷本的《剑桥非洲史》（*Cambridge History of Africa*）虽然已经出版了几十年，但其中有关中部非洲的章节仍然非常具有参考价值。八卷本的《非洲通史》（*Histoire gènèrale de l'Afrique*）可以作为另一本入门教材，主要由非洲的研究人员撰写。最近出版的《后殖民文学的历史伴侣：欧洲大陆及其帝国》（*A Historical Companion to Postcolonial Literatures: Continental Europe and Its Empires*）所提供的文献目录对我来说非常有用，该书的作者是普雷姆·波达尔（Prem Poddar）。

一些老书也非常有用，比如彼得·福尔巴斯（Peter Forbath）的《刚果河》（*The Congo River*），这本书讲的主要是前殖民时代；乔治·马尔特里（George Martelli）的《从利奥波德到卢蒙巴》（*Leopold to Lumumba*）主要讲述殖民时代的刚果；罗伯特·科尔纳文（Robert Cornevin）的《刚果史（利奥波德维尔）》（*Histoire du Congo (Léopoldville)*）虽然带有较强的欧洲中心主义色彩，但是书中的地图很有用；让·斯滕格斯（Jean Stengers）的文章合集《刚果：神话与现实》（*Congo: Mythes et réalités*）是一部极其重要的作品，特别是对自由邦时期的分析，非常有道理。

有关殖民时代经济的作品，荷兰语读者有一部非常优秀的参考书《刚果1885—1960：金融经济史》（*Een financieel-economische geschiedenis*），作者是弗朗斯·布厄伦斯（Frans Buelens）。除了很多关于殖民时期的企业的历史信息之外，这本书还对殖民时代的资本主义背景做出了非常好的概括。对殖民时代资本主义的社会进行研究，皮埃尔·乔伊（Pierre Joye）和罗西恩·莱文（Rosine Lewin）的经典之作《刚果的托拉斯》（*Les trusts au Congo*）被广泛引用，此外还有米歇尔·梅里埃（Michel Merlier）的作品《从比利时的殖民化到独立》（*Le Congo: De la colonisation belge à l'indépendance*）。刚果历史学家多纳提安·迪布维·迪亚·姆文布伊（Donatien Dibwe dia Mwembuie）的《加丹加联盟矿业公司劳工生活条件史（1910—1999）》（*Histoire des conditions de vie des travailleurs de l'Union Minière du Haut-Katanga/Gècamines,1910-1999*）和《弃儿：威权结构和加丹加外来家庭社会史1910—1997》（*Bana Shaba abandonnés par leur père: Structure de l'autorité et histoire sociale de la famille ouvrière au Katanga,1910-1997*），特别针对加丹加采矿业的社会影响研究，引用了广泛的口述资料。

很长一段时间以来，资本主义通常被视为大都市和殖民地之间的单向联系：从欧洲到非洲。近年来，这种观点正在改变，研究人员开始关注殖民地对欧洲社会的影响。盖伊·范特姆斯（Guy Vanthemsche）写了一部非常有意思的作品《刚果：殖民地对比利时的影响》（*Congo: De impact van de kolonie op België*），这本书要展示的不光是比利时塑造了刚果，反之亦然，论述让人信服。他在书中特别聚焦比利时的经济和外交政策。我和文森特·维亚纳（Vincent Viaene）、巴姆比·库彭斯（Bambi Ceuppens）一起参与了

《刚果在比利时：殖民文化在都会区》（*Congo in België: Koloniale cultuur in de metropool*）一书的编辑，这部作品可以让读者对殖民文化如何影响比利时社会的各个层面有所了解，比如文化、宗教和科学。既然影响是双向的，现在人们越来越关注欧洲人在殖民地的多元存在，不仅是比利时人，还有希腊人、葡萄牙人、意大利人、北欧人都活跃在刚果。这方面的作品包括乔治·安提帕斯（Georges Antipas）的著作《比属刚果被遗忘的先驱》（*Pionniers méconnus du Congo Belge*），主要讲刚果的希腊人社区，以及米兰提亚·布尔拉·埃雷拉（Milantia Bourla Errera）的《莫伊兹·莱维：一位在刚果的拉比（1937—1991）》（*Moïse Levy, un rabbin au Congo*），它们也拓展了我的视野。

分类研究方面的很多优秀作品，其跨区域的视角确实值得一提。比如教育科学领域有鲁本·曼泰尔斯（Ruben Mantels）的《热带地区的教育：鲁汶，刚果和科学》（*Geleerd in de tropen: Leuven, Congo, en de wetenschap*）和伯努瓦·维尔哈根（Benoît Verhaegen）的作品《扎伊尔的大学教育：从鲁汶到扎伊尔大学，1958—1978》（*L'enseignement universitaire au Zaïre: De Lovanium à l'Unaza, 1958-1978*）。库武安德·姆博特（Kuvuande Mbote）出版了一些建筑方面的作品，布鲁诺·德穆尔德（Bruno De Meulder）也是如此，他撰写了《刚果城市殖民建筑的一个世纪》（*Een eeuw koloniale architectuur en stedenbouw in Kongo*），此外还有约翰·拉加（Johan Lagae）的《这里是刚果：比利时殖民历史中三个建筑的故事（1920—1960）》（*Kongo zoals het is: Drie architectuurverhalen uit de Belgische kolonisatiegeschiedenis,1920-1960*）。想了解刚果的流行音乐（在刚果，流行音乐远远不只是音乐），可以阅读加里·斯图尔特（Gary

Stewart）撰写的《河上的伦巴》（*Rumba on the River*）。想了解刚果文学，可以阅读西尔维亚·里瓦（Silvia Riva）撰写了《刚果（金）新文学史》（*Nouvelle histoire de la littérature du Congo-Kinshasa*）。电影和视觉文化方面，可以阅读基多·孔文茨（Guido Convents）的《影像和民主：影院和影音作品中的刚果面孔》（*Images et démocratie: Les Congolais face au cinéma et à l'audiovisuel*）。在视觉艺术以及精美图画方面，可以参考罗杰·皮埃尔·图林（Roger Pierre Turine）的作品《刚果的艺术：从昨天到我们的时代》（*Les arts du Congo, d'hier à nos jours*）。通常来说，当代艺术家针对他们本国的历史会进行多层次的解读，这一点也适用于刚果诗人，此处推荐安托万·茨通古·孔格洛（Antoine Tshitungu Kongolo）的诗集《诗人：他们的沉默是犯罪》（*Poète ton silence est crime*）。

另外还有一些作品提供了丰富图片材料，比如卡尔·德凯泽尔（Carl De Keyzer）和约翰·拉加的《影像中的比属刚果》（*Congo Belge en images*）收集了现存的刚果自由邦时期的所有图片，资料来自特尔菲伦的皇家中非博物馆。至于今天的刚果，我推荐卡尔·德凯泽尔的《刚果（比利时）》（*Congo (Belge)*）、米尔科·波波维奇（Mirko Popovitch）和弗朗索瓦丝·德摩尔（Françoise De Moor）的《刚果时代》（*Congo Eza*）。

引 言

引言部分的地理知识采自各种各样的资料源，既有网络上的，也有书架上的。这里要特别提出由玛丽-弗朗斯·克洛斯（Marie-France Cros）和弗朗索瓦·米赛尔（François Misser）编著的《民主刚果的地缘政治》

（*Géopolitique du Congo*），内有详尽的地图。

写一部“刚果通史”的首次尝试基于一系列采访，这些采访对象都对刚果持有自己的观点和视角，但没有形成书面文字。采访时间为2007年，地点位于比利时布鲁日的一处疗养院。在那里，我和很多上了年纪的人聊天，他们虽然并未亲自去过刚果，但对殖民时代有一些记忆，我们聊了他们当时的想法以及当时所做的事情（如收集锡箔纸，为传教士缝补衣服，参加一些为传教活动争取支持的嘉年华，还有很多祈祷活动，为那些“可怜的刚果人”祈福等）。这项研究，将口述历史和物质文化研究结合起来，经过拓展之后形成了由文森特·维亚纳、巴姆比·库彭斯和本人一起编辑的作品《刚果在比利时：殖民文化在都会区》。实际上，我的分析仅仅是运用了在早年记者和文学创作生涯中长期使用的方法。我深信，刚果最不可低估的资料库就是刚果人民。

我看重史前时期的原因不仅在于自己拥有史前考古学家的身份，也要归因于埃里克·沃尔夫（Eric Wolf）的经典著作《欧洲和没有历史的民众》（*Europe and the People without History*）。就如同格拉汉姆·科纳（Graham Connah）在《被遗忘的非洲：考古介绍》（*Forgotten Africa: AnIntruduction to Its Archaeology*）中所展示的那样，最早居住在刚果的是什么人其实并不清楚。即便是最新的一些调查研究，也仅仅是填补了部分空白，可以参考《非洲考古：批判性的介绍》（*African Archaeology: A Critical Introduction*），由安·布罗尔（Ann Brower）编撰；还有劳伦斯·巴尔哈姆（Lawrence Barham）和彼得·米切尔（Peter Mitchell）的《第一批非洲人：非洲考古从最早的工具制造者到最近的觅食者》（*The First Africans: African Archaeology from the Earliest Toolmakers to the Most Recent Foragers*）。因此，我书中提到的大约9万年前的刚果“幻灯片”的

事实基础来源于约翰·E. 耶伦（John E. Yellen）在卡坦达的一次挖掘，其报告题为"'卡坦达'9号的行为和埋藏模式：中石器时代的考古遗址，扎伊尔基伍省"（Behavioral and Taphonomic Patterning at Katanda9: A Middle Stone Age Site, Kivu Province, Zaïre），刊载于1996年的《考古学期刊》（*Journal of Archaeological Science*）。要研究非洲现代人类行为的兴起，可以参阅沙里·迈克布里尔蒂（Sally McBrearty）和阿里森·布鲁克斯（Alison S. Brooks）的文章《曾经不是革命的革命：现代行为起源的新阐释》（*The Revolution that Wasn't: A New Interpretation of the Origin of Modern Behavior*），刊载于《人类进化期刊》(*Journal of Human Evolution 39*）。书中有关公元前2500年的俾格米人的"幻灯片"充分利用了朱利奥·梅尔卡德(Julio Mercader)的近期研究成果《刚果的觅食者: 伊图里森林早期居民》（*Foragers of the Congo: The Early Settlement of the Ituri Forest*），此文收集在《树荫之下：热带雨林考古》（*Under the Canopy: The Archaeology of Tropical Rain Forests*）之中，此书由梅尔卡德编辑。

对公元500年左右的时光和班图人迁徙现象的描述受益于詹·范思纳(Jan Vansina)的作品《雨林中的道路: 通往赤道非洲的政治传统史》(*Paths in the Rainforest: Toward a History of Political Tradition in Equatorial Africa*）。同时，我在这方面还参考了汉斯－彼得·沃茨卡（Hans-Peter Wotzka）的著作《中部雨林非洲考古研究：扎伊尔盆地的瓷器及其在班图人迁徙背景之下的地位》（*Studien zur Archäologie des zentral-afrikanische Regenwaldes: Die Keramik des inneren Zaïre-Beckens und ihre Stellung im Kontext der Bantu-Expansion*）。关于当地鼓语，我参考了约翰·卡林顿(John Carrington）的作品《鼓声》（*La voix des tambours*）和奥尔加·布恩（Olga

Boone）的《比属刚果、卢旺达和布隆迪的锣鼓》（*Les tambours du Congo-belge et du Ruanda-Urundi*）。

能对当地第一批国家的兴起有更好的了解，要感谢詹·范思纳那本独特的种族—历史学作品。我对在当地草原地带兴起的王国有一个概述，主要基于詹·范思纳的经典著作《草原地带的古代王国：中非南部草原上的国家从起源到殖民占领》（*Les anciens royaumes de la savane: Les états des savanes méridionales de l'Afrique centrale des origines a l'occupation coloniale*）和《社会是如何诞生的：1600 年以前中非西部的治理》（*How Societies Are Born: Governance in West Central Africa before 1600*）。至于公元 1560 年刚果帝国的相关情况，我参考了安娜·希尔顿（Anne Hilton）的作品《刚果王国》（*The Kingdom of Kongo*）、戴维·诺斯鲁普（David Northrup）的《非洲发现欧洲》（*Africa's Discovery of Europe*）和保罗·塞鲁福里·哈基扎（Paul Serufuri Hakiza）的《古代刚果王国的福音传教，1491—1835》（*L'évangélisation de l'ancien royaume Kongo, 1491-1835*）。

为了完善对 1780 年的历史以及大西洋奴隶贸易的影响的描述，我引用了罗伯特·W. 哈姆斯（Robert W. Harms）的巨著《财富之河，悲伤之河：奴隶和象牙贸易时代的扎伊尔中心盆地，1500—1891》（*River of Wealth, River of Sorrow: The Central Zaire Basin in the Era of the Slave and Ivory Trade,1500-1891*）。

第一章

这一章相当一部分内容都依赖于一本只存在于非洲的小册子：马库

洛·阿卡姆布（Makulo Akambu）的《迪萨西·马库洛的一生：提波·提普的奴隶和格伦菲尔的传教者，由迪萨西·马库洛的儿子阿卡姆布口述》（*La vie de Disasi Makulo, ancien esclave de Tippo Tip et catéchiste de Grenfell, par son fils Makulo Akambu*），这本书讲述了马库洛的人生故事，我完全是靠运气才弄到这本书。

虽然有关非洲探险者的作品不少——可以参考克里斯托弗·希伯特（Christopher Hibbert）的《探秘非洲：在黑暗大陆的欧洲人（1769—1889）》（*Africa Exolored: Europeans in teh Dark Continent,1769-1889*）——但还没有一部作品真正反映了1870—1885年的历史全貌。蒂姆·吉尔（Tim Jeal）的《斯坦利：非洲最伟大探险家的非凡人生》（*Stanley: The Impossible Life of Africa's Greatest Explorer*）非常不错，它不仅仅是一部内容丰富、充满思想的传记，同时还描绘了一个时代的全景。通过阅读詹·范思纳的《1875年之前的中部非洲》（*L'Afrique centrale vers 1875*）、让-卢克·维吕特(Jean-Luc Vellut)的《刚果盆地和安哥拉》（*Le Bassin du Congo et l'Angola*）和戴维·诺斯鲁普的《刚果东部的奴隶制和强迫劳动，1850—1910》（*Slavery and Forced Labour in the Eastern Cngo, 1850-1910*），我对19世纪中叶这个蛮荒年代有了更深入的了解。有关阿拉伯奴隶贸易的更多内容可以在爱德华·阿尔培斯（Edward A. Alpers）的《中部非洲东部的象牙和奴隶》（*Ivory and Slaves in East Central Africa*）、阿卜杜尔·谢里夫（Abdul Sheriff）的《桑给巴尔的奴隶、香料和象牙》（*Slaves, Spices, and Ivory in Zanzibar*）等书中找到。至于刚果两位最有权势的非洲阿拉伯奴隶贸易商的生活以及工作，可以参考弗朗索瓦·邦廷克（François Bontinck）的《提波·提普自传，1840—1905》（*L'autobiographie de Hamed ben Mohammed el-Murjebi:*

Tippo Tip, 1840-1905）和奥古斯特 · 威尔贝肯（Auguste Verbeken）的《姆西里，加伦甘泽之王：加丹加的“红色男人”》（*Msiri, roi du Garenganze: “L’homme rouge” du Katanga*）。

关于本地人对欧洲探险者的记录，可以参考弗兰克 · 迈克林恩（Frank McLynn）的《黑暗之心：欧洲人在非洲的探险》（*Hearts of Darkness: The European Exploration of Africa*）。约翰内斯 · 法比安（Joannes Fabian）在人类学研究方面来了一个180度大转弯，他对于欧洲探险者的民族学分析《走出我们的内心：中非探险中的理智与疯狂》（*Out of Our Minds: Reason and Madness in the Exploration of Central Africa*）让人印象深刻。在E.M.布拉克曼（E.M.Braekman）的《刚果新教史》（*Histoire du protestantisme au Congo*）和鲁斯 · 斯拉德（Ruth Slade）的《刚果独立邦时代说英文的传教活动，1878—1908》（*English-Speaking Missions in teh Congo Independent State, 1878-1908*）这两部作品的协助下，我得以将自己对第一代传教士的发现记录下来。

关于瓜分非洲的史实，托马斯 · 帕肯哈姆（Thomas Pakenham）撰写了大部头作品《争夺非洲：1876—1912》（*The Scramble for Africa, 1876-1912*），不过H.L.威瑟林（H.L.Wesseling）在《分而治之：对非洲的瓜分，1880—1914》（*Verdeel en heers: de deling van Afrika, 1880-1914*）的透彻分析对我理解利奥波德二世国王所面临的国际环境最有帮助。反过来，威瑟林本人也大量引用了让 · 斯滕格斯的《刚果，神话与现实：100年的历史》。斯滕格斯的文章《比利时的拓展：梦想和现实之间》（*De uitbreiding van België: tussen droom en werkelijkheid*）有独家材料支撑，提供了更多新内容。比利时对外研究皇家学院曾经出版过两部文集《1876年的地理会议》

(*Bijdragen over de Aardrijkskundige Conference van 1876*)和《刚果独立邦百年》(*Bijdragen over de honderdste verjaring van de Onafhankelijke Kongostaat*),记述了发生在1876年和1885年之间的大事。

第二章

有关刚果自由邦的讨论,亚当·霍思柴尔德(Adam Hochschild)的《掠夺刚果:利奥波德二世国王的精神》(*De geest van koning Leopold II en de plundering van de Congo*)一书在十几年中一直占据主导地位,让更广大的公众了解了发生在刚果的滥权行为,同时也让学术知识更亲民、更有意思。不幸的是,这本书用了过多的笔墨来描述一个让人沮丧的人物,而非着力于解释各个更微妙的层面。霍思柴尔德的视角也是非黑即白,要去理解一个像利奥波德二世国王那样复杂的人物,我从斯滕格斯的研究中获益很多,除此之外,还包括一些最近的研究。在论文《国王的世界:利奥波德二世殖民宣言中的地理运动》(*Koningen van de wereld: De aardrijkskundige beweging en de ontwikkeling van de koloniale doctrine van Leopold II*)中,詹·范德尔斯密森(Jan Vandersmissen)明确讲到地理科学的影响。文森特·维亚纳的《利奥波德国王的帝国主义和比利时殖民政党的起源,1860—1905》(*King Leopold's Imperialism and teh Origins of the Belgian Colonial Party, 1860-1905*)关注了比利时上层社会出现的"帝国狂热",其中,国王的国家和社会日程引起了我的注意。让-卢克·维吕特研究了利奥波德国王推行殖民主义的非洲背景,这是一篇未发表的演讲,题为"利奥波德二世国王殖民项目的非洲背景"(Contextes africains du project colonial de Leopold II)。这方面的内

容还可以参考《利奥波德二世：无耻的天才？》（*Leopold II: Schaamteloos genie?*），由文森特 · 杜贾尔丁（Vincent Dujardin）等人编辑，2009 年出版。不过，目前仍然不存在一本可以给利奥波德二世国王盖棺定论的传记。

在 L.H. 加恩（L.H.Gann）和彼得 · 杜伊格南（Peter Duignan）的著作《比属刚果的统治者们，1884—1914》（*The Rulers of Belgian Congo, 1884-1914*）中，我发现自由邦时期的官员、贸易商和士兵们的观点存在微妙的区别。“刚果的记忆：殖民时间”（Het geheugen van Congo: De koloniale tijd）这一展览目录非常棒，其编辑让 - 卢克 · 维吕特避免了有关自由邦的陈旧看法。有关橡胶政策的档案材料非常零碎，两位学者完成了真正具有开创性的作品：丹尼尔 · 范格鲁恩维格（Daniel Vangroenweghe）的《血橡胶》（*Du sang sur les lianes*）、《橡胶和象牙》（*Voor rubber en ivoor*）以及儒勒 · 马卡尔（Jules Marchal）的《利奥波德二世与刚果》（*E.D.Morel tegen Leopold II en de Kongostaat*）、《利奥波德二世的刚果》（*De Kongostaat van Leopold II*）。

自由邦的故事不仅仅包括残忍的橡胶政策。在斯滕格斯等人编写的《利奥波德国王的刚果，1886—1908》（*King Leopold's Congo, 1886-1908*）中可以看到这个时期的全貌，正是从以这本书为根据，我采用了以 1890 年为分界线的划分方法。有关国际外交和边境问题的分析可以参考一些权威性的经典著作（如科内文、斯滕格斯和恩代维尔等人的作品）。至于对当地抵抗运动采取的安抚或镇压措施，我参考了艾伦 · 伊萨克曼（Allen Isaacman）和詹 · 范思纳的作品《1880 年至 1914 年中部非洲的抵抗运动及相关动议》（*Initiatives et résistances africaines en Afrique centrale de 1880 et 1914*）。让 - 卢克 · 维吕特也写了一篇非常有思想的

文章，分析武力在自由邦时代扮演的角色，《自由邦时期的武装暴力》（*La violence armée dans l'État Indépendant du Congo*）。

这一章也有相当一部分内容是在描述非洲人对欧洲人和欧洲人的生活方式越来越熟悉。有关非洲人作为世界博览会展品去到欧洲的情况，可以参考马阿腾·库腾尼埃（Maarten Couttenier）的《展出刚果：比利时人类学历史和特尔菲伦博物馆，1882—1925》（*Congo tentoongesteld: Een geschiedenis van de Belgische antropologie en het museum van Tervuren*）和毛里茨·维南茨(Maurits Wynants)的《刚果：特福伦和1897年殖民展览》(*Van hertogen en Kongolezen: Tervuren en de koloniale tentoonstelling 1897*）。至于博马地区的殖民管理情况，约翰·拉加等人提供的只读光盘《博马1880—1920：殖民首都或国际贸易大都会》（*Boma 1880-1920: Koloniale hoofdstad of kosmopolitische handelspost*）堪比金矿。有关殖民官员与当地刚果妇女之间的关系，我参考了亚曼丁·劳洛（Amandine Lauro）的《比属刚果的殖民者、佣人和妓女，1885—1930》（*Coloniaux, ménagères, et prostituées au Congo belge*）。

研究新教传教士的几部关键作品在第一章中就已经提及。至于新教传教士和天主教传教士在工作方法上的区别，主要参考了鲁斯·斯拉德的作品《利奥波德国王的刚果：刚果自由邦种族关系发展的方方面面》（*King Leopold's Congo: Aspects of the Development of Race Relations in the Congo Independent State*）。关于传教士格伦菲尔的出版物有很多，但大多数作品从本质上讲过于理想化。其中最重要的作品是由哈里·约翰斯顿（Harry Johnston）撰写的两卷本传记《乔治·格伦菲尔和刚果》（*George Grenfell and the Congo*）。有关本土传教士所扮演的角色，可以参考保罗·哈吉扎

（Paul Serufuri Hakiza）的论文《刚果的新教辅助传教士，1878—1960：对五个传教会的研究》（*Les auxiliaires autochtones des missions protestantes au Congo, 1878-1960: Étude de cinq Sociétés missionaires*）。天主教和国家关系的批判性研究可以参考 A.M. 德拉图伊（A.M.Delathuy）的作品《耶稣会士在刚果》（*Jezuïeten in Kongo met zwaard en kruis*）和他的两卷本著作《老刚果时期的传教士和国家》（*Missie en staat in Oud-Kongo*）。文森特·维亚恩纳未发表的论文《利奥波德二世和罗马教廷》（*Leopold II en de Heilige Stoel*）让我对比利时王室与梵蒂冈的关系有了更多了解。

关于治安部队最早的历史，可以参考指挥官 F. 福拉蒙（F.Flament）的作品《治安部队从诞生到 1914 年：刚果早期历史中的军事参与》（*La Force Publique de sa naissance à 1914: Participation des militaires à l'histoire des prèmieres années du Congo*）。尽管带有党派立场，但还是非常有价值的。另外，还可以参考菲利普·马尔查尔（Philippe Marechal）的研究报告《马涅马战场上对阿拉伯贸易商的战争，1892—1894》[*De "Arabische" campagne in het Maniema-gebied(1892-1894)*]，老兵约瑟夫·梅耶斯（Joseph Meyers）等人的回忆录：《在刚果：战争日记》（*Au Congo: Carnet de campagne*）和《帝国的奖赏》（*Le prix d'un empire*）。士兵们的叛变也成为很多纪实性作品的主题，比如马塞尔·斯托姆 (Marcel Storme) 的《1895 年开塞兵变》（*La mutinerie militaire au Kasai en 1895*）、奥古斯特·维尔贝肯（Auguste Verveken）的《1895 年巴特特拉起义》（*La révolte des Batetela en 1895*）和皮埃尔·萨尔蒙的《巴特特拉起义和伊图里远征 1897》(*La révolte des Batetela de l'expédition du Haut-Ituri,1897*）。

关于刚果修建第一条铁路，可参考查尔斯·布兰查特（Charles

Blanchart）等出版的《比属刚果的铁路 1890—1920》（*Le rail au Congo belge*）。尽管时间流逝，但热内·科尔内特（René J.Cornet）的《铁路之战：从马塔迪到斯坦利湖铁路的建设》（*La bataille du rail: La construction du chemin de fer de Matadi au Stanley Pool*）一书仍然具有很强的可读性。至于铁路融资以及自由邦其他方面的内容，我参考了斯滕格斯的《刚果到底花了比利时多少》（*Combien le Congo a-t-il couté à la Belgique*）。作为一位研究制度和外交的历史学家，他还撰写了有关利奥波德国王将自由邦移交给比利时的权威专著《比利时和刚果：殖民图表详述》（*Belgique et Congo: L'élaboration de la Charte coloniale*）。文森特·维亚恩纳在他的作品《1908 年比利时刚果认同危机》（*Reprise-remise: De Congolese identiteitscrisis van België rond 1908*）中研究了此次交接的文化影响。

第三章

毫无疑问，1908 年到 1921 年这段时间刚果历史上的资料最少。有关比利时殖民主义早期的文学作品非常稀少，稀少的程度可以与自由邦时期文学作品的丰富程度相比。不过幸运的是，我受益于几项非常优秀的最新研究成果。有关昏睡病应对措施带来的社会后果，可以参考马林内兹·莱昂（Maryinez Lyons）的经典之作《殖民时代的疾病：扎伊尔北部地区昏睡病的社会史，1900—1940》（*The Colonial Disease: A Social History of Sleeping Sickness in Northern Zaire, 1900-1940*）。药物试验方面的内容，我参考了米里亚姆·莫尔腾斯（Myriam Mertens）的一篇论文《刚果的化学工厂：1920 年代比利时殖民地在积累化疗知识方面扮演的角色》（*Chemical Compounds*

in the Congo: A Belgian Colony's Role in the Chemotherapeutic Knowledge Production during the 1920s），该论文于 2009 年 6 月 5 日在德国莱比锡举行的第三届全欧非洲研究大会上提交。

至于殖民时期人类学的发展，读者可以参考前面提到的马阿腾·库腾尼埃的作品。如果特别关注《人种学论文汇编》（*Collections des Monographies ethnographies*），可以参考费恩·达尼奥（Fien Danniau）的博士论文《"这是一个民族"：国际人种学研究局的研究，1905—1913》（*"Il s'agit d'un peuple": Het anthropologisch onderzoek van het Bureau international d'ethnographie, 1905-1913*）。至于殖民时期的科学发展背景，可以参考马克·庞克莱特（Mark Poncolet）的《比利时殖民时期的科学发明》（*L'invention des sciences coloniales belges*）。

这一章也关注了殖民时代早期刚果部族主义的兴起。有关天主教学校的教育情况以及教科书和校歌中与部族有关的内容，可以参考马克·德帕培（Marc Depaepe）等编撰的《比属刚果的校歌和手册》（*Manuels et chansons scolaires au Congo Belge*）。奥诺内·文克斯（Honoré Vinck）的在线出版物《殖民时代教科书：合集》（*Colonial Schoolbooks: Anthology*）具有很大的参考价值。关于第一位非洲传教士斯特凡诺·考泽，最有趣的研究来自艾伦·罗伯茨（Allen F.Roberts）：《历史，种族和位于东南部扎伊尔的"基督教王国"的变化》(*History, Ethnicity, and Change in the "Christian Kingdom" of Southeastern Zaire*）。在文章当中，罗伯茨将传教士的历史与考泽个人的政治理想联系在一起。

至于工业化、原初城镇化以及无产阶级化这一方面，我很高兴可以借鉴安德雷·亚夫（André Yav）的作品。网上也能找到，还包括一份由约翰

内斯·法比安翻译的英文完整版：《伊丽莎白维尔城市辞典》（*Vocabulaire de la ville de Elisabethville*）。

关于早期采矿活动的社会层面的研究，英语世界有一些非常优秀的作品。比如戴维·诺斯鲁普的《在河流弯曲之外：东部扎伊尔的非洲劳工，1865—1940》（*Beyond the Bend in the River: African Labor in Eas-tern Zaire, 1865-1940*）。有关加丹加的采矿活动，可以参考约翰·希金森（John Higginson）的《工人阶层的形成：比利时殖民劳工政策、私人企业与非洲矿工，1907—1951》（*A Working Class in the Making: Belgian Colonial Labor Policy, Private Enterprise, and the African Mineworker, 1907-1951*）。此外，当然还包括查尔斯·佩林斯（Charles Perrings）的《中部非洲的黑人矿工：工业战略和铜矿地带非洲无产阶级的演进，1911—1940》（*Black Mineworkers in Central Africa: Industrial Strategies and the Evolution of an African Proletariat in the Copperbelt 1911-41*）。关于赤道地区的社会生产条件，不包括采矿业方面的内容，可以参考塞缪尔·内尔逊（Samuel H. Nelson）的《刚果盆地的殖民主义，1880—1940》（*Colonialism in the Congo Basin, 1880-1940*）。至于招募矿工的各种形式，埃德温·罗斯（Aldwin Roes）将他尚未出版但非常有价值的一篇演讲稿《在国家境内和超越国家的思考：对刚果自然资源掠夺的地方和国际视角，1885—1914》（*Thinking with and beyond the state: the sub-and supranational perspectives on the exploitation of Congolese natural resources, 1885-1914*）提供给我参考，该文章2008年12月8日至9日在比利时特尔菲伦举办的“中部非洲自然资源的索求：以刚果采矿业为例”研讨会上提交。有关加丹加采矿工人的住房问题，布鲁诺·德穆尔德也写了一部非常有意思的作品《刚果住房：劳动，

资本和殖民计划中的优生学》（*De kampen van Kon-go: arbeid, kapitaal en rasveredeling in de koloniale planning*）。至于威廉·利弗肥皂工厂的工作条件，可以参考儒勒·马卡尔的《刚果历史 1910—1945，第三卷，肥皂工厂的强制劳动》（*L'histoire du Congo 1910-1945, tome 3 : Travail forcé pour l'huile de palme de Lord Leverhulme*）。

有关第一次世界大战的内容，读者可以参考休·斯特罗恩（Hew Strachan）的《第一次世界大战在非洲》（*The First World War in Africa*）和爱德华·皮斯(Edward Peace)的《第一次世界大战在非洲没有讲出来的悲剧》(*Tip and Run: The Untold Tragedy of the Great War in Africa*）。至于那个时期行政管理方面的内容，可以参考盖伊·范特姆什（Guy Vanthemsche）的《第一次世界大战时期的比属刚果：殖民部长与阿尔贝国王之间的关系，1914—1918》（*Le Congo belge pendant la Première Guerre mondiale: les rapports du ministre des Colonies Jules Renkin au roi Albert Ier, 1914-1918*）。说到坦噶尼喀湖上的武装冲突，吉尔斯·弗登（Giles Foden）的《坦噶尼喀湖的奇怪战争》（*Mimi and Toutou go forth: the Bi-zarre Battle of Lake Tanganyika*）一书是成功的。有关攻取塔波拉的内容，可以参考乔治·德尔皮埃尔（Georges Delpierre）的《塔波拉 1916：胜利的象征》（*Tabora 1916 : de la symbolique d'une victoire*）。有关德属东非范围内的战争，我从《为了国王和祖国：第一次世界大战中刚果的黑人士兵》（*Voor vorst en vaderland: zwarte soldaten en dra-gers tijdens de Eerste Wereldoorlog in Congo*）中学到很多东西。至于第一次世界大战中非洲人在欧洲战场的存在，读者可以从多米尼克·登多芬（Dominiek Dendooven）等人编写的展览目录《第一次世界大战：五大洲在弗兰德》（*Wereldoorlog I: Vijf continenten in Vlaanderen*）中学到很多。这里面还有一篇文章是涉及德

国学者给战俘录音的内容。最新的研究来自詹尼克·范甘斯贝克（Jeannick Vangansbeke），名为《比利时的非洲捍卫者，1914—1918》（*Afrikaanse verdedigers van het Belgisch grondgebied, 1914-1918*）。有关德国和比利时殖民统治之下卢旺达和布隆迪的情况，参考赫尔穆特·斯特里泽克（Helmut Strizek）的《衍生的殖民地：德国统治之下的卢旺达和布隆迪》（*Geschenkte Kolonien: Ruanda und Burundi unter deutscher Herrschaft*）。

第四章

两次世界大战之间的非洲唯一缺少的是平静，这个时期的历史在乔纳森·德里克（Jonathan Derrick）的作品《非洲的搅动者：非洲和西方的反殖民主义武装行动，1918—1939》（*Africa's 'Agitators': Militant Anti-Colonialism in Africa and the West,1918-1939*）中得到了很好的阐释。历史学家和人类学家撰写过很多有关西蒙·金邦古及其追随者的作品。1959 年，儒勒·肖梅（Jules Chomé）撰写了《金班古热潮 1921—1951》（*La passion de Simon Kimbangu, 1921-1951*），挑战殖民统治的传统观点。这方面最好的历史研究作品是苏珊·阿什（Susan Asch）的《先知金班古的教会：从其起源到在扎伊尔扮演的现实角色》（*L'église du prophète Simon Kimbangu: de ses origines à son rôle actuel au Zaïre*）。让－卢克·维吕特最近写了一篇内容丰富、同时也极具价值的文章作为《西蒙·金邦古 1921：从传教到流放》（*Simon Kimbangu, 1921: De la prédication à la dé-portation*）一书的简介。有关金邦古追随者和同情者的作品往往都有一个历史视角。这一宗教运动的前任精神领袖约瑟夫·库迪马（Joseph Diangienda Kuntima）曾

经写过一本概论《金班古主义史》（*L'histoire du Kimbanguisme*），另外还可以参考马里－路易斯·马丁（Marie-Louise Martin）非常具有启发性的作品《西蒙·金班古：先知和他的教会》（*Simon Kimbangu: un prophète et son église*）以比较新的作品《金班古主义和黑色身份》（*Kimbanguisme et identité noire*），此书的作者是奥雷里安·莫可可·格拉姆皮奥特（Aurélien Mokoko Grampiot）。

有关其他宗教运动的信息可以参考马提亚尔·辛达（Martial Sinda）的作品《刚果宗教运动及其政治关联：金班古主义－马祖安主义－其他宗教运动》（*Le messianisme congolais et ses incidences politiques: Kimbanguisme–Mat-souanisme–Autres mouvements*）和安德雷·里克曼斯（André Ryckmans）的《1958 年 刚 果 先 知 运 动》（*Les mouve-ments prophétiques kongo en 1958*）。另外，我还非常有幸读到拉芬·基巴里（Ruffin Kibari）未经出版但内容丰富的作品《殖民时代利奥波德维尔和开塞省“反巫术”运动》（*Mouvements 'anti-sorciers' dans les Provinces de Leopolville et du Kasaï, à l'époque coloniale*）。

针对比属刚果有关死刑的研究最有价值的应该是让－卢克·维吕特的《伊丽莎白维尔的一次公共处决（1922 年 9 月 20 日）：刚果殖民史中有关死刑处决的笔记》（*Une exécution publique à Elisabethville (20 septembre 1922): notes sur la pratique de la peine capitale dans l'histoire coloniale du Congo*）。

描述蓬德部族起义的作品比较多，但最彻底的研究是由斯基特勒·吉泽（Sikitele Gize）完成的，至今仍无人能够企及：《1931 年蓬德起义的根源》（*Les raci-nes de la révolte Pende de 1931*）。最新最详细的版本则是由

路易斯－弗朗索瓦·范德尔斯拉滕（Louis-François Vanderstraeten）编撰的《1931 年宽果地区蓬德起义的镇压》（*La répression de la révolte des Pende du Kwango en 1931*）。抛开宣传因素，俄罗斯学者关于 20 世纪 30 年代的刚果的研究为我们更深刻地理解问题提供了坚实基础：A.T. 恩祖拉（A.T. Nzula）等人撰写的《殖民非洲的强制劳动》（*Forced Labour in Colonial Africa*）。没有任何其他作品比这一部更能让我清晰地看到提高劳动税收和无产化进程之间的关系。

金融经济史可以参考 G. 范德瓦尔（G. Vandewalle）的作品《刚果与卢旺达 - 布隆迪的经济周期：1920—1939 和 1949—1958》（*De conjuncturele evolutie in Kongo en Ruanda-Urundi van 1920 tot 1939 en van 1949 tot 1958*）。社会方面，我还参考了诺斯鲁普等人的作品。20 世纪 30 年代有一部非常不错的作品描述了工业化对本土物质文化和精神的影响：《现代工业和非洲人：中部非洲的铜矿对于本土社会和基督教传教工作影响的调查》（*Modern Industry and the African: An Inquiry into the Effect of the Copper Mines of Central Africa upon Native Society and the Work of the Christian Missions*），作者是约翰·梅尔勒·戴维斯（John Merle Davis）。矿产联合会的社会政策在热内·布里昂（René Brion）和让－路易·莫罗（Jean-Louis Moreau）的《从矿山到火星：联盟矿业公司创世纪》（*Van mijnbouw tot Mars: de ontstaansgeschiedenis van Umicore*）一书中讨论得很多，该书提供了丰富的资料，但立场偏向公司。此外，我还推荐两本布鲁斯·菲特（Bruce Fetter）的作品《上加丹加联盟矿业公司，1920—1940：一种极权亚文化的诞生》（*L'Union Minière du Haut-Ka-tanga, 1920-1940: la naissance d'une sous-culture totalitaire*）和《伊丽莎白维尔的诞生》（*The Creation of*

Elisabethville）。

为了更好地理解刚果城市文化的发展，我参考了让-卢克·维吕特编辑的文集《现代性日程表：比属刚果（1920—1950）》（*Itinérai-res croisés de la modernité: Congo belge (1920-1950)*）。在这本书中，我找到了一些非常有趣的章节，描述足球、媒体、酒吧以及日常生活。至于拉斐尔神父所扮演的独特角色，我读了罗兰·任森（Roland Renson）的文章，题为“运动的使命：拉斐尔，1890—1956”（Sport als missie: Raphaël de la Kéthulle de Ryhove,1890-1956）。针对政府控制媒体和艺术的行为，莎拉·博尔（Sara Boel）写了一篇非常有趣的博士论文《比属刚果的审查制度（1908—1960）：殖民时代对出版社、电影和音乐控制的研究》（*Censuur in Belgisch Congo (1908-1960): een onderzoek naar de controle op de pers, de film en de muziek door de koloniale overheid*）。此外，我还参考了布鲁斯·菲特的经典文章《伊丽莎白维尔的非洲俱乐部，1910—1935：起源和发展》（*African associations in Elisabethville, 1910-1935: their origins and development*）。博努瓦·维尔哈根发表了一篇非常优秀的文章，描述人们对红色威胁的过分担忧：《刚果的共产主义和反共产主义（1920—1960）》（*Communisme et anitcommunisme au Congo (1920-1960)*）。

有关保罗·潘达·法尔纳纳的作品，可以参考弗朗索瓦·邦廷克的《保罗·潘达·法尔纳纳，1888—1930：刚果的第一个民族主义者？》（*Mfumu Paul Panda Farnana, 1888-1930: premier (?) nationaliste congolais*）。在当代刚果人的圈子里，人们再次对在早期为国家利益而奋斗的人感兴趣，迪迪埃·姆蒙吉（Didier Mumengi）就写了一部《保罗·潘达·法尔纳纳：刚果首位大学生，1888—1930》（*Panda Farnana, premier universitaire congolais, 1888-1930*）。

第五章

有关第二次世界大战的非洲战场以及对殖民主义的影响，迈克·克劳德（Michael Crowders）的文章《第二次世界大战：非洲去殖民化的序幕》（*The Second World War: Prelude to decolonization in Africa*）进行了非常清楚的概述。但不幸的是，有关比属刚果的情况，缺乏最新研究。相关研究从20世纪80年代才开始，比利时皇家海外研究学院出版过文集，阐述比属刚果在第二次世界大战期间的贡献。对我来说最有用的文章是让-卢克·维吕特、伯努瓦·维尔哈根等人的作品。关于刚果士兵参加的阿比西尼亚战役，几位参加战役的比利时军官写过一些文章，包括R.维尔布鲁克（R. Werbrouck）撰写的《比利时殖民军队在阿比西尼亚的战争》（*La cam-pagne des troupes coloniales belges en Abyssinie*）。菲利克斯·德尼斯（Felix Denis）将其岳父卡洛·布罗姆（Carlo Blomme）中尉当时写的日记和照的照片分享到了网上。

至于加丹加铀矿在原子弹开发过程中扮演的角色，可以参考雅克·范德林登（Jacques Vanderlinden）的《有关刚果铀》（*À propos de l'uranium congolais*）和乔纳森·赫尔姆雷西（Jonathan E. Helmreich）的《1944年铀谈判》（*The uranium negotations of 1944*）。我还建议读者阅读赫尔姆雷西的另外一部作品《收集稀有矿石：铀收购外交，1943—1954》（*Gathering Rare Ores: The Diplomacy of Uranium Acquisition, 1943-1954*）以及范德林登等撰写的《铀，比利时和列强》（*L'uranium, la Belgique et les puissances*）。

有关矿山地区的动乱在前面提到的《中部非洲的黑人矿工》一书中有很多记载。另外，我还参考了让-卢克·维吕特的《工业加丹加1944:

殖民社会中的问题与不安》（*Le Katanga industriel en 1944: malaises et anxiétés dans la société coloniale*）。我所读到的对此概述最清楚的作品是《20世纪上半叶扎伊尔的社会纷争和无产阶级的诞生》（*La contestation sociale et la naissance du prolétariat au Zaïre au cours de la première moitié du XXe siècle*），作者是博古米尔·尤斯维基（Bogumil Jewsiewicki）。

弗拉基米尔·德拉丘索夫的战时日记《丛林岁月：刚果 1940—1945》（*Jours de brousse: Congo 1940-1945*）以笔名弗拉迪·索查德（Vladi Souchard）出版，这是我在准备过程中读到的最扣人心弦的作品。此外，还可以参考雅克·范德林登的作品《皮埃尔·里克曼斯，1891—1959：荣誉之下的殖民者》（*Pierre Ryckmans, 1981-1959: coloniser dans l'honneur*）。

至于战后岁月，安托万·鲁本斯（Antoine Rubbens）的著作《战争的债务》（*Dettes de guerre*）受到高度评价，这部作品由多篇批评性文章组成。此外，我还参考了安德烈·科尔内耶（André Corneille）的《加丹加的辛迪加主义》（*Le syndicalisme au Katanga*）一书以及亚瑟·杜西（Arthur Doucy）等人编写的《比属刚果的劳工和社会政治问题》（*Problèmes du travail et politique sociale au Congo belge*）。

通过阅读菲利普·德伯克（Filip De Boeck）的《金沙萨：一座无形之城的故事》（*Kinshasa : Tales of the Invisible City*），我对殖民城市的生活有了更好的了解。另外，苏珊·康海尔-西尔维安（Suzanne Comhaire-Sylvian）的《金沙萨的女人：昨天和今天》（*Femmes de Kinshasa: hier et aujourd'hui*）、瓦尔多·庞斯（Valdo Pons）的《斯坦利维尔：比利时治理下的非洲社区》（*Stanleyville: An African Urban Community under Belgian Administration*）和 W.C. 克莱恩（W.C. Klein）的《刚果精英》（*De Congolese elite*）给我提供了

一幅了解新城市文化的生动画面。至于广播系统的运作及其对刚果听众的影响，格雷塔·鲍维尔斯-布恩（Greta Pauwels-Boon）在《扎伊尔广播传播的起源、演变和功能：1937—1960》（*L'origine, l'évolution et le fonctionnement de la radiodiffusion au Zaire de 1937 à 1960*）一书进行了大量讨论。

至于刚果"先进阶级"的命运，在斯滕格斯等人的书中也有广泛讨论，这方面的权威作品是让-马里·姆塔姆巴·马科姆波（Jean-Marie Mutamba Makombo）的《从比属刚果到刚果独立：1940—960》（*Du Congo Belge au Congo indé-pendant 1940-1960*）。这一章末尾的诗篇取自安托万-罗歇·博兰巴（Antoine-Roger Bolamba）的诗集《伊赞左》（*Esanzo*）。

第六章

涉及刚果去殖民化的文学作品非常丰富，但质量高低不一，有些观点已经过时，有些则完全站在白人的立场上。最好的参考书是克劳福德·杨（Crawford Young）的《刚果的政治》（*Politics in the Congo*）。尽管过了半个世纪，读者仍然会惊讶地发现作者是如何清晰地分析并记录这一重要的历史进程。克劳福德·杨显然得到了布鲁塞尔社会政治信息与研究中心（CRISP）的帮助，在今天看来，要研究20世纪50年代和20世纪60年代的刚果，该中心编撰的年鉴以及对政治运动的研究仍是不可或缺的资料。该中心还将克劳福德·杨的作品翻译成法语出版。

另外一部作品在1965年出版，比较久远但仍具有高度参考价值：保罗·布维埃（Paule Bouvier）的《从比属刚果到独立》（*L'accesion du Congo belge à l'indépendance*）；杰夫·范比尔森的回忆录《刚

果 1945—1965：殖民时代的结束》（Kongo 1945-1965: het einde van een kolonie）也是重要的参考文献。

至于刚果争取独立时的国际背景，皮埃尔 · 奎维尔（Pierre Queuille）的《万隆会议亚非主义的历史：第三世界的诞生》（*Histoire de l'afro-asiatisme jusqu'à Bandoung: la naissance du tiers-monde*）和科林 · 利格姆（Colin Legum）的《泛非主义：简明政治指南》（*Pan-Africanism: A Short Political Guide*）让我受益匪浅。

了解金沙萨的年轻人文化可以参考迪迪埃 · 贡多拉（Didier Gondola）的作品《城市的镜子：金沙萨和布拉柴维尔的人口迁徙和城市身份，1930—1970》（*Villes miroirs: migrations et identités urbaines à Kinshasa et Brazzaville, 1930-1970*）。有关 1959 年的骚乱，可以参考埃米尔 · 让森斯将军本人撰写的《我是让森斯将军》（*J'étais le général Janssens*），此人当时掌控治安部队，虽然其立场远非公正客观，但该书仍然值得一读。

至于刚果第一代政治人物的相关研究作品，关于卡萨武布可以参考伯努瓦 · 维尔哈根等人撰写的《阿巴科党和比属刚果独立：刚果民族主义十年（1950—1960）》（*L'Abako et l'indépendance du Congo belge: dix ans de nationalisme kongo (1950-1960)*）。有关卢蒙巴，最好的作品是让-克劳德 · 威廉姆（Jean-Claude Willame）的《帕特里斯 · 卢蒙巴：刚果危机再回顾》（*Patrice Lumumba: La crise congolaise revisitée*）。其他很多作品都有非常鲜明的党派立场。让 · 范里尔德（Jean Van Lierde）将卢蒙巴最重要的演讲、文章以及信件收集在一起，编辑成《卢蒙巴的政治思想》（*La pensée politique de Patrice Lumumba*）一书，此书由哲学家萨特作序，除了其可预见性的内容之外，其他内容让人印象深刻。

很少有作品从比较远的距离观察这段时间的政党冲突，P. 卡普拉斯（P. Caprasse）的作品《城市中（伊丽莎白维尔）的非洲领袖》（*Leaders afri-cains en milieu urbain (Elisabethville)*）为读者提供了一个非常不错的社会学研究视角，已远远超出书中对加丹加矿山的关注。他特别关注部族自觉中所用的修辞学，卢克·费尔拉菲恩（Luc Fierlafyn）在同样的研究方向上更进一步，将当时的政治文本进行修辞学分析，写出《1955—1960 期间比属刚果的民族主义话语》（*Le discours nationaliste au Congo belge durant la période 1955-1960*）一书。

第八章

研究第一共和国形成时期一系列重大事件的著作足以装满一个书柜，但仍然缺乏范围广泛的历史性研究。这段时间的历史可以参考前述比尔森等人的作品。

有关武装部队兵变的内容，路易－弗朗索瓦·范德斯特拉滕有一部定性研究《1960 年 7 月兵变的历史：从公共安全部队到刚果国民军》（*Histoire d'une mutinerie, juillet 1960: de la Force publique à l'Armée nationale congolaise*）。他用大量篇幅描述了当时恐慌的氛围、比利时侨民的突然撤离以及比利时的军事介入上。

刚果危机如何将非洲拖入冷战？这是吉汉·埃尔·塔赫里（Jihan El Tahri）的史诗纪录片《古巴，非洲的奥德赛》（*Cuba, une odyssée africaine*）所讨论的主题，里面的分析非常精彩，不仅采访了古巴老兵，还包括当时那个年代刚果、苏联和美国的重要人物：对于非洲冷战的各种阴谋有淋漓尽

致的描述。就美国的视角而言，可以参考史蒂芬 · R · 魏斯曼（Stephen R. Weissman）的《美国对刚果的外交政策：1960—1964》（*American Foreign Policy in the Congo 1960-1964*）和罗曼 · 雅克姆楚克（Romain Yakemtchouk）的《美国和扎伊尔的关系》（*Les relations entre les Etats-Unis et le Zaïre*）。至于共产主义阵营这边的视角，可以参考《共产主义世界和比属刚果危机》（*Le monde com-muniste et la crise du Congo belge*）, 此书由亚瑟 · 沃特斯（Arthur Wauters）编辑。美国中情局前驻刚果站的主任拉里 · 德尔文（Larry Devlin）最近出版了一部非常震撼同时也非常坦率的回忆录《刚果站站长：1960—1967 年回忆录》（*Chief of Station, Congo: A Memoir of 1960-67*）。

有关联合国在刚果采取的行动，很多作者都有涉及。乔治 · 阿比－萨博（Georges Abi-Saab）在其作品《联合国在刚果的行动 1960—1964》（*The United Nations Operation in the Congo 1960-1964*）中分析了国际法的内容及其影响。克劳德 · 勒克勒克（Claude Leclercq）在其作品《联合国和刚果事务》（*L' onuet l'affaire du Congo*）中用大量的篇幅来分析地面形势，乔治 · 马尔特里（Georges Martelli）对联合国的行动持负面评价，他的作品是《世界治理的试验：联合国在刚果行动的记述 1960—1964》（*Experiment in World Government: An Account of the United Nations Operation in the Congo 1960-1964*）。

卢蒙巴谋杀事件因为那部被翻译成多种语言的经典著作《谋杀卢蒙巴》（*De moord op Lumumba*）而广为人知，该书作者为卢多 · 德维特（Ludo De Witte）。在比利时，这本书的出版促使比利时议会组建了一个由 4 名历史学家组成的调查委员会，他们的任务是根据现存档案来调查比利时对卢蒙巴被谋杀到底该负多大责任。至于美国卷入的程度，可以参考玛德琳 · 卡尔布

(Madeleine Kalb）的《刚果电报：冷战在非洲，从艾森豪威尔到肯尼迪》（*The Congo Cables: The Cold War in Africa, from Eisenhower to Kennedy*）。从刚果政治人物的视角出发，可以参考克里奥法斯·卡米塔图（Cléophas Kamitatu）的《刚果（金）的神秘化：蒙博托的罪行》（*La grande mystification du Congo-Kinshasa: les crimes de Mobutu*）和托马斯·坎扎的《刚果的冲突：卢蒙巴的崛起和衰落》（*Conflict in the Congo: The Rise and Fall of Lumumba*）。

有关加丹加分离的研究，让人吃惊的是在事件发生之后很快就有一项非常彻底的研究：《加丹加分离》（*Sécession au Katanga*），作者是儒勒·杰拉德－里波伊斯（Jules Gérard-Libois）。至于加丹加分离的历史根源，可以参考罗曼·雅克姆楚克的《加丹加分离的根源》（*Aux origines du séparatisme katangais*）。

有关在奎卢和刚果东部地区的起义，可以参考伯努瓦·维尔哈根的《刚果起义》(*Rébellions au Congo*)。还有一部非常优秀的新闻记述:《刚果刚果:从独立到内战》（*Congo Congo: de l’indé-pendance à la guerre civile*），作者是让·克斯特尔加特（Jean Kestergat）。

与政治和军事上的内斗相比，第一共和国时期的社会和经济受到的关注比较小，但是仍然可以在J.S. 拉封丹（J.S. Lafontaine）的《城市政治：对利奥波德维尔的研究，1962—1963》（*City Politics: A Study of Léopoldville*）一书中看到这个国家的生活图景。

第九章

对蒙博托生活和工作的简介可以参考一部纪录片《蒙博托，扎伊尔之

王》（*Mobutu, roi du Zaïre*），这部蒂埃里 · 米切尔（Thierry Michel）的作品对蒙博托的描述非常入神。如果读者想对这个时期有更加深入的了解，可以参考雅克 · 范德林登的《从刚果到扎伊尔，1960—1980》（*Du Congo au Zaïre, 1960-1980*）一书中有关第二共和国的章节，这部分内容非常具有启发性。如果想了解政治精英如何掠夺国家经济，可以参考费尔纳德 · 贝齐（Fernard Bézy）等人合著的《扎伊尔的财富积累与欠发展，1960—1980》（*Accumulation et sous-développement au Zaïre 1960-1980*）以及戴维 · J · 古尔德（David J. Gould）的《第三世界的官僚腐败和欠发达：以扎伊尔为例》（*Bureaucratic Corruption and Underdevelopment in the Third World: The Case of Zaire*）。不过，任何想对这个时期进行严肃研究的人，就不应该忽略克劳福德 · 杨和托马斯 · 特纳（Thomas Turner）的大部头作品《扎伊尔国家的崛起和衰落》（*The Rise and Decline of the Zairean State*）。这本书的内容主要集中在蒙博托政权的前半期，也就是从 1965 年到 1980 年，它向人们呈现了一幅非常有说服力的图景：这个国家在开始的时候如何变得无所不在、无所不能，后来又如何陷入彻底的混乱。该书的写作非常理性，提供了大量资料，到目前为止，是与这段时间的研究有关的最重要的一本书。

虽然来自这个时期的资料有很多，但出于对当局的恐惧，很多资料的流通都受到了一定的限制，不少都是宣传性内容，缺乏具有批判性的分析。只有在国境之外，人们才能对当局进行大声批判。在巴黎，克里奥法斯 · 卡米塔图（Cléophas Kamitatu）写的《刚果金的神秘化：蒙博托的罪行》（*La grande mystification du Congo-Kinshasa: les crimes de Mobutu*）值得参考。

近来，两本在美国出版的图书也让我们有机会一窥这一时期发生的事

情。蒙博托的私人医生、来自美国的威廉·克洛斯出版了《风暴之外》(*Beyond the Storm*)。尽管他的分析未必很深刻，但提到的很多逸事都非常能说明问题。要想更加深入地了解美国和扎伊尔之间的关系，可以参考上述提到的《美国和扎伊尔的关系》以及拉里·德尔文的回忆录。

有关金沙萨的发展和爆炸式的人口增长，可以参考马克·佩恩(Marc Pain)的《金沙萨：城市和旧城区》(*Kinshasa, la ville et la cité*)和热内·德·马克西米(René de Maximy)的《金沙萨，不安的城市》(*Kinshasa, ville en suspens*)，这两本书不仅着重介绍城市发展和人口变迁的过程，同时也非常关注该过程对社会和文化造成的影响。

在这座正在发展的年轻城市中，音乐扮演着非常主要的角色。刚果的本土音乐舞台在20世纪70年代早期的地位是最重要的，在某种程度上要感谢蒙博托推动的“回归真实”运动。加里·斯图尔特的著作《河上的伦巴》对这一主题进行了详尽的讲解。另外一本非常有价值的书是近来出版的《伦巴规则：蒙博托统治下扎伊尔的舞蹈音乐政治学》(*Rumba Rules: The Politics of Dance Music in Mobutu's Zaire*)，体现了政治和流行音乐的交织。至于阿里与福尔曼的世纪之战，我不仅参考了网络上的视频，也参考了诺曼·麦勒(Norman Mailers)的经典之作《拳斗》(*The Fight*)，这是有史以来写得最好的运动题材的图书。至于黑人解放与拳击之间的关系，我也参考了几篇非常优秀的文章，刊载于《演讲与权力》(*Speech and Power*)之上。

第十章

1975年之后蒙博托政权逐步陷入疯狂的状态，这个时期的作品有多种

语言版本，公众能够接触到信息量丰富的资源也不少。比如《晚报》（*Le Soir*）记者科莱特·布拉克曼（Colette Braeckman），写了一部可读性很强同时在刚果也非常有影响力的作品《恐龙》（*Le dinosaure*）。在佛兰德，两名公共广播公司的记者瓦尔特·格尔茨（Walter Geerts）和瓦尔特·辛岑（Walter Zinzen）根据他们的经验和分析，分别写下了《蒙博托：卡马尼奥拉之人》（*Mobutu, de man van Kamanyola*）和《蒙博托：从奇迹到病态》（*Mobutu, van mirakel tot malaise*）。后面这本书价值非常高，尤其是有关沙巴战争的内容。美国历史学家托马斯·加拉吉（Thomas Callaghy）著有《国家—社会之间的斗争：比较视角下的扎伊尔》（*The State-Society Struggle: Zaire in Comparative Perspective*），这本书将蒙博托政权与法国古代政权进行了对比。出版之后，里夫·乔里斯（Lieve Joris）的《回到刚果》（*Terug naar Congo*）被翻译成多种语言，读者仍然能够看到独裁统治下民众的生活状况。

蒙博托时代存在一批毫无意义的建筑项目，让－克劳德·威廉姆在《扎伊尔，因加史诗：工业掠夺时代纪实》（*Zaïre, l'épopée d'Inga: chronique d'une prédation industrielle*）一书对此有所涉及。和标题有所不同，本书不仅仅只涉及因加水电站项目。至于德国的火箭项目，我也参考了前面所述的纪录片《蒙博托，扎伊尔之王》。

有关沙巴战争的权威著作是罗曼·雅特姆楚克的《沙巴的两场战争》（*Les deux guerres du Shaba*），用大量篇幅描述了比利时、法国和美国如何与蒙博托的扎伊尔维持关系。在开始阅读《美国和扎伊尔的关系》一书之前，我先读了肖恩·凯利（Sean Kelly）的作品《美国的暴君：中情局和蒙博托的扎伊尔：美国如何将蒙博托扶上台，如何保护他击退敌人，

如何帮助他成为世界上最富裕的人之一，以及如何感到后悔》（*America's Tyrant: the CIA and Mobutu of Zaire: How the United States put Mobutu in power, protected him from his enemies, helped him become one of the richest men in the world, and lived to regret it*），这本书的标题就是内容的概括。

要了解刚果在1975—1990年间推行的经济与货币政策并非易事，特别是在对国际货币基金组织、世界银行以及巴黎俱乐部所扮演角色缺乏研究的情况下。温森·J·莱斯利（Winsome J. Leslie）在著作《世界银行和发展中国家的结构调整：以扎伊尔为例》（*The World Bank and Structural Adjustment in Developing Countries: The Case of Zaire*）一书中聚焦其中的一个主要角色：世界银行。我对于国际货币基金组织所做工作的判断，是以诺贝尔经济学奖获得者约瑟夫·斯蒂格利茨（Joseph Stiglitz）的畅销书《全球化及其不满》（*Globalization and its Discontents*）为依据的。

有关危机带来的戏剧性后果以及“第二次”非正规经济的兴起，可以参考简内特·马克加菲（Janet MacGaffey）及其团队的作品《扎伊尔的实体经济》（*The Real Economy of Zaire*）。至于女性在新经济中扮演的角色，可以参考伯努瓦·维尔哈根的《基桑加尼的扎伊尔女性：为生存而斗争》（*Femmes zaïroises de Kisangani: combats pour la survie*）。

要理解这个国家的政权机器，读者可以参考大赦国际和最高国民会议的《暗杀报告》（*Rapport sur les assassinats*），由阿卜杜拉耶·叶罗迪亚（Abdoulaye Yerodia）重新出版。有关都市里的谣言和路边电台的新闻，可以参考科内里斯·恩兰都－特萨萨（Cornelis Nlandu-Tsasa）编辑的《蒙博托时代扎伊尔的谣言：金沙萨的路边电台》（*La rumeur au Zaire de Mobutu: Radio-trottoir à Kinshasa*）。

1990年一系列听证会召开后，形成了约6000份报告，但从来没有正式发布过，有关民主化进程的开端，最佳研究著作是A. 戈巴本都·恩古恩杜卡（A. Gbabendu Engunduka）等人的《扎伊尔转变的意志：从大众咨询会议到全国会议》（*Volonté de changement au ZaïrE: de la consultation populaire verse la conférence nationale*）。

第十一章

有关从第二共和向第三共和过渡的混乱时期，佛兰德广播记者盖伊·波普（Guy Poppe）的《独裁者的眼泪：从蒙博托到卡比拉》（*De tranen van de dictator: van Mobutu tot Kabila*）既简明又具有启发性。很多人亲身参与过这段时期的历史，然后撰写了作品，表达自己对这个时期的政治斗争的看法，并通过巴黎的阿尔马丹出版社（L'Harmattan）出版。多年以来，这家出版社一直是流散各地的非洲法语知识分子发表观点的平台，然而不带有任何批判性的出版政策让它看起来更像一家拥有美好形象的复印店，而非系统性地传播知识的机构。有一部立场中立的著作来自迪奥堂内·伊伦加·姆蓬加(Dieudonné Ilunga Mpunga)：《埃提安·茨塞科迪：斗争的意义》(*Etienne Tshisekedi: le sens d'un combat*)，主要研究民主与社会进步联盟扮演的角色。最详尽的著作来自高提埃·德维勒斯（Gauthier de Villers）：《扎伊尔：错失的过渡（1990—1997）》（*Zaïre: la transition manquée,1990-1997*）。

关于对卢本巴希学生抗议活动进行的镇压，研究最彻底的一部著作是姆埃拉·恩加拉姆卢姆·恩孔格罗（Muela Ngalamulume Nkongolo）的《校园烈士：卢本巴希，1990年5月11日—12日》（*Le campus martyr:*

Lubumbashi, 11-12 mai 1990）。想了解金沙萨和平游行被镇压的过程，可以参考《希望的游行，1992 年 2 月 16 日金沙萨：扎伊尔民主的非暴力抗争》（*Marche d'espoir, Kinshasa 16 février 1992: non-violence pour la démocratie au Zaïre*）。据我所知，关于最高国民会议的研究，目前还没有特别权威的作品，不过可以参考乔治·恩宗格拉－恩塔拉加（Georges Nzongola-Ntalaja）进行的《刚果：从利奥波德到卡比拉》（2002 年伦敦出版），他的历史性调查研究为我和雷吉娜的对话补充了很多信息。

我有幸与博都因·哈姆里（Baudouin Hamuli）交流，在刚果民权社会发展方面，此人堪称教父，十分受人尊敬。他还担任过刚果非政府组织全国委员会首任主席，他的分析非常有趣，分别记录在两部作品中，即《给刚果人民以机会：参与式发展的经验，1985—2001》（*Donner sa chance au peuple congolais: expériences de dé-veloppement participatif*）和《刚果民权社会：背景与视角》（*La société civile congolaise: état des lieux et perspectives*）。

这个时期里，普通人生活不稳定，朝不保夕，这方面的作品可以参考《生存的方式：刚果 / 扎伊尔城市里的“自我搞定”经济》（*Manières de vivre: économie de la 'débrouille' dans les villes du Congo/Zaïre*）和《在刚果 / 扎伊尔追逐钻石》（*Chasse au diamant au Congo/Zaïre*）。这些书都研究了当时出现在刚果的现象，比如在基桑加尼出现的拿自行车当出租车使用的现象，在开塞出现的钻石走私等。至于蒙博托的奢华生活，可以参考他的比利时女婿皮埃尔·詹森（Pierre Janssen）所著的《蒙博托》（*Aan het hof van Mobutu*）。

与卢旺达种族屠杀有关的书几乎可以装满一整座图书馆，最具权威性的著作是人权观察组织的研究员阿里森·德斯·福吉斯（Alison Des Forges）写的《无人幸存下来讲述这段历史》（*Leave None to Tell the Story*），遗憾的是，

该作者年轻时就已去世。另外，我还向读者推荐另一本经典之作《卢旺达危机》（*The Rwanda Crisis*），作者是杰拉德·普鲁尼埃（Gérard Prunier）。近来又出现了几本大块头著作，主要研究大湖地区的冲突：托马斯·特纳（Thomas Turner）的《刚果战争：冲突，神话和现实》（*The Congo Wars: Conflict, Myth and Reality*），热内·勒马尔香（René Lemarchand）的《中部非洲地区暴力冲突的动力》（*The Dynamics of Violence in Central-Africa*），杰拉德·普鲁尼埃的《非洲的世界战争：刚果，卢旺达大屠杀和非洲大陆灾难的形成》（*Africa's World War: Congo, the Rwandan Genocide, and the Making of a Continental Catastrophe*）。虽然特纳的作品有些朦胧，但是勒马尔香给我们讲述了一个精彩的故事，情节组织得很好，普鲁尼埃的分析也非常详细。

针对民盟的推进，可以参考科莱特·布拉克曼等人编辑的《卡比拉夺取权力》（*Kabila prend le pouvoir*），这本书专门研究民盟的攻势。另外，还可以参考埃及导演吉汉·埃尔-塔赫里（Jihan El-Tahri）的纪录片《碎片化的非洲：大湖地区的悲剧》（*L'Afrique en morceaux: la tragédie des Grands Lacs*）。

第十二章

有关第二次刚果战争的内容，前述普鲁尼埃等人的书中均有涉及，另一优秀的介绍性作品为《刚果民主共和国没有前线的战争》（*Guerres sans frontières en République Démocratique du Congo*），作者是奥利弗·拉诺特（Olivier Lanotte）。更加具有分析性、同时信息量更丰富的著作则是高提埃·德维勒斯（Gauthier de Villers）的《战争和政治：卡比拉的最后30个月》

（*Guerre et politique: les trente derniers mois de L.D. Kabila*）。至于其他非洲国家参与这场战争的动机，可以参考约翰·F·克拉克（John F. Clark）的《刚果战争中非洲国家的赌注》（*The African Stakes of the Congo War*）。关于战争过程中进行的和平谈判，可以参考让－克劳德·威廉姆的著作《刚果的“和平使者”》（*Les 'faiseurs de paix' au Congo*）。该书还有大量篇幅用于分析了国内外参与者的动机以及联合国维和部队扮演的角色。对于联刚特派团所起的作用，目前还没有定性的研究，不过薛维埃·齐布罗克（Xavier Zeebroek）写了一份非常有用的报告《联合国在刚果的使命：寻找和平的实验室》（*La Mission des Nations Unies au Congo: Le laboratoire de la paix introuvable*）。

关于刚果原材料被大规模掠夺和盗窃，联合国专家委员会的连续性报告是不可辩驳的证明，然而仍然缺乏定量分析。史蒂凡·马里斯（Stefaan Marysse）对于1999年和2000年的数字进行了开创性的研究，完成了题为“民主刚果的战争与掠夺”（Guerre et pillage en République Démocratique du Congo）的文章。《大湖地区的非洲》（*L'Afrique des Grands Lacs*）为想了解刚果近期历史（也包括卢旺达和布隆迪历史）的读者提供了大量信息。

一些独立的非政府组织在也做了积极研究。比如人权观察组织在《乌干达在刚果东部》（*Uganda in Eastern drc*）和《黄金诅咒》（*The Curse of Gold*）这两份报告中详细披露了乌干达走私黄金的内容。全球的目击者都参与调查卢旺达在走私刚果锡矿中扮演的角色：《破坏和平：刚果东部锡贸易的爆炸性增长（2005）》（*Under-Mining Peace: Tin, The Explosive Trade in Cassiterite in Eastern drc (2005)*）。在分成上下部分的报告《支持刚果的战时经济：欧洲公司和钶钽矿石贸易（2002年）》（*Supporting the War*

Economy in the drc: European Companies and the Coltan Trade (2002)）中，IPIS 集中关注国际市场对钶钽矿石的需求。位于戈马的一家刚果研究中心在 2002 年也发表了《钶钽现象》（*The Coltan Phenomenon*），公布了对矿工的采访。

有两份报告清晰地说明，如果要研究刚果东部地区的原材料盗窃行动，仅仅研究卢旺达和乌干达政府是远远不够的，还有很多其他的玩家，既有“上游”的，也有“下游”的。蒂姆·雷伊马克斯（Tim Raeymaekers）的《网络化战争：刚果的私有化战争经济简介》（*Network War: An Introduction to Congo's Privatised War Economy*）着重分析了私人玩家，包括非政府组织在全球化时代扮演的关键角色。科恩·弗拉森鲁特（Koen Vlassenroot）等人则在《新秩序的出现？刚果东部的资源和战争》（*The emergence of a New order? Resources and war in Eastern Congo*）一文中向大家展示了普通刚果人是如何从中获益的。

至于战争在地方、社会层面以及其他方面引发的后果，可以参考科恩·弗拉森鲁特等人编辑的《刚果东部地区的冲突和社会转变》（*Conflict and Social Transformation in Eastern*）。早在 2002 年 6 月，人权观察组织就出版了一份有关性暴力的报告：《战争里的战争》（*The War within the War*）。至于战争造成的生态影响，我参考了联合国教科文组织的报告《促进和保存刚果的遗产：将生物和文化多样性联系在一起》（*Promoting and Preserving Congolese Heritage: Linking Biological and Cultural Diversity*）和德布鲁克斯（Debroux）编辑的调查报告《后冲突时代刚果民主共和国的森林》（*Forests in Post-Conflict Democratic Republic of Congo*）。

第十三章

过渡时期，与政治和军事相关的内容在上述提到的普鲁尼埃等人的书中讲述得非常清楚，但最详细的研究来自《从战争到选举》（*De la guerre aux élections*），作者高提埃·德维勒斯。有关刚果从第二共和国向第三共和国的漫长过渡，这本书是三部曲中的最后一本。这些作品非常全面，因此成为用于研究1990年到2008年间的刚果的参考书。

这一章详细描述了刚果城市社会中的跨国公司、流行音乐、五旬节教派以及大众媒体之间的互动。由于这些元素都是近期才在刚果出现，因此目前还没有完整的研究。西奥多·特雷芬（Theodore Trefon）编辑整理的《在刚果重塑秩序：在金沙萨人们如何应对国家的失败》（*Reinventing Order in the Congo: How People Respond to State Failure in Kinshasa*）涵盖了很多不错的内容。有关首都的民众生活状况，权威性研究著作要属前面提到的菲利普·德伯克的《金沙萨：无形之城的故事》（*Kinshasa, Tales of the Invisible City*），该书配了很多马里－弗朗索瓦丝·普里萨特（Marie-Françoise Plissart）的图片。他的两位博士生也出版了针对金沙萨街头少年、年轻帮派以及宗教肥皂剧的研究，非常值得尊敬。2010年，德伯克本人发布了纪录片《公墓国家》（*Cemetery State*），以这座难以描述的城市中的年轻人以及死亡为主题。

有关流行音乐的信息，我主要取自网络以及与刚果民众的无数次直接交谈。另外，最重要的信源还是加里·斯图尔特的《河上的伦巴》以及鲍勃·怀特（Bob White）的《伦巴规则》。至于海尼根啤酒公司在非洲的活动，据我所知目前还没有系统的研究。2008年，一家荷兰广播电视公司RTL制作

了一部纪录片《荷兰啤酒在非洲》（*Een Hollands biertje in Afrika*），该纪录片主要讲述金沙萨布拉利马啤酒公司的故事。

有关宗教广播方面的研究，除了卡特里安·派普（Katrien Pype）的作品之外，我从马里－索莱尔·弗雷尔（Marie-Soleil Frère）的《中部非洲，媒体与冲突：战争的矢量还是和平的扮演者》（*Afrique centrale, médias et conflits: vecteurs de guerre ou acteurs de paix*）以及她最近发表的文章中获得了不少有关刚果媒体的观点。至于移动电话在非洲的影响，可以参考米尔贾姆·德布鲁因吉恩（Mirjam de Bruijn）的《移动非洲：非洲及其以外地区正在改变的行动方式》（*Mobile Africa: Changing Patterns of Movement in Africa and Beyond*）。

至于依靠传教者个人魅力的基督教派在非洲的崛起，我参考了格里·特尔·哈尔（Gerrie Ter Haar）的《上帝是如何变成非洲的：非洲精神和西方世俗思想》（*How God became African: African Spirituality and Western Secular Thought*）。有关宗教与近期的民众迁徙，可以参考艾玛·怀尔德－伍德（Emma Wild-Wood）的《刚果的迁徙与基督教身份认同》（*Migration and Christian Identity in Congo*）。至于刚果人散布在欧洲的情况，可以参考扎纳·埃塔姆巴拉（Zana Etambala）等人的著作。

一些报纸和杂志上刊登的不少文章涉及大众文化与政治的互动，比如《歌唱的胜利》（*La victoire en chantant*），着重研究了刚果流行音乐对2006年大选的影响，该文作者是吕克·奥林加（Luc Olinga）。此外还有马里－索莱尔·弗雷尔的文章《当多元主义脱轨》（*Quand le pluralisme déraille*），此文主要分析商业和宗教电视台对选举的影响。

至于电影摄影方面的内容，可以参考蒂埃里·米切尔的《刚果河》

（*Congo River*），对过渡时期的刚果有非常生动的描述。

第十四章

有关刚果数十年第一次自由选举，有一部作品非常具有可读性：《民主不能当饭吃》（*Democratie kun je niet eten*），作者是刚果裔荷兰人阿方斯·穆阿比（Alphonse Muambi），他曾作为一名国际观察员回到刚果。

关于第三共和国的早期岁月，有两部作品的意见分歧非常大。《迈向刚果的第二次独立》（*Vers la deuxième indépendance du Congo*）由《晚报》记者科莱特·布拉克曼撰写，该书对刚果的未来持谨慎乐观态度。另一部作品由西奥多·特雷芬编辑，书名为《民主刚果的改革：期待与失望》（*Réforme au Congo (rdc): attentes et désillusions*），对未来刚果的看法略显悲观。除了普通的印刷媒体之外，我还在一些杂志中找到很多资料，比如《外交世界》（*Le monde diplomatique*）、《青年非洲》（*Jeune Afrique*）。科莱特·布拉克曼等人的博客对我的帮助也很大，他们在博文中用自己的视角来描述刚果最新的发展。

另外，有关这段时期发生的冲突以及违反人权的现场情况，国际危机集团和人权观察组织的网站提供了其他地方无法提供的资源。前者（crisisgroup.org）能够提供的宏观视角，也只有后者（hrw.org）的细节以及现场观察上能够与之媲美。多年以来，这两家非政府组织做出了杰出的工作，不仅让历史学家感到欣慰，也真正地拯救了生命。

《潜力报》和霍加彼广播分别是刚果最好的报纸和广播电台，不在刚果的时候，正是这两大机构的网站让我获取刚果的最新讯息。我曾经在金沙

萨采访过的拉珀·阿莱什（Rapper Alesh），他的节目也可以通过霍加狓广播公司的网站来收听。近来，一些非常勇敢的刚果非政府组织也开始在网络上发布自己的新闻，这里特别要提到的是人权保护非洲协会（Association africaine de défense de droits de l'homme）。

至于加丹加采矿业的复杂性，蒂埃里·米切尔制作了一部非常有意思的纪录片《加丹加商业》（*Katanga Business*）。我还要感谢 IPIS、全球目击者、资源咨询服务等机构提供的报告。

第十五章

至于广州的刚果人社区，相关文章很少。不过，第一批的学术性文章已经开始出现，虽然从本质上讲还是描述性的。可以参考布里基特·贝尔通赛罗（Brigitte Bertoncelo）和希尔维·布雷德鲁普（Sylvie Bredeloup）的《香港和广州新非洲贸易据点的出现》（*The Emergence of New African "Trading Posts" in Hong Kong and Guangzhou*）。另外，还可以参考张力（音译）发表在"www.sciencedirect.com"上的《在一个全球化城市出现的种族聚合：以广州为例》（*Ethnic Congregation in a Globalizing City: The Case of Guangzhou,China*）。另外还有他与李志刚（音译）等人发表在"asiandrivers.open.ac.uk"上的《广州跨国移民的种族飞地》（*Ethnic Enclave of Transnational Migrants in Guangzhou*）。在香港任教的加纳教授亚当斯·波多姆（Adams Bodomo）撰有《广州的非洲贸易社区》（*The African Trading Community in Guangzhou*）。在和比利时领事弗兰克·菲利克斯（Frank Felix）和佛兰德经济参赞、汉学家科恩·德·里德（Koen De

Ridder）的交流中，我学到了很多东西。另外，我还与一位常驻中国的刚果记者贾法尔·姆拉萨（Jaffar Mulassa）有过交谈，受益很多。但就像之前所说的那样，我从众多当事人那里学到的东西最多。

注 释

引 言

1. Van Booven 1913: 23-4.
2. http://www-odp.tamu.edu/publications/175_SR/chap_11/c11_3.htm
3. Julien 1953: 10.
4. Northrup 2002: 18-21; McLynn 1992: 321-2; Hilton 1985: 50.
5. Hilton 1985: 80.
6. Jadin 1968.
7. Hilton 1985: 69-84.
8. Vansina 1990: 86.
9. Harms 1981: 3-5.
10. Harms 1981: 21-9.
11. Harms 1981: 3.
12. Northrup 2002: 113-4.
13. Harms 1981: 54.
14. Vansina 1965: 146-52.
15. http://neveu01.chez-alice.fr/birasouf.htm.

第一章

1. Makulo Akambu 1983: 15.
2. Makulo Akambu 1983: 15-6.
3. Bontinck 1974: 250.
4. Stanley 1899: 210, 212.
5. Jeal 2007: 199.
6. Jeal 2007: 469.
7. Vansina 1976: 30.
8. Wesseling 1991: 119.
9. Stengers 1997: 275.
10. Makulo Akambu 1983: 18.

11. Makulo Akambu 1983: 20-30
12. Bontinck 1974: 269-71.
13. Jeal 2007: 274-6.
14. Stanley 1886: II, 147, 151-2.
15. Jeal 2007: 276.
16. Harms 1981: 33.
17. Makulo Akambu 1983: 32-4.
18. Fabian 2000: 103.
19. McLynn 1992: 322.
20. Johnston 1908: 222-4.
21. Bentley 1900: 81.
22. Bentley 1900: 126.
23. Johnston 1908: 328.
24. Alexander L. Bain, registry card, archival collection, Board of International Ministries (BIM), American Baptist Historical Society, Atlanta (Georgia).
25. Slade 1959: 154; Braekman 1961:129-36, 351.
26. Etambala 1987: 237-85.
27. Ernest T. Welles , registry card, archival collection, Board of International Ministries (BIM), American Baptist Historical Society, Atlanta (Georgia).
28. Jeal 2007: 464-75.
29. Makulo Akambu 1983: 36.
30. Bailey 1894: 161-3.
31. Denuit-Somerhausen 1988: 77-146.
32. Wesseling 1991: 126.
33. Jeal 2007: 277-8.
34. Stengers 1989: 58-9.
35. Maquet-Tombu 1952: 56.

第二章

1. Stengers & Vansina 1985: 351.
2. Ndaywel è Nziem 1998: 289-92.
3. Van der Smissen 1920: 425.
4. Vellut 2005b: 247.
5. Jeal 2007: 281.
6. Vansina & Stengers 1985: 351.
7. Jeal 2007: 294.
8. Akambu 1983: 36-7.
9. Etambala 1987.
10. Etambala 1993.
11. Maquet-Tombu 1952.
12. Meeuwis 1999.
13. Hawker 1909: 244.
14. Picard 1896: 161.
15. Bailey 1894: 246.
16. New York Times, 16. April 1899.
17. Lauro 2005: 78.
18. Akambu 1983: 38.
19. Akambu 1983: 38-9.
20. Akambu 1983: 45.
21. Hemmens 1949: 27.
22. Johnston 1908: 328.
23. Akambu 1983: 58.
24. Akambu 1983: 68-9.

25. Akambu 1983: 70.
26. Akambu 1983: 71.
27. Akambu 1983: 80-1.
28. Interview Etienne Nkasi, Kinshasa, 8. December 2008.
29. Sadin 1918.
30. Sadin 1918: 16-7.
31. Sadin 1918: 20.
32. Travaux du Groupe d'Etudes coloniales 1912: 7.
33. Travaux du Groupe d'Etudes coloniales 1912: 7.
34. Sadin 1918.
35. Sadin 1918: 68.
36. Van Acker 1924: 164.
37. Interview Victor Masunda Kukana, Boma, 8. October 2008.
38. Interview Camille Mananga Nkanu, Boma, 9. October 2008.
39. Akambu 1983: 40-4.
40. Michaux 1913: 46, 52.
41. Flament 1952. : 509, 516.
42. Flament 1952: 81-2.
43. Interview Eugène Yoka Kinene, Kinshasa, 11. November 2008.
44. Joye & Lewin 1961: 18.
45. Stengers 1957: 32.
46. Stengers 1997: 277.
47. Stengers 1997: 240.
48. Catherine 1994: 126-30.
49. Interview Martin Kabuya, Kinshasa, 16.October 2008.
50. Gann & Duignan 1979: 97; Van der Poel 2006: 26.
51. Van der Poel 2006: I, 8-30.
52. Interview Etienne Nkasi, Kinshasa,6. and 10. November 2008.
53. Goffin 1907: 79.
54. Interview Etienne Nkasi, Kinshasa, 10. November 2008.
55. Vangroenweghe 2005: 376; Stengers 1989:102.
56. Akambu 1983: 79-80.
57. FOD Buitenlandse Zaken, Afrika-archief, papiers E. Janssens, D1366, 27/12/1904.
58. FOD Buitenlandse Zaken, Afrika-archief, papiers E. Janssens, D1366, 12/12/1904.
59. FOD Buitenlandse Zaken, Afrika-archief, papiers E. Janssens, D1366, 2/1/1905.
60. FOD Buitenlandse Zaken, Afrika-archief, papiers E. Janssens, D1366, 12/12/1904.
61. FOD Buitenlandse Zaken, Afrika-archief, papiers E. Janssens, D1366, 3/1/1905.
62. FOD Buitenlandse Zaken, Afrika-archief, papiers E. Janssens, D1366, 22/11/1904.
63. FOD Buitenlandse Zaken, Afrika-archief, papiers E. Janssens, D1366, 12/12/1904.
64. Bosschaerts 2007: 216.
65. FOD Buitenlandse Zaken, Afrika-

archief, papiers E. Janssens, D1366, 5/1/1905.
66. Vangroenweghe 1985: 64.
67. Vangroenweghe 1985: 62.
68. Marechal 2005: 45-6.
69. Johnston 1908: 378-9.
70. Stengers 1989: 109.
71. Johnson 1908: 380.
72. Singleton-Gates & Girodias 1959: 120-2.
73. Singleton-Gates & Girodias 1959: 114.
74. Janssens 1905: 197.
75. Cattier 1906: 341.
76. Cornevin 1963: 129; Gann & Duignan 1979: 79; Stengers & Vansina 1985: 346, 354.
77. Akambu 1983: 85.

第三章

1. Van Thiel 1982: 20; Boelaert et al. 1995: 36-117.
2. Stanley 1886: 2: 214.
3. Maquet-Tombu 1952.
4. Cornevin 1963: 173-228; Stengers 1989.
5. Young 1968: 23.
6. De Meulder 2000: 50.
7. Cornevin 1963: 187.
8. Vanderkerken 1920: 235.
9. Vanderkerken 1920, 234.
10. Van Wing 1959: 128-9.
11. Carton de Wiart 1923: 70-1.
12. Cattier 1906: 321.
13. Cattier 1906: 322.
14. Couttenier 2005: 225.
15. Van Overbergh 1913: viii.
16. De Jonghe 1908: 304.
17. Van Overbergh 1913: 181.
18. Van Overbergh 1913: 183.
19. Depaepe et al. 2003: 233, 236.
20. Vinck 2002.
21. Depaepe et al. 2003: 191.
22. Frères Maristes 1927: 30-1.
23. Vinck 2002.
24. Kalundi Mango, geïnterviewd door Johannes Fabian, Lubumbashi, June 1986, http://www2.fmg.uva.nl/lpca/aps/vol4/vocabulairekalundicom-ments.html
25. Kaoze 1910.
26. Chalux 1925: 125.
27. Interview Etienne Nkasi, Kinshasa, 6. November 2008.
28. Chalux 1925: 111-4.
29. Chalux 1925: 122-5.
30. Interview Etienne Nkasi, Kinshasa, 10. November 2008.
31. Stengers 1989: 213-4.
32. Cornet 1944: 261.
33. Stengers 1989: 215.
34. Carton de Wiart 1923: 93.

35. Carton de Wiart 1923: 5.
36. Chalux 1925: 204.
37. Buelens 2007: 405.
38. Carton de Wiart 1923: 83.
39. Merlier 1962: 130.
40. Jewsiewicki 1988: 231-2.
41. Foire Internationale d'Elisabethvil-le 1962: 71-3.
42. Yav 1965: 29.
43. Yav 1965: 5.
44. Brausch 1961: 21-2.
45. Higginson 1989: 33.
46. Higginson 1989: 35.
47. Chalux 1925: 79.
48. Yav 1965: 7.
49. Northrup 1988: 97-9.
50. Chalux 1925: 209.
51. Joye & Lewin 1961: 184.
52. Kimoni Iyay 1990: 155-82.
53. Vandewalle 1966. : 45.
54. Banque Centrale du Congo 2007.
55. Chalux 1925. : 147.
56. Boelaert et al. 1995.
57. Delcommune 1920: 26.
58. Cayen 1938: 58.
59. Cayen 1938: 47-54.
60. Cornevin 1963: 176-7.
61. Geernaert n.d.
62. Depaepe et al. 2003: 220.
63. Interview Martin Kabuya, Kinshasa, 16. October 2008.
64. Kisobele Ndontoni 2008.
65. Interview Hélène Nzimbu Diluzeyi en Leon Wasolua, Kinshasa,11.November 2008.
66. Interview Eugène Yoka Kinene, Kinshasa, 11. November 2008.
67. Vanthemsche 2010.
68. Brion & Moreau 2006: 95.
69. Jewsiewicki 1980.
70. Hulstaert 1990.
71. Ndaywel è Nziem 1998. : 411.
72. Libotte n.d.
73. Delannoo 2006.
74. Etambala 1993:33-37; Odette Kudjabo, press.communiqué.
75. Dominiek Dendooven, press.communiqué.
76. Habran 1925: 52-3.

第四章

1. Geldof 1937: 131.
2. Interview Marcel Wanzungasa, Nkamba, 4. November 2008.
3. Geciteerd in Vellut 2005: 10.
4. Mokoko Gampiot 2004: 60-3.
5. Sinda 1972: 73.

6. Munayi 1977.
7. Gérard 1969: 9-13.
8. Nelson 1994: 176-7.
9. Ndaywel 1998: 411-2.
10. Kibari 1985.
11. Maquet-Tombu 1952: 135-6.
12. Thieffry 1926: 267.
13. Blanhart et al. 1999.
14. Guebels 1952: 262.
15. Vandewalle 1966: 13.
16. Nzula et al. 1979: 64.
17. Vanthemsche 1999: 17.
18. Vandewalle 1966: 45.
19. Davidson et al. 1987: 739.
20. FOD Buitenlandse Zaken, Afrika-archief, personeelsdossier Firmin Joseph Arthur Peigneux.
21. Interview Pierre Diakanua, Kinshasa, 8. December 2008.
22. Interview Etienne Nkasi, Kinshasa, 10. November 2008.
23. Vellut 1992: 201.
24. Vellut 1992: 175.
25. Nelson 1994: 155.
26. Sikitele 1973: 117-8.
27. Sikitele 1973: 109.
28. Geciteerd in Nzula et al. 1979: 110.
29. De Saint Moulin 2007: 42.
30. Fetter 1976: 74.
31. Brion & Moreau 2006. : 115, 134.
32. Nelson 1994: 151; Northrup 1988: 206-9.
33. Fetter 1973: 23.
34. Higginson 1989: 56.
35. Northrup 1988: 208.
36. Joye & Lewin 1961: 160.
37. Joye & Lewin 1961: 159.
38. Fetter 1974. : 216.
39. Grévisse 1951: 98.
40. Esgain 2000: 61.
41. Verhaegen 1999: 126.
42. Daye 1929: 207.
43. Davis 1933: 287-90.
44. Van Peel 2000: 152.
45. Daye 1929: 239.
46. Chalux 1925: 213.
47. Chalux 1925: 157-8.
48. Stewart 2000: 16.
49. Fetter 1973: 38.
50. Chalux 1925: 126.
51. Fabian 1986.
52. Geciteerd in Depaepe et al. 2003: 164-5.
53. Boel 2005: 77, 83.
54. Boel 2005: 111, 139.
55. Boel 2005: 88.
56. Emongo Lomomba 1985: 136.
57. Fabian 1971: 60.
58. Young 1984: 700.
59. Emongo Lomomba 1985: 137-8.
60. Joye & Lewin 1961: 161-3; Fabian 1971: 55-60; Fetter 1973: 38.
61. Geciteerd in Brion & Moreau 2006: 137.
62. Tilman 2003.
63. Van Peel 2003: 180.
64. Renson & Peeters 1994: 204.
65. Van Peel 2003: 181.

66. Interview Henri de la Kéthulle, Kinshasa, 26. May 2007, Kikwit, 2.ju-ni 2007. en 20. September 2008.
67. Fetter 1974. .
68. Perrings 1979: 216.
69. Kalundi Mango, geïnterviewd door Johannes Fabian, Lubumbashi, June 1986, http://www2.fmg.uva.nl/lpca/aps/vol4/vocabulairekalundicomments.html
70. Yav 1965: 22.
71. Fetter 1974: 212-213.
72. Brausch 1961: 20.
73. Brausch 1961: 19-39.
74. Souchard 1983: 47.
75. Geciteerd in Feuchaux 2003: 88-90.
76. Geciteerd in Etambala 1993: 40.
77. Geciteerd in Etambala 1993: 40.
78. Geciteerd in Bontinck 1980: 608.

第五章

1. Interview André Kitadi, Kinshasa, 16. October 2008.
2. Bourla Errera 2000: 59.
3. McCrummen 2009.
4. Interview André Kitadi, Kinshasa, 11. November 2008.
5. Interview André Kitadi, Kinshasa, 16. October 2008.
6. Interview Martin Kabuya, Kinshasa, 16. October 2008.
7. Ergo 2008: 132-4.
8. Interview Libert Otenga, 11. November 2008.
9. Wrong 2000: 136-44.
10. Buelens 2007: 282.
11. Buelens 2007: 288.
12. Jewsiewicki et al. 1973: 160.
13. Tshibangu Kabet 1974: 297.
14. Zana Aziza Etambala 1999a: 77-8.
15. Dibwe dia Mwembu 1999: 195.
16. Perrings 1979: 226.
17. Yav 1965: 24.
18. Emongo Lomomba 1985: 140.
19. Vellut 1983: 506-14.
20. Jewsiewicki et al. 1973.
21. Young 1984: 703.
22. Souchard 1983: 176.
23. Souchard 1983: 59.
24. Souchard 1983: 58.
25. Souchard 1983: 59-60.
26. Souchard 1983: 146-8.
27. Souchard 1983: 155.
28. Hulstaert 1983: 590.
29. Souchard 1983: 234.
30. Souchard 1983: 84-7.
31. Souchard 1983: 235.

32. Interview Libert Otenga,11. November 2008.
33. Vellut 1983: 505.
34. Interview André Kitadi, Kinshasa, 16. October 2008.
35. Vanderlinden 1994: 604.
36. Van Bilsen, 1993: 55.
37. Guebels 1952: 640.
38. Roussel 1949:49.
39. Wauters 1929: 142.
40. Dehoux 1950: I, 155.
41. Lefebvre 1952: 519.
42. Ceuppens 2009.
43. Young 1984: 704-7.
44. Stengers 1989: 226.
45. Drachoussoff 1954: 115-6.
46. Guebels 1952: 738.
47. Tempels 1944: 22.
48. Tempels 1945: 105.
49. Guebels 1952: 659.
50. De Saint Moulin 2007: 42.
51. Gourou 1955: 33.
52. Guebels 1952: 642.
53. Interviews Longin Ngwadi, Kikwit, 19-20. September 2008.
54. Comhaire-Sylvain 1968: 54-6.
55. Interview zuster Apolline Lemole Daringi, Kinshasa, 29. September 2008.
56. Interview Victorine Ndjoli, Kinshasa, 7. November 2008.
57. Interview François Ngombe, Kinshasa, 9. November 2009.
58. Comhaire-Sylvain 1968: 23.
59. Gondola 1997a.
60. Pauwels-Boon 1979: 137.
61. Jewsiewicki 1976: 69.
62. Guebels 1952: 664.
63. Martens 1999: 141.
64. Young 1968: 24-5.
65. Pons 1969: 147-50.
66. Young 1968: 150-3.
67. Pons 1969: 214.
68. Interview Kipulu Sambo en Hery Mambo, Kinshasa, 17. September 2008.
69. Emongo Lomomba 1985: 139.
70. Leysen 1982: 35min.04. sec.
71. Jewsiewicki 1976: 69.
72. Geciteerd in Rubbens 1945: 128-9.
73. Mantels 2007: 206.
74. Kadima-Nzuji 1984: 55.
75. Interview Camille Mananga Nkanu, Boma, 9. October 2008.
76. Interview Victor Masunda Kukana, Boma, 8. October 2008.
77. Ndaywel è Nziem 1998: 462.
78. Interviews Jean Lema,alias Jamais Kolonga, Kinshasa, 3. and 14.October and 6. November 2008.
79. Interview Paul Kasenge, Lubumbas-hi, 29. June 2007.
80. Interview Zizi Kabongo, Kinshasa, 21. April 2008.
81. Tshitungu Kongolo 2003b: 62.

第六章

1. Interview Michel Lechat, Brussel, 19. September 2007.
2. De Backer 1959: I, 7.
3. Van Bilsen 1958: 164-202.
4. Labrique 1957: 253, 256.
5. Labrique 1957: 261.
6. Labrique 1957: 254.
7. Young 1965: 114-7.
8. Labrique 1957: 271.
9. Labrique 1957: 107-10.
10. Queuillle 1965: 315.
11. Klein 1957: 84; Petillon 1985: 448.
12. Interview Jean Cordy, Louvain-la-Neuve, 5. September 2009.
13. Verhaegen 1971: 419-21; Bouvier 1965: 39-56
14. Ghilain 1963: 90-1.
15. Archer 1971: 67.
16. Wolter et al. 1957: 55-8.
17. Sinatu Bolya 2003.
18. Interview Victorine Ndjoli, Kinshasa, 7. November 2008.
19. Michel 1962: 72.
20. Verhaegen 1971: 419.
21. Gondola 1999.
22. Laude 1956: 29.
23. Sohier 1959: 236.
24. Zana Aziza Etambala 1999: 50.
25. Ganshof van der Meersch 1958: 40-54.
26. CRISP 1962: 136.
27. Interviews met Jean Lema alias Jamais Kolonga, Kinshasa, 3. en 14. ok-tober en 6. November 2008.
28. de Monstelle 1962: 119.
29. Interviews met Longin Ngwadi, Kikwit, 19-20. September 2008.
30. Pétillon 1985: 446.
31. Pétillon 1985: 517.
32. De Backer 1959: I, 32.
33. Zana Aziza Etambala 2008: 79-80.
34. Scott 1969: 21-2.
35. Zana Aziza Etambala 2008: 82, 84.
36. De Vos 1961: 52.
37. De Backer 1959: I, 32.
38. Interview Albert Tukeke Talulue, Kisangani, 18. November 2008.
39. Interview Jean Mayani, Kisangani, 19. November 2008.
40. Interview Raphaël Maindo, Kisangani, 17. November 2008.
41. Van Bilsen 1993: 124.
42. Interview Jean Cordy, Louvain-la-Neuve, 5. September 2009.
43. Monheim 1961: 22-4.
44. Janssens 1961: 60.
45. Lumenganeso 2005: 108-9.
46. Janssens 1961: 59-61.
47. Interview Jean Cordy, Louvain-la-Neuve, 5. September 2009.
48. Interview Jean Cordy, Louvain-la-

Neuve, 5. September 2009.
49. Interview Jean Cordy, Louvain-la-Neuve, 5. September 2009.
50. CRISP 1960: 10.
51. Demunter 1975: 266.
52. Interview Jean Cordy, Louvain-la-Neuve, 5. September 2009.
53. Young 1965: 159-60.
54. Caprasse 1959: 137-41.
55. CRISP 1960: 51-3.
56. De Backer 1959: III, 64.
57. Interview Jean Mayani, Kisangani,
19. November 2008.
58. De Backer 1959: II, 20.
59. De Backer 1959: III, 158.
60. De Backer 1959: II, 83.
61. Interview Jean Mayani, Kisangani,
19. November 2008.
62. Interview Jean Mayani, Kisangani,
19. November 2008.
63. Ndaywel è Nziem 1998: 546.
64. Schöller 1982: 114.
65. Interview with Charly Henault, Méhaigne, August 28, 2008.
66. Ganshof van der Meersch 1960: 25; Scott 1969:25.
67. Fierlafyn 1990: 200.
68. Demunter 1975: 276-7.
69. Archer 1971: 84.
70. Interview Mario Cardoso, Kinshasa, 1. October 2008.
71. Buelens 2007: 327.
72. Merlier 1962: 292.
73. Eyskens 1994: 567.
74. Remilleux 1989: 46.
75. Joye & Lewin 1961: 290-5.
76. Young 1984: 712-3.
77. Weiss 1965: 2.
78. Inforcongo 1958; Verhaegen 1971: 421.
79. Kanza 1959: 39.

第七章

1. Interviews met Jean Lema alias Ja-mais Kolonga, Kinshasa,October 3. and 14. and November 6. 2008.
2. Interview Victorine Ndjoli, Kinshasa, November 7, 2008.
3. Archer 1971: 11.
4. Etambala 1999: 147.
5. Etambala 2008: 432-3.
6. CRISP 1961: 318-20.
7. Verlinden 2008: 140.
8. Interview Jean Cordy, Louvain-la-Neuve, 18. September 2009.
9. De Vos 1961: 193-4.
10. CRISP 1961: 323.
11. Interview Victor Masunda Kuka-na, Boma, 8. October 2008.
12. Interview Camille Mananga Nkanu, Boma, 9. October 2008.

13. Interview Mario Cardoso, Kinshasa, 1. October 2008.
14. Schöller 1982: 178-83.
15. Ganshof van der Meersch 1958: 284.
16. Paulus 1962: 224.

第八章

1. Janssens 1961: 12.
2. CRISP 1961: 353-4.
3. De Vos 1961: 202.
4. CRISP 1961: 381, 388; Geerts 1970: 79.
5. Verlinden 2002: 154.
6. CRISP 1961: 375.
7. Janssens 1961: 216.
8. Jorissen 2005: 115.
9. Verlinden 2002: 148-51.
10. De Craemer & Fox 1968: 3.
11. Interview Jacques Courtejoie, Nsioni, 5. October 2008.
12. Souchard 1983: 254.
13. Kanza 1959: 40.
14. Souchard 1983: 248-9.
15. Geerts 1970: 11.
16. Interview Bonyololo Lokombe, alias Papa Rovinscky, Kisangani, 17. November 2008.
17. Vesse 1961: 16.
18. Van den Bosch 1986: 57.
19. De Vos et al. 2004: 41.
20. De Vos et al. 2004: 40.
21. Boehme 2005.
22. De Vos et al. 2004: 521.
23. http://www.congo-1960.be/WilfriedDeBrouwerFAF_Piloot.html
24. Kestergat 1961.
25. Interview Camille Mananga Nkanu, Boma, 9. October 2008.
26. Verlinden 2002: 151.
27. CRISP 1961: 544.
28. Abi-Saab 1978: 14.
29. CRISP 1961: 555.
30. Devlin 2007: 48.
31. Pardigon 1961: 89.
32. CRISP 1961: 555-6.
33. Devlin 2007.
34. El-Tahri 2007.
35. Interview Jean Lema alias Jamais Kolonga, Kinshasa, 3. October 2008.
36. Brian Urquhart, geciteerd in Me-redith 2005: 104.
37. Meredith 2005: 104-5.
38. Eyskens 1994: 584.
39. CRISP 1961: 806.
40. CRISP 1961: 110.
41. Geerts 1970: 90-1.
42. Interview Mario Cardoso, Kinshasa, 1. October 2008.
43. De Vos et al. 2004: 581.
44. Devlin 2007: 94-7.

45. Young 1984: 721.
46. De Vos et al. 2004: 255.
47. Interview Mario Cardoso, Kinshasa, 1. October 2008.
48. Meredith 2005: 109.
49. De Vos et al. 2004: 363-422.
50. De Vos et al. 2004: 395.
51. Soete 1993: 98-101.
52. Walter Zinzen, pers. mededeling, 4. November 2009.
53. Van Bilsen 1993: 161.
54. Interview Anne Mutosh Amuteb, Lubumbashi, 23. April 2008.
55. Ziégler 1963.
56. Yakemthouck 1988a: 177.
57. Scholl-Latour 1986: 216.
58. Gérard-Libois 1963: 186-7.
59. Ziégler 1963: 38.
60. Interview Walter en Alice Lum-beeck, Oostkamp, 25. July 2009.
61. Interview Frans en Marja Vlee-schouwers, Berchem, 25. July 2009.
62. Hammarskjöld 1964: 93.
63. Martelli 1966: 198.
64. http://www.congo-1960.be/huur-lingencongo.htm
65. Interview Walter en Alice Lum-beeck, Oostkamp, 25. July 2009.
66. Interview Frans en Marja Vlee-schouwers, Berchem, 25. July 2009.
67. Interview Walter en Alice Lum-beeck, Oostkamp, 25. July 2009.
68. CRISP 1964: 99.
69. Kamitatu 1971: 97.
70. Young 1968: 319-48.
71. CRISP 1965: 104.
72. CRISP 1964: 105-7.
73. Verhaegen 1966: I, 122.
74. Fox et al. 1965: 22.
75. Akambu 1983: 91-4.
76. Manya K'Omalowete 1986.
77. Verhaegen 1986: 7, 12.
78. Takizala 1964: 69.
79. Manya K'Omalowete 1986: 102.
80. Zinzen 2004: 101.
81. Geerts 1970: 189.
82. Etambala 1999: 266.
83. Etambala 1999: 258.
84. Tielemans 1966; Esposito 1978.
85. Ndaywel è Nziem 1998: 638-9.
86. CRISP 1965: 141.
87. Ndaywel è Nziem 1998: 639.
88. Verbeken 2005: 36.
89. Devlin 2007: 225.
90. Ndaywel è Nziem 1998: 623.
91. Brion 1986: 63.
92. Akambu 1983: 92.
93. Akambu 1983: 93-4.
94. El-Tahri 2007.
95. Guevara 2001: 298.
96. Guevara 2001: 83.
97. Guevara 2001: 313.
98. Guevara 2001: 281.
99. Zinzen 1995: 19-20.
100. CRISP 1966: 441.
101. CRISP 1966: 257.
102. Houyoux 1973: 30.
103. La Fontaine 1970: 64.

104. Close 2007: 164.
105. CRISP 1966: 6.
106. Interview Jean Lema alias Jamais Kolonga, Kinshasa, 3. October 2008.
107. Ilosono 1985: 67-72.

第九章

1. Interviews met Zizi Kabongo, Kinshasa, 31. May, 14. en 16. November 2007; 21. April and 16. September 2008.
2. Buana Kabue 1975: 105.
3. CRISP 1966: 438-44.
4. Joris 2001: 33.
5. Interview Vincent Lombume Kalimasi, Kinshasa, 14. June 2007.
6. Diallo 1977: 88.
7. CRISP 1967: 441.
8. CRISP 1967: 442-3.
9. de Saint Moulin 2007: 42.
10. Houyoux 1973: 30-1.
11. Geerts 1970: 358.
12. CRISP 1966: 415-6.
13. CRISP 1967: 102.
14. Geerts 1970: 286-95.
15. CRISP 1967: 120.
16. CRISP 1967: 179.
17. Geerts 1970: 274.
18. Interview Alphonsine Mosolo Mpiaka, Kinshasa, 7. November 2008.
19. Zinzen 1995: 29-31.
20. Verhaegen 1970: 23.
21. Braeckman 1992: 38-40.
22. Geerts 1970: 255.
23. Huybrechts et al. 1980: 152-63.
24. Ikembana 2007: 31.
25. Bureau du Président de la Républi-que 1972: 384-5.
26. Sakombi Inongo 1974b: 409.
27. Close 2007: 235.
28. Close 2007: 190.
29. Close 2007: 251.
30. Interview François Ngombe, alias Maître Taureau, Kinshasa,9.November 2009.
31. Lubabu Mpasi-A-Mbongo & Musangi Ntemo 1987: 56.
32. Mwabila Malela 1979: 128.
33. Huybrechts et al. 1980: 239.
34. Interview Paul Kasenge, Lubumbashi, 29. June 2007.
35. Huybrechts et al. 1980: 170.
36. Interview André Kitadi, Kinshasa, 16. October 2008.
37. Gast 1996.
38. Lubabu Mpasi-A-Mbongo & Musangi Ntemo 1987: 76.
39. Verhaegen 1978: 126-30.
40. Interview Adolphine Ngoy, Bukavu, 19. June 2007.

41. Interview Bertrand Bisengimana, Kivumeer, 25. April 2008.
42. Young & Turner 1985: 167-8.
43. Ndaywel è Nziem, I. 1995.
44. Sakombi Inongo 1974b: 409.
45. Sakombi Inongo 1974a: 334.
46. Ekanga Botombele 1975.
47. Sakombi Inongo 1974b: 318.
48. Interview Joseph Ibongo, Kinshasa, 1. June 2007.
49. Interview Jean-Pierre Mukoko, Kinshasa, 19. maart 2005.
50. White 2008: 73-9.
51. Huybrechts et al. 1980: 155.
52. Schatzberg 1988: 122-5.
53. Nzongola-Ntalaja 2002: 148.
54. Bézy et al. 1981: 57-68.
55. Van den Bosch 1992: 90.
56. Bézy et al. 1981: 61.
57. Mobutu 1973: 233, 243.
58. Chomé 1975: 28.
59. Chomé 1978: 142-3.
60. Stewart 2000: 199.
61. Mailer 2007: 40.
62. Young & Turner 1985: 326-62.
63. Houyoux 1972, 1973.
64. Pain 1984: 114.

第十章

1. Braeckman 1992: 298.
2. Remilleux 1989: 91.
3. Remilleux 1989: 92.
4. http://www.bernd-leitenberger.de/otrag.shtml
5. Kalonga 1978: 32-47.
6. Mende Omalanga & Tshilenge wa Kabamb 1992: 75-7.
7. Willame 1986.
8. Ndaywiel è Nziem 1998: 737.
9. Willame 1986: 132.
10. Willame 1986: 80-1.
11. Interviews met Zizi Kabongo, Kinshasa, 31. May, 14. en 16. November 2007; 21. April and 16. September 2008.
12. Geerts 2005: 173-6.
13. Yambuya 1991: 34-6.
14. Yambuya 1991: 33.
15. Yambuya 1991: 28.
16. Cabinet du Département de la Défense Nationale 1974: 40.
17. Kamitatu-Massamba 1977: 103.
18. Yambuya 1991: 69.
19. Yakemtchouk 1988b: 399-402.
20. Young & Turner 1985: 375.
21. Wrong 2000: 190.
22. Interview Eugène Yoka Kinene, Kinshasa, 11. November 2008.
23. Interview Alphonsine Mosolo Mpiaka, Kinshasa, 7. November 2008.

24. Young & Turner 1985: 324.
25. Ndaywel è Nziem 1998: 732.
26. Young & Turner 1985: 324.
27. Ndaywel è Nziem 1998: 732.
28. Willame 1992: 96.
29. Peemans 1988: 23.
30. Young & Turner 1985: 379.
31. Mende Omalanga & Tshilenge wa Kabamb 1992: 28-9.
32. Blumenthal 1982: 8.
33. Blumenthal 1982: 15.
34. Nguza Karl I Bond 1982.
35. Vrijgegeven cia -document, Zaire's IMF Problem, 15. September 1986, http://www.foia.cia.gov/
36. Stiglitz 2002: 12.
37. Kabuya Kalala et al. 1980.
38. Interview Didace Kawang, Kinshasa, 30. September 2008.
39. Stiglitz 2002: 18.
40. Young & Turner 1985: 323.
41. Emizet 1997: 22, 26.
42. Nzongola-Ntalaja 1986: 4.
43. Peemans 1988: 39.
44. Emizet 1997: 25.
45. Young & Turner 1985: 311.
46. Janssen 1997: 78-83.
47. Janssen 1997: 73-8.
48. Interview Kibambi Shintwa, Kinshasa, 25. September 2008.
49. Interviews met Jean Lema alias Jamais Kolonga, Kinshasa, 3. en 14. October and 6. November 2008.
50. Bender 2006: 304.
51. Interview Alfons Mertens, Puurs, 5. November 2007.
52. Willame 1992: 132.
53. Interview Raymond Mukoka, Kinshasa, 29. September 2008.
54. Wrong 2000: 97.
55. Braeckman 1992: 72.
56. Interview mevrouw A., Kinshasa, 17. maart 2005;cf. Nlandu-Tsasa 1997:16.
57. Vandommele 1983: 78-9; Batumike 1986: 52-3.
58. Amnesty International 1980; 1983.
59. Yambuya 1991: 91.
60. Nlandu-Tsasa 1997: 98.
61. Mvumbi Ngolu Tsasa 1986: 68-9.
62. Interview Papy Mbwiti, Kinshasa, 30. September 2008.
63. MacGaffey 1991: 17-9.
64. Nlandu-Tsasa 1997: 64.
65. Renton et al. 2007: 136.
66. Interview Papy Mbwiti, Kinshasa,
30. September 2008.
67. Interview Ruffin Kibarin Nsanga, Kikwit, 21. September 2008.
68. Newbury 1984.
69. Interview Régine Mutijima, Kinshasa, 10. December 2008.
70. Interview Thérèse Pakasa, Kinshasa, 8. November 2008.
71. Michel 1999.
72. Braeckman 1992: 303.

第十一章

1. Interview Régine Mutijima, Kinshasa, 10. December 2008.
2. Interview Modeste Mutinga, Kinshasa, 3. October 2008.
3. Interview Baudouin Hamuli, Kinshasa, 16. and 24. September 2008.
4. Hamuli Kabarhuza et al. 2003: 27.
5. Braeckman 1992: 205.
6. Interview Baudouin Hamuli, Kinshasa, 16. and 24. September 2008.
7. Mende Omalanga & Tshilenge wa Kabamb 1992: 45-7.
8. Buyse 1994: 29.
9. Interview Kibambi Shintwa, Kinshasa, 25. September 2008.
10. Interview Baudouin Hamuli, Kinshasa, 16. and 24. September 2008.
11. Interview José Mpundu, Kinshasa, 23. September 2008.
12. Dorlodot 1994: 90-94.
13. Interviews met Zizi Kabongo,Kinshasa, 31. May, 14. en 16. November 2007; 21. April and 16. September 2008.
14. Nzongola-Ntalaja 2002: 193.
15. Nzongola-Ntalaja 2002: 199.
16. De Villers & Omasomba 2002: 403.
17. Nzongola-Ntalaja 2002: 196-8.
18. De Herdt & Marysse 2002: 175.
19. Banque Centrale du Congo 2007: 92.
20. Michel 1992.
21. Smith 2005: 234.
22. Devisch 1995: 608.
23. Hamuli Kabarhuza et al. 2003: 18.
24. Devisch 1995.
25. Ndaywel è Nziem 1995: 78, 116.
26. Ndaywel è Nziem 1995: 65-6.
27. Banque Centrale du Congo 2007: 117.
28. Beaugrand 1997: 9.
29. Banque Centrale du Congo 2007: 119; De Boeck & Plissart 2004: 187.
30. Beaugrand 2003.
31. Interview Alexandre Kasumba Dunia, zoodirecteur, Kinshasa, 29. December 2003.
32. Kabuya Kalala & Matata Ponyo 1999.
33. Interview Sekombi Katondolo, Goma, 26. November 2008.
34. Mamdani 2001: 253.
35. Interview anonieme Mai-mai, Goma,4. December 2008.
36. Interview Pierrot Bushala, Goma, 26. November 2008.
37. Vlassenroot 2000.
38. Prunier 2009: 25.
39. Interview Ruffin Luliba, Kinshasa, 1. October 2008.
40. Reyntjens 2009: 88.
41. Prunier 2009: 122.
42. Interview Katelijne Hermans, Brussel, 12. September 2007.

43. Interview Dr. Soki, Kisangani, 16. November 2008.
44. Interview Sekombi Katondolo, Goma, 26. November 2008.
45. Efinda 2009: 49.
46. Efinda 2009: 73.
47. Human Rights Watch 1997a: 23.
48. Interview Papy Bulaya, Kinshasa, 11. December 2008.
49. Van Dijck 1997: 9.
50. Prunier 2009: 148.
51. Interview Rufin Kibari Nsanga,Kikwit, 21. September 2008.
52. Interview Katelijne Hermans, Brussel, 12. September 2007.
53. Interview Rufin Kibari Nsanga,Kikwit, 21. September 2008.
54. Interview Rufin Kibari Nsanga,Kikwit, 21. September 2008.
55. Willame 1998.
56. Reyntjens 2009: 67-77.
57. Prunier 2009: 137-43.
58. El Tahri 2000.
59. Tokwaulu Aena n.d.: 187.
60. El Tahri 2000.

第十二章

1. Reyntjens 2009: 152.
2. Reyntjens 2009: 152.
3. Banque Centrale du Congo 2007: 95.
4. Human Rights Watch 1997b: 16.
5. Human Rights Watch 1997b: 48.
6. Reyntjens 2009: 152.
7. Interview Bertin Punga, Kinshasa, 29. September 2008.
8. Frère 2005: 100.
9. Interview Zizi Kabongo, Kinshasa, 14. November 2007.
10. Reyntjens 2009: 154.
11. Prunier 2009: 150.
12. Reyntjens 2009: 57.
13. Ngbanda 2004: 41.
14. Braeckman et al. 1998: 132.
15. Prunier 2009: 178.
16. International Rescue Committee 2007.
17. Interview Simba Regis, Kigali, 25. June 2007.
18. Interview Ruffin Luliba, Kinshasa, 11. December 2008.
19. Interview Rufin Kibari Nsanga,Kikwit, 21. September 2008.
20. Reyntjens 2009: 186.
21. Lanotte 2003: 109.
22. Interview Jeanine Mukanirwa, Kinshasa, 12. November 2007.
23. Interview Tharcisse Kayira, Bukavu,20. June 2007.
24. Interview Pierrot Bushala, Goma,
26. November 2008.

25. Human Rights Watch 2000.
26. Interview Muhindo, Goma, 4. December 2008.
27. De Morgen, 23. June 2007.
28. Interview Yves Van Winden, Goma, 4. December 2008.
29. De Villers 2001: 12.
30. Zinzen 2004: 180-5.
31. Interview Agustin Utshudi, Goma, 1. December 2008.
32. Lanotte 2003: 111-5.
33. Interview Agustin Utshudi, Goma, 1. December 2008.
34. Interview Dr. Soki, Kisangani, 16. November 2008.
35. Prunier 2009: 229.
36. Lanotte 2003: 122.
37. De Villers 2001: 159-60.
38. Human Rights Watch 2005: 18.
39. Marysse & André 2001.
40. Leclercq 2001: 69.
41. Marysse & André 2001.
42. Global Witness 2005: 30.
43. Oyatambwe 1999: 122.
44. Harden 2001.
45. Marysse & André 2001.
46. Unesco 2005: 34.
47. Debroux et al. 2007: 7, 10.
48. Interview Papy Bulaya, Kinshasa, 11. December 2008.
49. Pole Institute 2002: 11, 13.
50. Vlassenroot & Romkema 2002.
51. Human Rights Watch 2001.
52. Human Rights Watch 2005: 27, 29, 45.
53. Interview UPC veteran, Kasenyi, 23. November 2008.
54. Jourdan 2004.
55. Interview Baptiste Uzele-Uparpiu, Kasenyi, 23. November 2008.
56. Interview Masika Katsuva, Goma, 2. December 2008.

第十三章

1. Prunier 2009: 252.
2. Braeckman 2003: 97-125.
3. de Villers 2009: 15-20.
4. Interview Antoine Vumilia, Kinshasa, 12. December 2008.
5. Zeebroek 2008: 8-9.
6. de Villers 2009: 222.
7. Interview Johan Swinnen, Kinshasa, 17. November 2007.
8. Reyntjens 2009: 239.
9. Reyntjens 2009: 243-4.
10. niza2006: 20.
11. Interview Rufin Kibari Nsanga,Kikwit, 21. September 2008.

12. Nzeza 2004: 29.
13. niza2006: 20-1.
14. niza2006: 9.
15. Prunier 2009: 306.
16. Reyntjens 2009: 243.
17. Interview Frank Werbrouck, Kinshasa, 11. November 2008.
18. Vlassenroot & Raeymaekers 2004.
19. Prunier 2009: 325-6.
20. Interviews met Marie Djoza, Bunia,28. November 2008, and Marie Pacuriema and Jacqueline Dz'ju Malosi,Bunia,22. November 2008.
21. Human Rights Watch 2003: 6.
22. Interview Johan Swinnen, Kinshasa, 17. November 2007.
23. Human Rights Watch 2004: 5.
24. Market Volume DRC,internal document Bralima, September 2008.
25. Interview Jo De Neckere, Brussel, 23. January 2010.
26. De Bruijn et al. 2001.
27. Giovannoni et al. 2004: 102-5.
28. Interview Riza Labwe, Kikwit, 21. September 2008.
29. Interview Justine Masika, Goma, 1. December 2008.
30. Interview Dolf van den Brink, 17. September 2008.
31. Yoka 2005: 60.
32. Interview Papy Mbwiti, Kinshasa, 16. September 2008.
33. De Boeck & Plissart 2004: 41.
34. "Werrason", Wikipedia, 30. January 2010.
35. Interviews with seven Werrason fans, Kikwit, 21. September 2008.
36. "Werrason", Wikipedia, 30. January 2010.
37. Interview Flamme Kapaya, Kisangani, 13. and 16. November 2008.
38. Interview Dolf van den Brink,4.October 2008.
39. Le Potentiel, 25. September 2008.
40. Interview Beko, 28. May 2007.
41. Frère 2005: 124.
42. Tigo Annual Report and Accounts 2007: 25.
43. Frère 2009: 210.
44. Frère 2009: 209.
45. Pype 2009a: 103.
46. Pype 2009a: 103.
47. Ayad 2001.
48. Pype 2007.
49. Kalulambi Pongo 2004: 59.
50. Pype, in druk.
51. Le Potentiel, 4. February 2006.
52. Muambi 2009: 96.
53. Interview Martin Kayembe, Kinshasa, 22. April 2008.
54. *Le Potentiel*, 31. May 2007.
55. De Boeck 2004: 162-4.
56. Ndaywel è Nziem 2002.
57. Interview Dominique Khonde Mpolo, Kinshasa, 10. November 2008.
58. Interview José Mpundu, Kinshasa,

23. September 2008.
59. Kennes 2003: 298.
60. Amnesty International 2006.
61. Olinga 2006.
62. Reyntjens 2009: 237.
63. White 2008: 184, 187.
64. White 2008: 173; Olinga 2006.
65. Interview Israël Tshipamba, Kinshasa, 29. May 2007.
66. Frère 2007.
67. De Villers 2009: 372.
68. www.deboutcongolais.info/actualite5/art_330.htm.

第十四章

1. Interview Pascal Rukengwa, Kinshasa, 26. September 2008.
2. Muambi 2009: 78.
3. De Villers 2009: 366.
4. Braeckman 2009: 123.
5. De Villers 2009: 369.
6. De Saint Moulin 2009: 54.
7. Telefonisch interview Pascal Ru-kengwa, Brussel-Kinshasa, 9. February 2010.
8. Vandaele 2008: 30.
9. De Valon 2006: 23.
10. Interview Carl De Keyzer, Kinshasa, 27. May 2007.
11. Braeckman 2009: 132.
12. International Crisis Group 2007: 10.
13. Human Rights Watch 2008a: 16-65.
14. Soudan 2007: 28.
15. Quiproquo, 20. June 2007.
16. Interview Baudouin Waterkeyn, ziekenhuisaalmoezenier, Lubumbashi, 29. June 2007.
17. De Villers 2009: 430.
18. The Africa Report, December 2009: 197.
19. Muzito 2010: 4-8.
20. hrd.undp.org
21. www.foreignpolicy.com
22. www.doingbusiness.org
23. www.unicef.org/infobycountry/drcongo_statistics.html
24. De Villers 2009: 426.
25. IPIS 2008a.
26. Africa Confidential, 8. October 2009.
27. Interview Alain Chirwisa, alias Alesh, Kisangani, 16. November 2008.
28. Stiglitz 2002: 18.
29. Radio France International, 22. September 2009.
30. Amnesty International 2010.
31. Christian Science Monitor, 14. November 2008.
32. Scott 2008: 170.
33. Lemarchand 2009: 270.

34. IPIS 2008b.
35. De Morgen, 6. May 2008.
36. Human Rights Watch 2008b.
37. Interview majoor Antoine, Rwanguba, 27. November 2008.
38. Human Rights Watch 2002b: 18-20.
39. Interview Laurent Nkunda, Rwanguba, 27. November 2008.
40. UN Security Council 2008; Human Rights Watch 2008b.
41. Interview Grâce Nirahabimana, Mugu-nga, 2. December 2008.
42. International Crisis Group 2009a, b.
43. Hoebeke et al. 2009: 136.
44. Berwouts 2010.
45. De Keyzer 2009: 14-5.
46. Campbell 2007.
47. Braeckman 2009: 158-9.
48. raid 2009: 8-26.
49. ipis 2009.
50. Braeckman 2010: 52.
51. Braeckman 2009: 175.
52. Soudan 2007: 28.
53. Braeckman 2009: 177.
54. IMP,11.December 2009: Press Release 09/445.
55. Minani 2010.
56. Vandaele 2005: 166; www.imf.org
57. Reuters, 12. December 2009.
58. ASADHO 2010.
59. Stearns 2010.
60. Interview with Dadine Musitu, Kinshasa,September 16,2008.
61. Interview with Rosemonde N.,Kinshasa,September 25,2008.

第十五章

1. *China Daily,* 28. October 2008.
2. Interview Jules Bitulu, Guangzhou, 27. October 2008.
3. Interview Lukisu Fule, Gu-angzhou, 25. October 2008.
4. Interview Patou Lelo, Guangzhou, 26. October 2008.
5. Interviews with Commandant "César" and "Timothée," Guangzhou,October 26,2008

参考文献

Abi-Saab, G. 1978: *The United Nations Operation in the Congo 1960-1964*. Oxford.

Africa Confidential 2009: "Congo-Kinshasa: Mines, Dollars and Dams."*Africa Confidential*, October 9, 2009, 50, 20, 2-3.

Alden, C. 2007: *China in Africa*. London.

Alpers, E.A. 1975: *Ivory & Slaves in East Central Africa*. London.

Amnesty International 1980: *Les violations des droits de l'homme au Zaïre*. Brussel.

Amnesty International 1983: *Zaïre: dossier sur l'emprisonnement politique et commentaires des autorités*. Paris.

Amnesty International 2006: Democratic Republic of Congo: Acts of political repression on the increase. AI Index: AFR 62/014/2006, 4. July.

Amnesty International 2010: Human Rights Defenders under Attack in the Democratic Republic of Congo . Februari 2010, www.amnesty.org.

Antipas, G. 2007: *Pionniers méconnus du Congo Belge*. Brussel.

Antonissen, J. & J. Weyn 2007: *F.C. Indépendance*. Canvas documentary.

Archer, J. 1971: Congo: *The Birth of a New Nation*. Folkestone.

Asch, S. 1982: *L'église du prophète Simon Kimbangu: de ses origines à son rôle actuel*

au Zaïre. Paris.

Ayad, C. 2001: Les sectes, sauve-qui-peut au Congo-Kinshasa. *Libération* , 31. January.

Bailey, H. 1894: *Travel and Adventures in the Congo Free State and its Big Game Shooting*. London.

Batumike, C. 1986: *Une liberté de moins: témoignage de prison et autres rubriques*. Langenthal.

Banque Centrale du Congo 2007: *La Banque Centrale du Congo: une rétrospective historique*. Kinshasa.

Barham, L. & P. Mitchell 2008: *The First Africans: African Archaeology from the Earliest Toolmakers to the Most Recent Foragers*. Cambridge,UK.

Beaugrand, P. 1997: Zaïre's hyperinflation, 1990-96. IMF Working Paper97/50.

Beaugrand, P. 2003: Overshooting and dollarization in the Democratic Republic of the Congo. IMF Working Paper03/105.

Bender, K.W. 2006: *Moneymakers: The Secret World of Banknote Printing*. Weinheim.

Bentley, W.H. 1900: *Pioneering on the Congo*. London.

Bertoncelo, B. & S. Bredeloup 2007: The emergence of new African "trading posts" in Hong Kong and Guangzhou. *China Perspectives 1*, chinaperspectives.revues.org.

Berwouts, K. 2010: Un semblant d'état en état de ruine . Intern document EurAc, 27. januari 2010.

Bézy, F., J.-P. Peemans & J.-M. Wautelet 1981: *Accumulation et sous-développement au Zaïre 1960-1980*. Louvain-la-Neuve.

Blanchart, C., J. de Deurwaerder, G. Nève, M. Robeyns & P. van Bost 1993: *Le rail au Congo Belge*, tome I: 1890-1920. Brussel.

Blanchart, C., J. de Deurwaerder, G. Nève, M. Robeyns & P. van Bost 1999: *Le rail au Congo Belge*, tome II: 1920-1945. Brussel.

Blumenthal, E. 1982: Zaïre: rapport over zijn internationale financiële credibiliteit. *Info Zaïre 36,* 3-15.

Bodomo, A. 2010: The African trading community in Guangzhou: an emerging bridge for Africa-China relations. *China Quarterly*, in press.

Boehme, O. 2005: The involvement of the Belgian Central Bank in the Katanga

secession, 1960-1963. *African Economic History 33,* 1-29.

Boel, S. 2005: Censuur in Belgisch Congo (1908-1960): een onderzoek naar de controle op de pers, de film en de muziek door de koloniale overheid. Unpublished thesis, Vrije Universiteit Brussel.

Boelaert, E., H. Vinck & C. Lonkama 1995: Témoignages africains de l'arrivée des premiers blancs aux bords des rivières de l'Equateur, *Annales Aequatoria16,* 36-117.

Bontinck, F. 1974: *L'autobiographie de Hamed ben Mohammed el-Murjebi: Tippo Tip (ca. 1840-1905).* Brussel.

Bontinck, F. 1980: Mfumu Paul Panda Farnana, 1888-1930: premier (?) nationaliste congolais. In *La dépendance de l'Afrique et les moyens d'y remé-dier.* Edited by V.Y. Mudimbe,Paris, 591-610.

Boone, O. 1951: *Les tambours du Congo-belge et du Ruanda-Urundi* .Tervuren.

Booven, H. van 1913: *Tropenwee.* Amsterdam (oorspronkelijk 1904).

Bosschaerts, D. 2007: Herinneringen aan Congo: *ambtenaar in Boma (1904-1907).* Antwerpen.

Bourla Errera, M. 2000: Moïse Levy: *un rabbin au Congo (1937-1991)* . Brussel.

Bouvier, P. 1965: *L'accesion du Congo belge à l'indépendance: essai d'analyse sociologique* . Brussel.

Braeckman, C. 1992: *De dinosaurus: het Zaïre van Mobutu.* Berchem.

Braeckman, C. 2003: *Les nouveaux prédateurs: politique des puissances en Afrique.* Paris.

Braeckman, C. 2009: *Vers la deuxième indépendance du Congo.* Brussel.

Braeckman, C. 2010: Les amis chinois du Congo. *Manière de voir,* december 2009-januari 2010, 52-4.

Braeckman, C., M.-F. Cros, G. de Villers, F. François, F. Reyntjens, F. Ryckmans & J.-C. Willame 1998: *Kabila prend le pouvoir.* Brussel.

Braekman, E.M. 1961: *Histoire du protestantisme au Congo.*Brussel.

Brausch, G. 1961: *Belgian Administration in the Congo.* London.

Brion, E. 1986: L'Eglise catholique et la rébellion au Zaïre (1964-1967). *Les cahiers du cedaf* 7-8, 61-78.

Brion, R. & J.-L. Moreau 2006: *Van mijnbouw tot Mars: de ontstaansgeschiedenis van Umi-core* . Tielt.

Brousmiche, P. 1987: *Bortaï: Faradje, Asosa, Gambela, Saio. Journal de campgne.* Doornik.

Brower, A. (ed.) 2005: *African Archaeology: A Critical Introduction.* Oxford.

Bruijn, M. de, R. van Dijk & D. Foeken (ed.) 2001: *Mobile Africa: Changing Patterns of Movement in Africa and Beyond.* Leiden.

Buana Kabue 1975: *L'expérience zaïroise: du casque colonial à la toque de léopard* . Paris.

Buch, P. & J. Vanderlinden 1995: *L'uranium, la Belgique et les puissances*. Brussel.

Buelens, F. 2007: Congo 1885-1960: *Een financieel-economische geschiedenis*. Berchem.

Bureau du Président de la République [1972]: *Profils du Zaïre* . Kinshasa.

Buyse, A. 1994: *Democratie voor Zaïre: de bittere nasmaak van een troebel experiment* . Groot-Bijgaarden.

Cabinet du Département de la Défense Nationale 1974: *Forces Armées Zaïroises: Mémorandum de Réflexion, d'Action et d'Information.* Kinshasa.

Callaghy, T. 1984: *The State-Society Struggle: Zaire in Comparative Perspective.* New York .

Campbell, K. 2007: 800. Chinese state-owned enterprises active in Africa, covering every country. *Mining Weekly*, 28. september 2007.

Caprasse, P. 1959: *Leaders africains en milieu urbain (Elisabethville)* . Brussel.

Carrington, J.F. 1974: *La voix des tambours* . Kinshasa.

Carton de Wiart, H. 1923: *Mes vacances au Congo.* Brussel.

Catherine, L. 1994: *Manyiema, de enige oorlog die België won.* Antwerpen.

Catteeuw, K. 1999: "Cardijn in Congo: de ontwikkeling en betekenis van de Katho-lieke Arbeidersjeugd in Belgisch-Congo". *Brood en Rozen 4,* 2, 153-69.

Cattier, F. 1906: *Etude sur la situation de l'Etat Indépendent du Congo.* Brussel.

Cayen, A. 1938: *Au service de la colonie*. Brussel.

Ceuppens, B. 2009: Een Congolese kolonie in Brussel. In *Congo in België: koloniale cultuur in de metropool*. Edited by V. Viaene, D. Van Reybrouck and B. Ceuppens. Louvain. 231-50.

Chalux 1925: *Un an au Congo Belge*. Brussel.

Chomé, J. 1959: *La passion de Simon Kimbangu, 1921-1951*. Brussel.

Chomé, J. 1966: *Moïse Tshombe et l'escroquerie katangaise*. Brussel.

Chomé J. 1975: *Mobutu, guide suprême*. Brussel.

Chomé, J. 1978: *Mobutu of de opgang van een sergeant-hulpboekhouder tot Opperste Leider van Zaïre* . Antwerpen.

Clark, J.F. 2002: *The African Stakes of the Congo War* . New York.

Close, W.T. 2007: *Beyond the Storm: Treating the Powerless and the Powerful in Mobutu's Congo/Zaire* . Marbleton.

Comhaire-Sylvain, S. 1968: *Femmes de Kinshasa: hier et aujourd'hui* . Paris.

Connah, G. 2004: *Forgotten Africa: An Introduction to its Archaeology*. London.

Coquery-Vidrovitch, C., A. Forest, H. Weiss (ed.) 1987: *Rébellions-révolution au Zaïre 1963-1965*. 2 vols. Paris.

Corneille, A. 1945: *Le syndicalisme au Katanga*. Elisabethville.

Cornet, R.J. 1944: *Katanga : le Katanga avant les Belges*. Brussel.

Cornet, R.J. 1947: *La bataille du rail: la construction du chemin de fer de Matadi au Stanley Pool*. Brussel.

Couttenier, M. 2005: Congo tentoongesteld: *Een geschiedenis van de Belgische antropologie en het museum van Tervuren (1882-1925)*. Louvain.

CRISP 1960: *Congo* 1959. : *documents belges et africains*. Brussel.

CRISP 1961: *Congo 1960*(2. vols + annex). Brussel

CRISP 1962: *Abako 1950-1960: documents*. Brussel.

CRISP 1963: *Congo 1962*. Brussel.

CRISP 1964: *Congo 1963*. Brussel.

CRISP 1965: *Congo 1964*. Brussel.

CRISP 1966: *Congo 1965*. Brussel.

CRISP 1967: *Congo 1966*. Brussel.

CRISP 1969: *Congo 1967*. Brussel.

Cros, M.-F. en F. Misser 2006: *Géopolitique du Congo (rdc)*. Brussel.

Crowder, M. 1984: 'The Second World War: Prelude to decolonization in Africa'. In *The Cambridge History of Africa*, vol 8 : from c. 1940. to c. 1975. Edited by Crowder Cambridge,UK. 8-51.

Dahle Huse, M. & S. L. Muyakwa 2008: China in Africa: Lending, Policy Space and Go-vernance. www.afrika.no.

Danniau, F. 2005: "Il s'agit d'un peuple: het antropologisch onderzoek van het Bureau inter-national d'ethnographie (1905-1913)". Ongepubliceerde scriptie, University of Gent.

Davidson, A.B., A.F. Isaacman & R. Pélissier 1987: La politique et le nationalisme en Afrique centrale et méridionale, 1919-1935. In : *Histoire géné-rale de l'Afrique, VII: L'Afrique sous la domination coloniale* . Edited by A. Adu Boahen. Paris, 721-60.

Davis, J.M. 1933: *Modern Industry and the African: An Inquiry into the Effect of the Copper Mines of Central Africa upon Native Society and the Work of the Christian Missions*. London.

Daye, P. 1929: *Congo et Angola*. Brussel.

De Backer, M.C.C. 1959: Notes pour servir à l'étude des "groupements politiques" à Léopold-ville. Brussel (3. delen, typoscript).

De Boeck, F. & M.-F. Plissart 2004: *Kinshasa: Tales of the Invisible City*. Gent.

De Boeck, F. 2004. : On being shege in Kinshasa: children, the occult and the street. In *Reinventing Order in the Congo: How People Respond to State Failu-re in Kinshasa.* Edited by T. Trefon. London, 155-73.

De Boeck, F. 2005: The apocalyptic interlude: revealing death in Kinshasa. *African Studies Review* 48, 2: 11-32.

Debroux, L., T. Hart, D. Kalmowitz, A. Karsenty, G. Topa (ed.) 2007: Forests in Post-Conflict Democratic Republic of Congo: Analysis of a Priority Agenda. www.cifor.cgi-ar.org.

De Craemer, W. & R.C. Fox 1968: *The Emerging Physician: A Sociological Approach to the Development of a Congolese Medical Profession*. Stanford.

De Dorlodot, P. 1994: *Marche d'espoir, Kinshasa 16. février 1992: non-violence pour la démo-cratie au Zaïre*. Paris.

De Herdt, T. & S. Marysse 2002: La réinvention du marché par le bas: circuits monétaires et personnes de confiance dans les rues de Kinshasa. In *Manières de vivre: économie de la "débrouille" dans les villes du Congo/Zaïre* .Edited by G. de Villers, B. Jewsiewicki & L. Monnier (ed.) 2002: Tervuren,

Dehoux, E. 1950: *L'Afrique centrale à la croisée des chemins: un reportage critique* (2. vols). Brussel.

De Jonghe, E. 1908: L'activité ethnographique des Belges au Congo. *Bulletin de la Société d'Etudes coloniales 15*, 4, 283-308.

De Keyzer, C. 2009: *Congo (belge)*. Tielt, Belgium.

De Keyzer, C. & J. Lagae 2010: *Congo belge en images*. Tielt, Belgium.

Delannoo, E. 2006: Het kortstondige verhaal van het Kongolese Vrijwilligerskorps. *Shrapnel,* June, 49-52.

Delathuy A.M. 1986: *Jezuïeten in Kongo met zwaard en kruis*. Berchem,Belgium.

Delathuy A.M. 1989: *De Kongostaat van Leopold ii* . Antwerpen.

Delathuy A.M. 1992-1994: *Missie en staat in Oud-Kongo* (2. vols). Berchem.

Delcommune, A. 1920: *Le Congo, la plus belle colonie du monde*. Brussel.

De Liedekerke, C. & Y. Muller 2006: *Congo na biso*. documentary, Paris.

Delpierre, G. 2002: 'Tabora 1916. : de la symbolique d'une victoire. *Belgisch Tijdschrift voor Nieuwste Geschiedenis32,* 3-4, 351-81.

Delval, N. 1966: *Schuld in Kongo?*Louvain.

De Meulder, B. 1996: *De kampen van Kongo: arbeid, kapitaal en rasveredeling in de kolonia-le planning* . Amsterdam.

De Meulder, B. 2000: *Kuvuande Mbote: een eeuw koloniale architectuur en stedenbouw in Kongo*. Antwerpen.

Dembour, M.-B. 2000: *Recalling the Belgian Congo*. New York.

Demunter, P. 1975: *Luttes politiques au Zaïre: le processus de politisation des masses rurales du Bas-Zaïre* . Paris.

Dendooven D. & P. Chielens 2008: *Wereldoorlog I: Vijf continenten in Vlaanderen*. Tielt.

Denuit-Somerhausen, C. 1988: 'Les traités de Stanley et de ses collaborateurs avec

les chefs africains, 1880-1885'. In Koninklijke Academie voor Overzeese Wetenschappen, *Bijdragen over de honderdste verjaring van de Onafhankelijke Kongostaat.* Brussel, 77-146.

Denuit-Somerhausen, C. & F. Balace 1992: Abyssinie 41: du mirage à la victoire. In *Jours de lutte* . Edited by F. Balace. Brussel, 15-49.

Depaepe, M., J. Briffaerts, P. Kita Kyankenge Masandi & H. Vinck 2003: *Manuels et chansons scolaires au Congo Belge* . Louvain.

Derrick, J. 2008: *Africa's "Agitators": Militant Anti-Colonialism in Africa and the West, 1918-1939.* . London.

Devisch, R. 1995: Frenzy, violence, and ethical renewal in Kinshasa. *Public Culture7,* 593-629.

Devlin, L. 2007: *Chief of Station, Congo: A Memoir of 1960-67* . New York.

De Vos, L., E. Gerard, P. Raxhon, J. Gérard-Libois 2004: *Lumumba: De complotten? De moord.* Louvain.

De Vos, P. 1961: *Vie et mort de Lumumba* . Paris.

De Waele, J. 2007-20008: Voor vorst en vaderland: zwarte soldaten en dragers tij-dens de Eerste Wereldoorlog in Congo. *Militaria Belgica*, 107-26.

De Witte, L. 1999: *De moord op Lumumba.* Louvain.

Diallo, S. 1977: *Zaire Today*. Paris.

Diangienda Kuntima, J. 2007: *L'histoire du Kimbanguisme.* Châtenay-Malabry.

Dibwe dia Mwembu, D. 1999: De la surpolitisation à l'antipolitique, quelques remar-ques en marge de l'histoire du mouvement ouvrier à l'Unoin minière du Haut-Katanga (umhk) et à la Gécamines, 1920-1960. *Brood en Rozen 4*, no. 2, 184-199.

Doucy, A. & P. Feldheim 1952: *Problèmes du travail et politique sociale au Congo belge.* Brussel.

Drachoussoff, V. 1954: *L'évolution de l'agriculture indigène dans la zone de Léopoldville.* Brussel.

Dujardin, V., V. Rosoux & T. de Wilde d'Estmael (ed.) 2009: *Leopold ii : schaamteloos genie?* Tielt.

Early, G. (ed.) 1992: *Speech and Power: The African-American Essay and its Cultural*

Con-tent from Polemics to Pulpit (2. vols). Hopewell.

Efinda, E. 2009: *Grand Lacs: sur les routes malgré nous!* Paris.

Ekanga Botombele, B. 1975: *La politique culturelle en République du Zaïre*. Paris.

El-Tahri, J. 2000: *L'Afrique en morceaux: la tragédie des Grands Lacs.* Canal plus-documentaire.

El-Tahri, J. 2007: *Cuba, une odyssée africaine*. ARTE-documentary.

Emizet, K.N.F. 1997: *Zaire after Mobutu: A Case of Humanitarian Emergency*. Helsinki.

Emongo Lomomba 1985: Le "Blanc-belge" au Congo: entretien avec Lomami Tshibamba. In *Zaïre 1885-1985: cent ans de regards croisés*. Brussel, 135-47.

Ergo, A.-B. 2008: *Congo belge: la colonie assassinée.* Paris.

Esgain, N. 2000: Scènes de la vie quotidienne à Elisabethville dans les années vingt. In *Itinéraires croisés de la modernité: Congo belge (1920-1950)* . Edited by J.-L. Vellut.Ter-vuren, 57-60.

Esposito, R.F. 1978: *Anuarite, vierge et martyre zaïroise*. Kinshasa.

Etambala, Zana Aziza 1987: Congolese children at the Congo House in Colwyn Bay (North Wales, Great-Britain), at the end of the 19th century. *Afrika Focus 3,* 237-85.

Etambala, Zana Aziza 1993: *In het land van de Banoko: de geschiedenis van de Kongolese/Zaïrese aanwezigheid in België van 1885. tot heden.* Louvain.

Etambala, Zana Aziza 1999a: Arbeidersopstanden en het ontstaan van inlandse syndicaten: de houding van de Katholiek Kerk (1940-1947). *Brood en Rozen 4,* 2, 67-111.

Etambala, Zana Aziza 1999b: Congo 55|65: *van koning Boudewijn tot president Mobutu.* Tielt.

Etambala, Zana Aziza 2008: *De teloorgang van een modelkolonie: Belgisch Congo (1958-1960).* Louvain.

Eyskens, G. 1994: *De memoires* . Tielt.

Fabian, J. 1971: *Jamaa: A Charismatic Movement in Katanga* . Evanston.

Fabian, J. 1986: Language and Colonial Power: *The Appropriation of Swahili in the Former Belgian Congo, 1880-1938.* Cambridge.

Fabian, J. 1996: *Remembering the Present: Painting and Popular History in Zaire.* Berkeley.

Fabian, J. 2000: *Out of Our Minds: Reason and Madness in the Exploration of Central Africa.* Berkeley.

Fetter, B. 1973: *L'Union Minière du Haut-Katanga, 1920-1940: la naissance d'une sous-culture totalitaire* . Brussel.

Fetter, B. 1974: "African associations in Elisabethville, 1910-1935: their origins and development." *Etudes d'Histoire africaine 6,* 205-23.

Fetter, B. 1976: *The Creation of Elisabethville, 1910-1940.* Stanford.

Feuchaux, L. 2000: Vie coloniale et faits divers à Léopoldville (1920-1940). In *Itinéraires croisés de la modernité: Congo belge (1920-1950)* . Edited by J.-L. Vellut. Tervuren, 71-101.

Fierlafyn, L. 1990: *Le discours nationaliste au Congo belge durant la période 1955-1960.* Brussel.

Flament, F. 1952: *La Force Publique de sa naissance à 1914: participation des militaires à l'his-toire des premières années du Congo.* Brussel.

Foden, G. 2004: *Mimi and Toutou go forth: the Bizarre Battle of Lake Tanganyika.* London.

Foire Internationale d'Elisabethville 1962: *Elisabethville 1911-1961.* Brussel.

Fox, R.C., W. De Craemer & J.-M. Ribeaucourt 1965: La deuxième indépendance: étude d'un cas, la rébellion au Kwilu. *Etudes congolaises 8,* 1, 1-35.

Frère, M.-S. 2005: *Afrique centrale, médias et conflits: vecteurs de guerre ou acteurs de paix.* Brussel.

Frère, M.-S. 2007: Quand le pluralisme déraille: images et manipulations télévisuel-les à Kinshasa. *Africultures*, 20. november 2007, www.africultures.com.

Frère, M.-S. 2009: Appui au secteur des médias: quel bilan pour quel avenir? In *Réforme au Congo (rdc): attentes et désillusions* . Edited by T. Trefon. Tervuren: 191-210.

Frères Maristes 1927: *Buku na kutanga o lingala (Livre de lecture en lingala).* Liège, www.abbol.com.

Gann, L.H. & P. Duignan 1979: *The Rulers of Belgian Congo, 1884-1914.* Princeton.

Ganshof van der Meersch 1958: *Le droit électoral au Congo belge: status des villes et des communes* . Brussel.

Ganshof van der Meersch 1960: *Congo, May-June 1960.* . s.l.

Garbin, D. & Wa Gamoka Pandu 2009: *Roots and Routes: Congolese Diaspora in Multicultural Britain*. London.

Gast, L. 1996: *When we were kings.* documentary, Los Angeles.

Gbabendu Engunduka, A. & E. Efolo Ngobaasu 1991: *Volonté de changement au Zaïre: de la consultation populaire vers la conférence nationale* (2. vols). Paris.

Geenen, K. 2009: "Sleep occupies no space": the use of public space by street gangs in Kinshasa. *Journal of the African International Institute 79,* 3: 347-68.

Geernaert, J. s.d.: *Congophilie : solution de la question coloniale belge*. Brussel.

Geerts, W. 1970: *Binza 10: De eerste tien onafhankelijkheidsjaren van de Democratische Republiek Congo.* Ghent.

Geerts, W. 2005: Mobutu: de man van Kamanyola . Louvain.

Geldof, J. 1937: *Belgisch-Congo* . Brugge (2de editie).

Gérard, J.E. 1969: *Les fondements syncrétiques du Kitawala* . Brussel.

Gérard-Libois, J. 1963: *Sécession au Katanga* . Brussel.

Ghilain, J. 1963: *Le revenu des populations indigènes du Congo-Léopoldville*. Brussel.

Giovannoni, M., T. Trefon, J. Kasongo Banga & C. Mwema 2004: Acting on behalf (and in spite) of the state: ngos and civil society associations in Kinshasa. In *Reinventing Order in the Congo: How People Respond to State Failure in Kinshasa*. Edited by T. Trefon. London, 99-115.

Global Witness 2005: Under-Mining Peace: Tin, The Explosive Trade in Cassiterite in Eas-tern drc . June 2005, www.globalwitness.org.

Goffin, L. 1907: *Le chemin de fer du Congo (Matadi – Stanley Pool)*. Brussel.

Gondola, C.D. 1997a: Unies pour le meilleur et le pire. Femmes africaines et villes coloniales: une histoire du métissage. Clio. Histoire, *femmes et sociétés 6,* http://clio.revues.org/index377.html

Gondola, C.D. 1997b: *Villes miroirs: migrations et identités urbaines à Kinshasa et Brazza-ville, 1930-1970*. Paris.

Gondola, C.D. 1999: La contestation politique des jeunes à Kinshasa à travers l'exemple du mouvement 'kindoubill' (1950-1959). *Brood en Rozen* 4, 2, 171-83.

Gould, D.J. 1980: *Bureaucratic Corruption and Underdevelopment in the Third World: The Case of Zaire*. New York.

Gourou, P. 1955: *La densité de la population rurale au Congo belge* . Brussel.

Govaerts, B. 2009: De strop of de kogel? Over de toepassing van de doodstraf in Kongo en Ruanda-Urundi (1885-1962). *Brood en Rozen 1,* 59-77.

Grévisse, F. 1951: *Le centre extra-coutumier d'Elisabethville: quelques aspects de la politique indigène du Haut-Katanga industriel* . Brussel.

Guebels, L. 1952: *Relation complète des travaux de la Commission Permanente pour la Pro-tection des Indigènes, 1911-1951*. Gembloux.

Guevara, E. 2001: *De Afrikaanse droom: de revolutionaire dagboeken uit de Kongo 1965-1966*. Amsterdam.

Habran, L. 1925: *Coup d'œil sur le problème politique et militaire du Congo Belge*. Brussel.

Hammarskjöld, D. 1964: *Markings*. London.

Hamuli Kabarhuza, B. 2002: *Donner sa chance au peuple congolais: expériences de dévelop-pement participatif (1985-2001)*. Paris.

Hamuli Kabarhuza, B., F. Mushi Mugumo & N. Yambayamba Shuku 2003: *La société civile congolaise: état des lieux et perspectives.* Brussel.

Harden, B. 2001: A black mud from Africa helps power the new economy. *New York Times*, 12. augustus 2001.

Harms, R.W. 1981: *River of Wealth, River of Sorrow: The Central Zaire Basin in the Era of the Slave and Ivory Trade, 1500-1891*. New Haven.

Hawker, G. 1909: *The Life of George Grenfell: Congo Missionary and Explorer* . London..

Helmreich, J.E. 1983: The uranium negotations of 1944. In *Le Congo belge durant la Se-conde Guerre Mondiale* . Brussel, 253-84.

Helmreich, J.E. 1986: *Gathering Rare Ores: The Diplomacy of Uranium Acquisition, 1943-1954.* Princeton.

Hemmens, H.L. 1949: *George Grenfell, Master Builder of Foundations*. London.

Hibbert, C. 1982: *Africa Explored: Europeans in the Dark Continent, 1769-1889.* London.

Higginson, J. 1989: *A Working Class in the Making: Belgian Colonial Labor Policy, Private Enterprise, and the African Mineworker, 1907-1951.* Madison ,WI.

Hilton, A. 1985: *The Kingdom of Kongo.* Oxford.

Hochschild, A. 1998: *De geest van koning Leopold II en de plundering van de Congo.* Amsterdam.

Hoebeke, H., H. Boshoff & K. Vlassenroot 2009: « Monsieur le Président, vous n'avez pas d'armée... » : La réforme du secteur de sécurité vue du Kivu. In *Réforme au Congo (rdc): attentes et désillusions* . Edited by T. Trefon. Tervuren, 119-37.

Hoskyns, C. 1969. : *The Organization of African Unity and the Congo Crisis* (Case Studies in African Diplomacy 1). Dar es Salaam.

Houyoux, J. 1972: *Budgets menagers à Kisangani, juin-juillet-août 1972*. s.l.

Houyoux, J. 1973: *Budgets menagers, nutrition et mode de vie à Kinshasa* . Kinshasa.

Hulstaert, G. 1983: Herinneringen aan de oorlog. In *Le Congo belge durant la Seconde Guerre Mondiale.* Brussel, 587-95.

Hulstaert, G. 1990: Marie aux Léopards: quelques souvenirs historiques. *Annales Aequatoria11,* 433-5.

Human Rights Watch 1997a: What Kabila is Hiding: Civilian Killings and Impunity in Congo. Oktober 1997, www.hrw.org.

Human Rights Watch 1997b: Uncertain Course: Transition and Human Rights Violations in the Congo . December 1997, www.hrw.org.

Human Rights Watch 2000: Eastern Congo Ravaged: Killing Civilians and Silencing Protest. May 2000, www.hrw.org.

Human Rights Watch 2001: Uganda in Eastern drc: Fuelling Political and Ethnic Strife. Maart 2001, www.hrw.org.

Human Rights Watch 2002a: The War within the War: Sexual Violence against Women and Girls in Eastern Congo . June 2002, www.hrw.org.

Human Rights Watch 2002b: War Crimes in Kisangani: The Response of Rwandan-backed Rebels to the May 2002. Mutiny . Augustus 2002, www.hrw.org.

Human Rights Watch 2003: Ituri 'covered in blood': ethnically targeted violence in northeas-tern DR Congo . July 2003, www.hrw.org.

Human Rights Watch 2004: D.R. Congo: war crimes in Bukavu. June 2004, www.hrw.org.

Human Rights Watch 2005: The Curse of Gold . June 2005, www.hrw.org.

Human Rights Watch 2008a: 'We will crush you': The Restriction of Political Space in the Democratic Republic of Congo. November 2008, www.hrw.org.

Human Rights Watch 2008b: Killings in Kiwanja. December 2008, www.hrw.org.

Hunt, N.R. 1999: *A Colonial Lexicon: Of Birth Ritual, Medicalization, and Mobility in the Congo.* Durham.

Huybrechts, A., V.Y. Mudimbe, L. Peeters, J. Vanderlinden, D. Van Der Steen & B. Verhaegen [1980]: *Du Congo au Zaïre, 1960-1980: essai de bilan*. Brussel.

Ikembana, P. 2007: *Mobutu's totalitarian political system: an Afrocentric analysis.* London.

Ilosono Bekili B'Inkonkoy 1985: *L'épopée du 24. novembre: témoignage* . Kinshasa.

Ilunga Mpunga, D. 2007: *Etienne Tshisekedi: le sens d'un combat.* Paris.

Inforcongo 1958: *Belgisch-Congo en Ruandi-Urundi: reisgids* . Brussel.

International Crisis Group 2007: Congo: Consolidating the Peace. July 2007, www.crisisgroup.org.

International Crisis Group 2009a: Congo: Five Priorities for a Peacebuilding Strategy. May 2009, www.crisisgroup.org.

International Crisis Group 2009b: A Comprehensive Strategy to Disarm the fdlr. July 2009, www.crisisgroup.org.

International Rescue Committee 2007: Mortality in the Democratic Republic of Congo: An Ongoing Crisis . January 2007, www.theirc.org.

IPIS 2002: Supporting the War Economy in the drc : European Companies and the Coltan Trade. www.ipisrearch.be.

IPIS 2002: European Companies and the Coltan Trade: an update . www.ipisrearch.be.

IPIS 2002: Network War: An Introduction to Congo's Privatised War Economy www.ipisrearch.be.

IPIS 2008a: The Congo wants to raise the profits of its mining sector.www.ipisresearch.be.

IPIS 2008b: Mapping Conflict Motives: eastern DRC. www.ipisresearch.be.

IPIS 2009: The Impact of the Global Financial Crisis in Katanga. www.ipisresearch.be.

Isaacman, A. & J. Vansina 1987: Initiatives et résistances africaines en Afrique cen-trale de 1880. et 1914. In *Histoire générale de l'Afrique, vii: L'Afrique sous domination coloniale* . Edited by A. Adu Boahen. Paris, 191-216.

Jadin, L. 1968: Les sectes réligieuses sécrètes des Antoniens au Congo, 1703-1709. *Cahiers des religions africaines2,* 113-20.

Janssen, P. 1997: *Aan het hof van Mobutu* . Paris.

Janssens, E. 1905: Rapport de la Commission d'Enquête. *Bulletin officiel de l'Etat Indépendent du Congo* 21, 9-10, 135-287.

Janssens, E. 1961: *J'étais le général Janssens* . Brussel.

Janssens, E. 1982-1984: *Contribution à l'histoire militaire du Congo belge pendant la Seconde Guerre mondiale,* 1940-45. Brussel.

Jeal, T. 2007: *The Impossible Life of Africa's Greatest Explorer* . London.

Jewsiewicki, B. 1976: La contestation sociale et la naissance du prolétariat au Zaïre au cours de la première moitié du XXe siècle. *Revue canadienne des études africaines*10, 1, 47-71.

Jewsiewicki, B. 1980: Political consciousness among African peasants in the Belgian Congo. *Review of African Political Economy* 7, 19, 23-32.

Jewsiewicki, B. 1988: Mémoire collective et passé récent dans les discours histori-ques populaires zaïrois. In *Dialoguer avec le léo-pard* .Edited by B. Jewsiewicki & H. Moniot. Paris, 218-68.

Jewsiewicki, B. (ed.) 1992: *Art pictural zaïrois* .Paris.

Jewsiewicki, B., Kilola Lema, J.-L. Vellut 1973: Documents pour servir à l'histoire sociale du Zaïre : grèves dans le Bas-Congo (Bas-Zaïre) en 1945. *Etudes d'Histoire africaine 5,* 155-88.

Johnston, H. 1908: *George Grenfell and the Congo*. London.

Joris, L. 1987: *Terug naar Congo* . Amsterdam.

Joris, L. 2001: *Dans van de luipaard.* Amsterdam.

Joris, L. 2006: *Het uur van de rebellen.* Amsterdam.

Jorissen, F. 2005: *Dagboek van een koloniaal: herinningen van Belgisch Kongo 1953-1960*. Hasselt.

Jourdan, L. 2004: Being at war, being young: violence and youth in North Kivu. In *Conflict and Social Transformation in Eas-tern DRC*. Edited by K. Vlassenroot & T. Raeymaekers. Gent, 157-76.

Joye, P. & R. Lewin 1961: *Les trusts au Congo*. Brussel.

Julien, P. 1953: *Pygmeeën: vijfentwintig jaar dwergen-onderzoek in Equatoriaal Afrika.*

Kabuya Kalala, Kalonji Nsenga & Itimelongo Titi 1980. : Les mésures de démonétisation du 25. décembre 1979. au Zaïre : impacts et conséquences probables. *Zaïre-Afrique* 20, 144, 197-214.

Kabuya Kalala F. & Matata Ponyo 1999:*L'espace monétarie kasaïen : crise de légitimité et de souveraineté monétaire en période d'hyperinflation au Congo (1993-1997)*. Paris.

Kadima-Nzuji, M. 1984: *La littérature zaïroise de langue française (1945-1965)*. Paris.

Kalb, M.1982: *The Congo Cables: The Cold War in Africa, from Eisenhower to Kennedy* . New York.

Kalonga, A. 1978: *Le mal zaïrois.* Brussel.

Kalulambi Pongo, M. 2004: Le ndombolo du Seigneur: itinéraires et logiques des musiques religieuses en Afrique centrale. *Rupture-Solidarité 5*, 47-67.

Kamitatu, C. 1971: *La grande mystification du Congo-Kinshasa: les crimes de Mobutu.* Paris.

Kamitatu-Massamba, C. 1977: *Zaïre: le pouvoir à la portée du peuple*. Paris.

Kanza, T.R. 1959: *Propos d'un congolais naïf.* Brusssel.

Kanza, T. 1972: *Conflict in the Congo: The Rise and Fall of Lumumba.* Baltimore.

Kaoze, S. 1910: La psychologie des Bantu. *La revue Congolaise* 1, 406-37.

Kelly, S.1993: *America's Tyrant: the CIA and Mobutu of Zaire: How the United States put Mobutu in power, protected him from his enemies, helped him become one of the richest men in the world, and lived to regret it* . Washington DC.

Kennes, E. 2003: *Essai biographique sur Laurent Désiré Kabila*. Tervuren.

Kestergat, J. 1961: *André Ryckmans*. Brussel.

Kestergat, J. 1965: *Congo Congo: de l'indépendance à la guerre civile*.Paris.

Kibari Nsanga, R. 1985: Mouvevemnts "anti-sorciers" dans les Provinces de Leopolville [sic] et du Kasaï, à l'époque coloniale . Ongepubliceerd typoscript, Kikwit.

Kimoni Iyay 1990: Kikwit et son destin: aperçu historique et sociologique. *Pistes et Recherches : revue scientifique 5*, 155-82.

Kisobele Ndontoni, N. 2008: Mot de Circonstance des Anciens Combattants 40-45. Ongepubliceerde speech, Kinshasa, 11. november 2008.

Klein, W.C. 1957: *De Congolese elite*. Amsterdam .

Koninklijke Academie voor Overzeese Wetenschappen 1976: *Bijdragen over de Aardrijkskundige Conferentie van 1876*. Brussel.

Koninklijke Academie voor Overzeese Wetenschappen 1988: *Bijdragen over de honderdste verjaring van de Onafhankelijke Kongostaat*. Brussel.

Labrique, J. 1957: *Congo politique* . Léopoldville.

La Fontaine, J.S. 1970: *City Politics: A Study of Léopoldville, 1962-63*. Cambridge.

Lagae, J. 2002: *Kongo zoals het is : drie architectuurverhalen uit de Belgische kolonisatiege-schiedenis (1920-1960)*. Gent.

Lagae, J., T. de Keyser & J. Vervoort 2006: *Boma 1880-1920: koloniale hoofdstad of kos-mopolitische handelspost*. cd-rom, Gent.

Lanotte, O. 2003: *Guerres sans frontières en République Démocratique du Congo*. Brussel.

Laude, N. 1956: *La délinquance juvénile au Congo belge et au Ruanda-Urundi*. Brussel.

Lauro, A. 2005: *Coloniaux, ménagères et prostituées au Congo belge (1885-1930)*. Loverval.

Lemarchand, R. 2009: *The Dynamics of Violence in Central-Africa*. Philadelphia.

Leclercq, C. 1964: *L'ONU et l'affaire du Congo*. Paris.

Leclercq, H. 2001: Le rôle économique du diamant dans le conflit congolais. In *Chasse au diamant au Congo/Zaï-re* . Edited by Monnier, L., B. Jewsiewicki & G. de Villers.

Tervuren, 47-78.

Lefebvre, V. 1952: *La Belgique et le Congo au milieu du XXe siècle* . Charleroi.

Legum, C. 1965: *Pan-Africanism: A Short Political Guide.* New York.

Leslie, W.J. 1987: *The World Bank and Structural Adjustment in Developing Countries: The Case of Zaire* . Boulder.

Leysen, L. 1982: *Heimweh nach den Tropen.* ARD-documentary.

Libotte, B. s.d.: Droeven J.: de eerste kleurling in het Belgische leger, http:/users.te-lenet.be/ABL1914/Droeven.htm

Li, Z, D. Xue, M. Lyons & A. Brown 2007: Ethnic enclave of transnational migrants in Guangzhou: a case study of Xiaobei. asiandrivers.open.ac.uk

Loka-ne-Kongo 2001: *Lutte de libération et piège de l'illusion: multipartisme intégral et déri-ve de l'opposition au Zaïre (1990-1997)* . Kinshasa.

Lubabu Mpasi-A-Mbongo & Musangi Ntemo 1987: Histoire du mpr. In *Mélanges pour une révolution.*Edited by Sakombi Inongo. Kinshasa, 35-126.

Lumenganeso, A. 2005: Stedelijk vervoer in Leopoldstad: de gyrobus. In *Het geheugen van Congo: de koloniale tijd.* Edited by J.-L. Vellut. Tervuren, 108-9.

Lyons, M. 1992: *The Colonial Disease: A Social History of Sleeping Sickness in Northern Zaire, 1900-1940*. Cambridge.

MacGaffey, W. 1986: *Religion and Society in Central Africa* . 1986.

MacGaffey, J. 1991: *The Real Economy of Zaire: The Contribution of Smuggling and Other Unofficial Activities to National Wealth.* London.

Mailer, N. 2007: *Het gevecht.* Amsterdam.

Makulo Akambu 1983: *La vie de Disasi Makulo, ancien esclave de Tippo Tip et catéchiste de Grenfell, par son fils Makulo Akambu.*Kinshasa.

Mamdani, M. 2001: *When Victims Become Killers: Colonialism, Nativism and the Genocide in Rwanda* . Princeton.

Mantels, R. 2007: *Geleerd in de tropen: Louvain, Congo & de wetenschap, 1885-1960.* Lovain.

Manya K'Omalowete 1986: Utilisation des procédés d'initiation et d'immunisation à caractère magique par le mouvement Simba. *Les cahiers dus cedaf* 7-8, 87-112.

Maquet-Tombu, J.1952: *Le Siècle marche... Vie du chef congolais Lutunu*. Brussel.

Marchal, J. 1985: *E.D. Morel tegen Leopold ii en de Kongostaat*. Berchem.

Marchal, J. 2001: *L'histoire du Congo 1910-1945, tome 3. : travail forcé pour l'huile de palme de Lord Leverhulme*. Borgloon.

Marechal, P. 1992: *De "Arabische" campagne in het Maniema-gebied (1892-1894)*. Tervuren, 1992.

Marechal, P. 2005: Kritische bedenkingen bij de controverses over Leopold II en Congo in de literatuur en de media. In *Het geheugen van Congo: de koloniale tijd* . Edited by J.-L. Vellut. Tervuren, 45-6.

Marres, J. & P. De Vos 1959: *L'équinoxe de janvier: les émeutes de Léopoldville*. Brussel.

Martelli, G. 1962: *Leopold to Lumumba: A History of the Belgian Congo 1877-1960*. London.

Martelli, G. 1966: *Experiment in World Government: An Account of the United Nations Operation in the Congo 1960-1964*. London.

Martens, G. 1999: Congolese trade unionism: the colonial heritage. *Brood en Rozen* 4, 2, 129-49.

Martens, L. 1985: *Pierre Mulele ou la seconde vie de Patrice Lumumba*. Berchem.

Martens, L. 1991: *Une femme du Congo* . Berchem.

Martin, M.-L. 1981: *Simon Kimbangu: un prophète et son église*. Lausanne.

Marysse, S. & C. André 2001: Guerre et pillage en République Démocratique du Congo. *L'Afrique des Grands Lacs, annuaire 2000-2001*. 307-32.

Marysse, S. & S. Geenen 2008: Les contrats chinois en rdc: l'impérialisme rouge en marche? *L'Afrique des Grands Lacs, 2007-2008*, 287-313.

Maximy, R. 1984: *Kinshasa, ville en suspens: dynamique de la croissance et problèmes d'urbanisme: étude socio-politique*. Paris.

McBrearty, S. & A.S. Brooks 2000: The revolution that wasn't: a new interpretation of the origin of modern behavior, *Journal of Human Evolution* 39, 453-563.

McCrummen, S. 2009: Nearly forgotten forces of ww ii . *Washington Post*, 4. augus-tus 2009.

McLynn, F. 1992: *Hearts of Darkness: The European Exploration of Africa*. London.

Meeuwis, M. 1999: "Buntungu's 'Mokingi mwa Mputu': a Boloki perception of Europe at the end of the 19th century", LPCA Text Archives 1, www2.fmg.uva.nl/lpca/textarchives/buntungu.html

Mende Omalanga, L. & Tshilenge wa Kabamb 1992: *Rapport sur les Biens Mal Acquis.* Kinshasa.

Mendiaux, E. 1960: *Moscou Accra et le Congo.* Brussel.

Mercader, J. 2003: Foragers of the Congo: the early settlement of the Ituri Forest. In *Under the Canopy: The Archaeology of Tropical Rain Forests.* Edited by J. Mercader. New Brunswick, 93-116.

Meredith, M. 2005: *The State of Africa: A History of Fifty Years of Independence.* London.

Merlier, M. 1962: *Le Congo: de la colonisation belge à l'indépendance.* Paris.

Mertens, M. 2009: Chemical compounds in the Congo: A Belgian colony's role in the chemotherapeutic knowledge production during the 1920s. Ongepubliceer-de lezing, Leipzig.

Meyers, J. 1964: *Le prix d'un empire.* Brussel.

Michaux, O. 1913: *Au Congo: carnet de campagne.* Namen.

Michel, S. 1962: *Uhuru Lumumba.* Paris.

Michel, S. & M. Beuret 2009: *La Chinafrique: Pékin à la conquête du continent noir.* Paris.

Michel, T. 1992: *Zaïre, le cycle du serpent* . documentary, Brussel.

Michel, T. 1999: *Mobutu, roi du Zaïre*. documentary, Brussel.

Michel, T. 2005: *Congo River.* documentary, Brussel.

Michel, T. 2009: *Katanga Business*. documentary, Brussel.

Minani, R. 2010: 2010, année charnière: bref aperçu de la situation sociopolitique . 19. February 2010, www.rodhecic.org.

Mobutu Sese Seko 1973: Discours du 30. novembre 1973. devant le Conseil Législatif National. In Cabinet du Département de la Défense Nationale: Forces Armées Zaïroises: *Mémorandum de Réflexion, d'Action et d'Information.* Kinshasa, 229-69.

Mokoko Grampiot, A. 2004: *Kimbanguisme et identité noire.* Paris.

Monheim, F. 1961: *Réponse à Pierre De Vos au sujet de 'Viet et mort de Lumumba'.* Antwer-pen.

Monheim, F. 1962: *Mobutu, l'homme seul.* Brussel.

Monnier, L., B. Jewsiewicki & G. de Villers (ed.) 2001: *Chasse au diamant au Congo/ Zaïre.* Tervuren.

Muambi, A. 2009: *Democratie kan je niet eten: reisverslag van een verkiezingswaarnemer.* Amsterdam.

Mumengi, D. 2005: *Panda Farnana, premier universitaire congolais, 1888-1930.* Paris.

Munayi Muntu-Monji 1977: La déportation et le séjour des Kimbanguistes dans le Kasaï-Lukenié (1921-1960). *Zaïre-Afrique*119, 555-73.

Mutamba Makombo Kitashima, J.-M. 1998: *Du Congo Belge au Congo indépendant 1940-1960.* Kinshasa.

Muzito, A. 2010: Les années des nationalistes au pouvoir en chiffres . Ongepubliceerde po-werpointpresentatie van de premier, Kinshasa.

Mvumbi Ngolu Tsasa 1986: "Révolution" sexuelle, intention éthique et ordre politi-que. In *Crise morale et vie économique au Zaïre.* Edited by Assocation des Moralistes Zaïrois. Kinshasa, 65-72.

Mwabila Malela 1979: *Travail et travailleurs au Zaïre: essai sur la conscience ouvrière du pro-létariat urbain de Lubumbashi.* Kinshasa.

Ndaywel è Nziem, I. 1995: *La transition politique au Zaïre et son prophète Dominique Sa-kombi Inongo.* Québec.

Ndaywel è Nziem, I. 1998: *L'histoire générale du Congo: de l'héritage ancien à la République Démocratique.* Paris.

Ndaywel è Nziem, I. 2002: Identité congolaise contemporaine du prénom écrit au prénom oral. In *Figures et paradoxes de l'histoire au Burundi, au Congo et au Rwanda* (2. vols). Edited by M. Quaghebeur. Paris, 766-79.

Nelson, S. 1994: *Colonialism in the Congo Bassin, 1880-1940.* Athens (OH).

Newbury, M.C. 1984. : Ebutumwa Bw'Emiogo, the tyranny of cassava : a women's tax revolt in Eastern Zaïre. *Canadian Journal of African Studies*18, 1, 35-54.

Ngalamulume Nkongolo, M. 2000: *Le campus martyr: Lubumbashi, 11-12. mai 1990.* Paris.

Ngbanda Nzambo, H. 2004: *Crimes organisés en Afrique Centrale : Révélations sur les ré-seaux rwandais et occidentaux*. Paris.

Nguza Karl I Bond 1982: *Mobutu ou l'incarnation du Mal Zaïrois*. London.

NIZA 2006: *The State vs. the People: Governance, Mining and the Transitional Regime in the Democratic Republic of Congo.* Amsterdam.

Nlandu-Tsasa, C. 1997: *La rumeur au Zaire de Mobutu : Radio-trottoir à Kinshasa.* Paris.

Northrup, D. 1988: *Beyond the Bend in the River: African Labor in Eastern Zaire, 1865-1940*. Athens (OH).

Northrup, D. 2002: *Africa's Discovery of Europe*. New York.

Northrup, D. 2007: Slavery & forced labour in the Eastern Congo, 1850-1910. In *Slavery in the Great Lakes Region of East Africa*. Edited by H. Médard & S. Doyle. Oxford, 111-23.

Nzeza Bilakila, A. 2004: The Kinshasa bargain. In *Reinventing Order in the Congo: How People Respond to State Failure in Kinshasa*. Edited by T. Trefon. London, 20-32.

Nzongola-Ntalaja, G (ed.) 1986: *The Crisis in Zaire: Myths and realities.* Trenton.

Nzongola-Ntalaja, G. 2002: *The Congo from Leopold to Kabila: A People's History.* London.

Nzula, A.T., I.I. Potekhin & A.Z. Zusmanovich 1979: *Forced Labour in Colonial Africa.* London (oorspronkelijke Russische uitgave, 1933).

Olinga, L. 2006: La victoire en chantant. *Jeune Afrique,* 7. maart 2006, www.jeuneafrique.com

Omasombo Tshonda, J. & Benoît Verhaegen 1998: *Patrice Lumumba: jeunesse et appren-tissage politique, 1925-1956.* Tervuren.

Omasombo Tshonda, J. & Benoît Verhaegen 2005: *Patrice Lumumba: de la prison aux portes du pouvoir, juillet 1956-février 1960*. Tervuren.

Pain, M. 1984: *Kinshasa, la ville et la cité.* Paris.

Pakenham, T. 1991: *The Scramble for Africa, 1876-1912.* London.

Pardigon, V. 1961: L'U.R.S.S. In *Le monde communiste et la crise du Congo belge.* Edited by A. Wauters. Brussel, 59-92.

Paulus, J.-P. 1962: *Congo 1956-1960*. Brussel.

Pauwels-Boon, G. 1979: *L'origine, l'évolution et le fonctionnement de la radiodiffusion au Zaire de 1937. à 1960*. Tervuren.

Peemans, J.-P. 1988: Zaïre onder het Mobutu-regime: grote stappen in de ekonomische en sociale ontwikkeling. In *Wederzijds: de toekomst van de Belgisch-Zaïrese samenwerking*.Edited by J. Devos, J.-P. Peemans, R. Renard, E. Vervliet, J-C. Willame. Brussel, 16-49.

Perrings, C. 1979: *Black Mineworkers in Central Africa: Industrial Strategies and the Evolu-tion of an African Proletariat in the Copperbelt 1911-41*. London.

Pétillon, L.A. 1985: *Récit: Congo 1929-1958*. Brussel.

Picard, E. 1896: *En Congolie*. Brussel.

Poel, I. van der 2006: *Congo-Océan: un chemin de fer colonial controversé* (2.vols). Paris.

Poncelet, M. 2008: *L'invention des sciences coloniales belges* . Paris.

Pons, V. 1969: *Stanleyville : An African Urban Community under Belgian Administration*. Oxford.

Pole Institute 2002 : *The Coltan Phenomenon*. Goma.

Poppe, G. 1998: *De tranen van de dictator: van Mobutu tot Kabila*. Antwerpen.

Poupart, R. 1960: *Première esquisse de l'évolution du syndicalisme au Congo*. Brussel.

Prunier, G. 1995: *The Rwanda Crisis: History of a Genocide*. London.

Prunier, G. 2009: *Africa's World War: Congo, the Rwandan Genocide, and the Making of a Continental Catastrophe*. Oxford.

Pype, K. 2006: Dancing for God or the Devil: pentecostal discourse on popular dance in Kinshasa. *Journal of Religion in Africa 36*, 3-4, 296-318.

Pype, K. 2007: Fighting boys, strong men and gorillas: notes on the imagination of masculinities in Kinshasa. *Journal of the International African Institute* 77, no. 2: 250-71.

Pype, K. 2009a: 'We need to open up the country': development and the Christian key scenario in the social space of Kinshasa's teleserials. *Journal of African Media Studies 1*, 1: 101-16.

Pype, K. 2009b: Media celebrity, charisma and morality in post-Mobutu Kinshasa. *Journal of Southern African Studies* 35, 3: 541-55.

Pype, K. 2009c: A historical analysis of Christian visual media in postcolonial Kins-hasa. *Studies in World Christianity 15*, 2. : 131-48.

Queuille, P. 1965: *Histoire de l'afro-asiatisme jusqu'à Bandoung : la naissance du tiers-monde* . Paris.

RAID 2009 : Chinese Mining Operations in Katanga. September 2009, www.raid-uk.org.

Raspoet, E. 2005: *Bwana Kitoko en de koning van de Bakuba: een vorstelijke ontmoeting op de evenaar.* Antwerpen.

Raymaekers, P. & H. Desroche 1983: *L'administration et le sacré (1921-1957)* . Brussel.

Remilleux, J.-L. 1989: *Mobutu: Dignité pour l'Afrique.* Paris.

Renson, R. & C. Peeters 1994: Sport als missie: Raphaël de la Kéthulle de Ryhove (1890-1956). In *Voor lichaam & geest: katholieken, lichamelijke opvoeding en sport in de 19de en 20ste eeuw*. Edited by M.D'hoker, R.Renson & J.Tolleneer. Louvain, 200-15.

Renton, D., D. Seddon & L. Zeilig 2007: *The Congo: Plunder and Resistance* . London.

Reynaert, J. 2009: *De balans na tien jaar Monuc in Congo: hoe effectief is de vn-vredesmis-sie op het terrein?* Louvain.

Reyntjens, F. 2009: *De grote Afrikaanse oorlog: Congo in de regionale geopolitiek, 1996-2006*. Antwerpen.

Roberts, A.F. 1989: History, ethnicity and change in the 'Christian Kingdom' of Southeastern Zaire. In *The Creation of Tribalism in Southern Africa.* Edited by L. Vail. Berkeley, 176-207.

Roes, A. 2008: "Thinking with and beyond the state: The Sub- and Supranational Perspectives on the Exploitation of Congolese Natural Resources, 1885-1914." Unpublished lecture, Tervuren, Belgium.

Roussel, J. 1949: *Déontologie coloniale: consignes de vie et d'action coloniales pour l'élite des blancs et l'élite des noirs* . Louvain.

Rubbens, A. 1945: *Dettes de guerre* . Elisabethville.

Rubbens, A. 1983: *De naweeën van de oorlogsinspanning.* In *Le Congo belge durant la Seconde Guerre Mondiale.* Brussel, 579-85.

Ryckmans, A. 1970: *Les mouvements prophétiques kongo en 1958: contribution à l'étude de l'Histoire du Congo*. Kinshasa.

Ryckmans, P. 1948: *Dominer pour servir*. Brussel.

Sadin, F. 1918: *La mission des jésuites au Kwango : notice historique* . Kisantu.

Sakombi Inongo 1974a: L'authenticité à Dakar. In Cabinet du Département de la Dé-fense Nationale: Forces Armées Zaïroises: *Mémorandum de Réflexion, d'Action et d'In-formation* . Kinshasa, 339-63.

Sakombi Inongo 1974b: L'authenticité à Paris. In Cabinet du Département de la Dé-fense Nationale: Forces Armées Zaïroises: *Mémorandum de Réflexion, d'Action et d'In-formation.* Kinshasa, 365-93.

Sakombi Inongo 1987: *Mélanges pour une révolution.* Kinshasa.

Salmon, P. 1977: *La révolte des Batetela de l'expédition du Haut-Ituri (1897)* . Brussel.

Saint Moulin, L. 1983: La population du Congo pendant la Second Guerre mon-diale. In *Le Congo belge durant la Seconde Guerre Mondiale* . Brussel, 15-49.

Saint Moulin, L. 2007: Croissance de Kinshasa et transformations du réseau ur-bain de la République du Congo depuis l'indépendance. In *Vil-les d'Afrique: explorations en histoire urbaine* . Edited by J.-L. Vellut. Paris, 41-65.

Saint Moulin, L. 2009: Analyse du paysage sociopolitique à partir du résultat des élections de 2006. In *Réforme au Congo (rdc): attentes et désillusi-ons*. Edited by T. Trefon. Tervuren, 49-65.

Schatzberg, M.G. 1988: *The Dialectics of Oppression in Zaire*. Bloomington.

Schöller, A. 1982: Congo 1959-1960: *mission au Katanga, intérim à Léopoldville.* Paris.

Scholl-Latour, P. 1986: *Mort sur le grand fleuve: du Congo au Zaïre, chronique d'une indé-pendance.* Paris.

Scott, S.A. 2008: *Laurent Nkunda et la rébellion du Kivu: au cœur de la guerre congolaise.* Paris.

Segal, R. 2001: *Islam's Black Slaves: The Other Black Diaspora* . New York.

Serufuri Hakiza, P. 1984: *Les auxiliaires autochtones des missions protestantes au Congo, 1878-1960: Etude de cinq Sociétés missionaires* . Louvain-la-Neuve.

Serufuri Hakiza, P. 2004: *L'évangélisation de l'ancien royaume Kongo, 1491-1835.*

Kinshasa.

Sheriff, A. 1987: *Slaves, Spices & Ivory in Zanzibar* . London.

Sikitele Gize 1973: Les racines de la révolte Pende de 1931. *Etudes d'Histoire africaine 5,* 99-153.

Sinatu Bolya, C. 2003: Des sociétés d'élegance aux mouvements d'émancipation féministes. http://www.mvca.be/_realisations/realisations_11.html.

Sinda, M. 1972: *Le messianisme congolais et ses incidences politiques: Kimbanguisme – Mat-souanisme-Autres mouvements* . Paris.

Singleton-Gates, P. & M. Girodias 1959: *The Black Diaries: An Account of Roger Casement's Life and Times with a Collection of his Diaries and Public Writings,* s.l.

Slade, R. 1959: *English-Speaking Missions in the Congo Independent State, 1878-1908,* Brussel.

Slade, R. 1962: *King Leopold's Congo: Aspects of the Development of Race Relations in the Congo Independent State.* London.

Smith, J. 2005: *Dinner with Mobutu: A Chronicle of my Life and Times.* s.l.

Soete, G. 1993: *Het einde van de grijshemden: onze koloniale politie.* Zedelgem.

Sohier, J. 1959: *Essai sur la criminalité dans la province de Léopoldville: meurtres et infractions apparentées.* Brussel.

Souchard, V. 1983: *Jours de brousse: Congo 1940-1945.* Brussel.

Soudan, F. 2007: Kabila, l'heure des choix. *Jeune Afrique,* 16. december 2007, 26-9.

Stanley, H.M. 1886: *Zes jaren aan den Congo en de stichting van een nieuwen vrijen staat* (2. vols). Amsterdam.

Stanley, H.M. 1899: *Through the Dark Continent* (2. vols). London (oorspronkelijk 1878).

Stearns, J. 2010: What is Obama doing for Congo? congosiasa.blogspot.com, 10. January 2010.

Stengers, J. 1957: *Combien le Congo a-t-il couté à la Belgique*. Brussel.

Stengers, J. 1963 : *Belgique et Congo: l'élaboration de la Charte coloniale* (Brussel, 1963).

Stengers, J. 1989: *Congo: mythes et réalités. Cent ans d'histoire*. Paris.

Stengers, J. 1997: De uitbreiding van België: tussen droom en werkelijkheid. In *Nieuw licht op Leopold i & Leopold ii : het archief Goffi-net.* Edited by G. Janssens & J. Stengers. Brussel, 237-85.

Stengers J. & J. Vansina 1985: King Leopold's Congo, 1886-1908. In *The Cambridge History of Africa, volume 6: from 1870. to 1905.* Edited by R. Oliver & G.N.Sanderson. Cam-bridge, 315-58.

Stewart, G. 2000: *Rumba on the River: A History of the Popular Music of the two Congos.* London.

Stiglitz, J.E. 2002: *Globalization and its Discontents.* London.

Storme, M. 1970 : *La mutinerie militaire au Kasai en 1895.* Brussel.

Strachan, H. 2004: *The First World War in Africa.* Oxford.

Strizek, H. 2006: *Geschenkte Kolonien: Ruanda und Burundi unter deutscher Herrschaft.* Berlijn.

Takizala, H.D. 1964: Situation de l'enseignement durant la première législature. *Etu-des congolaises 7*, 8, 61-79.

Tambwe, E. & J.-M. Dikanga Kazadi (ed.) 2008: *Laurent-Désiré Kabila: l'actualité d'un combat.* Paris.

Tardieu , M. 2006 : *Les Africains en France: de 1914. à nos jours.* Monaco.

Tempels, P. 1944: La philosophie de la rébellion. L'Essor du Congo , 31. augustus 1944. (hernomen in A. Rubbens 1945: *Dettes de guerre* . Elisabethville, 17-23).

Tempels, P. 1946. [1945]: *Bantoe-Filosofie* . Antwerpen.

Ter Haar, G. 2009: *How God became African: African Spirituality and Western Secular Thought.* Philadelphia.

Tielemans, H. 1966: *Gijzelaars in Congo: overzicht van de dramatische gebeurtenissen in het missiegebied Isangi tijdens de Congolese rebellie, 4. augustus 1964-27. February 1965.* s.l.

Tilman, S. 2000: L'implantation du scoutisme au Congo belge. In *Itinéraires croisés de la modernité: Congo belge (1920-1950).* Edited by J.-L. Vellut. Tervuren, 103-40.

Thieffry, E. 1926: *En avion de Bruxelles au Congo Belge: histoire de la première liaison aé-rienne entre la Belgique et sa colonie* . Brussel.

Thiel, H. van 1982: *Wij Ngombe: volk in Zaïre.* Deurne.

Tokwaula Aena, B. s.d.: *Tant que je vivrai, tu vivras* . Kinshasa.

Travaux du Groupe d'Etudes coloniales 1912: Les fermes-chapelles au point de vue économique et civilisateur. *Bulletin de la Société belge d'Etudes Coloniales 5.*

Trefon, T. (ed.) 2004: *Reinventing Order in the Congo: How People Respond to State Failu-re in Kinshasa.* London.

Trefon, T. (ed.) 2009: *Réforme au Congo (rdc): attentes et désillusions* . Tervuren.

Tshibangu Kabet Musas 1974: La situation sociale dans le ressort administratif de Li-kasi (ex-Territoire de Jadotville) pendant la Guerre 1940-1945. Etudes d'Histoire africaine6, 275-311.

Tshimanga, C. 2000: L'adapes et la formation d'une élite au Congo (1925-1945). In *Itinéraires croisés de la modernité: Congo belge (1920-1950).* Edited by J.-L. Vellut. Tervu-ren, 189-204.

Tshitungu Kongolo, A. 2003a: Paul Panda Farnana (1888-1930), panafricaniste, nati-onaliste, intellectuel engagé: une contribution à l'étude de sa pensée et de son ac-tion', *L'Africain 211.* (oktober-november 2003), 1-7.

Tshitungu Kongolo, A. 2003b: *Poète ton silence est crime.* Paris.

Turner, T. 2007: *The Congo War: Conflict, Myth and Reality.* London.

UNESCO 2005: *Promoting and preserving Congolese heritage: Linking Biological and Cul-tural Diversity* . Paris.

UN Security Council 2008: *Final report of the Group of Experts on the Democratic Repu-blic of the Congo,* S/2008/773.

Valon, A. 2006: Mission de renforcement des capacités du Commissariat de District de l'Ituri. Ongepubliceerd typoscript, Bunia.

Van Acker, G. 1924: *Een Vlaamsch geloofszendeling bij de Baloeba's in Congoland.*s.l.

Van Bilsen, J. 1958: *Vers l'indépendance du Congo et du Ruanda-Urundi* . Kraainem.

Van Bilsen, A.A.J. 1962: *L'indépendance du Congo.* Doornik.

Van Bilsen, J. 1993: *Kongo 1945-1965: het einde van een kolonie.* Louvain.

Vandaele, J. 2005: *Het recht van de rijkste: Hebben andersglobalisten gelijk?*Antwerpen.

Vandaele, J. 2008: Het roofdier, Mozes en de Chinezen. *Mo,* February 2008, 28-33.

Van den Bosch, J. 1986: *Pré-Zaïre: le cordon mal coupé.* Brussel.

Van den Bosch, P. 1992: *Vijf en twintig jaren in de branding: Congo-Zaïre, november 1949-January 1975.* s.l.

Vanderkerken, G. 1920: *Les sociétés bantoues du Congo Belge et les problèmes de la politique indigène.* Brussel.

Vanderlinden, J. 1991: *À propos de l'uranium congolais.* Brussel.

Vanderlinden, J. 1994: *Pierre Ryckmans, 1981-1959: coloniser dans l'honneur.* Brussel.

Van der Smissen, E. 1920: *Léopold II et Beernaert, d'après leur correspondance inédite de 1884. à 1894.* (2. vols). Brussel.

Vandersmissen, J. 2008: *Koningen van de wereld: de aardrijkskundige beweging en de ont-wikkeling van de koloniale doctrine van Leopold ii* . Gent.

Vanderstraeten, L.-F. 1985: *Histoire d'une mutinerie, juillet 1960: de la Force publique à l'Armée nationale congolaise.* Paris.

Vanderstraeten, L.-F. 2001: *La répression de la révolte des Pende du Kwango en 1931.* Brussels.

Vandewalle, G. 1966: *De conjuncturele evolutie in Kongo en Ruanda-Urundi van 1920. tot 1939. en van 1949. tot 1958.* Gent.

Van Dijck, H. 1997: Rapport sur les violations des Droits de l'Homme dans le Sud-Equateur du 15. Mars 1997. au 15. Septembre 1997. . Ongepubliceerd verslag.

Vandommele, M. 1983: *Zaïre: buitenlandse belangen, binnenlandse pijnbank.* Brussel.

Vangansbeke, J. 2006: Afrikaanse verdedigers van het Belgisch grondgebied, 1914-1918. *Belgische Bijdragen tot de Militaire Geschiedenis 4*, 123-34.

Vangroenweghe, D. 1985: *Rood rubber: Leopold ii en zijn Kongo* . Brussel.

Vangroenweghe, D. 2005: *Voor rubber en ivoor: Leopold ii en de ophanging van Stokes.* Louvain.

Van Lierde, J. 1963: *La pensée politique de Patrice Lumumba.* Paris.

Van Overbergh, C. 1913: *Les nègres d'Afrique.* Brussel.

Van Peel, B. 2000: Aux débuts du football congolais. In *Itinéraires croisés de la*

modernité: Congo belge (1920-1950) . Edited by J.-L. Vellut. Tervuren, 141-87.

Van Reybrouck, D. 2009: Congo in de populaire cultuur. In *Congo in België: koloniale cultuur in de metropool.* Edited by V. Viaene, D. Van Reybrouck en B. Ceuppens. Louvain, 169-81.

Vansina, J. 1965: *Les anciens royaumes de la savane: les états des savanes méridionales de l'Af-rique centrale des origines à l'occupation coloniale* . Léopoldville.

Vansina, J. 1976: L'Afrique centrale vers 1875. In Koninklijke Academie voor Overzeese Wetenschappen, *Bijdragen over de Aardrijkskundige Conferentie van 1876.* Brussel, 1-31.

Vansina, J. 1990: *Paths in the Rainforest: Toward a History of Political Tradition in Equatori-al Africa.* Madison.

Vansina, J. 2004: *How Societies Are Born: Governance in West Central Africa before 1600.* Charlottesville.

Vanthemsche, G. 1999: Radioscopie van een kolonie: Belgisch-Congo 1908-1960. *Brood en Rozen 4,* 2, 9-29.

Vanthemsche, G. 2009 : *Le Congo belge pendant la Première Guerre mondiale: les rapports du ministre des Colonies Jules Renkin au roi Albert Ier, 1914-1918.* Brussel.

Vanthemsche G. 2010: *Belgian Congo during the First World War, as seen through the reports of Jules Renkin, minister of Colonies, to King Albert I, 1914-1918.* Me-dedelingen der zittingen van de Koninklijke Academie voor Overzeese Wetenschappen .

Van Wing, J. 1959: *Etudes Bakongo: sociologie, religion et magie.* Brugge.

Vellut, J.-L. 1981: *Les bassins miniers de l'ancien Congo Belge: essai d'histoire économique et sociale (1900-1960).* Brussel.

Vellut, J.-L. 1983: Le Katanga industriel en 1944: malaises et anxiétés dans la société coloniale. In *Le Congo belge durant la Seconde Guerre Mondiale* . Brussel, 495-523.

Vellut, J.-L. 1984: La violence armée dans l'Etat Indépedant du Congo. *Cultures et développement 16*, 3-4, 671-707.

Vellut, J.-L. 1992: Une exécution publique à Elisabethville (20. septembre 1922): notes sur la pratique de la peine capitale dans l'histoire coloniale du Congo. In *Art pictural zaïrois.* Edited by B. Jewsiewicki. Paris, 171-222.

Vellut, J.-L. 1996: Le bassin du Congo et l'Angola'. In *Histoire gé-nérale de l'Afrique: VI.*

L'Afrique au XIXᵉ siècle jusque vers les années 1880. Edited by J.F. Ade Ajayi. Paris, 331-61.

Vellut, J.-L. (ed.) 2000: *Itinéraires croisés de la modernité: Congo belge (1920-1950)* . Ter-vuren.

Vellut, J.-L. 2005a: *Simon Kimbangu. 1921: de la prédication à la déportation. Les sources. Vol. I: Fonds missionaires protestants (1). Alliance missionnaire suédoise* . Brussel.

Vellut, J.-L. (ed.) 2005b: *Het geheugen van Congo: de koloniale tijd.* Tervuren.

Vellut, J.-L. 2009: Contextes africains du projet colonial de Léopold ii . Ongepubli-ceerde lezing, Louvain-la-Neuve.

Verbeken, A. 1956: *Msiri, roi du Garenganze: «l'homme rouge» du Katanga.* Brussel.

Verbeken, A. 1958: *La révolte des Batetela en 1895.* Brussel.

Verbeken, P. 2005: 'Ik zeg het eerlijk: het was een prachtjob'. *Humo,* 26. July, 32-7.

Verhaegen, B. 1966-1969: *Rébellions au Congo* (2. vols). Brussel.

Verhaegen, B. 1970: Dix ans d'indépendance. *Revue française d'études politiques africaines57:* 17-25.

Verhaegen, B. 1971: Etude sur la rébellion. In *Mouvements nationaux d'indépendance et classes populaires* . Paris, 418-43.

Verhaegen, B. 1978: *L'enseignement universitaire au Zaïre: de Lovanium à l'Unaza 1958-1978.* Paris.

Verhaegen, B. 1983: La guerre vécue au Centre Extra-Coutumier de Stanleyville. In *Le Congo belge durant la Seconde Guerre Mondiale* . Brussel, 439-93.

Verhaegen, B. 1986: Conditions politiques et participation sociale à la rébellion dans l'Est du Zaïre. *Les cahiers dus cedaf* 7-8, 1-14.

Verhaegen, B. 1990: *Femmes zaïroises de Kisangani: combats pour la survie* . Paris.

Verhaegen, B. 1999: Communisme et anticommunisme au Congo (1920-1960), *Brood en Rozen* 4, no. 2, 113-27.

Verhaegen B. & C. Tshimanga 2003: *L'Abako et l'indépendance du Congo belge: dix ans de nationalisme kongo (1950-1960)* . Tervuren.

Verlinden, P. 2002: *Weg uit Congo: het drama van de kolonialen.* Louvain.

Verlinden, P. 2008: *Achterblijven in Congo: een drama voor de Congolezen?* Louvain.

Vesse, A. 1961: *Note sur l'évolution de l'économie congolaise après l'indépendance du pays*. s.l.

Viaene, V. 2008: King Leopold's imperialism and the origins of the Belgian colonial party, 1860-1905, *Journal of Modern History* 80, 741-90.

Viaene, V. 2009: Reprise-remise: de Congolese identiteitscrisis van België rond 1908. In *De overname van België door Congo: aspecten van de Congolese 'aanwezigheid' in de Belgische samenleving, 1908-1958*. Edited by V. Viaene, D. Van Reybrouck & B. Ceuppens. Louvain, 43-62.

Viaene, V. 2009: "De religie van de prins:Leopold ii en de Heilige Stoel, België en Congo (1885-1909)."In *Leopold II, ongegeneerd genie? Buitenlandse politiek en kolonisatie*. Edited by V. Dujardin, V. Rosoux, and T. De Wilde. Tielt. 143-64

Vijgen, I. 2005: *Tussen mandaat en kolonie: Rwanda, Burundi en het Belgische bestuur in op-dracht van de Volkenbond (1916-1932)* . Louvain.

Villafaña, F.R. 2009: *Cold War in the Congo: The Confrontation of Cuban Military Forces, 1960-1967*. New Brunswick.

Villers, G. 1997: Zaïre: *la transition manquée (1990-1997)* . Paris.

Villers, G., B. Jewsiewicki & L. Monnier (ed.) 2002: *Manières de vivre: économie de la "débrouille" dans les villes du Congo/Zaïre* . Tervuren.

Villers, G. 2001: *Guerre et politique: les trente derniers mois de L.D. Kabila(août 1998-janvier 2001)*. Tervuren.

Villers, G. 2009: *De la guerre aux élections: l'ascension de Joseph Kabila et la naissance de la Troisième République (janvier 2001-août 2008)* . Tervuren.

Villers, G. & J. Omasombo Tshonda 2002: An intransitive transition. *Review of African Political Economy 93-4*, 399-410.

Vinck, H. 2002: *Colonial Schoolbooks (Belgian Congo): Anthology*, www.abbol.com.

Vlassenroot, K. 2000: The promise of ethnic conflict: militarisation and enclave-formation in South Kivu. In *Conflict and Ethnicity in Central Africa*. Edited by D. Goyvaerts.Tokyo, 59-104.

Vlassenroot, K. & H. Romkema 2002: The emergence of a new order? Resources and War in Eastern Congo. *Journal of Humanitarian Assistance*, http://www.jha.ac/

articles/a111.htm.

Vlassenroot, K. & T. Raeymaekers (ed.) 2004: *Conflict and Social Transformation in Eastern DRC*. Gent.

Vlassenroot, K. & T. Raeymaekers 2004: Le conflit en Ituri. *L'Afrique des Grands Lacs, annuaire 2003-2004* , 207-33.

Wamu Oyatambwe 1999: *De Mobutu à Kabila: Avatars d'une passation inopinée.*Paris.

Wauters, A. 1929: *D'Anvers à Bruxelles via le Lac Kivu: Le Congo vu par un socialiste.* Brussels.

Wauters, A. (ed.) 1961: *Le monde communiste et la crise du Congo belge.* Brussels.

Weiss, H. 1965: *L'évolutiond des élites. Etudes congolaises 8*, 5, 1-14.

Weiss, H. & B. Verhaegen (ed.) 1986: *Les rébellions dans l'est du Zaïre (1964-1967).* The-manummer Les Cahiers du Cedaf , 7-8.

Weissman, S.R. 1974: *American Foreign Policy in the Congo 1960-1964.* Ithaca.

Werbrouck, R. 1945: *La campagne des troupes coloniales belges en Abyssinie.* Léopoldville.

Wesseling, H.L. 1991: *Verdeel en heers: de deling van Afrika, 1880-1914.* Amsterdam.

White, B.W. 2008: *Rumba Rules: The Politics of Dance Music in Mobutu's Zaire.* Durham.

Wild-Wood, E. 2008: *Migration and Christian Identity in Congo.* Leiden.

Willame, J.-C. 1986: *Zaïre, l'épopée d'Inga: chronique d'une prédation industrielle* . Paris.

Willame, J.-C. 1988: *Eléments pour une lecture du contentieux belgo-zaïrois* . Brussel.

Willame, J.-C. 1992: *L'automne d'un despotisme: pouvoir et argent et obéissance dans le Zaïre des années quatre-vingt* . Paris.

Willame, J.-C. 1998: La 'nouvelle' politique américaine en Afrique centrale. In *Kabila prend le pouvoir* . Contributed volume by C. Braeckman, M.-F. Cros, G. de Villers, F. François, F. Reyntjens, F. Ryckmans & J.-C. Willame, Brussel, 134-44.

Willame, J.-C. 2007: *Les "faiseurs de paix" au Congo: gestion d'une crise internationale dans un Etat sous tutelle* . Brussel.

Wolf, E. 1982: *Europe and the People Without History.* Berkeley.

Wolter, R., L. Davreux, R. Regnier 1957: *Le chômage au Congo belge* . Brussel.

Wotzka, H.-P. 1995: *Studien zur Archäologie des zentral-afrikanische Regenwaldes: die Ke-ramik des inneren Zaïre-Beckens und ihre Stellung im Kontext der Bantu-Expansion*. Keu-len.

Wrong, M. 2000: *In the Footsteps of Mr Kurtz: Living on the Brink of Disaster in the Congo*. London.

Wynants, M. 1997: *Van hertogen en Kongolezen: Tervuren en de koloniale tentoonstelling 1897.* Tervuren.

Yakemtchouk, R. 1986: Les relations entre les Etats-Unis et le Zaïre. *Studia Diplomatica* 39, 1, 5-127.

Ya ke m tchou k , R. 1988a : *Aux origines du séparatisme katangais.* Brussel.

Yakemtchouk, R. 1988b: Les deux guerres du Shaba: les relations entre la Belgique, la France et le Zaïre. *Studia Diplomatica 41,* 4-6, 375-742.

Yav, A. 1965 : Vocabulaire de la ville de Elisabethville: a history of Elisabethville from its beginnings to 1965, compiled and written by André Yav, edited, translated, and commented by Johannes Fabian with assistance from Kalundi Mango, *Archives of Popular Swahili 4.* (2001), http://www2.fmg.uva.nl/lpca/aps/vol4/vocabulaireshabaswahili.html

Yellen, J.E. 1996: Behavioral and taphonomic patterning at Katanda 9: a Middle Sto-ne Age site, Kivu Province, Zaïre, *Journal of Archaeological Science* 23, 915-32.

Yerodia, A. 2004: *Rapport sur les assassinats et violations des droits de l'homme. Kinshasa,* 2004.

Yoka, L.M. 2005: *Kinshasa, carnets de guerre.* Kinshasa.

Young, C.M. 1968: *Introduction à la politique congolaise.* Brussel.

Young, C.M. 1984: Zaire, Rwanda and Burundi. In *The Cam-bridge History of Africa,* vol 8.: *from c. 1940. to c. 1975.* Edited by M. Crowder. Cambridge, 698-754.

Young, C. & T. Turner 1985: *The Rise and Decline of the Zairean State* . Madison.

Zeebroek, X. 2008: *La Mission des Nations Unies au Congo: Le laboratoire de la paix in-trouvable* . Brussel.

Zhang, L. 2008: Ethnic congregation in a globalizing city: the case of Guangzhou, China. www.sciencedirect.com.

Ziégler, J. 1963: *La contre-révolution en Afrique*. Paris.

Zinzen, W. 1995: *Mobutu: Van mirakel tot malaise* . Antwerpen.

Zinzen, W. 2004: *Kisangani, verloren stad*. Louvain.

图书在版编目(CIP)数据

刚果：一个民族的史诗：全2册 / (比) 戴维·范·雷布劳克著；王兴栋译. -- 武汉：华中科技大学出版社, 2019.2

ISBN 978-7-5680-4316-8

Ⅰ. ①刚… Ⅱ. ①戴… ②王… Ⅲ. ①刚果民主共和国—历史 Ⅳ. ①K464.0

中国版本图书馆CIP数据核字(2018)第235690号

湖北省版权局著作权合同登记 图字：17—2018—144 号

FLANDERS LITERATURE

This book was published with the support of Flanders Literature (www.flandersliterature.be).

刚果:一个民族的史诗

Gangguo: Yige Minzu De Shishi　　[比] 戴维·范·雷布劳克 著　王兴栋 译

总 策 划：亢博剑　闫青华
责任编辑：张　丛
特约编辑：葛秋菊
装帧设计：谷亚楠　李　晨
责任校对：张会军
责任监印：秦　英
出版发行：华中科技大学出版社（中国·武汉）
　　　　　武昌喻家山　　邮编：430074　　电话：027－81321913
印　　刷：北京文昌阁彩色印刷有限责任公司
开　　本：880mm × 1230mm　1/32
印　　张：27.5
字　　数：587千字
版　　次：2019年2月第1版第1次印刷
定　　价：128.00元

华中出版

本书若有印装质量问题，请向出版社营销中心调换
全国免费服务热线：400-6679-118　竭诚为您服务